湖南大学罗马法系研究中心

Ius Romanum et Ius Commune

罗马法与共同法文库

Ius Romanum et Ius Commune
罗马法与共同法文库·文丛

主编 / 徐涤宇

民法时效制度的理论反思与案例研究

Theoretical Reflection and Case Study on the Prescription in Civil Law

杨巍 著

北京大学出版社
PEKING UNIVERSITY PRESS

图书在版编目(CIP)数据

民法时效制度的理论反思与案例研究/杨巍著. —北京:北京大学出版社,2015.8

(罗马法与共同法文库·文丛)

ISBN 978-7-301-26212-2

Ⅰ. ①民… Ⅱ. ①杨… Ⅲ. ①民法—诉讼时效—研究—中国 Ⅳ. ①D923.14

中国版本图书馆 CIP 数据核字(2015)第 200761 号

书　　名 民法时效制度的理论反思与案例研究

著作责任者 杨　巍　著

责任编辑 陈　康

标准书号 ISBN 978-7-301-26212-2

出版发行 北京大学出版社

地　　址 北京市海淀区成府路 205 号　100871

网　　址 http://www.pup.cn　http://www.yandayuanzhao.com

电子信箱 yandayuanzhao@163.com

新浪微博 @北京大学出版社　@北大出版社燕大元照法律图书

电　　话 邮购部 62752015　发行部 62750672　编辑部 62117788

印 刷 者 三河市博文印刷有限公司

经 销 者 新华书店

965 毫米×1300 毫米　16 开本　36.25 印张　555 千字

2015 年 8 月第 1 版　2015 年 8 月第 1 次印刷

定　　价 78.00 元

国家社科基金项目“民法时效制度的案例统计与反思研究”（10CFX043）
武汉大学70后学术团队“我国现代化进程中的法治问题研究团队”项目
本成果系国家2011计划司法文明协同创新中心研究成果

总　序

本文库（含文丛和译丛）之冠名，若不加阐释，颇有作茧自缚的意味。盖罗马法与共同法之谓，在西方法史上有其特指，由此似已决定本文库的选题仅限于特定的法史范围。

其实，以罗马法与共同法为名，并不意味着本文库崇尚"述而不作，信而好古"之史学幽情。我们提倡的是，过去为当下所用、法律史研究为法律教义学服务——前者的问题意识会受到现行法的影响，问题的解决则以后者为落脚点。易言之，本文库绝无意成为一座博物馆或一块纪念碑。所谓"一切历史都是当代史"、历史书写受"效果历史意识"支配的命题，均可为此种基本立场提供认识论上的支撑。其法律理论上的基础则在于：现行法的内容不是从石头缝里蹦出来的，而是从昨天一直演进到今天的产物。法律制度乃像语言一样的复杂现象，哪里有什么立法者能凭空将其建构出来？诚如萨维尼所言：最重要的是应当认识到当前与过往的生机勃勃的相互联系；否则，我们只能认识到当前法状态的外在表象，而不能把握住其内在本质。

问题在于，我们如何把握这种生机勃勃的相互联系？

一、法律往事重提的实践理由

法律教义学"从某些未加检验就当做真实的、先予的前提出发”①,是一门安于体制内的、有封闭倾向的学问。但法律教义学者终究不是“明希豪森男爵”,不能抓着自己的头发进行自我拯救。现代法与现代法学之正当性、科学性危机的诊断与消解,尚须进入法律史才能得到经验层面的切实观照;没有法律史根据的法哲学批判,只会是形而上的玄谈。

遥想当年,基希尔曼冒天下之大不韪发表雄文《论作为科学的法学的无价值性》,其在法学界激起的巨浪今天仍未消退。如果不否认法学主要是以价值为导向的实践性学问,后笛卡尔时代以自然科学为原型的法学范式难逃走进死胡同的宿命。什么构成前此时代被接受的正当裁判规范,彼时的裁判者、解释者又如何获得正当法?新的正当法模式、法学范式完全可以从历史传统中汲取营养。也就是说,通过与不同历史时期的法相比较,作为当前教义学前提的法典法本身产生、适用的特质能得到强烈凸显,从而,其在法哲学外亦能得到反思。

当下的中国,撇开与意识形态密切关联的政治法领域不论,立法层面的现代法规范可谓基本齐备,法律教义学得以成为主流的法学研究范式。相比之下,对立法继受之母法及其法律史研究却呈现相当程度的萎缩,似乎从此,现行中国法成为完全自给自足的研究对象。诚然,体系化、合理化现行法,以服务于司法裁判作业,为司法裁判“等置”制定法规范与案件事实做准备,是法律学者的重要使命。然而,现行立法、法学的继受属性,乃我国法律学者面临的基本事实:一百多年前,为解决“治外法权”问题,我国引进欧陆法制;改革开放后,以“与国际接轨”“全球化”为口号,我们重整旗鼓、再续变法弦歌。自始在外力刺激下的立法继受,已然决定其先天发育的不足;即便是后天的理论与实践滋养膨胀了我们在制度和理论上的自信,也无法割裂继受的历史性。因此,本文库的旨趣,一方面鼓励以继受母体为主要对象的法律史和比较法研究,另一方面更为强调在历史关联中观照现行中国法的正当性和科学性,凸显其产生和适用的特质。

---

① 〔德〕阿图尔·考夫曼、温弗里德·哈斯默尔主编:《当代法哲学和法律理论导论》,郑永流译,法律出版社2002年版,第4页。

二、作为“绝对自然法”的罗马法?

古罗马人乃实践理性园地里的天才民族,在从公元前5世纪到公元6世纪的一千多年里,他们发展出一套完善的法律语言系统——诉、债、契约、所有权、遗嘱等,借此我们得以从法律角度释读、调整社会经济事实。能与之相媲美的,大约只有古希腊人在哲学领域的成就。

与古罗马法不同,作为其后续发展,中世纪继受意义上的罗马法有其自身的特质。这种肇端于优士丁尼《市民法大全》之学术性发现的罗马法继受,乃以法学的学术架构、方法为目标建构的,因此法学只在它自己划定的范围、以自己的解释内涵来接受罗马法。[①] 但是,中世纪法律家在欧洲贯彻着一种确信:罗马法具有普世且超越时代的正确性,理性本身在《市民法大全》中化为文字,乃“记述之理性”(*ratio scripta*)。由此,罗马法虽然区别于凭着理性认识到的、建立在自然基础之上的近现代自然法,但它事实上已获得一种“绝对自然法”的地位。在中世纪盛期,这种权威性植基于罗马理念,即罗马帝国在救赎史上是基督徒的法律社会本身(一致性观念),当代世界与罗马法律家的世界根本上是同一的;普世帝国的权力崩溃后,代之而起的则是人文主义法学的确信:“我们这个时代文明的标准,早在古代即已确定。”[②]

随着民族国家的兴起,现代的罗马法学家虽仍借用“共同罗马法”(*ius romanum commune*)一词来强调罗马法对所有的人都是开放的,但他们已谦逊地意识到,共同的罗马法只是潜在地对不同的民族有效,也就是说,其有效性取决于各民族国家是否将其采用为自己的法(diritto proprio)。于是,罗马法体系只是作为保护对共同法以及自有法的运用能够得以继续发展的一种工具,或者是基于其作为“人类共

---

① 参见〔德〕弗朗茨·维亚克尔:《近代私法史——以德意志的发展为观察重点》(上册),陈爱娥、黄建辉译,上海三联书店2006年版,第108、109页。

② 同上书,第36页以下。

同遗产"的角色,作为各种制度要素的交汇点和对接点而发挥其功能。[1] 本文库所谓的罗马法,正是在这种意义上展开的。

三、走向自有法与共同法的辩证关系模式

共同法或普通法(*ius commune*),在历史上特指12世纪罗马法原始文献被重新发现,至18世纪自然法法典编纂期间,以罗马法和教会法为基础、在欧陆具有共同效力的法律和法学。[2] 降至当代,经由重新诠释,共同法概念复为欧盟和拉丁美洲私法统一运动提供法律文化上的正当性[3];在实在法文本上,现行《魁北克民法典》在序编中即明确该法典明示或默示地规定了共同法(*jus commune*),它构成其他法的基础[4];在司法实践层面,学者在欧洲法院的诸多判例中发现了罗马法和

---

① 参见意大利著名罗马法学家桑德罗·斯奇巴尼为《罗马法与共同法》辑刊(法律出版社)所作序言(黄美玲译)。

② 参见网络词典 Wikipedia"jus commune"词条,http://en.wikipedia.org/wiki/Jus_commune。关于欧洲共同法或普通法更详细的阐述,请参见〔美〕H. J. 伯尔曼、约·雷德:《罗马法和欧洲普通法》,陈健译,载《研究生法学》1996年第1期。

③ 在欧洲,代表性的观点可参见:Reinhard Zimmermann, Roman Law and the Harmonization of Private Law in Europe, in *Towards a European Civil Code*, 4th ed., Arthur Hartkamp et al, eds., Kluwer Law International, 2011。关于新共同法的集中评论,可参见 R. C. 范·卡内冈:《欧洲法:过去与未来——二千年来的统一性与多样性》,史大晓译,清华大学出版社2005年版,第32页以下。在拉美,有学者提出作为共同法或曰普通法(*ius commune*)的拉丁美洲法这一概念,认为罗马法曾是世界范围内的普通法,而在历史上作为欧陆普通法重要法源的罗马法,应该成为认定和构建一个真正的拉丁美洲法的基础;该法不仅要在国际法院的层面,而且也要在国内法院的层面得到适用。参见〔秘鲁〕埃尔维拉·门德斯·张:《作为拉丁美洲一体化进程中统一因素的罗马法:对普通法的反思》,徐涤宇译,载杨振山、〔意〕桑德罗·斯奇巴尼主编:《罗马法·中国法与民法法典化——物权和债权之研究》,中国政法大学出版社2001年版。

④ 其原文为:"The Civil Code comprises a body of rules which, in all matters within the letter, spirit or object of its provisions, lays down the *jus commune*, expressly or by implication. In these matters, the Code is the foundation of all other laws, although other laws may complement the Code or make exceptions to it."

共同法，以及在此基础上形成和发展的欧洲民法的一般原则。[1] 这种借助法的历史渊源展开的逻辑，表达的仍然是一种法的普世主义（universalism）理念：共同法超乎各民族或各法域的固有法之上，具有普世且超越时代的正确性，代表着法的理想状态。

在结识意大利 Trento 大学 Diego Quaglioni 教授和法律史大家 Paolo Grossi[2] 教授之前，我也一直认为，共同法是普世的，它凌驾于各法域自己的法之上。但两位教授非常严肃地指出了我对共同法的认识误区：在中世纪其实有两个层次的法共生共存，即自有法（*iura propria*）与共同法（*ius commune*）。其中，*iura propria* 是复数的，而 *ius commune* 是单数的，易言之，自有法具有多样性，如封建法、王室法、庄园法、城市法、行会法，等等，共同法则是统一的。虽然共同法被视为面对所有人、所有问题的解决手段，但自有法优先于共同法得到适用，共同法仅具有补充适用的效力。因为依据中世纪的法律观，越小范围法域之法越优先于较大范围法域之法。[3] 复数的自有法与普遍的共同法处于紧密的辩证关系中：它们都是法，相互之间并没有高低之别，没有法源等级差异。

在今天主权国家的框架下，谦抑的共同法与自有法辩证关系模式仍具有借鉴意义。法的地方性差异应被尊重和关注；在“地方性知识”有缺漏的情况下，在历史的和比较的基础上获得的共同法可以完善和补充自有法。这颇类似当事人缔结的合同条款与有名合同之任意性规范的适用关系：当事人的意思表示具体而个别化，它优先于制定法中有名合同的规定而被适用；后者通用于同类型的合同，其功能仅在于补充当事人意思表示的不足。

---

① 参见〔德〕罗尔夫 · 克努特尔：《罗马普通法和罗马法对欧洲联盟法院的影响》，米健译，载《外国法译评》1998 年第 1 期。关于欧洲法官在新共同法中的角色和作用，可参见〔法〕米海依尔 · 戴尔玛斯－马蒂：《欧洲法官在共同法复兴中的作用——含义及局限性》，张莉译，载《法学家》1999 年第 4 期。

② 斯人为“新欧洲法律史”的代表人物，关于以他为首的意大利该学派的介绍，请参见梁治平先生为葡萄牙学者叶士朋教授的著作《欧洲法学史导论》（吕平义、苏健译，中国政法大学出版社 1998 年版）所作序言以及该书第 23 页以下。

③ 参见〔德〕弗朗茨 · 维亚克尔：《近代私法史——以德意志的发展为观察重点》（上册），陈爱娥、黄建辉译，上海三联书店 2006 年版，第 116 页。

四、本文库的任务

因此，毋宁说，本文库致力于对立法继受之母法、法学作“历史深描”，特别是对大陆法系源头的罗马法、共同法的结构、功能、价值前提与推理方法予以深挖，主张将之作为现行法解释适用时的补充，以完成中国的“现代运用”。并且，本文库冠名为“罗马法与共同法”，并不是要将之奉为现行法正当与否的检验标准，作为超乎其上的典范，而是倡导面向社会交往实际和法的地方性差异，发挥罗马法和共同法为“地方性知识”拾遗补缺的功能。所以，我们不仅欢迎关于罗马法、共同法之前世今生的研究，而且也愿意为面向中国问题、建立在法的地方性差异基础上的比较研究提供平台。

徐涤宇

2013年9月24日

全简称对照表

一、法律		
序号	简称	全称
1	《民法通则》	《中华人民共和国民法通则》(2009 年)
2	《合同法》	《中华人民共和国合同法》(1999 年)
3	《物权法》	《中华人民共和国物权法》(2007 年)
4	《侵权责任法》	《中华人民共和国侵权责任法》(2009 年)
5	《担保法》	《中华人民共和国担保法》(1995 年)
6	《婚姻法》	《中华人民共和国婚姻法》(2001 年)
7	《继承法》	《中华人民共和国继承法》(1985 年)
8	《公司法》	《中华人民共和国公司法》(2013 年)
9	《保险法》	《中华人民共和国保险法》(2014 年)
10	《票据法》	《中华人民共和国票据法》(2004 年)
11	《企业破产法》	《中华人民共和国企业破产法》(2006 年)
12	《海商法》	《中华人民共和国海商法》(1992 年)
13	《民用航空法》	《中华人民共和国民用航空法》(1995 年)
14	《著作权法》	《中华人民共和国著作权法》(2010 年)
15	《专利法》	《中华人民共和国专利法》(2008 年)
16	《商标法》	《中华人民共和国商标法》(2013 年)
17	《国家赔偿法》	《中华人民共和国国家赔偿法》(2012 年)
18	《产品质量法》	《中华人民共和国产品质量法》(2000 年)
19	《消费者权益保护法》	《中华人民共和国消费者权益保护法》(2013 年)
20	《刑法》	《中华人民共和国刑法》(1997 年)
21	《民事诉讼法》	《中华人民共和国民事诉讼法》(2012 年)
22	《行政诉讼法》	《中华人民共和国行政诉讼法》(2014 年)
23	《劳动争议调解仲裁法》	《中华人民共和国劳动争议调解仲裁法》(2007 年)

（续表）

二、司法解释		
1	《诉讼时效规定》	最高人民法院《关于审理民事案件适用诉讼时效制度若干问题的规定》（法释〔2008〕11号）
2	《民法通则意见》	最高人民法院《关于贯彻执行〈中华人民共和国民法通则〉若干问题的意见（试行）》[法（办）发〔1988〕6号]
3	《合同法解释（一）》	最高人民法院《关于适用〈中华人民共和国合同法〉若干问题的解释（一）》（法释〔1999〕19号）
4	《合同法解释（二）》	最高人民法院《关于适用〈中华人民共和国合同法〉若干问题的解释（二）》（法释〔2009〕5号）
5	《买卖合同解释》	最高人民法院《关于审理买卖合同纠纷案件适用法律问题的解释》（法释〔2012〕8号）
6	《商品房买卖合同解释》	最高人民法院《关于审理商品房买卖合同纠纷案件适用法律若干问题的解释》（法释〔2003〕7号）
7	《房屋租赁合同解释》	最高人民法院《关于审理城镇房屋租赁合同纠纷案件具体应用法律若干问题的解释》（法释〔2009〕11号）
8	《精神损害赔偿解释》	最高人民法院《关于确定民事侵权精神损害赔偿责任若干问题的解释》（法释〔2001〕7号）
9	《人身损害赔偿解释》	最高人民法院《关于审理人身损害赔偿案件适用法律若干问题的解释》（法释〔2003〕20号）
10	《担保法解释》	最高人民法院《关于适用〈中华人民共和国担保法〉若干问题的解释》（法释〔2000〕44号）
11	《婚姻法解释（一）》	最高人民法院《关于适用〈中华人民共和国婚姻法〉若干问题的解释（一）》（法释〔2001〕30号）
12	《婚姻法解释（二）》	最高人民法院《关于适用〈中华人民共和国婚姻法〉若干问题的解释（二）》（法释〔2003〕19号）

（续表）

13	《婚姻法解释（三）》	最高人民法院《关于适用〈中华人民共和国婚姻法〉若干问题的解释（三）》（法释〔2011〕18号）
14	《继承法意见》	最高人民法院《关于贯彻执行〈中华人民共和国继承法〉若干问题的意见》［法（民）发〔1985〕22号］
15	《民诉法意见》	最高人民法院《关于适用〈中华人民共和国民事诉讼法〉若干问题的意见》（法发〔1992〕22号）（已废止）
16	《执行解释》	最高人民法院《关于适用〈中华人民共和国民事诉讼法〉执行程序若干问题的解释》（法释〔2008〕13号）
17	《民诉法解释》	最高人民法院《关于适用〈中华人民共和国民事诉讼法〉的解释》（法释〔2015〕5号）
18	《行政诉讼若干意见》	最高人民法院《关于贯彻执行〈中华人民共和国行政诉讼法〉若干问题的意见（试行）》（法〔1991〕19号）（已废止）
19	《行政诉讼若干解释》	最高人民法院《关于执行〈中华人民共和国行政诉讼法〉若干问题的解释》（法释〔2000〕8号）
20	《行政诉讼法解释》	最高人民法院《关于适用〈中华人民共和国行政诉讼法〉若干问题的解释》（法释〔2015〕9号）
21	《专利纠纷规定》	最高人民法院《关于审理专利纠纷案件适用法律问题的若干规定》（法释〔2015〕4号）
22	《著作权纠纷解释》	最高人民法院《关于审理著作权民事纠纷案件适用法律若干问题的解释》（法释〔2002〕31号）
23	《商标纠纷解释》	最高人民法院《关于审理商标民事纠纷案件适用法律若干问题的解释》（法释〔2002〕32号）
24	《虚假陈述规定》	最高人民法院《关于审理证券市场因虚假陈述引发的民事赔偿案件的若干规定》（法释〔2003〕2号）

（续表）

25	《破产法规定（一）》	最高人民法院《关于适用〈中华人民共和国企业破产法〉若干问题的规定（一）》（法释〔2011〕22号）
26	《破产法规定（二）》	最高人民法院《关于适用〈中华人民共和国企业破产法〉若干问题的规定（二）》（法释〔2013〕22号）

目　录

第三编　取得时效

引　言

时效制度作为一项古老的民法制度，其存在已有两千多年时间。该制度在欧陆国家的发展大致经历了罗马法起源、中世纪沉寂、随罗马法复兴被近代民法典普遍确认等几个阶段。但在各历史阶段，该制度无论是在价值理念还是具体规则方面均发生了显著变化。在当前全球化及法律趋同化的大背景下，统一时效法国际公约的出现又给该制度赋予了新的特征。时效制度对我国而言，虽在古代略有萌芽，但基本属于舶来制度。自从我国法律继受时效制度以来，该制度在价值理念、期间长短、具体规则的设置和某些规则的取舍等方面就一直存在争议。加之该制度又具有与传统道德相悖的表象，对普通民众理解接受该制度亦构成障碍，使得该制度显得更加扑朔迷离。学界对于民法时效的研究已有不少著述，司法实务界对该制度亦已形成不少较为成熟的司法意见，这些对于阐明该制度的理论基础、厘清各具体规则的适用关系均发挥了重要作用，本书也毫无疑问以这些现有研究为基础来展开研究。此外，本书还具有以下几方面特征：

第一，以案例统计为基本研究方法。具体体现为：(1) 涉及诉讼时效案例及司法意见的三个附表，分别是对《最高人民法院公报》涉及诉讼时效案例、《人民法院案例选》涉及诉讼时效案例和《人民司法》涉及诉讼时效的司法意见的统计。(2) 各章节中涉及具体条文解读内容的，均列举相应的典型案例。案例来源包括：《最高人民法院公报》《人民法院案例选》《人民司法》、北大法律信息网的案例数据库以及其他案例选集等。(3) 第七章设专节“诉讼时效期间的案例统计研究”，对有关案例统计数据列表分析。

第二，对民法时效的现有理论学说进行梳理、反思和检讨。具体涉及诉讼时效的价值、诉讼时效的适用对象、诉讼时效的效力等理论学说，例如现有通说“三目的说”“诉讼时效适用于请求权”以及“胜诉权消灭说与抗辩权发生说”等。此外,还对取得时效制度存废的各学说进行了梳理和检讨。

第三,尽量注重司法实务意见与学理研究的结合和互动。具体体现为:(1) 对《民法通则》和《诉讼时效规定》各条文的立法理由及内容演变原因进行梳理分析,并参酌司法实务界主流意见对各条文的解读。(2) 对最高人民法院的有关批复、意见进行梳理分析,并就其对诉讼时效规则适用的影响进行解读。(3) 对有关典型案例的判决理由进行分析解读,明确有关理论争议问题的司法实务意见。

对民法时效制度的研究显然不可能以一书、一文来完成,本书也仅代表笔者对该制度研究的阶段性总结。笔者在本书的写作过程中,在研究方法和理论构建等方面做了一些新的尝试,该尝试未必是无懈可击的,但如果这种尝试能够对民法时效制度以后的研究稍有裨益,那就是本书最大的价值了!

第一编　时效概论

第一章　时效制度的历史考察

第一节　外国法时效制度的历史考察

一、取得时效在外国法上的历史考察

（一）罗马法上的取得时效

“西方法律传统滥觞于罗马法。”[①]正如梅因所说：“在罗马法的最古部分中，有着最久远的古代事物的痕迹，而在其后期规定中，又提供了甚至到现在还支配着现代社会的民事制度资料。”[②]取得时效制度在西方的源头是罗马法，该制度在罗马法上的发展演变可分为三个时期：古代法时期、共和帝政时期、优帝时期。

1. 古代法时期——罗马建国至《十二表法》颁行（公元前 753 年至公元前 450 年）

该时期为罗马法之“幼稚时期”[③]，包括王政时期和《十二表法》颁行前的共和时期。在这一时期内，成文法尚未产生，习惯构成了罗马法最重要甚至唯一的渊源。一种极古老的市民法制度 usucapio[④] 在该时期逐渐发展、成熟，并在日后成为罗马法上取得时效的重要渊源之一。这个名词的含义只是通过占有实现取得，因为“usus”只是表示占

---

① 〔美〕格林顿等：《比较法律传统》，米健等译，中国政法大学出版社 1993 年版，第 1 页。

② 〔英〕梅因：《古代法》，沈景一译，商务印书馆 1959 年版，序。

③ 陈朝璧先生语，参见陈朝璧：《罗马法原理》，法律出版社 2006 年版，第 9 页。

④ 为行文方便和避免歧义，本书将“usucapio”译为“时效取得”。周枏先生《罗马法原论》和陈朝璧先生《罗马法原理》均将“usucapio”译为“取得时效”，本书在引用其内容时，一律改为“时效取得”。本章所用“取得时效”概念，更加侧重于现代意义上的取得时效制度，或泛指作为一种演变中的法律制度。

有(possessio)的早期术语;这种取得方式的最初称谓就是"usus"。[①]

贵族与平民的斗争是这一历史时期的最大特点,而该斗争又涉及宪政、政治和社会经济等诸多方面。《十二表法》被认为是贵族与平民斗争的结果之一,并且成为罗马法发展史上的重要里程碑,被称为"一切公法和私法的渊源"。《十二表法》的原文已不可考,其各表内容大致如下:传唤、审判、求偿、家父权、继承及监护、所有权及占有、房屋及土地、私犯法、公法、宗教法、前五表之补充、后五表之补充。[②] 其中第5、6、7、8、10 表涉及 usucapio 的适用条件及限制性规定。依据《十二表法》,usucapio 的适用条件是:① 使用人必须是罗马市民;② 标的物仅限于罗马的土地和要式移转的动产,但包括夫权和未经继承的遗产;③ 使用人必须持续使用标的物 2 年或 1 年。适用 usucapio 的法律后果是,占有人在使用满 1 年或 2 年以后,如有人提出要收回占有物,使用者可以提出时效已经完成而拒绝交还。时效届满的占有人虽实际上与所有人无异,但法律并未明确赋予其所有人资格。[③]

时效取得(usucapio)是因应罗马社会经济发展的产物,在这一历史时期的不同阶段,其发挥了不同的功能与作用。时效取得制度最初产生的原因是,在公有制过渡到私有制时,为调节财产所有人和需要人之间的矛盾,平衡有余与不足,鼓励人们使用他人废置之物,以使物尽其用。到《十二表法》时,时效取得进一步被用来补救形式主义造成的所有权取得方面的缺陷。例如要式买卖的方式有瑕疵,或者亲友间用略式移转要式移转物,在市民法上就不发生移转所有权的效力,但可因持续占有标的物,不动产满 2 年,动产满 1 年,而使买受人受到法律的保护。至罗马共和国末叶,商品经济有了发展,交易及迁徙频繁,取证问题相应突出,于是时效取得又发展为一种便利证明所有权之不可缺少的手段。[④]

这一时期的 usucapio 与现代意义上的取得时效在内容及功效上尚存在较大差异。首先,由于当时尚未产生现代意义上的物权、所有权概念,并且占有与所有的界限也并不明晰,这一时期的 usucapio 还

---

① 参见〔意〕彼得罗·彭梵得:《罗马法教科书》,黄风译,中国政法大学出版社 1992 年版,第 218 页。

② 参见陈朝璧:《罗马法原理》,法律出版社 2006 年版,第 10—11 页。

③ 参见周枏:《罗马法原论》(上册),商务印书馆 1994 年版,第 347—349 页。

④ 同上书,第 345 页。

不能被视为一种严格意义上的所有权的取得方式。其次,在适用主体上,usucapio 只能适用于罗马市民,外国人则不能适用。最后,这一时期的 usucapio 的适用范围受到严格限制,很多物被排除在适用范围之外,包括不宜为私人所有的物[如"非交易物"(res extra commercium)和行省土地]、妇女在未经其法定监护人准可情况下转让的要式物、被窃物和强占物(res vi possessae)等。[①] 以土地为例,在贵族与平民为争夺公有田(ager publicus)而展开的斗争中,这些田地自始以来(ab antiquo)就任由私人占据(usucapio)(是否需要获得事先的准许,尚有争议),私人对它们的占有(possessio),即事实上的拥有(对于第三人具有排他性),是不可通过时效而取得所有权的,并且是可撤销的。[②] 因此,这一时期的取得时效制度尚处于萌芽阶段。

2. 共和、帝政时期——《十二表法》颁行至优帝即位(公元前 450 年至公元 526 年)

该时期包括《十二表法》颁行后的共和时期和优帝之前的帝政时期。在罗马共和时期,罗马法的渊源主要有习惯、民众大会及平民会议决议、元老院决议、法学家解答、裁判官告示等五种;在帝政时期,习惯法几乎绝迹,罗马法的渊源主要有民众大会及平民会议决议、元老院决议、皇帝敕令、法学家解答、裁判官告示等,而其中以法学家解答和皇帝敕令最为重要。

在该时期内,取得时效制度的发展演变可分为两条主线。

第一条主线是,时效取得(usucapio)制度进一步发展演变,其适用条件及适用效果均有较大变化。其适用条件是:① 须在法定期间内持续占有(仍然为土地适用 2 年期间、动产适用 1 年期间);② 占有须有"合法原因"(justa causa)或"正当名义"(justus titulus);③ 占有人必须为善意(bona fides),其占有需无瑕疵;④ 标的物须可因时效而取得。在法学昌明时期,时效取得虽有上述四项要件,但仍存在例外,即继承人时效(usucapio pro herede)和收回时效(usureceptio)不需要合法原因和善意。按照上述规定完成时效取得的法律后果是,受让人取

---

① 参见〔意〕彼得罗·彭梵得:《罗马法教科书》,黄风译,中国政法大学出版社 1992 年版,第 218 页。

② 参见〔意〕朱塞佩·格罗索:《罗马法史》,黄风译,中国政法大学出版社 2009 年版,第 57 页。

得占有物的市民法所有权,但原已存在于占有物上的役权、抵押权等负担并不因此当然消灭。[①] 相较于古代法时期的时效取得,该时期的时效取得制度的主要变化有:首先,"持续使用"要件变为了"持续占有";其次,增加了新的要件"善意""合法原因"或"正当名义";再次,进一步限定了可适用时效取得标的物的范围;最后,增加了中断、中止等制度。

第二条主线是,长期取得时效(longi temporis praescriptio)[②]制度的确立和发展。关于此制度的最早记载,存在于公元199年的一项皇帝谕令中。[③] 由于市民法的时效取得制度不适用于外国人和行省土地,总督和外务大法官遂借鉴希腊法制,创设了长期取得时效(longi temporis praescriptio)制度,与市民法上的取得时效制度并行,以补救市民法的缺陷。公元3世纪,更由皇帝以敕令正式通行于全国。除期间外,长期取得时效的适用条件与时效取得的适用条件基本相同。长期取得时效的期间为,不论动产或不动产,当事人同住一省的为10年,异省的为20年。适用长期取得时效的法律后果,并非是由占有人取得标的物所有权,而是仅由占有人取得对抗原权利人之抗辩权。[④] 由于长期取得时效之占有以合法原因和善意为必要,因此欠缺合法原因之占有人和恶意占有人即使占有标的物达数十年之久,仍可被原所有权人追索,这就给权利归属及利用的认定带来极大困扰。基于此,君

---

① 参见周枏:《罗马法原论》(上册),商务印书馆1994年版,第349—357页。

② "longi temporis praescriptio"的译法主要有:(1)译为"长期时效",参见周枏:《罗马法原论》(上册),商务印书馆1994年版,第357页;陈朝璧:《罗马法原理》,法律出版社2006年版,第274页。(2)译为"长期取得时效",参见〔英〕巴里·尼古拉斯:《罗马法概论》,黄风译,法律出版社2004年版,第139页。(3)译为"长期取得时效抗辩",参见〔意〕彼得罗·彭梵得:《罗马法教科书》,黄风译,中国政法大学出版社1992年版,第220页。本书译为"长期取得时效"。

③ 参见〔英〕巴里·尼古拉斯:《罗马法概论》,黄风译,法律出版社2004年版,第139页。

④ 对于长期取得时效的适用效果,一种观点认为是由占有人取得抗辩权而非所有权,参见〔意〕彼得罗·彭梵得:《罗马法教科书》,黄风译,中国政法大学出版社1992年版,第220页;另一种观点认为是占有人取得事实上的所有权或大法官法上的所有权,参见周枏:《罗马法原论》(上册),商务印书馆1994年版,第357页。由于优帝时代才正式、明确地将长期取得时效规定为所有权的取得方式,因此本书采第一种观点。

士坦丁一世规定，不论是动产或不动产，凡所有权人放弃其占有满 40 年的，其所有权即不再受法律保护，占有人即使欠缺合法原因，或出于恶意、盗窃或暴力，亦可拒绝原所有权人的追诉，该制度被称为最长时效（longissimi temporis praescriptio）或非常时效制度。公元 424 年、狄奥多西二世又将最长时效期间由 40 年改为 30 年。适用最长时效的法律后果为原所有权人丧失对占有人的诉权，因而如果占有人丧失其占有，则其既无诉权可恢复其占有，亦不能阻止原所有权人对新占有人追诉其标的物。因此，最长时效亦非严格意义上的取得所有权的方式。

在古代法时期，社会经济关系较为简单，人员及财物的流转程度不高，因而虽然市民法上的时效取得期间较短，但尚未发现明显弊端。但进入共和国末期及帝政时代，生产力大为发展，社会经济关系趋于复杂，商人、手工业者、游民等人员迁徙不定，财产流转也较为频繁，尤其是略式移转物已构成财产的客体，于是往往发生有人利用他人的疏忽或迁徙而侵占其财产的情形。这就凸显出古代法时期的时效取得制度期间短、门槛低的弊端。另一方面，由于该时期市民权尚未完全普及，使市民法上的时效取得无法适用于外国人及其他无市民权之人，而出现明显的法律空白。为填补这一空白，长期取得时效制度在该时期内得到充分发展。基于这些原因，该时期的取得时效制度体现了以下几点特征：首先，适用渊源的二元化。罗马市民适用市民法上的时效取得（usucapio）制度，外国人及其他无市民权之人适用长期取得时效（longi temporis praescriptio）或最长时效（longissimi temporis praescriptio）制度。这两项制度成为后世取得时效制度的主要渊源。其次，取得时效的适用要件趋于严格。无论是市民法上的时效取得还是长期取得时效，原则上均要求合法原因和善意要件，仅在法律有明确规定的例外情形下该要件才有所放宽。这体现了立法者对防止取得时效制度被恶意占有人滥用的立法意图。再次，时效取得与长期取得时效的适用效果不统一。适用前者的法律后果是由占有人取得市民法上的所有权，适用后者的法律后果是占有人取得对抗原所有权人的抗辩权。最后，取得时效期间有变长的趋势。由于长期取得时效制度的确立和发展，其期间远长于市民法上的时效取得期间，该长期时效期间逐渐被立法者及学界认可，这对后世大陆法系各民法典取得时效期间的规定产生了重大影响。

3. 优帝时期——公元526年至公元565年

在该时期内,罗马法的唯一渊源是皇帝敕令和敕谕编纂之法典。优帝在位近40年间,投入大量人力、物力进行法典编纂,其主要成果有:《优士丁尼法典》(Codex Justinianus)、《学说汇纂》(Digesta Justiniani 或 Pandectae)、《法学阶梯》(Institutiones Justiniani)和《新律》(Novellae Constitutiones Justiniani)四种,被总称为《民法大全》(Corpus Juris Civilis)。

优帝即位时,市民权已在整个帝国范围内普及于一般居民,意大利本土与外省土地因统一征税而导致法律地位无异,市民法上所有权与大法官法上所有权的差异也几近消失。[①] 在此背景下,市民法上的时效取得与非罗马市民适用的长期取得时效的二元模式已无继续存在的必要。因此,优帝于公元531年将这两种时效合并为一种制度。首先,将动产的取得时效期间改为3年,称为"时效取得"(usucapio);不动产视当事人是否同住一省,分别适用10年或20年期间,仍称为"长期取得时效"(longi temporis praescriptio)。其次,在适用效果方面,将长期取得时效明确规定为所有权的取得方式,而不再是抗辩的原因,使时效取得与长期取得时效的适用效果得到统一。再次,对于其他适用条件,如果两者条件原本相同,则继续保留该条件;如果两者条件不同,则选择其中更为合适的条件加以保留。最后,对于最长时效,优帝于公元528年规定,除被监护人、被保佐人和嫁奁中的不动产等禁止流通的财物以外,如果占有人是善意且其前手非用暴力强占物件的,如遗失物、失窃物,可不须有正当原因,不论动产或不动产,经过30年即可取得所有权。如果是恶意又无正当原因的,则不能取得所有权。对于受到法律特别保护的财产,如讼争物以及国库、皇帝、寺院和慈善团体的财产等,则其时效期间为40年。[②]

在优帝时期,取得时效的适用条件是:① 占有;② 时间,即占有的持续期间;③ 物的能力(res habilis),这一名词还包括早期法对遗产的时效取得的客观限制;④ 正当原因或正当名义(iusta causa 或 iustus

---

① 大法官法上所有权,最初为裁判官所创设,原则上不受市民法保护,无市民法上所有权之效力,而仅受其他有关诉权保护。随着罗马法的演变,市民法上保护所有权的两种诉权,逐渐扩张其适用范围,而亦用以保护大法官法上所有权。参见陈朝璧:《罗马法原理》,法律出版社2006年版,第282页。

② 参见周枏:《罗马法原论》(上册),商务印书馆1994年版,第358—359页。

titulus);⑤善意(bona fides)。[1] 依据《学说汇纂》,取得时效的适用范围包括:作为买受人的时效取得、作为继承人或作为占有人的时效取得、因赠与的时效取得、因抛弃的时效取得、因遗赠的时效取得、因嫁资的时效取得和作为自己之物的时效取得。[2] 关于创设取得时效制度的目的,盖尤斯认为:"为了公共利益(bonum publicum)创设了取得时效。以便使某些物的所有权不致长期地并几乎是永久地处于不确定状态,因为法律规定的取得时效期间对所有人寻找其物是足够的。"[3] 能通过时效取得所有权的人包括:家父(paterfamilias)、服兵役期间的家子(filiusfamilias)、经监护人同意(auctoritas)开始占有某物的被监护人(pupillus)和未经监护人同意而以占有之意思(animus possidendi)占有某物的被监护人。不能通过时效取得的物包括:盗窃物、受贿物、因船舶遇难而被抛掉之物、独立的役权等。对于"善意",罗马法学家的解释是,"善意购买人被认为是不知此物为他人之物或以为出卖人有权出卖此物的人,如认为出卖人是代理人或监护人的人"。"如果某人认为法律不许他通过时效取得其占有之物,那么应该指出,虽然他认识错误,但取得时效不进行或是因其占有未被视为善意占有,或是因对在法律方面认识错误的人而言取得时效不进行。"对于"正当理由",罗马法学家认为"某人作为真正购买某物的买受人占有物,他仅仅认为自己已作为买受人占有物是不够的,还必须有购买的原因(causa emptionis)……因此一个人必须善意地购买并善意地取得占有"。此外,赠与、遗赠和嫁资亦可构成正当理由。[4]

经过上述三个阶段共一千多年的发展演变,取得时效的各项规则在优帝时期基本成熟定型,成为后世大陆法系各民法典规定取得时效的基础。纵观整个罗马法时期取得时效制度的发展演变,其体现了以下几个特征:首先,相较于消灭时效而言,取得时效的产生时间更早。usucapio 是市民法上一项十分古老的制度,其构成了罗马法上取得时

---

① 参见〔意〕彼得罗·彭梵得:《罗马法教科书》,黄风译,中国政法大学出版社 1992 年版,第 221 页。

② 参见《学说汇纂》(第 41 卷),贾婉婷译,中国政法大学出版社 2011 年版,第四章至第十章。

③ 〔意〕桑德罗·斯奇巴尼选编:《物与物权》,范怀俊、费安玲译,中国政法大学出版社 1999 年版,第 101 页。

④ 同上书,第 101—113 页。

效的主要渊源之一。其次,有两条主要发展脉络:一条是市民法中作为所有权取得方式之一的时效取得(usucapio);另一条是最初适用于非罗马市民的作为一种抗辩制度的长期取得时效(longi temporis praescriptio)。到优帝时期,两种制度合二为一。再次,适用条件渐趋严格。在古代法时期并无"善意"的条件要求;而发展到优帝时期,则要求以"善意""正当原因或正当名义"为条件。复次,适用对象包括动产与不动产,但分别适用不同的期间。不适用取得时效的物则有盗窃物、非法物等,且在不同时期具体范围有所损益。最后,时效期间有逐渐变长的趋势。

笔者认为,取得时效产生于罗马法并形成这些特征的主要原因有:

第一,经济方面的原因。取得时效制度是生产力不断发展的产物,反映了罗马社会经济的客观要求。周枏先生在解释取得时效的产生原因时认为:"如果有人让土地荒芜而不垦,让奴隶、牲畜游散而不用,法律就没有必要去保护那些因财物过多而废弃不用的人,不必去禁止另一些因需要而利用这些东西的人。要是所有人没有抛弃其物的意思,则尽可在一定期间内提出异议,收回原物。所以,时效制度最初是在公有制过渡到私有制时,为了调节财产所有人和需要人间的矛盾,平衡有余与不足,鼓励人们使用他人废弃之物,以使物尽其用。"①在古代社会,荒地多而人力少,取得时效制度能够有效地提高人们占有、开发荒地的积极性,从而促进生产力的发展,这是取得时效制度得以产生的最深刻的经济原因。

第二,弥补要式主义的不足。罗马法中的交易行为采取十分严格的要式主义,这就极易导致行为因欠缺形式要件而使效力存在瑕疵,如果当事人所进行的要式买卖的方式有瑕疵,在市民法上虽不能发生移转所有权的效力,但可因买受人持续占有标的物,通过适用取得时效使买受人得到保护。正如巴里·尼古拉斯所指出的:"时效取得的作用在于帮助那些以让渡的方式取得要式物的人以及其他的类似持有人弥补其权利方面的缺陷。"②从相当程度上来说,取得时效是在罗

① 周枏:《罗马法原论》(上册),商务印书馆 1994 年版,第 345 页。

② 〔英〕巴里·尼古拉斯:《罗马法概论》,黄风译,法律出版社 2004 年版,第 135 页。

马法严格要式主义模式下，为弥补该模式弊端而产生的一项制度。

第三，举证方面的原因。至罗马共和国末叶，商品经济有了发展，交易及迁徙频繁，取证问题相应突出，于是取得时效又发展成为一种便利证明所有权之不可缺少的手段。为此，大法官法规定，出卖人只要证明自己在1年或2年中曾持续占有某物，即认为他为该物的合法所有人，而不论其前手的权利是否正当。这样就避免了举证困难。[①]如果一个人根据正当原因占有某物，并且在规定的期限内保持着这种占有，他就可以要求侵犯其权利的人证明他在占有时的恶意，或者要求该人证明物是被窃取或者依武力占据的。事实上，这是在两种态度之间的一种妥协：一方面，罗马人不喜欢妨碍既定的权利；另一方面，在实践中又需要对已经固定下来的事实给予一定的承认。[②] 时效取得制度的实际功效是向占有者提供保障，并为维护社会利益，为发生司法争议的潜在可能性确定一个期限。[③] 在罗马法上，实体法与程序法未被严格区分，现代意义上的举证规则尚未形成，这些都对取得时效制度的发展演变产生了重要影响。

第四，历史方面的原因。进入帝政后期，由于战乱频繁，导致大量田园荒芜，农业生产受到严重破坏，在这种历史背景下，为了促进农业生产，恢复正常的社会生活秩序，取得时效演变成一种尊重持续事实状态、保护现有社会经济秩序，以利于发展农业生产的制度。从客观效果上来看，取得时效制度也确实能够在战乱结束时期发挥更大的积极作用。

第五，地理方面的原因。对外扩张战争的胜利，使罗马帝国的版图不断扩大，在意大利本土之外又出现了越来越多的行省，再加上交通不便等原因，使得整个帝国适用单一的取得时效期间变得既不现实、也不合理。这就导致了同省与异省之间适用不同的时效期间，并且这一规定一直保持到优帝时期。

第六，罗马法其他制度的影响。罗马法的市民权制度、占有制度及诉讼制度等均在一定程度上影响了取得时效的产生和发展。例如

---

① 参见周枏：《罗马法原论》（上册），商务印书馆1994年版，第345页。

② 参见〔英〕巴里·尼古拉斯：《罗马法概论》，黄风译，法律出版社2004年版，第135—136页。

③ 参见〔意〕彼得罗·彭梵得：《罗马法教科书》，黄风译，中国政法大学出版社1992年版，第220页。

市民权制度催化了长期取得时效制度的产生,善意占有制度影响了取得时效要件的变迁①,等等。因此,在考察罗马法上取得时效制度的发展演变时,必须要考虑同时代其他制度对其造成的影响。

第七,相关法律制度欠缺的影响。由于相关法律制度在罗马法中尚未建立,这就给取得时效留下了相当的适用空间。例如罗马法尚未产生完备的不动产登记制度,这就使不动产适用取得时效成为可能并具有重要意义;罗马法中还没有善意取得制度,这使得动产适用取得时效成为必要和可能。

(二)日耳曼法上的取得时效

除了罗马法对欧陆各民法典产生巨大影响以外,日耳曼法对后世各民法典也产生了一定影响。各日耳曼王国的法律成文化历程、立法成果等都存在一定差异。根据它们所颁布的蛮族法典的内容和特性,可以大致分为四组:一组是哥特式,包括西哥特人、东哥特人和勃艮第人的法典;一组为法兰克式,包括撒里克人、利普里安人、卡马维人、图林根人的法典;一组为撒克逊式,包括撒克逊人、盎格鲁-撒克逊人、弗里西人的法典;一组为施瓦本式,包括阿勒曼尼人及其后裔巴伐利亚人的法典。②

日耳曼法中没有像罗马法那样理论缜密、体系完整的取得时效制度,但在日耳曼各地的习惯和法律中,确实存在因持续占有土地而取得权利的规则。在勃艮第,如果勃艮第人邀请属于蛮族部落的某个人与他住在一起,自愿授予他土地居住,并且受赠者不受禁止地持有该土地满 15 年,他就可继续占有此土地。如果某人的土地被他人占有满 30 年,即使能够证明占有是基于武力掠夺,他也不能请求重新拥有此土地。根据伦巴德法律,如果某人占有他人的房子、土地满 30 年,此占有就不得受到决斗的挑衅,占有人可以发誓替自己辩护,而不受到决斗的威胁。如果占有公共土地满 60 年,占有人则可以不受干扰地占有它。但法律同时又规定,根据伪造的特许状占有动产或不动

---

① 最长取得时效在创设之初不以合法原因和善意为条件,即使占有是基于恶意、盗窃或暴力,也可拒绝所有人的追诉,并取得物的所有权。优帝时期,优士丁尼在《法学阶梯》中删掉了盖尤斯的有关论述,并且坚决要求任何时效取得必须具备善意和统一的期限。参见〔意〕彼得罗·彭梵得:《罗马法教科书》,黄风译,中国政法大学出版社 1992 年版,第 224 页。

② 参见李秀清:《日耳曼法研究》,商务印书馆 2005 年版,第 101 页。

产，即使此占有已满 30 年，也不受保护，一旦被证实，占有人将丧失所占有的财产，原所有人应该重新得到它。在法兰克，根据查德勃特二世于公元 595 年颁布的法规，如果某人连续 10 年占有属于公爵或法官的奴隶或田地或其他财产，一般不得要求归还，如果为孤儿，则延长至 20 年。关于其他财产，一般为 30 年。但是，西哥特法律似乎不允许以占有获取土地。它规定，任何人如果继承或取得他人地界内的土地，或者在所有人缺席或不知道的情况下占有其土地很长时间，即使这种占有已经超过 50 年，并且也是公开的、众所周知的，他都不应对此享有永久的所有权，并且一旦发现旧有的地界标志，确定了土地边界，他就应该将所占土地归还所有人。[①]

日耳曼法上的取得时效制度具有以下特征：首先，适用对象仅限于房屋、土地，而不包括动产。其次，持续占有土地的期间总体上长于罗马法上的取得时效期间。再次，取得时效的适用条件及具体规则的缜密程度和体系化程度不如罗马法。最后，日耳曼各地的取得时效具体规则并不统一，亦有地区否认该制度的适用。形成这些特征的主要原因有：第一，日耳曼法的“以手护手”原则使动产的移转和占有能够产生确定效力，而不需要适用取得时效制度。尽管后世普遍认为“以手护手”原则为善意取得制度之滥觞，但对该原则的真实含义一直未有定论，有学者将其定义为“让与并交付动产者，应保护受让与者即受交付者”[②]。也有学者将其解释为“受让人应保证将所接受之动产归还给交付人”[③]。但无论采何种理解，“以手护手”原则仅适用于动产并无疑义，这就使非权利人占有他人动产在短期内即可产生确定效果，而无需以长期占有动产为权利变动的要件。因此，日耳曼法上的取得时效制度仅着眼于土地、房屋等不动产。第二，日耳曼法特有的历史发展轨迹决定了其取得时效制度在规则的缜密和体系化程度上均无法和罗马法比肩。法律史上常将日耳曼人编纂的成文法典称为“蛮族法典”，形成该称谓的一个重要原因是，这些日耳曼法典尽管有法典之名，但实际上体系凌乱、内容具体，大多是习惯法的记载和汇编，缺乏作为一部法典应该具备的结构上的体系性和内容的抽象性。

---

① 参见李秀清：《日耳曼法研究》，商务印书馆 2005 年版，第 244—245 页。

② 梁慧星主编：《中国物权法研究》（上册），法律出版社 1998 年版，第 475 页。

③ 李宜琛：《日耳曼法概说》，中国政法大学出版社 2003 年版，第 92 页。

日耳曼法的这种特点，反映出日耳曼人处于经济、文化都比较落后的发展阶段，立法技术原始，尚不能作抽象概括和逻辑推理。同时，这也与日耳曼法纯以具体的生活关系为根据有关，因为它的大部分法律条款都是基于习惯和已存事实制定的，立法者对此作机械的记载即可，似乎没有从理论上进行提升和加工锤炼的必要。[①] 因此，日耳曼法未能产生如罗马法那样理论精深、规则缜密的取得时效制度，而仅留下一些凌乱、具体的规定。第三，日耳曼法的"属人主义"特征导致了各王国法典对取得时效制度的不同态度。日耳曼法具有强烈的"属人主义"特征，各王国法典只能适用于王国内的本民族人，以至于有"五人同行或同坐一处，其中未尝见一人与他人间有共同之法律"[②]的夸张说法。对于该特征形成的原因，学界未有定论，孟德斯鸠认为是源于日耳曼民族的风俗[③]，亦有学者从日耳曼人的个人主义精神、国家管理、征服者与被征服者的关系等角度加以解释。[④] 这种"属人主义"特征体现在取得时效制度上，即为各王国法典在取得时效期间、适用条件、适用对象等方面均存在显著差异，甚至有的王国法典根本否定该制度。

（三）英美法上的取得时效

在英美法系国家，虽然其法的渊源、法的制度及发展与罗马法迥然有异，但在许多方面仍不同程度地受到罗马法的影响。[⑤] 英美法系中的时效制度，无论是取得时效（positive prescription；acquisitive prescription）还是消灭时效（negative prescription；extinctive prescription；limitation of actions；statute of limitation）也同样源于罗马法。[⑥] 在英美普通法上，"根据古老的习惯，在任何情况下都是没有取得时效的立锥之地的"[⑦]，因此，英美法系中取得时效制度主要是制定法的产物。但

---

① 参见李秀清：《日耳曼法研究》，商务印书馆 2005 年版，第 246—248 页。

② 同上书，第 457 页。

③ 参见〔法〕孟德斯鸠：《论法的精神》（下册），张雁深译，商务印书馆 1997 年版，第 214—215 页。

④ 参见〔日〕久保正幡：《西洋法制史研究》，岩波书店 1952 年版，第 254—255 页。转引自李秀清：《日耳曼法研究》，商务印书馆 2005 年版，第 457—458 页。

⑤ 参见江平、米健：《罗马法基础》，中国政法大学出版社 2004 年版，第 45 页。

⑥ 参见李进之等：《美国财产法》，法律出版社 1999 年版，第 33 页。

⑦ David M. Walker, *The Law of Prescription and Limitation of Action in Scotland* (fifth edition), W. Green&Son Ltd., 1996, p. 1.

与大陆法系不同的是，英美法系取得时效的适用范围主要限于他物权。例如相邻土地所有人一方在他方土地上连续、公开、和平地通行、引水或采光达到一定年限而取得对该土地的上述地役权，或因共享某些自然资源取得用益权等。再如英国《1832 年取得时效法》(Prescription Act 1832)对土地用益权、引水权及通行权等分别规定了不同的取得时效期间。苏格兰现行《1973 年取得时效与消灭时效法》[Prescription and Limitation (Scotland) Act 1973]也对土地上的利益(interest in land)、积极地役权(posititive servitudes)及公共通行权(public rights of way)分别规定了不同的取得时效期间。[①] 由此可见，英美法系的取得时效制度，虽在一定程度上受到了罗马法的影响，但其创设和发展轨迹，却体现出与大陆法系并不相同的特征。

二、消灭时效在外国法上的历史考察

(一) 罗马法上的消灭时效

在罗马法中，取得时效与消灭时效并非一项统一的制度，也不存在两者之上的上位"时效"概念。两者在起源、发展及产生原因等方面也并不相同。[②] 大体而言，消灭时效制度的产生晚于取得时效制度。消灭时效制度在罗马法上的产生和发展大致可分为三个阶段[③]：古代法时期、裁判官法时期、帝政时期。

1. 古代法时期——自罗马建国后约五世纪间(公元前 753 年至公元前 3 世纪)

在该时期内，消灭时效制度尚未产生。该时期内颁行的《十二表法》仅规定有时效取得(usucapio)，其后成为取得时效制度的重要渊源之一。罗马法在相当长时期内没有关于消灭时效的规定，诉权"在古

① 参见葛承书：《民法时效——从实证的角度出发》，法律出版社 2007 年版，第 12 页。

② 中世纪注释法学派将取得时效与消灭时效混为一个统一的制度，影响了法、奥、日等国的时效立法模式。参见郑玉波：《民法总则》，中国政法大学出版社 2003 年版，第 492 页。

③ 关于该三阶段的划分，可参见周枏等编：《罗马法》，群众出版社 1983 年版，第 354—355 页；郑玉波：《民法总则》，中国政法大学出版社 2003 年版，第 542 页。

典法时期是永远存在的"[①]。在该时期内,权利人通过民事诉讼寻求权利的公力救济没有期限的限制。由此观之,消灭时效与取得时效并不存在共同的源头。

2. 裁判官法时代——罗马实行全面对外征服政策至共和时期结束(公元前3世纪至公元前27年)

通说认为,罗马法的消灭时效制度起源于裁判官法。[②] 但也有学者认为,消灭时效制度起源于程式诉讼中的"前书"(praescriptio)制度。[③] 还有学者认为"诉讼时效产生于裁判官法"是考据上的误解,罗马法并不存在诉讼时效制度。[④]

裁判官法(ius praetorium)"是由裁判官为了公共利益而引入的法,其宗旨是辅助、补充或修正市民法,人们也称其为荣誉法,这一称谓来自于执法官职位的荣誉"。裁判官最初设立于公元前367年,作为两名执政官的助手,后来侧重于行使司法权。裁判官并不能直接修改由城邦立法机构制定的法律,但可以通过司法活动创造、变通或者解释法律规则,使某些适用范围有限的或者僵硬的法律规则适用于新的情况并且焕发活力。裁判官法的具体形式有颁布告示(edictum)、发布令状(interdictum)以及在司法审判中运用公平和诚信原则。[⑤]

在罗马法时代,民事诉讼最初是无限期的,只有裁判官诉讼才受时间的限制,一般为一个用益年。随着裁判官管辖权的发展,出现了"无期限诉讼"(actiones perpetuae)和"时效诉讼"(temporales 或 temporariae)之分。[⑥] 前者系市民法上的诉讼,权利人的诉权原则上不受

---

① 转引自黄风:《罗马私法导论》,中国政法大学出版社2003年版,第11—12页。

② 参见陈朝璧:《罗马法原理》,法律出版社2006年版,第106页;郑玉波:《民法总则》,中国政法大学出版社2003年版,第542页。

③ 程式诉讼的前书是写在诉状开头的一种但书,用来限定诉讼的范围。"若为时效的抗辩,必书于原告请求之前",这就是"时效生于前书的习惯"。在诉状前面不附具这种前书,时效就不发生作用。参见江平、米健:《罗马法基础》,中国政法大学出版社2004年版,第458页。

④ 参见魏盛礼:《诉讼时效在保障工商业文明社会信用体系中的核心价值》,载《河北法学》2006年第4期。

⑤ 参见黄风:《罗马私法导论》,中国政法大学出版社2003年版,第11—12页。

⑥ 参见〔意〕彼得罗·彭梵得:《罗马法教科书》,黄风译,中国政法大学出版社1992年版,第107页。

时间限制，永久存在。但在一些特殊情形下，权利人须在一定期限内行使权利。[①] 后者系裁判官法上之诉讼，权利人的出诉期限为 1 年。如果债权人不在此 1 年期内起诉，则丧失诉权，而且还丧失其实体法上的权利。此即消灭时效制度的最初源头。

3. 帝政时代——帝政时期开始至优帝时期结束（公元前 27 年至公元 565 年）

戴育图帝（Theodosius）[②]时代，对于消灭时效曾设一总括规定，对一切诉讼均限制其出诉期限。原来裁判官法上的时效诉讼以及特殊情形下受时间限制的无期限诉讼，其出诉期限仍维持不变。对于市民法上的无期限诉讼，也规定权利人须在 30 年内行使权利（特殊情形下可延长至 40 年）。所以自戴帝之后，无期限诉讼即已名存实亡。因此有学者称，"罗马法上之消灭时效，可谓发端于法务官法（裁判官法），而完成于戴帝也"[③]。至优帝时代，仍然延续了戴帝所确立的消灭时效制度。优士丁尼在《法学阶梯》中写到：

> 此处朕须指出，根据法律、元老院决议或神圣敕令产生的诉权，在古时通常永久有效，现在，神圣的敕令不论对对物诉权还是对对人诉权，都规定了确定的期限。但取决于裁判官自己的管辖权的诉讼，通常在 1 年内有效（事实上，上述裁判官也在 1 年内享有谕令权）。但有时这些诉权也扩展为永久的，换言之，延展到敕令采用的期限。授予遗产占有人和其他处在继承人地位的诉权是这样的。对现行盗窃的诉权也是如此，尽管是根据裁判官自己的管辖权产生的，却是永久地授予的。事实上，裁判官认为，把它限制在 1 年的期限内，荒唐。[④]

在帝政时代，消灭时效的效力也发生了重大变化。在裁判官法时代，1 年的出诉期限届满后，债权人既丧失程序法上的权利即诉权，也

---

① 这些特殊情形主要有：继承人对遗产继承权的诉权、对盗窃物的诉权等。参见〔古罗马〕盖尤斯：《法学阶梯》，黄风译，中国政法大学出版社 1996 年版，第 340 页。

② 亦译为狄奥多西大帝。

③ 郑玉波：《民法总则》，中国政法大学出版社 2003 年版，第 542 页。

④ 〔古罗马〕优士丁尼：《法学阶梯》，徐国栋译，中国政法大学出版社 1999 年版，第 501 页。

丧失实体权利。因此裁判官法上的消灭时效是债的消灭原因之一。而帝政时代的消灭时效届满,引起的法律后果只是债权人不能再行起诉,即丧失程序法上的救济权,而超过消灭时效的债权成为自然债权,仍有可能通过诉讼外的其他途径得到实现。

罗马法上的消灭时效期间主要有1年、30年、40年三种(另有4年、5年时效期间仅适用于一些特殊情形)。适用1年时效期间的包括时效诉讼中的胁迫诉、欺诈诉、保利亚那诉(Actio Pauliana)和强盗诉等。[①] 公元5世纪,戴帝将一般诉权的期限定为最长的30年,抵押诉权为40年,但仍沿用永久诉的名称。优帝一世时又改寺院和慈善团体的诉权为40年,国库的税收则不受消灭时效的限制。[②]

罗马法上的消灭时效制度体现了以下几个特征[③]:

(1) 产生的时间晚于取得时效。

(2) 适用领域经历了由窄到宽、由例外到一般的过程。最初的消灭时效仅作为一种例外适用于裁判官法中的某些诉讼,而在市民法诉讼的一般场合下,并不受时效限制。直到戴帝时代,才将消灭时效的适用领域扩大到所有民事诉讼。

(3) 适用对象主要是债权的救济权能。时效期间经过的主要法律后果,是债权人丧失要求司法机关对其债权提供救济的权利。有学者将取得时效和消灭时效这两个概念与罗马法中的物权概念和债权概念结合起来,将前者称为物权时效,后者称为债权时效。[④]

(4) 消灭时效是导致债的关系消灭的原因之一。"债的消灭原因区分为'当然'(ipso iure)消灭和'因抗辩'(ope exceptionis)消灭。前一类消灭原因的确消除债以及可能依赖于债的一切附属关系。第二类消灭原因则只是为消除债关系提供一种争讼的权利。但是,这种权利一般只通过对起诉的债权人提出抗辩的方式来授予或运用。"[⑤]罗

---

① 参见周枏:《罗马法原论》(下册),商务印书馆1994年版,第855—858页。

② 同上书,第918—919页。

③ 关于罗马法时代消灭时效的特征,已有学者作了有益的探讨。参见李求轶:《消灭时效的历史与展开》,中国法制出版社2008年版,第24—36页。

④ 参见江平、米健:《罗马法基础》,中国政法大学出版社2004年版,第373页。

⑤ 〔意〕彼得罗·彭梵得:《罗马法教科书》,黄风译,中国政法大学出版社1992年版,第318页。

马法上的消灭时效,是通过赋予债务人抗辩权而使债的关系消灭(未必是实体权利消灭)的制度。

(5) 消灭时效的效力经历了实体权利消灭到司法救济权消灭的过程。在裁判官法时代,时效期间届满后,债权人既丧失程序法上的权利,也丧失实体权利。而到了帝政时代,时效期间届满,仅导致债权人丧失程序法上的救济权,实体权利并不消灭。

(6) 以"时效受益人的善意"为要件。接受消灭时效利益的人之善意的要件为罗马法所特有。这是因为罗马法的消灭时效是最高裁判官法的产物。在罗马法中,债务人恶意则不能享有时效利益。[①]

(7) 时效期间呈现了由短到长的趋势。

笔者认为,消灭时效产生于罗马法并形成这些特征的主要原因有:

第一,裁判官制度的影响。裁判官制度设立于公元前 367 年,裁判官最初是作为执政官的助手,后来逐渐演变为侧重于行使司法权的职位。裁判官法"是由裁判官为了公共利益而引入的法,其宗旨是辅助、补充或修正市民法,人们也称其为荣誉法,这一称谓来自于执法官职位的荣誉"[②]。随着裁判官管辖权的发展,出现了"无期限诉讼"(actiones perpetuae)和"时效诉讼"(temporales 或 temporariae)之分,后一类诉讼是"荣誉法"诉讼以及仿照市民法引入的诉讼,主要指以市民法为基础的扩用诉讼和拟制诉讼。[③] 由于裁判官的任期为 1 年,权利人必须在 1 年内提起诉讼,才能使自己的权利主张在该裁判官的任期内得到支持。这就是消灭时效制度产生的最原始动因,以及当时时效期间规定为 1 年的直接原因。无论当代的民法学者如何用语义艰深的理论去解释时效制度的终极价值,消灭时效制度最初的产生原因竟然是司法官员的任期是有期限的(1 年)而非终身制,这是我们不得不承认和面对的事实。

第二,程式诉讼制度的影响。程式诉讼指诉讼当事人的陈述经过大法官审查认可后作成程式书状(formula,简称程式),交由承审员等

---

① 参见李求轶:《消灭时效的历史与展开》,中国法制出版社 2008 年版,第 32 页。

② 黄风:《罗马私法导论》,中国政法大学出版社 2003 年版,第 11 页。

③ 参见〔意〕彼得罗 · 彭梵得:《罗马法教科书》,黄风译,中国政法大学出版社 1992 年版,第 107 页。

根据程式所载争点和指示而为审判的程序。产生于公元前2世纪至公元前3世纪间，至公元294年地奥克莱体亚努斯帝即明令废止。[①]程式诉讼制度中的一些价值理念和具体制度设计，在一定程度上也影响了消灭时效制度的产生。例如程式诉讼的“诚信诉讼”(actiones bonae fidei)，承审员可斟酌案情，根据当事人在法律关系中应该诚实信用，按公平正义的精神而为恰当的判决。又例如“程式错误”中包括“时间上的过分请求”(plus petitio tempore)，即当事人不能在有关权利期限届满之前提出诉讼请求。又例如在特别程序中的令状(interdicta)制度，其中的有期令状的期限一般为1年，如普通暴力令状。[②]

第三，抗辩制度的影响。在程式诉讼时期允许裁判官最广泛地干预审判，抗辩正是随之而产生的，裁判官把它当做一种间接的手段，借以纠正法律的不公平之处。有些抗辩是属于裁判官法的，如“诈欺抗辩”“恐吓抗辩”，有些则属于市民法，如“琴斯亚法抗辩”(exceptio legis Cinciae)，“韦勒雅尼元老院决议抗辩”或“马其顿元老院决议抗辩”(exceptio senatus consulti Velleiani 或 Macedoniani)，但是，裁判官经常从一项法律中为他的“抗辩”找到根据和机会，而且有时有一定的自由权。[③] 依据彼得罗·彭梵得的观点，“时效是这样一种法律制度：根据该制度，一切诉权，即一切体现在诉讼时刻的权利，在经过一定时期之后，可以通过抗辩而加以消灭”[④]。可见，产生于裁判官法的消灭时效制度，与裁判官法中占重要地位的抗辩制度，两者关系密不可分。

第四，取得时效制度的影响。消灭时效制度虽非直接源于取得时效制度，但其产生并不能说完全未受后者的影响。取得时效制度确立了这样一种理念：时间的经过有可能对权利的状态产生影响。受这种理念的影响，到戴帝时代，产生了适用于所有民事诉讼的消灭时效制度，由此产生了统一的消灭时效制度。事实上，消灭时效制度与取得时效制度是相互影响的。例如“特长时效取得”(praescriptio longissimi temporis)就是由优士丁尼根据一般消灭时效即戴帝的“三十年时效”(praescriptio triginta annorum)而创造的。

---

① 参见周枏：《罗马法原论》(下册)，商务印书馆1994年版，第949页。

② 同上书，第983页。

③ 参见〔意〕彼得罗·彭梵得：《罗马法教科书》，黄风译，中国政法大学出版社1992年版，第101页。

④ 同上书，第107页。

第五，实体法与程序法尚未分离的影响。“诉讼只不过是通过审判要求获得自己应得之物的权利(Actio nihil aliud est quam ius persequendi iudicio quod sibi debetur)。”在罗马法中，诉讼不仅具有主观法的一般特点，而且存在着大量不同类型的诉讼，它们有着自己的名称，有的是为权利而设置，有的则是为法律关系而设置，这要看表现得较为明显和确切的是权利还是法律关系；甚至，人们经常用有没有诉讼权利或诉权，表示有还是没有权利。[①] “罗马法学家思考问题的角度更注重于救济手段，而不是权利，更注重于诉讼形式，而不是诉讼原因。一项请求只有当能够以得到承认的形式加以表达时，才可以向法庭提出。”[②]诉权与实体权利这种密不可分的关系，反映在消灭时效制度上，就体现为：时效经过的直接后果是权利人丧失了通过诉讼使权利得到救济的途径。由于罗马法尚未产生“请求权”概念，因此，消灭时效经过导致诉权消灭的这种处理方式，也就不难理解了。

第六，经济、社会方面的原因。恩格斯指出：“罗马法是简单商品生产即资本主义前的商品生产的完善的法，但是它包含着资本主义时期的大多数法权关系。”[③]罗马社会的经济状态、社会各阶层的关系等现实因素，均在很大程度上影响了罗马的法律制度。《十二表法》是共和国时期平民与贵族斗争的产物。[④] 而裁判官法的特点则是，“裁判官通过适时地提供更加有效的救济手段来支持市民法。从实质上讲，裁判官在制定法；但从形式上看，他只是在抵制或者创设救济手段”[⑤]。起源于裁判官法的消灭时效制度，在一定程度上反映了罗马社会当时的经济、社会需求。

第七，法学理论研究发达的影响。罗马的民法理论体系中，已经严格区分了物权与债权两个概念。优帝《法学纲要》称：“债是依国法

---

① 参见〔意〕彼得罗·彭梵得：《罗马法教科书》，黄风译，中国政法大学出版社 1992 年版，第 85—86 页。

② 〔英〕巴里·尼古拉斯：《罗马法概论》，黄风译，法律出版社 2004 年版，第 21 页。

③ 《马克思恩格斯全集》(第 36 卷)，人民出版社 1975 年版，第 169 页。

④ 参见何勤华、魏琼主编：《西方民法史》，北京大学出版社 2006 年版，第 82 页。

⑤ 〔英〕巴里·尼古拉斯：《罗马法概论》，黄风译，法律出版社 2004 年版，第 26—27 页。

使他人为一定给付的法锁。”罗马古代，把债的关系视为人身关系，债务人不履行债务，债权人就可以拘押债务人，从而以人身作为债的担保。虽然如此，债权人和债务人在法律上仍是平等的，债务人自愿接受此项约束，是基于债权人对他的信任，二者之间的关系并无权力服从的性质。① 罗马古代仅有法定债而无自然债，帝政以后，法学家受自然法的影响，始承认自然债的存在，消灭时效完成后的债即为典型的自然债。法学理论的发展与昌明，使罗马法学家认识到，作为“法锁”的债，如果永久性地加诸债务人之上，是违反自然法的精神及公平原则的。超过消灭时效的债权，只能作为自然债提供保护，以此来平衡债权人与债务人之间的利益关系，实现相对公平。这种认识，为消灭时效制度的建立提供了理论上的基础，并在一定程度上催化了统一消灭时效制度的产生。

（二）日耳曼法上的诉讼时效

在日耳曼各王国的法律中，零散地记载了诉讼时效的有关规定。关于诉讼时效，西哥特法律有明确规定。对于奴隶归属发生纠纷，在30年内没有得到解决的，过此期限，任何情况下都不得就此再提起诉讼。假如过此期限后某人还试图提起诉讼，须向国王所指定的人交纳1磅金子罚款。但是，国王的受益人或者国王的雇员，除国王的奴隶外，如果持有属于他人的财产长达30年，他就永远有权要求并保留此财产。而国王的奴隶即使被藏匿或处于他人保护下达30年之久，仍可被起诉重新恢复其奴役的身份，而不受时效的限制。普通奴隶逃脱的，假如在50年内未被发现，过此期限后，该奴隶就不再重新沦为奴隶。此外，在哥特人与罗马人之间进行的土地分配，过了50年后，任何情况下都不得再提起与此有关的诉讼。在勃艮第，土地被他人占用（即使为强行占用）满30年者，其要求归还的诉讼请求就不能得到法官的支持。在伦巴德，普通财产被他人合法占用满30年的，原所有人就无权再对此物提出权利。②

日耳曼法上的诉讼时效制度具有以下特征：首先，适用对象不仅仅限于债权，奴隶、土地等财产归属纠纷亦适用诉讼时效。其次，时效期间普遍较长，远长于罗马裁判官法最初规定的1年期间。再次，未

① 参见周枏：《罗马法原论》（下册），商务印书馆1994年版，第677页。

② 参见李秀清：《日耳曼法研究》，商务印书馆2005年版，第402页。

严格区分取得时效与诉讼时效，两项制度相互纠结。最后，具体规则的缜密程度和体系化程度不如罗马法。形成这些特征的主要原因有：第一，日耳曼各王国商品经济的不发达，使交易关系中各种债权制度未能充分发展，使得诉讼时效没有成为限制债权救济的一项制度。正如李宜琛先生指出的，“日耳曼法既为农业经济之产物，封建时代之规范，较之罗马法之产生于绚烂繁荣之古代资本主义时代者，自异其趣”[①]。第二，日耳曼法特有的历史发展历程导致了其诉讼时效在理论和制度各方面均不如罗马法严谨、缜密。日耳曼各王国虽制定了成文法典，但多体系凌乱、内容琐碎，缺乏理论上的总结与抽象。总体而言，日耳曼各王国法典的立法水平较为低下。[②] 因此，日耳曼法中虽然存在实质意义上的诉讼时效规范，但其并未产生理论严谨的概念，也没有很严格地与取得时效制度相区分。

（三）英美法上的诉讼时效

在英美法系中，与大陆法系的消灭时效大致相当的概念是“limitation of action”，即“诉讼时效”。[③] 值得注意的是，关于英美普通法中是否存在消灭时效概念的问题，英美学者间也存在争议。有学者认为，“对起诉附加的时效期间从一开始就是制定法介入的结果，在普通法上从来没有消灭时效这一概念”[④]。但另有学者认为，“在英国法制度中，由于不存在与要求返还所有物之诉（vindicatio）相对应的诉讼，因此，消灭时效是完全必要的……如果采用英国的方式，则必定实行消灭时效”[⑤]。现在公认的事实是，1623 年英国《诉讼时效和防止法律诉讼法》（Act for Limitation of Actions and for Avoiding of Suits in Law）的

---

① 李宜琛：《日耳曼法概说》，中国政法大学出版社 2003 年版，第 11 页。

② 参见李秀清：《日耳曼法研究》，商务印书馆 2005 年版，第 247—249 页。

③ 对“limitation of action”，学界现有三种译法：（1）译为“时效”。参见王利明：《民法总则研究》，中国人民大学出版社 2003 年版，第 711 页。（2）译为“诉讼时效”。参见薛波主编：《元照英美法词典》，法律出版社 2003 年版；葛承书：《民法时效——从实证的角度出发》，法律出版社 2007 年版，第 9 页。（3）译为“出诉期限”。参见李求轶：《消灭时效的历史与展开》，中国法制出版社 2008 年版，第 64 页。为便于行文，本书译为“诉讼时效”。

④ David W. Oughton, John P. Lowry, Robert M. Merkin, *Limitation of Actions*, LLP Asia Limited, 1998, p. 3.

⑤ 〔英〕巴里·尼古拉斯：《罗马法概论》，黄风译，法律出版社 2004 年版，第 132 页。

问世,在英美诉讼时效制度史上是一个非常重要的事件。[①] 该法规定的普通诉讼时效期间是:所有基于普通法的诉讼必须自该诉因发生之日起 6 年内提起。1623 年英国《诉讼时效和防止法律诉讼法》为英美法系各国及地区的诉讼时效制度奠定了基础,如澳大利亚、中国香港、加拿大、南非等,均在英国诉讼时效法的基础上建立了自己的消灭时效制度。[②] 在该法之后,英国法上关于诉讼时效的重要法律还有 1833 年的 Civil Procequre Act、1874 年的 Real Property Limitation Act 等。英国现行的《1980 年诉讼时效法》(Limitation Act 1980),则仍然是在 1623 年《诉讼时效和防止法律诉讼法》的基础上修改而成的。英美法上诉讼时效的效力,是导致权利人诉权的丧失,而非实体权利的消灭。英美法上诉讼时效制度的作用是"杜绝救济,但没有使权利本身消灭"[③]。此外,英美法系的理论体系没有严格区分诉讼时效期间与除斥期间。在诉讼时效的具体制度设计上,与大陆法系国家也有着诸多区别。

第二节　中国法时效制度的历史考察

一、取得时效在中国法上的历史考察

中国古代既没有如《优士丁尼法典》般的民法成文法典,也没有形成一套逻辑严密的民法概念体系。中国古代法律体系的基本特征是诸法合体、重刑轻民,民法规范被湮没在刑事法律之中,以至于被很多人误认为在中国古代法律中没有民事法律规范。[④] 在历代法律及各类典章中,零星地规定有类似时效的各种规范。对于取得时效制度,有学者认为,中国固有法中虽无时效制度,但存在类似取得时效制度的

---

① 参见薛波主编:《元照英美法词典》,法律出版社 2003 年版,第 851 页。

② 参见葛承书:《民法时效——从实证的角度出发》,法律出版社 2007 年版,第 10—11 页。

③ John Weeks, MA, OC, Preston and Newsom on Limitation of Actions(Fourth edition), Longman, 1989, p. 12.

④ 参见杨立新点校:《大清民律草案·民国民律草案》,吉林人民出版社 2002 年版,第 4 页。

规定。例如，《宋刑统》卷十三载宋太祖建隆三年（公元962年）敕："如为典当限外，经三十年之后，并无文契，虽执文契，或难辨真伪者，不在理论收赎之限，见佃主一任典卖。"又例如，《大清律例》规定："其自乾隆十八年定例以前典卖契载不明之产，如在三十年以内，契无绝卖字样者，听其照例，分别找赎，若远在三十年以外，契内虽无绝卖字样，但未注明回赎者，即以绝产论，概不许找赎。"[①]笔者认为，此二例皆为典权期限的规定，其性质与取得时效迥异，不能作为中国古代存在取得时效制度的例证。

中国古代真正与取得时效类似的制度是"请射"制度。该制度主要存在于后周及两宋时期，其产生、发展大致可分为三个阶段。

（一）第一阶段：初步产生——后周时期

"请射"制度产生的直接原因，是为了解决"逃户弃田"的社会问题。南北朝时期，战乱频繁，出现大量的"逃户弃田"。北朝隋唐时期将弃田作为公田进行授受，但均田制瓦解后，逃户弃田的归属成为迫切需要解决的社会问题。唐末五代时期，多沿袭隋唐法律，将逃户弃田作为官田，以士兵或拘役的"浮客"为政府耕种[②]，但效果并不理想。后周世宗显德二年（公元955年）颁布诏令：

> 应逃户庄田，并许人请射承佃，供纳税租。如三周年内本户来归者，其桑田不计荒熟并交还一半。五周年内归业者，三分交还一分。如五周年外，除本户坟茔外，不在交付之限。其近北诸州应有陷蕃人户自蕃界来归业者，五周年内来者，三分交还二分。十周年内来归者，交还一半。十五周年来者，三分交还一分。十五周年外来者，不在交还之限。[③]

依此诏令，允许他人占有逃户弃田，称为"请射"，3年内可取得1/2所有权，占有5年可获得全部所有权。北方边境地区的占有期限为15年。

（二）第二阶段：继承发展——宋太祖至宋真宗时期

北宋继承了后周的"请射"制度，在北宋初期，多以诏书等形式肯

---

① 参见郑玉波：《民法总则》，中国政法大学出版社2003年版，第492—493页；葛承书：《民法时效——从实证的角度出发》，法律出版社2007年版，第13页。

② 参见叶孝信主编：《中国民法史》，上海人民出版社1993年版，第335页。

③ 《旧五代史》卷115《周书·世宗本纪》。

定请射制度的适用,而缺乏正式立法。太祖开宝六年(公元973年)诏:“诸州今年四月以前逃移人户,特许归业……四月以后逃移者,永不得归业,田土许人请射。”“永不得归业”是指原田主不得再主张其对土地的所有权。太宗太平兴国七年(公元982年)诏:“宜令本府,设法招诱,并令复业,只计每岁所垦田亩桑枣输税,至五年复旧,旧所逋欠,悉从除免。限诏到百日,许令归复,违者弃土,许他人承佃为永业,岁输税调,亦如复业之制。仍于要害处粉壁揭诏书而示之。”此处“承佃”泛指占有耕种土地。依该诏规定,原土地所有人自班诏之日起百日内不复归的,其土地即成为他人请射的对象。太宗淳化四年(公元993年)诏:“今后逃户亦限半年,免一料科纳,限外不归,许人请射,除坟茔外,充为永业。”“充为永业”就是取得永久性的所有权。真宗天禧四年(公元1020年)殿中丞杨日严奏:“民有倚典膏雨(将好田倚典给别人),抛下瘠薄之地,抱税逃移者,自今若来归业,请令先承认旧逃薄田,方得收赎前来待典土田,如已有人请射本户逃田,即元倚典田土,亦不以多少只许请射人收赎,并归一户永为永业。如请射人不及收赎,即勒现佃人时,其本主更不得收赎。”真宗批准了该建议。[①] 在该时期内,北宋政府虽然肯定了后周时期产生的请射制度仍可适用,但一直未明确具体的取得时效期间之长短。[②]

(三) 第三阶段:成熟定型——宋仁宗至南宋灭亡

宋仁宗天圣初年(公元1023年)诏:“民流积十年者,其田听人耕三年而后收减(两税)旧额之半。”不久又下诏:“流民能自复者,赋亦如之(减两税半额)。”为确定占有弃田的开始时间,又规定:“流民限百日复业,蠲赋役五年减旧赋十之八。期尽不至,听他人得耕。”[③]依据这些规定,原所有人弃田满百日,他人即可请射其土地,占有期限为10年,其中前3年免田赋,3年后收取一半田赋,满10年即取得永业田地位,适用正常赋税标准。由此可知,仁宗时期规定弃田的取得时效期间为10年。

南宋法律遵循北宋的做法,取得时效期间原则上仍为10年,但同

---

① 参见孔庆明等编著:《中国民法史》,吉林人民出版社1996年版,第354页。

② 严格说来,“请射”与取得时效并非同一种制度,但为叙述方便,借用“取得时效”“时效期间”等用语说明“请射”制度的内容。下同。

③ 《宋史》卷173《食货志一》。

时也存在变通规定。高宗绍兴三年(公元1133年)立法:

> 户部言:人户抛弃田产,已诏三年外许人请射,十年内虽已请射及拨充职田者,并听理认归业。官司占田不还,许越诉。如孤幼儿女及亲属依例合得财产之人,委守令面问来历、取索契照,如无契照,句(拘)勒耆保邻佐照证得实,即时给付。或伪冒指占者,论如律。州县沮抑及奉行不虔隐匿晓示,委监司按治。从之。①

依该规定,弃田满3年才能请射其土地,取得时效期间仍为10年,在10年之内原所有人仍可归业,满10年请射人即可取得土地所有权。绍兴九年(公元1139年),宗正少卿方庭实言:"中原士民奔逃南州十有四年,出违十年之限,及流徙僻远,卒未能归者。望诏有司别立限年。"户部议:"自复将赦日为始,再期五年,如期满无理认者,见佃人依旧承佃。中原士民流寓东南往往有坟墓,或官拘籍、或民冒占,便行给还。从之。"依该规定,取得时效期间仍为10年,但对南来的中原士民可宽限5年。②孝宗隆兴七年(公元1169年)诏:"(弃田)召人请射,免税三年,三年之后为世业。"③此诏令将取得时效期间缩短为3年。

在南宋各地兴办的屯田和营田,对取得时效期间也多有变通规定。例如,汉阳军镇抚使陈规采用的办法是:"民户所屯之田,水田亩赋粳米一斗,陆田亩赋麦豆各五升,满二年无欠输,给为永业,流民自归者,以田还之。"④依该规定,取得时效期间为2年。又例如,"绍兴三年,韩世忠为江东宣抚使,上命措置建康营田,世忠言:沿江荒田虽多,太平有主,难以如陕西例,请募民承佃,蠲三年租,满五年不言,给佃人为世业。于是诏湖北、浙西皆如之。田租初年全蠲,次年减半,寻又免科配徭役,自此营田专用诸民矣"⑤。依该规定,取得时效期间为5年。

如果逃户在取得时效期间届满前归业,请射人依法应归还其土地,但此时请射人通常已经对土地进行了开垦、投资,其投入如何处理

---

① 参见《文献通考》卷5《田赋考五》。

② 参见叶孝信主编:《中国民法史》,上海人民出版社1993年版,第337页。

③ 《宋史》卷173《食货志一》。

④ 《皇宋中兴两朝圣政》卷10。转引自张晋藩等主编:《中国法制通史》(第五卷·宋),法律出版社1999年版,第373页。

⑤ 《宋会要辑稿·食货六十三》。转引自张晋藩等主编:《中国法制通史》(第五卷·宋),法律出版社1999年版,第374页。

易生纠纷。为解决此问题,北宋神宗熙宁二年(公元 1069 年)诏:"诸请、买荒废地土,已经开垦,并增修池塘、堤岸之类,却有诸般词讼,但合断归后人者,并官为检计用过功价,酬还前人。其增益舍屋,栽种竹木之类,亦偿其直,愿拆伐者听。"[①]该诏令明确了原所有人与请射人之间的权利义务关系,而且该诏令至南宋时仍然被有效适用。

也应当指出,虽然两宋时期关于逃户弃田及请射的各种法令较多,但其中相互矛盾冲突者亦不少。而且,两宋一直未明确规定在取得时效期间届满后占有人能取得所有权,而仅使用"永业""世业"等模糊概念,对原田主重新出现时应如何处理也缺乏统一规定。对此,当时就已经有人提出非议。南宋人洪迈在其著作《容斋随笔》中感叹后周显德二年(公元 955 年)诏令:"其旨明白,人人可晓。非若今之令式文书,盈于几阁,为滑吏舞文之具。故有舍去物业三五十年,妄人诈称逃户子孙,以钱买吏而夺见佃者,为可叹也。"[②]

南宋以后,"请射"制度逐渐被废止。元代未沿袭"请射"制度,对于无主土地如逃田之类,采用了比较简便的法律进行规制。除了已由官府管收的土地外,其余土地可以分配给私人所有。[③] 明清法律也未采"请射"制,而改采"先占"制。明太祖在建国初下诏:"兵兴以来,所在流徙。所弃田,许诸人开垦业之。即田主归,有司于附近拨给耕种,不听争。惟坟墓、房舍还故主,不听占。"[④]依此诏令,逃弃田按先占原则归开垦者所有。其目的在于尽量鼓励耕种,尽快恢复农业生产。清顺治六年(公元 1649 年),清政府颁布了鼓励流民垦荒的法令:"凡各地逃亡民人,不论原籍、别籍,必广加招徕,编入保甲,俾之安居乐业。察本地无主荒田,州县官给以印信执照,开垦耕种,永准为业。"[⑤]依该法令,对于无主荒田,由政府直接分配给无地流民进行耕种,而不再适用时效取得。清末及民国时期制定民法典所规定的取得时效,纯为模仿西方法律制度的结果,与我国固有的"请射"制度并无关系。

---

① 《宋会要辑稿·食货一·检田杂录》。转引自叶孝信主编:《中国民法史》,上海人民出版社 1993 年版,第 337 页。

② 洪迈:《容斋随笔·三笔》卷 9"射佃逃田"条。转引自叶孝信主编:《中国民法史》,上海人民出版社 1993 年版,第 337—338 页。

③ 参见叶孝信主编:《中国民法史》,上海人民出版社 1993 年版,第 465 页。

④ 《农政全书》卷 3《国朝重农考》。

⑤ 《清世祖实录》卷 43。

“请射”制度是存在于中国五代后期及两宋时期的特殊制度，该制度能够在此特定时期产生并存在的主要原因有：

首先，时代背景的需要。五代时期，战乱频繁，农民“逃户弃田”极为普遍，农业生产遭到极大破坏。北周及北宋建立，结束战乱、统一全国为大势所趋，必须采取有效措施解决“逃户弃田”问题，恢复农业生产。

其次，土地制度变迁的影响。五代及两宋，虽然名义上没有废除“均田制”，但实际上“均田制”已名存实亡。既然通过“均田”方法解决弃田归属问题的途径已不存在，就必须另外建立制度，来解决弃田的归属问题。

再次，国家税收的需要。北周及两宋政府实施“请射”制度的最直接目的，是为了保证国家稳定的租赋来源。因此，当时颁布的法律、诏令均规定占有弃田的最初一段时期，减免租赋，以鼓励“请射”的实施；但占有土地达到一定期限后，则要足额向政府缴纳租赋。

最后，财产观念的因素。北周及两宋时期，土地“恒产”的观念尚未确立。前代政府对弃田通常作为“官田”来处理，且“王土”观念尚有一定影响。因此，“请射”制度在当时人们的观念中，并不是一种离经叛道的制度。

“请射”制度与欧陆各国传统民法上的取得时效确有类似之处，二者都承认非权利人占有他人财产到达一定期限，即可以取得相应的权利；二者都具有相同或类似的价值取向，如物尽其用、结束法律关系不稳定状态等。但是，“请射”制度与取得时效仍然存在根本性的区别：

首先，产生原因不同。“请射”制度是在特殊战乱时期，为恢复农业生产，解决“均田制”废止后“逃户弃田”问题而产生。取得时效在罗马法上的产生原因则与弥补严格要式主义的不足有关。依据英国学者巴里·尼古拉斯的观点：“时效取得的作用在于帮助那些以让渡的方式取得要式物的人以及其他的类似持有人弥补其权利方面的缺陷，除此而外，时效取得的规则通常不是为人们提供取得所有权的有效方式，而是为人们提供推卸举证的方法。”①

其次，制度价值不同。“请射”制度是我国特殊历史时期的一项临时性举措，即在“均田制”废止后又尚未产生其他成熟的土地制度的情

---

① 〔英〕巴里·尼古拉斯：《罗马法概论》，黄风译，法律出版社 2004 年版，第 135 页。

况下,为解决“逃户弃田”问题而设。取得时效在罗马法上是一项常设性制度,且为后世立法所继受。

再次,针对的对象不同。“请射”制度仅针对土地(且限于耕地)适用,对房屋、坟茔等不动产以及动产均不适用。取得时效的适用对象包括不动产、动产。

最后,财产观念的基础不同。“请射”制度建立在一定程度的“王土”观念基础上,“弃田”在理论上属“官田”,因此“请射”者占有的并非他人私产,而是“官田”。取得时效则是建立在古罗马社会财产私有制的基础之上。

二、消灭时效在中国法上的历史考察

郑玉波先生认为:“中国固有法无时效制度,尤以消灭时效与中国之‘欠债者还钱’‘今生不还来生还’之旧观念不合,故未建立斯种制度。”[①]如果仅从形式上看,此论确有一定道理,因为中国古代既没有产生消灭时效的概念,也没有形成一套逻辑严谨的消灭时效运作规则。但是,在中国古代浩如烟海的各类典籍中,确实存在着救济权须在一定期限内行使的规定和制度。概括言之,此种规定在性质上可分为两类:一是诉讼时效[②]的规定;二是受理时限的规定,即务开期制度。

(一)诉讼时效的规定

早在周代,《周礼》就有对诉讼时效的规定。发生契约纠纷,如违约、毁约、不完全履约等,必须及时诉讼,过期即不受理,《周礼》对这种诉讼规定了严格的时限。《地官·质人》规定:“凡治质剂者,国中一旬,郊二旬,野三旬,都三月,邦国朞。期内听,期外不听。”朞为1年。这个期限是以国中为中心的远近而确定的。[③] 依该规定,契约纠纷的诉讼时效依据纠纷地与国都的远近而不同,距离国都越远,适用的时效期间越长。

在唐代,唐律对诉讼时效作出了规定。如在家长及见证人亡殁,

---

① 郑玉波:《民法总则》,中国政法大学出版社2003年版,第492页。

② 应当说明的是,中国古代并未产生“诉讼时效”概念,各种规定与现代诉讼时效的规则也不尽相同,但为了行文方便,借用此概念来表述中国古代对起诉时限的规定。

③ 参见孔庆明等编著:《中国民法史》,吉林人民出版社1996年版,第69页。

子孙幼弱的情况下，如以难明契书与之争产，时间过 20 年以上者，不论，即丧失诉讼请求权。对典当物的回赎，法律规定："证显然者，不限年岁，并许收赎；如是典当限外，经三十年后，并无文契，及虽执文契，难辨真伪者，不在论理收赎之限。"对于债权债务的诉权问题，据《宋刑统·杂律》引唐长庆四年（公元 824 年）三月三日制节文称："契不分明，争端斯起，况年岁寝远，案验无由，莫能辨明，衹（只）取烦弊。百姓所经台府州县论理远年债负，事在三十年以前，而主保（已）经逃亡，无证据，空有契书者，一切不须为理。"对于分析财产和遗嘱，法律规定："分财产满三年而诉不平，又遗嘱满十年而诉者，不得受理。"法律对亲邻先买权也作了时效规定："亲邻先买权，逾三年即不得受理。"[①]

至宋代，关于诉讼时效的各种规定最为完备。北宋初，建隆三年（公元 965 年）敕："今后应典及倚当庄宅、物业与人，限外虽经年深，元契见在，契头虽已亡没，其有的亲子孙及有分骨肉、证验显然者，不限年岁，并许收赎。如是典、当限外，经三十年后，并无文契，及虽执文契，难辨真虚者，不在论理收赎之限，见（现）佃主一任典卖。"[②]依该规定，典、当的诉讼时效为 30 年。建隆四年（公元 966 年）制定《宋刑统》，规定："一应田土、屋舍有连接交加者，当时不曾论理，伺候家长及见证亡殁，子孙幼弱之际，便将难明契书扰乱别县，空烦刑狱，证验终难者，请准唐长庆二年八月十五敕，经二十年以上不论，即不在论理之限。有故留滞在外者，即与出除在外之年。违者并请以不应得为从重科罪。"依该规定，该诉讼时效改为 20 年。

南宋时期，对于理诉田宅之诉的时效规定又具体划分以下几种不同的情况，因而更具有可操作性：

① 田宅典买卖的诉讼时效仍为二十年，"准法：诸理诉田宅，而契要不明，过二十年，钱主或业主死者，官司不得受理"。

② 论诉交易田宅以有利债负准折的时效为三年，"诸典卖田宅满三年，而论有利债负准折，官司并不得受理"。

③ 典卖田宅适用亲邻法的诉讼时效为三年，"诸典卖田宅满三年，而诉以应问邻而不问者，不得受理"。

---

① 孔庆明等编著：《中国民法史》，吉林人民出版社 1996 年版，第 345—346 页。

② 《宋刑统》卷 13《户婚律·典卖指当论竞物业条》。

④ 诉分产不平的时效为三年，诉遗嘱不平的时效为十年，“在法：分财产满三年而诉不平，又遗嘱十年而诉者，不得受理”。

⑤ 对祖父母、父母亡后子孙典卖众分田宅私辄费用者的诉讼时效规定，“准法：诸祖父母、父母已亡，而典卖众分田宅私辄费用者，准分法追还，令元典卖人十年者免追，止偿其价，过十年典卖人死，或已二十年，各不在论理之限”。

⑥ 诉尊长盗卖卑幼产业没有时效的限制，“卑幼产业为尊长盗卖，许其不以年限陈乞”。①

至明清两代，对诉讼时效的规定不如唐宋完备，仅有零散规定。例如《大明律·问刑条例》第365条规定：“告争家财田产，但系五年以上，并虽未及五年，验有亲族写立分书已定，出卖文契是实者，断令照旧营业，不许重分，告词立案不行。”乾隆十八年（公元1753年）浙江藩司准奏，对契载不明的产业，特以条例规定：“嗣后民间置买产业，如系典契，务于契内注明回赎字样；如系卖契，亦于契内注明绝卖、永不回赎字样，迄至其乾隆十八年定例以前典卖契载不明之产，如在三十年以内，契无绝卖字样者，听其照例，分别找赎，若远在三十年以外，契内虽无绝卖字样，但未注明回赎者，即以绝产论，概不许找赎。”清《户部覆议》规定：“典限以三、五年至十年为准，契约二、三十年，四、五十年以上者，须于三年内呈明改典作卖。”②清末《大清民律草案》将长期消灭时效规定为30年。民国时期《民法典》将长期消灭时效缩为15年，而且另外规定了短期消灭时效：利息、红利、租金、赡养费、退职金及其他1年或不及1年的定期给付债权，消灭时效为5年；旅店、医院、商店等服务业于日常业务中所生的报酬、垫款等债权，消灭时效为两年。

在清末继受西方法律制度之前，中国古代诉讼时效制度体现了以下几个特征：

（1）没有普通诉讼时效的规定，而是根据不同的民事案件规定不同的时效期间。唐宋两代由于诉讼时效制度比较完备，这一特征体现

---

① 张晋藩等主编：《中国法制通史》（第五卷·宋），法律出版社1999年版，第600—601页。

② 孔庆明等编著：《中国民法史》，吉林人民出版社1996年版，第601、603页。应当说明的是，典权期限与诉讼时效并非同一概念，但由于中国古代长期以来典、卖不分，导致典权期限在有些场合下承载了诉讼时效的功能。

得尤为明显。

（2）从程序法而非实体法的角度作出规定，主要为解决司法机关在何种期限内应受理相关案件的问题。这与近现代民法中诉讼时效的实体法性质显然也有所不同。

（3）诉讼时效的适用范围主要集中于契约纠纷、析产案件等领域。

（4）诉讼时效制度的目的，主要是为了解决年代久远的举证问题。依唐宋法律，即使经过时效期间，还要求“书契不明”“难辨真伪”，权利人才得不到救济；而“证显然者，不限年岁，并许收赎”。

（5）长期诉讼时效期间较长，通常定为30年或20年。

形成这些特征的主要原因有：

（1）“息讼”观念的影响。中国古代的民事审判以“息讼”为原则，以调处和息为目标。确实调处不成而须判决的，也要求将天理、人情作为首先考虑的因素，以使判决与道德民情相符而便于执行，不致缠讼不休而影响社会安定。因此，年代久远才告诉的案件，实有“缠讼”“滥讼”之嫌，不予受理。

（2）民事纠纷在中国古代被视为“细末小事”，不如刑事案件受到重视。因此对迁延时日才告诉的民事案件，司法机关往往不愿受理。

（3）法学理论的非体系化，导致没有像罗马法那样产生“诉讼时效”的一般概念，而是零散地作出各种规定。

（4）中国古代的契约制度、典当制度相对较为发达，而继承、析产案件又是民间最为常见的民事纠纷。因此诉讼时效制度主要针对这些案件作出规定。

（5）地理方面的原因。我国国土辽阔，司法资源相对短缺，因此对不同地域的民事案件所适用的时效期间有一定影响。典型的如《周礼》区分国中、国都、郊区、野外、邦中等地域，适用长短不一的时效期间。

（二）民事案件的受理期限——务开期[①]

中国古代是农业社会，“以农为本”是历代统治者的基本国策之一。该政策在法律上的典型反映，就是历代法律均有“禁诉保农”的相

---

① 严格说来，“务开期”是司法机关受理诉讼的期限，与消灭时效或诉讼时效并不相同。但由于该制度导致原告在一定期间内不能通过司法程序来寻求救济，其适用结果与消灭时效或诉讼时效亦有类似之处，且该制度为我国古代较有特色的一种制度，因此本节对该制度也作简单介绍。

关规定，即受理民事诉讼以不影响正常农业生产为前提，农忙期间原则上不得受理民事诉讼案件，以防止司法活动对农业生产造成不利影响。

在唐代，民事纠纷被视为细末小事，由于一经审理，往往牵连甚广，旷时费日。为了避免民事诉讼耽误农时，影响生产，法律明确了受理期限的规定，自十月一日至第二年三月三十日为农闲期，在此期间提起的田宅、婚姻、债负等民事诉讼始予检校（受理）。农忙期间，除非先有文案及交相侵夺者，不予受理。[①] 这一制度被称为"务开期"或"务限"。

宋代继承了唐代的务开期制度，并作了更为详细的规定，《宋刑统》规定：

> 所有论竞田宅、婚姻、负债之类（原注：债务谓法许征理者），取十月一日以后，许官司受理，至正月三十日住接词状，三月三十日以前断遣须毕。如未毕，具停滞刑狱事由以闻。如是交相侵夺及诸般词讼，但不干田农人户者，所在官司随时受理断遣，不拘上件月日之限。[②]

依该规定，民事案件的受理时间是每年的十月一日至次年的正月三十日，且官府必须在三月三十日之前审理完毕，但与农业生产无关的民事案件可随时起诉。如果遇到蝗旱等灾情，民事案件的受理时间可予以延长。真宗大中祥符九年（公元 1016 年）诏："昨缘蝗旱，今始得雨，诸处务开公事比常年更延一月。"南宋时期，为防止豪右之家利用务限制度故意拖延而侵害普通农户的权益，政府对务限制度又作了一定调整。高宗绍兴二年（公元 1132 年），两浙转运司上奏：

> 准绍兴令，诸乡村以二月一日后为入务，应诉田宅婚姻债务勿为理，十月一日后为务开。窃祥上条入务不受理田宅等词讼，为恐追人理对妨废农业。其人户典过田产限满备赎，官司自当受理交还，缘形式豪右之家交易，故为拖延至务限，便引条法又贪取一年租课，致细民受害。[③]

---

① 参见叶孝信主编：《中国民法史》，上海人民出版社 1993 年版，第 317 页。

② 《宋刑统》卷 13《婚田入务》。

③ 张晋藩等主编：《中国法制通史》（第五卷 · 宋），法律出版社 1999 年版，第 596 页。

对此,高宗下诏:

> 应人户典过田产,如于入务限内年限已满,备到元钱收赎,别无交互不明,并许收赎。如有词讼,亦许官司受理。余依条施行。

依该规定,典田赎还可以不受务限法的限制,这对于务限法是一个很大的改动。是年八月十五日,有臣僚对此提出异议:"法之有务限,要所以大为之防,今若一决其防,不免于争竞。但既在务限前投状,自可申有司严行理赎,或寄钱在官,给据为凭业,今若改法,恐有其弊,至于害民。"事下户部商讨,户部经研究后认为:"人户典田年限已满,于务限前收赎,自有现行条法,若于务限内年限已满或未满,钱、业主两情愿收赎,自听从便。若有论诉,自合依绍兴务限条法。"户部的建议得到皇帝的认可,务限法对典赎田业仍然适用。隆兴元年(公元1163年)又规定:豪强侵夺下户,官司在务限内亦得受理。"应婚田之诉,有下户为豪强侵夺者,不得以务限为拘。如违,许人户越诉。"其后又有新规定,严禁典主故作迁延占据,"在法:诸典卖田产,年限已满,业主于务限前收赎,而典主故作迁延占据者,杖一百"①。这些规定,对抑制豪强大户、保护贫下农户的利益起到了一定的积极作用。

在元代,田宅、婚姻、良贱等民事案件,仍须于务开期(十月一日至次年三月一日)受理,但如果不妨农时,可以随时受理归问。务开期名义上虽有5个月,但除去年节、刑禁假日、杂事,以及程序上公文、人证往返时间,实际只剩五六十日。造成许多案件久拖不决,甚至达十余年之久。因此,元代对承审期限重新作出规定,一般案件仍必须在务开期5个月内审结,少数案件人众地远事难,可以适当延长,但不得超出3年。大德三年(公元1299年)8月中书省议得:"今后应告上项公事,须自下而上,先从本处官司归理,比及务停,须要了毕。若事关人众,依例入务,才至务开,即便举行。如地远事难,又复不能了毕,明立案验,要见施行次第,所以不了情节,再许务停一次,本年农隙必要结绝,不许更入务停";"若事可归结,不应务停,及多经入务而不了,本管上司、廉访司官随事治罪"。②

明清承前代之制,民事诉讼只能在放告日(每月逢三、六、九日)提

① 张晋藩等主编:《中国法制通史》(第五卷·宋),法律出版社1999年版,第596—597页。

② 叶孝信主编:《中国民法史》,上海人民出版社1993年版,第513页。

起，农忙期间（八月初一至次年三月三十日）停讼不理。[①] 清律规定每年四月一日至七月三十日为农忙期，民间的田土户婚“细故”，一律不准州县衙门受理，如违律受理要对州县官“指名题参”。[②] 直至清末修律，这种仅在一年中特定时期内才受理民事案件的“务开期”制度，才被正式废除。

务开期、务限制度的首要目的，是保护农业生产，防止诉讼误农，以达到“不违农时”的目的。另外，中国古代的“息讼”观念以及将民事纠纷视为“细末小事”的观念对该制度的产生也有影响。依据这些观念，只要农业生产能够正常进行，即使民事纠纷暂时得不到处理，也并无大碍。务开期制度在一定程度上保护了农业生产，有其积极意义。但该制度也存在一些弊端。例如在宋代，富户利用务限，对出典产业的贫穷农户进行刁难，故意拖延时日，破坏典赎的正常活动。在其后的元、明、清各代，这类现象也未完全杜绝。针对这些问题，各朝政府不得不采取一些变通做法，以弥补其不足。此外，务开期制度对培育、提高人民的权利观念，显然也是不利的。概言之，务开期、务限制度是中国古代农本思想、民事纠纷“细故”观念等多种因素综合作用下的特有产物，在现代法制的框架内，没有其存在的土壤和基础。

---

① 参见叶孝信主编:《中国民法史》,上海人民出版社 1993 年版,第 587 页。

② 参见孔庆明等编著:《中国民法史》,吉林人民出版社 1996 年版,第 694—695 页。

第二章　时效的涵义及立法例

第一节　时效的语源和涵义

一、时效的语源

对我国而言，时效系舶来概念，对其语源的考查需从该概念在外国法制上的演变着手。在罗马法上，即有取得时效和消灭时效概念。优士丁尼法中的时效取得或取得时效是两种不同制度的混合：usucapio（时效取得）和 longi temporis praescriptio（长期取得时效）。[①] 消灭时效概念的产生晚于取得时效，裁判官法中的"时效诉讼"以 temporales 或 temporariae 表述；戴帝时代，一般消灭时效为 praescriptio triginta annorum（30 年时效）。欧陆各国受罗马法影响，继受了取得时效和消灭时效概念。在德语中，取得时效为 Ersitzung；消灭时效为 Verjähruang。在法语中，取得时效为 prescription acquisitive；消灭时效为 prescription extinctive。在意大利语中，取得时效为 usucapione；消灭时效为 prescrizione。在西班牙语中，取得时效为 prescripcíón de acuerdo；消灭时效为 prescripcíón liberatoria。在英美法系，取得时效为 positive prescription 或 acquisitive prescription[②]；消灭时效为 negative prescription、extinctive prescription、limitation of action 或 statute of limitation，其中 limitation of action 最为常用。日本民法受欧陆法制影响，以汉语词组"取得时效"和"消灭时效"来指称该两种制度。我国清末修法受日本影响，遂将此两概念引入我国，并在民国时期民法典中成为正式的法律用语。现行

---

① 参见〔意〕彼得罗·彭梵得：《罗马法教科书》，黄风译，中国政法大学出版社 1992 年版，第 218 页。

② 在英美法中，还有一种制度 adverse possession 与大陆法系的取得时效制度效果类似。参见本书第十二章。

法所采诉讼时效概念,一般认为是受苏联民法影响的结果。[①]

二、时效的涵义

通说认为,“时效”是指在一定期间内继续占有或不行使权利,而产生与该事实相应法律效力的制度。[②] 具体而言,时效概念具有以下几层涵义:

第一,时效是以民事权利时间限制为内容的一种制度。民事权利时间限制属于民事权利限制的一种具体形式,是指为划定民事权利的边界,国家通过立法的方式对民事权利的内容和行使予以时间限制的法律现象。[③] 无论是诉讼时效还是取得时效,其制度内容均体现为某种特定事实经过一定时间即导致权利受到某种程度的限制的法律效果。诉讼时效制度的核心要义是,权利未被行使的状态经过一定时间即导致权利效力减损的后果。因此对权利人而言,诉讼时效为通过时间限制其权利的一种制度。对于诉讼时效属于民事权利时间限制,学说上基本没有异议。[④] 对于取得时效的性质,从不同角度观察可以有不同的理解。对依时效取得权利者而言,取得时效是取得权利的原因之一;对因适用取得时效而丧失权利者而言,取得时效是导致权利消灭的一种法律事实。在此意义上,取得时效构成对民事权利的一种时间限制,即权利人在一定期间内不行使权利以恢复对物的占有,便丧失权利,而由他人取得权利。

第二,时效由“时”和“效”两个基本要素构成。在任何立法模式

---

① 参见佟柔主编:《中国民法学・民法总则》,中国人民公安大学出版社1990年版,第311页。

② 参见史尚宽:《民法总论》,中国政法大学出版社2000年版,第620页;郑玉波:《民法总则》,中国政法大学出版社2003年版,第488页;施启扬:《民法总则》,中国法制出版社2010年版,第326页;王利明:《民法总则研究》,中国人民大学出版社2012年版,第715页;魏振瀛主编:《民法》,北京大学出版社、高等教育出版社2010年版,第190页。

③ 参见杨巍:《民事权利时间限制研究》,武汉大学出版社2011年版,第16页。

④ 参见〔德〕迪特尔・梅迪库斯:《德国民法总论》,邵建东译,法律出版社2001年版,第十四、十五章;王泽鉴:《民法总则》,北京大学出版社2009年版,第409页。

下，时效均由此两个要素构成。“时”是指某种特定事实持续经过一定时间，该特定事实包括权利未被行使和持续占有他人财产两种情形。单纯的时间经过不会引起法律关系变动，该时间经过须与此两类特定事实相结合，方满足“时”之要求。“效”是指基于法律规定，该特定事实持续经过一定时间后能够产生相应的法律效果，该法律效果包括当事人权利效力发生减损和当事人取得权利两种情形。这两种法律效果的发生均取决于立法上是否认可相关制度。换言之，“时”为法律事实，“效”为该法律事实所引起的法律关系变动，该变动的基础有赖于特定法律制度的设置。

第三，时效由诉讼时效和取得时效两种制度构成。依诉讼时效制度，权利未被行使的事实持续经过一定时间即导致权利效力发生减损的法律效果。依取得时效制度，占有他人财产的事实持续经过一定时间即导致当事人取得权利的法律效果。

三、诉讼时效概念之争

《民法通则》采取“诉讼时效”概念，而未采“消灭时效”概念。依《民法通则》及有关司法解释的规定，诉讼时效是指权利人在法定期间内不行使权利，义务人便享有抗辩权，从而导致权利人无法胜诉的法律制度。[①] 在我国民法学界，对究竟应采“诉讼时效”“消灭时效”抑或其他概念，存在争议：

（一）观点一：应采“消灭时效”概念

该观点主要理由如下：

第一，消灭时效与取得时效是一对周延的概念。该理由强调消灭时效是和取得时效相对的，而诉讼时效则并不与取得时效相对应。因此，消灭时效与取得时效是一对周延的概念。曾世雄先生认为：“变动之方向有‘取得’及‘消灭’两者：时效分取得时效及消灭时效两种。前者，私权法律关系之变动，使法律上主体取得权利；后者，私权法律关系之变动，使法律上主体之权利归于消灭或效力减损。”[②]还有学者

---

① 参见魏振瀛主编：《民法》，北京大学出版社、高等教育出版社2010版，第192页。

② 曾世雄：《民法总则之现在与未来》，中国政法大学出版社2001年版，第210页。

对“诉讼时效”概念提出质疑，认为“诉讼”与“时效”搭配成为一个词组违反逻辑规则要求。“诉讼时效”不能准确地表达立法者的意图，也难以和“取得时效”相对应，“消灭时效”的用语更具科学性。①

第二，诉讼时效概念不能准确反应其私法制度的属性。“诉讼时效的用语不准确，明显体现了诉讼法上的法律后果，带有一定的公法色彩，而实际上诉讼法上的法律后果只是私法效果的反射而已，因此这一用语不能体现时效制度的本质。同时，民法典为实体法的法典，以规定民事权利义务为宗旨，因此在结构上属于民法典总则部分的消灭时效制度，宜从实体法的角度来定位，从而保持民法典的体系结构和谐一致。”②

第三，诉讼时效概念不能准确反映出时效完成的效力。“应当恢复消灭时效的概念。这是因为，诉讼时效这一概念不能准确地反映出时效完成的效力。采胜诉权消灭说过于局限，难以全面反映时效的全貌；而采实体权利消灭说，则难以圆满解释时效制度。我国将来的民法典应采用请求权消灭说，同时应废弃诉讼时效概念，恢复消灭时效概念。”③

第四，消灭时效概念更符合法的科学性。“立于法的科学性角度，在我国未来民法典中，应使用消灭时效的概念而不再使用诉讼时效的概念。这是因为：第一，从本源上看，虽然有的民法典采实体权消灭主义，有的民法典采诉权消灭主义，有的民法典采抗辩权发生主义，但消灭时效本质在于消灭诉讼和其他非诉讼争议解决过程（如仲裁），而不仅仅是一些学者所理解的‘如果采实体权消灭主义则称消灭时效，否则，称消灭时效就似乎不确切’。第二，在现代民商法上，特别是实行民商合一的国家，消灭时效不但可以在诉讼中适用，而且也可以在仲裁中适用，还可以在执行阶段适用，若按我国现行立法，当仲裁适用诉讼时效时，显然有违体系化。第三，目前绝大多数国家的立法称消灭时效，只有极少数国家的立法称诉讼时效，并且这些少数国家中的大部分都与苏联在法律文化上有某种渊源或联系，如《越南民法典》《蒙

---

① 参见张耀波：《“诉讼时效”概念质疑》，载《法学》1992 年第 9 期。

② 白明、陶铭：《论消灭时效的客体》，载《广西政法管理干部学院学报》2001 年第 4 期。

③ 柳经纬：《关于时效制度的若干理论问题》，载《比较法研究》2004 年第 5 期。

古国民法典》和我国《民法通则》等，在这些国家，民事纠纷的解决以诉讼为主导的思想有着十分重要的影响。第四，消灭时效的效力有多种立法例，我国现行诉讼时效采胜诉权消灭说，票据时效采请求权消灭说，但票据时效仍属消灭时效的范畴。此时，消灭时效即诉讼时效的说法实难以解释票据时效的性质。第五，民法典应当是比较稳定的。"①

（二）观点二：应采"诉讼时效"概念

该观点主要理由如下：

第一，消灭时效概念容易产生误解。"采纳消灭时效虽有一定的道理，但也有弊病，主要原因在于该概念有可能会使人误以为，消灭时效届满将导致实体权利消灭，但依多数国家通例，时效届满并不发生请求权的消灭，而只是使义务人获得时效抗辩权。消灭时效强调消灭某种权利，但这和时效的本质不完全吻合。"②"消灭时效的效力主要在于使债务人在消灭时效完成后有拒绝履行给付的权利（《德国民法典》第 214 条第 1 款），债务人因消灭时效的完成而享有消灭时效抗辩权。但是请求权并不因消灭时效的完成而消灭。因此，'消灭时效'只是一个差强人意的叫法而已。"③

第二，诉讼时效适用于仲裁、诉讼外请求并无法理障碍。"诉讼时效虽然对于仲裁、诉讼外请求皆适用，但由于国家通过法院保护权利人请求权之实现，乃是现代社会之通例，普遍适用于所有的请求权，而对于自力救济有许多限制，仲裁也只限于财产权之请求权。时效既然是对权利人行使请求权所作的限制，当然也是对权利人通过法院主张权利之限制，因此是对一方诉请对方履行义务之限制，称做诉讼时效是恰当的。既然以诉请方式行使权利尚受时效之限制，则非以诉之方式行使请求权，岂不更应受限制，举重以明轻，法理上亦能畅通无碍。"④

第三，采用诉讼时效概念符合法的延续性要求。"就我国的立法实际而言，一直采用的是诉讼时效的概念，从法的延续性的角度而言，还是应该继续采用这一概念。无重大的理由不宜予以抛弃，这有利于

---

① 屈茂辉：《论消灭时效的若干问题》，载王利明、郭明瑞、潘维大主编：《中国民法典基本理论问题研究》，人民法院出版社 2004 年版，第 251 页。

② 王利明：《民法总则研究》，中国人民大学出版社 2012 年版，第 725 页。

③ 陈卫佐译注：《德国民法典》，法律出版社 2006 年版，第 64 页。

④ 王利明：《民法总则研究》，中国人民大学出版社 2012 年版，第 725 页。

保持法律的稳定性和民众对法律的一贯理解。”①“法律本身具有内在的稳定性，一个法律用语的长期使用能够使其演化为法律文化的自然构成因素，除非其存在重大的缺陷，否则实无变动的必要。‘诉讼时效’这一用语自《民法通则》颁行以来便长期为我国司法及理论界所普遍使用，变动不当反而容易引发新的弊端，不仅容易为民众法律意识所排斥，甚至可能影响原有的制度构成及内涵。况且诉讼时效一词，从形式方面来看具有很强的包容性，一定意义上也利于应对制度内涵的变动。因此，只要对其内涵的界定科学合理，保留这一用语并无不当。”②

（三）观点三：应采“抗辩时效”概念

持该观点学者认为：“‘消灭时效’一词有语病。”③“诉讼时效的法律性质本质上为实体法性质，但兼具程序法性质。因此，我国‘诉讼时效’概念严重与民法典的概念体系不符。考察我国继受西方（包括日本）和前苏俄民法的历史，都要求我们重新检讨此种概念。‘抗辩时效’的概念更为合适。”④“如果一定要找出一个没有缺陷的概念，可以‘抗辩时效’来代替消灭时效或诉讼时效。一方面，‘抗辩时效’没有限定当事人只能在诉讼过程中行使时效抗辩，换言之，当事人在诉讼、仲裁、调解等过程中均可以主张时效抗辩，这就克服了‘诉讼时效’在文义上一定要与‘诉讼’相关的固有缺陷。同时‘抗辩时效’不明确说明时效届满的后果，具有高度的盖然性，避免了‘消灭时效’不消灭什么的尴尬。另一方面，‘抗辩时效’还可与‘取得时效’对称，一个是从被告的角度行使防御权，一个是从原告的角度取得权利，两者同归于时效的名下。”⑤

---

① 王利明：《民法总则研究》，中国人民大学出版社 2012 年版，第 725 页。

② 冯恺：《诉讼时效制度研究》，山东人民出版社 2007 年版，第 14 页。

③ 萧忠仁：《论请求权时效由“消灭时效”改为“抗辩时效”之正名》，载《司法周刊》第 1242—1243 期。转引自施启扬：《民法总则》，中国法制出版社 2010 年版，第 328 页。

④ 朱岩：《诉讼时效制度基本问题研究》，载王利明主编：《中国民法年刊（2005）》，法律出版社 2006 年版，第 186 页。

⑤ 葛承书：《民法时效——从实证的角度出发》，法律出版社 2007 年版，第 40—41 页。

(四) 观点四:应采"时效"概念

梅仲协先生认为:按德国民法因权利而生的请求权,不因时效而消灭,时效的完成仅促使义务人取得抗辩权,得拒绝其应为的给付,而同时权利人的请求权即减损其力量,此征诸《德民国民法典》第222条规定,自属无疑。故德国民法"时效"(Verjähruang)一语,在法律上的意义,解释为"请求权于一定期间内不行使,而减损其力量"最为适当。进而他指出,台湾地区民法既然完全仿照德国民法,而总则第六章章名定为"消灭时效"不妥,似应删去"消灭"二字,较符合条文内容。因时效的完成并不使权利人的权利或请求权归于消灭。①

(五) 笔者观点:应采"诉讼时效"概念

在理论及立法上对法律概念的取舍,主要应考虑以下几个因素:其一,不应过分夸大概念取舍的意义。对我国而言,诉讼时效本属外来制度,本土法中并无对应概念。因此对其概念的取舍,本质上是一个翻译问题,即从外国法中移植来的该制度,以何种中文词语表述最为符合翻译的原则和规则。有学者意图使概念准确、完整地揭示诉讼时效制度的有关内容,实在是使该概念背负了不能承受之重。其二,概念取舍是否合理,应以名实相符为主要标准。即概念应当用民众熟悉的语言符号,清楚、明白地表达该概念的基本含义,而不致引起误解。其三,概念取舍还应考虑民众的接受程度及该国的语言习惯。

综合考虑这些因素,我国民法采"诉讼时效"概念为宜,理由如下:

第一,从历史原因来看,中文"消灭时效"一词的产生,是受日本民法的影响。《日本民法典》第六章第三节直接以"消灭时效"四个汉字命名。清末起草《大清民律草案》时,由于聘请了松冈义正、志田钾太郎等日本学者,"消灭时效"概念被引入我国;其后北洋政府的《民律草案》及南京国民政府于1929—1930年制定的《民法典》,都沿用了"消灭时效"概念;我国台湾地区由于继续适用南京国民政府制定的民法典,所以"消灭时效"概念在我国台湾地区的立法界和学术界一直沿用至今。如果仅仅由于日本民法用了"消灭时效"四个汉字命名该制度,就将这四个汉字也用来命名我国的相应制度,

① 参见梅仲协:《民法要义》,中国政法大学出版社2004年版,第154页。

实际上是犯了一个简单的语言学错误。因为初通日语的人都知道，日语中所使用的汉字，如果以现代汉语的词义来理解，往往有词不达意的效果。因此，我国台湾地区使用“消灭时效”概念，实为历史原因所造成；而我国大陆的立法向来受日本民法影响较小，所以不必使用“消灭时效”概念。

第二，关于诉讼时效的概念，德国民法称为 Verjähruang，法国民法称为 prescription extinctive，英美法称为 limitation of action，各国由于语言不同而各自有不同的称谓。那么我国民法应当用一个什么样的汉语词组来称呼这种外来制度，其问题的实质实际上是一个翻译问题。只要文义贴切、不产生歧义并且符合汉语的语言习惯，那么用哪个具体的汉语词组来称呼该制度其实并没有本质区别。“诉讼时效”概念比“消灭时效”概念更符合翻译的原则和规则，因为按照普通民众的理解，“诉讼时效”这个偏正词组，其中“诉讼”表明该制度与诉讼有关，而“时效”则表明该制度与时间、法律效力有关，而这也确实就是该制度的最基本含义。而“消灭时效”概念则容易产生“时效完成是否导致权利消灭”的无谓争论；“抗辩时效”虽指出了时效完成的基本效力，但抗辩权发生本为时效之“效”所包含的内容，且该概念具有较强的刻意人工制造色彩；直接使用“时效”概念则无法清晰区分与取得时效的区别。至于有学者认为“诉讼时效概念与其实体法制度的属性不符”，则实属牵强。

第三，采取“诉讼时效”概念符合法的延续性要求。我国大陆民事立法一直采用“诉讼时效”概念，该概念已经被立法机关、民法学界乃至普通民众所普遍接受。在没有重大理由的情况下，不宜抛弃在立法上已经约定俗成的概念，这有利于保持法律的延续性、稳定性和普通民众对法律概念的认知和理解。如果在将来的民法典中采取“消灭时效”概念，将没有必要地增加立法成本和普法成本，导致社会资源的浪费。在制度内容不作更改的前提下，仅将“诉讼时效”改为“消灭时效”，为了改概念而改概念的这种做法，在理论及实践上是否具有实益，令人怀疑。

因此，为了行文方便，本书除引用境外有关学说及立法例以外，一律使用“诉讼时效”概念。

第二节　时效的立法例

一、模式一：统一主义

采取该立法模式的代表性国家及地区如下表所示：

表 2-1　采取统一主义立法模式的国家（地区）一览表

国家（地区）	所在民法典位置	具体内容
奥地利	第三编“人法和财产法的共同规定”第四章“消灭时效和取得时效”	“时效”（第 1451 条）、“取得时效”（第 1452—1477 条）、“消灭时效”（第 1478—1492 条、第 1502 条）、共用规则（第 1493—1501 条）
西班牙	第四卷“债与合同”第十八集“时效”	第一章“一般规定”、第二章“占有和其他物权的时效”、第三章“诉讼的时效”
日本	第一编“总则”第七章“时效”	第一节“总则”、第二节“取得时效”、第三节“消灭时效”
越南	第一编“一般规定”第九章“时效”	分为“取得民事权利的时效”“免除民事义务的时效”“起诉时效”“要求解决民事事件的时效”（第 154—162 条）
阿根廷	第四卷“物权和对人权的共同规定”第三编“因时间的经过而取得或丧失物权和对人权”第一题“关于物和诉权之时效的一般规定”	第一节“时效的中止”、第二节“时效的中断”、第三节“取得时效”、第四节“消灭时效”

从表 2-1 内容可总结出该立法模式具有以下特征：其一，在消灭时效和取得时效之上设置上位概念“时效”，并以“时效”或其他类似表述为章（编）名称，将消灭时效和取得时效统一规定于该章（编）之中。其二，“时效”章（编）在民法典中的位置大致分为两种情况：一是位于“总则编”，例如日本、越南等国；二是位于“取得财产的各种方式”或“人法和财产法的共同规定”等编（卷）。此差异系由各国立法传统所致。其三，设置消灭时效和取得时效共同适用的规则，并单独

规定于“通则”“总则”“一般规定”或专门的条文中。

二、模式二:分立主义

采取该立法模式的代表性国家及地区如下表所示:

表 2-2　采取分立主义立法模式国家(地区)一览表

国家(地区)	“消灭时效”在民法典中的位置	“取得时效”在民法典中的位置
法国①	第三卷“取得财产的各种方法”第二十编“消灭时效”	第三卷“取得财产的各种方法”第二十一编“占有与取得时效”
德国	第一编“总则”第五章“消灭时效”	第三编“物权法”第二章“关于土地上权利的一般规定”(不动产);第三章第二节第二目“取得时效”(动产)
瑞士	《债法典》第一编“总则”第三章“债的终止”(第 127—142 条)	第四编“物权法”第十九章“土地所有权”(不动产);第二十章“动产所有权”(动产)
意大利	第六编“权利的保护”第五章“消灭时效和失权”	第三编“所有权”第八章第二节第三分节“时效取得”
荷兰	第三编“财产法总则”第十一章“诉讼权利”(第 306—325 条)	第三编“财产法总则”第四章第三节“依据时效的取得与丧失”
葡萄牙	第一卷“总则”第二编第三分编第三章第二节“时效”	第三卷“物法”第一编第六章“取得时效”
俄罗斯	第一编“总则”第五分编第十二章“诉讼时效”	第二编“所有权和其他物权”第十四章“所有权的取得”(第 234 条)
韩国	第一编“总则”第七章“消灭时效”	第二编“物权”第三章第二节“所有权的取得”(第 245—248 条)
埃及	第一编“债或对人权”第一分编第五题第三章“三、消灭时效”	第二编“物权”第三分编第一题第二章“七、占有”之“占有的效力:取得时效”
巴西	第三编“法律事实”第四题第一章“诉讼时效”	第三编“物权”第三题第二章第一节“时效取得”(不动产);第三章第一节“时效取得”(动产)

---

① 旧《法国民法典》采“统一主义”,2006 年修改后的《法国民法典》采“分立主义”。

（续表）

国家(地区)	"消灭时效"在民法典中的位置	"取得时效"在民法典中的位置
中国台湾地区	第一编"总则"第六章"消灭时效"	第三编"物权"第二章第一节"通则"(第768—772条)
中国澳门特区	第一卷"总则"第二编第三分编第三章第二节"时效"	第三卷"物权"第一编第六章"取得时效"

从表2-2内容可总结出该立法模式具有以下特征：其一，在消灭时效和取得时效之上未设置上位概念，将其作为两种独立制度分别作出规定。其二，将消灭时效和取得时效规定于民法典不同的编(章)。消灭时效在民法典中的位置大致分为三种情况：一是规定于"总则"编(卷)，多数国家及地区采取该模式；二是规定于"债权"编(卷)，瑞士、埃及等国家采取该模式；三是规定于"权利保护"编(卷)，意大利、荷兰等国家采取该模式。其三，除个别条文外，一般未设置消灭时效和取得时效共同适用的规则。其四，对于取得时效，一般区分动产和不动产规定于不同的章(节)。

三、模式三：单一主义[①]

该模式不规定取得时效制度，仅规定诉讼时效制度于"总则"部分，1922年《苏俄民法典》采取该模式。[②] 其立法理由为：社会主义国家是反对不劳而获的，因此不承认取得时效。而对于传统上的"消灭时效"称谓，应改为"诉讼时效"。因为消灭时效届满，权利人并没有丧失起诉权，只是丧失了胜诉权。但诉讼时效的适用范围仍然受到严格限制，例如国家专有财产不受诉讼时效限制，国家机关向非法占有人索还国家所有财产不受诉讼时效限制。[③] 我国受前苏联民法影响，

① 有学者将该模式称为"否认主义"。参见余能斌主编：《民法学》，中国人民公安大学出版社、人民法院出版社2003年版，第630页。

② 也有学者认为，《苏俄民法典》是将消灭时效和取得时效统一规定于"诉讼时效"，无论是物权诉讼还是债权诉讼，原则上都适用诉讼时效的规定，因而事实上苏联是允许"取得时效"的。参见佟柔主编：《中国民法学·民法总则》，中国人民公安大学出版社1990年版，第310页。

③ 参见〔苏〕诺维茨基：《法律行为·诉讼时效》，康宝田译，中国人民大学出版社1956年版，第174页。

《民法通则》即采取该模式。

第三节　时效立法的新发展

时效制度作为一项传统的民法制度，在近数十年来表现出以下几点新的发展趋势：一是统一时效法国际公约的出现；二是在一些国际公约中制定了特殊时效规则；三是一些主要大陆法系国家国内时效法的修订，以德国时效法的修订为典型代表。

一、统一时效法国际公约——《联合国国际货物销售时效期限公约》

1969 年，联合国国际贸易法委员会即决定建立工作组着手处理国际货物买卖时效的统一法问题。1972 年，联合国国际贸易法委员会通过了该工作组提交的《联合国国际货物销售时效期限公约》(United Nations Convention on the Limitation Period in the International Sale of Goods，以下简称《时效公约》)草案。1974 年，联合国外交会议正式通过了《时效公约》。1980 年 4 月在维也纳召开的制定《联合国国际货物销售合同公约》(CISG)的外交会议上，为使《时效公约》与该公约保持一致，又通过了《修订国际货物销售时效期限公约的议定书》(以下简称《修订〈时效公约〉议定书》)，以便于在实际中的应用。[①]《时效公约》是国际上第一个专门针对时效规则制定的实体法国际公约，该公约与《修订〈时效公约〉议定书》于 1988 年 8 月 1 日生效，截至 2005 年上半年，前者有 25 个参加国，后者有 18 个参加国。

《时效公约》的内容包括四个部分：实体规定、执行、声明和保留、最后条款。有关时效的具体规则规定于第一部分"实体规定"，该部分包括：适用范围、时效期限的期间和起始、时效期限的停止和延长、当事人对时效期限的变更、时效期限的一般限制、时效期限届满的后果、时效期限的计算、国际效力等内容。

第一，适用范围。该公约将"时效期限"定义为：由于国际货物买卖契约所引起的或与此项契约的违反、终止或无效有关的，买方与卖

① 参见宋航、赵健：《〈国际货物销售时效期限公约〉评介——兼论我国批准该公约的可行性》，载《国际贸易问题》1994 年第 6 期。

方彼此间的请求权在何时由于某段时间的届满而不能行使的期限。该公约的适用范围与《联合国国际货物销售合同公约》的适用范围相吻合，国际货物销售合同当事人基于合同产生的有关请求权原则上均适用该公约。但该公约也规定了一些不适用的情形，第 2 条规定："本公约对下列货物买卖不适用：(1) 供个人、家属或家庭使用的货物；(2) 拍卖；(3) 从事执行法律所授权的行为或其他行动；(4) 债券、股票、投资证券、流通票据或货币；(5) 船只、船舶或飞机；(6) 电力。"第 5 条规定："本公约对根据下列理由的请求权不适用：(1) 任何人的死亡或人身伤害；(2) 由所卖货物造成的核损害；(3) 财产的留置权、抵押权或其他担保利益；(4) 法律程序中所作的判决或裁决；(5) 依照请求执行所在地法律，能够据以获得直接执行的文件；(6) 汇票、支票或本票。"第 6 条规定："(1) 本公约不适用于卖方义务的最主要部分是在提供劳动力或其他劳务的契约。(2) 为供应有待制造或生产的货物而订立的契约应视为货物买卖，但订货的一方承担提供此种制造或生产所需原料的主要部分者，不在此限。"另外，依该公约第 3 条规定，本公约仅在订立契约时，合同当事人各方的缔约国有营业所的情况下适用；而且，在当事人各方明确表示排除该公约适用时，应不适用该公约。因此有学者指出，该公约的适用范围是有限的。①

第二，时效期限及其强制性。该公约规定的时效期限为 4 年(第 8 条)，最长时效期限为 10 年(第 23 条)，该期限短于多数大陆法系国家的消灭时效期间，更接近于英美法系国家的诉讼时效期间。对于时效期限的强制性问题，第 22 条规定："(1) 除本条第二款规定的情形外，时效期限不能由当事人之间的任何声明或协议加以变更或影响。(2) 债务人在时效期限持续中，得随时向债权人提出书面声明延长该期限。此项声明可以续展。(3) 本条各款不影响货物买卖契约中规定仲裁程序应在比本公约所规定者更短的时效期限内开始进行的条款的效力。但以该项条款适用于货物买卖契约的法律为有效者为限。"依该条规定，一方面原则上禁止当事人通过约定变更法定时效期限；另一方面允许债务人在时效期限未届满时，单方向债权人作出延长时效期限的意思表示。其立法理由似可解释为，时效期限虽因其强

① 参见林欣：《论国际私法中时效问题的新发展》，载《法学研究》1991 年第 3 期。

制性不允许当事人协议变更,但由于时效利益主要由债务人享有,所以如果债务人单方面向债权人表示以延长时效期限的方式放弃其时效利益,该意思表示有效。

第三,时效期限的起算。该公约原则上采取客观起算标准,时效期限自请求权产生之日起算,另有规定者除外(第9条第1款)。对于请求权产生之日的认定标准,第10条规定:“(1)由于违约而引起的请求权应在违约行为发生之日产生。(2)由于货物有瑕疵或不符契约规定而引起的请求权,应在货物实际交付买方拒绝接受之日产生。(3)基于契约订立前或订立时,或在履行此项契约期间的欺诈行为而提出的请求权,应在该项欺诈被发现或照理能够被发现之日产生。”该公约还对一些具体情形下的起算标准作出了规定,第11条规定:“如卖方就货物提出明确保证,说明在某一期间内有效,不论是否有具体期间,由于这种保证而引起的请求权的时效期限,应自买方将请求权所根据的事实通知卖方之日起算,但不得迟于这种保证期间届满之日。”第12条规定:“(1)如依适用于契约的法律的规定,当事人一方有权在契约开始履行前声明终止契约,并行使了此项权利,则根据此种情况的请求权的时效期限,应自向他方当事人作此声明之日起算。如契约在开始履行前未经声明终止,则时效期限应自开始履行之日起算。(2)由于当事人一方违背分期交货或分期付款契约而引起的请求权的时效期限,就每一期来说,应自该项违约行为发生之日起算。如依适用于契约的法律的规定,当事人一方有权以这种违约行为为理由声明终止契约,并行使了此项权利,则全部有关各期的时效期限,应自向他方当事人作此声明之日起算。”

第四,时效期限的停止和延长。该公约规定的“时效期限停止计算”,相当于大陆法系国家的时效中断制度。该公约规定时效期限应停止计算的事由有4项:① 债权人起诉以期获得清偿或承认。(第13条)② 任何一方当事人提起仲裁。(第14条)③ 在其他任何法律程序中债权人提出请求权以期获得清偿或承认。(第15条)④ 债务人向债权人承认其所负债务。(第20条)

该公约还对时效期限停止计算的一些具体规则作了规定:反诉请求权的时效期限停止计算(第16条);时效期限的持续计算(第17条);连带责任及个别责任和转卖场合下的时效期限停止计算(第18条);时效期限的重新起算(第19条)。

该公约规定的“时效期限延长”，相当于大陆法系国家的时效中止制度。第 21 条规定：“如由于债权人无法控制或不能避免或克服的情况，债权人不可使时效期限停止计算，时效期限应予延长，使之不致在有关情况消失之日起一年期满以前即得届满。”

第五，时效期限届满的后果。依该公约规定，时效期限届满的后果是使当事人取得抗辩权，法官不得主动援引时效期限届满的规则加以适用。第 24 条规定：“在任何法律程序中，时效期限的届满，只能根据该法律程序一方的请求，才予以考虑。”第 25 条第 1 款规定：“除本条第二款和第二十四条所规定者外，任何请求权在时效期限届满后开始进行的任何法律程序中，均不得予以承认或执行。”对于时效期限届满的请求权能否用于抵销，第 25 条第 2 款规定：“尽管时效期限已经届满，当事人一方仍得凭借其请求权进行抗辩或用以抵销他方当事人所提出的请求权，但在后一情况下，只有符合以下条件，才能进行：(1) 双方的请求权涉及同一契约或在同一交易中订立的数个契约；或 (2) 这些请求权在时效期限届满以前随时都可以抵销。”对于债务人自愿履行时效期限届满债务的效力，第 26 条规定：“债务人如在时效期限届满后偿还他的债务，即使他在偿还时不知时效期限已经届满，也决不因此就有权请求收回。”对于主债务时效期限届满对从债务的效力，第 27 条规定：“主债务的时效期限的届满，对该债务利息的付给义务具有同等效力。”

二、有关国际条约中的时效规范

在《时效公约》颁布以前，一些国际条约中零星地规定有适用于特定领域的时效规范，例如 1929 年《统一国际航空运输某些规则的公约》第 29 条、1969 年《国际油污损害民事责任公约》第 8 条、1970 年《国际铁路货物运输公约》第 47 条等。在当今国际贸易领域，联合国国际贸易法委员会制定的《联合国国际货物销售合同公约》(CISG)、罗马国际统一私法协会《国际商事合同通则》(UPIC)和欧洲合同法委员会制定的《欧洲合同法原则》(PECL)并列，堪称当代国际商事合同法的典范。[①] 在这三个国际条约中，与《联合国国际货物销售合同公

① 参见李巍：《联合国国际货物销售合同公约评释》，法律出版社 2009 年版，第 1 页。

约》相配套的即《时效公约》及其修正议定书,而后两个国际条约亦设有专门章节规定时效规范。

《国际商事合同通则》第十章"时效期间"规定的内容有:本章范围(第10.1条)、时效期间(第10.2条)、当事人对时效期间的修改(第10.3条)、认可导致时效期间重新计算(第10.4条)、因司法程序而中止(第10.5条)、因仲裁程序而中止(第10.6条)、替代性争议解决机制(第10.7条)、因不可抗力、死亡或无行为能力而中止(第10.8条)、时效期间届满的效力(第10.9条)、抵销权(第10.10条)、返还(第10.11条)。

《欧洲合同法原则》第十四章"时效"第一节至第六节规定的内容有:一般规定、时效期间与时效开始、时效期间的延长、时效期间的重新开始、时效的效力、因合意的变更。

三、德国新债法对时效法的修改

德国债法及时效法改革的原因有两个方面:一是德国加入的国际条约以及欧洲共同体的有关指导条例的要求;二是《德国民法典》自身存在缺陷。[①] 在德国,第一份对时效法进行全面改革的建议于1981年提出。但直至21年后通过的《债法现代化法案》才使一个新的时效法制度最终得以生效。在债法改革的最后阶段,德国司法部下设的债法现代化法案"讨论草案"修订工作小组注意到了《欧洲合同法原则》第十四章的草案文本,该章涉及的是时效法的有关规定,而且其也的确对债法修订委员会产生了重大影响。之后,德国政府特别承认,"的确在一些主要方面采纳了兰多委员会提出的规则模式"。[②] 在债法改革以前,德国时效法存在以下几方面缺陷:

(1)期间的多样性。对于相同或者类似的事实,存在着众多的消灭时效期间。仅在《德国民法典》之中,就有8种不同的消灭时效期间,自6周至30年不等。

(2)担保期间过短。主要是指买卖合同和承揽合同上的瑕疵担

① 参见朱岩编译:《德国新债法条文及官方解释》,法律出版社2003年版,第2页。

② 〔德〕莱茵哈德·齐默曼:《德国新债法》,韩光明译,法律出版社2012年版,第180页。

保请求权的消灭时效期间过短,给买受人或定作人行使该请求权带来各种不便。

(3) 普通消灭时效期间过长。从当今的社会情况背景来看,30 年普通消灭时效期间明显偏长。

(4) 消灭时效停止及中断的规定不尽合理。具体表现为:其一,中断事实有很多种区分,而对于这些区分并不存在正当化的理由;其二,除个别事由外,绝大多数中断事由都可以设计成停止事实;其三,并不是所有的诉讼措施都能够影响请求权的消灭时效;其四,有些停止事由不应当仅就所调整的情况获得效力,而应当获得普遍效力;其五,《德国民法典》第 477 条第 3 款也蕴含着可以普遍化的法律思想,即一项请求权消灭时效的停止或中断也应当及于竞合请求权的消灭时效。

(5) 发生进一步法律分裂的危险。在现行的 80 多部法律中有 130 多项消灭时效规定。这些消灭时效法上的规定互不协调、无法概览,并且十分的混乱。[①] 针对上述缺陷,新的消灭时效法作出以下几方面的修改[②]:

第一,减少消灭时效期间的多样性。在新文本《德国民法典》中,仅保留了 6 种消灭时效期间,即 6 个月期间、2 年期间、3 年期间、5 年期间、10 年期间和 30 年期间。

第二,缩短普通消灭时效期间。将普通消灭时效期间从旧文本《德国民法典》第 195 条的 30 年减为 3 年。普通消灭时效期间的适用原则上与请求权的种类以及债权人或债务人的人身无关。

第三,短期消灭时效被废止。旧文本《德国民法典》第 196 条、第 197 条中规定的特别情形的短期消灭时效被废止。

第四,变更普通消灭时效期间的起算标准。新文本将旧文本《德国民法典》第 198 条中的纯客观起算标准变更为主观相对起算标准,目的是防止因普通消灭时效期间大为缩短而导致债权人的债权在债权人知悉请求权之前时效期间即已届满。新文本还将旧文本《德国民法典》第 201 条的年终起算规则普遍适用于普通消灭时效期间的

---

① 参见杜景林、卢谌编著:《德国债法改革——〈德国民法典〉最新进展》,法律出版社 2003 年版,第 136—138 页。

② 同上书,第 139—142 页。

起算。

第五,规定了最长消灭时效期间。由于普通消灭时效期间的起算以债权人知情或者因重大过失不知情为要件,而要等到这一时刻到来可能需要经历很长时间,为避免这种情况,新文本《德国民法典》第199条第2款至第4款规定了最长消灭时效期间,即不论在何种情形下,一旦最长消灭时效期间经过,消灭时效即告完成。最长消灭时效期间适用客观起算标准,即自行为实施、违反义务或者致害事件发生时起算。

第六,规定了特别消灭时效期间。对于转让土地所有权的请求权,以及对于设定、转让、变更或者废止不动产权利的请求权,包括由此产生的对待给付请求权,新文本《德国民法典》第196条规定了10年消灭时效期间。而对于基于所有权及其他物权的返还请求权、亲属法和继承法上的请求权,以及有执行名义的请求权,新文本《德国民法典》第197条仍然规定了30年消灭时效期间。

第七,规定了担保法上的特别消灭时效。对于买卖合同和承揽合同上的瑕疵请求权,原则上适用2年消灭时效期间①,自物的交付或者工作物受领时起算。② 如果设置的建筑工程有瑕疵,则仍然适用5年消灭时效期间;在将瑕疵物装入建筑工程以及在买卖建筑工程的情形,现今也适用5年消灭时效期间。③ 在出卖人或者承揽人恶意隐瞒瑕疵的情形,仍然适用3年普通消灭时效期间。④

第八,规定了消灭时效的停止和中断。在新文本《德国民法典》中,除认诺和执行两种行为之外⑤,涉及消灭时效期间的中断事由都被设计成了停止事由。此外,新法还增添了新的停止事由,例如在谈判磋商情形下消灭时效的停止⑥、在违背性自决情形下消灭时效的停止。⑦ 还应当说明的是,新法不再使用消灭时效中断的概念,而改采消灭时效重新开始的概念。

---

① 参见《德国民法典》第438条第1款第3项、第634a条第1款第1项。

② 参见《德国民法典》第438条第2款、第634a条第2款。

③ 参见《德国民法典》第438条第1款第2项、第634a条第1款第2项。

④ 参见《德国民法典》第438条第3款、第634a条第3款。

⑤ 参见《德国民法典》第212条。

⑥ 参见《德国民法典》第203条。

⑦ 参见《德国民法典》第208条。

第九，准许签订消灭时效协议。新法准许当事人以协议方式加重消灭时效，但以不超过30年最大期间为限[①]，而这在旧文本《德国民法典》中是不允许的。[②] 同旧文本相同，当事人仍然可以协议减轻消灭时效。但在消费品买卖的情形，应注意新文本《德国民法典》第475条第2款的限制；在使用一般交易条款时，应当考虑新文本《德国民法典》第309条第7项和第8项以及第307条中有关禁止约款。

① 参见《德国民法典》第202条第2款。

② 参见旧《德国民法典》第225条第1句。

第三章　时效与其他部门法时限(时效)之比较[①]

第一节　诉讼时效与刑法上追诉时效

刑法中的时效包括追诉时效和行刑时效,我国刑法只规定了追诉时效,而没有规定行刑时效。追诉时效,是指依照法律规定对犯罪分子追究刑事责任的有效期限。在法定的追诉期限内,司法机关有权依法追究犯罪分子的刑事责任;超过法定追诉时限,不应再追究犯罪分子的刑事责任,已经追究的,应当撤销案件或者不起诉或者终止审理。[②] 我国《刑法》设置了 3 个条文规定追诉时效制度,即第 87、88、89 条。

一、诉讼时效与追诉时效的关联

追诉时效期间届满导致犯罪人不再承担刑事责任,但犯罪人是否还应承担对受害人的民事赔偿责任呢?该民事赔偿责任是独立计算诉讼时效,还是要受追诉时效期间届满的影响?换言之,追诉时效期间届满的效力是否及于其附带民事诉讼?对此,我国《刑法》未作规定,国外立法规定不一。《法国刑事诉讼法典》第 10 条规定:“(1980 年 12 月 25 日第 80-1042 号法律)民事诉讼的时效依照民法典的规定。但是,在公诉时效届满以后,不得向刑事审判庭提起民事诉讼。”依此规定,民事诉讼的时效受到追诉时效的影响,追诉时效期间届满的效力及于民事诉讼,即追诉时效期间届满后受害人不得再提起附带民事

---

① 由于我国现行法未规定取得时效制度,本章仅将诉讼时效与其他部门法之时限(时效)进行比较。

② 参见郎胜主编:《中华人民共和国刑法释义》,法律出版社 2011 年版,第 107 页。

诉讼。《西班牙刑法典》第117条规定:“由于犯罪或过失罪所引起之民事责任,亦如同其他义务以相同之方式消灭,并受民法规则之限制。”依此规定,追诉时效期间届满虽可导致由该罪而产生的民事责任消灭,但其具体消灭问题还应受民法规则的限制,不一定绝对导致附带民事诉讼的消灭。[①] 有学者认为,我国应采法国模式,追诉时效期间届满的效力,当然及于附带民事诉讼。理由有:其一,从制裁手段的严厉性来看,既然犯罪人已经不再承担相对最为严厉的刑事制裁措施,那么民事制裁措施当然不应再承担。同时,刑事犯罪案件中的民事诉讼是一种附带性诉讼,既然主体诉讼已不再存在,那么附带性诉讼已无存在的基础和进行的必要。其二,从违法行为的社会危害性来看,追诉时效期间届满后,如果基于犯罪行为对社会的整体损害已经得以恢复而不使犯罪人再承担具体的刑罚,那么其犯罪行为附带对某一受害人所造成的民事损害也应当推定为早已得以恢复,因而不应当再允许对该行为提起民事诉讼。其三,从刑罚权丧失的角度来看,在追诉时效期间届满后,司法部门所丧失的不仅仅是基于刑法规定而针对犯罪人的求刑权,而是包括求刑权在内的所有针对该犯罪行为的法律制裁权,其中当然包括司法部门要求犯罪人承担民事赔偿责任的权利。[②]

如果不是从立法论角度而是从解释论角度来看,依据现行法的一些间接规定及司法实务的态度,追诉时效期间届满的效力并不当然及于其附带民事诉讼。换言之,刑事诉讼的追诉时效与附带民事诉讼的诉讼时效应分别独立计算。理由如下:

第一,现行法有关民事责任与刑事责任关系的规定,决定了刑事诉讼的追诉时效与附带民事诉讼的诉讼时效应分别独立计算。《民法通则》第110条规定:“对承担民事责任的公民、法人需要追究行政责任的,应当追究行政责任;构成犯罪的,对公民、法人的法定代表人应当依法追究刑事责任。”《物权法》第38条第2款规定:“侵害物权,除承担民事责任外,违反行政管理规定的,依法承担行政责任;构成犯罪的,依法追究刑事责任。”《侵权责任法》第4条第1款规定:“侵权人因同一行为应当承担行政责任或者刑事责任的,不影响依法承担侵权责任。”依据这些规定,民事责任、行政责任和刑事责任作为三种不同性

---

① 参见于志刚:《追诉时效制度比较研究》,法律出版社1998年版,第41—42页。

② 同上书,第42—43页。

质的法律责任,各自有其不同的发生根据和特定的适用范围。一般情况下,三者各自独立存在,并行不悖。[①] 现行法虽未有追诉时效与诉讼时效关系的直接规定,但可依据上述间接规定推导出刑事诉讼追诉时效与附带民事诉讼诉讼时效应分别独立计算之结论。理由为:其一,刑事责任与民事责任的认定的标准,是刑法规范与民法规范所各自规定的责任要件,追诉时效与诉讼时效作为时限规范当然也应分别适用。其二,从法条解释的角度来看,《民法通则》第110条的适用对象是"承担民事责任的公民、法人",即不包括因诉讼时效届满而无需承担民事责任的主体;该条的适用后果是该主体构成犯罪的应当依法追究刑事责任。依据反面解释,"承担民事责任的公民、法人"不构成犯罪的,则不应追究刑事责任。因此,行为人因追诉时效届满不被追究刑事责任与其应当承担民事责任是可以并存的。其三,《诉讼时效规定》第15条关于民刑交叉案件中诉讼时效中断的规定,体现了追诉时效与诉讼时效应分别独立计算的精神。[②]

在司法实务中,民事责任与刑事责任分别认定的典型案例如下:

案例3.1.1 广东黄河实业集团有限公司与北京然自中医药科技发展中心一般股权转让侵权纠纷案[③]

【案件事实】

上诉人(原审被告):北京然自中医药科技发展中心(以下简称然自中心)

---

① 参见王胜明主编:《中华人民共和国侵权责任法释义》,法律出版社2010年版,第32页。

② 参见第八章第三节相关内容。

③ 载《最高人民法院公报》2009年第1期。相关案例参见"中国工商银行甘肃省兰州市七里河支行与广东省曲江银通经济发展总公司存单纠纷上诉案",载最高人民法院办公厅编:《最高人民法院公布裁判文书(2000)》,人民法院出版社2001年版,第120页以下;"濮阳市银鹰贸易公司与中保财产保险有限公司河南省分公司、中保人寿保险有限公司河南省分公司、郑州亨通期货有限公司借款纠纷案",载李国光主编、最高人民法院民事审判第二庭编:《民商审判指导与参考》2002年第2卷(总第2卷),人民法院出版社2003年版,第335页以下;"新疆国际置地房地产开发有限责任公司诉宏源证券股份有限公司乌鲁木齐市北京路营业部、宏源证券股份有限公司委托监管合同纠纷案",载最高人民法院民事审判第二庭编:《民商事审判指导》2005年第2辑(总第8辑),人民法院出版社2005年版,第224页以下。

被上诉人(原审原告):广东黄河实业集团有限公司(以下简称黄河公司)

2006年11月22日,然自中心与黄河公司签订了《股权转让协议书》约定,然自中心转让持有的北京先农坛医药科学城投资有限公司60%的股权给黄河公司,价款人民币2.6亿元。2006年11月24日,黄河公司将定金人民币1 000万元转入然自中心账户。此后,黄河公司认为然自中心法定代表人刘先其有诈骗嫌疑,遂向北京市公安局朝阳分局报案,并通过银监会冻结了人民币1 000万元股权转入款。黄河公司未支付剩余股权转让款,双方亦未履行股东名称变更手续。2007年4月18日,然自中心向北京市高级人民法院提起诉讼,请求判令黄河公司给付股权转让款人民币9 000万元及滞纳金人民币9 720万元。黄河公司对然自中心提起反诉,请求判令撤销双方签订的股权转让协议书并返还其定金人民币1000万元并支付相应利息。同年12月10日,然自中心撤回对黄河公司的起诉。一审法院经审理后认为,然自中心法定代表人虚构身份和事实,诱使黄河公司签订股权转让合同,因此存在撤销合同的事由,故判决支持黄河公司的诉讼请求。然自中心不服一审法院判决,向最高人民法院提起上诉。

【裁判要旨】

最高人民法院认为,公司法定代表人以公司的名义,采取欺诈手段与他人签订民事合同,所获取的款项被公司占有。上述事实产生的法律后果是,除公司法定代表人个人涉嫌诈骗犯罪外,公司与他人之间亦因合同被撤销形成了债权债务关系,公司依法应当承担相应的民事责任。故原审法院依据本院《关于在审理经济纠纷案件中涉及经济犯罪嫌疑若干问题的规定》第10条的规定,将公司法定代表人犯罪的部分移送公安机关,而继续审理本案民事纠纷部分并无不当,本院予以维持。

第二,对于民刑交叉案件,我国司法实务中存在“先刑后民”的传统,其隐含了追诉时效与诉讼时效分别独立计算的精神。在我国,“先刑后民”是一项虽无法律明文规定,但在司法实务中普遍遵循的原则。最高人民法院于1998年4月21日颁布了《关于在审理经济纠纷案件中涉及经济犯罪嫌疑若干问题的规定》(法释〔1998〕7号),该司法解释较为全面地规定了“先刑后民”规则。该司法解释第1条规定:“同一公民、法人或其他经济组织因不同的法律事实,分别涉及经济纠纷和经济犯罪嫌疑的,经济纠纷案件和经济犯罪嫌疑案件应当分开审理。"第10条规定:"人民法院在审理经济纠纷案件中,发现与本案有牵连,但与本案不是同一法律关系的经济犯罪嫌疑线索、材料,应将犯罪嫌疑线索、材料移送有关公安机关或检察机关查处,经济纠纷案件继续审理。"第11条规定:"人民法院作为经济纠纷受理的案件,经审理认为不属经济纠纷案件而有经济犯罪嫌疑的,应当裁定驳回起诉,将有关材料移送公安机关或检察机关。"第12条规定:"人民法院已立案审理的经济纠纷案件,公安机关或检察机关认为有经济犯罪嫌疑,并说明理由附有关材料函告受理该案的人民法院的,有关人民法院应当认真审查。经过审查,认为确有经济犯罪嫌疑的,应当将案件移送公安机关或检察机关,并书面通知当事人,退还案件受理费;如认为确属经济纠纷案件的,应当依法继续审理,并将结果函告有关公安机关或检察机关。"

针对上述规定,司法实务中的认识并不统一。第一种观点(原则说)认为,先刑后民系处理民刑交叉案件在受理、审理案件方面的一项基本原则。第二种观点(分别审理说)认为,民商事案件和刑事案件的性质、归责原则、责任构成要件等均不同,应分别审理,同时进行。第三种观点(区别处理说)认为,对先刑后民问题的探讨,实质涉及如何平衡保护当事人的权益与国家利益问题。对二者的保护应是平等的,只不过是各自适用的实体法和程序法不同而已,不存在权利保护的优劣和先后,只要依据相应的证据规则和归责原则,可以认定因不同法律事实而引发的两类案件的责任人应承担刑事责任和民事责任,两类案件就应该分别进行审理,当事人提起刑事附带民事诉讼并因权利得到充分救济不再另行提起民事诉讼的除外。[①] 笔者认为,对"先刑后民"这一约定俗成的提法无论采取何种理论总结,上述法条表达了以下几层意思应当是可以肯定的:其一,"先刑后民"的实质是民刑分开,即相互有牵连的刑事诉讼与民事诉讼应当分别审理,而不能合并审理。其二,分别审理的刑事诉讼与民事诉讼适用各自的部门法规则作为裁判依据。其三,刑事诉讼是否立案及其审理结果并不当然影响民

① 参见刘德权主编:《最高人民法院司法观点集成》(3),人民法院出版社2009年版,第2125页。

事诉讼的审理,反之亦然。其四,“先刑后民”规则的实践意义是澄清了很多司法人员认为出现经济纠纷与经济犯罪交叉时应当一概将经济纠纷予以移送的误区。[①] 由此可知,依据“先刑后民”规则,刑事诉讼和附带民事诉讼应分别独立适用追诉时效和诉讼时效,追诉时效届满的效力不能当然及于附带民事诉讼。在司法实务中,民刑交叉的典型案例如下:

案例3.1.2　中国建设银行湖南常德德山支行与湖北汉川市农村信用合作联社、湖北安陆市农村信用合作联社资金拆借合同纠纷上诉案[②]

【案件事实】

上诉人(原审被告):中国建设银行湖南常德德山支行(以下简称德山建行)

被上诉人(原审原告):汉川市农村信用合作联社(以下简称汉川信用社)

被上诉人(原审原告):安陆市农村信用合作联社(以下简称安陆信用社)

1997年1月,汉川信用社经中间人介绍并经常德万琦物业集团有限公司(以下简称万琦公司)副总经理周安民联系,与德山建行协商资金拆借事宜。双方于同年1月27日签订了资金拆借合同,约定:汉川信用社拆借给德山建行人民币500万元资金,期限为1年,月利息为12‰,逾期拆出或逾期归还,按每日0.8‰计收罚息。德山建行行长程新传在该合同上加盖了该行行政公章及其个人名章。合同签订后,汉川信用社即将人民币500万元资金汇入合同约定的德山建行在当地

① 参见杜万华、宋晓明主编:《基层人民法院法官培训教材》(实务卷·民商事审判卷),人民法院出版社2005年版,第751页。

② 参见最高人民法院办公厅编:《最高人民法院公布裁判文书(2000)》,人民法院出版社2001年版,第167页以下。相关案例参见“新疆农村社会养老保险基金管理中心诉中国银行新疆分行存单纠纷案”,载《最高人民法院公报》2004年第11期;“兴业银行广州分行与深圳市机场股份有限公司借款合同上诉案”,载《最高人民法院公报》2009年第11期;“湖北武汉赛迪尔经济发展有限责任公司与武汉市东西湖区国债服务部、武汉市国债服务部回购国库券合同纠纷上诉案”,载最高人民法院办公厅编:《最高人民法院公布裁判文书(2000)》,人民法院出版社2001年版,第262页以下。

人民银行开设的备付金账户。同年1月31日,德山建行会计科科长肖敏填制有关凭证将该款转入万琦公司账户。此前,万琦公司于同年1月28日通过德山建行汇入高额息差人民币60万元给汉川信用社。同年4月5日,安陆信用社亦与德山建行签订一份资金拆借合同,除月利息为9‰和逾期罚息为每日0.6‰的约定外,其他约定与前一合同内容基本相同。合同签订后,安陆信用社亦按约将人民币500万元资金汇入合同指定账户。4月16日,肖敏亦将该款转给万琦公司使用,同时,万琦公司通过德山建行汇给安陆信用社高额息差人民币58.5万元。1997年6月9日,德山建行以借款、存款纠纷为由对万琦公司等20余家单位向湖南省常德市中级人民法院提起诉讼。汉川信用社和安陆信用社于同年6月向湖北省高级人民法院提起诉讼,请求判令德山建行偿还上述拆借资金及其利息并赔偿经济损失。经审理,德山建行不服判决,上诉至最高人民法院。

【裁判要旨】

最高人民法院认为:德山建行原负责人及经办人以为他人非法筹集资金为目的,实施的对外融资并将所拆入资金转给案外人万琦公司使用的行为,虽损害了德山建行的利益并因涉嫌犯罪而由公安机关立案侦查,但在上述资金拆借活动中,程新传、肖敏均是以德山建行的名义签订并履行本案合同,属于单位负责人及工作人员所从事的经营活动,根据《民法通则》第43条关于企业法人对它的法定代表人和其他工作人员的经营活动应承担民事责任的规定,以及最高人民法院《关于在审理经济纠纷案件中涉及经济犯罪嫌疑若干问题的规定》第3条的规定,程新传、肖敏以德山建行名义签订和履行本案资金拆借合同的行为是否构成犯罪,并不影响德山建行对上述因其负责人及工作人员的行为所产生的民事后果承担民事责任,原审法院将汉川信用社、安陆信用社对德山建行提起的诉讼作为经济纠纷案件进行审理并无不当。

第三,现代侵权责任法的发展,加深了侵权责任与刑事责任功能的差异,导致这两种法律责任的价值取向并非完全统一。应当承认,刑事责任与过错侵权责任在价值取向上体现了一定程度的一致性。但是总体而言,刑事责任与侵权责任的功能具有本质上的差异,前者立足于惩罚、教育、预防,后者立足于补偿受害人和修复社会关系。尤

其值得注意的是,现代侵权责任法的新发展更加剧了两种责任在功能上的差异性。具体体现为:

其一,无过错责任(危险责任)的发展。自1835年《普鲁士铁路法》以来,无过错责任原则在高度危险作业、环境污染、机动车交通事故、产品责任等领域相继被确立为归责原则。依此归责原则,该类侵权责任不以过错为要件,行为本身也不具有违法性,其价值取向与过错责任原则有显著的差异性。如果说过错责任原则是从对个人主观方面的要求来体现民法的公平原则,符合传统的自然法学的公平、正义标准的话,那么无过错责任原则则是从整个社会利益之均衡、不同社会群体力量之强弱对比,以及寻求补偿以息事宁人的角度来体现民法的公平原则的,它反映了高度现代化的社会化大生产条件下的公平、正义观,也反映了社会法学的基本理念。[①] 无过错责任原则使侵权责任在某些场合下成为一种损害分担机制,而不是因行为人主观上具有可归责之心理状态而使之承担责任,这就使该类侵权责任与强调主观犯意为要件、主客观相结合为基本判断标准的刑事责任在价值取向上大相径庭。

其二,过错客观化的发展趋势。过错认定标准的客观化,是各国侵权法的普遍发展趋势。检验过错用客观标准,是指判断过错时,采用客观标准来衡量,按此客观标准,违反之,为有过错;符合之,为无过错。[②] 王泽鉴先生指出,过失类型化含有客观责任的性质,与严格的个人责任未尽相符,在某种程度上并具担保的因素,旨在实践侵权行为法填补损害及预防损害的机能。此依客观标准而为的过失非难,系就个别的行为人加以认定,基本上仍维持过失责任原则。在若干情形,此种客观化的过失标准事实上将导致某种危险责任。[③] 在刑法领域,犯意作为犯罪构成的主观要件成为行为人承担刑事责任的前提,对欠缺主观犯意而由于不能抗拒或者不能预见的原因引起损害后果的,不成立犯罪和刑事责任。[④] 侵权责任的过错客观化加深了侵权责任与刑事责任的差异性。

---

① 参见张新宝:《侵权责任法》,中国人民大学出版社2010年版,第21页。

② 参见杨立新:《侵权责任法》,法律出版社2010年版,第86页。

③ 参见王泽鉴:《侵权行为》,北京大学出版社2009年版,第243页。

④ 《刑法》第14—16条。

其三,替代侵权责任的发展。在侵权法领域中,民事主体在一般情况下仅对自己的行为承担责任,即自己责任原则。但在某些场合下,侵权责任的责任主体并不是直接行为人,而是与直接行为人存在某种特殊关系的人,例如监护人责任、雇主责任等。学理上一般采用控制义务理论来解释该类侵权责任,即责任人同受害人或直接行为人之间存在某种特殊关系,此种特殊关系使行为人在侵权法上承担了控制直接行为人行为的义务,此种义务要求责任人采取合理措施,防止同自己有特殊关系的直接行为人实施损害他人利益的侵权行为。① 在刑法领域,坚持严格的自己责任原则,即使是采用双罚制的法人犯罪,法人及其负责人也均就自己的行为承担刑事责任。

综上,由于现代侵权责任法的发展,使侵权责任与刑事责任在立法目的和具体功能上体现出明显差异,因此,将侵权责任的诉讼时效与刑事责任的追诉时效在适用效果上加以捆绑是缺乏理论依据的,这两种法律责任应分别适用各自的时效期间。

二、诉讼时效与追诉时效的区别

第一,制度价值不同。依通说,诉讼时效制度的价值主要有:① 督促权利人行使权利;② 作为证据之代用,有利于法院及时正确地处理民事纠纷;③ 维护社会关系的稳定。② 刑法学界认为,追诉时效制度的意义主要有:① 符合我国刑罚目的的要求;② 有利于司法机关集中精力办理现行的刑事案件;③ 可以节省人力、物力、财力;④ 有利于社会的稳定。③ 概言之,诉讼时效制度是对民事主体所享有的民事权利获得救济的时间范围予以限制,其目的在于实现权利人与义务人之间的利益平衡;追诉时效制度是对司法机关行使刑罚权的时间范围予以限制,超过追诉时效构成刑罚消灭的法定原因,其意义在于通过

---

① 参见张民安:《侵权法上的替代责任》,北京大学出版社 2010 年版,第 22 页。

② 参见佟柔主编:《中国民法学·民法总则》,中国人民公安大学出版社 1990 年版,第 314 页;梁慧星:《民法总论》,法律出版社 2001 年版,第 265—266 页;王利明:《民法总则研究》,中国人民大学出版社 2003 年版,第 703—704 页。笔者认为对该通说“三目的说”有反思的必要,参见本书第四章。

③ 参见高铭暄、马克昌主编:《刑法学》,北京大学出版社、高等教育出版社 2005 年版,第 341 页。

限制司法机关的刑罚权以实现刑罚的目的。

第二,时效期间的法定分类不同。《民法通则》第135—137条将诉讼时效分为普通诉讼时效、特殊诉讼时效、最长诉讼时效,其时效期间分别为2年、1年和20年;此外,《环境保护法》《合同法》《保险法》等单行法还规定了3年、4年、5年等特殊诉讼时效期间。①《刑法》第87条将法定追诉时效期限分为4种,分别为5年、10年、15年和20年,并规定如果20年以后认为必须追诉的,须报请最高人民检察院核准。

第三,适用对象及其限制不同。诉讼时效的适用对象为债权请求权,依《民法通则意见》第170条的规定,未授权给公民、法人经营、管理的国家财产受到侵害产生的侵权请求权不适用诉讼时效,《诉讼时效规定》第1条规定了4种不适用诉讼时效的债权请求权。追诉时效的适用对象为犯罪行为,《刑法》第88条第1款规定:“在人民检察院、公安机关、国家安全机关立案侦查或者在人民法院受理案件以后,逃避侦查或者审判的,不受追诉期限的限制。”

第四,计算的规则不同。关于起算,诉讼时效期间从知道或应当知道权利被侵害时起计算②;追诉期限从犯罪之日起计算,犯罪行为有连续或者继续状态的,从犯罪行为终了之日起计算。③ 关于中止,《民法通则》第139条规定了诉讼时效的中止规则;我国《刑法》未规定追诉时效的中止。④ 关于中断,诉讼时效因提起诉讼、当事人一方提出要求或者同意履行义务而中断⑤;在追诉期限以内又犯罪的,前罪追诉的期限从犯后罪之日起计算。⑥ 关于延长,有特殊情况的,人民法院可以延长诉讼时效期间⑦;如果20年以后认为必须追诉的,须报请最高人

---

① 《环境保护法》第66条、《合同法》第129条、《保险法》第26条。

② 《民法通则》第137条。

③ 《刑法》第89条第1款。

④ 许多国家的刑事立法均对阻碍追诉时效开始而导致追诉时效期限归于中止的先决条件在法律上明确加以规定。参见于志刚:《追诉时效制度比较研究》,法律出版社1998年版,第207—210页。

⑤ 《民法通则》第140条。

⑥ 《刑法》第89条第2款。

⑦ 《民法通则》第137条。

民检察院核准。[①]

第五，期间届满的后果不同。诉讼时效期间届满的后果是由义务人取得抗辩权，人民法院不应对诉讼时效问题进行释明及主动适用诉讼时效的规定进行裁判。[②] 追诉时效期限届满的后果是司法机关的刑罚权消灭，司法机关应主动适用追诉时效的规定，不再追究犯罪分子的刑事责任，已经追究的，应当撤销案件或者不起诉或者终止审理。

第二节　诉讼时效与民事诉讼法上申请执行期间

民事诉讼法上申请执行期间，又称执行时效，是指对生效法律文书中所确认的执行债权进行保护的期限。[③] 该期间是债权人向法院提出申请，通过民事执行程序实现其债权的时间界限。《民事诉讼法》第239条对申请执行期间作出了规定，此外，《执行解释》和《民诉法解释》等司法解释对申请执行期间的一些具体规则也有规定。但是，在学理和司法实务上，对申请执行期间的性质、与诉讼时效的关系及具体规则适用等问题尚存在争议。

一、诉讼时效与申请执行期间的关联

（一）境外立法模式

在大陆法系的德国、日本等国家及地区，对于生效法律文书所确定的请求权，仍然适用民法典中规定的诉讼时效制度，而并未在民事诉讼法中规定申请执行期间。具体规制内容如下：

第一，生效法律文书所确定请求权的诉讼时效，通常规定于民法典而非民事诉讼法之中。《德国民法典》第197条第1款第3—5项规定，被有既判力地确认的请求权、基于可执行和解或可执行证书而发

---

① 《刑法》第87条。应当说明的是，刑法学界主流观点认为《刑法》第88条规定的是追诉时效的延长。参见高铭暄、马克昌主编：《刑法学》，北京大学出版社、高等教育出版社2005年版，第345页。但实际上《刑法》第87条第（四）项后段的规定更类似于民法上诉讼时效的延长，因此本书所称追诉时效的延长，是指《刑法》第87条第（四）项后段的规定。

② 《诉讼时效规定》第1、4条。

③ 参见江伟主编：《民事诉讼法》，中国人民大学出版社2011年版，第394页。

生的请求权、因在支付不能程序中所为的确认而变成可执行的请求权,均适用 30 年消灭时效期间。此处所规定的具有法律效力的请求权指的是具有法律效力的判决或其他形式的裁决所确定的请求权。在何种程序中作出此种判决对于该请求权的效力并无影响。《德国民事诉讼法》第 302 条、第 599 条所规定的保留判决中所确定的请求权即满足此处所规定的请求权。[①]《日本民法典》第 174 条之二第 1 款规定,依据确定判决确定的权利和依据裁判上和解、调停等与确定判决具有同一效力的程序确定的权利,适用 10 年的消灭时效期间。其他与确定判决具有同一效力的程序包括:依请求之放弃或者承认的协议的记载(《日本民事诉讼法》第 203 条)、支付命令的确定(《日本民事诉讼法》第 443 条)、仲裁判断的确定(《日本民事诉讼法》第 800 条)、破产场合的债权表的记载(《日本破产法》第 242 条)等。[②] 我国台湾地区与德国、日本类似,依台湾地区"民法"第 137 条第 3 款的规定,经确定判决或其他与确定判决有同一效力之执行名义所确定之请求权,均适用 5 年消灭时效期间。

第二,生效法律文书所确定请求权的诉讼时效期间,通常适用较长期间。《德国民法典》第 197 条第 1 款规定,被有既判力地确认的请求权等适用 30 年消灭时效期间,远长于债法改革之后的 3 年普通消灭时效期间。此规定的立法理由是:"债权人并不能独自控制此种债权的执行,该执行关键取决于债务人具有可执行的财产。因此,在债务人没有充分的可供执行的财产时,必须也考虑到债权人的利益,即债权人真正具有满足其债权的机会。因此,3 年的一般时效显然无法满足债权人的利益。"[③]《日本民法典》第 174 条之二第 1 款规定:"依据确定判决确定的权利,即使有短于 10 年的时效期间的规定存在,其时效期间亦为 10 年。关于依据裁判上和解、调停等与确定判决具有同一效力的程序确定的权利,亦同。"在日本法上,权利罹于短期消灭时效时,其确定判决后的时效期间是否也与以前同样是短期? 依裁判

---

① 参见朱岩编译:《德国新债法条文及官方解释》,法律出版社 2003 年版,第 21 页。

② 参见〔日〕我妻荣:《我妻荣民法讲义 Ⅰ 新订民法总则》,于敏译,中国法制出版社 2008 年版,第 464 页。

③ 朱岩编译:《德国新债法条文及官方解释》,法律出版社 2003 年版,第 21 页。

和判决并不改变债权的性质，所以一直解释为接受判决后的时效期间，也与其时效期间是同一的。但是，已得到确定判决认定的权利适用短期消灭时效在理论上很难解释。因此，1938 年《日本民法典》修改追加了第 174 条之二，在立法上解决了问题。[①] 我国台湾地区“民法”第 137 条第 3 款规定：“经确定判决或其他与确定判决有同一效力之执行名义所确定之请求权，其原有消灭时效期间不满五年者，因中断而重新起算之时效期间为五年。”该规定的立法理由是：“按法律规定短期消灭时效，系以避免举证困难为主要目的，如请求权经法院判决确定，支付命令确定，或和解、调解成立者，仲裁之判断，其实体权利义务关系，业已确定，不再发生举证问题，为保护债权人之合法利益，以免此种债权人明知债务人无清偿能力，仍须不断请求强制执行或为其他中断时效之行为，并为求其与‘强制执行法’第 4 条第 3 项相呼应，民法总则修正时，乃参考《德国民法典》第 218 条、《日本民法典》第 174 条之二的规定，延长时效期间为 5 年。”[②]但对该规定，有学者持批评意见，认为：“德国民法对经确定判决之请求权，时效一律为 30 年，‘现行民法’第 137 条第 3 项，却未依第 125 条给予 15 年之时效，而代之以 5 年之短期时效，对第 126 条请求权之债权人地位并未改善，实应改为 15 年使符修正之目的，并可杜绝侥幸与投机。”[③]

第三，生效法律文书所确定请求权的诉讼时效期间适用起算、中止和中断规则，且具体规则通常设有特殊规定。《德国民法典》第 199 条规定了普通消灭时效期间的起算标准，第 201 条规定了生效法律文书所确定请求权的诉讼时效期间的起算标准：“在第 197 条第 1 款第 3 项至第 6 项所称种类的请求权的消灭时效，在裁判的既判力发生时、可执行的债务名义作成时或请求权在支付不能程序中被确认时开始进行，但不在请求权发生之前开始进行。准用第 199 条第 5 款。”第 204 条第 2 款规定了该诉讼时效期间的停止标准：“在确定裁判或已开始的程序以其他方式终结后，第 1 款所规定的停止状况经过 6 个月而结束。因双方当事人不进行程序，致使程序处于休止状态的，以双方

---

① 参见〔日〕我妻荣：《我妻荣民法讲义 I 新订民法总则》，于敏译，中国法制出版社 2008 年版，第 463—464 页。

② 黄立：《民法总则》，中国政法大学出版社 2002 年版，第 487—488 页。此处《德国民法典》第 218 条系指债法改革之前的条文。

③ 黄立：《民法总则》，中国政法大学出版社 2002 年版，第 488 页。

当事人、法院或其他处理程序的机构最终的程序行为代替程序的终结。当事人中的一方继续进行程序的,重新开始停止。"《日本民法典》第 157 条第 1 款规定了普通时效期间中断后的重新起算标准,第 2 款规定了时效因裁判上请求中断后的重新起算标准:"因裁判上请求而中断的时效,自裁判确定时起,重新开始进行。"我国台湾地区"民法"第 137 条第 2 款与日本民法的规定类似:"因起诉而中断之时效,自受确定判决,或因其他方法诉讼终结时,重行起算。"

第四,债务人针对生效法律文书所确定请求权行使诉讼时效抗辩权的,通过民事诉讼法上的债务人执行异议之诉来解决。由于具有既判力的法律文书所确定的请求权仍然适用诉讼时效,因此当该请求权的诉讼时效期间届满时债务人仍可主张诉讼时效抗辩权。因此,各国及地区立法通常在民事诉讼法中规定执行异议之诉制度,时效期间届满之债务人可依据该程序排除生效法律文书所确定请求权的强制执行力。《德国民事诉讼法》第 767 条第 1 款规定:"对于判决所确定的请求权本身有异议时,债务人可以以诉的方式向第一审的受诉法院提起。"债务人以执行异议之诉对已经确认的请求权主张权利消灭的抗辩和权利延缓的抗辩。[①]《日本民事执行法》第 35 条第 1 款规定:"债务人对债务名义的请求权存在或其内容有异议时,可以提起请求不允许以该债务名义强制执行的请求异议之诉。"我国台湾地区"强制执行法"第 14 条规定,"执行名义成立后,如有消灭或妨碍债权人请求之事由发生,债务人得于强制执行程序终结前,向执行法院对债权人提起异议之诉"。执行异议之诉制度的设置,使债务人针对生效法律文书所确定请求权行使诉讼时效抗辩权在程序上得到保障,且避免了与原裁判文书的既判力发生矛盾。

(二)申请执行期间在我国的立法现状

申请执行期间制度在我国的立法沿革可分为两个阶段:

第一阶段:《民事诉讼法(试行)》颁行—2007 年《民事诉讼法》修正。

1982 年《民事诉讼法(试行)》即规定了申请执行期限制度,该法第 169 条规定:"申请执行的期限,双方或者一方当事人是个人的为一

---

① 参见〔德〕罗森贝克、施瓦布、戈特瓦尔德:《德国民事诉讼法》(下),李大雪译,中国法制出版社 2007 年版,第 1199 页。

年;双方是企业事业单位、机关、团体的为六个月。前款规定的期限,从法律文书规定履行期限的最后一日起计算;法律文书规定分期履行的,从规定的每次履行期限的最后一日起计算。"1991 年《民事诉讼法》第 219 条基本承袭了《民事诉讼法(试行)》第 169 条的内容,该条规定:"申请执行的期限,双方或者一方当事人是公民的为一年,双方是法人或者其他组织的为六个月。前款规定的期限,从法律文书规定履行期间的最后一日起计算;法律文书规定分期履行的,从规定的每次履行期间的最后一日起计算。"在该阶段,申请执行期限制度有两个特点:其一,区分当事人的主体性质适用不同的期间。其二,对申请执行期限与诉讼时效的关系未作明确界定。该规定的立法理由是:"为了加速社会主义经济组织间的民事、经济流转,以搞好经营,促进生产,及时稳定经济秩序和保障经济建设的顺利进行。"[①]对于申请执行期限的性质,学理及实务上认为是当事人行使权利的有效期间,即当事人申请人民法院强制执行应当遵守的期限。[②] 申请执行期限是不变期限(除斥期间),超过这个期限的,当事人申请法院执行的权利就丧失了,不能通过强制执行来实现自己的权利。[③] 依据上述规定,当事人逾期提出执行申请的,人民法院应当驳回申请[④]或者不予受理。[⑤] 为与上述规定相配合,最高人民法院于 1998 年颁布的《关于人民法院执行工作若干问题的规定(试行)》第 18 条第 1 款第(3)项规定,"申请执行人在法定期限内提出申请"是人民法院受理执行案件的条件之一;同条第 2 款规定:"人民法院对符合上述条件的申请,应当在七日内予以立案;不符合上述条件之一的,应当在七日内裁定不予受理。"在该阶段,虽然法律未明确规定申请执行期限能否适用中止、中断规则,但在司法实务上亦存在法院针对申请执行期限适用中止、中断规则的判例,典型案例如下:

---

① 柴发邦:《民事诉讼法新编》,法律出版社 1992 年版,第 447 页。

② 参见柴发邦、江伟等:《民事诉讼法通论》,法律出版社 1982 年版,第 430—431 页;程延陵等:《民事诉讼法(试行)释义》,吉林人民出版社 1984 年版,第 183 页。

③ 参见《人民司法》2004 年第 5 期,第 80 页。

④ 参见柴发邦:《民事诉讼法学》,中国人民公安大学出版社 1992 年版,第 363 页。

⑤ 参见孙加瑞:《强制执行实务研究》,法律出版社 1998 年版,第 149 页。

案例3.2.1　德国S&H食品贸易有限公司申请承认和执行汉堡交易所商品协会仲裁法庭仲裁裁决案①

【案件事实】

申请执行人:德国S&H食品贸易有限公司(以下简称S&H公司)

被申请执行人:厦门联发进出口贸易有限公司(以下简称联发公司)

1990年2月5日,联发公司作为供方,与需方S&H公司签订了一份订购20个集装箱中国芦笋的合同。合同约定:第一批10个集装箱到岸卸货期为1990年5月,第二批10个集装箱到岸卸货期为1990年6月。合同总则中还明确:合同一经签订,汉堡交易所商品协会的《业务规定》就此生效,凡一切纠纷均由该协会的仲裁法庭最终作出裁决。合同签订后,S&H公司依约按时开出了信用证,联发公司却将应于5月间到岸卸货的10个集装箱只运出了1个,其余9个集装箱的到岸卸货期发生延误。1992年3月11日,S&H公司在向联发公司索赔未果的情况下,根据合同中的仲裁约定,向德国汉堡交易所商品协会仲裁法庭申请仲裁,要求联发公司赔偿延误履行合同给其造成的损失。该仲裁法庭根据双方的合同及汉堡交易所商品协会《业务规定》的规定,于1993年2月2日作出第17/92号裁决书,裁决联发公司应向S&H公司偿付13 392美元,外加1992年4月6日以来的利息并承担仲裁费。联发公司收到仲裁裁决书后,一直未履行此裁决。为此,S&H公司全权授权在中国境内的舒乐达公司向联发公司交涉履行仲裁裁决的问题。1993年9月1日,舒乐达公司以S&H公司的名义与联发公司签订了一份协议,约定:联发公司尚未支付的15 600美元,将在1994年6月30日前的新业务中扣除;若在该期限内双方未达成新业务,联发公司应向S&H公司支付15 600美元。但至该协议约定的期限届满时,双方未达成新的业务,联发公司亦未向S&H公司支付15 600美元。1994年12月29日,S&H公司向厦门市中级人民法院申请承认和执行汉堡交易所商品协会仲裁法庭第17/92号裁决书,请求联发公司执行该仲裁裁决。

---

①　参见最高人民法院中国应用法学研究所编:《人民法院案例选》1996年第1辑(总第15辑),人民法院出版社1996年版,第146页以下。

【审查与执行】

厦门市中级人民法院经审查该项申请和仲裁裁决,认为:根据我国参加的《承认及执行外国仲裁裁决公约》的规定,申请执行人之申请符合该公约及我国法律的有关规定。根据《中华人民共和国民事诉讼法》第269条的规定,于1995年1月裁定:承认汉堡交易所商品协会仲裁法庭第17/92号仲裁裁决书,并予以执行。厦门市中级人民法院据此向联发公司送达了执行通知书。联发公司接到执行通知书后,向厦门市中级人民法院提出了执行异议,认为:

(1) S&H公司在裁决书生效19个月后才向我国法院申请强制执行,已超过了1991年《中华人民共和国民事诉讼法》第219条规定的申请执行期限,应依法裁定不予执行。

(2) 双方所签订的合同书条款中并无仲裁条款,只是在合同条文之前加有含有仲裁之意的文字,不能作为解决争议的条款。因此,依据《中华人民共和国民事诉讼法》第217条第2款第(一)项的规定,应依法裁定不予执行。厦门市中级人民法院对该项异议经审查认为:在仲裁裁决书生效后的申请执行期限内,双方当事人于1993年9月1日就如何履行该裁决达成了一份协议,并约定最后履行期限为1994年6月30日。因此,本案存在申请执行期间中断的情况,申请执行期限应从1994年7月1日起重新计算,S&H公司在1994年12月29日向本院申请执行,并未超过申请执行期限。双方当事人在合同中约定的仲裁内容,是双方当事人的真实意思表示,且约定内容明确,当一方未履行合同时,另一方也是按此约定提交仲裁法庭仲裁的。据此,联发公司所提异议不能成立,不予采纳。厦门市中级人民法院据此裁定驳回了联发公司的执行异议。此后,S&H公司与联发公司经协商,于1995年4月20日达成执行和解协议,由联发公司一次性支付S&H公司人民币8.7万元。协议签订后已执行完毕。

第二阶段:2007年《民事诉讼法》修正至今。

2007年修正后的《民事诉讼法》第215条规定:"申请执行的期间为二年。申请执行时效的中止、中断,适用法律有关诉讼时效中止、中断的规定。前款规定的期间,从法律文书规定履行期间的最后一日起计算;法律文书规定分期履行的,从规定的每次履行期间的最后一日起计算;法律文书未规定履行期间的,从法律文书生效之日起计算。"

2012年修正后的《民事诉讼法》对该规定未作修改,仅将原第215条调整为第239条。相较于第一阶段的申请执行期限制度而言,现行法规定的申请执行期间制度有如下变化:其一,不再区分当事人的主体性质,而统一适用两年期间,并将"申请执行期限"改为"申请执行期间"。其二,将申请执行期间的性质界定为申请执行时效,明确规定该期间适用法律有关诉讼时效中止、中断的规定。其三,针对法律文书未规定履行期间的情形,增加了申请执行期间起算规则的规定。该变化的立法理由是原申请执行期限制度在理论和实务上存在诸多弊端,主要体现为:"第一,申请执行的期限过短,助长了一些债务人利用时效逃债的侥幸心理;第二,债权人担心超过申请执行期间法院不予保护,明知债务人无财产可供执行或者法律文书生效后双方已达成分期履行的协议,也不得不申请强制执行,加剧了债权人和债务人之间的紧张关系,使一些案件过早进入执行程序,形成了执行'死案',浪费了宝贵的司法资源,增加了当事人的成本;第三,对公民、法人和其他组织适用不同的申请执行期限,不符合民事主体平等的原则。"①为配合申请执行期间制度的变化,最高人民法院于2008年颁布的《执行解释》第27条规定:"在申请执行时效期间的最后六个月内,因不可抗力或者其他障碍不能行使请求权的,申请执行时效中止。从中止时效的原因消除之日起,申请执行时效期间继续计算。"第28条规定:"申请执行时效因申请执行、当事人双方达成和解协议、当事人一方提出履行要求或者同意履行义务而中断。从中断时起,申请执行时效期间重新计算。"第29条规定:"生效法律文书规定债务人负有不作为义务的,申请执行时效期间从债务人违反不作为义务之日起计算。"最高人民法院于2015年颁布的《民诉法解释》第483条规定:"申请执行人超过申请执行时效期间向人民法院申请强制执行的,人民法院应予受理。被执行人对申请执行时效期间提出异议,人民法院经审查异议成立的,裁定不予执行。被执行人履行全部或者部分义务后,又以不知道申请执行时效期间届满为由请求执行回转的,人民法院不予支持。"

(三)申请执行期间的学说争议及反思

2007年《民事诉讼法》修改后,针对申请执行期间在学理上仍存

---

① 王胜明主编:《中华人民共和国民事诉讼法释义》,法律出版社2012年版,第560页。

在诸多争议。

争议一：申请执行期间的适用对象是什么？

第一种观点认为，申请执行期间的适用对象是申请执行请求权。申请强制执行，乃执行债权人所享有的请求法院运用强制执行权，以实现生效判决所确定的私权之权利。强制执行请求权，因执行根据之成立而发生，并附从于执行根据而存在，其性质为执行债权人对法院之公法上的请求权，而非对执行债务人之私法上的请求权。[①] 持该观点的学者认为："申请执行权乃当事人所享有的公法上的请求权，不存在诉讼时效的规制问题，只有作为执行根据的生效判决所确定的给付请求权始有诉讼时效之适用，诉讼时效的适用对象或客体本就包括生效判决所确定的给付请求权，在诉讼时效外，并不另行存在所谓的执行时效。修改后的《民事诉讼法》第 215 条所新增的关于执行时效的规范显然乃立法者未能正确认识诉讼时效的本质所致。"[②]

第二种观点认为，申请执行期间的适用对象是实体法上的请求权。持该观点的学者认为："申请执行期间为执行名义所确定的私法上给付请求权的消灭时效期间，而不是对当事人基于执行名义产生的公法上请求法院启动强制执行程序的申请执行权（也称强制执行请求权）设定的期限限制。《民事诉讼法》第 239 条关于申请执行期间（申请执行时效）的规定适用对象为执行名义所载请求权，并非对公法层面上当事人启动执行程序的强制执行请求权设定期限，也未损害民事实体法所确定的诉讼时效制度的完整适用。"[③]司法实务界主流观点认为："2007 年《民事诉讼法》第 215 条参考《民法通则》关于普通诉讼时效期间的规定，将申请执行的期限延长为两年。本条将申请执行期间定位为诉讼时效制度，明确规定申请执行期间可以中止、中断，体现了最大限度维护债权人利益的基本理念。"[④]依据对申请执行期间的这种定位，申请执行期间的适用对象应为实体法上的请求权，而非程序法上的权利。

---

① 参见杨与龄：《强制执行法论》，中国政法大学出版社 2002 年版，第 5 页。

② 占善刚：《对我国民事申请执行期间制度的初步检讨》，载《南京师大学报》（社会科学版）2011 年第 1 期。

③ 乔宇：《论申请执行时效的适用程序》，载《法律适用》2013 年第 4 期。

④ 张卫平等：《新民事诉讼法条文精释》，人民法院出版社 2012 年版，第 496 页。

争议二:法院能否依职权对申请执行期间进行审查?[①]

第一种观点认为,《民事诉讼法》规定的申请执行时效与原申请执行期限的适用一样,作为申请执行的一个必要条件,由立法部门在立案时进行审查。经审查,若发现已经超过申请执行期间,则裁定不予受理。

第二种观点认为,申请执行时效是申请执行期间,不再作为申请执行立案的必要条件,但是执行部门可以主动适用,执行部门经审查后认为已经超过申请执行期间的,应当裁定终结案件。

第三种观点认为,申请执行期间不再作为申请执行立案的必要条件,执行部门不能主动依职权审查,应视被执行人是否就申请执行期间问题提出异议而定。如果被执行人就申请执行期间问题提出异议,执行机构便启动审查程序。经审查,若异议成立,则裁定终结案件;若异议不成立,则裁定驳回异议,案件继续执行。如果被执行人在执行程序终结前,没有就申请执行期间问题提出异议,则执行机构应当执行。

争议三:生效法律文书确定的各类请求权是否都可适用申请执行期间?

第一种观点认为,申请执行期间的适用对象仅限于债权请求权。有学者指出,将申请执行期间界定为诉讼时效仍然存在一些无法得到解释的问题。例如,并非所有请求权均适用诉讼时效,依最高人民法院司法解释的规定,诉讼时效仅适用于债权请求权。生效法律文书所确定的权利并不限于债权请求权,还包括物权请求权。如果将《民事诉讼法》第 239 条规定适用于生效法律文书所确定的所有民事权利,在解释上,物权请求权亦适用申请执行期间。但学界通说和司法解释的规定都认为物权请求权不适用诉讼时效,《民事诉讼法》将申请执行期间界定为诉讼时效,这一矛盾无法化解。可采的路径是缩限解释《民事诉讼法》上述规定的适用范围,将其理解为仅适用于债权请求权。《诉讼时效规定》中规定不适用诉讼时效的债权请求权也不适用申请执行期间。再如,除民事权利之外,生效法律文书所确定的权利还包括一些非民事权利,如行政判决、裁定、调解书、行政处罚决定、行

---

① 对该问题的三种观点的论述,参见江必新主编:《新民事诉讼法执行程序讲座》,法律出版社 2012 年版,第 116 页。

政处理决定等。这些非民事权利本无诉讼时效的适用,是否还应适用申请执行期间?对此仍有研究余地。①

第二种观点认为,申请执行期间的适用对象与诉讼时效的适用对象是同一的。持该观点的学者认为:“如果对申请执行时效的适用范围作异于诉讼时效适用范围的解释,将导致时效制度在审判和执行程序中的分裂,有违消灭时效一体适用的初衷。而且,如果将两者区别对待,还会出现《民事诉讼法》第239条‘申请执行时效的中止、中断,适用法律有关诉讼时效中止、中断的规定’在具体适用过程中落空的问题。另外,如果执行依据所载请求权不在诉讼时效适用的权利范围之内,即表明法院对该请求权的诉讼时效抗辩持否定态度,审判权不因诉讼时效期间是否届满来评判应否对该权利进行公法上的保护。若因涉及强制执行的问题,法院又在申请执行时效中将其纳入抗辩的范围,将导致审判和执行对同一权利能否主张时效的抗辩进而受到公法层面的保护持相反态度,这一矛盾很难从理论上作出合理解释。”②

争议四:债务人针对生效法律文书所确定的请求权行使诉讼时效抗辩权发生争议的,适用何种程序?

第一种观点认为,被执行人行使申请执行时效抗辩权,提起债务人异议之诉以解决时效是否届满的实体争议,并排除执行依据的执行力,从纠纷解决的彻底性和程序保障的完备性等方面看,应为申请执行时效规范适用的最佳程序选择。就申请执行时效而言,属于执行依据发生法律效力后当事人之间新产生的法律关系,申请执行时效是否届满,与原执行依据确定的实体权利分属不同的实体法律关系,诉讼标的并不相同。法院对申请执行时效问题的处理,不涉及对执行依据已经确定的实体法律关系的重复评价,自不存在违反一事不再理和禁止重复起诉原则的问题。③

第二种观点认为,由于我国民事诉讼法并未如其他国家和地区的立法例,确立能排除执行债权人给付请求权的债务人异议之诉制度,故在我国,债权人在诉讼时效届满后申请人民法院强制执行的,只

---

① 参见刘璐:《民事执行重大疑难问题研究》,人民法院出版社2010年版,第23—24页。

② 乔宇:《论申请执行时效的适用程序》,载《法律适用》2013年第4期。

③ 同上注。

要执行债务人提出了诉讼时效抗辩,法院应当裁定终结执行。[①]

笔者认为,对于这些争议应从立法论和解释论两个层面来加以考量。

第一,从立法论的角度来看,我国现行法对申请执行期间的立法定位与传统大陆法系国家和地区存在显著差异,对该制度的性质在《民事诉讼法》颁布及数次修订过程中亦未有科学准确的定位。传统大陆法系国家和地区如德国、日本等国立法将生效法律文书确定的请求权仍然作为诉讼时效的适用对象,而在民事诉讼法中对申请执行请求权并不设置时间限制,对债务人主张诉讼时效抗辩权的纠纷通过债务人执行异议之诉来解决。这种制度设计,清晰地界定了实体法上的请求权与程序法上的申请执行请求权的关系,明确了民事实体法与民事程序法的不同适用对象,体现了法律体系的内在逻辑性要求。反观我国立法,一方面在民事实体法中未规定生效法律文书确定的请求权适用诉讼时效制度,另一方面在民事诉讼法中规定了申请执行的法定期间,但又未作执行异议之诉的制度安排,以至于在理论上和实务上产生了诸多困扰。有学者认为:"从诉讼法理上讲,申请强制执行乃当事人对代表国家之法院所享有的公法上的请求权,是当事人行使诉权的具体体现,不应有期间的限制。此外,申请执行期间制度之设计客观上亦损害了民事实体法所确定的诉讼时效制度的完整适用,造成了民事程序法与民事实体法之间不必要的冲突。从根本上讲,我国《民事诉讼法》关于申请执行期间制度的设计实乃基于积淀20余年的错误认识之不正确立法,应予以废除。"[②]该观点虽略显偏激,但不无道理。因此,从立法完善的角度而言,将申请执行期间制度从《民事诉讼法》中删除,并在民事实体法中明确规定生效法律文书确定的请求权适用诉讼时效,同时规定债务人执行异议之诉制度作为解决时效抗辩争议的适用程序,才是我国未来修法的明智选择。

第二,从解释论的角度来看,在《民事诉讼法》规定申请执行期间的现行法框架下,对上述几个争议问题应当运用法律解释方法来解决具体法律适用问题。

---

① 参见占善刚:《对我国民事申请执行期间制度的初步检讨》,载《南京师大学报》(社会科学版)2011年第1期。

② 同上注。

其一,关于申请执行期间的适用对象。现行法虽然将申请执行期间规定于《民事诉讼法》而非民事实体法之中,但由于修正后的《民事诉讼法》将申请执行期间的性质界定为执行时效,且适用法律有关诉讼时效中止、中断的规定,因此申请执行期间在性质上就是诉讼时效期间。申请执行期间的适用对象是实体法上的请求权,而非强制执行请求权。只有采此种解释,才不致与诉讼时效基本理论及诉讼法诉权理论相悖。而且,在《民事诉讼法》修正后,该解释在司法实务界也基本成为共识。

其二,关于法院能否依职权对申请执行期间进行审查。最高人民法院于1998年颁布的《关于人民法院执行工作若干问题的规定(试行)》(法释〔1998〕15号)第18条第1款第(3)项规定,"申请执行人在法定期限内提出申请"是人民法院受理执行案件的条件之一,该规定实际上是要求法院主动依职权对申请执行期间进行审查,以决定是否受理该执行案件。但修正后的《民事诉讼法》将申请执行期间界定为诉讼时效期间,而且最高人民法院于2008年颁布的《诉讼时效规定》第3条规定法院不得主动援引和释明诉讼时效规则,因此在当事人未主张诉讼时效抗辩的情形下,法院不得再主动依职权对申请执行期间进行审查,"申请执行人在申请执行期间内提出申请"不应再作为人民法院受理执行案件的条件之一。

其三,关于生效法律文书确定的各类请求权是否都可适用申请执行期间。《诉讼时效规定》第1条将诉讼时效适用对象限定为债权请求权,并规定了不适用诉讼时效的几种请求权。申请执行期间的性质既然是诉讼时效期间,其适用对象当然应与诉讼时效适用对象相一致。因此,对《民事诉讼法》第239条应作缩限解释,该条仅适用于能够适用诉讼时效的请求权之法律文书。并非生效法律文书确定的所有请求权都可适用申请执行期间,法律规定不适用诉讼时效的请求权以及学理和司法实务上不适用诉讼时效的请求权即使被生效法律文书所确定,也不适用申请执行期间。①

其四,关于债务人针对生效法律文书所确定请求权行使诉讼时效抗辩权而发生争议所适用的程序。我国并未如其他大陆法系国家或

① 关于法律规定不适用诉讼时效的请求权以及学理和司法实务上不适用诉讼时效的请求权,参见本书第五章相关内容。

地区规定债务人执行异议之诉制度以解决时效抗辩争议问题,而仅在《民事诉讼法》第 225 条规定“对违法执行行为的异议”、第 227 条规定“案外人异议”制度。在《执行解释》的起草过程中,有意见认为,应当通过司法解释将异议的范围限定在执行措施等对当事人、利害关系人利益影响较大的事项上。反对意见认为,对异议范围进行限制确有必要,但如果司法解释明确对异议范围进行限制,将与法律规定明显相悖。由于意见分歧较大,实践中又缺乏现成的经验可资参考,该司法解释对异议事由未作规定。[①] 2015 年《民诉法解释》第 483 条第 1 款规定:“申请执行人超过申请执行时效期间向人民法院申请强制执行的,人民法院应予受理。被执行人对申请执行时效期间提出异议,人民法院经审查异议成立的,裁定不予执行。”该条系现行法首次对民事执行程序中债务人行使诉讼时效抗辩权的具体方式作出了规定,因此在该司法解释生效之后,债务人针对生效法律文书所确定请求权行使诉讼时效抗辩权的,自应适用该条之规定。但必须指出,该条规定不同于域外的债务人执行异议之诉制度,因为该条只是将债务人在执行程序中提起诉讼时效抗辩权作为《民事诉讼法》第 225 条“对违法执行行为的异议”的具体情形之一,而非以诉的方式对诉讼时效争议进行实体审理。

二、诉讼时效与申请执行期间的区别

虽然 2007 年修正后的《民事诉讼法》将申请执行期间的性质界定为诉讼时效期间,但基于现行法规定,申请执行期间与《民法通则》规定的诉讼时效仍存在以下区别:

第一,适用对象不同。通说认为,诉讼时效的适用对象是请求权。笔者认为,在我国现行法框架下,诉讼时效的适用对象是民事责任请求权。[②] 申请执行期间的适用对象是生效法律文书确定的请求权,但不包括依法律规定和司法实务认为不适用诉讼时效的请求权,例如物权请求权、人格权请求权等。从请求权的种类和范围来看,诉讼时效适用对象与申请执行期间适用对象实际上是一致的,

① 参见沈德咏主编:《民事诉讼司法解释理解与适用》,法律出版社 2009 年版,第 551 页。

② 参见本书第五章第二节相关内容。

区别仅在于后者被生效法律文书所确定。传统大陆法系国家或地区将这两种期间统一规定于民法典之中，而我国现行法将诉讼时效规定于《民法通则》等民事实体法中，将申请执行期间规定于《民事诉讼法》中。

第二，法定期间不同。《民法通则》等民事实体法规定的诉讼时效期间分为普通期间、特殊期间和最长期间等；修正后《民事诉讼法》规定的申请执行期间统一适用两年期间。传统大陆法系国家和地区一般规定，生效法律文书确定的请求权适用较长诉讼时效期间，或者适用至少不短于普通诉讼时效期间的法定期间，以实现对该种请求权的充分保护。而《民事诉讼法》规定申请执行期间统一适用两年期间，该期间比《合同法》①《海商法》②《环境保护法》③等民事实体法规定的诉讼时效期间更短。这样造成的后果是，某些请求权在未被生效法律文书确定之前可受到较长诉讼时效期间的保护，而被生效法律文书确定之后反而要适用较短的诉讼时效期间，明显违反了生效法律文书确定请求权优先保护的立法通例，在未来修法中应予修正。

第三，起算标准不同。依《民法通则》第 137 条的规定，诉讼时效期间从知道或者应当知道权利被侵害时起计算；20 年最长诉讼时效期间从权利被侵害之日起计算。依《民事诉讼法》第 239 条的规定，申请执行期间从法律文书规定履行期间的最后一日起计算；法律文书规定分期履行的，从规定的每次履行期间的最后一日起计算；法律文书未规定履行期间的，从法律文书生效之日起计算。

第四，中断规则的适用不同。依《民法通则》第 140 条的规定，诉讼时效的中断事由包括提起诉讼、债权人向义务人主张权利、义务人同意履行义务。虽然《民事诉讼法》第 239 条规定申请执行期间中断适用诉讼时效中断的规定，但实际上申请执行期间的中断存在特殊性：

---

① 依《合同法》第 129 条规定，因国际货物买卖合同和技术进出口合同争议提起诉讼或者申请仲裁的期限为 4 年。

② 依《海商法》第 265 条规定，有关船舶发生油污损害的请求权，时效期间为 3 年。

③ 依《环境保护法》第 42 条规定，因环境污染损害赔偿提起诉讼的时效期间为 3 年。

(1)“提起诉讼”中断事由表现为申请强制执行。[①] 债权人申请强制执行分三种情形,其后果有所不同:第一种情形是申请执行后又撤回申请,依“诉的撤回,视同未起诉”的诉讼规则,该情形不发生中断效果。第二种情形是法院裁定不予受理或驳回申请,该情形通常也不发生中断效果,但如果因法院错误而不受理或驳回,事后发现申请执行期间届满的除外。第三种情形是进入执行程序,该情形发生中断效果,但此时中断已无实际意义。[②]

(2)债权人与义务人达成和解协议对中断的影响。债权人与义务人达成和解协议的时间对是否引起申请执行期间中断有所不同。申请执行前自行和解能够引起申请执行期间的中断;进入执行程序后的执行和解,不能引起申请执行期间的中断,而只能引起申请执行期间的中止;申请执行期间届满后达成的和解协议与申请执行期间的中止、中断无关。[③]

第五,能否适用延长制度不同。依《民法通则》第 137 条的规定,在特殊情况下人民法院可以延长诉讼时效期间。依《民事诉讼法》第 239 条的规定,申请执行期间适用法律有关诉讼时效中止、中断的规定,但未规定可适用延长制度。

第六,债务人行使诉讼时效抗辩权的后果不同。在请求权未被生效法律文书确定之前,债务人行使诉讼时效抗辩权的后果是:如果是在起诉之前债权人与债务人就时效抗辩存在争议的,应由债权人提起诉讼或仲裁以解决争议;如果是在起诉之后债务人行使诉讼时效抗辩权的,法院审查抗辩成立即应判决债权人的请求权不具有强制执行的效力。在请求权被生效法律文书确定之后,债权人申请执行其实体法上请求权受到申请执行期间的限制,债务人行使诉讼时效抗辩权的,在传统大陆法系国家或地区通常适用债务人执行异议之诉来解决时效抗辩争议。在我国现行法未规定债务人执行异

---

① 依《诉讼时效规定》第 13 条第(六)项的规定,申请强制执行与提起诉讼具有同等诉讼时效中断的效力。

② 有学者认为:“申请强制执行导致时效中断并无实际意义,应当明确规定法院立案执行后,申请执行时效终结,但可以有例外情形。”参见詹昀刚:《申请执行时效若干问题探讨》,载《法制与社会》2008 年第 4 期。

③ 参见张卫平主编:《新民事诉讼法条文精要与适用》,人民法院出版社 2012 年版,第 621 页。

议之诉制度的背景下,依据《民诉法解释》第 438 条的规定以解决时效抗辩争议。

第三节　诉讼时效与行政诉讼法上起诉期限

行政诉讼法上起诉期限,是指当事人能够向人民法院对具体行政行为提起行政诉讼的有效期限。[①]《行政诉讼法》规定起诉期限的立法目的是:"为了对当事人行使诉权进行一定的限制,促使其尽快行使诉权,同时也为了保障当事人尽快地实现其诉权。"[②] 2014 年修正前的《行政诉讼法》(以下简称旧《行政诉讼法》)设置了 3 个条文规定起诉期限制度,即第 38、39、40 条。另外,《行政诉讼若干意见》《行政诉讼若干解释》等司法解释对起诉期限的具体适用也作出了规定。2014 年修正后的《行政诉讼法》对起诉期限作出了较大修改。

一、诉讼时效与起诉期限的关联

(一) 起诉期限在我国的立法现状

1. 起诉期限的种类

起诉期限分为两类,即经复议后的起诉期限和直接起诉的起诉期限。

(1) 对于经复议后的起诉期限,旧《行政诉讼法》第 38 条第 2 款规定:"申请人不服复议决定的,可以在收到复议决定书之日起十五日内向人民法院提起诉讼。复议机关逾期不作决定的,申请人可以在复议期满之日起十五日内向人民法院提起诉讼。法律另有规定的除外。"2014 年修正后的《行政诉讼法》第 45 条基本坚持了旧法的规定,该条规定:"公民、法人或者其他组织不服复议决定的,可以在收到复

---

① 参见林莉红:《行政诉讼法学》,武汉大学出版社 2009 年版,第 180 页。

② 杨解君等:《行政法与行政诉讼法》,清华大学出版社 2009 年版,第 193 页。但也有学者认为:"在现今行政案件利害关系人起诉难、胜诉更难的情形下,强调起诉期限的民主性,即保护利害关系人利益的观念,更应该成为立法与司法的主导思想。"张弘:《行政诉讼起诉期限研究》,载《法学》2004 年第 2 期。

议决定书之日起十五日内向人民法院提起诉讼。复议机关逾期不作决定的,申请人可以在复议期满之日起十五日内向人民法院提起诉讼。法律另有规定的除外。”旧法和现行法均规定法律对经复议后的起诉期限有特殊规定的,适用特殊规定,例如《专利法》第41条第2款规定:“专利申请人对专利复审委员会的复审决定不服的,可以自收到通知之日起三个月内向人民法院起诉。”

(2)对于直接起诉的起诉期限,旧《行政诉讼法》第39条规定:“公民、法人或者其他组织直接向人民法院提起诉讼的,应当在知道作出具体行政行为之日起三个月内提出。法律另有规定的除外。”2014年修正后的《行政诉讼法》第46条规定:“公民、法人或者其他组织直接向人民法院提起诉讼的,应当自知道或者应当知道作出行政行为之日起六个月内提出。法律另有规定的除外。因不动产提起诉讼的案件自行政行为作出之日起超过二十年,其他案件自行政行为作出之日起超过五年提起诉讼的,人民法院不予受理。”该条相较于旧法的变化为:其一,“三个月”期间改为“六个月”。其二,起算点由“知道作出具体行政行为之日”改为“知道或者应当知道作出行政行为之日”。其三,增加了不动产案件(20年)和其他案件(5年)的最长期间的规定。另外,旧法和现行法均规定法律对直接起诉的起诉期限有特殊规定的,适用特殊规定,例如《森林法》第17条第3款规定:“当事人对人民政府的处理决定不服的,可以在接到通知之日起一个月内,向人民法院起诉。”《水污染防治法》第84条规定:“当事人对行政处罚决定不服的,可以申请行政复议,也可以在收到通知之日起十五日内向人民法院起诉;期满不申请行政复议或者起诉,又不履行行政处罚决定的,由作出行政处罚决定的机关申请人民法院强制执行。”

对于《行政诉讼法》修改前后的衔接适用,最高人民法院2015年颁布的《行政诉讼法解释》第26条第1款规定:“2015年5月1日前起诉期限尚未届满的,适用修改后的行政诉讼法关于起诉期限的规定。”

2. 起诉期限的起算标准

对于经复议后的起诉期限,旧《行政诉讼法》第38条第2款规定自“收到复议决定书之日”起算;2014年修正后的《行政诉讼法》第45条规定的起算点与旧法相同。对于直接起诉的起诉期限,旧《行政诉讼法》第39条规定自“当事人在知道作出具体行政行为之日”起算；2014年修正后的《行政诉讼法》第46条规定自“当事人知道或者应当知道作出行政行为之日”起算。关于起诉期限的起算，下列几个问题值得注意：

(1) 旧《行政诉讼法》第39条规定起诉期限的起算标准是“知道”作出具体行政行为之日，而不包括“应当知道”。对于“知道”如何理解，通说认为，当事人“知道”应以行政机关“告知”为原则要求，由于行政机关未告知当事人的诉权或起诉期限，是行政机关违反行政法律关系的权利义务要求，对致使当事人延误期限负有直接责任。① 正因为如此，旧《行政诉讼法》第38条第2款和《森林法》《水污染防治法》等法律将起诉期限的起算时间规定为“收到复议决定书之日”或“收到行政决定通知之日”，这些规定实际上是对“知道”的具体行为描述。2014年修正后的《行政诉讼法》第45条规定起诉期限的起算标准为“当事人知道或者应当知道”作出行政行为之日，弥补了旧法规定的不足。应当注意的是，对于“知道”的对象，旧法和现行法均规定为“具体行政行为”而非“当事人因具体行政行为受到侵害”。因此，只要当事人收到行政决定书的通知而知道具体行政行为已经作出，即使不知自己因该具体行政行为而受到侵害，也不影响起诉期限的起算。②

(2) 行政机关作出具体行政行为时，未告知当事人的诉权或者起诉期限的情形下，起诉期限如何起算？《行政诉讼若干意见》(现已失效)第35条规定：“行政机关作出具体行政行为时，未告知当事人的诉权或者起诉期限，致使当事人逾期向人民法院起诉的，其起诉期限从当事人实际知道诉权或者起诉期限时计算，但逾期的期间最长不得超过1年。”对该条规定的理解曾经存在诸多争议，导致司法实践中的一

---

① 参见应松年主编：《行政诉讼法学》，中国政法大学出版社2011年版，第220页；林莉红：《行政诉讼法学》，武汉大学出版社2009年版，第181页；张步洪：《中国行政法学前沿问题报告》，中国法制出版社1999年版，第225页。

② 对此有学者持批评意见认为：“为切实保障相对人的诉权，应当用诉讼时效制度取代现行的起诉期限制度，用知道权益受损事实的时间点代替诉权或者行政行为内容作为计算诉权的起始点。”参见应松年主编：《行政诉讼法学》，中国政法大学出版社2011年版，第221页。

些不同做法。[①] 为此,最高人民法院在其后颁布的《行政诉讼若干解释》作出了更为明确的规定,该解释第41条规定:“行政机关作出具体行政行为时,未告知公民、法人或者其他组织诉权或者起诉期限的,起诉期限从公民、法人或者其他组织知道或者应当知道诉权或者起诉期限之日起计算,但从知道或者应当知道具体行政行为内容之日起最长不得超过2年。复议决定未告知公民、法人或者其他组织诉权或者法定起诉期限的,适用前款规定。”《行政诉讼若干解释》第42条规定:“公民、法人或者其他组织不知道行政机关作出的具体行政行为内容的,其起诉期限从知道或者应当知道该具体行政行为内容之日起计算。对涉及不动产的具体行政行为从作出之日起超过20年、其他具体行政行为从作出之日起超过5年提起诉讼的,人民法院不予受理。”将该两条与《行政诉讼法》的规定相结合理解,可区分为以下几种情形:其一,行政机关作出具体行政行为时依法通知了当事人,且告知了其诉权或者起诉期限,当事人也知道或者应当知道具体行政行为内容的,适用《行政诉讼法》第46条确定起诉期限的起算点。其二,行政机关作出具体行政行为时依法通知了当事人,但未告知其诉权或者起诉期限,当事人知道或者应当知道具体行政行为内容的,适用《行政诉讼若干解释》第41条规定的起诉期限的起算点。6个月起诉期限的起算点是“当事人知道或者应当知道诉权或者起诉期限之日”,两年期间的起算点是“当事人知道或者应当知道具体行政行为内容之日”,两年期间的作用是限制6个月起诉期限的计算。其三,行政机关作出具体行政行为时未通知当事人,也未告知其诉权或者起诉期限,当事人也不知道具体行政行为内容的,适用《行政诉讼若干解释》第42条确定起诉期限的起算点。[②] 6个月起诉期限的起算点是“当事人知道或者

① 当时司法实践中大致有四种做法:其一,作出具体行政行为之日起1年;其二,作出具体行政行为之日起1年零3个月;其三,知道诉权、起诉期限之日起1年;其四,知道诉权、起诉期限之日起1年零3个月。参见林莉红:《行政诉讼法学》,武汉大学出版社2009年版,第182页。

② 应当指出,《行政诉讼若干解释》第42条存在明显语法错误。依该条规定,该条的适用情形是“当事人不知道行政机关作出的具体行政行为内容”。问题在于,如果当事人一直处于不知道具体行政行为内容的情形,又如何能够从“知道或者应当知道具体行政行为内容之日”起算。因此,该条的适用情形应解释为“行政机关作出具体行政行为时,当事人不知道行政机关作出的具体行政行为内容”。

应当知道该具体行政行为内容之日”,20年和5年期间的起算点是“具体行政行为作出之日”。该条的适用情形是“当事人不知道具体行政行为内容”而不包括“应当知道”的情形,因此该条主要适用于公告送达和留置送达导致当事人事实上不知道具体行政行为内容等情形。①

(3)行政机关不履行法定职责时,起诉期限的起算标准。《行政诉讼若干解释》第39条第1款规定:“公民、法人或者其他组织申请行政机关履行法定职责,行政机关在接到申请之日起60日内不履行的,公民、法人或者其他组织向人民法院提起诉讼,人民法院应当依法受理。法律、法规、规章和其他规范性文件对行政机关履行职责的期限另有规定的,从其规定。”在该款规定的情形下,起诉期限的起算点是“行政机关在接到申请之日起60日届满时”。同条第2款规定:“公民、法人或者其他组织在紧急情况下请求行政机关履行保护其人身权、财产权的法定职责,行政机关不履行的,起诉期间不受前款规定的限制。”依该款规定,当事人在紧急情况下请求行政机关履行保护其人身权、财产权的法定职责,行政机关不履行的,当事人有权立即提起诉讼,起诉期限的起算点是“当事人知道行政机关不履行法定职责时”。2014年修正后的《行政诉讼法》第47条规定:“公民、法人或者其他组织申请行政机关履行保护其人身权、财产权等合法权益的法定职责,行政机关在接到申请之日起两个月内不履行的,公民、法人或者其他组织可以向人民法院提起诉讼。法律、法规对行政机关履行职责的期限另有规定的,从其规定。公民、法人或者其他组织在紧急情况下请求行政机关履行保护其人身权、财产权等合法权益的法定职责,行政机关不履行的,提起诉讼不受前款规定期限的限制。”《行政诉讼法解释》第4条规定:“公民、法人或者其他组织依照行政诉讼法第四十七条第一款的规定,对行政机关不履行法定职责提起诉讼的,应当在行政机关履行法定职责期限届满之日起六个月内提出。”结合上述两条规定,对行政机关不履行法定职责提起诉讼(非紧急情况下)的起诉期

① 对于《行政诉讼若干解释》第41、42条,学界一般认为该规定是“实事求是的”“对实际操作是有意义的”,但并未明确指出该两条(尤其是第42条)适用的具体情形为何。参见应松年主编:《行政诉讼法学》,中国政法大学出版社2011年版,第221页;林莉红:《行政诉讼法学》,武汉大学出版社2009年版,第182页。

限，自行政机关接到申请之日起两个月届满时起算，法律、法规另有规定的除外。

在司法实务中，起诉期限起算的典型案例如下：

案例 3.3.1　马天晨诉高邮市公安局非法扣押车辆并要求赔偿损失案①

【案件事实】

原告：马天晨，扬州市邗江县方巷镇庙桥村陶庄组村民

被告：江苏省高邮市公安局

马天晨于 1988 年 11 月 25 日以人民币 12 000 元向河北省隆尧县莲子镇粮油食品站（以下简称食品站）购买解放牌 CA10B 型四吨大货车一辆，车号为河北 34-08935。后因扬州市车管所不同意入户，又将车退给该站，该站遂与马天晨商定，车辆所有权为该站所有，由马天晨承包运输，一切费用、盈亏均由马天晨负责，原售车款人民币 12 000 元作为卖断承包款。该站在 1996 年 10 月 9 日出具的说明中称："此车一切处理事项由马天晨全权处理。"1989 年 6 月 19 日上午，马天晨驾车行驶至高邮市境内马棚段时，被高邮市公安交警大队马棚中队执勤的交警以"违超、移动证过期、待理证过期"为由将车辆暂扣，并当场开具了待理证。马天晨此后数十次到高邮市公安局索要车辆，因马天晨一无证据说明，二又讲不出确切的时间及与被告何人接洽（其中除被告承认的扣车后一星期左右接待过的一次和在 1996 年 7—8 月份期间接待过 4 次），均未能得到处理。1991 年 7 月，马天晨因盗窃罪被邗江县人民法院判处有期徒刑 1 年零 6 个月，1993 年 1 月 22 日获释。1993 年 12 月 20 日，高邮市公安局根据《交通管理处罚程序补充规定》（1991 年 1 月 3 日公安部文件公发〔1991〕2 号）第 9 条第 2 款关于"被暂扣证件、号牌车辆的人超过半年不来领取的，应将车辆上缴财政部门，证件、号牌予以注销"的规定，将暂扣车辆上缴给了高邮市财政局公产管理处，该处以"无主报废车"将该车作了罚没处理，并开具了江苏省罚没物资专用凭证（No. 0002352），但未告知马天晨"该车已作报废处理"。1996 年 12 月 30 日，公产管理处将该车以人民币 700 元

① 参见最高人民法院中国应用法学研究所编：《人民法院案例选》1999 年第 4 辑（总第 30 辑），时事出版社 2000 年版，第 393 页以下。

处理给了高邮市物资再生利用总公司报废机动车辆机电设备回收利用公司。1996 年七八月份,马天晨到高邮市公安局要车,得知车辆已被上缴作报废处理,后多次与公安局交涉,无果。1996 年 10 月 15 日马天晨向高邮市人民法院提起诉讼,要求判令被告解除非法扣押车辆的具体行政行为,返还车辆,赔偿 7 年来的营运损失人民币 323 110.80 元。

【裁判要旨】

一审法院经审理认为:被告以原告违章驾车为由暂扣车辆,其扣押措施并无不当;但将扣押车辆上缴财政,法律依据不足,应赔偿马天晨因此而造成的直接损失。判决:

(1) 撤销被告高邮市公安局将“河北 34-08935”号车辆上缴财政的具体行政行为。

(2) 被告高邮市公安局赔偿原告马天晨直接经济损失 9 595 元(于判决书生效后 10 日内付清)。

一审宣判后,原告不服,以原判认定事实部分不准、要求返还汽车或等值赔偿、赔偿经营损失和索要车辆发生的旅差费用为由,诉至扬州市中级人民法院。

二审法院经审理认为:高邮市公安局于 1993 年 12 月 20 日作出“上缴”被扣汽车的行政决定,原告于 1996 年 7 月份才知道该具体行政行为的存在,根据最高人民法院《关于贯彻执行〈中华人民共和国行政诉讼法〉若干问题的意见(试行)》(现已废止)第 34 条、第 35 条的规定,其起诉期限从知道具体行政行为存在之日起计算,原审法院受理本案是正确的。对于案件实体部分的处理,二审法院同意一审法院的意见,因此裁定“驳回上诉,维持原判”。

3. 起诉期限的中止、中断和延长

旧《行政诉讼法》没有规定起诉期限的中止、中断,但规定了起诉期限的延长规则。旧《行政诉讼法》第 40 条规定:“公民、法人或者其他组织因不可抗力或者其他特殊情况耽误法定期限的,在障碍消除后的十日内,可以申请延长期限,由人民法院决定。”

现行《行政诉讼法》第 48 条规定:“公民、法人或者其他组织因不可抗力或者其他不属于其自身的原因耽误起诉期限的,被耽误的时间不计算在起诉期限内。公民、法人或者其他组织因前款规定以外的其他特殊情况耽误起诉期限的,在障碍消除后十日内,可以申请延长期限,是否准许由人民法院决定。”该条相较于旧法的变化为:其一,增加了起诉期限中止的规定,中止事由是“不可抗力或者其他不属于其自身的原因”。其二,起诉期限延长的事由改为“中止事由以外的其他特殊情况”,不可抗力不再作为延长事由而改为中止事由。

(1) 起诉期限中止的条件。其一,公民、法人或者其他组织因不可抗力或者其他不属于其自身的原因耽误起诉期限。不可抗力的内涵和外延在理论上和司法实务上都是确定的,不存在疑义。“其他不属于其自身的原因”是指哪些情形,尚需明确。《行政诉讼若干解释》第 43 条规定:“由于不属于起诉人自身的原因超过起诉期限的,被耽误的时间不计算在起诉期间内。因人身自由受到限制而不能提起诉讼的,被限制人身自由的时间不计算在起诉期间内。”依此规定,“其他不属于其自身的原因”包括:因人身自由受到限制而不能提起诉讼及其他类似情形。其二,中止事由发生在起诉期限之内。中止事由发生在起诉期限之内的任何时间均可引起起诉期限中止,此与诉讼时效中止事由必须发生在时效期间的最后 6 个月不同。其三,因中止事由被耽误的时间不计算在起诉期限内。即因中止事由导致起诉人不能正常起诉的时间应从起诉期限内扣除,并于中止事由结束后补足该时间,以保证起诉人能够起诉的时间为一个完整的起诉期限。此外,与起诉期限延长必须由当事人提出申请不同,只要具备中止条件,法院应主动适用中止规则不将被耽误的时间计算在起诉期限内。

(2) 起诉期限延长的条件。其一,耽误起诉期限的原因是中止事由以外的其他特殊情况。对于“其他特殊情况”的具体情形,在《行政诉讼法》修正以前,有学者认为,其他特殊情况是指除不可抗力以外,不是由于本人的主观过错而耽误了期限的事由,如当事人身患重病、当事人因人身自由受到限制而不能完成起诉行为。但现行《行政诉讼法》将人身自由受到限制及其类似情形作为中止事由而非延长事由。还有学者认为,由于行政机关未告知公民、法人或者其他组织诉权或者起诉期限而致使耽误起诉期限的,也属于其他特殊情况。依据该观点,《行政诉讼若干解释》第 41、42 条规定的 2 年、5 年和 20 年法定期间届满后,也可适用起诉期限延长规则。但依据司法解释该两条的本意,似乎不宜采取该理解。因此,在现行《行政诉讼法》增设中止规则的前提下,对于作为延长事由的“其他特殊情况”,尚需明确其具体范围。其二，在障碍消除后的10日内，当事人可以申请延长期限。延长规则的适用必须由当事人向人民法院提出申请，法院不得主动依职权适用延长规则。有学者认为，这种延长应是顺延，即把因法定事由而耽误的期限补足，而不是重新计算期限。但是依据《行政诉讼法》第48条的规定，中止和延长起诉期限均适用于"耽误"法定期限的情形。从文义上理解，该"耽误"既包括起诉期限因法定事由部分届满，也包括起诉期限因法定事由完全届满。在前一种情形下，符合中止条件的，可以适用顺延；但在后一种情形下，起诉期限已完全届满，是无法适用顺延的。而且依据《行政诉讼若干解释》第43条的规定，超过起诉期限（即起诉期限完全届满）的情形下是可以适用延长规则的。因此，当事人申请延长的期限并不以未计算的期限为限，而应基于具体情况以能够行使诉权而定，但最长不应超过法定起诉期限。此区别于中止规则仅是将被耽误的时间不计算在起诉期限内。其三，是否延长及延长的具体期限，由人民法院决定。人民法院收到延长申请后应当依法审查，经审查认为延长申请具有正当理由的，应依法延长当事人的起诉期限；经审查认为延长申请不具有正当理由的，可裁定驳回当事人的申请。

（二）起诉期限与诉讼时效关系的学说争议及反思

争议一：起诉期限的性质是否属于诉讼时效？

第一种观点认为，起诉期限的性质属于诉讼时效。持该观点的学者认为："行政诉讼的诉讼时效可以分为直接起诉和经复议后起诉的诉讼时效两种类型。"[①]有学者在编写民法诉讼时效案例集时，将行政诉讼法上的起诉期限案例也纳入其中[②]，亦是持这种观点的反映。而且，司法实务界主流意见似乎也持这种观点。[③]

在司法实务中，法院认为起诉期限属于诉讼时效的典型案例如下：

---

① 张树义：《寻求行政诉讼制度发展的良性循环》，中国政法大学出版社2000年版，第191页。

② 参见李显东主编：《民法总则典型案例疏义》，法律出版社2008年版，第419页以下。

③ 参见最高人民法院行政审判庭：《关于执行〈中华人民共和国行政诉讼法〉若干问题的解释释义》，中国城市出版社2000年版，第81页。

案例3.3.2　张建舟诉长安县人民政府及第三人王福慧土地使用证纠纷案[①]

【案件事实】

原告:张建舟,长安县斗门镇农民

被告:陕西省长安县人民政府

第三人:王福慧,退休工人

张建舟于新中国成立初期从他人处购买位于长安县斗门镇什字牛兆吉刀把型院落南侧安房两间居住,并在牛兆吉宅基东段无人使用处扎猪圈、堆放柴草。1971年8月,斗门工商所以牛兆吉的房屋被私改为由,持牛兆吉的房屋产权证要求张建舟退出其所占用牛兆吉宅基东段的地皮。双方当时达成协议,并建成界墙。1971年10月18日,向阳公社革委会(现斗门镇政府)依据张建舟的申请,同意其继续使用原猪圈及堆放柴草的宅基地,以解决张建舟的养猪问题。1982年张建舟在此地上搭建简易房,1985年又将简易房翻建为三间平板房。1994年工商局将原牛兆吉的地皮办理了国有土地使用证。1997年11月长安县人民政府依据第三人王福慧持1968年3月18日购买牛兆吉的房屋及附带地皮契约,给王福慧办理了国有土地使用证。王福慧持此土地使用证,于1998年5月19日向长安县人民法院提出民事诉讼,要求长安县工商局与张建舟退还其宅基地,拆除地面附着物。长安县人民法院裁定不予受理。王福慧不服向西安市中级人民法院提出上诉,西安市中级人民法院审理后认为,王福慧诉争之地,因长安县人民政府已于1994年、1997年先后签发两个土地使用证,分别确权归长安县斗门镇工商所及王福慧使用,该地出现两个使用证,属土地使用权争议问题,遂裁定驳回上诉,维持原裁定。1998年6月5日长安县人民政府注销原发给斗门工商所的国有土地使用证。王福慧又于同年8月5日向长安县人民法院提起民事诉讼,要求张建舟排除妨碍。长安县人民法院认为,王福慧持有政府验发的土地使用证,使用权合法,应予支持。张建舟虽对争议地皮使用多年,但无合法手续,且1971年张建舟与斗门工商所已明确了界畔,原牛兆吉的空地皮归工商所,应属国有土地,向阳公社同意张建舟使用属越权行为,故判决张建

---

① 参见最高人民法院中国应用法学研究所编:《人民法院案例选》2002年第1辑(总第39辑),人民法院出版社2002年版,第413页以下。

舟在判决生效后1个月内拆除占用王福慧东段宅基地上的所有建筑物和附着物,土地归王福慧使用。张建舟不服,上诉至西安市中级人民法院。二审以该案需以行政诉讼案件立案为依据,裁定中止诉讼。二审期间,张建舟于1999年3月12日向长安县人民法院提起行政诉讼,以侵害其宅基使用权为由,请求撤销长安县人民政府给王福慧颁发的国有土地使用证。

【裁判要旨】

一审法院经审理认为,被告长安县人民政府在未撤销国有土地使用证的情况下,对同一宅基地又向第三人王福慧颁发了国有土地使用证,出现了部分重复确权,在颁发上述两个国有土地使用证时,四邻界畔确认不明确,对原告张建舟经原向阳公社革委会同意使用的土地,未依据国家土地局《确定土地所有权和使用权的若干规定》第35条之规定处理,被告颁发的土地使用证事实不清,程序违法。判决撤销长安县人民政府该国有土地使用证。一审宣判后,长安县人民政府、第三人王福慧不服,以原判认定事实不清,原告张建舟超过诉讼时效等为由,提起上诉。二审法院经审理认为,长安县人民政府给王福慧颁发的国有土地使用证,是1997年11月5日作出,被上诉人张建舟于1998年9月1日知道,依据《行政诉讼法》第39条之规定,张建舟应当在知道作出具体行政行为之日起3个月内提起诉讼,但其1999年3月12日才提起诉讼,已超过诉讼时效,人民法院不予保护。终审判决后,张建舟不服,提出申诉。陕西省高级人民法院作出裁定指令西安市中级人民法院对该案进行再审。经再审,所查明本案事实与原审认定事实基本一致。再审法院认为,张建舟不是长安县人民政府作出涉案国有土地使用证之具体行政行为的相对人,其起诉时效应适用最高人民法院《关于贯彻执行〈中华人民共和国行政诉讼法〉若干问题的意见(试行)》(现已失效)第35条之规定为1年。原二审裁定以张建舟超过时效驳回张建舟之诉有误,应予纠正。

第二种观点认为,起诉期限的性质不属于诉讼时效。持该观点的学者认为,行政诉讼起诉期限与民法中的诉讼时效是两个性质完全不同的法律制度。这两种制度在适用法律的性质、期间是否可变、期间届满的效力、制度的理论基础等方面均存在显著差异,两者分别属于实体法和程序法的不同法律部门。[1] 在几种通行的行政诉讼法学教材中,作者在界定起诉期限性质时,亦未将其界定为诉讼时效。[2]

第三种观点认为,起诉期限的性质虽然不属于诉讼时效,但应当以“行政诉讼时效”制度替代“行政诉讼期限”制度。持该观点的学者认为,在期间起算标准等方面,诉讼时效制度比现行的起诉期限制度更为合理。而且,2010 年 4 月 29 日修订后的《国家赔偿法》第 39 条出现了“行政诉讼时效”的名词,这对构建“行政诉讼时效”制度以替代“行政诉讼期限”制度有指引性意义。[3]

《行政诉讼法解释》针对行政诉讼中不同类别的法律关系,规定分别适用诉讼时效和起诉期限,该司法解释第 12 条规定:“公民、法人或者其他组织对行政机关不依法履行、未按照约定履行协议提起诉讼的,参照民事法律规范关于诉讼时效的规定;对行政机关单方变更、解除协议等行为提起诉讼的,适用行政诉讼法及其司法解释关于起诉期限的规定。”该规定表明现行法将诉讼时效与起诉期限界定为两种性质不同的规则体系。

争议二:起诉期限届满的后果是否与诉讼时效相同,即由对方取得抗辩权?

第一种观点认为,起诉期限届满的后果与诉讼时效不同,其后果是当事人丧失诉权,而非对方取得抗辩权。通说认为,当事人起诉超过法定期限的,当事人因起诉期限届满而丧失诉权,人民法院不予受理。[4]

第二种观点认为,起诉期限届满的后果与诉讼时效类似,亦为由对方取得抗辩权。该观点为少数说。持该观点的学者认为:“在起诉

---

① 参见肖峰昌:《行政诉讼起诉期限若干问题辨析》,载《法律适用》2006 年第 9 期(总第 246 期)。

② 参见杨解君等:《行政法与行政诉讼法》,清华大学出版社 2009 年版,第 193 页;林莉红:《行政诉讼法学》,武汉大学出版社 2009 年版,第 180 页;胡建淼、金伟峰:《行政法与行政诉讼法》,高等教育出版社 2012 年版,第 347 页。

③ 参见应松年主编:《行政诉讼法学》,中国政法大学出版社 2011 年版,第 221—222 页。

④ 同上书,第 219 页;另参见杨解君等:《行政法与行政诉讼法》,清华大学出版社 2009 年版,第 194 页;林莉红:《行政诉讼法学》,武汉大学出版社 2009 年版,第 180 页;胡建淼、金伟峰:《行政法与行政诉讼法》,高等教育出版社 2012 年版,第 347 页。

和受理阶段,人民法院不能依职权审查原告起诉是否超过起诉期限,并以起诉超过期限为由驳回原告的起诉。如果被告在接到起诉状后的答辩期限内没有提出'认为原告起诉超过起诉期限'的抗辩,或者虽然'被告认为原告起诉超过起诉期限'提出了抗辩,但没有向法院提交相关证据用以支持其抗辩,则原告的起诉就应当被推定为符合法定起诉期限,原告起诉权即应视为合法。"①

笔者认为,起诉期限与诉讼时效这两种制度无论是在理论基础、价值理念方面,还是在制度构建、规则运用方面,均存在显著差异,两种制度的具体区别详见本节后文内容,此处不赘。关于起诉期限届满的后果是否由对方取得抗辩权的问题,从另一角度而言,亦即法院受理案件时应否依职权对起诉期限主动进行审查的问题。依《行政诉讼法》第 49 条规定的起诉条件,并不包括"未超过起诉期限",《行政诉讼若干解释》第 27 条规定:"原告对下列事项承担举证责任:(一) 证明起诉符合法定条件,但被告认为原告起诉超过起诉期限的除外……"依据该两条规定,似乎表达的意思是法院在受理原告起诉时不应主动审查起诉期限,而应由被告对超过起诉期限举证。但是,《行政诉讼若干解释》第 44 条规定:"有下列情形之一的,应当裁定不予受理;已经受理的,裁定驳回起诉:……(六) 起诉超过法定期限且无正当理由的……"《行政诉讼法解释》第 3 条规定:"有下列情形之一,已经立案的,应当裁定驳回起诉:……(二) 超过法定起诉期限且无正当理由的……"该两条似乎是要求法院依职权对起诉期限进行审查以决定是否受理。这些规定似乎存在矛盾。

笔者认为,从解释论的角度来看,上述这些规定并不能推导出起诉期限届满导致抗辩权发生的结论,理由如下:

其一,诉讼时效抗辩权发生主义的涵义是,诉讼时效期间届满的后果是由义务人取得抗辩权用以对抗权利人。义务人行使抗辩权时,诉讼时效期间届满的事实是已经确定的,该事实可能是由义务人举证证明的,也可能是基于其他证据已经确定的事实,现行法并未对该事实的举证责任分配作出规定。即使义务人举证证明了

---

① 肖峰昌:《行政诉讼起诉期限若干问题辨析》,载《法律适用》2006 年第 9 期(总第 246 期)。

诉讼时效期间已经届满,但其因某种原因而未行使抗辩权,其向权利人负有的义务就仍具有可强制执行性。质言之,抗辩权发生主义的要义是义务人是否行使抗辩权,而不是由谁举证证明诉讼时效期间已经届满。《行政诉讼法》第49条和《行政诉讼若干解释》第27条都只能解释为对举证责任分配的规定,这与抗辩权发生主义的本意相去甚远。

其二,诉讼时效抗辩权发生主义与自愿履行规则相关,即诉讼时效期间届满后义务人的自愿履行行为仍受法律认可和保护。而在行政诉讼中,如果被告举证证明了起诉期限已经届满,原告即当然丧失诉权,依据行政合法性原则,被告不可能在原具体行政行为未被撤销的前提下作出所谓的自愿履行行为。

其三,诉讼时效抗辩权发生主义的适用前提是,权利人对义务人享有实体法上的请求权,而义务人可用诉讼时效抗辩权来对抗该请求权。在民法领域中,权利人与义务人的主体地位平等,其享有的请求权和抗辩权均属于实体法上的权利。而在行政法和行政诉讼领域,行政机关与相对人的法律地位并非平等,也不存在类似民法领域的"请求权—抗辩权"的权利构造。因此,依据《行政诉讼法》和司法解释的相关规定,原告起诉时不必证明是在起诉期限内提起诉讼,法院受理案件时也不必对起诉期限进行审查,被告如认为起诉期限届满应举证证明,法院认为被告所举证据能够证明起诉期限届满的,原告即丧失诉权,而不存在被告再行使抗辩权的问题。

二、诉讼时效与起诉期限的区别

第一,理论基础和价值理念不同。对于诉讼时效的制度价值,通说采"三目的说"。笔者认为,诉讼时效的制度价值主要是司法资源的有效利用、确立公权力对私权利救济的界限和各方当事人的利益平衡。① 起诉期限的制度价值是:稳定社会秩序、促使及时行使权利、收集证据和审理的需要以及民主与效率相统一的要求。② 诉讼时效是实体法制度,该制度关注的重点是各方当事人实体权利和义务的平衡和分配;起诉期限是程序法制度,该制度关注的重点是诉讼参加人各方,

---

① 参见本书第四章相关内容。

② 参见林莉红:《行政诉讼法学》,武汉大学出版社2009年版,第180页。

尤其是行政相对人在诉讼活动中程序权利的保障。

第二,期间的种类和长短不同。诉讼时效期间分为一般诉讼时效期间、特殊诉讼时效期间和最长诉讼时效期间。起诉期限分为经复议后的起诉期限和直接起诉的起诉期限。与诉讼时效期间相比,起诉期限更短,这种较短期间的规定,一般解释为行政效率的要求。① 近年来,亦有学者主张直接起诉的起诉期限应修改为"在知道或应当知道作出具体行政行为之日起2年"。②

第三,起算标准不同。《民法通则》第137条规定,"诉讼时效期间从知道或者应当知道权利被侵害时起计算"。《诉讼时效规定》针对各种具体情形下的诉讼时效期间起算标准也作出了规定。对于经复议后的起诉期限,《行政诉讼法》第45条规定自"收到复议决定书之日"起算;对于直接起诉的起诉期限,第46条规定自"当事人在知道或者应当知道作出具体行政行为之日"起算。其具体涵义,如前文所述。

第四,中止、中断规则不同。依《民法通则》第139条的规定,诉讼时效中止事由是"不可抗力或者其他障碍";中止事由的发生时间是诉讼时效期间的最后6个月内;中止的效力是"从中止时效的原因消除之日起,诉讼时效期间继续计算"。依《行政诉讼法》第48条第1款的规定,起诉期限中止事由是"不可抗力或者其他不属于其自身的原因";中止事由的发生时间是起诉期限之内的任何时间;中止的效力是"被耽误的时间不计算在起诉期限内"。《民法通则》第140条规定了诉讼时效中断规则,《行政诉讼法》未规定起诉期限中断规则。

第五,延长规则不同。《民法通则》第137条后段规定,"有特殊情况的,人民法院可以延长诉讼时效期间"。诉讼时效期间的延长仅适用于诉讼时效期间已经届满且有特殊情况的场合。依《行政诉讼法》第48条第2款的规定,延长起诉期限的适用场合是"耽误起诉期限的",其文义既包括起诉期限已届满也包括起诉期限未届满

---

① 参见杨解君等:《行政法与行政诉讼法》,清华大学出版社2009年版,第193页。

② 参见余梦秦:《行政诉讼法第39条起诉期限该改为2年》,载《检察日报》2012年4月2日。

的情形;延长起诉期限的法定事由是“中止事由以外的其他特殊情况”。

第六,期间届满的后果不同。《诉讼时效规定》第1条采抗辩权发生主义,诉讼时效期间届满的后果是由义务人取得抗辩权,但义务人自愿履行或放弃抗辩权的,仍受法律认可和保护。起诉期限届满的后果是原告丧失诉权,法院对原告的起诉不予受理,且不存在被告自愿履行的问题。

第二编　诉讼时效

第四章　诉讼时效制度的价值

法律只有在涉及价值的立场框架中才可能被理解。[①] 罗斯科·庞德指出:"价值问题虽然是一个困难的问题,但它是法律科学所不能回避的。即使是最粗糙、最草率的或最反复无常的关系调整或行为安排,在其背后总有对各种互相冲突和互相重叠的利益进行评价的某种准则。"[②]诉讼时效制度的价值,是指诉讼时效作为一项法律制度,其存在的理论依据及其所追求的价值目标。也有学者以"诉讼时效制度的功能"[③]、"诉讼时效制度的功能或目的"[④]、"诉讼时效制度的作用"[⑤]或"诉讼时效制度的正当化理由"[⑥]等命题来讨论相关问题。这些命题虽然表述不同,但其探讨的实质问题,就是诉讼时效制度存在于民法体系中的理论依据。本书以"诉讼时效制度的价值"来表述。

依据普通人的道德观和价值观,理解和接受诉讼时效制度是存在障碍的,它似乎是一项有悖情理的制度。日本学者山本敬三指出:"如果认可时效,那么他人的物就会成为自己的物、本来应当履行的债务就没有必要履行了。不用说,这是反道德的,但还不仅如此,因为真正的权利人的权利被剥夺了。财产权也是宪法保障的基本权。法律认

① 参见〔德〕G.拉德布鲁赫:《法哲学》,王朴译,法律出版社2005年版,第4页。

② 〔美〕罗斯科·庞德:《通过法律的社会控制》,沈宗灵译,商务印书馆1984年版,第50页。

③ 王利明:《民法总则研究》,中国人民大学出版社2012年版,第727页;马俊驹、余延满:《民法原论》,法律出版社2010年版,第241页。

④ 龙卫球:《民法总论》,中国法制出版社2002年版,第613页。

⑤ 魏振瀛主编:《民法》,北京大学出版社、高等教育出版社2010年版,第190页。

⑥ 徐发明:《民事诉讼时效制度的正当化理由探析》,载《政法学刊》2007年第1期。

可剥夺这种权利的制度,行吗?不得不追寻时效制度存在的理由——更准确地说是时效制度的正当化理由——便是出于这样的原因。”[①]因此,对诉讼时效制度的理论依据作出合理解释,是构建该制度的基础。我国学者对诉讼时效制度价值的研究意义已有一些有益的探讨。[②]

笔者认为,诉讼时效制度价值主要有以下几方面的研究意义:

其一,立法准则意义。对诉讼时效具体制度的构建,应当符合该制度的基本价值取向和立法政策目标,诉讼时效制度价值是指导该制度立法活动的重要立法准则。

其二,对现行制度的评价意义。以诉讼时效制度价值为标准,可以较为客观地评价现行诉讼时效制度的得失,为现行制度的完善提供理论支撑。

其三,法律解释意义。在涉及诉讼时效具体规范解释的场合,如果该规范存在两种以上可能的涵义,如无特殊理由,应采取符合该制度价值的涵义进行解释。

其四,价值宣示意义。对诉讼时效制度价值进行科学的阐释,可以揭示该制度的基本价值目标和基本价值取向,这有利于司法工作者及普通民众更为准确地理解和适用该制度。

第一节　诉讼时效制度价值之国外学说

一、德国学界的观点

《德国民法典》对消灭时效制度的目的没有作出规定,但《德国民法典立法理由书》对该问题作出了说明。《德国民法典立法理由书》第1卷第291页写道:“请求权消灭时效之原因与宗旨,乃使人勿去纠缠于陈年旧账之请求权。不过有些事实可能已年代久远,一方亦已长期缄口不提;而今一方却以此类事实为据,向对方主张权利,这是民事

---

① 〔日〕山本敬三:《民法讲义1总则》,解亘译,北京大学出版社2004年版,第345—346页。

② 参见冯恺:《诉讼时效制度研究》,山东人民出版社2007年版,第37—38页。

交往难以容受的。因为时间已使此类事实黯然失色，对方欲举出于己有利之免责事由并获致成功，纵然并非全然不能，亦属难矣。就常规而言，此类要求或自身并不成立，或已具结完案。消灭时效之要旨，并非在于侵夺权利人之权利，而是在于给予义务人一保护手段，使其毋需详察事物即得对抗不成立之请求权。消灭时效乃达到目的之手段，而非目的本身。于具体情形，若消灭时效于实体公正有损，即若权利人因消灭时效届满失却其本无瑕疵之请求权，此亦属关系人须向公共利益付出之代价。盖若权利人非于请求权之行使置若罔闻，消灭时效本无发生之由，故权利人于请求权内容之利益，实属微不足道，其因此付出之代价，亦难谓严酷也。"①对于《德国民法典立法理由书》所阐述之理由，迪特尔·梅迪库斯教授提出不同意见，他认为："如果在消灭时效届满之前的很长时间里，债权人本来可以行使其请求权却不行使，则《德国民法典立法理由书》中的上述理由是能够令人信服的。然而在第477条和第638条（指旧《德国民法典》——笔者注）规定的两种重要情形中，这一条件并不存在。这里，债权人在发现瑕疵或者至少能够发现瑕疵之前，因瑕疵所产生的请求权可能已经届满。……因此，这些规定产生了许多争议，也产生了无休止的界定困难。消灭时效本来应该是一种维护法律稳定性的手段，现在却产生了十分令人恼怒的不稳定状态。所以必须对这些规定加以更正。更正的方法有两种。一是在债权人实际能够行使其权利时才让消灭时效开始起算……二是对消灭时效作另一种理解，即消灭时效并不是表示权利人'于请求权内容之利益，实属微不足道'，而是一种风险转移（Risikoverlagerung）。"②但他同时也承认"我们无法直接认识到这样一种风险转移存在的理由"。

在德国学界，时效制度的价值和目的一直是存在争议的问题。卡尔·拉伦茨教授指出："时效的意义和目的并不是没有问题的。人们通常都说，时效是防止个别人为了成就过去的事实而要求行使请求权，因为当证人已不在人世或无从找到，他的各种证据方法受到一些有理由的反驳后已不能成立时，他已不能说明这些请求权了。帕夫罗夫斯基把这称为权利的和平功能。同时，这也是为了减轻法院受理案

---

① 〔德〕迪特尔·梅迪库斯：《德国民法总论》，邵建东译，法律出版社2001年版，第91—92页。

② 同上书，第92页。

件的负担这样一个公共利益，因为，法院受理这种时间久远的案件，工作难度很大，而且对案件的处理或多或少地受偶然性的支配。冯·图尔则认为，这里存在着一种经验上的可能性，'即依据已过去很久的事实提出的请求权要么根本不能成立，要么已经不复存在。如果这个请求权还成立，权利人也应承受由于自己的疏忽而没有及时考虑自己的权利，从而权利过了时效的不利益'。当然，这只是一种总的论断，它并不总是合乎实际的。首先，在有的情况下，《德国民法典》为了加快商业上的流转而规定了较短的时效期间，比如，买受人的承揽合同中的定作人的瑕疵请求权，这个不按照期间规定主张请求权是不考虑权利人的过失的。这个诉讼经常的根据是，权利人在此之前还根本不可能提起诉讼，因为买卖物或产品的瑕疵是事后形成的，或者，权利人对对方很信任，他不想对对方逼得太紧。短的时效期间是为短期发展但又大量的商业行为服务的。销售商或生产商应该得到保护，即他们在一个商业活动以后不应再长时间地为一个他们不再考虑的瑕疵请求权所困扰，而这样一来，他们的业务就会受到影响而回落，资金上也会受到损失，将来的业务安排等都会受到一系列的影响和困难。但冯·图尔认为，也许许多情况需要长期的时效规定。而且这里，对时效提出异议的诉讼在具体情况下还有可能导致一个和实体法的公正不符的结果。法律起草者们在这里只考虑到'权利的安全性'问题。如果某人认为，或者认为有可能，自己对某事没有责任，那么他可以提出上述的时效问题，而且一般情况下，如果某人已经知道，他对某事是有责任的，但通过对时效提出异议的方法对他来说很方便，那么，他也可以采用时效的方法来设法取消自己的责任。只在某些极端的情况下，才用不允许行使权利的异议的手段来反对对时效提出异议诉讼的对方。"①

迪特尔·施瓦布教授认为："这一规定（消灭时效）目的有二：一是为了保护债务人，使之不致因很久以前发生的、难以澄清的事件而被提出履行债务的要求；二是为了保护法院，使之不致承受复杂难解的诉讼程序的负担。除此以外，其中还带有这样的思想：尽管债权已经到期，但在特定的时间之后，债务人却没有被债权人提出履行债务

① 〔德〕卡尔·拉伦茨：《德国民法通论》（上册），王晓晔等译，法律出版社2003年版，第335页。

的要求,则债务人便可以认为,债权人将不再向其提出要求;就是说,在经过特定时间之后,债务人即不应当再因对请求权提出主张一事而受到意外的困扰。"①

还有德国学者认为:"时效制度旨在维持法律安全和法律秩序。若经过时效的请求权被主张,则债务人应当受到保护。由于时间的经过,他经常不能或难以进行反对债权人请求的辩护。若时效在较短时间内完成,则会加快交易的缔结。"②

2002 年,德国债法改革的重要内容之一是对时效法的修改,依据对修改后条文的官方解释,时效制度的目的是"旨在保持法律活动安全及保持权利和平、避免争议,这尤其表现在合同的请求权中。在经过一定时间以后,应当终止是否存在请求权及是否可以行使请求权的不稳定状态。依据此种做法,在时效届满以后,无论请求权的性质,请求权行使都受到阻碍。仅仅将时效的法律效力表述为阻碍行使权利的抗辩是不充分的,因为时效在事实上造成债权消失,就其对债权的效力而言,其等同于履行或免除。……除了时效的统一性和清晰性以外,时效期间的长短还必须照顾到不同的利益状态。此种期间的长短应由时效的目的决定。例如,债务人具有应加以保护的利益,特别是随着时间的流逝其将无法举证,针对第三人可能会丧失追索的权利等,这些都要求一个较短的时效期间;时效法的首先适用情况即在于保护债务人。但在另一方面,过短的时效威胁到债权人的权利。在债权人知道或能够知道其享有请求权之前,此种过短的时效期间可能已经届满。债权人应当享有充分有效主张其请求权的时间。最后,在确定期间长短时还必须考虑到合同的当事人应当首先尝试就请求的有效行使达成一致,而这样就使得债权人不会具有过短期间的压力,而此种过短的期间会迫使债权人在法庭上主张其权利"③。基于这些目的以及债法改革前消灭时效法的具体缺陷,债法改革针对消灭时效法

① 〔德〕迪特尔·施瓦布:《民法导论》,郑冲译,法律出版社 2006 年版,第 181 页。

② 〔德〕汉斯·布洛克斯、〔德〕沃尔夫·迪特里希·瓦尔克:《德国民法总论》,张艳译,法律出版社 2012 年版,第 399 页。

③ 朱岩编译:《德国新债法条文及官方解释》,法律出版社 2003 年版,第 13—14 页。

作出了较大程度的修改。[①]

综上所述，在2002年德国债法改革以前，德国学界的主流观点认为消灭时效制度的目的是解决举证困难、减轻法院受案负担和保护特定债务人等。但德国学者同时也承认该观点也只能解释一般情况，在旧《德国民法典》规定的一些特殊时效规则中（例如第477条、第638条），由于时效不是从权利人能够行使之时起算，因而应当另外作出解释。于是就有学者提出了“能够行使权利时效起算说”“风险转移说”等不同观点。由于债法改革前《德国民法典》的时效法存在若干不一致规定和其他一些原因，德国学界对于消灭时效制度的价值和目的问题的认识是相当不一致的。2002年德国债法改革针对旧法有关时效规定的诸多缺陷进行了较为全面的反思，采纳了一些学者的合理建议，对时效法进行了较大修改。例如针对普通消灭时效的起算点，由客观标准（请求权成立时起算）改为主观标准（知道或应知请求权成立和债务人之当年年末起算）[②]；又例如取消了一部分特别消灭时效，为减少消灭时效期间的多样性作出了很大努力。[③] 这些具体修改基本坚持和反映了《德国民法典立法理由书》所阐释的时效制度的目的，使时效的具体规定与该制度的价值目标得到了较大程度的统一。

二、日本学界的观点

日本民法学界在如何考虑时效制度存在的理由这一点上的见解存在着根本对立。按照见解的不同，时效制度的法律定位以及针对具体问题的观点也不相同。主要存在以下几种观点[④]：

第一种观点：“保护非权利人·实体法说”。

依据这种观点，对时效制度作如下理解：时效制度的目的是保护非权利人。时效制度的目的是令真正的权利人的权利消灭、令无权利人取得权利的制度。按照这种观点，由于时效制度是调整权利的得失

---

① 参见本书第二章第三节。

② 参见《德国民法典》第199条第1款。

③ 参见杜景林、卢谌编著：《德国债法改革〈德国民法典〉最新进展》，法律出版社2003年版，第139页。

④ 参见〔日〕山本敬三：《民法讲义1总则》，解亘译，北京大学出版社2004年版，第345—349页。

的制度,因此定位为实体法问题。至于为什么令真正的权利人的权利消灭、令无权利人取得权利的制度可以得到正当化,其根据有以下两点:① 维护社会的法律关系的安定;② 防止权利行使的懈怠——躺在权利上睡觉的人不值得保护。

第二种观点:“保护权利人·诉讼法说”。

依据这种观点,对时效制度作如下理解:时效制度的目的是保护权利人。所谓时效是这样一种制度:真正拥有权利、不负担义务的人在经过较长时间后无法证明这一点,为了使其免遭不利益而给予保护的制度。按照这种观点,时效以真实的权利状态的存在为前提,作为证明该事实的手段发挥机能。在这个意义上,可以将它定位为证明的问题,即诉讼法上的问题。不过,围绕作为这种证明在多大程度上认可时效的意义存在着争议。主要有两种不同的观点:

(1) 法定证据说:如果能显示一定事实状态持续了规定的期间,那么与其相对应的法律关系的存在,在法律上就得到了当然的证明。即使通过其他证据证明了与其相抵触的事实,也不能推翻。在这一点上,它不同于通常的证据,被称为法定证据。

(2) 法律上的推定说:如果能显示一定事实状态持续了规定的期间,那么与其相对应的法律关系的存在,在法律上将得到推定。在此情形下,如果相对人证明了与其相反的事实,则推定不再成立。

依据“保护权利人·诉讼法说”的观点,支撑对时效制度这种理解的根据,来源于这样一种观念:“一定事实的持续,增大了反映真实的盖然性。”

第三种观点:“多元说”。

依据这种观点,对时效制度的理解主要有两个要点:

(1) 保护权利人说与保护非权利人说的统合。如上所述,由于无论采取哪一种单方的立场,都难以正当化时效制度,因此,一般的立场是对各自的立场所强调的侧面都予以承认。按照这种观点,所谓时效制度,可以理解为:“在一定的事实状态长时间持续后,以真正的权利人怠于行使权利为前提,保护虽然本不是权利人但以该事实状态为前提生活之人的制度;同时也是保护不能证明真正权利关系的权利人的制度。”

(2) 与个别制度相对应的、多元化的理解。另外,一般认为,以时效制度中包含着多种制度为理由,所以应当分别就各个具体的制度思考其存在的理由。

另外,由于《日本民法典》规定侵权损害赔偿请求权不适用10年的普通消灭时效,而是适用3年的短期消灭时效[①],针对该短期消灭时效的理论依据,日本学者存在不同的解释。

(1)举证困难说。《日本民法典》的起草者梅谦次郎说明,基于侵权行为的损害赔偿请求权,如果也将其作为债权规定10年的消灭时效的话,经过一定的岁月,要证明是否存在侵权以及该侵权行为已经导致产生什么样的损害结果,将会极为困难,会提起比较模糊的诉讼,故第724条规定了3年的短期消灭时效。但是,起算点不是在侵权行为发生时而是受害人或者其法定代理人知道损害事实以及谁是加害人时。[②]

(2)受害者宽恕说(末川说)。末川博在1932年的论文"侵权行为损害赔偿请求权的时效"中认为短期消灭时效的根据不仅是采证上的困难性,还有受害者的宽恕。该说的主要观点是:"受害者如果知道损害和加害者的话,且实际又具备了请求赔偿的要件,却还花时间考虑是否请求是没有理由的;若还花时间则一般可以看出对侵权行为者的所为采取了容忍宽恕的态度。本来,正因为受害者有强弱之分,对于加害者的侵权行为通常会表述出不同程度的愤怒之情,决定是否请求赔偿多数也由感情性因素来支配。""但是,感情容易激动的同时也容易冷却。知道加害者之后经过了3年,首先不论何种愤怒之情也解开了,因此,规定受害者在知道损害以及加害者之时3年内不请求赔偿则其权利就消灭是有一定道理的。经过3年如果还请求的话可以说有什么不纯的动机,潜伏什么不自然的情形吧。"[③]

(3)对末川说的质疑(内池说)。该说认为:"从相关受害人的主观性就导出经过一定的期间权利就消灭在理论上是站不住脚的。""民法第724条的短期时效的宗旨是针对实际知道权利行使的可能性却

---

① 参见《日本民法典》第724条。

② 参见〔日〕梅谦次郎:《民法要义 卷之三 债权编》,有斐阁1984年版,第917页。转引自〔日〕圆谷凌:《判例形成的日本新侵权行为法》,赵莉译,法律出版社2008年版,第135—136页。

③ 〔日〕末川博:《侵权行为的损害赔偿请求权的时效》,载《侵权行为以及权利滥用的研究》,岩波书店1933年版,第113—114页。转引自〔日〕圆谷凌:《判例形成的日本新侵权行为法》,赵莉译,法律出版社2008年版,第135—136页。

不请求的受害者的态度,保护赔偿义务者的正当信赖(作为结果的请求权消灭是由睡在权利上的受害人负担此危险的)。可以理解为,起算点意味着该信赖基础的受害者的主观态度上意识到请求权的存在,3 年的期间是将该信赖正当化的时间界限的规定。”[①]

(4) 通说见解。针对内池说对末川说的质疑,通说并不完全赞同。日本学界的一般观点认为,侵权损害赔偿请求权适用短期时效的理论依据在于:① 因时间的流逝导致证明的困难性(与有契约关系的场合相比,侵权行为中因时间的流逝加害者举出反证比较困难);② 受害者感情的冷静化;③ 受害者可以向加害者请求损害赔偿却对此予以放置。[②]

综上所述,在日本民法学界对时效制度的存在理由有三种不同的观点。“保护非权利人・实体法说”着重从时效制度保护非权利人的角度来解释时效制度的存在理由,并且将时效制度定位为实体法的范畴。“保护权利人・诉讼法说”则着重从时效制度保护权利人的角度来解释时效制度的存在理由,并且将时效制度定位为诉讼法的范畴。但对于以上二说,日本学者多认为它们对时效制度存在理由的理解都过于狭隘,并且各自存在一定的缺陷。而多元说实际上是以上二说的折中说,认为时效制度的目的是多元的,而不是一元的;对时效制度的目的应当分别就各具体制度加以解释。对于侵权损害赔偿请求权适用短期消灭时效的理论依据,受害者宽恕说较为新奇,但亦非毫无道理,其他学者对该说的评价亦不一致。

三、英美学界的观点[③]

英美法系学者关于时效的功能,概括起来有这样几种描述:

第一,时效法是为了公共利益(general public interest)。英美学者

---

① 〔日〕内池庆四郎:《侵权行为责任的时效》,成文堂 1993 年版,第 32—36 页。转引自〔日〕圆谷凌:《判例形成的日本新侵权行为法》,赵莉译,法律出版社 2008 年版,第 135—136 页。

② 参见〔日〕圆谷凌:《判例形成的日本新侵权行为法》,赵莉译,法律出版社 2008 年版,第 138 页;〔日〕吉村良一:《日本侵权行为法》,张挺译,中国人民大学出版社 2013 年版,第 134 页。

③ 该部分主要参考葛承书:《民法时效——从实证的角度出发》,法律出版社 2007 年版,第 26—27 页。

普遍认为,让眠于权利之上者继续睡眠或者要求法院依据陈旧而且不可信的证据判案都是不合公益的。时效制度的主要目的之一即是为了社会公共利益。而社会公共利益要求讼争尽快得到解决。一个长久休眠的请求包含的正义少于不正义。

第二,时效法意在鼓励原告不要眠于权利之上,而应该在可能的情况下尽快地提起诉讼。从另一个角度说,如果原告拥有一个充分的诉因,则其必对其权利保有合理的谨慎。如果原告没有及时行使其权利,那么他将失去他的权利。

第三,时效法是为了确保经过一段法定的时间后,原本引起他人向其请求作为或不作为的事情,现在可以放心地认为已经过去了。对于被告来说,在其头上老是悬着一个不定期的请求,这是不公平的。而且,让一个长久休眠的请求被激活,似乎比阻止其复兴更为苛刻。

第四,时效法是为了使权利得到安稳(to quiet titles)。Pearce 法官曾这样描述英国《1939 年诉讼时效法》(系当时生效的成文法):诉讼时效是一个折中的产物,它一方面要鼓励并保护合理的及时诉讼,同时在证明事实的证据也许已经泯灭的情况下又要保护被告免受陈旧请求的打扰。

第五,时效法便于尽可能保证证据的收集。陈旧的请求经常与很多年前的事情有关,这些事情的记载可能已经不存在,证明这些事情的证据,即使还在,也很难收集完整。甚至被告可能已经失去反驳陈旧主张的证据。

四、苏联学界的观点

苏联学者对诉讼时效价值的观点,可概括为三个方面:

第一,是稳定财产关系的要求。

坚金教授认为:“诉讼时效的实行,是由在一定程度上稳定财产关系的要求决定的。不应该使事实上形成的财产关系无限期地处于不肯定的状态,使它毫无时间限制地经常受到审判机关可能加以强制干涉的威胁。这种事实上形成的关系的稳定和肯定,在社会主义组织间的关系上具有重大的意义。对于社会主义组织间的债权设定诉讼时效,可以巩固经济纪律和财政纪律,促进经济核算制的发展。财产关系的稳定对公民也有很大意义。如果没有诉讼时效,继承人永远都不能担保会不会有人对他提出偿还被继承人的债务甚至被继承人的被继承人的债务的要求。如果某人办理了一项可能和他人发生纠纷的法律行为的话(例如《苏俄民法典》第 32 条、第 151 条所说的因为误解而办理的法律行为),那么就要永远受到可能提起这种诉讼的威胁。"①"因事实关系已长期存在,如破坏这种事实关系即可能引起不利的后果,从而动摇了经济生活的稳定。"②

第二,促进经济核算制的巩固和生产计划的完成。

苏联学者认为,诉讼时效制度与计划经济下的经济核算制以及各种生产计划有密切的关系。"社会主义经济组织的活动是根据经济核算制原则进行的。而经济核算制要求对企业的一切生产和开支进行严格的和及时的计算。每一个企业必须节约货币资金和材料的开支。他们必须注意原材料以及来自其他企业的货币资金是否及时收到。社会主义组织之间在原料、燃料及其他材料方面的供应关系和制成品的供给关系,总是由合同方式固定起来的。当事人在合同中规定一定的期限,在此期限内应该履行供给产品、完成生产作业的义务。如果债务人的企业不履行自己的合同义务,那么作为债权人的企业应该请求强制履行。同时这种请求应该在合同期满后的最短时间内提出,因为原材料供给不足就可能影响生产计划的完成,所以作为债权人的社会主义组织不仅有权而且有义务向公断机关(或法院)提起强制履行的诉讼。在这种情况下,确定诉讼时效的期限,能使企业遵守纪律,并迫使他们严格地注意合同的对方当事人履行合同的情况,因为,如果超过诉讼时效期限,就不能再请求以强制程序履行了。总之,诉讼时效的制度可以促进合同纪律的巩固、企业财务状况的稳定,促进经济核算制的巩固和各种生产计划的完成。"③"诉讼时效制度也促进了社会主义组织活动中的经济核算制的巩固,促进及时地完成财务计划、清算债务人的债务、加速流动资产的周转率,因为诉讼时效制度刺激着社会主义组织及时地实现因契约或其他根据所产生的权利。因此,在俄罗斯共和国内社会主义组织间法权关系上的诉讼时效的期间,要

---

① 〔苏联〕坚金等主编:《苏维埃民法》(第 1 册),法律出版社 1956 年版,第 317 页。

② 〔苏联〕C. H. 布拉都西教授主编:《苏维埃民法》(上),中国人民大学 1955 年版,第 176 页。

③ 〔苏联〕玛·雅·克依里洛娃:《苏维埃民法》(上册),北京政法学院民法教研室 1958 年版,第 122 页。

比公民所参加的法权关系上的诉讼时效期间少一半。”①

第三,方便法院认定证据和裁判。

坚金教授认为:“设立诉讼时效还有一个原因,就是随着时间的逝去,要想证明权利越来越困难。文书可能遗失了,证人可能失却对事件的确实印象,以至死亡。这样,法院就难于断定纠纷双方的权利和义务,也难于正确地解决案件。”②克依里洛娃教授认为:“长时间不肯定,不向债务人提出请求,以后就会使法院难以确定(有时甚至不可能确定)债权人遭到侵害的权利是否存在。……因此法院就可能无法确定案件的客观的实情,而在事实面前依靠推测作出判决。但是苏维埃的法院是不能不根据真实的情况来解决争议的,法院的任务就在于根据客观真相制作符合于案件真实情况的判决。”③

苏联学界对诉讼时效制度价值的认识,建立在计划经济模式的基础之上,且与超强职权主义的诉讼模式以及法院应查明一切案件事实的司法观念也有着密切的关系。

第二节　诉讼时效价值之我国学说

一、通说——“三目的说”

我国台湾地区民法学者在讨论时效制度的存在理由时,一般没有特别区分取得时效与消灭时效④,而认为时效制度的存在理由主要有:

1. 新秩序的维持

具体又可分为:

(1) 法律关系安定的要求。社会秩序的安定,是法律制定的目

---

① 〔苏联〕C. H. 布拉都西教授主编:《苏维埃民法》(上),中国人民大学1955年版,第176页。

② 〔苏联〕坚金等主编:《苏维埃民法》(第1册),法律出版社1956年版,第317页。

③ 〔苏联〕玛·雅·克依里洛娃:《苏维埃民法》(上册),北京政法学院民法教研室1958年版,第122—123页。

④ 参见苏永钦主编:《民法物权争议问题研究》,清华大学出版社2004年版,第75页。

的。如果一定的事实状态持续存在一定期间，人们便基于对这种事实状态的信赖，建立多层社会关系在其上，于是就形成新的社会秩序。这种新的社会秩序必须予以维持，才符合法律的目的。

(2) 便利举证的要求。谁是真正的权利人，常因为年代久远导致证据散失，举证困难。与其花费时间精力，保护无法确定的“真实权利”，不如根据一定的客观事实，尊重“形式权利”，更能符合社会要求。

(3) 交易安全的要求。人类从野蛮进步到文明，交易的经济活动扮演着重要的角色，对持续拥有一定标的物的人，如果不承认其享有该标的物的权利，将无人敢与之交易，而妨碍人类文明的进步。

2. 旧秩序的否认

权利的价值在于实现，权利拥有者长期不行使，等于放弃权利，自不需加以保护，因此时效制度，等于对于权利不行使的一种消极限制。①

台湾地区有少数学者对上述通说持不同意见，曾世雄先生认为：“传统法学对时效制度存在理由所作的诠释与时效制度存在的理由颇多出入，其中值得探讨的主要有三点：(1) 传统法学的诠释易于误导，认为时效制度的设计在于保护非权利人：民法创设，保护权利人享有权利，此一理念在时效之设计中，应该依然如故。取得时效及消灭时效之设计，均以绝大多数法律上主体之社会生活情形为对象，保护权利人享有其权利。非如传统法学着眼于时效运用之例外情形。取得时效使无权利人取得权利，消灭时效使义务人避开义务，直觉上易于误导认设计之目的在于保护非权利人。(2) 传统法学之诠释忽视时效存在理由之一致性：取得时效与消灭时效存在理由，均为‘权利人长时继续享有权利得免于随时备证’。非如传统法学对取得时效提出不同之解释理由。(3) 传统法学受民法体例之拖累，不能自拔：时效制度，有统一规定者，有分别规定者。台湾地区采德国法之体例，分别规定。又规定之方式系多以例外之情形为内容，即无权利人如何取得权利或义务人如何抗拒履行义务，因致传统法学以无权利人取得权利、义务人拒履义务之例外情形为内容分别诠释取得时效及消灭时效存

① 参见史尚宽：《民法总论》，中国政法大学出版社 2000 年版，第 623—624 页；郑玉波：《民法总则》，中国政法大学出版社 2003 年版，第 489—492 页；李宜琛：《民法总则》，中国方正出版社 2004 年版，第 252 页。

在之理由。民法规定时效之体例可议,拖累传统法学之发展,可见一斑。民法总则之未来势有揭示原则之内容并改采统一规定之必要。”①

如上所述,在我国台湾地区民法学界,对时效制度的存在理由,通说认为主要在于对新秩序的维持和对旧秩序的否认,其具体理由与日本民法学界的“保护非权利人·实体法说”基本相同。只有少数学者提出不同意见,认为传统法学对时效制度存在理由所作的解释与时效制度存在的真正理由并不一致。

我国大陆民法学界对诉讼时效制度价值问题的认识,深受我国台湾地区学者的影响;大陆民法学者对诉讼时效制度价值的论述,基本上没有超出我国台湾地区学者通说的观点。各类著述对诉讼时效制度价值的表述大同小异,可概括为“三目的说”,即认为诉讼时效制度的价值或目的主要有:① 督促权利人行使权利;② 作为证据之代用,有利于法院及时正确地处理民事纠纷;③ 维护社会关系的稳定。②“三目的说”的提出及其通说地位的形成,一方面与我国台湾地区学界的影响有着密切关系,另一方面该说的具体内容也基本上没有超出日本民法中“保护非权利人·实体法说”的范畴。

二、新近学说

近年来,有学者认识到“三目的说”之不合理性,而试图从另外的角度对诉讼时效制度的价值作出合理解释。

(一) 多元抽象价值说——安全、效率、公平

有学者认为:“时效本是西方民法的一项传统制度,是为了节约法院检索实质证据的成本而设置的一个形式推论的法律装置,但它的价值只有在高度重视交易安全与效率的现代市场经济社会才能得到合理的解释。(一) 时效制度的根本价值在于其安全性和效率性。

---

① 曾世雄:《民法总则之现在与未来》,中国政法大学出版社 2001 年版,第 213—214 页。

② 参见佟柔主编:《中国民法学·民法总则》,中国人民公安大学出版社 1990 年版,第 314 页;梁慧星:《民法总论》,法律出版社 2001 年版,第 265—266 页;魏振瀛主编:《民法》,北京大学出版社、高等教育出版社 2010 版,第 190—191 页;王利明:《民法总则研究》,中国人民大学出版社 2012 年版,第 727—728 页;马俊驹、余延满:《民法原论》,法律出版社 2010 年版,第 241—242 页;龙卫球:《民法总论》,中国法制出版社 2002 年版,第 613 页。

（二）时效制度有助于提高诉讼效率，维护司法公正。（三）时效制度有助于塑造现代交易人格。通过对时效制度价值的分析我们可以看到，'安全'与'效率'无疑是时效制度的核心价值取向。"[①]还有学者认为："效率、秩序和公平是时效的三大价值。由于这三个价值的定位不同，因此在时效构建中，当三个时效价值发生冲突时，也有一定的选择顺序。第一，效率价值的首要地位决定了其适用的优先。第二，当公平价值与秩序价值产生对抗时，时效的秩序价值优先于公平价值。因为秩序价值保障的是社会的整体利益，而公平价值保障的是当事人个人的利益，整体利益与个人利益互相冲突，自然会以保障社会整体利益为先。"[②]还有学者认为："诉讼时效制度价值的二元性可以分别从民法个人本位和社会本位、权利本位和义务本位、社会利益和个人利益三个侧面进行阐释。不同的侧面都具有共同的内容。（一）体现社会本位、义务本位和社会利益的价值——效益安全价值。（二）体现个人本位、权利本位和个人利益价值——公平正义。"[③]还有学者认为："维护法律安全和避免权利纷争构成了时效制度（包括诉讼时效和取得时效）最重要的价值目标。另外，公平原则亦渗透在时效制度中。诉讼时效制度还体现了民法基本原则——诚实信用原则的要求。"[④]还有学者认为："诉讼时效中的价值冲突主要表现为两个方面：公平、正义价值和秩序价值的冲突，正义价值和效率价值的冲突。因此，立法者必须在衡量现有的事实状态予以维护的必要性与保护所有人利益之间进行权衡。因此确定诉讼时效期间实际上也是在效率与公平之间寻求一个最佳平衡点。"[⑤]

这些观点虽表述各异，但都具有一些共同点：① 认为诉讼时效制

---

① 孙学致：《论时效制度的价值》，载《长春市委党校学报》2002年第3期。

② 黄娅琴、蒋万庚：《时效价值取向之重构》，载《广西大学学报》（哲学社会科学版）2005年第6期。类似观点参见汪渊智、曹克齐：《论诉讼时效制度的法律价值》，载《晋中学院学报》2009年第4期；陈明国：《论诉讼时效价值》，载《西南民族大学学报》（人文社科版）2008年第10期。

③ 刘俊：《诉讼时效制度的二元价值——兼评我国诉讼时效制度的缺失》，载《河北法学》2007年第10期。

④ 朱岩：《诉讼时效制度基本问题研究》，载王利明主编：《中国民法年刊》（2005），法律出版社2006年版，第157—158页。

⑤ 颜勇等：《诉讼时效制度中的价值冲突》，载中国民商法律网。

度的价值是多元的而非单一的。但其中又有二元、三元之争。② 这些观点主要以安全、效率、公平等抽象概念来论证诉讼时效制度的价值,通常并不涉及对诉讼时效具体制度的讨论。③ 各价值之间是存在先后顺序关系的。但对具体顺序的排定,学者意见并不一致。④ 各价值之间存在冲突,应合理平衡各价值之间的关系。⑤ 有学者引入公平原则、诚实信用原则来解释诉讼时效制度的价值。

（二）动态价值说

持该观点的学者认为:“即使在同一个制度中,其所蕴涵的价值要素也是不断发展变化的,并且随着法律文化背景的不同而有所取舍。因此对诉讼时效制度的价值构成的考察,应当放到不同历史、不同国家的社会形态中具体分析。在罗马法时期、中世纪时期、资本主义社会时期及我国近现代时期和当代,诉讼时效制度的价值是不相同的。对诉讼时效的历史进路予以分析的意义在于,同样是对一种制度的接受,由于不同历史阶段的法文化与社会需要,被接受的程度及价值趋向会有所不同。以经济形态为例,西方国家历经了从绝对所有权到限制所有权、从原始资本到垄断资本的过程,因此效率与秩序的要求压倒了对私权利的全面保护,从而正当的私权利在一定空间作了让渡,这使诉讼时效制度得以滥觞。观察我国的现状,尽管商品经济已得到相当发展,但私权利尚刚刚在宪法中得以确定,很难说我国已经进入了所有权限制的大阶段。因此,我国是否适合将大陆法系的诉讼时效制度经验全盘接受?问题的答案是,至少在现有状态下,对某些具体的诉讼时效规定进行技术上的重新设定是极为必要的,然而必须将诉讼时效制度在我国现实社会中的价值趋向与其他国家区分开来,从而能够在更深层的价值层面上提供技术设计的根据。”①

该观点的要点是:首先,诉讼时效制度的价值是动态的,而非静态的;是可变的,而非不变的。其次,诉讼时效制度的价值主要受不同历史阶段的法文化与社会需要的影响。最后,我国诉讼时效制度的价值,应结合我国现实社会作具体分析。

（三）权利推定说

持该观点的学者认为:“从时效制度诞生的那一刻起,在其存在理由上,除‘权利消减’的法律构成外,就一直伴随有‘权利推定’的法律

① 冯恺:《诉讼时效制度研究》,山东人民出版社 2007 年版,第 39—44 页。

构成。按‘权利推定’的法律构成，时效并非使权利人失去权利、义务人免除义务或取得权利之手段，而是在法定时效期间届满后，推定占有人为合法所有权人、推定债务人已经清偿债务，且不允许以通常的证据打破该推定，以充分保护真正的所有权人和已经清偿的债务人。……在揭示时效的存在理由时，兼顾‘权利消减’和‘权利推定’两个方面看似周全，但由于‘权利消减’和‘权利推定’的出发点完全不同，注定兼容二者的解释不合逻辑，甚至可能‘精神分裂’。事实上，首先将时效作为‘权利消减’的制度，再辅以‘权利推定’之说明，仍不能从根本上去除时效制度的反道德性；而首先将时效界定为‘权利推定’的制度，再辅以‘权利消减’之说明是牵强而没有必要的，甚至可能暗淡‘权利推定’之光辉。唯一正确的做法是直接将时效作为‘权利推定’的制度，以保护真正的权利人和已经清偿的债务人，免除其举证的困难。个别真实的权利因此而消减，可直接理解为为实现法律生活之‘安固’而蒙受的必要牺牲。”①

该观点的要点是：首先，对时效制度存在理由的既有理论解释，均可归入“权利消减”和“权利推定”两种角度。其次，对时效制度存在理由进行理论解释时，没有必要也不可能真正兼顾“权利消减”与“权利推定”两个方面。最后，应将时效制度理解为一种“权利推定”的制度。

（四）利益衡量说

持该观点的学者认为：“诉讼时效的价值目标实为在社会公共利益视角内对公平与效率价值目标的衡量、对权利保护与权利限制的衡量、对权利人个体利益与社会公共利益的衡量以及对个体利益之间的衡量。此也为该制度存在的正当性的法理基础。……正确理解和适用诉讼时效制度，必须明确这样的基本指导思想：应在保护社会公共利益的基础上注重社会公共利益与当事人利益以及当事人之间利益的衡量。正因为此，立法在进行诉讼时效制度的设计时，注重对权利人与义务人之间的利益进行衡量。如：其虽规定诉讼时效期间届满、权利人的权利不受法院保护，对权利人的权利进行了限制，但同时规定了诉讼时效中断、中止、不完成等诉讼时效障碍制度以保护权利人

① 孙鹏：《去除时效制度的反道德性——时效制度存在理由论》，载《现代法学》2010 年第 5 期。

的权利。其立法理由为:由于上述事由的出现,使权利人怠于行使权利、诉讼时效期间应继续计算的基础丧失,因此有必要规定上述诉讼时效障碍制度以阻却诉讼时效期间的进行。"①"诉讼时效制度考虑的利益结构涉及权利人、义务人与第三人,在权利人方面以权利人与因理论为其构成要件,在义务人方面以拒绝履行权为其表现形式,在第三人方面授予其独立的对抗利益,通过具体制度设置,圆满达成诉讼时效制度的目的。"②"民事时效的核心价值主要体现为:立法者通过对发生在同一财产权利上的两种对立的社会经济秩序作出选择,目的是维护社会经济秩序稳定,关键是平衡利益冲突。"③"诉讼时效制度要同时实现保护真正权利人的私权和保护社会公共利益以促进社会进步的目标,并协调围绕权利人私权保护而产生的利益冲突,均衡各方面的利益关系,使之处于系统优化状态。"④"当以权利为代表的正当利益与以'交易安全'、'财产关系及事实状态之稳定'等为代表的整体利益(秩序)发生冲突时,秩序总是占了上风。这就是时效制度的正当性根据。"⑤

该观点的要点是:诉讼时效并非专为保护某一方特定当事人利益的制度,而是在某种基本价值取向框架内衡量各方利益的一种制度,通过这种利益衡量使各方利益得以平衡。

(五)诉讼时效否定说

有学者通过对"诉讼时效的效力质疑、诉讼时效制度的客体质疑、诉讼时效具体制度的质疑以及诉讼时效的功能质疑"的分析,得出结论,否定诉讼时效的制度价值,认为:"诉讼时效既没有其适用的客体也不能适应社会的发展需要,而其产生的效力和作用又与除斥期间一致,都是通过期间的完成,使权利消灭,尽快消除权利带给当事人法律

① 张雪楳:《诉讼时效司法解释所涉及主要问题论析》,载王利明主编:《判解研究》(2008年第5辑),人民法院出版社2009年版。

② 张家勇:《诉讼时效制度的利益结构分析》,载《社会科学研究》2009年第2期。

③ 李群星:《法律与道德的冲突——民事时效制度专论》,法律出版社2011年版,第14页。

④ 蒋浩:《正义名义下的利益考量——诉讼时效制度研究》,贵州人民出版社2011年版,第62页。

⑤ 尹田:《民法典总则之理论与立法研究》,法律出版社2010年版,第767页。

利益的不定状态，稳定彼此的法律关系。故笔者认为，诉讼时效制度已没有存在的必要，如果完善我国现有的除斥期间制度和证据制度完全可以替代时效的作用。”[①]还有学者认为：“消灭时效和除斥期间两者的具体目的虽然不同，根本目的是相同的：都是通过消灭某项在足够长的时间内不行使的权利，保护因不行使该权利而存在的事实状态。产生时间上的先后，适用对象的差异，具体目的的不同，都不能否定消灭时效和除斥期间本质上的共性。总之，无论时效还是除斥期间，均不能简单地定义为法定的权利存续期间，但两者是同一类法定的权利存续期间。因此，消灭时效和除斥期间可统一于消灭时效。消灭时效应包括原消灭时效和除斥期间。原消灭时效为阻却时效抗辩请求权消灭时效；除斥期间为形成权消灭时效，例外为担保物权消灭时效。”[②]这些观点的实质，是以除斥期间制度代替诉讼时效制度，或将诉讼时效和除斥期间合并为一种制度，而否认既有诉讼时效制度作为一种独立制度的价值。

第三节　诉讼时效制度价值之反思

一、对几个基本问题的澄清

（一）“诉讼时效制度的价值”是否等同于“诉讼时效制度的功能”？

大多数学者认为，“诉讼时效制度的价值”与“诉讼时效制度的功能”是同一个命题，因此有学者在“诉讼时效制度的功能”标题下，讨论“诉讼时效制度的价值”。但也有学者对此持反对意见：“时效制度的正当化理由与时效制度的功能作用是有区别的，前者回答的是民法为什么要规定时效制度，或者说时效制度的必然性何在；后者回答的是时效制度建立后客观上会有哪些积极作用。二者虽有一定联系，但前者更为根本。通说中列举的促使权利人积极行使权利、方便法院审理案件、降低诉讼成本等都只能作为时效制度的功能作用。但维护社

---

① 杨洁、黄娅琴：《诉讼时效质疑》，载《广西政法管理干部学院学报》2003年第2期。

② 李锡鹤：《重构民法时效理论体系》，载《法学》2005年第6期。

会秩序稳定及交易安全、有利于物尽其用则并非时效制度的客观功用,更不是时效制度的正当化理由。"[①]"时效制度首要和基本价值在于维护法律安全,减少权利纠纷。与此同时,公平原则在既定情况下起到修正和击破法律安全价值的作用。另外,时效制度也渗透着诚实信用原则。时效制度的功能则体现为:第一,对非债务人的保护。第二,保护债务人。第三,债权人利益的保护。第四,减少诉讼成本。第五,保护债之关系之外的第三人。第六,市场调节功能。"[②]

笔者认为,"诉讼时效制度的价值"与"诉讼时效制度的功能"是两个不同的问题,虽然两个问题存在着密切的联系。"诉讼时效制度的价值"解决的是诉讼时效制度得以存在的理论依据,即在民法体系中规定诉讼时效制度的理由是什么。对"诉讼时效制度的价值"作出合理解释,是构建诉讼时效具体制度的理论前提。"诉讼时效制度的功能"是指诉讼时效制度在客观上所产生的功效和作用,即诉讼时效制度在实践中具体能发挥何种作用及产生何种效果。"诉讼时效制度的功能"不涉及为什么要建立诉讼时效制度的问题,而仅着眼于诉讼时效制度所产生的客观效果。这些具体的客观效果,未必是建立诉讼时效制度所刻意追求的目标,也不宜将这些客观效果的存在作为诉讼时效制度得以存在的理论依据,否则就犯了以果为因的逻辑错误。

(二)诉讼时效制度的价值是静态的还是动态的?

多数学者在讨论诉讼时效制度的价值时,作静态地考察,即在一般意义上抽象地讨论诉讼时效制度的价值,而没有考虑一国的历史、现实因素对该问题的影响。但也有少数学者注意到这种研究方法的不当,而改从动态的角度研究诉讼时效制度的价值。有学者在论述诉讼时效制度的目的时,不是作统一的讨论,而是区分罗马法、法国民法、德国民法、日本民法、英美法系民法、苏联民法等作不同的讨论。[③]还有学者认为:"即使在同一个制度中,其所蕴涵的价值要素也是不断发展变化的,并且随着法律文化背景的不同而有所取舍。因此对诉讼

---

① 徐发明:《民事诉讼时效制度的正当化理由探析》,载《政法学刊》2007年第1期。

② 朱岩:《诉讼时效制度基本问题研究》,载王利明主编:《中国民法年刊》(2005),法律出版社2006年版,第159—161页。

③ 参见李求轶:《消灭时效的历史与展开》,中国法制出版社2008年版,第36—45页。

时效制度的价值构成的考察，应当放到不同历史、不同国家的社会形态中具体分析。”①

笔者同意后一种观点。一国对民事权利时间限制的法律态度，受多种因素的影响，如经济因素、政治传统、司法传统、社会现实、民族习惯等。而这些因素，在不同国家之间并不相同，同一国家的不同历史时期亦不相同。诉讼时效制度最初产生于古罗马的裁判官法时，其直接动因是裁判官任期有限，诉讼时效制度在当时的主要价值和目的是使有限的司法资源能够现实地被当事人有效利用。欧洲资产阶级革命胜利后，法官终身制逐渐被确立，诉讼时效制度在罗马法上的原始产生基础已不存在，立法和学说则转而从举证、安全、效率等方面来解释诉讼时效制度的价值。因此，一国决定和评判对诉讼时效制度价值的法律态度，就必须要结合本国的各项因素作具体地判断，而不宜简单、机械地照搬别的国家或地区对诉讼时效制度价值的评判来解释诉讼时效制度在本国的价值。但令人遗憾的是，现有学界对诉讼时效制度价值的研究，大多采取一种静态的、放之四海而皆准的标准来进行。诚然，诉讼时效制度无论在哪个国家和地区，也确实存在着一些具有普遍意义的共同价值，这也正是我们研究、借鉴其他国家或地区经验的重要意义所在。但是我们不能仅看到诉讼时效制度在各个国家和地区的共同价值，而忽略了本国各项复杂的现实因素对该问题的影响，“求同”更应“查异”。正确的态度是，承认诉讼时效制度的价值是动态的而非静态的、是可变的而非不变的，应将诉讼时效制度置于具体国家、具体历史阶段，对该制度的价值作辩证的、具体的考察。

（三）诉讼时效制度的价值是一元的还是多元的？

一元说认为，诉讼时效的价值和目的是单一的，但其具体功能可以体现为多个方面。但对于诉讼时效制度具有何种单一价值，学者又有不同解释。日本学界的“保护非权利人・实体法说”认为：“时效制度的目的是保护非权利人，时效制度是令真正的权利人的权利消灭、令无权利人取得权利的制度。”“保护权利人・诉讼法说”认为：“时效制度的目的是保护权利人。所谓时效是这样一种制度：真的拥有权利、不负担义务的人在经过较长时间后无法证明这一点，为了使其免

① 冯恺：《诉讼时效制度研究》，山东人民出版社 2007 年版，第 39 页。

遭不利益而给予保护的制度。"[①]我国有学者认为:"不论是取得时效还是消灭时效,其存在的理由都是出于维护社会秩序的需要。"[②]还有学者认为:"从诉讼时效的历史变迁可知,诉讼时效是伴随着工商业文明而产生、发展的。这说明诉讼时效与近代工商业文明存在某种共生关系,有其内在的必然联系。作为经济利益调整手段的诉讼时效制度,有深厚的经济背景,反映了不可能存在于农耕文明的工商业文明的经济要求。这种要求就是为交易关系中的信用提供保障。"[③]这些观点都是一元说的具体体现。多元说认为,诉讼时效制度的价值和目的不是单一的,而是多元的。大多数学者主张的传统"三目的说"即属多元说,近年来从安全、效率、公平等角度来解释诉讼时效制度价值的二元说、三元说等也属多元说。

笔者赞同多元说。如前文所述,诉讼时效制度的价值是随着经济、社会等因素变化而作动态发展的。诉讼时效制度的价值在最初产生时确有可能是单一的,即提高有限司法资源的利用效率。但随着人类社会的发展演变,一方面,罗马法的裁判官任期制已被法官终身制所取代,诉讼时效制度原始单一价值的基础已经丧失;另一方面,成文法国家的法典体系要求各制度之间应相互协调、配合,诉讼时效制度必然要在一定程度上承载其他制度的价值和理念。而且,由义务本位到权利本位、由权利本位到社会本位,这种权利保护观念的变迁,也必然会对诉讼时效制度的价值有所影响。新近立法一般均从多元角度来解释诉讼时效制度的价值。例如,《欧洲合同法原则》认为诉讼时效在本质上乃出于三个方面的政策性考虑:① 对因受时间的干扰而难以维护诉讼权利的被告以保护的必要;② 时间的流逝显示了权利人对其请求权的淡漠态度,并可能因此致使债务人对于其不再行使权利的事实产生合理信赖;③ 时效杜绝搁置已久的诉讼的进行,在此意义上,其目的在于追求法律的确定性,因此甚至具有良好存在基础的诉

① 〔日〕山本敬三:《民法讲义 1 总则》,解亘译,北京大学出版社 2004 年版,第 346—347 页。

② 柳经纬:《关于时效制度的若干理论问题》,载《比较法研究》2004 年第 5 期。

③ 魏盛礼:《诉讼时效在保障工商业文明社会信用体系中的核心价值》,载《河北法学》2006 年第 4 期。

权也可能会丧失支持，但这是法律所付出的必要的代价。[①]

（四）诉讼时效制度的价值是否包含公平原则、诚实信用原则？

近年来，有学者从公平原则、诚实信用原则的角度来解释诉讼时效制度的价值。有学者认为："公平原则亦渗透在时效制度中。实际上，公平原则起到了修正乃至击破时效制度的法律安全价值的作用，这集中体现在有关时效期间中止、中断和其具体期间长短的规定内容上，因为时效期间的中止和中断原则上并不必然改变权利模糊的状态，其更多的是考虑债权人的利益。"[②]"时效的公平价值不仅是对权利人利益的保障，同时也是对效率和秩序的保障。"[③]还有学者认为，诉讼时效制度"体现个人本位、权利本位和个人利益价值——公平正义"[④]。但也有学者持反对意见，认为"时效制度的根本价值在于其安全性和效率性"[⑤]。还有学者认为："诉讼时效制度还体现了民法基本原则——诚实信用原则的要求。虽然原则上债权人怠于行使其债权的时间因素就简单决定了诉讼时效的适用，但时效制度能够促使债权人及时主张自己的债权，这其中隐含了诚实信用原则的要求，即债权人对债务人负担照顾义务和法律保护债务人的合理信赖（债权人在长期怠于行使其权利后不再主张其债权）。"[⑥]"诉讼时效制度是一项民事法律制度。它的制定、援用、认定都必须遵循民法的诚实信用原则。两者相比，诚实信用是更为抽象的概念，指导着诉讼时效制度的适用，诉讼时效的本旨要在司法实践中实现，必须遵循诚实信用原则。"[⑦]对

---

① *Principles of European Contract Law*（Ⅲ），*Prepared by the Commission on European Contract Law*, Edited by Ole Lando, Eric Clive, 2003, p. 159. 转引自冯恺：《诉讼时效制度研究》，山东人民出版社 2007 年版，第 55 页。

② 朱岩：《诉讼时效制度基本问题研究》，载王利明主编：《中国民法年刊》（2005），法律出版社 2006 年版，第 158 页。

③ 黄娅琴、蒋万庚：《时效价值取向之重构》，载《广西大学学报》（哲学社会科学版）2005 年第 6 期。

④ 刘俊：《诉讼时效制度的二元价值——兼评我国诉讼时效制度的缺失》，载《河北法学》2007 年第 10 期。

⑤ 孙学致：《论时效制度的价值》，载《长春市委党校学报》2002 年第 3 期。

⑥ 朱岩：《诉讼时效制度基本问题研究》，载王利明主编：《中国民法年刊》（2005），法律出版社 2006 年版，第 158 页。

⑦ 高永周、陈科：《论诚实信用与诉讼时效》，载《昌吉学院学报》2005 年第 1 期。

此,也有学者持反对意见,认为“不应当为了宣传需要牵强地与诚信原则相联系”[①]。

笔者认为,“诉讼时效制度的价值体现为公平原则”与“诉讼时效具体制度应体现公平原则”是两个不同的命题。前者是指诉讼时效制度是基于公平原则的价值要求所建立;后者是指诉讼时效制度被确立后,构建其具体制度时应符合公平原则。笔者不否认诉讼时效制度在一定程度上反映了公平原则的要求,但仅仅是笼统、抽象地说诉讼时效制度的价值是公平原则,并无特别的实际意义,因为公平、正义是一切法律的基本价值,任何制度的价值都应与其相符合。重要的是,应当揭示诉讼时效制度究竟反映了公平原则的何种具体要求,或者说公平原则的何种具体内容决定了构建诉讼时效制度的必要性。有学者以中止、中断等制度来解释作为诉讼时效制度价值的公平原则,这实在有文不对题之嫌,是以结果来解释原因。因为中止、中断等制度的具体构建,只能说明诉讼时效具体制度在内容上贯彻了公平原则,但不能以此来解释公平原则决定了构建诉讼时效制度的必要性。

同样的道理,“诉讼时效制度的价值体现为诚实信用原则”也不等于“诉讼时效制度应体现诚实信用原则”。但与公平原则不同的是,不宜将诚实信用原则解释为诉讼时效制度的价值。依据学界一般的理解,诚实信用原则是指民事主体在从事民事活动、行使民事权利和履行民事义务时,应本着善意、诚实的态度,即讲究信誉、恪守信用、意思表示真实、行为合法、不规避法律和曲解合同条款。[②]“所谓诚实信用,是市场经济活动中形成的道德准则。它要求人们在市场活动中讲究信用,恪守诺言,诚实不欺,在不损害他人利益和社会利益的前提下追求自己的利益。”[③]“诚信原则就是要求民事主体在民事活动中维持双方的利益平衡,以及当事人利益与社会利益平衡的立法者意志。”[④]

---

① 徐发明:《民事诉讼时效制度的正当化理由探析》,载《政法学刊》2007年第1期。

② 参见马俊驹、余延满:《民法原论》,法律出版社2010年版,第39页。

③ 梁慧星:《民法解释学》,中国政法大学出版社1995年版,第301页。

④ 徐国栋:《民法基本原则解释》,中国政法大学出版社1992年版,第78—79页。

无论采哪种理解，都不宜将诚实信用原则解释为诉讼时效制度的价值，理由在于：

首先，诚实信用原则主要是对当事人行为的要求，其实质是一种在动态场合下行为模式的准则。而诉讼时效制度的本质是在静态场合下确立当事人权利义务的界限。以前者解释后者，实属牵强。

其次，诚实信用原则的基本要求是义务人要履行义务，而诉讼时效制度的直观表现是时效届满后，义务人可不必履行义务。生活实践中也确实有不少人把诉讼时效制度理解成是一种保护“赖账”债务人的制度。以诚实信用原则来解释诉讼时效制度的价值，实在难以产生积极的社会评价。

最后，诚实信用原则被确立为民法基本原则后，对包括诉讼时效在内的诸多制度不可避免地会产生一定程度的影响，并在具体制度的设计上有所反映，但这与诚实信用原则是否构成诉讼时效制度的价值是不同层面的两个问题。

（五）诉讼时效制度的目的是保护债权人、债务人还是第三人？

第一种观点认为，诉讼时效制度的目的是保护债权人。“民法创设权利，保护权利人享有权利，此一理念在时效之设计中，应该依然如故。取得时效及消灭时效之设计，均以绝大数法律主体之社会生活情形为对象，保护权利人享有其权利。”[①]“时效制度的目的是保护权利人。所谓时效是这样一种制度：真的拥有权利、不负担义务的人在经过较长时间后无法证明这一点，为了使其免遭不利益而给予保护的制度。”[②]

第二种观点认为，诉讼时效制度的目的是保护债务人。“期限届满体现了义务人的时效利益。所谓时效利益，是指诉讼时效期间届满以后，权利人丧失了请求法院依诉讼程序强制义务人履行义务的权利，义务人因此可以不履行义务，继而获得其本来不应该获得的利益。”[③]“在请求权人主张消灭时效期间已届满的请求权的情况下，消

---

① 曾世雄：《民法总则之现在与未来》，中国政法大学出版社 2001 年版，第 213 页。

② 〔日〕山本敬三：《民法讲义 1 总则》，解亘译，北京大学出版社 2004 年版，第 346—347 页。

③ 王利明：《民法总则研究》，中国人民大学出版社 2012 年版，第 727 页。

灭时效制度保护债务人,使之仍可拒绝履行给付。"[①]"时效制度的正当化理由仅在于保护不应再履行义务的债务人。除保护本不应再履行义务的债务人外,时效制度不应当有其他的存在理由。"[②]

第三种观点认为,诉讼时效制度的目的是保护第三人。"权利不行使状态长期存在,权利归属外观逐渐演变为正常秩序中的一部分,会被第三人作为决策的依据。实际上呈现出义务人享有权利的外观,善意第三人可能基于这样的外观而与义务人进行交易,显然通过设立诉讼时效规则既尊重了现存秩序,确保第三人交易安全,并避免了行为后果上的法律冲突,维护了法律和平。"[③]日本学界的"保护非权利人·实体法说"认为,时效制度的目的是保护非权利人,其中包含了对第三人的保护。[④]

第四种观点认为,诉讼时效制度的目的并非仅保护某一方主体,而是保护多方主体。"诚实信用原则在时效制度中并不单方面地保护债务人的利益,其同样保护债权人的利益。"[⑤]日本学界的"多元说"统合了保护权利人说和非权利人说,认为:"由于无论采取哪一种单方的立场,都难以正当化时效制度,因此,一般的立场是对各自的立场所强调的侧面都予以承认。"[⑥]

笔者认为,以上几种观点皆有不妥当之处。其一,在不同的场合下,诉讼时效制度确实可以具有保护不同主体的功能,包括债权人、债务人及第三人。但是,诉讼时效制度的价值不等于诉讼时效制度的功能。保护特定主体是诉讼时效制度适用所产生的客观效果,而不宜当做该制度所刻意追求的基本价值。其二,民法的基本任务是确认权利、保护权利,其具体制度,概莫能外。民法体系依据民事权利为线索

---

① 陈卫佐:《德国民法总论》,法律出版社 2007 年版,第 73 页。

② 徐发明:《民事诉讼时效制度的正当化理由探析》,载《政法学刊》2007 年第 1 期。

③ 刘俊:《诉讼时效制度的二元价值——兼评我国诉讼时效制度的缺失》,载《河北法学》2007 年第 10 期。

④ 参见〔日〕山本敬三:《民法讲义 1 总则》,解亘译,北京大学出版社 2004 年版,第 346 页。

⑤ 朱岩:《诉讼时效制度基本问题研究》,载王利明主编:《中国民法年刊》(2005),法律出版社 2006 年版,第 158—159 页。

⑥ 〔日〕山本敬三:《民法讲义 1 总则》,解亘译,北京大学出版社 2004 年版,第 348—349 页。

展开,诉讼时效制度的本质仍属于确认权利界限的一种具体制度。其三,虽然在特定场合下,诉讼时效制度可产生使债务人受益的效果,但不宜将此作为诉讼时效制度的基本价值取向。尤其是在目前我国信用缺失的社会现实下,强调诉讼时效制度的价值是保护债务人,难以获得公众观念的普遍认同,也可能因降低不履约债务人的道德负罪感而使信用状况进一步恶化。其四,将诉讼时效制度的价值抽象地概括为维护交易安全或保护第三人,并无特别的实际意义。因为整个民法制度即以维护交易安全为基本任务,况且在多数情况下,适用诉讼时效仅发生在特定的债权人与债务人之间,并无第三人保护的问题。

(六)我国民法是否需要诉讼时效制度?

近年来,有学者通过分析诉讼时效制度的缺陷及时效制度的价值,提出了取消或部分取消诉讼时效制度的观点。有学者认为,应当以除斥期间制度代替诉讼时效制度,或者将诉讼时效制度与除斥期间制度合并为一种制度。[①] 这种观点否认诉讼时效作为一项独立制度存在的必要性。笔者认为,虽然我国的诉讼时效制度在理论上和制度设计上确实存在诸多不尽如人意之处,但这并不足以否认该制度存在于民法体系中的独立价值。我们现在需要做的是,如何在理论上和制度设计上尽量完善已普遍存在于各国的诉讼时效制度,使之能够最大化地适应我国的现实需要,而不是空洞地谈论我们是否需要该制度。

下列原因决定了诉讼时效制度应当作为一项独立制度存在于我国民法体系中。其一,诉讼时效制度所承载的价值,是其他制度不能替代或不能完全替代的。关于诉讼时效制度的具体价值,后文将作详述。其二,民法体系的逻辑性和完整性,要求诉讼时效制度的存在。现有民法体系,依据民事权利为线索展开,包括权利的种类、权利的内容、权利的保护、权利的限制等内容。诉讼时效作为一种重要的民事权利时间限制制度,在该体系中占有不可或缺的地位。其三,自《民法通则》正式规定诉讼时效制度以来,距今已有二十余年。在这二十余年里,在理论研究、司法实践、法学教育及普法宣传等领域,诉讼时效都作为一项常识性制度被运用、被宣传,如果现在废除该制度或另起炉灶,则这些社会成本都将被浪费,而且还需要花费新的社会成本去使公众接受。其四,诉讼时效作为各国普遍存在的一项制度,如果在

① 参见前文对“诉讼时效否定说”的介绍。

我国被废除,不利于我国法院与国外司法机关展开司法协作,也不利于对外学术交流。其五,诉讼时效与除斥期间承载着不同的法律价值,制度设计上也存在显著差异,不宜勉强地将其糅合成一种制度。

综上所述,笔者认为,应当区分"诉讼时效制度的价值"与"诉讼时效制度的功能",不能将该制度产生的客观效果直接解释为其价值取向。诉讼时效制度的价值是动态的、可变的,应将诉讼时效制度置于具体国家、具体历史阶段,对该制度的价值作辩证的、具体的考察。随着民法体系不断完善,诉讼时效制度的价值应当是多元的,该制度承载着多种目标和价值取向。诉讼时效制度在一定程度上体现了公平原则的要求,但不宜将诚实信用原则界定为诉讼时效制度的价值。诉讼时效制度并非专为保护债权人、债务人或第三人而设,其本质仍属确认权利界限的制度。无论是在理论上、立法上还是在实践上,在我国现有民法体系中,诉讼时效制度都是一项不可或缺的制度。

二、通说"三目的说"之反思

"三目的说"在我国学界长期居于通说地位,但该说在理论上存在诸多难以自圆其说之处,在我国现实社会背景下,以该说来指导诉讼时效制度的构建是不合时宜的,甚至是有害的。

(一)反思"目的一"——督促权利人及时行使权利

第一,"目的一"混淆了诉讼时效制度的价值与功能,混淆了该制度的立法目的与客观效果。法的价值不同于法的功能,"法的核心任务是通过法律规范实现那些有效地宣布的政治意志,法的其他功能则位于这个任务之后"[①]。"诉讼时效制度价值"与"诉讼时效制度功能"是两个不同层面的问题。严格意义上的法的价值应该是指在法的功能与作用之上的,作为功能与作用之目的的至上目标与精神存在。[②]诉讼时效制度价值解决的是诉讼时效制度得以存在的理论依据,即在民法体系中规定该制度的正当化理由。诉讼时效制度的价值有两层涵义:一是法律为什么要规定诉讼时效制度,设置该制度所追求的目标是什么;二是应当以何种价值理念来指导诉讼时效制度的具体构建,以利于实现该制度所追求的目的。诉讼时效制度的功能是指诉

---

① 〔德〕魏德士:《法理学》,丁晓春等译,法律出版社 2005 年版,第 45 页。

② 参见卓泽渊:《法的价值论》,法律出版社 2006 年版,第 49 页。

讼时效制度在客观上所产生的功效和作用,即该制度在实践中具体能发挥何种作用及产生何种效果。诉讼时效制度功能不涉及为什么要建立该制度的问题,而仅着眼于该制度所产生的客观效果,这些客观效果未必是立法者所追求的立法目的。诉讼时效制度在客观上固然会对权利人造成一定的心理压力,促使其尽快行使权利,但这仅是适用该制度产生的一项客观效果[1],并不能以此推导出"目的一"的结论。

第二,"目的一"有悖于权利的本旨。其一,在关于权利的各种理论中,虽然对权利的定义表述各异,但均不同程度地将权利与自由联系在一起。[2] 权利的核心要义是权利人对特定利益享有自由意志。耶林指出:"私权的实现纯粹是通过权利人的活动而发生。在私权中使其权利有效或放弃权利是个人的事情。"[3]我国学界通说认为,权利从本质上而言,是指依法律之担保,得贯彻主张某利益的可能性。[4] 法律制度的基本目的应当是一方面尽可能地保护权利,使权利人行使权利方便、有效、符合其真实意思;另一方面通过制度构建促使义务人正确、适时地履行义务,使权利人的权利得以实现。法律应当督促的是义务人,而非权利人。权利人享有权利本身就隐含有如何行使权利、何时行使权利和是否行使权利的当然内容。其二,现代民法对权利的基本架构,可总结为"保护—限制",即民法的根本任务是确认权利、保护权利,仅在特殊场合下对权利予以限制(如权利滥用、违反诚信原则),以实现个人利益与社会利益的平衡。在不具备权利限制条件的场合下,所谓督促权利行使,有悖于权利的本旨。其三,资源的有效利用也不宜被夸大为"目的一"的依据。即便是主张经济分析方法的国外学者也承认,"资源的高效利用不是唯一值得考虑的目标。自由权利的特征在于,一旦得到承认,该权利的行使之前不必先权衡他人的

---

① 有学者将该效果称为"反射效果"。参见曾世雄:《民法总则之现在与未来》,中国政法大学出版社 2001 年版,第 212 页。

② 参见〔美〕罗斯科·庞德:《法理学》(第 4 卷),王保民等译,法律出版社 2007 年版,第 49—58 页。

③ 〔德〕鲁道夫·冯·耶林:《为权利而斗争》,郑永流译,法律出版社 2007 年版,第 61 页。

④ 参见史尚宽:《民法总论》,中国政法大学出版社 2000 年版,第 18 页。

矛盾的利益"[1]。对特定利益的闲置只要尚未达到权利限制的程度，应属于正当行使权利的范畴。而且，将资源的有效利用用来解释取得时效的依据似乎更为合适。

第三，"目的一"立足于对义务人的保护，有悖于诉讼时效制度的多元价值取向。根据前文的分析，诉讼时效制度并非专为保护某一方特定主体而设，该制度具有确认权利、保护权利的基本价值，并在此基础上平衡各方之利益关系。"目的一"的逻辑起点是将诉讼时效定位为一种保护义务人的制度，其核心思想源自于日本和我国台湾地区学界旧说"保护义务人说"。但当今日本和我国台湾地区学界，对于该说也在进行深刻反思[2]，新近学说逐渐摒弃仅从保护义务人的单向角度来解释诉讼时效制度的价值，转而从平衡双方当事人利益关系甚至是程序法角度等多元角度来阐释诉讼时效制度的价值。

第四，在当前维权困难、诚信缺失的背景下，"目的一"的提法不利于改善权利保护受阻的社会现实，无助于解决社会现实问题。正如卡多佐指出，"法律的最终目的是社会福利"，任何法律都要在社会生活面前表明其存在的理由。[3] 权利保护受阻、信用状况恶化是当前社会转型时期的突出社会问题。维权之艰难、维权之痛苦，已成为当今社会生活常识，这种现实极大地损害了法律的权威性和民众对法律的信赖感，也已成为实现社会福利的巨大障碍。在此背景下，权利人对权利的感受处于一种饥渴状态，即使权利人积极主动地通过各种法律、非法律的途径，可能都难以实现其权利，"行使权利需要他人督促"在现实生活中已成为一种奢望。在法制健全、行使权利畅通无阻的国家或地区，以"目的一"来解释时效制度价值或许有其合理性，但在我国现阶段的社会背景下，以此来解释时效制度的价值和目的，无异于劝说饥肠辘辘者赶快吃饭、督促缺乏睡眠者迅速睡觉，这将成为一种脱离社会现实的理论过剩。

---

① Sen, A., The Impossibility of a Paretian Liberal, *Journal of Political Economy*, Bd. 78 (1970), S. 152ff.

② 参见〔日〕山本敬三：《民法讲义 1 总则》，解亘译，北京大学出版社 2004 年版，第 348—349 页；曾世雄：《民法总则之现在与未来》，中国政法大学出版社 2001 年版，第 211—214 页。

③ 参见〔美〕卡多佐：《司法过程的性质》，苏力译，商务印书馆 1998 年版，第 39 页。

第五,传统学说常以"目的一"推导出"法律帮助勤勉人,不帮助睡眠人"①的结论,并以此来解释诉讼时效制度的存在理由。但是,该理由如果用来解释较长的诉讼时效期间(如 20 年、30 年)尚可成立,而我国现行法规定的普通诉讼时效期间仅为两年,在如此短的时间内未行使权利,实在很难将其称为"躺在权利上睡觉"。况且,基于我国的社会现实,很多权利人未在时效期间内行使权利,是受制于各种非法律因素,也很难将其认定为"怠于行使权利"。

(二) 反思"目的二"——作为证据之代用,有利于法院及时正确处理民事纠纷

第一,"目的二"混淆了举证责任与诉讼时效的制度价值。时效期间届满产生确定的法律效果,有利于法院及时处理民事纠纷,这是事实。但即使不存在诉讼时效制度,依"谁主张,谁举证"的举证规则,权利人如果不能有效提供应当由其提供的证据支持其诉讼请求,就由他承担败诉的不利后果,法院同样能及时有效地处理民事纠纷。"目的二"的提法,与我国过去曾长期存在的法院必须查明案件一切有关事实的观念以及民事诉讼法学界对举证责任的研究不够深入有关。随着民事诉讼法学界对举证责任的深入研究,举证责任不再被理解为是当事人提出证据的行为责任,而是指当法律要件事实在诉讼上处于真伪不明状态时,负有证实法律要件事实责任的当事人一方所承受的法官不利判断的危险。② 如果权利人(原告)因诉讼时效或其他客观原因不能证明其权利的有效性时,则由他承担法官不利判断的危险,从而使民事纠纷得以解决。因此,在年代久远导致不易取证的情形下,使法院能够及时处理民事纠纷的,实为举证责任,而非诉讼时效。

第二,在法律史上,构建诉讼时效制度的初始目的确实与举证问题有关,但随着民事实体法与民事程序法的充分分离,有关证据规则的具体设置已由民事程序法来完成,不宜再将"证据之代用"解释为诉讼时效制度的价值。在罗马法上,民事诉讼最初时是无期限的,只有裁判官诉讼才受时间的限制,一般为一个用益年。随着裁判官管辖权的发展,出现了"无期限诉讼"(actions perpetuae)和"时效诉讼"(tem-

---

① 施启扬:《民法总则》,中国法制出版社 2010 年版,第 327 页。

② 参见江伟主编:《民事诉讼法学原理》,中国人民大学出版社 2000 年版,第 494 页。

porales 或 temporariae)之分,后一类诉讼是“荣誉法”诉讼以及仿照市民法引入的诉讼,主要指以市民法为基础的扩用诉讼和拟制诉讼。[1]学界通说认为,裁判官诉讼中的“时效诉讼”就是近现代诉讼时效制度的源头。诉讼时效制度最初产生于罗马法时,由于实体法和程序法尚未完全分离,确实承载着方便举证等程序法价值,罗马法最初是将该制度作为诉讼的消灭原因之一来解决诉讼法上的有关问题。但随着民事实体法与民事程序法的充分分离,诉讼时效方便举证的价值已经丧失了其依托的基础。现代民事诉讼法理论认为,证据法的理念在于:应尽可能地查明事实真相,以发现真实为目标,而且要做到低成本、高效率。[2] 举证责任制度的设置,正是这种“低成本高效率”理念的具体化。

第三,如果认为诉讼时效制度的价值是对证据的“代用”,那么是否可以推论出这样的结论:如果另有证据可以证明权利的真实状态,就应不适用诉讼时效制度呢?因为既然是“代用”,那就表明诉讼时效仅适用于没有其他证据的情形下,在此情形下,由于没有其他证据可以证明权利的真实状态,诉讼时效才作为一种补充性规则被适用。该推论显然是荒谬的。其一,从理论上来说,年代越久远,有关证据湮灭的可能性越大,案件事实就越难以查清。但这只是观念上的推断,事实上,有些年代久远的案件事实也未必不能查清真相,相反,有些年代很近的案件也未必就一定能查清真相。其二,如果说 20 年、30 年的时效期间尚可称为“年代久远”,那么我国现行法规定的两年普通时效期间,则根本谈不上“年代久远”。其三,由于现行法在时效的适用问题上采取了绝对强制性的态度[3],因此在时效期间届满但存在其他证据可证明权利真实有效的情形下,也仍然应当适用诉讼时效制度。这就表明,诉讼时效制度并非是对证据的“代用”,而是无论是否存在证据,都应当适用该制度。以“证据代用”来解释诉讼时效制度的价值,在理论上和实践上极易使人产生误解。例如有学者认为:“因纯金钱之债只涉及货币,不涉及于其他,法律关系非常简单、明了,这就使得纯金

---

① 参见〔意〕彼得罗·彭梵得:《罗马法教科书》,黄风译,中国政法大学出版社 1992 年版,第 107 页。

② 参见〔日〕高桥宏志:《重点讲义民事诉讼法》,张卫平等译,法律出版社 2007 年版,第 25 页。

③ 《诉讼时效规定》第 2 条。

钱债务返还之诉不会像其他类型的诉讼那样复杂。尤其在借贷双方立有书面字据的诉讼中,更不存在诸如‘因时间长久,证据难以搜集,法官判案困难’等问题。因此,立法应当排除2年诉讼时效对纯金钱之债的适用。”[①]该观点就是以“证据代用”为逻辑出发点而得出的结论,但显然这种结论是无法让人接受的,因为从各国立法来看,金钱借贷之债是适用诉讼时效的典型对象,不存在特殊的立法政策将该债权排除出诉讼时效的适用范围。该观点所针对的问题应当通过设定较长时效期间来解决,而不能因为存在书面借据等证据就简单地将纯金钱之债排除出诉讼时效的适用范围。

（三）反思“目的三”——维护社会经济关系稳定

第一,“目的三”所要维护的“社会经济关系”究竟是何种社会关系？在此可作两种可能的理解:第一种理解,是权利人与义务人之间的法律关系。如果采取此理解,则显然与诉讼时效制度的实际作用不符,因为如果要继续维护权利人与义务人的法律关系,就应当由义务人履行义务,不应因时效期间届满而使义务人的义务得以免除,但实际情况却恰恰相反。第二种理解,是权利人或义务人与第三人形成的新的法律关系。如果采取这种理解,同样也难以成立。因为诉讼时效制度的适用,并不要求有新的法律关系产生,即使根本没有第三人出现,没有新的法律关系产生,也同样能够适用该制度。而且,诉讼时效的适用对象主要是请求权,其为典型的相对法律关系,该法律关系的变动原则上对第三人并无影响。即使第三人与义务人形成新的法律关系与原法律关系有所冲突(如一物二卖),依据债权平等原则,第三人也能够获得有效清偿,而根本没有必要适用诉讼时效制度。因此,如果不是把免除债务人债务等同于“维护社会经济关系稳定”,事实上很难找到一种需要通过诉讼时效制度来维护稳定的社会关系。

第二,“目的三”对公共利益存在误读。在西方法律传统上,对公共利益的保护主要涉及保护公众以防止特定个人的犯罪行为、疾病或不胜任等。随着民主政治的兴起和大众传媒在形成意见方面的作用增强,公众具有的另外一种利益——在接受教育和获得信息方面的利

---

① 顾伟强、孙美兰:《对一起民间借贷纠纷案的评析——兼谈我国普通诉讼时效合理性的反思》,载《法学》2000年第1期。

益——得到了认可。[①] 根据庞德对公共利益的界定,公共利益主要涉及公共安全、社会制度安全、公共道德、保护社会资源、公共发展和个人生活等领域。[②] 我国学者一般认为,社会公共利益主要是指由社会全体成员所享有的利益,也包括公共道德的内容。[③] 适用诉讼时效制度的效果,是特定相对人之间的权利义务关系发生损益,并不涉及公共利益的任一领域。"目的三"对公共利益和公共秩序的泛化解释,脱离了该概念的本来涵义和范畴。

第三,我国台湾地区学者习惯将取得时效和诉讼时效的存在理由一并解释,而"目的三"主要是针对取得时效而言。[④] 在适用取得时效的场合下,当事人持续占有动产或不动产达到相当期间,使社会公众能够合理信赖其就是真正权利人,为维护交易安全及社会关系稳定,适用取得时效成为必要。而在适用诉讼时效的场合,持续存在的状态是义务人未履行义务,由于债权人与债务人之间为相对法律关系,该状态很难使第三人产生某种能够为法律所认可的信赖利益。[⑤] 冯·巴尔教授指出:"从道德上看最弱的抗辩事由就是时效的丧失。一个小

---

① 参见〔美〕詹姆斯·戈德雷:《私法的基础——财产、侵权、合同和不当得利》,张家勇译,法律出版社2007年版,第404页。

② 参见〔美〕罗斯科·庞德:《法理学》(第3卷),廖德宇译,法律出版社2007年版,第218—238页。

③ 参见王利明:《民法总则研究》,中国人民大学出版社2012年版,第579页。

④ 参见史尚宽:《民法总论》,中国政法大学出版社2000年版,第623—624页。

⑤ 有学者认为:"请求权人长期不行使权利,会呈现一种该项权利并不存在的状态,不特定第三人完全有可能会对义务人的财产状况和经济实力产生错误的判断。不特定第三人会基于对权利不存在状态的信赖去进行各项民事活动,如果没有诉讼时效制度,其信赖利益即裸露在法律的保护之外,从而动摇民事主体进行民事交往的基础和前提。"参见王轶:《诉讼时效制度三论》,载《法律适用》2008年第11期。笔者不同意该观点,该观点将第三人信赖利益理解得过于宽泛。事实上,仅有权利人单纯不行使权利的事实,而无其他特别事实,不宜认定第三人存在信赖利益。梅迪库斯教授在解释失权制度的信赖利益保护时指出:"权利人的不作为必须给人产生了'将来也不再行使此项权利'的印象。但仅凭此点,还不足以认定存在违反诚实信用的自相矛盾的行为……另一项要件即对方应受到特别保护。依诚实信用原则,对对方来说,推迟行使权利是难以承受的。"参见〔德〕迪特尔·梅迪库斯:《德国民法总论》,邵建东译,法律出版社2001年版,第115—116页。这种从严认定信赖利益的标准,不仅适用于失权的场合,也应当普遍适用于其他场合。

心翼翼的债务人唯一能安抚良心的论据只能是:他以为债权人不会主张其所拥有的权利了,因此未就此做任何财政储备。”[①]但这种情形显然并不常见。对于源自日本和我国台湾地区学界的“三目的说”,大陆学者未为详查,一方面对是否应建立具有“维护社会经济关系稳定”价值的取得时效制度长期纠缠不休,另一方面却将效力本应局限于特定相对人之间的诉讼时效制度价值解释为“维护社会经济关系稳定”,以致有今日传讹之误。

第四,“目的三”既没有准确揭示债权人丧失公力救济的合理依据,也不利于普通民众树立“私权神圣”观念。在我国文化传统中,历来强调“重公益、轻私益”的价值理念,“私权神圣”观念的缺乏,是我国建构现代民法制度在文化观念上的主要障碍。在当前社会背景下,维权艰难、诚信缺失已成为急需铲除的社会毒瘤。由于现行法定时效期间很短,如果将“维护社会经济关系稳定”作为债务人免责的合理依据,将降低不诚信债务人在法律上和道德上的负疚感,将会使普通民众混淆“社会公共利益”与“私人权益”的界限,还可能使普通民众将诉讼时效制度误解为是一种能使债务人不当脱责的工具。[②] 这无疑会加剧普通民众对法律的不信任感,放纵各种投机取巧行为,不利于醇化当前急需改善的社会风气。因此,在国外采取较长法定时效期间,并且“私权神圣”已经深入人心、权利保护已相当充分的社会背景下,将诉讼时效制度价值定位为“维护社会经济关系稳定”,对于遏制权利人滥用权利、防止义务人受过于苛刻义务之束缚,具有一定积极意义。而在我国现阶段社会背景下,“目的三”的提法是不合适甚至是有害的。

---

① 〔德〕克雷斯蒂安·冯·巴尔:《欧洲比较侵权行为法》(下卷),焦美华译,法律出版社 2001 年版,第 685 页。

② 据实务界法官的介绍,能够提交中级人民法院审判委员会讨论的民商事案件比例极低(绝大部分为刑事案件),而其中涉及是否过诉讼时效的案件占了相当大的比例。参见葛承书:《民法时效——从实证的角度出发》,法律出版社 2007 年版,第 127 页。该现象说明,现行法以维护抽象的“社会经济秩序”为指导思想设置的两年普通时效期间,已经成为权利人通过诉讼维护其权利的重要障碍。在我国社会现实背景下,适用两年普通时效期间的直接后果是导致大量不诚信债务人不当脱责,而并未发挥诉讼时效制度“维护社会经济关系稳定”的价值。

第四节 诉讼时效制度价值之重构

基于前文的分析,本书初步得出以下几点结论。

一、诉讼时效制度的基本价值是合理配置、有效利用有限的司法资源

第一,诉讼时效制度产生的直接原因,是为了使受侵害的权利人能够现实、有效地利用司法资源以获得公力救济。从历史渊源来看,诉讼时效制度起源于古罗马裁判官法,裁判官的任期限制直接催化了诉讼时效制度的产生。在裁判官制度之前,罗马法的基本理念是权利保护不受时间限制,有权利必有救济。裁判官制度建立后,由于当时裁判官的任期只有 1 年,受害人如果要寻求裁判官法的救济,就必须要在该裁判官的任期内起诉才能获得公力救济。这虽然违反了罗马法"有权利必有救济"的基本理念,但却是当时基于现实考虑所作出的一种无奈选择。

第二,司法资源的有限性,决定了不可能对所有民事纠纷提供救济。民事诉讼的基本目的是解决纠纷。"为了使法官能够作出正确的判断以达到纠纷的妥善解决,法律学的任务在于对作为决定基准的法律规范和判例等进行解释、研究。也就是说,如何通过审判妥善解决纠纷是法解释学的中心课题。"[①]在面临复杂的社会问题和相互冲突的社会目标时,司法资源趋于紧张,法院的能力受到极大的挑战,这个问题是普遍存在的。[②] 我国现阶段的社会现实是,随着市场经济规模不断扩大,各类民商事纠纷数量逐年递增,而司法系统由于各种原因,

---

① 〔日〕棚濑孝雄:《纠纷的解决与审判制度》,王亚新译,中国政法大学出版社 1994 年版,第 1 页。

② 参见〔美〕尼尔 · K. 考默萨:《法律的限度——法治、权利的供给与需求》,申卫星等译,商务印书馆 2007 年版,第 89 页。

无论是质量上还是数量上都无法满足经济发展的需要。[①] 这种社会现实决定了现有司法资源不可能对所有民事纠纷提供救济，法律在对权利提供救济时必须要具有一定的选择性，诉讼时效制度正是这种选择性的具体体现。

第三，正在发生的纠纷比年代久远的纠纷更需要得到救济，诉讼时效制度正是这种判断与选择的反映。在数量庞大的民事纠纷中，正在发生或刚发生不久的纠纷比那些年代久远的纠纷更需要得到救济，主要有两方面的原因：一方面，正在发生或刚发生不久的纠纷中，由于权利受侵害的事实具有现实性、直观性的特点，权利人往往更迫切需要得到救济。权利人在权利受侵害的事实发生后，立即或不久后便寻求公力救济，正是权利人这种迫切需要的外在反应。而在年代久远的纠纷中，权利受侵害之后，权利人长期[②]不寻求救济，以至于时效期间届满，这表明权利人对公力救济的需求并不迫切。诉讼时效制度并不是为了要惩罚时效届满的权利人而不对其提供救济，而是因为前一种权利人更需要得到救济。另一方面，正在发生或刚发生不久的纠纷优先于年代久远的纠纷得到救济，能够产生更好的社会效果。权利受侵害的事实正在发生或刚发生不久，权利人及社会公众对这一侵害事实具有现实的、直观的感受，对这种权利人提供救济，往往能够产生更好的救济效果，对社会公众也能起到更及时有效的教育宣传作用。

第四，诉讼时效制度的基本价值在于合理配置司法资源，使有限的司法资源能够得到最有效的利用。“法律制度意味着一种关系的调整和行为的安排，它能使生活物资和满足人类对享有某些东西和做某些事情的各种要求的手段，能在最少阻碍和浪费的条件下尽可能多地

---

① 依据 2012 年 3 月第十一届全国人大第五次会议上最高人民法院的工作报告，2011 年各级人民法院共审结一审民事案件 488.7 万件，同比上升 10%；共审结一审商事案件 167.2 万件，与上年基本持平；共审结一审知识产权案件 6.6 万件，同比上升 37.7%。人民法院工作中存在的问题包括：基层基础工作仍然面临不少困难，人民法院受理案件数量持续增长，基层法官超负荷办案的现象比较普遍，法官断层、人才流失问题严重，一些地方的司法环境有待进一步改善。

② 需要说明的是，在我国诉讼时效期间过短的立法模式下，这种“长期”只能是相对意义上的。

给以满足。”[①]诉讼时效制度将年代久远的纠纷排除出公力救济的范围,是基于司法资源有限性作出的理性选择,其目的是使司法资源得到合理配置,从而使有限的司法资源能够得到最有效的利用。此外,民事诉讼的局限性也要求避免司法资源的浪费,将有限的司法资源用于立法政策认为更值得救济的民事纠纷。“首先,民事诉讼是一种成本相当高的制度。其次,民事诉讼还相当地花时间。最后必须注意的是,所谓通过诉讼达到的判决使纠纷得到解决,指的只是以既判力为基础的强制性解决。”[②]诉讼时效的本质是这样一种制度:由于司法资源的有限性以及民事诉讼高成本等原因,为了使有限的司法资源得到最大化的有效利用并节约诉讼成本,基于立法政策的判断,法律对于时效期间届满的纠纷拒绝提供救济。

二、诉讼时效制度的另一重要价值是确立公权力对私权利提供救济的界限

第一,时效期间届满的基本效力是权利人丧失公力救济,或者因义务人行使抗辩权而丧失公力救济。虽然学界一般认为各个国家和地区立法在诉讼时效效力问题上,有实体权利消灭说、抗辩权发生说等不同模式,但无论哪种立法模式,时效期间届满的效力实际上基本相同,即权利人无法得到公力救济,各立法的区别仅在于发生时效期间届满效力的具体条件不同。因此,诉讼时效制度的本质仍然是确定权利内容和边界的一种制度,该制度属于实体法而非程序法的范畴。

第二,民法本位观念的演变在一定程度上影响了诉讼时效制度的价值,公权力对私权利提供救济的界限反映了民法本位的基本价值取向。诞生《法国民法典》《德国民法典》的 19 世纪,由于封建制度被推翻不久,为巩固资产阶级革命的胜利成果,在极端的权利保护理念的指导下,各国民法典规定的诉讼时效期间普遍较长,法国、德国均将普通时效期间规定为 30 年,这在人均寿命远短于现代的 19 世纪,实在

---

① 〔美〕罗斯科 · 庞德:《通过法律的社会控制》,沈宗灵译,商务印书馆 1984 年版,第 32 页。

② 〔日〕谷口安平:《程序的正义与诉讼》,王亚新等译,中国政法大学出版社 2002 年版,第 45—46 页。

不可谓不长。权利绝对保护的民法本位思想决定了时效期间的长期性,在这一时期,公权力对私权利提供的救济至少在时间方面是足够充分的。而随着时代发展,现代民法在坚持权利本位的前提下,更加注重维护交易安全和保护社会公共利益,这使得现代民法的权利本位具有了新的内涵和特征,这种变化在诉讼时效制度上的反映,就是时效期间在有些国家和地区有缩短的趋势①,例如 2002 年德国债法改革将普通时效期间由 30 年改为 3 年。时效期间的缩短,使公权力对私权利提供的救济,至少从表面上看保护时间不如以前长了。时效期间由长变短的这种变化,是现代民法对权利绝对保护理念进行修正的结果,反映了在不同的社会历史阶段,公权力对私权利救济程度的差异性。

第三,诉讼时效具体制度的演变反映了公权力与私权利关系的消长。公权力与私权利的关系,是法学永恒的重要命题。在不同国家、不同历史时期、不同制度领域,公权力和私权利关系的消长,具有不同的表现形式。在诉讼时效制度领域,有许多国家的民法典坚持诉讼时效法定性原则,不允许当事人协议变更诉讼时效的法定规则,或者不允许当事人依自己的意思预先放弃时效利益。② 这种立法模式,排斥意思自治在诉讼时效领域的适用,以法律规定作为解决时效问题的唯一标准,这反映了公权力对诉讼时效领域较重的干预,而民事主体的意思自由则在该领域受到严格限制。这种严格坚持时效法定性的模式在新近立法中有所改变。2002 年德国债法改革后,允许当事人约定延长时效期间,但最长不得超过 30 年③,《奥地利民法典》亦有与此类似的规定。④ 1974 年《联合国国际货物买卖时效期限公约》则允许当事人依约定排除该公约所规定的时效规则。⑤ 这些立法承认意思自治原则可在诉讼时效领域适用,弱化了时效规则的法定性,更加尊重当事人在诉讼时效问题上的自主意思,这反映了公权

---

① 参见朱岩编译:《德国新债法条文及官方解释》,法律出版社 2003 年版,第 18 页。

② 《法国民法典第》2220 条、《日本民法典》第 146 条、《意大利民法典》第 2936 条、《俄罗斯民法典》第 198 条。

③ 《德国民法典》第 202 条。

④ 《奥地利民法典》第 1502 条。

⑤ 《联合国国际货物买卖时效期限公约》第 3 条。

力对诉讼时效领域干预的适度减轻,以及当事人意思对时效规则作用的强化。①

三、诉讼时效制度的又一重要价值是平衡权利人与义务人之间的利益关系

在我国社会现实背景下,应在大致平衡请求权法律关系权利人、义务人双方利益的前提下,将保护权利人作为诉讼时效制度的首要价值目标。原因如下:

第一,在请求权法律关系中,义务人负有较重的义务决定了该义务不宜永久存在。通说认为,诉讼时效适用于请求权。请求权是要求特定人为特定行为(作为、不作为)的权利,在权利体系中居于枢纽的地位,因为任何权利,无论是相对权还是绝对权,为发挥其功能,或恢复不受侵害的圆满状态,均须借助请求权的行使。② 相较于支配权法律关系中义务人的消极义务而言,请求权法律关系中的义务人负担更重。一方面,请求权人与义务人是特定人之间的关系,他们之间形成了较强的特定约束关系;另一方面,请求权人行使权利能够对义务人造成更大的影响,义务人通常负有作为义务,即使是不作为义务,也不同于支配权关系中那种单纯的消极不作为义务,而是表现为保密、竞业禁止等义务。由于义务人的义务较重,基于公平原则,各国一般都不承认永久存在的请求权(基于立法政策也存在一些例外),而主要通过诉讼时效制度来限制请求权,以避免对义务人过于苛刻而造成不公平的结果。

第二,诉讼时效制度作为一种时间限制的工具,可以使请求权法律关系中的权利人、义务人双方利益大致得到平衡。利益衡量是现代民法学的一种基本研究方法,这种方法"在裁判中反映各个时代的社会状况和占支配地位的价值观"③。诉讼时效制度在一定程度上就是

---

① 需要说明的是,笔者并非认为新近立法就一定优于传统的坚持时效法定性的立法。对于意思自治原则应否适用于诉讼时效领域,笔者认为,应结合该国的法制环境等因素作具体的判断。

② 参见王泽鉴:《民法总则》,中国政法大学出版社 2001 年版,第 92 页。

③ 〔日〕加藤一郎:《民法的解释与利益衡量》,载梁慧星主编:《民商法论丛》(第 2 卷),法律出版社 1994 年版。

利益衡量的结果,该制度基本目的之一是实现请求权法律关系中权利人、义务人双方利益的大致平衡。一方面,权利人的权利能够得到充分保护,实现民法作为权利法的基本价值目标;另一方面,对负有较重义务的义务人不致过于苛刻,以体现公平原则的价值要求。各国的诉讼时效制度,实际上都反映了立法者在特定社会背景下对权利人与义务人之间利益平衡的一种判断。该判断建立在社会现实状况和主流价值观基础之上,诉讼时效制度的具体内容则应当是这种判断的具体体现。例如,在“权利绝对保护”构成主流价值观的社会中,利益衡量的天平会向权利人一方倾斜,体现为较长的时效期间,法国、德国19世纪颁布的民法典规定30年时效期间,即为典型例证。又例如,如果主流价值观强调社会公共利益,而权利保护退居次要地位,则利益衡量的天平就会向义务人一方倾斜,体现为较短的时效期间,《苏俄民法典》规定的3年时效期间即为典型。

第三,我国特有的文化传统和习俗,对诉讼时效制度的权利保护价值提出了现实需求。“任何法律制度都是其共同文化不可分割的组成部分。它同样也对共同文化的历史产生着作用。”[①]一方面,我国文化传统中的主流价值观,从来不缺少社会公共利益的内容,而极度缺乏权利保护观念。在中国古代,民事法律不发达的原因之一,就是国家不重视庶民的个人权利,当然也缺乏法律上的“私人平等”[②]。现代民法的重要任务之一,就是要在立法、司法及民事活动中,树立“私权神圣”的基本观念。就诉讼时效制度而言,应当突出体现其权利保护的制度价值。另一方面,我国民间素有“欠债还钱”“父债子偿”的习俗,在中国古代,“有借必还,一定之理”被认为是具有法源效力的当然之理。[③] 这些传统观念和习俗,使普通民众更加关注的是债务人履行义务的正当性,而非债权人“怠于”行使权利的懒惰性。正如拉德布鲁赫指出:“因为习俗自身把约束方式的外部的和内部的双重效力统一了起来,无论其是否只是通过虚构的方式,所以习俗才比道德和法律

---

① 〔德〕魏德士:《法理学》,丁晓春等译,法律出版社2005年版,第204页。

② 张晋藩:《中国法律的传统与近代转型》,法律出版社2009年版,第61—62页。

③ 参见〔日〕滋贺秀三等:《明清时期的民事审判与民事契约》,王亚新等译,法律出版社1998年版,第36页。

更具有威力。”[①]因此,构建我国的诉讼时效制度,应当建立在对传统文化和习俗给予充分关注的基础之上。

第四,在我国当前社会现实背景下,应在大致平衡请求权法律关系中权利人、义务人双方利益的前提下,将保护权利人作为诉讼时效制度首要价值目标。高度发展的工业社会的法律应该调整发生变化并在很大程度上继续变化着的生活关系,也就是它至少应当暂时引导这些变化进入制度性的轨道。另一方面,社会的根本变化也影响并改变着法律。[②] 社会转型时期各种价值观和利益的剧烈冲撞,造成了权利受阻、诚信缺失的社会现实,这种社会现实要求诉讼时效制度作为一种利益平衡工具,其天平应向权利人一方倾斜,以实现实质意义上的公平。诉讼时效制度应立足于“权弱义强”的社会现实,通过调整制度安排,平衡双方的利益,防止和遏制义务人将该制度作为一种合法的赖账工具。现行法关于时效期间最大的缺陷在于,两年普通时效期间没有体现出对权利人的倾斜,对诚信缺失这一社会现实,没有作出应有的调整和反应。费孝通先生在20世纪即已指出:“现行的司法制度在乡间发生了很特殊的副作用,它破坏了原有的礼治秩序,但并不能有效地建立起法治秩序。法治秩序的建立不能单靠制定若干法律条文和设立若干法庭,重要的还得看人民怎样去应用这些设备。”[③]该论断之于现行诉讼时效制度,也仍然是合适的。[④]

---

① 〔德〕G. 拉德布鲁赫:《法哲学》,王朴译,法律出版社2005年版,第50页。

② 参见〔德〕魏德士:《法理学》,丁晓春等译,法律出版社2005年版,第20—21页。

③ 费孝通:《乡土中国》,人民出版社2008年版,第72页。

④ 据笔者了解,对诉讼时效在审判实践中的运用,有些基层法院通过扩大解释中止、中断事由,降低举证标准等途径,尽量使时效不成为权利人行使权利的障碍。2008年的《诉讼时效规定》在一定程度上也确认了这些做法。该种现象表明,现行时效制度背离了现实生活中对权利保护的价值诉求,较短时效期间的设置与普通国民乃至司法人员对权利的固有理解存在严重抵触。

第五章　诉讼时效的适用对象

第一节　诉讼时效适用对象的涵义

一、概念之取舍

何种权利受到诉讼时效的限制？学界用以表述该命题的概念主要有三种，即诉讼时效的适用范围、诉讼时效的客体和诉讼时效的适用对象。虽然这三种概念所针对的主要命题是基本一致的，但采用不同的概念亦反映出学者们对该命题在认识上存在细微的差别。因此，基于名实相符以及准确定位讨论命题内涵的需要，有必要在讨论具体问题之前首先解决概念取舍的问题。

学界目前主要有三种观点：

第一种观点认为，"诉讼时效的适用范围"与"诉讼时效的客体"是等同的概念，指哪些权利适用于诉讼时效，或者说哪些权利能因诉讼时效的届满而消灭。我国多数学者持这种观点。[①]

第二种观点认为，用"诉讼时效的客体"来表达诉讼时效的适用对象与范围是不妥当的，甚至"诉讼时效的客体"这种说法本身就有问题。应当用"诉讼时效的适用范围"来表述诉讼时效的适用对象与范围。[②] 有学者认为："民法上所谓客体，是指民事法律关系中当事人权利义务所共同指向的对象，是民事法律关系的构成要素之一；而诉讼时效属于能够引起一定的民事法律关系产生、变更或者消灭的法律事

① 参见马俊驹、余延满：《民法原论》，法律出版社 2010 年版，第 251 页；魏振瀛主编：《民法》，北京大学出版社、高等教育出版社 2010 年版，第 193 页；梁慧星：《民法总论》，法律出版社 2001 年版，第 271 页；龙卫球：《民法总论》，中国法制出版社 2002 年版，第 614 页；史尚宽：《民法总论》，中国政法大学出版社 2000 年版，第 628 页；梅仲协：《民法要义》，中国政法大学出版社 2004 年版，第 154 页。

② 参见李开国：《民法总则研究》，法律出版社 2003 年版，第 403 页。

实,不是民事法律关系,它本身不可能存在什么客体。与其用'诉讼时效客体'这一术语,不如用'诉讼时效的适用范围'更为准确些,也更容易为人们正确理解。"①

第三种观点认为,应采"诉讼时效适用对象"概念,该概念解决的问题是:哪些请求权适用诉讼时效,哪些请求权不适用诉讼时效。②

笔者赞同第三种观点,认为应采"诉讼时效适用对象"概念,而"诉讼时效客体""诉讼时效适用范围"两概念,则均存在不严谨之处。

第一,"诉讼时效客体"概念与法律关系理论相冲突,可能导致语义上的混乱。其一,在我国学界现有概念体系中,"客体"一词是指法律关系的要素之一。民事法律关系客体,通指民事法律关系主体享有的民事权利和承担的民事义务所共同指向的对象,也称为民事权利客体。③"客体"与"主体""内容"共同构成了民事法律关系的必备要素。而诉讼时效制度的基本作用是对某些民事权利予以时间上的限制,其针对的对象就是作为民事法律关系内容的某些民事权利。适用诉讼时效制度的效果是引起民事法律关系的变动,但诉讼时效本身并非某种民事法律关系。因此,诉讼时效不存在法律关系要素的问题,亦不存在有无"客体"的问题。其二,"诉讼时效"一词,有两层基本含义:一层含义是指诉讼时效制度,另一种含义是指诉讼时效法律事实。无论在哪一层含义上使用"诉讼时效"一词,都将使"诉讼时效客体"概念难以成立。在第一层含义下,诉讼时效是一项法律制度,其存在适用该制度的对象与范围,我国法学理论界习惯上将其称为某制度的"调整对象"或"调整范围"。而"客体"是指权利主体享有的权利和负担的义务所共同指向的对象。诉讼时效制度既非主体享有的权利,也非主体所负担的义务,"诉讼时效的客体"也就无所指了。在第二层含义下,诉讼时效是引起民事法律关系变动的一种法律事实,而不是民事法律关系本身。民事权利的不行使,只是诉讼时效法律事实的构成要素之一,因此也就不能将该民

① 彭俊良:《论诉讼时效制度的适用范围》,载《佛山科学技术学院学报》(社会科学版)2004 年第 22 卷第 3 期。

② 参见张俊浩主编:《民法学原理》(上册),中国政法大学出版社 2000 年版,第 344 页;柳经纬:《关于时效制度的若干理论问题》,载《比较法研究》2004 年第 5 期。

③ 参见魏振瀛主编:《民法》,北京大学出版社、高等教育出版社 2010 版,第 121 页。

事权利称之为“诉讼时效的客体”。而且在我国民法理论中,也不存在“法律事实的客体”这一概念。其三,“诉讼时效的适用范围”或者“诉讼时效的客体”实际所要解决的问题是何种民事权利能够适用诉讼时效制度,在这一点上,学者一般不存在分歧。而无论诉讼时效制度能够适用于何种民事权利,该民事权利都是作为某种民事法律关系的内容存在的,如果将能够适用诉讼时效制度的民事权利称为“诉讼时效的客体”,就有可能混淆民事法律关系的内容与民事法律关系的客体这两个不同的民事法律关系要素,而引起语义上的混乱。

第二,“诉讼时效适用范围”概念也有不妥之处,容易引起误解。在我国学界现有概念体系中,某种制度的适用范围通常是指该制度的适用领域。因此,“诉讼时效适用范围”概念应指诉讼时效制度的适用领域和范围。依据这种理解,“诉讼时效适用范围”要解决的问题是:诉讼时效制度具体适用于民法的哪些领域(物权法、合同法或者侵权法等)?诉讼时效能否适用于民法之外的其他部门法?正是基于这种理解,有学者认为:“诉讼时效制度的适用对象是民事法律关系而非民事法律关系中民事主体所享有的民事权利,适用范围问题所要解决的则正是哪些民事法律关系应受诉讼时效制度的约束。”①但这种理解,与现有著述在“诉讼时效客体”或“诉讼时效适用范围”标题下讨论的问题,显然不属于同一层面的问题。

第三,在我国学界现有概念体系中,采用“诉讼时效适用对象”概念较为恰当。其一,上述三种概念所要解决的实质问题是“何种民事权利直接受到诉讼时效的限制”,相比较而言,“诉讼时效适用对象”概念最为准确地揭示了该问题的实质,符合名实相符的要求。其二,采用“诉讼时效适用对象”概念可避免另两种概念所造成的误解,理由如上文所述。

二、诉讼时效适用对象的涵义

在讨论诉讼时效适用对象的具体问题之前,首先必须澄清一个问题:“诉讼时效适用对象”的涵义究竟如何界定?学界现有的很多争议实际上都是基于对该命题的不同理解所造成的。对“诉讼时效适用对

---

① 彭俊良:《论诉讼时效制度的适用范围》,载《佛山科学技术学院学报》(社会科学版)2004年第22卷第3期。

象”有以下两种可能的理解：

理解一：原权利 A 受侵害——→救济权 B，B 受诉讼时效限制，诉讼时效适用对象是 A。

理解二：原权利 A 受侵害——→救济权 B，B 受诉讼时效限制，诉讼时效适用对象是 B。

按照理解一，原权利 A 受到侵害①时，产生救济权 B②，诉讼时效的适用对象是原权利 A。依此理解，能够通过诉讼时效制度得到保护的原权利，就是诉讼时效的适用对象。《瑞士民法典》规定“诉讼时效适用于债权”、《日本民法》规定“诉讼时效适用于所有权以外的财产权”、《意大利民法典》规定“诉讼时效适用于任何权利”，这些规定就是以理解二为逻辑基础作出的。我国学界通说观点“诉讼时效的适用对象主要是债权”以及有学者提出的“人身法律关系、物权关系均应适用诉讼时效制度”③的观点也是以理解一为基础的。

按照理解二，诉讼时效的适用对象是救济权 B，而非原权利 A。依此理解，诉讼时效直接限制的权利或权能才是诉讼时效的适用对象。《法国民法典》规定“诉讼时效适用于诉权”、《德国民法典》规定“诉讼时效适用于请求权”，这些规定就是以理解二为逻辑基础作出的。我国学界存在的“诉讼时效的适用对象是救济权请求权”④、“财产权不应适用诉讼时效”⑤等观点也是以理解二为基础的。

笔者认为，在我国现行理论及立法的前提下，应以理解二来解释“诉讼时效适用对象”为宜，即诉讼时效的适用对象应指直接受诉讼时效限制的救济权或救济权能。理由如下：

第一，诉讼时效制度的本质，是一种对权利救济予以限制的制度。无论从该制度的产生历史还是现实作用来看，诉讼时效制度的基本目

---

① 此处所说“侵害”，既包括违反法定义务以侵权行为侵害他人权益，也包括违反约定义务以违约行为导致债权人债权无法实现。

② 应当说明的是，B 究竟是一项独立的救济权，还是属于 A 的一项权能？也并非是一个毫无争议的问题。

③ 彭俊良：《论诉讼时效制度的适用范围》，载《佛山科学技术学院学报》(社会科学版)2004 年第 22 卷第 3 期。

④ 葛承书：《民法时效——从实证的角度出发》，法律出版社 2007 年版，第 71—86 页。

⑤ 喻文莉：《诉讼时效应以请求权为客体》，载《政治与法律》2006 年第 2 期。

的和价值都是对民事权利的公力救济予以时间上的限制。适用诉讼时效的具体效果表现为，某种救济权或救济权能因未在诉讼时效期间行使，因对方行使抗辩权而丧失公力救济的可能。因此，诉讼时效期间直接限制的是救济权，而不是原权利。原权利的时间限制主要表现为权利的存续期间，例如物权存续期间、知识产权保护期等。

第二，诉讼时效的适用对象与诉讼时效的效力，是同一个问题的两个方面。诉讼时效的适用对象要解决的问题是，诉讼时效期间对哪些救济权予以时间限制。诉讼时效的效力要解决的问题是，诉讼时效期间届满产生何种后果。诉讼时效期间届满的直接后果是抗辩权或援用权的产生，而抗辩权或援用权的作用就是对请求权予以限制。可见，诉讼时效的适用对象与诉讼时效的效力，是对诉讼时效期间届满所引起的后果，分别从正面和反面给出的回答。我们在考察诉讼时效的适用对象时，必须要将诉讼时效的效力一并加以考虑。现行法既然对诉讼时效的效力确立了抗辩权发生主义，那么对诉讼时效的适用对象就只能界定为救济权。因为，诉讼时效抗辩权直接对抗的对象，不是原权利，而是具有救济权性质的请求权。

第三，如果采取理解一，那么所可以推导出的结论是，包括绝对权在内的任何民事权利都是诉讼时效的适用对象。因为绝对权受到侵害时，受害人可通过侵权民事责任得到救济，而侵权责任受诉讼时效期间限制是不存在争议的。依据理解二，作为原权利的绝对权受到侵害，其救济权受诉讼时效限制，诉讼时效的适用对象应为绝对权。但是，这种结论显然与学界的一般认识相悖，因为一般认为，物权、人格权等绝对权不属于诉讼时效的适用对象。

第四，由于现行法建立了统一的民事责任制度，权利人的权利受到侵害时，请求对方承担民事责任是权利人的基本救济手段，因此我国诉讼时效的适用对象应为民事责任请求权。关于这一点，下文将作详述。

三、诉讼时效适用对象研究的意义

对诉讼时效适用对象研究的意义，已有学者作了有益的探讨。有学者指出："研究诉讼时效的客体在实践中具有重要意义，因为如不能明确诉讼时效客体将产生下列危害后果：(1) 不应适用诉讼时效的权利被适用之，使权利人的正当权利由于诉讼时效的经过而不受法律的保护，从而违背法律公平、正义的精神；(2) 应该适用诉讼时效的权利未被适用或未被正确适用,从而破坏诉讼时效制度稳定法律秩序的基本价值。"[①]还有学者认为:"对诉讼时效客体的讨论,从根本目的来说是为了完成诉讼时效制度的合理设计,实现该制度维护法律利益平衡的宗旨。它作为一个基础性命题,对诉讼时效的期间、效力等问题的研究具有特别的意义。同时,诉讼时效客体的确定,在现实的社会立法进程中,对我国未来民法典的制定工程中诉讼时效制度的定位及建设具有重要的价值。"[②]笔者认为,诉讼时效适用对象研究的意义主要有以下几个方面:

第一,诉讼时效适用对象的基本意义在于,准确界定哪些权利直接受到诉讼时效的限制,从而在裁判中将诉讼时效具体规则适用于这些权利。从正面角度来说,将应当适用诉讼时效的权利范围作出准确界定,避免本应适用诉讼时效的有关权利未加以适用;从反面角度来说,将不应适用诉讼时效的权利排除出适用对象范围之外,避免本不应适用诉讼时效的有关权利被错误地适用该制度。

第二,准确界定诉讼时效的适用对象,对于构建科学合理的诉讼时效期间制度具有重要意义。现行法规定普通诉讼时效期间为两年,该规定是否合理,学界多有争议。构建科学合理的诉讼时效期间制度,在一定程度上应当考虑适用诉讼时效的权利性质,诉讼时效期间之长短应当与该类权利的性质相适应。

第三,准确界定诉讼时效的适用对象,对诉讼时效具体计算规则的适用也具有重要意义。以诉讼时效起算点为例,究竟是以原权利产生之时间点还是救济权产生之时间点为起算点,与诉讼时效适用对象之界定有直接关系。《民法通则》第137条规定,诉讼时效期间的起算点是权利人"知道或者应当知道权利被侵害时",该条规定之"权利"是指原权利还是救济权,直接决定了起算点的确定,而对该"权利"之理解则决定于诉讼时效适用对象之界定。

第四,准确界定诉讼时效的适用对象,对于科学构建诉讼时效效力理论具有重要意义。诉讼时效适用对象与诉讼时效效力关系密不可分,实为一个问题的正反两面,前文已作具体分析,此处不赘。

第五,准确界定诉讼时效的适用对象,有利于厘清诉讼时效与物

---

① 程啸、陈林:《论诉讼时效客体》,载《法律科学》2000年第1期。

② 冯恺:《诉讼时效制度研究》,山东人民出版社2007年版,第61页。

权存续期间、知识产权保护期、债务清偿期等期间的关系。如果诉讼时效适用对象为原权利，由于物权存续期间、知识产权保护期、债务清偿期等期间本为原权利存续期间，则必须要解决诉讼时效与该类期间如何协调的问题；如果诉讼时效适用对象为救济权，则需要解决诉讼时效与该类期间应如何分别适用的问题。

第二节　“诉讼时效适用于请求权”之反思

一、请求权涵义之辨

（一）德国法中的请求权

请求权为德国法上的重要概念，我们有必要首先对德国法上请求权概念的涵义进行梳理。《德国民法典》第 194 条第 1 款规定了请求权的概念：“向他人请求作为或不作为的权利（请求权），受消灭时效的限制。”[①]德国学者一般认为《德国民法典》所采用的请求权概念是由温德沙伊德（Bernhard Windscheid）提出的。[②] 温德沙伊德所提出的请求权概念及其相关理论，随着其名著《学说汇纂法教科书》的巨大影响而广为流传，从而对后世德国的民事立法与民法学的发展产生了极大的影响。温德沙伊德的请求权概念及其相关理论，对《德国民法典》起草人产生的影响是决定性的，而《德国民法典》第 194 条第 1 款对于请求权概念的清晰界定，则进一步使温德沙伊德所提出的请求权概念成为德国民法学中通行的、罕有争议的概念工具。[③] 在德国法中，请求权的涵义可以从以下几方面理解：

第一，从产生上来看，请求权概念系由罗马法上诉的概念发展而

---

① 有学者指出，《德国民法典》总则编第 194 条第 1 款以很不显眼的方式给出了一个对整部《德国民法典》来说十分重要的法定定义——请求权是指向他人请求作为或不作为的权利。参见陈卫佐译注：《德国民法典》，法律出版社 2006 年版，第 63 页。

② 参见〔德〕卡尔·拉伦茨：《德国民法通论》（上册），王晓晔等译，法律出版社 2003 年版，第 323 页。

③ 参见金可可：《论温德沙伊德的请求权概念》，载《比较法研究》2005 年第 3 期。

来,其经历了从程序权利到实体权利的演变过程。梅迪库斯教授指出:“实体法上的请求权概念是由温德沙伊德从罗马法和普通法中的‘诉’(actio)的概念中发展出来的。‘诉’的概念乃着眼于程序法,而非着眼于实体法。”①温德沙伊德提出请求权概念,为的是在这个概念的帮助下使“actio”,即罗马法的旧的普通法中的诉权,从程序的角度来看是可能的,并在私法的实体法中加以规定。温德沙伊德由此持以下观点,即私法权利是第一位的,而通过诉讼程序予以实现的可能是第二位的,诉讼程序的任务在于,当诉讼前就已具有的实体权利受到侵害或引起争议时,通过诉讼程序确认这个权利,并使它得以实现。②温德沙伊德认为,在法庭起诉的权利或诉权(Klagerechte),只是请求权的结果,而非原因;请求权在法庭的可诉请性(诉权),是请求权的一个侧面,而非构成请求权的东西。请求权概念不包括可诉请性(诉权)的因素。这样,通过剥离罗马法上的诉所内含的诉权或可诉请性的因素,温德沙伊德提出了纯粹实体法上的请求权概念:请求权是指“法律上有权提出的请求,也即请求的权利,某人向他人要求一些东西的权利”③。《德国民法典》的起草者接受了温德沙伊德的这种观点,在《德国民法典》这一重要的实体法文件中规定了请求权,这意味着请求权作为实体权利的性质被确定下来。

第二,从适用范围来看,请求权是《德国民法典》总则规定的概念,该概念适用于《德国民法典》各个部分而不仅限于债法领域。拉伦茨教授指出:“请求权可以由于债权债务关系、物权关系、亲属关系或继承关系而产生。请求权在这里涉及一个适用面很广的法律技术上的概念。”④根据请求权产生的原因,可以将其分为债法上的、物上的、婚姻家庭法上的以及继承法上的请求权。⑤《德国民法典》债务关系编

---

① 〔德〕迪特尔·梅迪库斯:《德国民法总论》,邵建东译,法律出版社 2001 年版,第 67 页。

② 参见〔德〕卡尔·拉伦茨:《德国民法通论》(上册),王晓晔等译,法律出版社 2003 年版,第 323 页。

③ 金可可:《论温德沙伊德的请求权概念》,载《比较法研究》2005 年第 3 期。

④ 〔德〕卡尔·拉伦茨:《德国民法通论》(上册),王晓晔等译,法律出版社 2003 年版,第 321 页。

⑤ 参见〔德〕汉斯·布洛克斯、〔德〕沃尔夫·迪特里希·瓦尔克:《德国民法总论》,张艳译,法律出版社 2012 年版,第 387 页。

的起草人屈贝尔(Franz von Kübel)在法典编纂第一委员会会议上指出:“在民法典中,以权利为依据而要求特定人作为或不作为的权能,称之为‘请求权’(Anspruch)……但在债法中,则……称之为‘债权’(Forderung)……”从此可以看出,请求权是一个贯穿于《德国民法典》所有部分的概念,可以适用于债法编,也可以适用于物权法编、亲属法编、继承法编。[①]

第三,从功能上来看,请求权分为原权利请求权与救济权请求权,两者均为权利的内容和效力,不存在独立的负担救济功能的民事责任制度。在合同法领域,请求权分为原请求权和次请求权。原请求权是基于合同约定一方向另一方请求给付的权利,它构成订立合同的主要目的;次请求权是债务人有违约行为时,债权人可主张的损害赔偿请求权或(合同解除后的)给付返还请求权等,它的主要目的是实现违约救济。[②] 这两种请求权均构成合同债权的内容和效力。因此,一项内容完整的债权所包含的权能有:可诉请履行性、可执行性、可自力实现性、处分权能和保有给付的法律原因。[③] 其中的可执行性权能负担着对违约相对人的救济功能,使债权人依强制执行对债务人实现其债权成为可能。但可执行性是债权所包含的诸多权能之一,它并非独立存在于债权之外的一项权利。《德国民法典》和学理上均持该种认识,故而《德国民法典》中并不存在独立的民事责任制度。因此,德国法的请求权在不同的语境中,可能是指权利的积极内容(原权利,如给付请求权),也可能是指权利的消极内容(救济权,如违约请求权)。

第四,在债法领域,请求权与债权是可以相互替代的概念[④],两者适用同样的规则。德国学界通说认为,在请求权与债权之间不存在实

---

① 参见金可可:《论温德沙伊德的请求权概念》,载《比较法研究》2005 年第 3 期。

② 参见〔德〕迪特尔·梅迪库斯:《请求权基础》,陈卫佐等译,法律出版社 2012 年版,第 29—30 页。

③ 参见〔德〕迪特尔·梅迪库斯:《德国债法总论》,杜景林等译,法律出版社 2004 年版,第 16—19 页。

④ 虽然德国学界通说认为债权与请求权为等同概念,但也有少数学者持反对意见,例如帕夫洛夫斯基认为请求权作为债权中的具体权能。参见〔德〕卡尔·拉伦茨:《德国民法通论》(上册),王晓晔等译,法律出版社 2003 年版,第 322 页。

质上的区别。因此,有关债权的规定可以准用于请求权。[①] 在债法范围内,请求权也被称为债权。但是这个名称并不表示在结构上有什么特殊性。债权同样也是给予向他人要求一项任意行为——在此称为给付——的权利;在此,不作为同样也是给付,《德国民法典》第 241 条第 1 款第 2 句。请求权与债权从结构上看是一回事,并且二者也常常作为同义词使用。[②] 拉伦茨教授指出:"请求权概念除了我们所提到的第一个并且是最重要的作用外,即所有的请求权都可以通过一个统一的概念来认识,也就是说,它原则上通过法院给付之诉的渠道使负有义务的一方作为或不作为,并通过司法程序使它得到执行。请求权的概念在整个法律体系中还具有第二个作用。除了时效规定外,《德国民法典》对请求权的不履行、迟延履行或对方提出'抗辩'的后果并没有作出一般性的规定,但这些问题又是请求权的主要问题之一,《德国民法典》对债权则在《德国民法典》的债权法里进行了详细的规定。因此,如果请求权没有什么特别的特点,或法律没有对它进行特别的规定,对它们可以比照适用《德国民法典》中有关债权的规定。"[③]在德国法中,请求权与债权之所以成为两个可相互替代的概念,主要原因是德国法未能严格区分债务与责任,也没有将债务不履行责任作为一种独立制度加以规定,而是将具有救济功能的请求权当做债权的内容或效力。因此,德国债法领域的请求权包含了两层含义:一是具有原权利性质的给付请求权;二是具有救济权性质的债务不履行责任请求权,此二者均构成债权的内容或效力。由于请求权的双重含义与债权的内容或效力相互纠结,请求权与债权这两个概念就很难被严格区分开了。

第五,在债权法领域之外,请求权以非独立请求权的形式存在。它不是一个独立的实体权利,而是为其他权利服务而存在,或者说是其他权利的一项权能,其也具有救济权的性质。"请求权有独立请求权和非独立请求权之分。独立请求权自身就具有一定的意义,它不依

---

① 参见〔德〕迪特尔·梅迪库斯:《德国民法总论》,邵建东译,法律出版社 2001 年版,第 69 页。

② 参见〔德〕迪特尔·施瓦布:《民法导论》,郑冲译,法律出版社 2006 年版,第 146 页。

③ 〔德〕卡尔·拉伦茨:《德国民法通论》(上册),王晓晔等译,法律出版社 2003 年版,第 324—325 页。

赖于在它之前就已存在的、它为之服务的权利，而单独地存在。它具有独立的经济价值，本身就属于一种权利。这些独立的请求权有：债权、亲属法中的抚养请求权。这些请求权一般地是可以独立转让的。与此相反，非独立请求权则是为实现其他的权利服务的，这些权利是绝对权、人格权、人身亲属权、支配权或无体财产权；非独立请求权具有一种服务功能。”[①]布洛克斯教授指出：“物上请求权能够实现物权。因此，它们是非独立的。这表明了物上请求权对物权的依赖性。”[②]在德国法中，债法领域之外的请求权是作为某种权利（主要是支配权）的救济权能存在的，其主要作用是当该权利的圆满状态受到侵害时，通过该权能使权利的圆满状态得以恢复，物权请求权是其最典型的代表。

（二）我国学界对请求权的争议

请求权概念自德国传入我国以来，在学理和实务上已经成为一个极为常用的概念，但对于该概念的涵义，尤其是请求权与其原权利或基础性权利的关系，却存在多种不同的理解。

第一种观点认为，请求权不是一种独立的民事权利，而是某种原权利的内容之一。史尚宽先生认为：“请求权以一定权利为基础而存在，依为其基础之权利性质之不同，请求权有种种之形态：基于债权之请求权、基于物权之请求权、基于身份权之请求权、不附有请求权之权利。请求权与为其基础权利之关系：(1) 请求权与为其基础之权利不可分的互相结合，从而债权的请求权之让与，为债权本身之让与，抛弃其请求权，有免除债务之意味。物权人不得惟将其物权的请求权截离，而为让与或抛弃。所谓返还请求权之让与，同时发生所有权之移转。(2) 请求权因义务人方面之履行而消灭，此请求权之消灭，对于为其基础的权利命运如何，因债权物权而有所不同。债权以给付请求权之实现为目的，其请求权因履行而实现时，该债权本身亦因而消灭；而在物权，因物权请求权之或履行，而妨害虽被除去，物权本身亦依然存在，不过有新妨害发生时，再发生新物权请求权而已。”[③]林诚二先

---

① 〔德〕卡尔·拉伦次：《德国民法通论》（上册），王晓晔等译，法律出版社 2003 年版，第 325 页。

② 〔德〕汉斯·布洛克斯、〔德〕沃尔夫·迪特里希·瓦尔克：《德国民法总论》，张艳译，法律出版社 2012 年版，第 388 页。

③ 史尚宽：《民法总论》，中国政法大学出版社 2000 年版，第 26—28 页。

生认为:“请求权——为债权之作用→请求权为权能。请求权仅是债权所产生许多种作用中一种。又除债权外,物权、身份权、人格权等亦可产生请求权。”①

第二种观点认为,请求权既可以是一种独立的权利,也可以是某种权利的内容。王利明先生认为:“请求权既可以作为独立的权利,也可以作为实体权利的内容。根据请求权的独立性和派生性,可以将请求权分为两类:一是其作为权利本身的内容而存在的,如债权中的请求权,此种请求权以一定的实体法为依据,其存在不受是否有人提出主张的影响,也不受债权人是否知悉其请求权的影响。二是在权利受到侵害的情况下,权利人针对义务人所提出的一种请求的权利,有学者将之称为‘保护请求力’。”②

第三种观点认为,请求权存在两个系统。杨立新先生认为:“请求权在民事权利中包含两个系统。一个系统是民事权利的请求权;另一个系统是民事权利保护的请求权系统。前一个系统,是指具有请求权性质的民事权利,如债权,以及其他民事权利中所包含的请求权内容,如身份权中诸如扶养请求权等对外、对内的请求权,可以称之为‘本权请求权’。这是民事权利本身。后一个系统,是对民事权利进行保护的请求权系统,包括原权利的保护请求权(简称‘原权请求权’)和侵权请求权(简称‘次生请求权’)。”③

第四种观点认为,请求权只能是救济权。有学者认为:“罗马法上的债权概念,与后来才产生的请求权概念,在功能和效果上具有相似性。在罗马法上债权是诉权的一个种类,因此在债法领域债权同时表现为一种诉权,也就是说在债法领域债权与诉权具有同样涵义。在罗马法上,虽然没有请求权的概念,但是却有着与请求权相似的权利要求。对于这一权利要求,罗马法以债权的概念来表示。基于无因管理、不当得利与侵权之债的关系所生的债权,与请求权为同一性质的

---

① 林诚二:《民法债编总论——体系化解说》,中国人民大学出版社 2003 年版,第 9—10 页。

② 王利明:《民法总则研究》,中国人民大学出版社 2003 年版,第 214—216 页。

③ 杨立新、曹艳春:《论民事权利保护的请求权体系及其内部关系》,载中国民商法律网;杨立新主编:《民法总则重大疑难问题研究》,中国法制出版社 2011 年版,第 380—381 页。

权利,或者说就是请求权;而基于契约的债权,则与请求权性质不同,只有契约债权的实现受阻后,方能产生作为契约债权的救济的请求权。”[①]还有学者认为:“请求权是一种有别于诉权的实体法上的与作为原权利的债权相区别的救济权。”[②]

(三)请求权涵义的梳理和澄清

请求权概念被引入我国学界后,基于现行法的特殊性及其他一些原因,该概念的使用与德国法并不完全相同。可以说,我国民法中的请求权与德国法中的请求权具有不完全相同的涵义。分析如下:

第一,请求权在我国立法和学理上一直是实体权利,未像德国一样经历由程序权利到实体权利的演变过程。在《民法通则》颁布之前,请求权就被认为是一种实体权利,其法律意义是民事法律关系的内容之一。[③]《民法通则》只界定了债权的概念,而未设专条界定请求权的概念,但在学理上均认为请求权为实体权利。[④] 这是因为请求权对我国而言为舶来概念,故而省略了由罗马法程序权利到德国法实体权利的演变过程。

第二,对债权和民事责任的不同立法模式,导致了我国民法中债权的救济权能被剥离出来,使得债权请求权在中、德两国具有不同的涵义。德国法中,涵盖一切权能的普通债权,其权能具体包括:可诉请履行性、可执行性、可自力实现性、处分权能、保有给付的法律原因。[⑤]《德国民法典》没有专门规定民事责任,对债权提供公力救济的纽带,由债权中所包含的救济权能来完成。德国法中的债权,包含了给付请求权、诉请公力救济权等内容,其既具有原权利的属性,也具有救济权的属性。与德国民法不同,我国《民法通则》采取了“债权—民事责任”二分法的立法方法。该法第五章“民事权利”第二节“债权”第84条第2款规定了债权的定义:“债权人有权要求债务人按照合同的约

---

① 段厚省:《民法请求权论》,人民法院出版社2006年版,第33、35、38页。

② 李丽娟:《请求权与诉权关系研究》,载《河南理工大学学报》(社会科学版)2006年第4期。

③ 参见法学教材编辑部编审:《民法讲义》,法律出版社1981年版,第15页。

④ 参见佟柔主编:《中国民法学·民法总则》,中国人民公安大学出版社1990年版,第70页。

⑤ 参见〔德〕迪特尔·梅迪库斯:《德国债法总论》,杜景林等译,法律出版社2004年版,第16—19页。

定或者法律的规定履行义务。”该法第六章“民事责任”第二节“违反合同的民事责任”第111条规定了违约责任:“当事人一方不履行合同义务或者履行合同义务不符合约定条件的,另一方有权要求履行或者采取补救措施,并有权要求赔偿损失。”我国《民法通则》所规定的债权,着眼于其实体权利的性质,而将德国法上的救济权能剥离出来以民事责任的形式予以规定,这就使得我国民法中债权的内容主要包括给付请求权能、处分权能等,而不包括救济权能。我国民法中的债权请求权主要是指给付请求权,其对应的救济权是违约责任请求权。因此,我国民法中的债权属于原权利的范畴,而不具有救济权的属性。

第三,对侵权之债与侵权责任的不同立法定位,导致了侵权请求权在中、德两国具有不同的涵义和性质。德国法中,因实施侵权行为而给他人造成损害,行为人对受害人负担损害赔偿义务,在受害人与行为人之间存在的是债务关系(Schuldverhältnis)。[①] 德国法将损害赔偿有时认定为义务,有时认定为责任,对义务与责任,特别是对债与责任未作严格区分。[②] 德国法中的侵权请求权,既是一种债的关系,也是一种责任关系,其具有原权利和救济权的双重属性。我国现行法则与之不同,《民法通则》在第五章“民事权利”第二节“债权”一节中,没有将侵权行为规定为产生债权的事由之一,而是在第六章“民事责任”中专设第三节“侵权的民事责任”,并于2009年颁布《侵权责任法》(而非侵权之债法)。因此,我国民法的侵权请求权即指侵权责任请求权,其在性质上属于典型的救济权,而不具有原权利属性。

第四,在债法领域之外,中、德两国立法及学理上对物权请求权等非独立请求权的态度不同。在德国,拉伦茨教授将债法领域之外的物权请求权、人格权请求权等称为非独立请求权,这些请求权是某些支配权的权能,其作用是使支配权受到侵害时使其恢复权利的圆满状态。这一类请求权都属于救济权的性质。有学者指出:“《德国民法典》通过其‘物权请求权’制度,确立了作为救济权的请求权概念。由此突破了罗马法‘原权—诉权’的二元救济模式,而将‘救济请求权’

---

① 参见〔德〕迪特尔·梅迪库斯:《德国债法总论》,杜景林等译,法律出版社2004年版,第4页。

② 参见段厚省:《民法请求权论》,人民法院出版社2006年版,第41页。

引入其间，从而形成了‘原权—救济请求权—诉权’的三元救济模式。”[①]在我国学界，物权请求权、人格权请求权等问题一直就存在极大的争议。[②] 现行《物权法》明确承认了物权请求权，但对于人格权请求权、知识产权请求权等，则仍然存在争议。因此，对于这一类属于救济权性质的恢复权利圆满状态的请求权，除物权请求权已被现行法明确承认外，其他请求权仍然处于法律未明确规定、学理上存在争议的状态。

基于以上分析，在我国现行法的框架下，请求权可分为两类：一是性质为原权利的请求权，主要包括作为债权最重要权能的给付请求权[③]；二是性质为救济权的请求权，包括民事责任请求权（违约责任请求权、侵权责任请求权）、恢复权利圆满状态请求权（现行法已承认物权请求权，人格权请求权、知识产权请求权等现行法未规定）。

二、“诉讼时效适用于请求权”在我国现行法框架下之解读

我国学界通说认为，诉讼时效的适用对象是请求权，或者表述为“诉讼时效适用于请求权”。这种认识显然是受德国法及我国台湾地区学界影响的结果。但是，根据上文的分析，德国法的请求权与我国法的请求权的涵义并不完全相同。由于德国法的请求权包含了原权利和救济权双重内涵，这就使得在德国法的语境下，将诉讼时效的适用对象界定为请求权或债权，都是不存在障碍的。而我国现行法将债权的救济权能剥离出来，通过民事责任制度来实现对民事权利的救济，使得我国法的债权请求权与德国法的债权请求权在概念涵义上产生了差异性。因此，在我国现行法框架下，如果还要坚持“诉讼时效适用于请求权”这一论断，就不能再在德国法请求权涵义下理解该命题，而应当结合我国现行法规定对该命题重新进行解读。笔者认为，“诉讼时效适用于请求权”在我国现行法框架下应解释为诉讼时效适用于

---

① 马俊驹：《民法上支配权与请求权的不同逻辑构成——兼论人格权请求权之独立性》，载王利明主编：《中国民法年刊（2006—2007）》，法律出版社2008年版，第46页。

② 参见辜明安：《物权请求权制度研究》，法律出版社2009年版，第128—135页。

③ 但给付请求权并非债权的唯一权能，还有处分权能、抵销权能等。

民事责任请求权，或者说我国诉讼时效适用对象应界定为民事责任请求权。理由如下：

第一，由诉讼时效制度的价值和目的所决定，诉讼时效的适用对象应为救济权。

诉讼时效是对权利人获得救济予以时间限制的一种制度，诉讼时效的适用对象应为救济权。其一，从诉讼时效制度产生的初始原因来看，该制度产生于裁判官法的直接原因是权利人在裁判官任期内提起诉讼才能获得救济，这表明该制度的最初价值是对权利人获得公力救济划定一定的时间范围，该制度是针对权利人的救济权而设。其二，诉讼时效制度的基本价值是合理配置、有效利用有限的司法资源，从而提高司法资源的利用效率。该价值决定了诉讼时效制度的直接适用对象只能是救济权。其三，从诉讼时效制度的现实作用来看，各国立法无论采取哪种模式，适用该制度的基本效果均为权利人获得公力救济的权利因时效经过而受到限制，而区别仅在于对救济权限制的程度不同以及采取了何种立法技术对其作出规定。其四，将诉讼时效适用对象界定为救济权，才能与学界某些基本认识相符。在我国学界，一个被普遍接受的观点是，物权、人格权、知识产权等支配权不适用诉讼时效制度。[①] 这些支配权作为原权利在正常被行使而未受到侵害时，权利人享有和行使权利所受时间限制为权利存续期间（如用益物权期间、知识产权保护期间等），或者根本不受时间限制（如所有权、人格权）。只有当支配权受到侵害时，权利人才需要通过侵权责任请求权来维护其权利，而侵权责任请求权这种救济权则受到诉讼时效的限制。其五，诉讼时效适用对象的应有涵义是指直接受诉讼时效限制的救济权或救济权能，而不是指产生该救济权的基础性权利。前文已有详述，此处不赘。

第二，我国现行法将民事责任独立成章的立法方法，使民事责任请求权成为各类民事权利的基本救济方法，决定了应将诉讼时效适用对象界定为民事责任请求权。

正如前文所分析的，《德国民法典》没有规定独立的民事责任制

---

① 参见马俊驹、余延满：《民法原论》，法律出版社 2010 年版，第 252 页；梁慧星：《民法总论》，法律出版社 2001 年版，第 272 页；王利明：《民法总则研究》，中国人民大学出版社 2003 年版，第 716 页。

度，导致德国法中债权概念包含了原权利性质的给付请求权与救济权性质的债务不履行责任请求权的双重内容。有学者指出："'债权'的概念，在'契约'概念之上，经过抽象而得以形成：如果说由契约而生的信用，是以交易一方依约让渡其'生产支配之物资'为内容的话，那么将'信用维持'的目的加以屏蔽，'债权'就可以被抽象为'取得他人物资的权利'——对于债权的这个界定，赋予了债权得以摆脱'信用维持'的本意，而扩展其外延的可能。在此基础上，德国民法的'提取公因式'的立法技术，将其所涉及的所有的'取得他人物资的权利'，均纳入'债权'的范畴之中——民事责任当中的'割让式'责任所对应的救济权，自然也就成为了'债权'的组成部分。"①由于债权及请求权在德国法语境下所具有的这种涵义，"诉讼时效适用于请求权"在德国法框架下是指诉讼时效直接限制的对象是作为债权内容之一的债务不履行责任请求权，由于该请求权是债权的救济权能而非与债权并列的一种独立权利，因此"诉讼时效适用于请求权"与"诉讼时效适用于债权"在德国法框架下具有相同含义。

我国现行法将债权与民事责任分设章节规定，此立法模式使债权作为原权利与民事责任请求权作为救济权相互分离。《民法通则》第84条规定了债的定义，由于该条位于第五章"民事权利"第二节"债权"，可见《民法通则》是从原权利层面来界定债权的。《民法通则》第六章专章规定"民事责任"，该章第106条第1款规定了民事责任的定义，将民事责任界定为"违反合同或者不履行其他义务"的后果，这就在立法技术上将债权的救济权能分离出来规定为独立的请求权。其后的《合同法》第七章"违约责任"与《侵权责任法》的颁布，则使这种分离更加明显和确定。这种分离使得"诉讼时效适用于请求权"与"诉讼时效适用于债权"在我国现行法框架下具有不同的含义，"诉讼时效适用于请求权"应指诉讼时效直接限制的对象是作为救济权的民事责任请求权而不是作为原权利的债权。

有必要澄清的一个问题是：诉讼时效是否适用于债权给付请求权？在我国学界，对于债权请求权或给付请求权的性质，一般认为属

---

① 马俊驹：《民法上支配权与请求权的不同逻辑构成——兼论人格权请求权之独立性》，载王利明主编：《中国民法年刊（2006—2007）》，法律出版社2008年版，第48—49页。

于原权利。[①] 给付请求权(原权利)—违约请求权(救济权)的二分立法模式,决定了在我国现行法体系下,在合同法领域诉讼时效的适用对象是违约请求权,而不是债权或给付请求权。在侵权领域中,诉讼时效的适用对象是侵权请求权,而不是受侵权行为侵害的支配权。在我国学界,很多学者认为给付请求权或履行请求权是诉讼时效的适用对象[②],有意思的是,这些学者同时认为违约请求权也是诉讼时效的适用对象。笔者不同意这种观点。给付请求权履行期尚未届至[③]时,债务人尚无须现实地履行债务,此时债权人还不能要求债务人履行债务,救济权处于尚未产生或尚未启动的状态。[④] 给付请求权履行期届至,但履行期尚未届满的这一段时间内,债务人应当现实地履行债务,但由于履行期的最后期限还未届满,债权人此时也还不能启动救济权。给付请求权履行期届满,债务人仍未履行债务,表明债权人的给付请求权因债务人的不履行而受到侵害,债权人此时可以启动救济权以保护其给付请求权,即债权人可以请求债务人承担违约责任。因此,与给付请求权相对应的救济权是违约请求权,违约请求权才是诉讼时效的适用对象,或者说诉讼时效直接限制的对象是违约请求权。如果认为给付请求权与违约请求权都是诉讼时效的适用对象,这在逻辑上是说不通的。

第三,现行法确立了抗辩权发生主义,只有将诉讼时效适用对象界定为民事责任请求权才能与该效力模式相适应。

在研究诉讼时效的适用对象时,必须要考虑现行法对诉讼时效效

---

① 参见李开国:《民法总则研究》,法律出版社 2003 年版,第 409 页;魏振瀛:《论请求权的性质与体系——未来我国民法典中的请求权》,载中国民商法律网。但也有少数学者认为不应将给付请求权归入原权。参见葛承书:《民法时效——从实证的角度出发》,法律出版社 2007 年版,第 75 页。

② 参见魏振瀛主编:《民法》,北京大学出版社、高等教育出版社 2010 年版,第 193 页;梁慧星:《民法总论》,法律出版社 2001 年版,第 272 页;程啸、陈林:《论诉讼时效客体》,载《法律科学》2001 年第 1 期。

③ 在我国学界,"债务履行期届至"与"债务履行期届满"经常被作为同一概念使用,并由此产生一系列不必要的误解。本书所称"债务履行期届至",是指债务履行期起点时间的到来,即债务履行期的开始;"债务履行期届满",是指债务履行期终点时间的到来,即此时债务人未履行债务的,便构成迟延履行的违约行为。

④ 在这一时间段,预期违约是例外情况。

力的规定。其一,诉讼时效的效力与诉讼时效的适用对象是一个问题的两个方面。根据各国的立法通例,诉讼时效的直接效力,是产生诉讼时效抗辩权或诉讼时效援引权;诉讼时效的适用对象,是要确定哪些权利因诉讼时效期间届满而受到限制。因此,诉讼时效的效力要解决的问题是,诉讼时效期间届满后赋予义务人何种权利去对抗权利人的救济权;反之,诉讼时效的适用对象要解决的问题是,诉讼时效期间届满后,诉讼时效抗辩权或援引权直接对抗的对象是哪些权利。可见,诉讼时效的效力与诉讼时效的适用对象,是一个问题两个不能割裂的方面。其二,诉讼时效效力采取何种立法模式,对诉讼时效适用对象的确定有直接影响。对于诉讼时效的效力,《诉讼时效规定》正式确立了抗辩权发生主义,即诉讼时效期间届满的直接后果是由义务人取得抗辩权。也就是说,诉讼时效抗辩权所直接对抗的权利,就是诉讼时效的适用对象,因为它受到诉讼时效抗辩权的直接限制。而权利人主张的权利,主要就是合同债权未受清偿而产生的违约责任请求权以及支配权受侵害而产生的侵权责任请求权,这两种民事责任请求权是义务人以时效抗辩权对抗的最主要的对象。因此,这两种民事责任请求权也成为诉讼时效最主要的适用对象。其三,通说认为,抗辩权对抗的对象是请求权,因此请求权之外的物权、人格权等支配权不应作为诉讼时效的适用对象。根据上文分析,诉讼时效抗辩权所对抗的对象,应当是具有救济权性质的民事责任请求权,而不是产生这些民事责任请求权的基础性权利或原权利,因为这些基础性权利或原权利不具有请求权、救济权的属性。

第四,我国立法及学说的现状,决定了不宜将物权请求权、人身权请求权等具有救济权性质的请求权纳入诉讼时效的适用对象中。

在我国现行法框架下,具有救济权性质的请求权有两种:一是民事责任请求权;二是作为原权利权能之一的恢复权利圆满状态的请求权,例如物权请求权、人身权请求权等。对于物权请求权是否适用诉讼时效,在我国学界争议甚大,本书设专节讨论,此处不赘。对于人身权请求权,我国学界普遍认为不应适用诉讼时效。[①] 在德国,基于亲属

---

① 参见马俊驹、余延满:《民法原论》,法律出版社 2010 年版,第 255 页;程啸、陈林:《论诉讼时效客体》,载《法律科学》2001 年第 1 期;喻文莉:《诉讼时效应以请求权为客体》,载《政治与法律》2006 年第 2 期。

法关系发生的请求权、以将来恢复与此关系相应的状态为目的的(《德国民法典》第 194 条第 2 款)人格权请求权,均不适用诉讼时效。[①] 人身权请求权不适用诉讼时效的理由在于:其一,诉讼时效制度的价值主要是调整财产交易关系,维护交易安全,所以各国法律在人身权请求权适用诉讼时效的问题上均予以区别对待。区别的标准主要是“该种请求权是否以财产利益为内容,如果是则适用诉讼时效,否则不予适用”[②]。其二,人身权请求权的性质决定了其不应适用诉讼时效。人格权与主体本身不能分离,并且反映民事主体的地位,如果人格权请求权也适用于诉讼时效,会使民事主体丧失民事权利能力,这与现代民法所奉行的平等原则不符。身份权具有对人格的依附性,在内容上具有权利义务一体性和与财产的关联性特征。这种一体性特征决定了一方面权利义务不能单独消灭;另一方面,其权利部分纵然不行使,他人也无从享有,如扶养请求权、同居请求权等。这与时效的效果中呈现的相对人会因时效届满而受益是不符的。[③] 其三,侵害人身权的侵权行为一般具有持续性特点,法律规定的救济方法主要是停止侵害请求权和消除影响请求权,这两种请求权在性质上均不应适用诉讼时效。而侵害人身权产生的损害赔偿请求权属于债权请求权,当然应适用诉讼时效。[④] 其四,如果人身权请求权适用诉讼时效,则与法律的基本价值相悖。现代社会将人格视为人的最高价值,人格利益被视为人的最高利益,将诉讼时效适用于人格权请求权违反了现代人权运动的基本目标和基本理念。亲属关系制度具有公法秩序和社会保障、福利属性以及保护弱者的价值,将身份权请求权排除出诉讼时效适用对象之外才符合现代社会生存利益和弱者优先保护的立法倾向。[⑤] 人身权请求权由于与绝对权的存在密切相关,关系到作为民事主体的人的

---

① 参见〔德〕卡尔·拉伦茨:《德国民法通论》(上册),王晓晔等译,法律出版社 2003 年版,第 333—334 页。

② 程啸、陈林:《论诉讼时效客体》,载《法律科学》2001 年第 1 期。

③ 参见尹志强:《论诉讼时效的适用范围》,载《政法论坛》2002 年第 6 期。

④ 参见马俊驹、余延满:《民法原论》,法律出版社 2010 年版,第 255 页。

⑤ 参见喻文莉:《诉讼时效应以请求权为客体》,载《政治与法律》2006 年第 2 期。

人格存续、生存利益以及伦理道德问题，故不应适用诉讼时效的规定。[①] 基于这些理由，我国立法及学说均认为人身权请求权不适用诉讼时效，《诉讼时效规定》第 1 条将诉讼时效适用对象界定为债权请求权，事实上也将人身权请求权排除出诉讼时效适用对象之外。但应特别注意的是，此处的人身权请求权是指作为人身权救济权能、旨在恢复人身权圆满状态的请求权，而不包括侵害人身权产生的损害赔偿请求权。这并非仅因为后者具有财产给付内容，而是因为在现行法框架下，后者属于典型的民事责任请求权而非人身权的权能。

第五，现行法有关规定蕴含了诉讼时效适用于具有救济权性质的请求权的精神，将诉讼时效适用对象界定为民事责任请求权，在解释论上是可以成立的。

现行法虽然没有直接规定诉讼时效适用于民事责任请求权，但相关条文的间接规定可以解释该结论。其一，依据现行法规定，"诉讼时效适用于请求权"在解释论上是成立的。《民法通则》第 135 条规定："向人民法院请求保护民事权利的诉讼时效期间为二年，法律另有规定的除外。"依该条规定，诉讼时效期间针对的对象是为了保护民事权利而"请求"的权利，即请求权。[②] 《民法通则》第 139 条规定："在诉讼时效期间的最后六个月内，因不可抗力或者其他障碍不能行使请求权的，诉讼时效中止。从中止时效的原因消除之日起，诉讼时效期间继续计算。"依该条规定，诉讼时效中止的适用条件是权利人因客观事由不能行使请求权，该条间接指出诉讼时效适用对象是请求权。《诉讼时效规定》第 1 条规定，"当事人可以对债权请求权提出诉讼时效抗辩"。该条明确地将诉讼时效适用对象界定为请求权。其二，依据现行法规定，适用诉讼时效的请求权具有救济权性质，在现行法框架下

---

① 参见最高人民法院民事审判第二庭编著：《最高人民法院关于民事案件诉讼时效司法解释理解与适用》，人民法院出版社 2008 年版，第 51 页。

② 有学者认为，依据《民法通则》第 135 条的规定，诉讼时效适用对象是"民事权利"。参见张雪楳：《诉讼时效司法解释所涉主要问题论析》，载王利明主编：《判解研究》（2008 年第 5 辑），人民法院出版社 2009 年版。笔者不同意该观点，因为：其一，依据《民法通则》第 135 条的表述，诉讼时效期间直接针对的对象不是"民事权利"，而是为保护该"民事权利"而"请求" 的权利；其二，如果认为诉讼时效适用对象是"民事权利"，则将支配权、形成权等权利也纳入诉讼时效适用对象之中，此与通说观点相悖。

主要是违约责任请求权和侵权责任请求权。依据《民法通则》第 135 条的规定，诉讼时效期间直接针对的对象不是原权利性质的“民事权利”，而是为保护该“民事权利”而行使的“请求权”，该“请求权”当然应为救济权。依据《民法通则》第 136 条的规定，短期诉讼时效期间适用的场合是人身伤害侵权[第（一）项]、商品责任[第（二）项]和两种违约情形[第（三）、（四）项]，这表明短期诉讼时效期间直接针对的对象是侵权责任请求权和违约责任请求权。《民法通则》第 137 条规定，“诉讼时效期间从知道或者应当知道权利被侵害时起计算”。该条是诉讼时效期间起算标准的直接规定，但也间接地包含了诉讼时效适用于救济权的精神。因为，在权利没有被侵害[①]时，作为原权利的绝对权和债权[②]被正常行使，行使该原权利的时间应受物权存续期间、债务履行期限等期间限制，而不是适用诉讼时效；而当绝对权受侵害产生侵权责任请求权、债务不履行产生违约责任请求权时，为限制权利人在一定时间内行使救济权，该侵权责任请求权和违约责任请求权适用诉讼时效并依据一定标准开始起算。这就表明，诉讼时效期间直接针对的对象是作为救济权的民事责任请求权，而非绝对权、债权等原权利。《诉讼时效规定》继承了这种精神，《诉讼时效规定》第 6 条规定：“未约定履行期限的合同，依照合同法第六十一条、第六十二条的规定，可以确定履行期限的，诉讼时效期间从履行期限届满之日起计算；不能确定履行期限的，诉讼时效期间从债权人要求债务人履行义务的宽限期届满之日起计算，但债务人在债权人第一次向其主张权利之时明确表示不履行义务的，诉讼时效期间从债务人明确表示不履行义务之日起计算。”依该条规定，债务履行期限与诉讼时效期间是相互衔接关系，前者针对作为原权利的给付请求权，后者针对因债务人违约而产生的违约责任请求权。特殊情形是，债务履行期限未届满之前债务人明示预期违约的，由于此时已产生违约责任请求权，则该请求权即应适用诉讼时效并开始起算。

第六，将诉讼时效适用对象界定为民事责任请求权，在理论和实务上具有实益。

---

① 此处的“侵害”，既包括侵害绝对权的侵权行为，也包括违反合同义务的违约行为。

② 此处的“债权”主要指给付请求权。

理论意义有以下几方面：其一，使诉讼时效适用对象的界定与诉讼时效制度价值相一致，准确体现诉讼时效作为一种救济权限制制度的本质。其二，使诉讼时效适用对象的界定与抗辩权发生主义的效力模式相一致，在理论上明确诉讼时效抗辩权所对抗的对象为民事责任请求权。其三，有利于在现行法的民事责任制度框架下，厘清债权与民事责任、原权利与救济权的关系。其四，准确解读请求权在现行法框架下的涵义，澄清在德国法语境下对请求权概念的误读，对我国现行法语境下的请求权概念进行理论定位。

实务意义有以下几方面：其一，明确债务履行期间与诉讼时效期间的衔接关系。前者适用于债权（原权利），后者适用于民事责任请求权（救济权）。其二，准确界定各种情形下的诉讼时效期间起算点，原则上应以民事责任请求权产生时间为诉讼时效期间起算点。对未约定履行期限合同和分期付款合同等特殊情形下的诉讼时效期间起算点提供合理标准。其三，解决保证期间、抵押期间的性质及其与诉讼时效关系等争议问题。此类期间的适用对象为原权利（保证债权、抵押权），其性质并非诉讼时效期间，但由于这些原权利为主债权的从权利，故此类期间应受主债权诉讼时效的影响并遵循从随主的规则。

综上所述，在我国现行法框架下，诉讼时效的适用对象应为民事责任请求权，具体包括违约责任请求权、侵权责任请求权、不当得利民事责任请求权、无因管理民事责任请求权、缔约过失责任请求权等。但应注意的是，并非任何民事责任请求权均适用诉讼时效，法律另有规定的，适用其规定。①

第三节　诉讼时效适用对象之现行法规定

一、现行法规定适用诉讼时效的权利范围

对于具体哪些权利适用诉讼时效，现行法没有直接以专门的法条正面规定，只能通过梳理相关法条的间接规定来回答此问题。《民法通则》第 135 条规定，诉讼时效期间的适用对象是为保护民事权利而

---

① 《民法通则意见》第 170 条、《诉讼时效规定》第 1 条。

行使的“请求权”。《诉讼时效规定》第 1 条规定,当事人可以对“债权请求权”提出诉讼时效抗辩。这两条是对诉讼时效适用对象较为直接的规定,再结合上一节对其他相关法条的分析解读,现行法对诉讼时效适用对象的规定可概括为以下几方面:

1. 为保护合同债权而行使的违约责任请求权

我国立法及学说均认为,违约责任请求权适用诉讼时效。根据《民法通则》第 136 条的规定,短期诉讼时效期间适用于承租人延付或者拒付租金的违约责任请求权[第(三)项]和保管人丢失或者毁损寄存财物的违约责任请求权[第(四)项]。《诉讼时效规定》第 5 条规定了分期履行合同的违约责任请求权适用诉讼时效的起算标准,第 6 条规定了未约定履行期限合同的违约责任请求权适用诉讼时效的起算标准。这些条文都表明,在现行法框架下违约责任请求权适用诉讼时效。具体而言,有关适用诉讼时效的违约责任之条文有:

(1)《合同法》总则关于违约责任请求权的规定(第 107—116 条)。

(2)《合同法》分则关于各有名合同违约责任请求权的规定,例如出卖人瑕疵担保责任(第 155 条)、供电人违约责任(第 179—181 条)、用电人违约责任(第 182、183 条)、赠与人违约与瑕疵担保责任(第 189、191 条)、贷款人违约责任(第 201 条)、借款人违约责任(第 207 条)、承租人违约责任(第 219、222—224 条)、出租人权利瑕疵担保责任(第 228 条)、定作人违约责任(第 257、258 条)、承揽人违约责任(第 262、265、267 条)、发包人违约责任(第 278、283—285 条)、勘察设计人违约责任(第 280 条)、施工人违约责任(第 281 条)、承运人违约责任(第 302、303、311、313、321 条)、托运人与收货人违约责任(第 307—309、320 条)、技术开发合同委托人违约责任(第 333 条)、技术开发合同受托人违约责任(第 334 条)、技术合作开发合同各方违约责任(第 336 条)、技术转让合同让与人违约责任(第 351 条)、技术转让合同受让人违约责任(第 352 条)、技术咨询合同委托人与受托人违约责任(第 359 条)、技术服务合同委托人与受托人违约责任(第 362 条)、寄存人违约责任(第 370 条)、保管人违约责任(第 371、374 条)、仓储保管人违约责任(第 384、394 条)、受托人违约责任(第 406 条)、委托人赔偿责任(第 407 条)、行纪人赔偿责任(第 421 条)、居间人违约责任(第 425 条)等。

（3）司法解释关于违约责任请求权的规定，例如《合同法解释（二）》关于违约责任的规定（第27—29条）、买卖合同当事人违约责任（《买卖合同解释》第2、3、26—31条）、出卖人违约责任（《买卖合同解释》第6、23、32、33条）、买受人违约责任（《买卖合同解释》第24、35、44条）、商品房出卖人违约责任（《商品房买卖合同解释》第3、8、9、13、16、18、21条）等。

在司法实务中，商品房买卖合同的买受人对出卖人享有交付房屋之请求权，为保护该请求权而行使的违约责任请求权是否适用诉讼时效？对该问题，司法实务界主流意见认为："一、商品房买卖合同约定的出卖人交付房屋的期限届满，买受人根据合同约定可以请求出卖人交付房屋。其请求权属于债权请求权，应当适用《民法通则》有关诉讼时效的规定，诉讼时效期间自合同约定的交付期限届满之日起计算；如果房屋尚不具备法定的交付条件，诉讼时效期间应从房屋具备法定的交付条件之日起计算。二、出卖人已经将房屋交付于买受人，买受人亦已实现对房屋的占有的，买受人请求出卖人转移房屋所有权、办理房屋所有权登记的请求权具有物权属性，不适用诉讼时效的规定。"①

2. 为保护人身权、物权等支配权而行使的侵权责任请求权

我国立法及学说均认为，侵权责任请求权适用诉讼时效。根据《民法通则》第136条的规定，短期诉讼时效期间适用于人身伤害侵权责任请求权[第（一）项]和商品责任请求权[第（二）项]。《民法通则意见》第168条规定了人身损害赔偿请求权适用诉讼时效的起算标准。这些条文体现了现行法承认侵权责任请求权适用诉讼时效。具体而言，有关适用诉讼时效的违约责任之条文有：

（1）《民法通则》关于侵权责任请求权的规定（第106条第2、3款，第109、117—133条）。

（2）《侵权责任法》关于侵权责任请求权的规定。

（3）司法解释关于侵权责任请求权的规定，例如《民法通则意见》关于侵权责任的规定（第142、148—161条）、《精神损害赔偿解释》关于侵权责任的规定、《人身损害赔偿解释》关于侵权责任的规定等。

---

① 刘德权主编：《最高人民法院司法观点集成》（1），人民法院出版社2009年版，第553页。

一个值得研究的问题是：是否所有的侵权责任形式均适用诉讼时效？

依据《侵权责任法》第 15 条的规定，承担侵权责任的方式主要有停止侵害、排除妨碍、消除危险、返还财产、恢复原状、赔偿损失、赔礼道歉和消除影响、恢复名誉等 8 种，该条继承了《民法通则》第 134 条对民事责任方式的规定。这 8 种责任形式中，赔偿损失请求权适用诉讼时效不存异议，但其他 7 种责任形式是否适用诉讼时效则存在争议。对该问题的争议，与对这些责任形式性质的不同定位有密切关系。

（1）关于停止侵害、排除妨碍、消除危险、返还财产。在《侵权责任法》颁布之前，对停止侵害、排除妨碍、消除危险、返还财产等责任形式性质的立法定位，主要存在两种观点：第一种观点认为，应将停止侵害请求权、排除妨碍请求权、消除危险请求权、返还财产请求权定位为绝对权（物权、人格权、知识产权）的消极权能，而不宜将其从物权、人格权、知识产权制度中分割出来，放置于侵权法中作为侵权责任的方式。这些绝对权消极权能均不应适用诉讼时效。[①]

第二种观点认为，应将停止侵害、排除妨碍、消除危险、返还财产定位为侵权责任的方式，这些责任形式不以行为人的过错为要件，也不能一概适用债权请求权的一般规定。这些侵权责任形式是否适用诉讼时效，是价值判断和立法政策问题，有待立法机关决策。[②]《侵权责任法》颁布之后，这 4 种责任形式被规定为侵权责任的方式，并在第 21 条规定了停止侵害、排除妨碍、消除危险的适用条件，但对于这些责任形式是否适用诉讼时效则未作规定，司法实务上认为需要法律作出进一步规定或在司法实践中作出探索总结。[③] 学界一般认为，在《物权法》规定物权请求权与《侵权责任法》规定侵权责任形式并存的立法现状下，对这 4 种责任形式，无论是理解为侵权责任方式的适用，还

① 参见崔建远：《绝对权请求权抑或侵权责任方式》，载《法学》2002 年第 11 期。

② 参见魏振瀛：《制定侵权责任法的学理分析》，载《法学家》2009 年第 1 期。

③ 参见最高人民法院民事审判第二庭编著：《最高人民法院关于民事案件诉讼时效司法解释理解与适用》，人民法院出版社 2008 年版，第 123 页。

是理解为绝对权请求权的行使，其适用条件和效果都是一样的。[①] 笔者认为，停止侵害、排除妨碍、消除危险、返还财产这4种侵权责任请求权不应适用诉讼时效。诉讼时效制度的本意是权利受侵害后经过若干时间权利人仍不主张权利的，则对其救济权给予限制，而停止侵害、排除妨碍、消除危险针对的是正在进行且侵害状态仍持续存在的侵权行为，因此这3种责任形式与诉讼时效制度不具兼容性，无法适用诉讼时效。而在通说认为物权请求权中的返还原物请求权（《物权法》第34条）不适用诉讼时效的前提下，如果要坚持物权请求权与侵权责任请求权效果的一致性，返还财产的侵权责任请求权也不应适用诉讼时效。

（2）关于恢复原状。我国民法采狭义的恢复原状概念，并且将恢复原状与赔偿损失分别作为不同的责任方式。[②] 恢复原状，是指法院依被侵权人的请求，判令毁损他人财产的侵权人通过修理（包括自行修理或委托他人修理）等手段，使受到损坏的他人财产恢复到受损坏前状态的一种侵权责任方式。[③] 有体物遭受损坏，物权人即受到损失；该有体物修复如初，物权人的损失就得到填补或者部分得到补偿。从这个意义上说，恢复原状属于损害赔偿的范畴。[④] 恢复原状与损害赔偿都是填补损害的责任形式，区别仅在于前者以修复等行为填补，后者以金钱填补。因此，这两种责任形式在适用诉讼时效方面亦应当一致，恢复原状的侵权责任请求权应当适用诉讼时效。

（3）关于赔礼道歉和消除影响、恢复名誉。赔礼道歉是指侵权人通过口头或者书面方式向被侵权人进行道歉，以取得其谅解的一种侵权责任责任方式。消除影响、恢复名誉是指依被侵权人的请求，法院责令侵权人在一定范围内采取适当方式消除对被侵权人名誉的不利影响，以使其名誉（尤其是名誉的客观方面，即社会评价方面）得到恢

---

① 参见张新宝：《侵权责任法》，中国人民大学出版社2010年版，第130—132页；梁展欣主编：《诉讼时效司法实务精义》，人民法院出版社2010年版，第194页。

② 参见魏振瀛：《侵权责任方式与归责事由、归责原则的关系》，载《中国法学》2011年第2期。

③ 参见张新宝：《侵权责任法》，中国人民大学出版社2010年版，第133页。

④ 参见崔建远：《绝对权请求权抑或侵权责任方式》，载《法学》2002年第11期。

复的一种侵权责任责任方式。[①] 这两种侵权责任形式主要适用于人格权、身份权和知识产权受到侵害的场合。由于现行法没有明确规定人身权请求权和知识产权请求权,这两种侵权责任形式虽然规定于《侵权责任法》中,但其实际上担负着这些绝对权受到侵害后为回复权利圆满状态而产生的绝对权请求权的功能。[②] 一般认为,赔礼道歉和消除影响、恢复名誉这两种侵权责任请求权不应适用诉讼时效,理由在于:这些请求权是保护绝对权圆满状态的必要手段性权利,如果法院因诉讼时效期间届满对其不予保护,则有损人的民事主体资格和生存发展并有违伦理道德、使绝对权成为空洞的权利。[③] 综上所述,在 8 种侵权责任形式中,恢复原状请求权和赔偿损失请求权适用诉讼时效,其余 6 种请求权不适用诉讼时效。因此,被侵权人依据下列法条主张侵权责任请求权的,不适用诉讼时效:《侵权责任法》第 15 条第 1 款第(一)—(四)项、第(七)、(八)项(停止侵害、排除妨碍、消除危险、返还财产、赔礼道歉和消除影响、恢复名誉);《侵权责任法》第 21 条(停止侵害、排除妨碍、消除危险);《精神损害赔偿解释》第 8 条(停止侵害、恢复名誉、消除影响、赔礼道歉)等。

3. 为保护不当得利之债而行使的民事责任请求权

我国立法及学说一般认为,不当得利请求权适用诉讼时效。准确地说,应当是不当得利之债的债权人为保护不当得利之债而行使的民事责任请求权适用诉讼时效。《诉讼时效规定》第 8 条规定了不当得利请求权的起算标准,该条体现了现行法承认不当得利民事责任请求权适用诉讼时效。作为诉讼时效的适用对象,不当得利民事责任请求权具有以下两点特殊性:

其一,作为原权利的不当得利债权与作为救济权的不当得利民事责任请求权界限不易区分。不当得利之债为法定之债,而非当事人合意的结果,该制度的本意是在特定场合下对受损失人的损失通过返还财产的方式提供救济。通说认为,不当得利请求权与侵权损害赔偿请

① 参见张新宝:《侵权责任法》,中国人民大学出版社 2010 年版,第 133—134 页。

② 参见最高人民法院民事审判第二庭编著:《最高人民法院关于民事案件诉讼时效司法解释理解与适用》,人民法院出版社 2008 年版,第 49 页。

③ 参见张雪楳:《诉讼时效司法解释所涉及主要问题论析》,载王利明主编:《判解研究》(2008 年第 5 辑),人民法院出版社 2009 年版。

求权、违约损害赔偿请求权均可发生竞合关系[①]，由于后两者均为救济权性质的请求权，亦可证明不当得利请求权具有救济权性质。实务界也认为，在形成不当得利之债时，受损失人的权利即受到损害，其基于不当得利债权主张的请求权，应为救济性请求权。[②] 依据我国区分民事义务与民事责任的通说理论，不当得利民事责任是债务人不履行不当得利之债产生的民事责任，属于违约责任与侵权责任之外的民事责任[③]，是对不当得利之债的民事救济手段。这就导致一种结果：对本就具有救济权性质的不当得利债权，又以民事责任制度对其提供救济，不当得利民事责任请求权是对救济权的救济权。由于两种请求权的救济功能发生重合，而且由于不当得利债权的内容与不当得利民事责任请求权的责任形式均为返还财产，这就使不当得利债权与不当得利民事责任请求权的界限在理论上和实际适用上不易区分。

其二，由于不当得利民事责任请求权具有前述特点，使该请求权适用诉讼时效的起算标准具有特殊性。在合同请求权的场合下，给付请求权（原权利）适用债务履行期间—违约责任请求权（救济权）适用诉讼时效的二元结构，使债务履行期间与诉讼时效期间构成前后衔接关系。但在不当得利请求权的场合下，由于不存在当事人约定的债务履行期间，法律也未规定依催告确定履行债务的合理期间，使得不当得利之债欠缺如合同之债那种债务履行期间，这就导致无法形成如合同之债那种债务履行期间与诉讼时效期间之间的衔接关系。因此，不当得利民事责任请求权的诉讼时效起算点无法界定为不当得利之债履行期间结束的时间点，而只能确定另外的起算标准。《诉讼时效规定》第 8 条规定："返还不当得利请求权的诉讼时效期间，从当事人一方知道或者应当知道不当得利事实及对方当事人之日起计算。"依该条规定，不当得利民事责任请求权诉讼时效的起算点与不当得利之债产生时间点是同一个时间点。

综上所述，在我国现行法框架下，当事人依据《民法通则》第 106

---

① 参见魏振瀛主编：《民法》，北京大学出版社、高等教育出版社 2010 年版，第 571 页；刘凯湘：《债法总论》，北京大学出版社 2011 年版，第 46 页。

② 参见最高人民法院民事审判第二庭编著：《最高人民法院关于民事案件诉讼时效司法解释理解与适用》，人民法院出版社 2008 年版，第 42 页。

③ 参见魏振瀛主编：《民法》，北京大学出版社、高等教育出版社 2010 年版，第 43 页。

条第1款"公民、法人违反合同或者不履行其他义务的,应当承担民事责任"的规定主张不当得利民事责任请求权的,适用诉讼时效。

4. 为保护无因管理之债而行使的民事责任请求权

我国立法及学说一般认为,无因管理请求权适用诉讼时效。准确地说,应当是无因管理之债的债权人为保护无因管理之债而行使的民事责任请求权适用诉讼时效。《诉讼时效规定》第9条规定了无因管理请求权的起算标准,该条体现了现行法承认无因管理民事责任请求权适用诉讼时效。无因管理民事责任请求权主要有两种:一是管理人向本人主张的民事责任请求权,包括本人不履行必要管理费用债务产生的民事责任请求权、管理人因管理事务而受损失产生的民事责任请求权。二是本人向管理人主张的民事责任请求权,即本人因不当管理行为而向管理人主张的损害赔偿请求权。无因管理人不履行适当管理义务、通知义务、报告结算义务等,将引起债务不履行民事责任,学理上一般认为是过错责任。[①] 这两种民事责任请求权,均适用诉讼时效。无因管理之债与不当得利之债均为法定之债,前述不当得利民事责任请求权具有的两个特点,无因管理民事责任请求权亦具有。因此,《诉讼时效规定》第9条对无因管理民事责任请求权适用诉讼时效的起算标准作出了特别规定,针对这两种无因管理民事责任请求权规定了不同的起算标准。质言之,在我国现行法框架下,当事人依据《民法通则》第106条第1款"公民、法人违反合同或者不履行其他义务的,应当承担民事责任"的规定主张无因管理民事责任请求权的,适用诉讼时效。

5. 缔约过失责任请求权

在大陆法系传统民法中,缔约过失一般被认为是债的发生原因。[②] 但在我国区分民事义务与民事责任的现行法框架下,缔约过失行为因违反先合同义务产生民事责任请求权,而非产生债权债务关系。《诉讼时效规定》第7条第2款规定了合同被撤销后当事人行使赔偿损失请求权适用诉讼时效的起算标准,该条体现了现行法承认缔约过失责任请求权适用诉讼时效。依据我国台湾地区"民法"第245条第1款

---

① 参见马俊驹、余延满:《民法原论》,法律出版社2010年版,第769页。

② 参见魏振瀛主编:《民法》,北京大学出版社、高等教育出版社2010年版,第343页;刘凯湘:《债法总论》,北京大学出版社2011年版,第55—56页。

第(二)项的规定,缔约过失责任请求权不适用 15 年普通时效期间,而适用较短的两年时效期间,与侵权行为的短期时效类似。[①] 但我国现行法未规定缔约过失责任请求权适用特殊时效期间,因此,当事人依据《合同法》第 42、43、58 条等规定主张缔约过失责任请求权的,适用普通诉讼时效期间。

6. 为保护其他法定之债而行使的民事责任请求权

例如,最高人民法院《关于在民事审判工作中适用〈中华人民共和国工会法〉若干问题的解释》(法释〔2003〕11 号)第 7 条规定:"对于企业、事业单位无正当理由拖延或者拒不拨缴工会经费的,工会组织向人民法院请求保护其权利的诉讼时效期间,适用民法通则第一百三十五条的规定。"

二、现行法规定不适用诉讼时效的权利范围

(一)法律规定不适用诉讼时效的权利

《诉讼时效规定》和《民法通则意见》等司法解释规定了不适用诉讼时效的有关权利。

第一,支付存款本金及利息请求权。《诉讼时效规定》第 1 条第(一)项规定该请求权不适用诉讼时效,国外亦有立法将该请求权排除出诉讼时效适用对象之外。[②] 该请求权不适用诉讼时效的理由在于:其一,居民存款具有储备钱款的特殊目的,且储蓄行为是基于对银行的特殊信赖。该请求权如果适用诉讼时效,会严重侵害公民的财产权。其二,储户相对于银行而言属于弱者,基于对储户特殊保护的要求,不应将该请求权纳入诉讼时效的适用范围。[③] 其三,存款本息债权请求权具有特殊性,即其无特定的履行期限,存款人得随时请求金融机构兑付为金融业惯例,故兑付存款本息请求权适用诉讼时效与该特殊性不相符合。其四,存款本息请求权的实现关系到民众的生存利

---

① 参见黄立:《民法债编总论》,中国政法大学出版社 2002 年版,第 48 页。

② 《俄罗斯联邦民法典》第 208 条、《蒙古民法典》第 71 条、《土库曼斯坦民法典》第 147 条。

③ 参见王利明:《民法总则研究》,中国人民大学出版社 2012 年版,第 735—736 页。

益，如果该请求权适用诉讼时效，将危害到民众的生存权。[①] 其五，在定期储蓄关系中，尽管储蓄到期存款人没有取款，这丝毫不意味着存款人的权利受到了侵害，因为金融机构没有主动支付存款本金及利息的义务，因此不能认为金融机构侵害了存款人的取款权。而且对于定期储蓄到期后存款人不取款的，金融机构往往会将原到期存款办理约定转存或自动转存。[②] 在《诉讼时效规定》颁布以前，在司法实务中就已经有判例判决存款本息请求权不适用诉讼时效，《诉讼时效规定》将该司法经验以具体条文确定了下来。[③]

案例5.3.1　侯美玲在存款人死后持存单诉百泉信用社应向其兑付存单本息案[④]

【案件事实】

原告：侯美玲

被告：百泉信用社

1985年10月3日，金河小屯村村民张红秀在被告百泉信用社下设的小屯信用站存款人民币45 000元，期限3年，月息6厘9毫，由该站当时的信贷员李守信（已故）为张红秀出具了编号0 031 536定期储蓄存单一份，并加盖了该站的公章。存单到期后张红秀未支取。1997年3月15日，张红秀因车祸死亡，原告侯美玲随后持上述存单于1998年阴历10月向被告百泉信用社要求取款被拒绝。因双方协商不成，

---

① 参见最高人民法院民事审判第二庭编著：《最高人民法院关于民事案件诉讼时效司法解释理解与适用》，人民法院出版社2008年版，第47页。

② 参见葛承书：《民法时效——从实证的角度出发》，法律出版社2007年版，第94页。

③ 在《诉讼时效规定》颁布以前，最高人民法院立案庭曾就储蓄合同纠纷能否适用诉讼时效的规定征求了最高人民法院研究室、民事审判第一庭、民事审判第二庭的意见，一致意见认为：基于存款关系产生的给付存款请求权不适用诉讼时效的规定。参见苏泽林主编、最高人民法院立案庭编：《立案工作指导》2008年第1辑（总第16辑），人民法院出版社2008年版，第186页。

④ 参见最高人民法院中国应用法学研究所编：《人民法院案例选》2002年第1辑（总第39辑），人民法院出版社2002年版，第246页以下。相关案例参见"莫庆新与广西南宁市宾阳县芦圩农村信用合作社存单纠纷申请再审案"，载苏泽林主编、最高人民法院立案庭编：《立案工作指导》2008年第1辑（总第16辑），人民法院出版社2008年版，第186—188页。

原告于1999年4月27日向辉县市人民法院提起诉讼，称此款为其爱人张红秀生前所存，到期后未支取。爱人张红秀于1997年3月15日去世后，因家中生活紧张，其前往被告处取款被拒绝。要求法院判令被告支付存款本金人民币45 000元及至起诉日的利息人民币35 850元和该存款付清之日止的利息。被告百泉信用社答辩称：我社账面上没有此笔存款记载，当时的信贷员已死，无从查证。存单到期至今已超过10年，原告起诉已超过《民法通则》规定的诉讼时效期间，不应受法律保护。

【裁判要旨】

一审法院认为：被告称原告起诉支取存款超过法定诉讼时效期间，因取款自由为储蓄的基本原则之一，我国金融法规又赋予储户对定期储蓄逾期支取的权利，被告的此辩称无法律依据，不予采纳。判决：被告百泉信用社给付原告侯美玲存款本金人民币45 000元，1985年10月3日至1993年3月1日的利息人民币34 540.03元及从1993年3月1日以后至该存款付清之日的利息（按照该存款支取日挂牌公告的活期存款利率计付）。

被告百泉信用社不服一审判决，提起上诉。

二审法院认为，取款自由是储蓄机构办理储蓄业务必须遵循的原则之一。侯美玲持有的百泉信用社开具的定期储蓄存单手续完备，且已到期，百泉信用社拒绝支付无法律依据。判决：驳回上诉，维持原判。

第二，兑付国债、金融债券以及向不特定对象发行的企业债券本息请求权。《诉讼时效规定》第1条第（二）项规定该请求权不适用诉讼时效。国债是指政府为筹集财政资金或建设资金，以其信誉为担保，按照一定程序向社会公众投资者募集资金并发行的债券。金融债券是指银行或非银行金融机构为筹措信贷资金向投资者发行的、承诺到期还本付息的债券。企业债券是指公司等企业为筹集生产所需资金而发行的债券。[①] 这些债券请求权不适用诉讼时效的理由在于：其一，国债、金融债券因有国家和金融机构的信誉作为还本付息的担保，认购人基于对国家和金融机构的信赖购买债券，这些债权在期限上应

① 参见范健、王建文：《证券法》，法律出版社2007年版，第6页。

当受到特别保护。其二,社会公众购买这些债券具有类似于储蓄的性质,关涉社会公共利益,不宜适用诉讼时效。其三,购买这些债券的通常为公众投资者,基于证券法保护投资者的价值理念,对此类请求权不应适用诉讼时效。[①] 在《诉讼时效规定》颁布以前,在司法实务中就已经有判例判决此类请求权不适用诉讼时效,《诉讼时效规定》将该司法经验以具体条文确定了下来。

案例 5.3.2 中国建银投资有限责任公司诉江西省投资集团公司证券包销协议纠纷案[②]

【案件事实】

原告:中国建银投资有限责任公司(以下简称建银公司)

被告:江西省投资集团公司(以下简称投资公司)

1992 年 10 月 10 日,投资公司(甲方)与中国人民建设银行江西省分行信托投资公司(乙方)(以下简称江西建行)签订《债券承购包销和兑付协议书》。该协议签订后,江西建行按协议履行了自己的义务,如期支付承购包销和兑付债券本息 34 820 万元。被告投资公司截至 1998 年 8 月底只归还江西建行 15 057.10275 万元债券本息。1998 年 9 月 2 日,被告投资公司在给江西建行《关于申请建行贷款的补充报告》中明确表示:截至 1998 年 8 月底,被告投资公司共欠债券本息 19 762.89725 万元,欠垫付资金利息 956.95 万元,两项共计 20 719.85 万元,并承诺于 1998 年年底前偿还全部欠款。其后,双方就利息计算方法发生分歧,一直未达成一致意见。2004 年 9 月 14 日,中国银行业监督管理委员会给中国建设银行的批复(银监复〔2004〕144 号),同意中国建设银行承继未纳入中国建设银行股份有限公司的资产和负债,并改制成为原告建银公司。原告建银公司依法成立并承继该债权。2006 年 3 月 24 日,原告建银公司就与被告投资公司证券包销协议纠纷一案,向江西省高级人民法院提起诉讼,要求投资公司归还欠款及利息。

---

① 参见王利明:《民法总则研究》,中国人民大学出版社 2012 年版,第 736 页;张雪楳:《诉讼时效司法解释所涉及主要问题论析》,载王利明主编:《判解研究》(2008 年第 5 辑),人民法院出版社 2009 年版。

② 参见最高人民法院中国应用法学研究所编:《人民法院案例选》2009 年第 3 辑(总第 69 辑),人民法院出版社 2009 年版,第 276 页以下。

【裁判要旨】

一审法院认为:双方虽对如何计息没有形成一致意见,但对应该计息和不计罚息取得了一致意见。故被告投资公司答辩称,即使未过诉讼时效,也不应计算利息;原告建银公司诉请要求判令被告投资公司支付罚息的理由因无事实依据,不予支持。判决被告支付债券本金及相关利息。

被告不服一审判决,向最高人民法院提起上诉。

经最高人民法院主持调解,双方协商一致达成和解:投资公司于2009年7月15日前向建银公司一次性支付人民币2375万元,以清偿建银公司诉请投资公司承担的本案全部债券债务,双方权利义务就此终结。最高人民法院主审法官指出,发行人不得以超过诉讼时效而抗辩债券持有人的兑付请求,从而免除其应兑付到期债券本息的义务。如果诉讼时效适用于债券兑付请求权,在以万亿计算的债券市场上,发行人对众多不特定的投资人之间产生的利益势必将产生失去平衡的法律后果。所以,基于债券公开发行认购民事法律关系产生的债券兑付请求权不适用诉讼时效。

第三,基于投资关系产生的缴付出资请求权。《诉讼时效规定》第1条第(三)项规定该请求权不适用诉讼时效。[①] 在《诉讼时效规定》颁布以前,公司对股东缴付出资请求权是否适用诉讼时效,存在肯定说[②]、否定说[③]、折中说[④]等三种观点,司法解释最终采取了否定说。2011年颁布的《公司法解释(三)》第19条规定:"公司股东未履行或者未全面履行出资义务或者抽逃出资,公司或者其他股东请求其向公司全面履行出资义务或者返还出资,被告股东以诉讼时效为由进行抗辩的,人民法院不予支持。公司债权人的债权未过诉讼时效期间,其

① 也有立法采相反态度,规定缴足出资请求权适用诉讼时效。参见《德国有限责任公司法》第9条第2款。

② 参见刘俊海:《论抽逃出资股东的民事责任》,载《法学杂志》2008年第1期。

③ 参见邱隆芬:《出资义务不应援引诉讼时效而免除》,载《人民法院报》2005年7月19日。

④ 该说认为应根据出资形式区别对待,对不动产出资义务不应适用诉讼时效,对金钱等动产出资义务应适用诉讼时效。参见崔建远:《不动产出资义务与诉讼时效》,载《人民法院报》2003年7月4日。

依照本规定第十三条第二款、第十四条第二款的规定请求未履行或者未全面履行出资义务或者抽逃出资的股东承担赔偿责任,被告股东以出资义务或者返还出资义务超过诉讼时效期间为由进行抗辩的,人民法院不予支持。”依该条规定,基于投资关系产生的请求权不适用诉讼时效的有两种:一是针对未履行或未全面履行出资义务或抽逃出资之股东,公司或者其他股东向其主张全面履行出资义务或返还出资之请求权。二是针对未履行或未全面履行出资义务或抽逃出资之股东,公司债权人向其主张赔偿责任之请求权。此类请求权不适用诉讼时效的理由在于:其一,投资关系形成继续性法律关系,其派生的请求权与该继续性法律关系并存,不应受诉讼时效限制。其二,足额出资是股东对公司的法定义务,该义务如果适用诉讼时效则有违公司资本充足原则。其三,公司资产系其对外承担民事责任的一般担保,如果缴付出资请求权适用诉讼时效,则不利于公司的发展,也不利于对其他足额出资的股东及公司债权人的保护。①

第四,未授权给公民、法人经营、管理的国家财产受到侵害产生的侵权责任请求权。《民法通则意见》第 170 条规定:“未授权给公民、法人经营、管理的国家财产受到侵害的,不受诉讼时效期间限制。”对于该条规定,学界及实务界存在不同理解。第一种观点认为,该条规定表明我国法律对国家财产所给予的特殊保护,其适用对象主要是对国家财产所有权的特殊保护。② 第二种观点认为,依据该条规定,国家未授权给公民、法人经营、管理的国家财产,应区分其是否已经进入流通领域而成为交易财产。未进入流通领域的国家财产受侵害的,不适用诉讼时效;已进入流通领域的国家财产受侵害的,仍应适用诉讼时效。③ 第三种观点认为,国家授权企业经营的财产应适用诉讼时效,否则难以体现民事主体地位平等、民事权利一体保护的原则。但对于非

---

① 参见王利明:《民法总则研究》,中国人民大学出版社 2012 年版,第 736 页;张雪楳:《诉讼时效司法解释所涉及主要问题论析》,载王利明主编:《判解研究》(2008 年第 5 辑),人民法院出版社 2009 年版。

② 参见梁书文主编:《民法通则贯彻意见诠释》,中国法制出版社 2001 年版,第 145 页;梁展欣主编:《诉讼时效司法实务精义》,人民法院出版社 2010 年版,第 8 页。

③ 参见王利明:《民法总则研究》,中国人民大学出版社 2012 年版,第 737—738 页。

经营性财产，由于涉及国家利益和社会公共利益，因而需要给予永久性保护，一般不应受诉讼时效的限制。[①] 第四种观点认为，未来民法典应取消该条规定。对国有财产进行特殊保护，实际上往往会助长国有财产管理人的懈怠行为，一方面会影响社会秩序的稳定，另一方面反而不利于国有财产的保值增值。[②] 笔者认为，从解释论的层面而言，结合《民法通则》相关条文的规定，诉讼时效的适用对象应为救济权，因此《民法通则意见》第170条应解读为"有关国家财产受到侵害产生的侵权责任请求权不适用诉讼时效"，而不应解读为"国家所有权或其他物权不适用诉讼时效"。至于有学者认为未来立法应取消该条规定，此系立法论层面问题，此处不作探讨。

在司法实务上，最高人民法院《对湖北省高级人民法院关于中国黄金集团公司与中国建设银行股份有限公司武汉省直支行等委托贷款合同纠纷一案如何适用法律问题的请示的答复》（〔2006〕民二他字第51号）指出："2002年11月6日国务院《关于组建中国黄金集团公司有关问题的批复》（国函〔2002〕102号）以及财政部2003年7月20日相应下发的《关于黄金生产开发基金和黄金地质勘探基金有关问题的通知》（财建〔2003〕272号），明确将原由国家投入的黄金生产开发基金和黄金地质勘探基金转为中国黄金集团公司的国家资本金，并附有占有该两项基金企业名单及数额明细表。上述两项基金授权给中国黄金集团公司经营管理的时间为财政部财建〔2003〕272号文件下发之日即2003年7月20日，因此，中国黄金集团公司及其下属企业对上述两项基金行使追偿权的诉讼时效应当自该日开始计算。"[③]依该答复意见，在财政部财建〔2003〕272号文件下发之日即2003年7月20日以前，两项基金（黄金生产开发基金和黄金地质勘探基金）尚未转为中国黄金集团公司的国家资本金，属于未授权给公民、法人经营、管理的国家财产，因此两项基金受侵害产生的侵权责任请求权不适用诉讼时效。而两项基金自2003年7月20日转为中国黄金集团公司

---

① 参见汪渊智：《我国民法诉讼时效制度之构想》，载《法学研究》2003年第3期。

② 参见屈茂辉：《论消灭时效的若干问题》，载《海峡两岸民法典理论研讨会论文集》，载中国民商法律网。

③ 最高人民法院民事审判第二庭编：《民商事审判指导》（2007年第1辑），人民法院出版社2007年版，第196—197页。

的国家资本金，成为法人所有的财产，其受到侵害产生的侵权责任请求权应当适用诉讼时效，诉讼时效起算点为该财产性质发生变化之日。

第五，其他依法不适用诉讼时效规定的债权请求权。《诉讼时效规定》第1条第(四)项规定为兜底条款，但该项规定具体包括哪些情形则并不明确。有学者认为，该项规定包括基于人格关系发生的不作为请求权、基于身份关系发生的请求权和《民法通则意见》第170条规定的情形。① 还有学者认为还应包括第三人侵害债权产生的妨害除去责任请求权②、基础性债权。③ 司法实务上，亦有公共维修基金债权不适用诉讼时效之判例。④

（二）学理上认为不适用诉讼时效的权利

支配权⑤、形成权⑥、抗辩权由于并非请求权性质，且《诉讼时效规定》将诉讼时效适用对象界定为债权请求权，因此学理上一般认为这3种权利不适用诉讼时效。此外，还有些请求权或名为请求权的权利在学理上亦被认为不适用诉讼时效。

第一，停止侵害、排除妨碍、消除危险、返还财产、赔礼道歉、消除影响和恢复名誉责任请求权[《侵权责任法》第15条第1款第(一)、(二)、(三)、(七)、(八)项，第21条；《精神损害赔偿解释》第8条]。

---

① 参见王利明：《民法总则研究》，中国人民大学出版社2012年版，第737页。

② 参见梁展欣主编：《诉讼时效司法实务精义》，人民法院出版社2010年版，第7页。

③ 参见尹田：《民法典总则之理论与立法研究》，法律出版社2010年版，第806页。

④ 参见“厦门佰仕达物业公司诉王小华物业服务合同案”[(2012)厦民终字第2508号]，载中国民商法律网；成皿、周嫣：《物业维修基金的催缴不适用诉讼时效制度》，载《人民司法》2013年第20期，第85页以下。

⑤ 有少数学者认为，支配权中的用益物权和担保物权可适用诉讼时效。参见姚旭：《物权作为诉讼时效制度客体之可能性探讨》，载《法学杂志》2007年第3期。

⑥ 在司法实务中，判定解除权不适用诉讼时效的典型案例参见“中国人民银行清远市中心支行与广东省第一建筑工程公司城市建设综合开发分公司、清远市华泰工贸有限公司预售商品房合同纠纷上诉案”，载曹建明主编、最高人民法院民事审判第一庭编：《民事审判指导与参考》2002年第2卷(总第10卷)，法律出版社2002年版，第335—354页。

此类民事责任请求权依性质不适用诉讼时效，理由如前文所述。

第二，基于身份关系产生的请求权。此类请求权可分为两种：

(1) 不具有财产给付内容的纯粹的身份关系请求权，例如夫妻同居请求权(《婚姻法》第 4 条)、确认婚姻无效请求权(《婚姻法》第 10 条)、亲子认领请求权[《婚姻法解释(三)》第 2 条]等。这些请求权与民事责任的强制性不具兼容性，因此不适用诉讼时效。

(2) 具有财产给付内容的身份关系请求权是否适用诉讼时效，存在争议。第一种观点认为，该请求权原则上不适用诉讼时效，但如果权利人已经请求义务人为一定的赡养或抚养义务，则不再是原有意义上的基于身份关系产生的请求权，应当适用诉讼时效。[①] 第二种观点认为，基于身份关系产生的请求权无论是否具有财产给付内容，均不适用诉讼时效。[②] 第三种观点认为，对于具有财产利益内容的身份权请求权，关涉公序良俗的，不应适用诉讼时效；反之，则应适用诉讼时效。[③] 第四种观点认为，抚养费请求权、赡养费请求权应适用诉讼时效。[④] 第五种观点认为，赡养费、抚养费、扶养费请求权原则上不适用诉讼时效，但由于享有上述请求权的身份可能存在一定的期限，故上述请求权不适用诉讼时效并非是永久的。[⑤]

笔者认为，该请求权是否适用诉讼时效不能一概而论，应结合具体条文规定及立法本意作出判断。其一，再次分割夫妻共有财产请求权(《婚姻法》第 47 条第 1 款)适用诉讼时效。依《婚姻法解释(一)》第 31 条的规定，该请求权适用两年诉讼时效期间。其二，家务补偿请求权(《婚姻法》第 40 条)、困难帮助请求权(《婚姻法》第 42 条)、离婚损害赔偿请求权(《婚姻法》第 46 条)不适用诉讼时效。依现行法规定，这 3 种请求权都必须在离婚时行使，离婚之前或之后均不得行使

---

① 参见王利明：《民法总则研究》，中国人民大学出版社 2012 年版，第 737 页。

② 参见程啸、陈林：《论诉讼时效客体》，载《法律科学》2000 年第 1 期；喻文莉：《诉讼时效应以请求权为客体》，载《政治与法律》2006 年第 2 期。

③ 参见最高人民法院民事审判第二庭编著：《最高人民法院关于民事案件诉讼时效司法解释理解与适用》，人民法院出版社 2008 年版，第 52 页。

④ 参见尹田：《民法典总则之理论与立法研究》，法律出版社 2010 年版，第 803 页。

⑤ 参见刘德权主编：《最高人民法院司法观点集成》(3)，人民法院出版社 2009 年版，第 1598 页。

(离婚损害赔偿请求权存在例外情形),在性质上无法发生“怠于行使权利的状态持续存在”的情形,因此这3种请求权依其性质不能适用诉讼时效。另外,依《婚姻法解释(一)》第30条的规定,在两种情形下当事人可在离婚判决生效后1年内单独提起离婚损害赔偿之诉[①],该1年期间在司法实务上被认为是除斥期间,不适用诉讼时效中止、中断和延长的规定。[②] 其三,亲属间的扶养请求权(《婚姻法》第21、25—30条)不适用诉讼时效。该请求权是否适用诉讼时效虽无法律规定,但基于该请求权的特殊性质及立法政策考量,该请求权不应适用诉讼时效。还有学者指出,从法律技术层面来看,该请求权也无法适用诉讼时效,立法上很难为该请求权设置一个标准的、规范化的诉讼时效起算时间。[③] 在司法实务中,扶养请求权不适用诉讼时效的典型案例如下:

案例5.3.3 顾某诉周某追索抚养费案[④]

【案件事实】

原告:顾某

被告:周某

黄某系原告顾某的生母,被告周某系原告顾某的生父。1995年10月,黄某与顾某某登记结婚。1996年8月,黄某与被告周某在舞厅相识并产生好感,后两人发生婚外两性关系,黄某由此怀孕。1997年6月16日,黄某生下女儿顾某。后顾某一直跟随黄某生活,被告周某对此并不知情,未支付过抚养费、教育费等费用。1998年10月,被告周某与陈某某结婚,婚后育有一子。2008年2月21日,顾某以被告未尽抚养义务、追索抚养费为由向苏州市金阊区法院提起诉讼,要求被告周某支付抚养费人民币129 600元(每月600元,支付18年)及小学到大学教育费人民币31 500元。经原告申请,一审法院委托苏州大学司法鉴定所对原、被告双方是否存在血亲关系进行DNA鉴定,鉴定结

---

① 《婚姻法解释(一)》第30条第(二)、(三)项。

② 参见梁展欣主编:《诉讼时效司法实务精义》,人民法院出版社2010年版,第244页。

③ 同上书,第248页。

④ 参见鞠琳等:《未成年非婚生子女追索抚养费的诉讼时效》,载《人民司法》2009年第24期,第82页以下。

论为双方存在父女关系的机会大于 99.99%，双方对鉴定结论均无异议。被告周某辩称：原告的请求已超过诉讼时效，只愿意承担近两年的抚养费，承担标准应以工资 20%～30% 为限。另查明：被告周某现月平均收入为 1 480 元。

【裁判要旨】

一审法院认为：非婚生子女享有与婚生子女同等的权利，不直接抚养非婚生子女的生父应当承担子女的生活费和教育费。原告主张的请求权属基于身份关系的请求权，不受诉讼时效限制。因此，被告周某应向顾某支付自 1997 年 6 月起至 2008 年 1 月的抚养费共计人民币 35 840 元，并自 2008 年 2 月起每月负担原告顾某生活费 360 元至顾某独立生活为止。被告不服一审判决，提起上诉。经二审法院主持，双方当事人自愿达成调解：周某一次性支付顾某自 1997 年 6 月起至 2008 年 1 月的抚养费共计人民币 3 万元，并自 2008 年 2 月起每月负担顾某生活费 360 元至顾某独立生活为止。

第三，名为请求权而实为形成权的权利。在现行法中，有些权利被条文表述为请求权，但其实为形成权，还有些权利究竟为请求权抑或形成权尚存争议。对前一类权利不应适用诉讼时效，对后一类权利应结合具体条文规定及立法本意作出判断。

（1）共有物分割请求权（《物权法》第 99 条）不适用诉讼时效。通说认为，该权利名为请求权而实为形成权，因此不适用诉讼时效。具体包括：离婚时权利归属不明、在确权后的“重新分割请求权”[《婚姻法解释（二）》第 21 条][①]、遗产分割请求权（《继承法》第 26 条）等。《民法通则意见》第 177 条规定遗产分割请求权适用诉讼时效，该条因与《物权法》第 99 条冲突，现已废止。

（2）请求撤销合同或婚姻的权利不适用诉讼时效。合同变更或撤销权（《合同法》第 54 条）和婚姻撤销权（《婚姻法》第 11 条）均为形

---

① 应注意的是，依《婚姻法解释（一）》第 31 条的规定，“再次分割夫妻共有财产请求权”适用诉讼时效。因为该条适用于《婚姻法》第 47 条规定的“离婚时，一方以隐藏、转移、变卖、毁损夫妻共同财产，或伪造债务企图侵占另一方财产”的情形，在此情形下一方对另一方的侵权行为可产生侵权责任请求权，所以虽然《婚姻法解释（一）》第 31 条对此权利冠名以“共有财产请求权”却仍应适用诉讼时效。

成权,虽然现行法条文将其表述为"请求撤销",但此类权利适用除斥期间而不适用诉讼时效。

(3) 合同减价请求权(《合同法》第111、155、262条)适用诉讼时效。对于现行法规定的买受人、定作人减价请求权的性质,学说上存在请求权说与形成权说之争[①],有学者认为该权利为形成权,因而不适用诉讼时效。[②] 但从解释论的角度而言,依现行法条文的表述,减价请求权与违约损害赔偿请求权属于并列关系,两者均为违约责任请求权的具体形式,因此两者均应适用诉讼时效。至于有学者提出应将减价权规定为形成权,则属于立法论层面的问题,此处不作展开。

(4) 股权确认请求权(《公司法》第33条第2、3款)适用诉讼时效。股权确认请求权是否适用诉讼时效,现行法未作规定,学说上有肯定说与否定说之争。[③] 最高人民法院《对江苏省高级人民法院关于中国电子进出口公司江苏公司与江苏省信息产业厅等股权纠纷一案请示的答复》(〔2001〕民二他字第19号)指出:"因股权归属产生的纠纷应及早解决。因此,在法律没有特别规定的情况下,当股权受到他人侵害时,请求法律保护的诉讼时效应适用《民法通则》第一百三十五条的规定。"依据该批复,因股权归属产生的纠纷适用诉讼时效的规定,似乎隐含了股权确认请求权适用诉讼时效的精神。因此在现行法尚无明文规定的情形下,在实务上股权确认请求权被解释为适用诉讼时效。

(5) 股东决议撤销权(《公司法》第22条第2款)和股权收购请求权(《公司法》第75条第2款)不适用诉讼时效。依据《公司法》第22条第2款和第75条第2款的规定,股东决议撤销权和股权收购请求权的行使期限分别为60日和90日。这两种权利的法定行使期限在性质上不是诉讼时效,理由在于:其一,《公司法解释(一)》第3条规定:"原告以公司法第二十二条第二款、第七十四条第二款规定事由,向人民法院提起诉讼时,超过公司法规定期限的,人民法院不予受理。"依该条规定,原告超过法定期限起诉的后果是"人民法院不予受理",即当事人丧失有关诉权。而现行法对诉讼时效期间届满的通常

---

① 参见韩世远:《合同法总论》,法律出版社2011年版,第679—683页。

② 参见程啸、陈林:《论诉讼时效客体》,载《法律科学》2000年第1期;俞金香:《论诉讼时效的客体》,载《甘肃社会科学》2005年第1期。

③ 参见梁展欣主编:《诉讼时效司法实务精义》,人民法院出版社2010年版,第260—261页。

表述是“人民法院不予保护”[①]或“提出诉讼时效抗辩”[②]，即由义务人取得抗辩权。这两种规定的表述和法律后果均存在显著差异。其二，对股东决议撤销权和股权收购请求权行使期限的性质，实务上一般认为是商法上特殊的起诉期限。[③] 该期限既非诉讼时效，也非除斥期间，该期限届满的法律后果是法院直接驳回起诉。

第四，继承权是否适用诉讼时效？对此问题学界存在争议。第一种观点认为，《继承法》第8条规定：“继承权纠纷提起诉讼的期限为二年，自继承人知道或者应当知道其权利被侵犯之日起计算。但是，自继承开始之日起超过二十年的，不得再提起诉讼。”该条规定的就是继承权诉讼时效，继承权当然适用诉讼时效。[④] 第二种观点认为，《继承法》第8条规定是继承回复请求权的诉讼时效。继承权回复之诉通常是以确认之诉为前提的给付之诉，在确认原告合法继承资格的前提下，责令侵害原告继承权的被告履行给付义务，以恢复原告对遗产的权利。[⑤] 第三种观点认为，各种“继承权纠纷”中，继承人资格的确认实为亲属身份关系的确认，其请求权不适用诉讼时效；遗嘱效力的确认为法律行为有无效力的确定，其请求权也不适用诉讼时效；遗产分割纠纷性质上属于共有财产分割纠纷，也不适用诉讼时效。[⑥]

笔者认为，在现行法框架下，侵害继承权产生的侵权责任请求权适用诉讼时效，继承权本身不适用诉讼时效。分析如下：

其一，依《继承法》第8条的规定，是“继承权纠纷”适用诉讼时效，而并非是继承权直接适用诉讼时效。从该条规定并不能直接推导出“继承权适用诉讼时效”的结论。

其二，将诉讼时效的适用对象界定为继承回复请求权，在理论上

---

① 《民法通则》第137条。

② 《诉讼时效规定》第1条。

③ 参见最高人民法院民事审判第二庭编著：《最高人民法院关于公司法司法解释（一）、（二）理解与适用》，人民法院出版社2008年版，第47页。

④ 参见钟尉华：《论继承权诉讼时效》，载《贵州大学学报》（社会科学版）2004年第1期。

⑤ 参见马俊驹、余延满：《民法原论》，法律出版社2010年版，第769页；梁展欣主编：《诉讼时效司法实务精义》，人民法院出版社2010年版，第252—253页。

⑥ 参见尹田：《民法典总则之理论与立法研究》，法律出版社2010年版，第808页。

具有合理性,但现行法并未明确规定继承回复请求权,第二种观点在解释论层面上存在障碍。

其三,《侵权责任法》第2条将继承权规定为侵权责任法的保护对象,侵害继承权产生的侵权责任请求权适用诉讼时效在解释论上是成立的。对于继承权和继承回复请求权的概念及性质,学界一直存在争议。基于全国人大常委会法工委对《侵权责任法》作出的释义,作为侵权责任法保护对象的继承权,是指公民依照法律的规定或者被继承人生前立下的合法有效的遗嘱而承受被继承人遗产的权利。[①] 该表述显然不是对继承回复请求权的定义,而且如果将《侵权责任法》第2条规定的继承权解释为继承回复请求权,由于继承回复请求权本为对继承权的救济权,就会出现对救济权的救济权的叠加概念,因此《侵权责任法》第2条规定的继承权应解释为作为原权利的继承权而非继承回复请求权。

其四,适用诉讼时效的"继承权纠纷",是指对继承人是否享有继承权在当事人之间存在争议而产生的纠纷,该争议的产生原因是由于侵权人实施了篡改、销毁遗嘱等侵权行为所导致,继承人对侵权人主张的侵权责任请求权适用诉讼时效。如果当事人之间对某人是否享有继承权不存在争议,而是对分割遗产存在争议,则应当按照共有财产分割析产的法律关系处理,依现行法规定未必适用诉讼时效。[②] 在司法实务中,否认遗产分割请求权适用诉讼时效的典型案例如下:

案例5.3.4　罗芙蓉、罗福玉诉王昌雅等法定继承纠纷案[③]

【案件事实】

原告:罗芙蓉、罗福玉

被告:王昌雅、罗德俊、罗德成、罗芳丽、罗惠群、宋永恒

---

① 参见王胜明主编:《中华人民共和国侵权责任法释义》,法律出版社2010年版,第25页。

② 参见《物权法》第99条。

③ 参见最高人民法院中国应用法学研究所编:《人民法院案例选》2011年第2辑(总第76辑),人民法院出版社2011年版,第91页以下。相关案例参见"焦彦平诉焦玉英侵犯其继承的遗产和析产纠纷案",载最高人民法院中国应用法学研究所编:《人民法院案例选》1995年第4辑(总第14辑),人民法院出版社1996年版,第56页以下;汤文元:《继承权纠纷诉讼时效的理解和适用》,载《人民司法》2010年第2期,第55页以下。

黄家五与罗春林系夫妻关系，婚后共生育罗毅、罗银辉、罗芙蓉、罗福玉四个子女。黄家五购买了成都市金泉街99号房屋，并于1959年取得房屋产权证。罗春林于1946年死亡，此后黄家五未再婚，于1970年死亡，生前未立遗嘱。罗银辉于1958年死亡，其与妻子宋玉华婚后共生育罗国庆、罗惠琼两个子女，宋玉华后与他人再婚。罗国庆于1994年死亡，其与丈夫宋绍成婚后生育一子宋永恒。罗毅于1995年死亡，其与妻子王昌雅婚后共养育罗芳丽、罗德成、罗德俊三个子女。黄家五死亡后，罗毅、王昌雅、罗德俊在成都市金泉街99号房屋居住。1974年，罗毅取得成都市房产管理局颁发的成都市金泉街99号房屋产权证，房屋产权人户名由黄家五变更登记为罗毅。1976年4月14日，罗国庆、罗惠群（琼）向成都市产权监理处递交申请书，认为将遗产房屋登记为罗毅一人未征求其意见，申请注销罗毅的产权证进行共有权利登记。此后，成都市房产管理局产权监理处将房屋产权证收回并加盖注销章。成都市房产管理局产权监理处曾告知罗毅、罗国庆等补具各自书面意见。成都市金泉街99号房屋的相关继承人一直未向成都市房产管理局产权监理处补具关于继承成都市金泉街99号房屋的书面意见重新办理登记。2009年8月，成都市金泉街99号房屋参与改造收购，由王昌雅、罗德俊、罗德成与改选方签订《改造房屋收购协议》，收购价款人民币1576894元。现该房已腾退交出，罗德俊已申领整体搬迁一次性奖励人民币3万元。庭审中，罗芙蓉、罗福玉表示请求分割的共有财产可以是房屋补偿款，罗芳丽、罗惠群、宋永恒表示分割的共有财产应当是房屋而不是补偿款。

【裁判要旨】

一审法院认为，被继承人黄家五死亡时，发生继承的事由，随着继承的开始，黄家五遗产的所有权即应从黄家五名下转到各继承人名下，在黄家五的继承人均未表示放弃继承且遗产也未进行分割的情况下，遗产应当归全体继承人共有，在遗产分割前的共有关系存续期间，任何共有人随时都可以提出分割共有物的请求，现原告罗芙蓉、罗福玉作为黄家五的继承人即遗产的共有人起诉要求分割共有财产，符合法律规定，本案不适用诉讼时效的规定。判决：成都市金泉街99号房屋由原告罗芙蓉、罗福玉各享有25%的财产份额，由被告王昌雅享有15.625%的财产份额，由被告罗德俊、罗德成、罗芳丽各享有3.125%的财产份额，由被告罗惠群、宋永恒各享有12.5%的财产份额。

第五，典权之回赎权是否适用诉讼时效？典权为我国习惯法上之物权，典权期限与回赎期间性质如何，及其与诉讼时效的关系如何，值得注意。由于《物权法》未规定典权制度，先以我国台湾地区“民法”规定之典权制度进行分析。

（1）关于典权期限。在我国台湾地区，典权之期限就出典人而言，系指典权设定时所定回赎权停止行使期限；就典权人言，则为典权人有权占有典物而为使用及收益之最短期限。典权期限与一般权利之存续期限略有不同，因为非为权利存续之期限，权利并非因该期限之届满而生消灭之原因，而是出典人不得行使回赎权之期限，典权期限虽然届满，但非即构成典权消灭之原因，不过是出典人之回赎权得于此时开始行使而已。[①] 可见，典权期限是典权作为原权利的存续期限，典权人在该期限内对典物享有用益的权利，而出典人在该期限内不得行使回赎权。而且，典权期限还可由当事人约定。因此，典权期限在性质上不是诉讼时效。

（2）关于回赎期间。当事人约定典权期限的，回赎期间为典权期限届满后两年之内[②]；约定典权期限超过 30 年的，缩短为 30 年，回赎期间为 30 年届满后的两年之内[③]；约定典权期限在 15 年以上、30 年以下，附有到期不赎即作绝卖条款的，出典人应在典权期限届满时即行使回赎权。[④] 当事人未约定典权期限的，出典人得于出典后 30 年内随时回赎；30 年届满而出典人未行使回赎权的，回赎权即归于消灭，由典权人取得典物所有权。[⑤] 对于回赎期间的性质，台湾地区学界及实务界均认为是除斥期间而非诉讼时效，回赎权为形成权。[⑥] 由此可见，在我国台湾地区，典权期限与回赎期间均不是诉讼时效，这两种期间的适用对象是原权利性质的典权和回赎权，而不是救济权性质的请求

---

① 参见谢在全：《民法物权论》（中册），中国政法大学出版社 2011 年版，第 563 页。

② 我国台湾地区“民法”第 923 条第 2 款。

③ 我国台湾地区“民法”第 912 条。

④ 参见谢在全：《民法物权论》（中册），中国政法大学出版社 2011 年版，第 565 页。

⑤ 我国台湾地区“民法”第 924 条。

⑥ 参见王泽鉴：《民法物权》，北京大学出版社 2010 年版，第 360 页；谢在全：《民法物权论》（中册），中国政法大学出版社 2011 年版，第 597 页。

权。只有在典权期限内典权受到第三人侵害时,典权人作为被侵权人对侵权人主张的侵权请求权才适用诉讼时效。如果无侵权行为发生,而仅在典权人与出典人之间产生涉及回赎的争议,则没有适用诉讼时效的余地,应依据典权期限和回赎期间判断。

我国《物权法》未规定典权制度,仅在司法解释中对典权有一些零散规定,这些规定可归纳为以下几方面:其一,承认典权为习惯法上的物权。最高人民法院《关于贯彻执行民事政策法律若干问题的意见》第58条第1款规定,"对法律、政策允许范围内的房屋典当关系,应予承认"。其二,约定典期的,回赎期间为典期届满后10年;未约定典期的,回赎期间为出典后30年。最高人民法院《关于贯彻执行民事政策法律若干问题的意见》第58条第2款规定:"典期届满逾期十年或典契未载明期限经过三十年未赎的,原则上应视为绝卖。"其三,回赎期间的性质被界定为诉讼时效。最高人民法院《关于房屋典当回赎中几个有关问题的批复》中使用了"回赎期限""回赎时效"和"回赎时效期间"三种概念,且相互混用,显然是将回赎期间定性为诉讼时效。其四,回赎期间适用诉讼时效起算、中止、中断制度。最高人民法院《关于房屋典当回赎中几个有关问题的批复》规定:"关于房屋典当回赎时效期间的计算问题……典当契约载明典期的,自期满之次日起计算,契约未载明典期的,自履行契约之日起计算。如果典期届满,出典人未按契约规定期限提出回赎,是由于不可抗力使其不能行使请求权的,这种受客观原因影响的时间,应予扣除,不计入回赎时效期间;如果典期届满,出典人已提出回赎要求,但由于承典人的原因而逾期未能回赎的,这种情况,应自出典人提出回赎之日起重新计算回赎时效。"在司法实务中,依据以上司法解释裁判的典型案例如下:

案例5.3.5　徐树英等诉李金生等回赎未定期限的出典房屋纠纷案①

【案件事实】

原告:徐树英、方宝珍、方素珍、方金刚、方金强、方勇、方爱珍

被告:李金生、李胜源(李金生之弟)、李秀英(李金生之姐)

---

① 参见最高人民法院中国应用法学研究所编:《人民法院案例选》1994年第2辑(总第8辑),人民法院出版社1994年版,第69页以下。相关案例参见"李金连等诉柯杰生回赎出典房屋纠纷案",载《最高人民法院公报》1993年第1期。

坐落于济南市道德三里31号院内砖瓦平房南屋4间、西屋2间，房主为徐树英之夫方春华(1988年病故)。1950年11月13日，方春华与被告之父李星甫(1961年病故)订立循环借据，由方春华将上述房屋借给李星甫居住3年，李星甫借给方春华次等小麦1 300斤。1952年10月13日，双方将所借之房改订为典当实契，典价为小麦1 300斤，折合当时旧币1 326 000元。同年11月24日，经济南市人民政府房地产管理局颁发了正式典当契约，为无期限典当。1958年私房改造时，上述出典房屋作为方春华自留房保留，未予改造，方春华其余房产纳入改造。"文革"期间，当地房管部门曾发出公告，自1966年起停办房屋回赎手续，直至1984年。1980年，出典人曾向被告之母朱立亭提出过回赎，因朱立亭称无腾房条件，回赎未成。1988年1月，原告一方向济南市槐荫区人民法院起诉称，在李星甫在世时就曾多次要求回赎未成。李星甫去世后，也曾向被告要求回赎未成。现向被告要求回赎，被被告以承典之房已超过30年回赎期为理由拒绝。故起诉要求回赎房屋。

【裁判要旨】

一审法院认为，双方争议之房确系1952年10月出典，并为无期限典当。现原告主张回赎，应予支持。被告认为系有期限典当，已过回赎时效，证据不足，不予支持。判决：原告退还被告典金人民币806元(按1 300斤小麦现时价计)，补偿被告修房及增添水电设施费用人民币693.80元，赎回出典的6间房屋。被告不服一审判决，提起上诉。二审法院判决：驳回上诉，维持原判。被告仍不服二审判决，向山东省高级人民法院申请再审。再审法院认为：原审法院判决认定事实和适用法律是正确的。申请人诉称应按有期典当处理，理由不足，不予采纳。申请人所诉对方曾放弃回赎，查无实据。即使是对方表示放弃回赎，双方也应到政府主管部门办理房屋过户手续，方为有效。至于1980年对方提出回赎一事，二审法院查有证据。对此，即使1980年出典人没有向申请人之母提出过回赎房屋要求，出典人起诉之时也没有超过回赎时效。据此，驳回申请人的再审申请。

在该案中，法院认为，未约定典期的回赎期间虽为30年，但该期间(回赎时效)适用中断制度。出典时间1952年至原告起诉1988年虽已超过30年，但原告于1980年曾主张回赎，引起回赎期间中断，故原告仍有权对房屋行使回赎权。

综上所述,在我国司法实务中,回赎期间的性质被界定为回赎时效,回赎权适用诉讼时效。笔者认为,目前司法实务对回赎期间的定性在未来立法中应予修正,现有做法存在明显的弊端:其一,误将形成权性质的回赎权认定为请求权,误将除斥期间性质的回赎期间认定为诉讼时效,背离了传统典权制度的基本内容。其二,将回赎期间界定为诉讼时效,无法解释在我国严格坚持诉讼时效期间法定性的前提下,何以当事人可通过约定典期来实质上改变回赎期间的长短。其三,将 30 年回赎期间适用中断制度,且无上限限制,使得当事人双方利益关系严重失衡,典权人长期占有典物却仍然处于不稳定的法律关系之中,威胁交易安全。

第四节　诉讼时效适用对象现行法之检讨

《民法通则》和《民法通则意见》没有对诉讼时效的适用对象作出正面规定,在相关条文中采取了较为模糊的表述,导致学界和实务界对该问题一直存有争议。《诉讼时效规定》在吸收学界理论成果的基础上,对诉讼时效的适用对象作出了较为具体的规定,弥补了《民法通则》的不足,具有积极意义。但是,现行法对诉讼时效适用对象的规定仍存在以下不足:

一、《诉讼时效规定》未将诉讼时效适用对象规定为救济权或民事责任请求权,将其规定为债权请求权是不准确的

在采用传统债法理论的德国,没有独立的民事责任制度,债权是包含原权利和救济权双重属性的权利,因此在德国法中,将诉讼时效的适用对象界定为请求权或债权请求权,都是可以成立的。我国现行法突破了传统的债法模式,将债权的救济权能以民事责任的方式独立出来,使得债权在我国法律语境之中仅具有原权利性质。因此,将诉讼时效的适用对象规定为债权请求权,就不准确了。因为在我国学界,对于债权与请求权的关系,本来就存在各种不同的认识①,债权请

① 参见段厚省:《民法请求权论》,人民法院出版社 2006 年版,第 26—39 页。

求权究竟是指给付请求权、违约请求权,还是债权本身,不同的学者会给出不同的解释。而在我国现行法体系下,诉讼时效的适用对象应当是具有救济权性质的民事责任请求权。最高人民法院对《诉讼时效规定》的释义一方面认为,“作为诉讼时效客体的请求权,是指救济权意义上的请求权”①;另一方面却将诉讼时效的适用对象表述为“债权请求权”,这只能说明未能厘清债权与请求权、给付请求权与违约责任请求权之间的关系。

笔者认为,《诉讼时效规定》第 1 条应改为:“债权人请求债务人承担违约责任,债务人有权依法提出诉讼时效抗辩,但对于下列违约责任请求权提出诉讼时效抗辩的,人民法院不予支持……”另设一条规定:“《侵权责任法》第 2 条规定的民事权益受到侵害的,被侵权人向侵权人请求承担侵权责任,侵权人有权依法提出诉讼时效抗辩,但法律另有规定的除外。”

二、现行法未明确规定物权请求权、人身权请求权不适用诉讼时效,在理论和实务上易生误解

在我国现行法框架下,物权请求权②、人身权请求权不应适用诉讼时效。《诉讼时效规定》第 1 条将诉讼时效适用对象界定为“债权请求权”,似乎已将物权请求权、人身权请求权排除在外。但是,由于学界对物权请求权的性质存在争议,有学者认为物权请求权就是债权③,依据此观点,物权请求权就应属于诉讼时效的适用对象。对于人身权请求权,域外立法一般专设条文明确规定其不适用诉讼时效④,以彰显人身权与财产权之差异性,亦可避免一些无谓的争议。因此,在目前争议仍然存在的情况下,现行法应当对物权请求权、人身权请求权不适用诉讼时效作出正面、直接的规定。

---

① 最高人民法院民事审判第二庭编著:《最高人民法院关于民事案件诉讼时效司法解释理解与适用》,人民法院出版社 2008 年版,第 41 页。

② 关于物权请求权不适用诉讼时效的理由,参见本章第五节。

③ 参见辜明安:《物权请求权制度研究》,法律出版社 2009 年版,第 129—130 页

④ 《德国民法典》第 194 条第 2 款、《俄罗斯民法典》第 208 条、我国台湾地区“民法”第 1067 条。

三、对不适用诉讼时效的请求权的有关规定尚有商榷余地

《民法通则意见》第170条规定:“未授权给公民、法人经营、管理的国家财产受到侵害的,不受诉讼时效期间限制。”对于该条规定,学界一般将其解读为对国有财产的一种特殊保护。[①] 笔者认为,对国有非经营性财产进行特殊保护,系由我国国情所决定,并被立法政策所承认,该立法本意本无可非议。但是该条规定在立法技术上存在疏漏,值得商榷:其一,国家所有权及其他物权为支配权、原权利,当然不适用诉讼时效。该条要表述的本意应当是,国有非经营性财产受到侵害时,国家作为被侵权人享有的侵权责任请求权不受诉讼时效限制。但是该条没有将不适用诉讼时效的对象清晰地界定为国家财产受侵害产生的侵权责任请求权。其二,该条没有对国家财产具体范围作清晰界定。该条所称国家财产,究竟是指中央政府管理的财产,还是地方政府管理的财产,抑或国有企业财产,从该条文表述无法得出确切的结论。其三,该条没有规定何种主体可作为权利人依据该条主张侵权责任请求权。与前一点相关,当所谓国家财产受到侵权行为侵害时,主张侵权责任请求权并排除诉讼时效适用的主体究竟为谁?是中央政府还是地方政府,抑或国务院授权的部门,该条未对权利主体作出界定。其四,以是否“授权”作为适用诉讼时效的标准,体现了计划经济的思维方式和语言特点。我国现阶段的国企改革,主要是将原国有企业改制为符合现代企业制度要求的公司形式,这种改制与计划经济模式下的“授权”显然并非同一涵义。

四、《诉讼时效规定》的有关条文表述存在立法技术瑕疵

其一,《诉讼时效规定》第7条第1款第2句规定,“对方当事人对撤销合同请求权提出诉讼时效抗辩的,人民法院不予支持”。该规定显属不当,合同撤销权为形成权而非请求权。而且,第7条第1款第1句已经规定合同撤销权应当适用除斥期间的规定,那么也就当然排除了适用诉讼时效的可能,第2句属于对第1句的同义反复。其二,依据第7条第2款的规定,合同撤销后产生的返还财产请求权、赔偿损

---

① 参见前文相关内容。

失请求权均适用诉讼时效。这里的赔偿损失请求权属于缔约过失责任,适用诉讼时效没有问题。但合同撤销后产生的返还财产请求权,一般认为,由于我国现行法没有采纳物权行为理论,其性质为物权请求权。[①] 那么,对该款可以有两种解释:一是该返还财产请求权是物权请求权,这意味着现行法承认了物权请求权适用诉讼时效;二是该返还财产请求权是不当得利请求权,这意味着现行法承认了物权行为理论。但这两种解释显然都与通说见解不符。[②]

第五节　物权请求权是否适用诉讼时效

物权请求权是否适用诉讼时效?境外立法态度不一,我国学界及实务界对此亦长期存在争议,而现行法规定模糊,故设专节对此问题进行讨论。一个需要解决的前提是:是否所有的物权请求权是否适用诉讼时效均有必要讨论?在传统民法中,物权请求权包括返还原物请求权、排除妨害请求权和消除危险请求权[③],现行《物权法》亦据此对物权请求权作出了规定。[④] 对于排除妨害请求权和消除危险请求权,无论是从立法目的还是从事实状态来看,这两种物权请求权均不应也无法适用诉讼时效。对此,学界及司法实务界基本不持异议。[⑤] 因为诉讼时效制度的本旨是对怠于行使权利的权利人的请求权给予一定的限制,该制度适用于侵权或违约行为发生并结束后权利人不主张救济权的状态持续存在的场合。而排除妨害请求权和消除危险请求权的适用场合是物权的正常行使受到现实妨害或有受妨害的危险时,此场合下侵权行为持续存在,无法发生权利人在侵权行为结束后持续不

---

① 参见马俊驹、余延满:《民法原论》,法律出版社 2010 年版,第 213 页。

② 关于对《诉讼时效规定》第 7 条第 2 款的解读,参见本章第五节。

③ 参见魏振瀛主编:《民法》,北京大学出版社、高等教育出版社 2010 版,第 215 页。

④ 《物权法》第 34、35 条。

⑤ 参见张淳:《论诉讼时效制度对返还财产请求权的适用》,载《南京工业大学学报》(社会科学版)2004 年第 1 期;崔建远:《物权法》,法律出版社 2009 年版,第 120—121 页;刘德权主编:《最高人民法院司法观点集成》(1),人民法院出版社 2009 年版,第 535—539 页。

行使救济权的状态，因此这两种物权请求权因与诉讼时效制度不具有兼容性而无法适用诉讼时效。在境外立法中，《德国民法典》第 1004 条规定，妨害防止请求权和妨害预防请求权不适用消灭时效。① 因此，本书以下仅对返还原物请求权是否适用诉讼时效进行讨论。

一、境外立法模式

（一）模式一：规定返还原物请求权不适用诉讼时效

《意大利民法典》第 948 条第 3 款规定："返还所有物之诉不因时效而消灭，但是基于时效取得所有权的情况不在此限。"《葡萄牙民法典》第 1313 条规定："请求返还所有物之诉权，不因时间之经过而罹于时效，但对于因取得时效而取得之权利并不构成影响。"我国澳门特区《民法典》第 1237 条与《葡萄牙民法典》第 1313 条的规定基本相同。旧《法国民法典》第 2262 条规定："一切诉讼，无论是对物诉讼还是对人诉讼，时效期间均为 30 年，主张此种时效的人无需提出一项权利证书，他人亦不得提出该人系出于恶意而为抗辩。"依据该条的文义，似乎返还原物请求权适用诉讼时效，但根据法国最高法院的解释："追还（财产所有权）之诉不受时效约束。追还（财产之诉）是指，原告援用其所有人的名义，据以要求持有财产的人向其返还所请求的财产的诉讼（诉权）。"②

（二）模式二：规定返还原物请求权适用诉讼时效

《德国民法典》第 197 条第 1 款第 1 项规定，返还原物请求权适用 30 年时效期间。《荷兰民法典》第 3:310a 条和第 3:310b 条规定，在不同情形下返还原物请求权分别适用 1 年、5 年、30 年和 75 年的时效期间。《德国民法典》为此种立法模式的典型代表，但德国学界对该立法模式一直存在反对意见，近年来以 1989 的"汉堡城市印章案"、1993 年的"萨弗莱根德案"和 1998 年的"神圣家族绘画案"为契机，学者批评日渐加强，但最终修订后的《德国民法典》仍坚持返还原物请求权适

---

① 参见〔德〕曼弗雷德·沃尔夫：《物权法》，吴越、李大雪译，法律出版社 2002 年版，第 144—145 页。

② 罗结珍译：《法国民法典》（下册），法律出版社 2005 年版，第 1605 页。

用诉讼时效。[①]

(三)模式三:未规定返还原物请求权是否适用诉讼时效,交由司法实务解决

日本和我国台湾地区均未明确规定返还原物请求权是否适用诉讼时效,但两者在司法实务上对此问题的态度不尽相同。在日本,学理及实务界的主流意见均认为返还原物请求权不适用诉讼时效。我妻荣教授的解释是:"所有权本身是不适用时效的,所有权只要以标的物的圆满支配为内容,有着回复这种所有权的圆满状态作用的物上请求权,就解释为只要所有权存在,作为不断从那里流出的权利,就不罹于时效是妥当的。"[②]在实务上,有关判例亦认为返还原物请求权不适用诉讼时效。[③] 在我国台湾地区,关于物权请求权是否适用诉讼时效,"最高法院"向采肯定说,不区别其为不动产或动产,亦不论不动产是否登记,而异其适用。大法官会议释字第107号解释(1965年6月16日)认为:"已登记不动产所有人之恢复请求权,无第125条消灭时效规定之适用。"大法官会议在其第164号解释(1980年7月18日)认为:"已登记不动产所有人之除去妨害请求权,不在本院释字第107号解释范围之内,但依其性质,亦无第125条消灭时效规定之适用。"需注意的是,大法官会议第107号及第164号解释系针对已登记不动产所有人的物权请求权。关于未登记不动产及动产所生的物权请求权,仍应适用第125条规定。[④] 但实务上亦有少数判例认为返还原物请求权不适用消灭时效。[⑤]

二、学说争议

对于返还原物请求权是否适用诉讼时效,我国学界大致存在三种观点——否定说、肯定说和折中说。

---

① 参见朱虎:《返还原物请求权适用诉讼时效问题研究》,载《法商研究》2012年第6期。

② 〔日〕我妻荣:《我妻荣民法讲义Ⅰ新订民法总则》,于敏译,中国法制出版社2008年版,第459页。

③ 同上注。

④ 参见王泽鉴:《民法总则》,北京大学出版社2009年版,第414—415页。

⑤ 参见黄立:《民法总则》,中国政法大学出版社2002年版,第456页;施启扬:《民法总则》,中国法制出版社2010年版,第332页。

（一）否定说

否定说主张返还原物请求权不应当适用诉讼时效，其理由主要有：

第一，物权请求权与物权的关系密不可分。“物权请求权是物权效力的具体体现，是包含在物权权能之中的，只要物权存在，物权请求权就应该存在。由于物权本身作为支配权，不适用诉讼时效的规定，因而作为物权一部分的物权请求权，也不应当因时效届满而消灭。”① “物权请求权成为物权所特有的效力，其必须附从于物权本身而存在，既然物权不因诉讼时效而消灭，则其物权请求权自应与其同命运，亦不因诉讼时效而消灭。”②

第二，物权请求权的功能决定了其不应适用诉讼时效。“物权请求权的主要功能是保证对物的圆满支配，它是保护物权的一种特有方法。如果物权请求权因时效届满而消灭，但是物权继续存在，这将使物权成为一种空洞的权利。”③“物权请求权是物权之强效力的重要表现之一，如果在此之上施加时间的限制，则显与此目标相悖。”④

第三，诉讼时效制度的目的决定了物权请求权不应适用诉讼时效。“诉讼时效制度的目的在于督促权利人及时行使权利，即对于权利人应行使而不及时行使的权利，使其产生不利后果。因此，诉讼时效适合于那些积极的请求权。相比较而言，债权具有积极性，而物权请求权具有防御性，因此诉讼时效的客体应为债权请求权，而不应是物权请求权。”⑤

第四，从诉讼时效与取得时效的关系来看，物权请求权不应适用诉讼时效。“诉讼时效与取得时效虽然侧重点有所不同，但其目的都在于督促权利人及时地行使权利，以维护社会经济秩序的稳定，因此对同一法律关系的调整，并非一定同时适用。因此，也不能以诉讼时效与取得时效是两种不同的法律制度为由认为应同时适用。”⑥“如果

---

① 王利明：《民法总则研究》，中国人民大学出版社 2012 年版，第 734 页。

② 马俊驹、余延满：《民法原论》，法律出版社 2010 年版，第 253 页。

③ 王利明：《民法总则研究》，中国人民大学出版社 2012 年版，第 734 页。

④ 冯恺：《诉讼时效制度研究》，山东人民出版社 2007 年版，第 94 页。

⑤ 贺慈浩、朱如钢：《论诉讼时效的客体》，载《浙江大学学报》（人文社会科学版）2000 年第 30 卷第 3 期。

⑥ 马俊驹、余延满：《民法原论》，法律出版社 2010 年版，第 254 页。

物权请求权也适用诉讼时效，将会与取得时效制度相矛盾。如果法律规定取得时效的期间不同于诉讼时效，则会出现占有人因取得时效而取得所有权，而原物主仍可基于物权请求权约束占有人，这样会最终影响取得时效制度的法律效果。”①

第五，我国立法现状及法治环境，决定了物权请求权不应适用诉讼时效。“考虑到我国的物权法背景，也不宜将诉讼时效制度扩及物权请求权。我国目前的物权法处于起步阶段，基础性的制度尚存在争议，因此对一个新问题作出规定时应当更为慎重并充分考虑其安全性。……诉讼时效制度的设置及适用受到多种因素的影响，其在大陆法系国家适用的条件在我国仍不具备。”②

（二）肯定说

肯定说主张返还原物请求权应当适用诉讼时效，其理由主要有：

第一，返还原物请求权适用诉讼时效不会导致物权本身消灭。“物上请求权乃独立的请求权，其并非物权的一部分。它只有在物权受到侵害的时候才显现出来，发挥对物权的保护作用，因此它不是物权的内容，而是如谷口安平先生所说的第三层次的权利即手段性权利。物上请求权与物权不处于同一层次。物上请求权适用诉讼时效并不会导致物权本身的消灭。”③“当物上请求权因诉讼时效期间届满而减损其效力时，物的所有人享有物权的事实丝毫未改变，所改变的仅是所有人暂时丧失了物权本身所内含的权利保护手段，物权人不再具有对物的实际支配力，而物的占有人拥有了对物的实际掌控权。”④

第二，从诉讼时效的价值功能考量，返还原物请求权应当适用诉讼时效。“诉讼时效的价值功能之一，在于避免因时过境迁而导致举证责任之困难。而以诉讼时效制度限制权利人的所有物返还请求权，可以排除当事人及法庭取证之困难，从而大大降低诉讼成本，提高诉讼效率，亦可督促权利人及时行使请求权，避免远年累讼。诉讼时效价值功能之二，是维护交易安全与交易秩序。与其赋予物权人无期限的返还请求权，不如适当限制原权利人的物之追及权，将返还请求权

---

① 贺慈浩、朱如钢：《论诉讼时效的客体》，载《浙江大学学报》（人文社会科学版）2000 年第 30 卷第 3 期。

② 冯恺：《诉讼时效制度研究》，山东人民出版社 2007 年版，第 94—95 页。

③ 程啸、陈林：《论诉讼时效客体》，载《法律科学》2001 年第 1 期。

④ 张弛、黄鑫：《物上请求权与诉讼时效关系论》，载《法学》2006 年第 9 期。

纳入诉讼时效之客体范畴,从而使法律关系得以稳固,交易安全得以保障。"①

第三,诉讼时效期间与取得时效期间不能完全衔接的问题,不足以否定返还原物请求权适用诉讼时效。"仅仅因为诉讼时效期间与取得时效期间的不一致会导致权利的名不副实,而过于保护物权人的利益,在法律上难谓公允,同时也不符合法律思维逻辑。法律在诉讼时效与取得时效上的缺陷只能通过改善制度来解决,不能通过违背时效制度的价值来解决。"②

第四,否定说主张物权请求权与物权绝对不能分离,有违诉讼时效制度的本旨。"诉讼时效的特殊性在于以一定的事实状态推翻权利,目的是维护社会秩序而牺牲局部利益,这种设计本身就与整个民法以维护权利为目的的逻辑是背离的。但我们在债权请求权因诉讼时效消灭出现自然债务即不完全权利的现象时毫无疑义,却不能接受物权请求权因诉讼时效消灭而产生不完全物权的现象,此点令人困惑。何况严格意义上,这种暂时无法支配的物权存在并非徒有虚名。这是因为,在某些请求权因诉讼时效期间届满而消灭后,权利人的基础权利并未根本丧失,仅是义务人产生了阻却权利人请求权的抗辩权,在一定条件下物权人仍有恢复物权支配的可能。"③

(三)折中说

折中说主张未登记物权之返还原物请求权适用诉讼时效,已登记物权之返还原物请求权不适用诉讼时效,其理由主要有:

第一,不动产物权变动采登记生效主义的立法模式,决定了已登记物权之返还原物请求权不应适用诉讼时效。"不动产物权变动采登记生效主义,非经登记不生效力,若许已登记不动产所有人的返还请求权因时效期间届满而消灭,将动摇不动产登记制度的效力,因此已登记不动产所有人的返还请求权,应不适用诉讼时效。"④"物权登记的公信效力成了保障交易安全的最有力手段。如果已登记的物权的返还财产请求权受诉讼时效的限制,因超过诉讼时效期间而失去法律

① 喻文莉:《诉讼时效应以请求权为客体》,载《政治与法律》2006年第2期。

② 程啸、陈林:《论诉讼时效客体》,载《法律科学》2001年第1期。

③ 张弛、黄鑫:《物上请求权与诉讼时效关系论》,载《法学》2006年第9期。

④ 梁慧星:《民法总论》,法律出版社2001年版,第273页。

强制力的保护，无疑会与物权登记的公信力相冲突，使物权登记制度失去应有的效用。”[①]“如使已登记财产之返还请求权适用时效，将严重削弱物权登记之效力。物权登记具有正确性推定的效力，凡名列于登记簿之所有人，应被认为是真正的权利人。已登记财产之返还请求权若适用时效，其所有权必名实不符。这种名实不符的现象一则会导致社会公众对登记内容的广泛质疑，二则会置善意第三人于易受欺诈和权利落空之危险境地，从而严重损害物权登记之社会公信力。”[②]

第二，已登记物权不会使不特定第三人产生合理信赖，因而其不应适用诉讼时效。“不动产物权以登记而非占有作为物权的公示手段。因此只要登记簿上仍然显示不动产的权属状况，就会排除向不特定第三人呈现权利不存在状态的可能。我们很难设想不特定第三人会由于某人长期占有登记在他人名下的不动产，而产生登记权利人没有返还原物请求权的信赖。可见诉讼时效制度的核心功能对于此种类型的物权请求权不存在适用的可能。”[③]“从已登记的权利中不能产生与义务人进行交易的不特定第三人的合理信赖，第三人不应信赖未经登记的权利变动；如果已登记权利产生的返还原物请求权仍适用诉讼时效，那么这将与登记的目的背道而驰。”[④]“因登记之公信力，任何理性之交易相对人，均得因登记而确认权利人权利之存在，决然不致认物之占有人为该物之物权人，也不致因此而为错误的判断，于此，即使物权人行使返还请求权也不应该造成对交易安全的损害，因此，对不动产和依法应为登记并已登记的动产之返还请求权无适用诉讼时效的基础。”[⑤]

第三，为保护不特定第三人的合理信赖利益，未登记物权之返还原物请求权应适用诉讼时效。“动产物权人以及未登记的不动产物权人享有的返还原物请求权，如果长期不行使，则会如同债权请求权一样，向不特定的第三人呈现权利不存在的状态，此时就有保护不特定

---

① 李群星：《法律与道德的冲突——民事时效制度专论》，法律出版社 2011 年版，第 94 页。

② 俞金香：《论诉讼时效的客体》，载《甘肃社会科学》2005 年第 1 期。

③ 王轶：《物权请求权与诉讼时效制度的适用》，载《当代法学》2006 年第 1 期。

④ 朱虎：《返还原物请求权适用诉讼时效问题研究》，载《法商研究》2012 年第 6 期。

⑤ 辜明安：《物权请求权制度研究》，法律出版社 2009 年版，第 197 页。

第三人信赖利益的必要性,也就存在适用诉讼时效制度的必要性。"[①]"当所有物被他人不法占有后,占有人的不法占有行为虽也持续进行,但其不法性却难以为他人知晓,相反人们基于长期占有的事实而产生信赖。因而,该请求权应当受到诉讼时效限制。"[②]"动产为他人长期占有而不要求其返还,因占有为其公示方式,当然可形成占有人享有该物之权利的外观,基于这种信任,其作出对物之占有人财产能力或信用的肯定评价当然具有正当性,此时,若允许原物权人行使返还请求权,势必造成现时之交易的不安全,使交易秩序受到损害。是故,对该动产物权人之返还请求权应以诉讼时效予以阻隔。"[③]

第四,未登记物权之返还原物请求权适用诉讼时效可能产生的各种疑虑并不成立。"未登记财产之返还请求权若适用诉讼时效,其所有权不会如已登记财产那样,发生名实不符的现象。由于无需进行变更登记,诉讼时效届满后,未登记财产之占有人完全可以和所有人一样,占有、使用、甚至处分占有物而不会遇到任何障碍。由于不存在登记制度,故使未登记财产之返还请求权适用时效,也不会对物权登记之效力产生任何影响。"[④]"未登记物权之返还原物请求权适用诉讼时效所可能产生的疑虑,如所有权空虚、保护恶意占有人、鼓励权利人进行私力救济以及对所有权人地位干涉过分的合宪性疑虑,在实质上均难以成立。为强化返还原物请求权适用诉讼时效的正当性,需要在具体制度上予以配合。"[⑤]

三、现行法疑似条文之释疑

(一)《物权法》第 107 条规定之"二年"是否为返还原物请求权的诉讼时效?

《物权法》第 107 条是关于遗失物善意取得的规定[⑥],该条规定:

---

① 王轶:《物权请求权与诉讼时效制度的适用》,载《当代法学》2006 年第 1 期。

② 傅鼎生:《物上请求权的时效性》,载《法学》2007 年第 6 期。

③ 辜明安:《物权请求权制度研究》,法律出版社 2009 年版,第 196—197 页。

④ 俞金香:《论诉讼时效的客体》,载《甘肃社会科学》2005 年第 1 期。

⑤ 朱虎:《返还原物请求权适用诉讼时效问题研究》,载《法商研究》2012 年第 6 期。

⑥ 参见胡康生主编:《中华人民共和国物权法释义》,法律出版社 2007 年版,第 242 页。

“所有权人或者其他权利人有权追回遗失物。该遗失物通过转让被他人占有的，权利人有权向无处分权人请求损害赔偿，或者自知道或者应当知道受让人之日起二年内向受让人请求返还原物……”该条所规定“二年”期间的性质，学界存在争议，有学者认为是诉讼时效期间①，亦有学者认为是除斥期间。② 欲明确该“二年”期间的性质，可从以下两方面分析：

第一，从《物权法》第107条所借鉴的境外立法来看，各个国家和地区的民法典所规定的该期间并非诉讼时效期间。在《物权法》颁布之前，我国并无遗失物善意取得的规定，《物权法》第107条系借鉴境外相关立法规定的结果。《法国民法典》第2276条规定：“丢失物品的人或者物品被盗的人，自其物品丢失或被盗之日起3年以内，得向现时持有该物品的人请求返还；该持有物品的人得向其取得该物的人请求赔偿。”依据法国最高法院的解释，该条所规定的3年期间并非诉讼时效期间，而属于预先确定之期间的性质，自动产物品丢失或被盗之日开始计算。③《日本民法典》第193条规定：“于前条，如果占有物为赃物或遗失物，受害人或遗失人自被盗或遗失时起2年以内，可以向占有人请求该物的回复。”第194条规定：“占有人对赃物及遗失物，系于拍卖或公营市场，或者在销售与其物同种之物的商人处善意买受得时，受害人或遗失人，非偿还占有人所付代价，不得请求回复其物。”对第193条所规定的两年期间，日本学界主流观点将其解释为除斥期间，而非诉讼时效期间。④ 我国台湾地区“民法”第949条规定：“占有物如系盗赃、遗失物或其他非基于原占有人之意思而丧失占有者，原占有人自丧失占有之时起二年以内，得向善意受让之现占有人请求回复其物。”第950条规定：“盗赃、遗失物或其他非基于原占有人之意思而丧失其占有之物，如现占有人由公开交易场所，或由贩卖与其物同

① 参见李群星：《法律与道德的冲突——民事时效制度专论》，法律出版社2011年版，第95页。

② 参见孙宪忠主编：《中国物权法：原理释义和立法解读》，经济管理出版社2008年版，第301页；温世扬：《物权法要义》，法律出版社2007年版，第135页。

③ 参见罗结珍译：《法国民法典》（下册），法律出版社2005年版，第1622页。

④ 参见〔日〕我妻荣：《我妻荣民法讲义Ⅰ新订民法总则》，于敏译，中国法制出版社2008年版，第407页；〔日〕我妻荣：《我妻荣民法讲义Ⅱ新订物权法》，罗丽译，中国法制出版社2008年版，第244页。

种之物之商人，以善意买得者，非偿还其支出之价金，不得回复其物。”台湾地区司法实务中承认物权请求权适用诉讼时效，时效期间为15年[①]，第949条所规定的两年期间被认为属于除斥期间。[②]

第二，从《物权法》的立法背景和立法本意来看，该期间不应被解读为诉讼时效期间。对于建立遗失物善意取得制度，有关《物权法》立法资料指出：“以法国、日本民法和我国台湾地区民法为代表，例外规定的适用范围较为狭窄，仅适用于盗窃物和遗失物，从目前的物权法草案来看，我们也采纳了这一做法。但是在盗窃物、遗失物不适用善意取得制度的原则下，法、德、瑞、日等国立法几乎又无一例外地规定了一项原则——‘公开市场’原则，即经由公开市场买受得来的盗窃物、遗失物等，原权利人非经赔付价金，不得向善意买受人请求返还原物。总结以上立法例，盗窃物、遗失物的特别规定是善意取得制度的例外，而‘公开市场’原则又是这一例外规定的例外。”[③]该资料表明了两层基本意思：其一，《物权法》遗失物善意取得制度的有关规定，并非现行法既有规定，而系法律移植的结果，即借鉴法、日等国“遗失物不适用善意取得制度为原则+‘公开市场’原则为例外”而拟定之条文。《物权法》第107条所规定“二年”期间，亦由此而来。其二，该立法资料并未特别提及遗失物返还请求权应适用诉讼时效。立法资料仅从宏观上确立了法律移植的方向，但对于“二年”期间的性质则并未提及，从该立法资料的内容不能推导出该“二年”期间为诉讼时效期间的结论。

综上所述，《物权法》第107条所规定的“二年”期间并非返还原物请求权的诉讼时效期间。

（二）《物权法》第245条第2款规定之“一年”是否为返还原物请求权的诉讼时效？

《物权法》第245条是关于占有保护的规定[④]，该条第2款规定：

---

① 参见谢在全：《民法物权论》（上册），中国政法大学出版社2011年版，第141页。

② 参见王泽鉴：《民法物权》，北京大学出版社2009年版，第485页。

③ 全国人民代表大会常务委员会法制工作委员会民法室编著：《物权法立法背景与观点全集》，法律出版社2007年版，第447页。

④ 参见胡康生主编：《中华人民共和国物权法释义》，法律出版社2007年版，第519页。

“占有人返还原物的请求权,自侵占发生之日起一年内未行使的,该请求权消灭。”该条规定的“一年”的性质,学界存在争议,有诉讼时效说、除斥期间说和权利失效期间说等观点。[①] 为明确该“一年”期间的性质,以下从四个方面进行分析:

第一,从《物权法》第245条所借鉴的境外立法来看,各个国家和地区的民法典规定不同,有的认为该期间是诉讼时效,有的认为是除斥期间。《德国民法典》第864条第1款规定:“在法律所禁止的私力实施后经过1年时,依照第861条、第862条而成立的请求权归于消灭,但在此之前通过诉讼主张该请求权的除外。”依据德国联邦最高法院的解释,该款规定的1年期间为除斥期间,该期间在重复性的或持续性的妨害中,自最后的妨害行为完成之时起算。[②]《日本民法典》第201条规定:“占有保持之诉,须在妨害存在期间或妨害终止后1年以内提起。但因工程对占有物发生的损害,不能在其工程开工后经过1年或其工程竣工时提起。占有保全之诉,可以在妨害危险存在期间提起。此时,如果工程对占有物有损害之虞,准用前项但书的规定。占有回复之诉,须在被侵夺时起,1年以内提起。”对该条所规定的1年期间,日本学界认为是除斥期间。[③] 我国台湾地区“民法”第962条规定:“占有人,其占有被侵夺者,得请求返还其占有物。占有被妨害者,得请求除去其妨害。占有有妨害之虞者,得请求防止其妨害。”第963条规定:“前条请求权,自侵夺或妨害占有或危险发生后,一年间不行使而消灭。”对该条所规定1年期间的性质,台湾地区学界存在争议,通说认为是诉讼时效。[④] 在司法实务上,台湾地区“最高法院”1964年台上字第2636号判决亦肯定第963条所规定1年期间为诉讼时效期间,而非除斥期间。[⑤]

第二,从该期间的立法理由和立法本意来看,该期间应为不变期

---

① 参见崔建远:《物权法》,法律出版社2009年版,第172页;温世扬:《物权法要义》,法律出版社2007年版,第370页。

② 参见〔德〕鲍尔、施蒂尔纳:《德国物权法》(上册),张双根译,法律出版社2004年版,第162页。

③ 参见〔日〕我妻荣:《我妻荣民法讲义Ⅱ新订物权法》,罗丽译,中国法制出版社2008年版,第520页。

④ 参见史尚宽:《物权法论》,中国政法大学出版社2000年版,第596页。

⑤ 参见王泽鉴:《民法物权》,北京大学出版社2009年版,第534页。

间较为妥当。占有人返还原物请求权的行使期间的立法理由在于：占有保护请求权人若随时可以主张返还原物请求权，则权利状态长期不确定，有害于社会关系的稳定。[①] 德、日等国之所以将该期间界定为除斥期间，其目的亦在于强调该期间为不变期间，占有保护请求权人仅在该固定期间内行使返还原物请求权才受法律保护，以尽快稳定社会关系。若将该期间界定为诉讼时效，则由于其可适用中断、中止等制度而有悖于其尽快稳定社会关系的立法理由。另一方面，占有保护请求权人通常不是物权人，基于对占有产生的返还原物请求权不宜与基于物权产生的返还原物请求权采取同等程度的保护。德国虽承认物权请求权适用 30 年诉讼时效期间，但对于占有人返还原物请求权却以 1 年不变期间予以限制，正是体现了对真正物权人给予较大程度的保护，而对占有人仅在短期内给予临时保护以尽快稳定社会关系的立法本意。在我国《物权法》起草过程中，对占有制度是否仅调整无权占有存在争议[②]，受占有制度保护的占有人可能并不具有正当的权源，对该类占有人显然不宜采取与物权人同等程度的保护，因此，将《物权法》第 245 条所规定的"一年"期间界定为不变期间较为妥当。

第三，从文义解释的角度，《物权法》第 245 条所规定的"一年"期间不宜解释为诉讼时效期间。依据《物权法》第 245 条的表述，占有人的返还原物请求权在 1 年内未行使的后果是：返还原物请求权消灭。在我国现行法框架下，《民法通则》和《诉讼时效规定》有关诉讼时效期间的条文均不采"××权利自××发生之日起×年内未行使，该权利消灭"之表述。主要原因在于此种表述与《民法通则》所采胜诉权消灭主义和《诉讼时效规定》所采抗辩权发生主义相悖。因此，在《诉讼时效规定》将诉讼时效期间届满的后果明确规定为抗辩权发生的前提下，《物权法》第 245 条所规定的"一年"期间不宜解释为诉讼时效期间。

第四，从学界主流观点的角度来看，《物权法》第 245 条所规定的"一年"期间不宜解读为诉讼时效期间。依据全国人大常委会法工委对《物权法》释义的观点，"从占有保护制度的设立目的和实际功能上

---

① 参见王泽鉴：《民法物权》，北京大学出版社 2009 年版，第 534 页。

② 参见全国人民代表大会常务委员会法制工作委员会民法室编著：《物权法立法背景与观点全集》，法律出版社 2007 年版，第 708—709 页。

讲,此项期间设为除斥期间更妥。其理由在于消灭时效可因事实而中断或者中止,而且它以受侵害人知道或者应当知道受侵害之时开始起算,如果按照消灭时效来规定,此项期间可能远比一年要长,那么将使权利处于长期不稳定的状态。并且通常情况下,占有物返还请求权因除斥期间经过而未行使的,占有人如果对物享有其他实体权利(如所有权),自然可以依照其实体权利提出返还请求,因此也没有必要在本条中规定更长的期间进行保护”。[①] 需要解释的是,返还原物请求权为请求权而非形成权,何以通过除斥期间限制其行使。正因为有此理论障碍存在,故而有学者认为该期间为权利失效期间,而非除斥期间。[②] 笔者认为,立法技术应服从于立法目的。该期间的立法目的决定了其应为不变期间,虽然除斥期间通常适用于形成权,但为实现特定立法目的,将除斥期间适用于某些特殊请求权并非绝对不可。即使在立法技术精密的德国,亦承认适用于占有人返还原物请求权的该期间为除斥期间,而未见理论和实务上有何阻碍。因此,将该期间界定为除斥期间并无不妥。

综上所述,《物权法》第 245 条第 2 款规定之“一年”并非返还原物请求权的诉讼时效。

(三)《诉讼时效规定》第 7 条第 2 款可否被视为现行法承认返还原物请求权适用诉讼时效之依据?

《诉讼时效规定》第 7 条第 2 款规定:“合同被撤销,返还财产、赔偿损失请求权的诉讼时效期间从合同被撤销之日起计算。”依据该款规定,合同被撤销后,返还财产请求权适用诉讼时效。问题在于,该返还财产请求权的性质是否为物权请求权?对于该返还财产请求权的性质,学界存在不同观点,具体有不当得利请求权说、物权请求权说、物权请求权与不当得利请求权并存说、缔约过失责任说等。[③] 该返还财产请求权性质的界定,与是否采用物权行为理论密切相关。在采用物权行为理论的立法模式下,物权变动不因债权行为无效或被撤销而

---

① 胡康生主编:《中华人民共和国物权法释义》,法律出版社 2007 年版,第 522 页。类似观点参见孙宪忠主编:《中国物权法:原理释义和立法解读》,经济管理出版社 2008 年版,第 588—589 页。

② 参见崔建远:《物权法》,法律出版社 2009 年版,第 172 页。

③ 参见马俊驹、余延满:《民法原论》,法律出版社 2010 年版,第 212 页;韩世远:《合同法总论》,法律出版社 2011 年版,第 227—228 页。

受影响，因而返还财产请求权的性质为不当得利返还请求权；而在不采用物权行为理论的立法模式下，物权变动是债权行为的结果，债权行为无效或被撤销亦影响物权变动的效力，因此返还财产请求权的性质为物权请求权。由于我国《物权法》未采用物权行为理论，故通说认为该返还财产请求权应为物权请求权。按照此种理解，《诉讼时效规定》第 7 条第 2 款似乎承认了物权请求权可以适用诉讼时效。但笔者认为，即使在现行法不采用物权行为理论的前提下，也不能将《诉讼时效规定》第 7 条第 2 款作为物权请求权适用诉讼时效的依据。理由如下：

第一，《诉讼时效规定》第 7 条第 2 款所规定返还财产请求权的性质，并非仅限于物权请求权。《合同法》第 58 条规定，“合同无效或者被撤销后，因该合同取得的财产，应当予以返还；不能返还或者没有必要返还的，应当折价补偿”。依据该条规定，合同被撤销后的返还财产包括两种情形：一是返还原财产，如果原财产为有体物的，则基于返还原物请求权向对方请求返还；二是在不能返还或者没有必要返还原财产的情形下进行折价返还，即返还同等价值的金钱。在第一种情形下，返还财产请求权可能是物权请求权；而在第二种情形下，返还财产请求权则为不当得利返还请求权。依据司法实务主流观点，返还财产请求权依其性质的不同，分别适用和不适用诉讼时效的规定。返还财产请求权为不当得利请求权的，应适用诉讼时效的规定。返还财产请求权为不当得利请求权的情形有：① 标的物为劳务或服务，在性质上不能恢复原状的；② 标的物为专利技术、信息资料等无形资产，一旦被对方知悉，在客观上已不能完全返还的；③ 财产是有体物但已不存在（如已被消费）、不能返还（如已被第三人合法取得）或者没有必要返还（如双方同意不返还）的。[①] 因此，对《诉讼时效规定》第 7 条第 2 款规定的返还财产请求权应作缩限解释，解释为《合同法》第 58 条规定的“折价补偿”情形下的返还财产请求权，该请求权为不当得利返还请求权而当然适用诉讼时效。

第二，返还财产请求权与返还原物请求权在内涵和外延上亦不能等同。《物权法》第 34 条规定的返还原物请求权，明确将该请求权的

---

① 参见最高人民法院民事审判第二庭编著：《最高人民法院关于民事案件诉讼时效司法解释理解与适用》，人民法院出版社 2008 年版，第 147—152 页。

标的限定为有体物。《合同法》第58条和《诉讼时效规定》第7条第2款所采用的概念均为“返还财产”而非“返还原物”，这并非简单的用语不同，而是因为两概念之间在内涵和外延上均存在显著区别。其一，返还财产既包括返还原财产，也包括折价补偿。折价补偿属于返还不当得利的性质，与返还原物在性质上迥异。其二，在返还原财产的情形下，原财产为有体物的，可产生返还原物请求权；原财产为无形财产（知识产权、债权等）的，亦不产生返还原物请求权，而只能通过相关制度得到救济。因此，从《诉讼时效规定》第7条第2款所采用“返还财产”的概念来看，就不能简单得出该款承认物权请求权适用诉讼时效的结论。

第三，依据法律的体系解释规则，《诉讼时效规定》第1条将诉讼时效的适用对象界定为债权请求权，则第7条第2款所规定的返还财产请求权也应解释为债权请求权。据此，合同被撤销后，仅性质为债权请求权的返还财产请求权才能适用诉讼时效。

综上所述，《诉讼时效规定》第7条第2款规定的返还财产请求权仅限于依《合同法》第58条规定的“折价补偿”情形下的不当得利返还请求权，《诉讼时效规定》第7条第2款不能被视为现行法承认返还原物请求权适用诉讼时效之依据。

四、我国应否承认返还原物请求权适用诉讼时效之检讨

笔者认为，在解释论层面，现行法并未承认返还原物请求权适用诉讼时效；在立法论层面，在我国当前社会经济发展阶段及现有法律框架下，也不应承认返还原物请求权适用诉讼时效。除否定说已提及之理由外，还有以下几方面理由值得特别注意：

第一，在境外立法上，承认返还原物请求权适用诉讼时效并非立法通例，该规定在我国现有社会经济发展阶段及法治环境下，尚不具备成熟的立法条件。在境外立法上，只有德国、荷兰等少数国家和地区在民法典中明确规定返还原物请求权适用诉讼时效，我国台湾地区在司法实务中承认返还原物请求权适用诉讼时效。而在其他多数国家和地区，或者在民法典中明确规定返还原物请求权不适用诉讼时效，或者虽无明文规定但司法实务否认返还原物请求权适用诉讼时效之可能。即使在德国和我国台湾地区，立法和司法实务上虽然肯定返还原物请求权适用诉讼时效，但学界对此做法一直都存在反对意见，

近年来以一些典型案例为契机，学者对这一做法的批评更是日渐加强。[①] 可见，返还原物请求权是否适用诉讼时效立法模式之选择，在各个国家和地区尚未形成压倒性意见。另一方面，在我国当前社会转型时期，私权保护是法制建设的核心内容之一，将诉讼时效扩张适用于物权领域的条件尚不成熟。有学者认为："从社会经济发展的形态方面来说，诉讼时效制度在西方各国的扩张适用，在一定意义上是所有权限制趋向的表现形式之一。而在我国，私权利尚刚刚在宪法中得以确定，很难说我国已经进入了所有权限制的阶段，恐怕在一定意义上还应当鼓励刚刚起步的私权利。"[②]笔者基本赞同这一论断，在我国当前社会经济发展阶段及现有法律框架下，将诉讼时效的适用限定在债权及民事责任领域较为妥当。

第二，从诉讼时效期间的设置来看，现行法规定的两年普通诉讼时效期间不能实现承认返还原物请求权适用诉讼时效的立法模式所欲实现之立法目的。依据《德国民法典》第 197 条第 1 款第 1 项的规定，源于所有权和其他物权的返还请求权适用 30 年时效期间。其理由在于，"此种请求权旨在实现各种物权。如果此种请求权的时效过短，则能否实现各种原权利将是一个问题。新法考虑到，针对此种源于物权的请求权应适用 30 年的时效期间"。[③] 在我国台湾地区，返还原物请求权适用 15 年时效期间，学界对此的解释是："问题之重点应是就物上请求权之具体内容究应赋予如何之效力，而非法律性质上之争执，故应就消灭时效制度存在之目的上加以考虑，倘认为允许物上请求权长久不行使而不罹于消灭时效，在法律上并不妥当时，使之因时效而消灭，亦难谓有何不可。"[④]由此可见，在承认返还原物请求权适用诉讼时效的立法模式下，法律的基本态度是虽不允许物权人永久性地享有返还原物请求权，但仍赋予物权人足够长的时间行使该请求权以充分保护物权人的利益。故而，德国债法改革虽将普通时效期间改为 3 年，但对返还原物请求权仍适用 30 年时效期间。我国现行法

---

① 参见朱虎：《返还原物请求权适用诉讼时效问题研究》，载《法商研究》2012 年第 6 期。

② 冯恺：《诉讼时效制度研究》，山东人民出版社 2007 年版，第 95 页。

③ 朱岩编译：《德国新债法条文及官方解释》，法律出版社 2003 年版，第 20 页。

④ 谢在全：《民法物权论》（上册），中国政法大学出版社 2011 年版，第 138 页。

规定的普通诉讼时效期间为两年,远远短于承认返还原物请求权适用诉讼时效立法模式所规定的15年和30年时效期间。如果将返还原物请求权适用两年时效期间,将使物权人没有充足时间行使该请求权以保护其物权,而导致物权人之物权受到极大限制,该后果即使是在德国和我国台湾地区亦被认为是不可接受的。

第三,返还原物请求权适用诉讼时效的立法模式以相关配套制度的存在为前提,而在我国现行法框架下尚欠缺这些相关配套制度。持折中说的学者认为,未登记物权之返还原物请求权适用诉讼时效,已登记物权之返还原物请求权不适用诉讼时效。该观点在理论上具有合理性,德国和我国台湾地区也基本采取此做法,但采此做法均须以相关配套制度为前提,而我国现行法则欠缺这些配套制度。其一,现行法未规定取得时效制度。在承认返还原物请求权适用诉讼时效的国家和地区,通常规定有取得时效制度。如果未登记物权之返还原物请求权已经过诉讼时效期间,原物权人不得请求占有人返还原物,可适用取得时效制度解决权利归属问题。占有人占有动产或不动产经过取得时效期间的,由占有人取得动产所有权或不动产所有权登记请求权。[①] 由于现行法未规定取得时效制度,无法解决最终的权利归属问题。其二,现行法规定的土地公有制度导致返还原物请求权适用诉讼时效存在障碍。在现行土地公有制度下,国有土地所有权不能由一般民事主体取得。如果未登记国有土地之返还原物请求权适用诉讼时效,则会导致国家不能请求占有人返还土地,而占有人即使在有取得时效制度的前提下亦不能取得该土地所有权。还应指出的是,《民法通则意见》第170条只是将国家财产受侵害产生的侵权责任请求权排除出诉讼时效适用对象之外,而并未涉及国有财产的归属问题,理由如前文所述。

第四,在我国司法实务上,既有判例态度基本一致,即否认返还原物请求权适用诉讼时效。既有判例产生的法律效果和社会效果基本是正面的,在无特殊理由的情况下,应予以坚持。以下列举两个典型案例。

---

① 参见谢在全:《民法物权论》(上册),中国政法大学出版社2011年版,第152页。

案例 5.5.1　串井小等诉贾计生返还出借的名画案[①]

【案件事实】

原告:串井小、串麦妮(串井小胞妹)

被告:贾计生

两原告主张,其父亲生前收藏着一幅中堂画,原告的父亲生前把此书画视为珍品慎重保存,从不外借。1971 年原告父亲去世后,被告以欣赏为名,到原告家从串麦妮手中借走此书画。原告多次向被告追要,被告在 1991 年两次向原告写有证明,其中 1991 年 12 月 17 日的证明写道:“本人大约在 1970 年从串井小家拿了一幅画,据说是齐白石画的,当时由于不在意,不慎丢失,特此证明(什么时候找到,就及时归还)。”由于被告一直未归还此书画,原告诉诸法院,请求法院判令被告返还,否则予以赔偿。

【裁判要旨】

一审法院经审理认为:被告贾计生借走原告所有的书画,理应妥善保管,及时归还。如果确实不慎丢失,应当承担民事赔偿责任。判决:

(1) 自本判决生效后 10 日内,被告贾计生归还借原告的齐白石的画及潘龄皋的楹联。

(2) 如果交不出以上原物,自本判决生效后 1 个月内,被告赔偿原告齐白石名画的损失 17.01 万元。

(3) 潘龄皋楹联的所有权仍归原告。保留原告对此楹联的追索权。

被告不服一审判决,向河北省邢台市中级人民法院提出上诉。

二审法院经审理认为:上诉人借走被上诉人的书画,应妥善保管,并及时归还。如果丢失应承担民事责任。但由于没有原作,所诉之书画的自身价值难以确定。判决:

(1) 撤销内丘县人民法院一审民事判决书。

(2) 贾计生给付串井小、串麦妮返还书画的保证金 10 万元,接判后 1 个月内付清。

(3) 所争书画为被上诉人所有,串井小、串麦妮保留对此画和楹

---

① 参见最高人民法院中国应用法学研究所编:《人民法院案例选》2000 年第 2 辑(总第 32 辑),人民法院出版社 2000 年版,第 58 页以下。

联的追索权,待上诉人将书画归还后,被上诉人将保证金返还。

该案主审法院认为,原告对争执之画享有所有权,被告非法占有该画,原告基于所有权而享有返还原物请求权。由于被告的非法占有处于一种持续状态中,客观上无法计算侵害的起算点,并且根据物权理论,为保护财产所有权人对物的所有权,原告的返还原物请求权不受诉讼时效限制。

案例5.5.2 查则群诉查则学先栽树影响其后建房采光要求伐除案①

【案件事实】

原告:查则群

被告:查则学

北宁市人民法院经公开开庭审理确认:原、被告双方系邻居。被告于1960年在原告现住房西南13米外栽种了7棵柳树,并于1980年领取了原县人民政府颁发的林木执照。原告现住房为1975年所建,建房时被告的柳树已成材。现因原告建院墙将被告柳树4棵圈在其院内,双方多次发生纠纷,致使原告提起诉讼。

【裁判要旨】

北宁市人民法院认为:原告建房是在被告栽树15年后,原告明知这一情况长达20年之久,说明此现状不是被告所致。加之被告于1980年领取政府颁发的林木执照时,原告对此也未提出异议,应视为原告当时已默认和认可。依据有关民事法律政策之规定,该院于1999年5月31日判决如下:驳回原告的诉讼请求。宣判后,原告查则群表示服判,判决发生法律效力。

该案主审法院认为,该案当事人之间的纠纷属于相邻关系中的采光影响纠纷。案件性质属于物权争议,当事人所主张的请求权为物权请求权,不应适用诉讼时效。被告就其所种树木在1980年取得林木执照,属确权行为,与诉讼时效没有关系,诉讼时效问题不能作为驳回原告诉讼请求的理由。

---

① 参见最高人民法院中国应用法学研究所编:《人民法院案例选》2000年第3辑(总第33辑),人民法院出版社2001年版,第85页以下。

第六章 诉讼时效的效力

第一节 诉讼时效效力现有学说之反思

诉讼时效的效力，是指诉讼时效期间届满后所发生的法律后果。[①] 诉讼时效期间届满是一种法律事实，该法律事实所引起法律关系之变动，与诉讼时效效力为同一问题。诉讼时效效力包含两层基本涵义：一是诉讼时效效力是指诉讼时效期间届满的法律效力，即诉讼时效期间届满引起何种法律关系的变动；二是该法律关系变动的核心要义是义务人的义务或责任发生何种形式和程度的减损，即诉讼时效届满之请求权与正常请求权究竟存在何种差异。学界对于诉讼时效效力问题历来争议较大。在现有争点中，既有不同学说实质上的冲突，也有因认识偏差造成的误解。本章立足于在对现有学说进行梳理、反思的基础上，结合现行法规定，力图对诉讼时效效力进行科学合理的界定。

一、诉讼时效效力之现有学说

各个国家和地区民法所规定的诉讼时效效力是否相同？或者说，在不同立法模式和不同立法技术处理的前提下，诉讼时效效力是否具有实质上的同质性？学界认识不一，大致可分为如下两类观点。

（一）效力区别说

我国大陆及台湾地区民法学界的主流观点认为，诉讼时效效力因各个国家和地区民法的规定不同而有所区别。依该学说，诉讼时效效力可概括为三种立法模式：

---

① 参见佟柔主编：《中国民法学·民法总则》，中国人民公安大学出版社1990年版，第316页；郑玉波：《民法总则》，中国政法大学出版社2003年版，第536页。

1. 模式一:实体权消灭主义

此种立法,将诉讼时效的效力规定为直接消灭实体权。系采纳德国学者温特夏德(Windscheid)的主张。[①] 一般认为,日本民法采取该模式,《日本民法典》第167条规定:"(一)债权因10年间不行使而消灭。(二)债权或所有权以外的财产权,因二十年间不行使而消灭。"富井政章教授指出:"时效之效力,在权利之取得或消灭,无特别规定者,其效力发生于法定期间已满之时,故时效非推定权利得丧之结果。时效之结果,回溯起算日,而生权利得丧之效力,因消灭时效而免除之债务者,无支给完成日以前利息之义务。"[②]

2. 模式二:诉权消灭主义

此种立法,系采纳德国学者萨维尼(Savigny)的主张。萨氏认为,诉讼时效完成后,其权利本身仍然存在,仅诉权归于消灭,此为罗马法消灭时效之本旨。时效届满后的权利,因诉权消灭不能请求法院为强制执行,即所谓自然债。[③] 一般认为,法国、1922年《苏俄民法典》及匈牙利采取该模式。旧《法国民法典》第2262条规定,"一切物权或债权的诉权,均经30年的时效而消灭"[④]。1922年《苏俄民法典》第44条规定,"起诉权,逾法律规定之期间而消灭"。《匈牙利民法典》第325条规定,"时效完成的请求权,不能在法院强制执行"。还有学者认为,意大利民法采取的也是诉权消灭主义。[⑤] 诉权消灭主义在立法及学说上又衍生出"胜诉权消灭主义",关于该说,后文将作详述。

3. 模式三:抗辩权发生主义

系采德国学者欧特曼(Oertmann)的主张。欧氏认为,时效完成

---

① 参见梁慧星:《民法总论》,法律出版社2001年版,第268页。

② 〔日〕富井政章:《民法原论》(第1卷),陈海瀛等译,中国政法大学出版社2003年版,第375—376页。

③ 参见梁慧星:《民法总论》,法律出版社2001年版,第269页。

④ 该条的翻译,此处引用的是梁慧星:《民法总论》,法律出版社2001年版,第269页。梁先生据此得出法国系采"诉权消灭主义"的结论。但依据罗结珍译:《法国民法典》(下册),法律出版社2005年版,第2262条的译文为:"一切诉讼,无论是对物诉讼还是对人诉讼,时效期间均为30年,主张此种时效的人无需提出一项权利证书,他人亦不得提出该人系出于恶意而为抗辩。"

⑤ 参见侯利宏:《消灭时效的效力》,载梁慧星主编:《民商法论丛》(第22卷),金桥文化出版(香港)有限公司2002年版,第279—280页;葛承书:《民法时效——从实证的角度出发》,法律出版社2007年版,第43页。

后,义务人因而取得拒绝履行的抗辩权。如义务人自动履行的,视为抛弃其抗辩权,该履行行为应为有效。[①] 一般认为,德国及我国台湾地区采取该模式。《德国民法典》第 214 条第 1 款规定:"消灭时效完成后,债务人有拒绝履行给付的权利。"我国台湾地区"民法"第 144 条第 1 款规定:"时效完成后,债务人得拒绝给付。"梅迪库斯指出:"债务人在消灭时效届满后有权拒绝给付,这是一种技术意义上的抗辩权。债务人是仅仅主张消灭时效,还是想以其他方式为自己辩护,应当由债务人自己来决定。"[②]王泽鉴先生指出:"依据(台湾地区'民法')第 144 条第 1 项规定,系采抗辩权发生主义,即消灭时效完成后,权利自体本身并不消灭,其诉权亦不消灭,仅使义务人取得拒绝给付抗辩权而已。"[③]梁慧星先生认为,1964 年《苏俄民法典》采取的也是抗辩权发生主义。[④]

(二)效力等同说

针对效力区别说将不同国家和地区划分为不同模式的做法,有学者提出了质疑。有学者认为:"世界各法域尽管在诉讼时效的立法条文上千差万别,但其届满后的法律效果是基本相同的,即均表现为抗辩权发生。"[⑤]"学者有认为日本民法采取了实体权消灭主义,法国采取了诉权消灭主义。但是如果不是从个别规范措辞论断,而是从全部规范分析,这些国家似乎既不是消灭实体权,也不是消灭诉权,而也只是赋予当事人(义务人)通过主张才能拒绝履行义务或免除义务的权利,这就是说,只赋予了抗辩权。"[⑥]

还有学者认为:"关于消灭时效效力三个主义的学说(指实体权消灭主义、诉权消灭主义、抗辩权发生主义——笔者注)有检讨的余地。首先,学说指出的三个主义的代表法典并不准确。将日本民法典视为权利消灭主义的代表,其实是一种误解。《法国民法典》本身并未明确

---

① 参见梁慧星:《民法总论》,法律出版社 2001 年版,第 269 页。

② 〔德〕迪特尔·梅迪库斯:《德国民法总论》,邵建东译,法律出版社 2001 年版,第 102 页。

③ 王泽鉴:《民法总则》,北京大学出版社 2009 年版,第 430 页。

④ 参见梁慧星:《民法总论》,法律出版社 2001 年版,第 269 页。

⑤ 葛承书:《民法时效——从实证的角度出发》,法律出版社 2007 年版,第 65—66 页。

⑥ 龙卫球:《民法总论》,中国法制出版社 2002 年版,第 626—627 页。

其属于权利消灭主义还是诉权消灭主义,而且就该法典而言,以上两个主义的区分对其没有实际意义,因此将其视为权利消灭主义或诉权消灭主义的代表都是不恰当的。其次,将消灭时效的效力归结为三个主义,并未触及消灭时效效力的根本。按照三个主义的学说,上述几个法典应属于不同的主义,时效完成的法律效果应该是不同的。但是,很多法典中消灭时效效力的内容在以下几方面其实是一致的:1. 消灭时效完成后,债务人可以拒绝履行债务。2. 对时效完成的债务的给付,不得要求返还。3. 消灭时效的完成,不影响时效完成前已经适于抵销的债务的相抵。综上,三个主义的学说是从法典规定的表面进行分类,有牵强的嫌疑。"①

基于上述梳理可知,效力区别说的要点有:① 各个国家和地区诉讼时效效力是存在差异的;② 证明该差异存在的主要依据是各民法典条文的规定。

效力等同说的要点有:① 各个国家和地区诉讼时效效力是基本一致的;② 各国及地区诉讼时效效力的一致性主要表现为抗辩权的产生;③ 判断诉讼时效效力,不应仅依据个别条文的字面含义,而应结合相关条文作综合判断。

二、诉讼时效效力现有学说之反思

(一) 实体权消灭主义之反思

学界一般认为,日本民法采取的是典型的实体权消灭主义。有学者对此立法模式提出批评意见,认为:"其一,实体权利全部因诉讼时效而消灭,从时效利益的归属而言,其明白无误地阐明了时效利益应归债务人。换言之,在诉讼时效期间届满后,债务人履行义务便无法律上的依据,若权利人接受义务人的履行就属不当得利。但是如此立法不仅将法律与道德绝对区分,将二者完全割裂,对权利人未免过于苛刻,而且忽略了当事人的主观意愿,杜绝了义务人于诉讼时效期间届满后履行义务的合法性,过分突出了法律的干预。其二,实体权利因诉讼时效期间届满而全部消灭,会发生权利归属处于真空状态,即一方面权利人的权利因诉讼时效完成而消灭,他方面相对义务人又不

① 侯利宏:《消灭时效的效力》,载梁慧星主编:《民商法论丛》(第 22 卷),金桥文化出版(香港)有限公司 2002 年版,第 280—282 页。

能因此取得权利。”[①]这些批评建立在这样一种基础之上，即依据日本民法，诉讼时效期间届满导致权利本体归于消灭，即使义务人自愿履行，亦构成不当得利而可要求权利人返还。但是，这种认识与事实相符吗？笔者认为，日本民法中时效届满即导致实体权利当然消灭的观点实际上是一种积众成谬的误解。

第一，该观点的主要依据是《日本民法典》第167条的规定：“① 债权因十年间不行使而消灭。② 债权或所有权以外的财产权，因二十年间不行使而消灭。”而且，《日本民法典》第168条以下各条对于特殊时效期间的规定，也都采取“××权利，因××年不行使而消灭”的表述。但是，仅以这种条文表述就推导出实体权消灭的结论，是不能令人信服的。因为，我国台湾地区“民法”第125条规定，“请求权，因十五年间不行使而消灭”。该表述与日本民法完全相同，但学界并未因此认为台湾地区民法采实体权消灭主义，而认为其所采为抗辩权发生主义。

第二，在日本学界，不认为义务人自愿履行时效期间届满的义务构成不当得利。山本敬三教授指出：即使时效完成，是否享有权利的取得、义务的消灭这种利益，还要依赖于当事人的意思。表明享受这种利益的意思为时效的援用，而表明放弃的意思为时效利益的放弃。民法在规定因时效的完成而取得权利或权利消灭（《日本民法典》第162、167条）的同时，还规定：如果当事人不援用，则法院不得依时效进行裁判（《日本民法典》第145条）。对于要求援用的理由，学说上有确定效果说、不确定效果说等不同观点。[②] 我妻荣教授认为：“本来，裁判应当依据实体性权利义务关系进行，尽管依时效发生权利的得丧，但如果不能原原本本地进行裁判，就可以说是一种矛盾。因此，应当如何谋求这之间的调和构成第一个问题。……从时效是也要考虑当事人的意思使之发生效果的制度来看，解释为时效完成时，当事人依援引得使权利的得丧发生，作为说明是最为简明的。与德国民法将消灭时效的效果作为抗辩权的取得的宗旨相同，说明时效完成后的

---

① 夏利民：《民法基本问题研究》，中国人民公安大学出版社2001年版，第241页。

② 参见〔日〕山本敬三：《民法讲义1 总则》，解亘译，北京大学出版社2004年版，第379—381页。

清偿和承认的效果也适当贴切。这样进行解释,就脱离了民法作为时效的效果发生权利的得丧的文理。但是,将第 162 条、第 167 条等的规定与第 145 条、第 146 条综合地加以解释,决没有不合理之处。"[1]四宫和夫教授认为,时效完成的直接效果是援用权的产生。"时效完成之要件一旦具备,享受时效利益之人即取得援用权。由于援用权之行使,时效下之权利得失方得以出现。亦即,时效援用权作为时效完成之直接效果而产生,其行使加上时效之完成,使时效之本体效果得以产生。[2] 四宫和夫教授的观点,除了所用概念不同之外,已经与抗辩权发生说没有本质区别。由此可见,日本学界认为,时效完成的效力应与当事人是否援用结合在一起考虑。因此,时效届满后,义务人自愿履行的,即为放弃时效利益,亦构成有效清偿而非不当得利,这与其他国家的时效效力并无不同。

第三,日本司法实务界在司法实践中并未采用所谓实体权消灭主义作为司法活动的指导。日本法律实务界和理论界,无论当事人双方进行辩论时,还是法官的判决书中,或者在学者的文章中,都经常使用"请求权""时效的抗辩"等概念。在审判实务中,时效的援用一般最迟必须在二审的口头辩论终结前行使,假如因没有援用完成了的时效而败诉时,那之后债务人就不能再以消灭时效为理由主张债务的消灭(1939 年 3 月 29 日大审院判决)。这些均与德国民法消灭时效规定的宗旨一致。从日本民法的条文、判例中,均看不出在请求和接受给付这两个债权的基本权能方面,日本的"权利本身消灭"与德国的"请求权消灭"有何本质不同。[3]

第四,日本民法承认时效期间届满的债权可用于抵销,此与实体权消灭主义的精神不符。《日本民法典》第 508 条规定:"因时效消灭的债权,在其消灭以前适于抵销时,其债权人可以适用抵销。"既然时效期间届满的债权可适用抵销,这表明实体权利并未消灭。因为如果时效期间届满导致实体权利消灭,也就不存在所谓抵销的问题了。因

---

① 〔日〕我妻荣:《我妻荣民法讲义 I 新订民法总则》,于敏译,中国法制出版社 2008 年版,第 411—412 页。

② 参见〔日〕四宫和夫:《日本民法总则》,唐晖、钱孟珊译,五南图书出版有限公司 1995 年版,第 332 页。

③ 参见于敏:《侵权损害赔偿请求权的消灭时效》,载梁慧星主编:《民商法论丛》(第 22 卷),金桥文化出版(香港)有限公司 2002 年版,第 238 页。

此,该条规定与各国或地区“时效期间届满的债权仍可用于抵销”的普遍态度,也并无不同。

由此可见,认为日本民法采取实体权消灭主义的观点,是仅从条文字面含义理解所造成的误解。诉讼时效期间届满后,并不当然导致实体权利消灭;义务人自愿履行义务的,也并不构成不当得利;已过时效的债权,仍可用于抵销。日本民法所规定的诉讼时效效力,与德国等其他国家并无本质上的区别。

(二)胜诉权消灭说之反思

在《民法通则》颁布后相当长的时期内,胜诉权消灭说在我国学界处于通说地位。佟柔先生认为:“时效届满,权利人的胜诉权消灭,其起诉权和实体权利则不消灭。无论当事人是否了解时效否认规定或是否提出时效抗辩,司法机关均应依职权调查诉讼时效问题,如果原告的请求或权利适用诉讼时效,且时效期间已经届满,又没有应予保护或延长时效期间的特殊情况,就应判决对其权利不予保护。这种做法,由苏联首先实行,并为我国和其他社会主义国家所采纳。它把当事人的意志和司法机关的职能及主导性结合起来,从而可以保障各种当事人在适用法律上的平等。根据我国民法通则的规定,采用胜诉权消灭说,义务人在时效届满后自愿履行的,权利人仍有权接受,这一点与诉权消灭说的效果相同。时效完成后,主权利不受保护,其从权利也随之丧失法律保护。因为后者是从属性,不能脱离主权利而独立存在。”①

彭万林先生认为:“诉权包括起诉权和胜诉权,前者为权利人发动诉讼程序以保护权利之权;后者为在权利之存在经诉讼程序确认后,请求法院运用国家强制力使权利得以实现之权。在我国,诉讼时效完成后,不及时行使权利的权利人不丧失起诉权,仍可向法院请求发动诉讼程序,以便法院调查有无诉讼时效已完成的事实,以及权利人于时效期间内不行使权利有无法定事由之外的正当理由,从而作出正确的处断。但在诉讼程序开始后,法院经调查确认诉讼时效已完成,权利人于时效期间内不行使权利无法定事由外的正当原因的,将驳回权

---

①　佟柔主编:《中国民法学・民法总则》,中国人民公安大学出版社 1990 年版,第 317—318 页。

利人之诉讼请求。”①

李开国先生认为：“实体诉权消灭主义的优越性在于：按实体诉权消灭主义，诉讼时效期间届满后，不仅作为母体的民事权利本身不消灭，其所生的请求权亦不消灭，仅请求权之强制执行效力丧失（即实体诉权消灭），这样当事人间的权利义务仍可在道德层面上继续存在（即作为自然权利义务关系而存在）。这种制度设计也就一一克服了民事权利消灭主义、请求权消灭主义所存在问题，在诉讼时效完成的法律效果问题上形成了一个以时效利益抛弃规则为中心的，以实体诉权消灭规则、抗辩权发生规则为照应的和谐的制度体系。这种制度构建的好处还在于，它将原本由法律解决的问题基于诉讼时效期间届满而交给道德去解决，这就既实现了诉讼时效制度所追求的效益价值，又缓和了因诉讼时效期间届满而引发的法律与道德的紧张关系。根据我国《民法通则》第 135 条和第 138 条规定的精神，我国民法采取的是实体诉权消灭主义。”②应注意的是，李开国先生主张的实体诉权消灭主义，从字面上看似乎应属胜诉权消灭主义，但李开国先生同时又认为“时效利益抛弃规则是时效效果立法的核心规则”，“义务人的时效抗辩权自权利人的诉讼时效期间届满时当然取得，但是不能认为权利人的实体诉权自诉讼时效期间届满时当然消灭”。③ 可见，该实体诉权消灭主义与传统的胜诉权消灭主义并不完全相同。

根据这些论述，胜诉权消灭说的要点有：① 无论时效期间是否经过，均不消灭起诉权；② 法院应主动援引时效规定；③ 义务人自愿履行债务，仍然有效。

近些年来，学界对胜诉权消灭说持批评、反对的意见越来越多，其否定该说的理由主要有以下几个方面：

1. 理由一：“胜诉权”概念本身就不合理

有学者对“胜诉”是否为一种权利提出质疑。“胜诉权的说法不甚合理。它容易使人产生曲解，联想到胜诉权利消灭，仿佛权利人只要在时效期间届满前为诉讼上请求就会胜诉。事实上，虽然当事人有胜诉权是胜诉的依据，无胜诉权是其败诉的原因，但当事人起诉后是

---

① 彭万林主编：《民法学》，中国政法大学出版社 1994 年版，第 136 页。
② 李开国：《民法总则研究》，法律出版社 2003 年版，第 449—450 页。
③ 同上书，第 445、451 页。

否胜诉并不确定，胜败与否取决于法院的审定。”[①]“如果承认‘胜诉’是一项权利的话，那么‘胜诉权’这个概念就暗含这样的意思：如果某人拥有胜诉权，那么他就应当获得胜诉，法院就应当判决其胜诉。如此，法院审理案件的目的则成为辨别谁享有胜诉权。”[②]“胜诉是诉讼结果的一种，把获得某种特定结果作为诉讼参与人的既定权利，这是违反法理和实践的。胜诉与否取决于每一具体案件中当事人提出的诉讼请求是否相当于其实体权益，它可能因当事人变更其诉讼请求而改变。胜诉是可变的结果，不是法定的权利。因此，即便抽离实体意义上的诉权的这一中间环节，直接规定消灭时效的效力为诉权消灭，也是不科学的。实体意义上的诉权这一概念自身尚未定型，认为消灭时效的效力在于实体意义上的诉权消灭，只能使消灭时效的效力不知所指，概念模糊。”[③]

2. 理由二：“胜诉权”的基础“二元诉权说”存在理论瑕疵

“胜诉权”概念的逻辑起点，是二元诉权说，即认为诉权具有程序意义和实体意义这两重诉权。但是，“二元诉权说仅仅在技术上对资产阶级的三大诉权说作糅合处理，缺乏合理性；而且无同一概念的内涵，使程序意义和实体意义诉权陷入相互矛盾；在诉讼实践中区分二者的工作相当困难，而且没有必要。”[④]“近年来，随着诉讼法学研究的发展，国外各种诉讼制度及理论被不断地引进并给予评价，与此同时亦有不少国内学者自己的原创性见解。在我国法学研究薄弱时期从前苏联引进的传统的二元诉权说亦因其自身的诸多弊端而受到较多批判，此后发展起来的各种诉权学说虽大部分仍秉承着诉权的程序涵义和实体涵义的划分，但其具体内容已有了较大差异，且在关于诉权理论的论述中已鲜有‘胜诉权’概念。我们不应用‘胜诉权’这一含混的概念来阐释实质意义上的诉权，‘胜诉权’一词应从诉权理论中加以

---

① 夏利民：《民法基本问题研究》，中国人民公安大学出版社 2001 年版，第 242 页。

② 闫庆霞：《“胜诉权”辨析》，载《法学评论》2007 年第 1 期。

③ 温世扬、廖焕国：《民事时效立法简论》，载王利明等主编：《中国民法典基本理论问题研究》，人民法院出版社 2004 年版，第 222—223 页。

④ 江伟主编：《民事诉讼法学原理》，中国人民大学出版社 1999 年版，第 240 页。

剔除。"[①]

3. 理由三:胜诉权消灭说导致理论学说与现实生活的背离

"按照诉讼时效届满胜诉权消灭说,在诉讼程序中,由于权利人请求法院予以强制保护其权利的胜诉权消灭,故其请求义务人履行义务的请求不能实现。但是,就权利人直接要求义务人履行义务而言,由于其'实体意义上的权利'仍然存在,故义务人并没有不履行义务的正当性,理论上仍然应当履行自己的义务。可是,实践中,一般情况下,多是权利人直接向义务人主张权利,义务人也直接以诉讼时效届满为由予以拒绝,而对于诉讼时效确已届满的权利,权利人一般也不会再诉至法院,徒增烦扰。那么,我们是不是应当因为义务人并没有在诉讼程序中主张诉讼时效届满,权利人胜诉权消灭,因而就否认这种社会通行做法的实际效力呢?"[②]"诉讼时效期间届满仅是说明权利人请求法院强制义务人履行义务的权利有丧失的可能性,而非实际丧失。也就是说时效期间届满后并非法院就绝对不保护权利人的权利,如权利人有正当事由或义务人放弃时效利益,权利人还可实现自己的权利。"[③]

4. 理由四:法院主动援引时效规定违背了私法自治的理念

"法庭不待当事人主张而主动适用诉讼时效,违背民法时效制度的本质和市场经济的要求,加之中国民法通则规定的诉讼时效期间过短,更严重不利于人民和企业合法权益的保护。"[④]"法院主动适用诉讼时效,是对当事人处分权的过分干预。诉讼时效届满,义务人就取得了一种可以不再履行其义务的利益,权利人如提出请求,义务人可进行有效的抗辩。既是一种利益,在法律规定的范围内应允许当事人自由处分,换言之当事人对诉讼时效主张与否,是对其时效利益的处分,这种处分既没有违反法律的规定,也没有侵犯国家、集体及他人的合法权益。因此,人民法院不应主动干预,否则就破坏了私法自治原

---

① 闫庆霞:《"胜诉权"辨析》,载《法学评论》2007 年第 1 期。

② 史浩明、张鹏:《胜诉权消灭说 vs 抗辩权发生说》,载《法律适用》2004 年第 11 期。

③ 夏利民:《民法基本问题研究》,中国人民公安大学出版社 2001 年版,第 241 页。

④ 梁慧星:《民法总论》,法律出版社 2001 年版,第 270 页。

则。”[①]法院主动援引时效规定之不妥当性，王利明先生归纳为四个方面的理由：“第一，法官依职权主动审查违背了私法自治的精神。第二，法官依职权主动审查不利于对债权人的保护。第三，法官依职权主动审查不利于使法官保持中立地位。第四，法院依职权主动审查时效是否届满，乃是因为受到苏联民法胜诉权消灭主义的影响，且与我国民事诉讼历来采取职权主义的诉讼模式有关。”[②]

笔者认为，胜诉权消灭说在理论及实践上存在诸多缺陷，是毋庸置疑的事实，学者对其的批评理由也基本上可以成立，但对胜诉权消灭说也应给予客观公正的评价。笔者对胜诉权消灭说的评价如下：

第一，该说产生的历史背景是，私法自治的理念在立法及实践上尚未被充分认识，法院审判方式采取职权主义模式，苏联民法理论对我国立法及实践尚存在巨大影响。因此，胜诉权消灭说是特定历史阶段的必然产物。该说在民事立法及理论研究均未成熟的特定历史阶段，为保证民事案件的顺利审结、民事纠纷及时得到解决、促进理论研究的进一步深入，曾经发挥过积极的、正面的作用，对此应予承认，而不宜一概否定该说的历史作用。

第二，该说主张法院应主动援引时效规定，这是该说在理论上推导出的结论。《民法通则》对于法院能否主动援引时效规定，实际上并未作出规定。主张法院应主动援引时效规定的观点，在特定历史条件下可能是合适的，因为它与极端的职权主义审判模式是一致的，但是在民事立法及实践已经取得了巨大进步的今天，该主张显然不能为理论及实践所接受。

第三，《民法通则》有关诉讼时效的规定，并未出现“胜诉权”字样。胜诉权消灭说只是学理上对诉讼时效效力的一种理论描述或理论总结，不宜将该说理解为是指导《民法通则》进行时效立法的理论依据。义务人有权拒绝履行时效届满的义务、义务人自愿履行后不得要求返还，这两点是诉讼时效届满后最基本的法律后果，对此，胜诉权消灭说也是承认的，与其他各说并无不同。因此，我们不宜过分夸大胜诉权消灭说在理论及实践上的危害，虽然该说也确实存在一定程度的

---

① 汪渊智：《论诉讼时效完成的效力》，载《山西大学学报》2002 年第 3 期。

② 王利明：《民法总则研究》，中国人民大学出版社 2003 年版，第 713—714 页。

不足。

第四,“胜诉权”概念在理论上难以自圆其说,主张法院应主动援引时效规定有违私法自治原则,这两点是胜诉权消灭说的致命缺陷。在民事立法及理论研究已经逐渐趋于成熟的今天,胜诉权消灭说作为历史的产物,已经完成了其应有的历史使命,应当被其他更为合理的理论所替代。

三、诉讼时效效力之新近学说

在批判胜诉权消灭说的基础上,有学者提出以抗辩权发生说、请求权消灭说、实体权利消灭主义代替胜诉权消灭说。

近年来,多数学者主张抗辩权发生说,例如王利明先生认为:“采纳抗辩权发生说的主要理由在于:第一,它完全符合时效制度的目的。第二,体现了私法自治的精神。第三,抗辩权发生说准确地解释了时效届满的直接效果与援引时效条款所产生的效果。第四,对于诉讼时效届满后,义务人自愿履行债务的行为进行了合理的解释。第五,抗辩权发生说符合大多数国家的立法经验。”[①]还有学者认为:“抗辩权发生主义的正当性在于:(1) 鉴于实体权及诉权消灭主义具有的内在缺陷而坚持抗辩权发生主义。(2) 抗辩权发生主义具有其他两种模式所欠缺的内在合理性。(3) 抗辩权发生主义与诉讼时效制度的价值目标相符,并能体现意思自治的精神。(4) 抗辩权发生主义更能体现法律的人性化、人文化因素,利于法律与道德的融合。(5) 抗辩权发生主义符合大多数国家的立法经验。”[②]

亦有少数学者主张请求权消灭说,认为:“采胜诉权消灭说过于局限,难以反映时效的全貌;而采实体权消灭说,则难以圆满解释时效制度。我国将来的民法典应采用请求权消灭说。”[③]还有学者提出主张请求权消灭说的理由:“第一,由于诉讼时效的客体是请求权,因而时效完成后直接导致的是请求权的丧失,而不能是其他权利。第二,时

---

① 王利明:《民法总则研究》,中国人民大学出版社 2003 年版,第 746—747 页。

② 冯恺:《诉讼时效制度研究》,山东人民出版社 2007 年版,第 236—238 页。

③ 柳经纬:《关于时效制度的若干理论问题》,载《比较法研究》2004 年第 5 期。

效完成后所消灭的请求权，不是向法院提起的诉讼的权利即起诉权，而是向法院请求保护的权利，对此我国《民法通则》第135条明确规定：'向人民法院请求保护民事权利的诉讼时效期间为二年，法律另有规定的除外。'请求权的消灭，意味着基础权利的请求力丧失，而基础权利仍然存在。以债权为例，时效完成后债权的请求权能不存在，但其受领给付和保持给付的权能照样存在，债权自身并不消灭。第三，时效完成后并不意味着请求权的绝对消灭，而是相对消灭。也就是说，时效届满后请求权并不是自动地、当然地、绝对地丧失，而是有条件地丧失，该条件便是义务人行使拒绝履行的抗辩权。只有在义务人进行抗辩的情况下，请求权才丧失。"①

还有少数学者主张实体权消灭主义，认为："从法国民法典规定消灭诉权到德国民法典的抗辩权产生，再到日本民法和瑞士债法的不完全的实体权利消灭，诉讼时效经过后，权利的效力沿着从强到弱、从有到近乎于无的路径走向。这几部法律中，数法国民法典的消灭诉权最弱，其次是德国民法典的抗辩权产生，日、瑞法律中的不完全实体权利消灭主义对权利人权利的限制最强。也许这种关于诉讼时效的效力立法的演化，并不是立法者的刻意追求，他们或许并没有发现其中的趋势。随着人口的城市化和经济的全球化，诉讼时效届满后权利的效力将会进一步削弱，乃至最终彻底消灭。这应当是诉讼时效效力立法所体现的发展趋势。从制定一部面向未来的法律的角度来看，我国诉讼时效效力的立法应当抛弃既有模式，实行完全的实体权利消灭主义。完全的实体权利消灭主义立法模式下，诉讼时效期间届满后，权利人权利彻底消灭，义务人没有法律上的给付义务。即使当事人在诉讼中没有引用时效抗辩，法官也应当主动引用时效条款进行判决驳回原告的诉讼请求。"②

---

① 汪渊智：《论诉讼时效完成的效力》，载《山西大学学报》2002年第3期。

② 魏盛礼：《完全的实体权利消灭主义：我国诉讼时效效力立法的应然选择》，载《河北法学》2006年第11期。

第二节 诉讼时效效力立法模式之共性分析

根据上节的梳理可以看出,对诉讼时效效力的现有研究存在以下几点不足:其一,过分夸大各国或地区诉讼时效效力的差异性,忽略了各立法模式在本质上的共性。尤其是效力区别说将各国或地区立法分为三个主义的做法,极易使人误认为各国或地区诉讼时效效力存在着不可调和的冲突。其二,将时效援引规则作为一个孤立的规定看待,忽略了时效援引规则对诉讼时效效力的影响。实际上,诉讼时效援引规则直接影响甚至决定了诉讼时效完成所产生的法律效力。其三,没有严格区分诉讼时效期间届满的直接效力与行使时效抗辩权或援引权的效力之间的区别。由于这些不足,使学者间对诉讼时效效力产生了各种模糊认识,以及各种不必要的争论。

一、诉讼时效效力与时效援引规则的三种立法模式

时效援引规则对诉讼时效效力具有重要影响,对时效援引规则采取不同立法技术进行处理,直接影响着诉讼时效期间届满的法律后果。以诉讼时效效力与时效援引规则的关系为标准,可将不同国家和地区的立法模式分为三种:

1. 模式一:规定诉讼时效届满的义务人取得抗辩权,不规定时效援引规则

德国、我国台湾地区采取该模式,该模式被现有学说称为抗辩权发生说。《德国民法典》第 214 条第 1 款规定:“消灭时效完成后,债务人有拒绝履行给付的权利。”该条规定了债务人的诉讼时效抗辩权,但值得注意的是,《德国民法典》并没有规定法院不得主动援引时效的规则。这是因为,诉讼时效届满的直接后果是义务人取得抗辩权,由于该抗辩权属于义务人享有,法院不能主动援引时效规定则为文中当然应有之义。因此,虽然《德国民法典》没有规定时效援引规则,但德国学界普遍认为时效规定应由义务人主张,法官不得主动援引。[1]

---

① 参见〔德〕迪特尔 · 梅迪库斯:《德国民法总论》,邵建东译,法律出版社 2001 年版,第 102 页。

2. 模式二:规定诉讼时效届满,权利(或诉权)消灭,同时规定法院不得主动援引时效规则

日本、法国采取该模式。在这种模式下,诉讼时效届满的直接后果并非权利(或诉权)消灭,而是义务人取得援引时效规定的权利。换言之,权利(或诉权)的消灭,不是诉讼时效届满的当然效力或后果,而是义务人援引时效规定的后果。《日本民法典》第 167 条以下规定消灭时效期间均采"××权利,因××年不行使而消灭"的表述;第 145 条规定了时效援引规则:"时效非经当事人援用,法院不能依时效裁判。"采取该模式的国家及地区,在法典上不像德国民法直接规定义务人的时效抗辩权,但"权利(或诉权)消灭 + 法院不得主动援引时效"规定的客观效果,与德国民法的抗辩权发生主义实际上是类似的。①

3. 模式三:规定诉讼时效届满的义务人取得抗辩权,同时规定法院不得主动援引时效规则

葡萄牙、阿根廷、我国澳门特区采取该模式。《葡萄牙民法典》第 303 条规定了时效援引规则,"法院不得依职权代为主张时效;时效必须由其受益人或其受益人之代理人或受益人为无行为能力时,由检察院通过司法或非司法途径主张后,方生效力"。第 304 条第 1 款规定了债务人的时效抗辩权:"时效完成后,受益人可拒绝履行给付,或以任何方式对抗他人行使时效已完成之权利。"单纯从立法技术上来看,该模式有重复规定之嫌。因为如果规定了诉讼时效届满的后果是义务人取得抗辩权,由于该抗辩权归属于义务人,法院当然无权越俎代庖主动适用,因此也就无需再规定法院不得主动援引时效规则。这也正是德国民法仅规定时效抗辩权,而不规定法院不得主动援引时效规则的原因。但从另一方面看,这样双重规定的好处在于,可以避免当事人之间的无谓争议、明确法官的职责范围,因此该模式在司法实务上亦有其积极价值。

比较这三种模式,第一种模式立法技术最为严谨,法律效果最为清晰;第二种模式在法律效果上虽与第一种模式相同,但其"××权

---

① 对于时效援引规则的性质,即该规则为实体法规则还是程序法规则,日本学界存在争议,有不确定效果说、解除条件说、停止条件说、要件说等。参见〔日〕四宫和夫:《日本民法总则》,唐晖、钱孟珊译,五南图书出版有限公司 1995 年版,第 335 页;〔日〕我妻荣:《我妻荣民法讲义Ⅰ新订民法总则》,于敏译,中国法制出版社 2008 年版,第 411—412 页。

利,因××年不行使而消灭”之规定容易引起误解,且多需要借助理论上的解释和澄清才能明确其真实法律效果;第三种模式法律效果清晰,但在立法技术上稍存瑕疵。

二、三种立法模式法律效果之共性分析

上述三种立法模式虽然在立法技术上存在差异,但对于诉讼时效届满所产生的具体法律后果,实则基本态度一致,具体可归纳为以下几个方面:

第一,区分诉讼时效期间届满的直接效力与行使时效抗辩权或援引权的效力。

诉讼时效期间届满的直接效力与行使时效抗辩权或援引权的效力,是两个不同层面的问题。前者是指诉讼时效期间届满引起的直接后果、当然后果,该效力是随着诉讼时效期间届满当然发生的,而与当事人的意思无关。该效力是案件事实因符合法律相关规定而直接产生的效果,该效果并不表明在案件审理中法官必然会适用时效规定作为裁判的依据。后者是指当事人主张时效抗辩权或援引权之后,在案件的具体审理过程中,法院依据时效规定作出相关裁判所体现出的效力。该效力是否发生,取决于当事人的意思及法官对具体事实的认定。也就是说,该效力并不随着前一种效力产生而当然产生,该效力的产生还需要具备其他的一些条件。基于对这两种效力的区分,有学者将前一种效力称为“时效完成之直接效果”,后一种效力称为“时效之本体性效果”。[①] 质言之,诉讼时效期间届满的直接效力解决的问题是“时效期间届满能使何人取得何种利益”,行使时效抗辩权或援引权的效力解决的问题是“享有时效利益的当事人一旦行使其权利,在裁判上具体体现为哪些效果”。将诉讼时效效力分为此两个层面的问题分别考察,是讨论诉讼时效届满所生具体法律后果的基本前提。

第二,诉讼时效期间届满的直接效力,是作用于义务人方面的,即使义务人取得用以对抗权利人的某种权利。

从各个国家和地区的规定来看,诉讼时效期间届满的直接效力,均表现在义务人方面。其一,诉讼时效期间届满的直接效力,主要表

---

① 参见〔日〕四宫和夫:《日本民法总则》,唐晖、钱孟珊译,五南图书出版有限公司1995年版,第332、341页。

现为义务人取得用以对抗权利人的某种权利。德国民法将该权利规定为时效抗辩权，日本民法将该权利规定为时效援引权，葡萄牙民法同时规定为抗辩权与援引权。义务人的这些权利无论冠以何种名称，其基本作用都是用以对抗权利人的请求权。其二，诉讼时效期间届满的直接效力，并不直接表现在权利人方面。诉讼时效期间届满，并不直接导致权利人的权利消灭或减损，而是由对方即义务人取得对抗权利人的某种权利。其三，诉讼时效期间届满，也不意味着法院可直接依据时效规定作出裁判。由于抗辩权或援引权归属于义务人，即使客观上时效期间届满，法院也不得主动依职权适用时效规定作出裁判。各个国家和地区的法律或者明文规定法官不得依职权主动援用时效，或者通过将时效抗辩权归属于债务人而实际上使法官无法主动援用时效，但各立法对此问题的态度基本一致，仅个别立法与此相反，例如1964年《苏俄民法典》。《苏俄民法典》规定法院可不考虑当事人的意思而直接适用时效规定，该规定严重违反意思自治的基本理念，已被绝大多数立法例所抛弃。

第三，行使时效抗辩权或援引权所产生的具体效力，各个国家和地区的立法例具有共性。

义务人主张抗辩权或援引权，表明义务人具有依诉讼时效对抗权利人的意思，因此法院在案件审理及裁判时，应考虑有关诉讼时效的相关事实，诉讼时效规定亦应成为法院的裁判依据。行使时效抗辩权或援引权的效力，四宫和夫教授将其称为“时效之本体性效果”，各个国家和地区的立法例虽采不同立法技术，但对于诉讼时效该效力的规定具有以下几方面的共性：

首先，诉讼时效期间届满的权利丧失强制执行力，即权利人如果以该权利作为向法院申请强制执行的依据，不会得到法院的支持。德国学界一般认为，“如果债务人在诉讼程序中提出了时效抗辩权，那么，债权人的请求权就不能通过司法程序得到执行，也就是在这个意义上成为‘无诉权’的了，对于这种请求权不用考虑它在实体法上是否成立，就不予支持”[①]。我国学界一般认为，“对权利人来说，在时效届满后，权利人的实体权利和诉权均不发生消灭。如果义务人援引时效

---

① 〔德〕卡尔·拉伦茨：《德国民法通论》（上册），王晓晔等译，法律出版社2003年版，第346—347页。

抗辩权，权利人的权利就会转化为一种不完全的权利，即形成一种自然权利。[①] 在时效届满以后，权利人的债权中的请求权能减弱，而债权的受领权能并没有减弱。”[②]这些论述虽存在差异，但其共同点在于，都认可时效抗辩权被主张后，与其相对的请求权的权能就会导致一定程度的减损，即该请求权中依司法程序请求强制执行的权能归于消灭。因此，时效抗辩权被主张后，对权利人而言，其享有的权利成为一种无法得到强制执行的权利，但权利的其他权能仍然可能存在。

其次，诉讼时效期间届满后，义务人自愿履行的，权利人不构成不当得利，义务人不得要求返还。《德国民法典》第 214 条第 2 款规定：“为满足已完成消灭时效的请求权而给付的一切，即使是在不知道请求权已完成消灭时效的情况下给付的，也不得请求返还。债务人的合于合同的承认以及担保的提供，亦同。”各个国家和地区的大多数立法，都有与《德国民法典》第 214 条第 2 款类似的规定。旧《法国民法典》没有就义务人自愿履行的效力专门作出规定，但是法国学界一般认为，“在自愿履行时效届满的债务的情形下，可能并不必借助自然债务理论来解释拒绝返还之诉，尽管这通常被认为是自然债务最为典型的情形。实际上，时效并不会自动导致债务的消灭，它必须由债务人援引。因此，如果在履行完毕以后再主张时效已经届满，从而要求返还，就应当看到在给付的当时，民事债务是具有完全的效力的，故接受给付不构成不当得利”[③]。修改后的《法国民法典》新设第 2249 条对义务人自愿履行的效力作出了规定。《日本民法典》也没有就义务人自愿履行的效力专门作出规定，但依据上文的分析，在日本学界及司法实务界公认的观点是：已过时效的义务人自愿履行的，不构成不当得利。

再次，诉讼时效期间届满的债权，在符合一定条件的前提下，仍可用于抵销其他债权。《德国民法典》第 215 条规定：“在最早可抵销或拒绝履行给付的时刻，请求权尚未完成消灭时效的，消灭时效的完成，

---

① 学界通常将时效届满之债权称为“自然债权”，但也有少数学者持不同意见，例如黄立先生认为：“时效完成之请求权，与自然债务不同，此请求权仍可控诉，而于不抗辩时亦可获胜诉之判决，故此种请求权，应称为不完全请求权。”参见黄立：《民法总则》，中国政法大学出版社 2002 年版，第 495 页。

② 王利明：《民法总则研究》，中国人民大学出版社 2012 年版，第 767 页。

③ 〔法〕雅克 · 盖斯旦等：《法国民法总论》，陈鹏等译，法律出版社 2004 年版，第 691 页。

不排除抵销和对留置权的主张。”瑞士(《瑞士债法典》第 120 条)、日本(《日本民法典》第 508 条)、我国台湾地区(“民法”第 337 条)等均有类似之规定。梅迪库斯教授指出:“在许多情况下,一项请求权的消灭时效虽然已经届满,但是权利人仍得以抗辩的方式主张该权利。如果抵销状态在时效届满之前就已形成,某项债权虽已罹于时效,但依然可以用于抵销。这是第 389 条规定抵销具有溯及力的必然后果。如果消灭时效是在留置权产生以后才届满的,则仍然可以将已罹于时效的债权用于留置。”①诉讼时效期间届满的债权,之所以在一定条件下仍可用于抵销,其原因在于该债权虽然请求强制执行的权能已经消灭,但权利本体及其他权能仍然存在,故仍有可能符合抵销的条件。

最后,主权利时效期间届满,对从权利的影响。《德国民法典》第 224 条规定:“主请求权完成消灭时效时,对取决于主请求权的从给付的请求权也完成消灭时效,即使这一请求权所适用的特别消灭时效尚未完成亦同。”瑞士(《瑞士债法典》第 133 条)、荷兰(《荷兰民法典》第 3:312 条)、我国台湾地区(“民法”第 146 条)等均有类似之规定。从权利指法定或约定孳息、收益、报酬。从权利以主权利之存在为前提,主权利之移转或消灭,原则上及于从权利。② 但应注意的是,在德国(《德国民法典》第 223 条)和我国台湾地区(“民法”第 145 条第 1 项),抵押权、质权等担保从权利,并不因主债权诉讼时效期间届满而消灭。

综上所述,对于诉讼时效的效力,各个国家和地区立法的共性远大于差异,可以说是不同的技术处理达到了相同或类似的效果。诉讼时效期间届满的直接效力,各个国家和地区都规定于义务人方面,德国直接规定义务人取得抗辩权,法国、日本则规定义务人取得援引时效的权利用以对抗权利人。行使抗辩权或援引权的效力,各个国家和地区的立法和司法实务也是基本一致的,具体表现为强制执行力的丧失、自愿履行不得要求返还、抵销的适用及对从权利的影响等方面。

一个值得研究的问题是:诉讼时效规定之援引是否存在例外?或者说,在时效期间届满的场合下,能否依据诚实信用原则等规定,认定不发生时效期间届满的效果?在德国学界,学者对该问题多持肯定意

---

① 〔德〕迪特尔·梅迪库斯:《德国民法总论》,邵建东译,法律出版社 2001 年版,第 103 页。

② 参见黄立:《民法总则》,中国政法大学出版社 2002 年版,第 496 页。

见。拉伦茨教授认为:"作为反对权,时效抗辩权受到前面提到的对权利行使的一般限制,特别是受到由诚实信用原则发生的限制。如果义务人在此之前曾对人造成一种印象,他不准备行使他的反对权,或者他故意或非故意地阻碍权利人为了中断时效而及时提起诉讼,那么,义务人的这种行为就可以是不被允许的权利行使行为。所以,在这些情况下,债务人主张时效,也即行使反对权,是和他自己早些时的行为相矛盾的,因而也是违反诚实信用的。"[①]梅迪库斯教授认为:"在消灭时效领域,有可能出现两个方面的违反诚实信用行为。(一)在适用30年普通消灭时效期间(指德国债法改革之前——笔者注)的情况下,依诚实信用原则,债权人在时效未届满之前就不得行使其权利了。这就导致失权(Verwirkung)。(二)另一方面,特别是在消灭时效比较短促的情况下,债务人主张时效已届满的行为是否可能违反诚实信用原则。这里也以这种主张是否构成一种不合法的、自相矛盾的行为为准。只有在债务人妨碍了债权人及时采取中断时效的行为的情况下——即如债权人根据债务人的行为,能够获得债务人将不提出时效已过之抗辩的印象——债务人主张时效已届满的行为才违反诚实信用原则。"[②]我国台湾地区学者黄立先生认为:"义务人对时效之明知而等待,不妨碍时效之完成,但时效抗辩之主张,如系违反诚信原则之权利行使,仍不得为之,尤其是债务人以诈欺之方法,阻止债权人为权利之主张时。"[③]由此可见,在德国及我国台湾地区,一般认为,虽然时效期间已届满,但如果义务人存在欺诈等不诚信行为使权利人合理相信义务人不会行使时效抗辩权,则义务人不得以时效抗辩权对抗权利人。这种认识,以德国法上的自相矛盾行为(venire contra factum proprium)理论为基础,是该理论适用于时效领域的当然结论。自相矛盾行为理论在时效领域主要被适用于两种场合:一是权利人的自相矛盾行为使义务人合理相信权利人不会再行使权利,则在时效届满之前,权利人就丧失有关权利。这种情形属于权利失效(Verwirkung)制度调整。二是义务人的自相矛盾行为使权利人合理相信义务人不会行使

① 〔德〕卡尔·拉伦茨:《德国民法通论》(上册),王晓晔等译,法律出版社2003年版,第347页。

② 〔德〕迪特尔·梅迪库斯:《德国民法总论》,邵建东译,法律出版社2001年版,第103页。

③ 黄立:《民法总则》,中国政法大学出版社2002年版,第494页。

时效抗辩权,则在时效届满后,义务人仍不得主张时效抗辩权。在这种情形下,法院可依据诚实信用原则否认时效抗辩权的存在。

第三节　诉讼时效效力现行法之规定

《民法通则》对诉讼时效效力未设完整、明确的规定,仅在第 138 条和《民法通则意见》第 171 条规定了义务人自愿履行的效力。《民法通则》实施之后,最高人民法院以批复形式就诉讼时效效力的一些具体问题作出了规定。最高人民法院于 2008 年颁布了《诉讼时效规定》,该司法解释对诉讼时效效力作出了较为明确具体的规定。

一、《诉讼时效规定》明确采用了抗辩权发生主义

虽有学者依据《民法通则》第 135 条认为《民法通则》采取的是胜诉权消灭说,但实则《民法通则》并未对诉讼时效效力作出明确规定。《诉讼时效规定》第 1 条规定,"当事人可以对债权请求权提出诉讼时效抗辩"。该条明确规定了对诉讼时效效力采取抗辩权发生主义,该条包含以下两层基本涵义:① 诉讼时效届满的直接效力是使当事人取得抗辩权,而并非导致权利本体消灭或胜诉权消灭。② 当事人援用诉讼时效抗辩权所对抗的对象是债权请求权,其亦即诉讼时效的适用对象,可见诉讼时效效力与诉讼时效适用对象为密不可分的两个问题。在《诉讼时效规定》颁布以前,现行法虽未明确采取抗辩权发生主义,但在司法实务上,法院适用诉讼时效规定进行裁判一般亦以当事人援用诉讼时效抗辩权为前提,典型案例如下:

案例 6.3.1　赵铁柱诉李振河偿还水管款及借款因超过诉讼时效被驳回诉讼请求案[①]

【案件事实】

原告:赵铁柱

被告:李振河

① 参见最高人民法院中国应用法学研究所编:《人民法院案例选》(总第 48 辑),人民法院出版社 2005 年版,第 399 页以下。

原告诉称，原告于1996年购买了价值人民币1 360元的塑料软水管。同年7月份，原告借用被告的软水管浇地，在使用过程中，水管被损坏。原、被告协商，由原告付给被告人民币350元，水管归原告所有。于是原告付被告人民币150元，尚欠人民币200元。1997年10月，被告把原告的全部软水管拉走使用。1997年11月，原告去找被告要水管，被告迟迟不归还。现原告诉至法院，要求被告立即归还自己原有的水管款人民币1 360元及现金人民币150元。被告辩称原告的诉讼请求已超过诉讼时效。

【裁判要旨】

荥阳市人民法院认为，当事人向人民法院请求保护其民事权利的诉讼时效期间为两年。原告提起诉讼时，已超过了两年的诉讼时效，故对原告的诉讼请求不予支持。

二、《诉讼时效规定》规定了法院不得主动援引时效规则

《民法通则》没有明确规定援引时效规则，对此问题存在两种观点：职权主义说认为，诉讼时效届满的事实应由法院依职权审查，有关时效规定无论当事人是否主张，人民法院或仲裁机构均可主动依职权予以适用。当事人主义说认为，时效完成仅使义务人取得抗辩权，是否提出抗辩应由义务人自行决定，法院主动援用诉讼时效是对当事人处分权的过分干涉。[①] 其后的《民诉法意见》第153条规定："当事人超过诉讼时效期间起诉的，人民法院应予受理。受理后查明无中止、中断、延长事由的，判决驳回其诉讼请求。"对于该条规定存在不同的解读。一种观点认为，该条肯定了依职权主动审查诉讼时效的做法，当事人超过诉讼时效期间起诉的，人民法院应予受理。受理后查明无中止、中断、延长事由的，判决驳回其诉讼请求。[②] 另一种观点认为，该条规定表明人民法院不应主动援引诉讼时效规定进行裁判。所谓法院查明诉讼时效期间是否中断、中止，并不意味着法院应主动查明诉讼时效是否届满的事实，而是指在义务人提出诉讼时效抗辩的情形

---

① 参见王利明：《民法总则研究》，中国人民大学出版社2012年版，第729页。

② 参见葛承书：《民法时效——从实证的角度出发》，法律出版社2007年版，第216页。

下，法院才应适用诉讼时效的规定审理诉讼时效事实。[①] 在司法实务上，最高人民法院《关于企业或者个人欠国家银行贷款逾期两年未还应当适用民法通则规定的诉讼时效的批复》（法复〔1993〕1 号）和广西壮族自治区高级人民法院《关于适用诉讼时效的有关问题》均规定法院对诉讼时效不应主动审查也不应主动援用。

《诉讼时效规定》第 3 条规定："当事人未提出诉讼时效抗辩，人民法院不应对诉讼时效问题进行释明及主动适用诉讼时效的规定进行裁判。"该条明确规定了法院不得主动援引时效规则，该规则包含以下两层基本涵义：① 法院在受理民事案件时，不应主动审查诉讼时效有关事项，也不得主动以诉讼时效届满为由，裁定驳回起诉。② 法院在审理民事案件时，在当事人未提出诉讼时效抗辩的情形下，不应主动适用诉讼时效的规定进行裁判。值得注意的是，《诉讼时效规定》第 3 条规定了法院不得主动援引时效规则，同时还以第 1 条规定了义务人的诉讼时效抗辩权，可见我国内地所采立法模式与德、法、日等国均有所不同，而与葡萄牙、阿根廷及我国澳门特区类似。该模式的优点在于法律效果清晰、可避免不必要的争议，缺点在于立法技术稍存瑕疵，有重复规定之嫌。

三、《诉讼时效规定》规定了法院不得主动释明诉讼时效规则

各国或地区立法一般仅规定法院不得主动援引时效规则作为裁判依据，但对于能否主动向当事人就时效问题进行释明，则通常未作规定，在学理上亦存在争议。[②]《民法通则》对诉讼时效的释明问题未作规定。最高人民法院《关于落实 23 项司法为民具体措施的指导意见》（法发〔2003〕20 号）第 10 条规定："……各级人民法院要通过法律风险提示，指导涉诉群众避免因不清楚涉诉的法律风险而产生的损失，保护涉诉群众的利益……法律风险提示应当向涉诉群众明确提示有关诉讼的主要法律法规、司法解释的规定；提示可能存在的诉讼请求不当、丧失诉讼时效、举证超过时限、拒不执行等方面的法律风险以

---

① 参见最高人民法院民事审判第二庭编著：《最高人民法院关于民事案件诉讼时效司法解释理解与适用》，人民法院出版社 2008 年版，第 69 页。

② 参见〔德〕迪特尔·梅迪库斯：《德国民法总论》，邵建东译，法律出版社 2001 年版，第 102 页。

及可能的法律后果……"该规定所针对的只是法院在立案时以提示书的方式就诉讼时效制度作出的说明,并非诉讼法意义上的释明。[①] 释明权是指在民事诉讼中,法官对当事人不明确、不充分、不适当的诉讼主张和陈述、证据材料通过发问和晓谕等方式提醒和启发当事人予以明确、补充、确定的权能,其实质为诉讼指挥权。最高人民法院《关于民事诉讼证据的若干规定》(法释〔2001〕33 号)第 3 条第 1 款规定:"人民法院应当向当事人说明举证的要求及法律后果,促使当事人在合理期限内积极、全面、正确、诚实地完成举证。"第 35 条第 1 款规定:"诉讼过程中,当事人主张的法律关系的性质或者民事行为的效力与人民法院根据案件事实作出的认定不一致的,不受本规定第三十四条规定的限制,人民法院应当告知当事人可以变更诉讼请求。"通说认为,这两条即是对释明权的规定。

《诉讼时效规定》第 3 条明确规定了法院不得主动释明诉讼时效规则,该规则包含以下三层基本涵义:① 法院在受理民事案件时,不应主动对诉讼时效问题进行释明。② 法院在审理民事案件时,在当事人未提出诉讼时效抗辩的情形下,不应主动对诉讼时效问题进行释明。③ 法院不得主动释明诉讼时效规则应指积极释明。司法实务界主流观点认为,"对于诉讼时效抗辩权是否释明而言,法官可进行消极的释明。因为在消极释明情形下,当事人已有提出诉讼时效抗辩权的意思表示,只是不够充分明确,因此,法官进行消极的释明并不违反当事人意思自治原则和处分原则,也不违反法官居中裁判的中立地位。如果债务人未提交任何关于其诉讼时效抗辩权的证据,其也无任何相关抗辩,则法院不应主动释明,否则将有违行使释明权所应遵循的法院中立原则,也不利于当事人之间的权益平衡以及当事人的权利实现,有损公平原则。因此,义务人不提出诉讼时效抗辩,法院不应进行积极释明。"[②]

---

① 参见梁展欣主编:《诉讼时效司法实务精义》,人民法院出版社 2010 年版,第 68 页。

② 最高人民法院民事审判第二庭编著:《最高人民法院关于民事案件诉讼时效司法解释理解与适用》,人民法院出版社 2008 年版,第 80—81 页。

四、《诉讼时效规定》将时效抗辩权的主体限定为当事人，并对时效抗辩权在各审级的行使作出了规定

对于时效抗辩权或援引权的主体，各国或地区规定并不一致。在采取抗辩权发生主义的德国，时效抗辩权当然由债务人享有。在法国，债权人以及对于时效完成有利益的其他任何人，均可主张时效抗辩。[①] 在日本，判例及学说将可援引时效的主体范围限定于依时效直接取得权利或者免除义务者。[②] 依据《诉讼时效规定》第 1 条的规定，时效抗辩权的主体是"当事人"，其本意当解释为债务人。而债务人之外的第三人即使能够依据时效完成获得利益，也不得以自己名义主张时效抗辩权。

《诉讼时效规定》还对时效抗辩权在不同审级中的行使作出了规定，该解释第 4 条第 1 款规定："当事人在一审期间未提出诉讼时效抗辩，在二审期间提出的，人民法院不予支持，但基于新的证据能够证明对方当事人的请求权已过诉讼时效期间的情形除外。"该款规定包括两层涵义：① 一般情形下，当事人一方在一审未提出诉讼时效抗辩，在二审期间提出的，人民法院不应支持；② 当事人一方在一审期间未提出诉讼时效抗辩，如果在二审期间该当事人有新的证据足以证明权利人的请求权已过诉讼时效期间而提出诉讼时效抗辩的，人民法院应予支持。

《诉讼时效规定》第 4 条第 2 款规定："当事人未按照前款规定提出诉讼时效抗辩，以诉讼时效期间届满为由申请再审或者提出再审抗辩的，人民法院不予支持。"该款规定也包括两层涵义：① 当事人一方未按照第 1 款的规定提出诉讼时效抗辩，而在判决生效后，基于诉讼时效抗辩权申请再审的，无论当事人是否提出新的证据，人民法院均不予支持。② 当事人一方未按照第 1 款规定提出诉讼时效抗辩，而在判决生效后，提出再审抗辩的，人民法院如果查明诉讼时效抗辩权已过行使阶段，则无须查明诉讼时效期间是否已经届满的事实，对义务

---

① 《法国民法典》第 2225 条。

② 参见〔日〕我妻荣：《我妻荣民法讲义 I 新订民法总则》，于敏译，中国法制出版社 2008 年版，第 412 页。

人提出的诉讼时效抗辩不予支持。[①]

五、《诉讼时效规定》规定了放弃诉讼时效抗辩权以及义务人自愿履行的法律后果

《民法通则》第 138 条规定："超过诉讼时效期间，当事人自愿履行的，不受诉讼时效限制。"《民法通则意见》第 171 条规定："过了诉讼时效期间，义务人履行义务后，又以超过诉讼时效为由翻悔的，不予支持。"《诉讼时效规定》第 22 条规定："诉讼时效期间届满，当事人一方向对方当事人作出同意履行义务的意思表示或者自愿履行义务后，又以诉讼时效期间届满为由进行抗辩的，人民法院不予支持。"该条规定了放弃诉讼时效抗辩权以及义务人自愿履行的法律后果，该条包含以下两层基本涵义：

（1）诉讼时效期间届满后，当事人一方向对方当事人作出同意履行义务的意思表示，构成对诉讼时效抗辩权的弃权行为，即不得再以该抗辩权对抗对方的请求权。当事人可以在诉讼时效期间届满后放弃诉讼时效抗辩权，该弃权行为的法律后果是，债权人之不完全债权转化为完全债权，债务人不得再以诉讼时效抗辩权对抗债权人之请求权。在司法实务中，下列行为可认定义务人同意履行诉讼时效期间届满的债务[②]：其一，债务人以口头方式向权利人明确表示其愿意履行诉讼时效期间届满的债务。其二，债务人向债权人出具还款计划或者债务人与债权人达成还款协议。最高人民法院《关于超过诉讼时效期间当事人达成的还款协议是否应当受法律保护问题的批复》（法复〔1997〕4 号）规定："超过诉讼时效期间，当事人双方就原债务达成的还款协议，属于新的债权、债务关系。根据《中华人民共和国民法通则》第 90 条规定的精神，该还款协议应受法律保护。"最高人民法院《关于超过诉讼时效期间借款人在催款通知单上签字或者盖章的法律效力问题的批复》（法释〔1999〕7 号）规定："根据《中华人民共和国民法通则》第四条、第九十条规定的精神，对于超过诉讼时效期间，信用社向借款人发出催收到期贷款通知单，债务人在该通知单上签字或者

① 参见最高人民法院民事审判第二庭编著：《最高人民法院关于民事案件诉讼时效司法解释理解与适用》，人民法院出版社 2008 年版，第 96—98 页。

② 同上书，第 371—372 页。

盖章的，应当视为对原债务的重新确认，该债权债务关系应受法律保护。”以上两个批复所规定之“属于新的债权、债务关系”“对原债务的重新确认”，在司法实务上被认为是“义务人同意履行义务”的另一种表述。[①] 其三，债务人为诉讼时效期间届满的债务提供担保。其四，债务人委托第三人代为履行诉讼时效期间届满的债务。其五，债务人履行诉讼时效期间届满的债务。其六，债务人自愿用未过诉讼时效期间的债务抵销债权人已过诉讼时效期间的债务。

值得注意的问题是：债务人仅承认债务存在但未明确表示同意履行债务，该单纯的债务承认行为是否构成对诉讼时效抗辩权的弃权行为？对此问题存在争议。肯定说认为，债务人明知时效完成之事实而为承认者，其承认可认为系抛弃时效利益之默示意思表示。[②] 债务人通过签收债权文书等行为，承认债务事实存在，由此可以推测债务人有同意履行债务的意思表示，这属于默示意思表示中的“补充解释”。[③] 在《诉讼时效规定》颁布以前，司法实务上亦存在依据肯定说裁判的案例。[④]《诉讼时效规定》第22条采取否定说，依该条规定，应以义务人同意履行债务作为事后放弃诉讼时效利益的要件，理由在于：从放弃诉讼时效抗辩权制度的价值取向进行分析，该制度是对义务人进行保护的制度。由于诉讼时效期间完成、义务人已享有权利，故对诉讼时效抗辩权的放弃实质为对义务人重新确认债务行为的认定，而由于诉讼时效期间届满、义务人已取得权利，故对于权利的丧失和放弃的认定条件应相对严格，以实现权利人与义务人之间的利益平衡。[⑤]

（2）诉讼时效期间届满后，义务人自愿履行债务的，构成对诉讼时效抗辩权的弃权行为，即不得再以该抗辩权对抗对方的请求权。义

---

① 对两个批复的解读，亦有学者持不同意见。参见马俊驹、余延满：《民法原论》，法律出版社2010年版，第249—250页；王利明：《我国民法典重大疑难问题之研究》，法律出版社2006年版，第156页。

② 参见王泽鉴：《民法总则》，北京大学出版社2009年版，第432页。

③ 参见朱晓喆：《诉讼时效完成后债权效力的体系重构》，载《中国法学》2010年第6期。

④ 参见上海市第一中级人民法院（2002）沪一中民四（商）终字第444号民事判决书、厦门市中级人民法院（2002）厦经终字第49号民事判决书、佛山市中级人民法院（2007）佛中法民二终字第557号民事判决书。案例来源：北大法宝。

⑤ 参见最高人民法院民事审判第二庭编著：《最高人民法院关于民事案件诉讼时效司法解释理解与适用》，人民法院出版社2008年版，第367页。

务人自愿履行已过诉讼时效期间之债务,学理上认为并非无法律上之原因,不得以不当得利为理由请求返还。[①] 现行法自《民法通则》以来也一直持此态度。义务人自愿履行行为的实质是义务人以自己的行为(默示的意思表示)放弃诉讼时效抗辩权。义务人自愿履行的要件为:其一,义务人履行债务的行为在主观上必须为自愿,即债务人具有以自己的行为清偿该债务的意思。如果义务人因受胁迫或其他原因在违背自己真实意思的情形下完成履行行为,则不构成自愿履行。其二,义务人自愿履行必须达成清偿效果。如果义务人虽有履行行为但债权人拒绝受领或因其他原因无法受领,则因未达成清偿效果也不构成自愿履行。其三,义务人自愿履行不以义务人知道或应当知道其享有诉讼时效抗辩权为要件。义务人对其享有诉讼时效抗辩权是否知情不影响自愿履行行为的成立。在司法实务中,义务人自愿履行而丧失诉讼时效抗辩权的典型案例如下:

案例6.3.2　淮海城市信用社诉何茂岭在超过诉讼时效后向其履行部分债务要求继续偿还尚余借款案[②]

【案件事实】

原告:永城市淮海城市信用合作社(以下简称淮海信用社)

被告:何茂岭

1996年6月7日,被告何茂岭与原告淮海信用社签订一份借款合同。合同约定:何茂岭借淮海信用社55万元,利率为月息11.4‰,期限3个月。到期何茂岭没有偿还借款本息。1999年6月23日,何茂岭之妻冯桂娣交给淮海信用社“老人头”牌皮鞋540双。同年9月14日,淮海信用社委托永城市价格事务所对皮鞋评估价为64 800元。淮海信用社经向何茂岭索要余下欠款本息不成,遂起诉至永城市人民法院,原告诉称:1996年6月7日,被告在我社贷款55万元,利率为月息11.4‰,期限3个月。到期后经催要,被告于1999年6月23日交“老人头”牌皮鞋540双,计款64 800元,至今尚欠本息768 362元未还。请求法院判令何茂岭偿还余下欠款本息。被告何茂岭答辩称:其借原

① 参见史尚宽:《民法总论》,中国政法大学出版社2000年版,第708页。

② 参见最高人民法院中国应用法学研究所编:《人民法院案例选》2002年第2辑(总第40辑),人民法院出版社2002年版,第252页以下。

告款于1996年9月底到期,现已过诉讼时效期间。

【裁判要旨】

一审法院认为:被告欠淮海信用社款有借据为凭,被告应按约偿还借款。被告提出已超过诉讼时效,此笔款经原告催要,被告于1999年6月还履行了部分义务,应视为时效中断,被告的理由不予支持。判决被告于判决生效后10日内偿还原告贷款55万元及利息(按法定利率),皮鞋款64 800元冲抵本息。一审判决后,何茂岭不服,提起上诉。二审查明的事实与原判认定的部分事实一致。另查明:上诉人于1999年五六月份以桑塔纳2000型轿车、"老人头"牌皮鞋、嘉贡酒抵偿部分贷款本息。没有证据证明被上诉人在借款到期后,1999年五六月份以前向上诉人主张过权利。二审法院经审理认为:上诉人未按约定偿还贷款,但逾期被上诉人在诉讼时效期间两年内未向上诉人主张权利,该笔贷款已超过诉讼时效,不再受法律保护。上诉人于1999年五六月份以轿车、皮鞋、酒等物品抵偿部分贷款本息,不应视为诉讼时效中断。上诉人超过诉讼时效已履行的,上诉人无权要求返还。

在债务承担的情况下,如果债务承担人签订债务承担协议时知道或者应当知道原债务已过诉讼时效期间的,债务承担人是否还享有诉讼时效抗辩权?司法实务界主流意见认为,在债务承担人系原债务人清理单位的情况下,即使原债务已过诉讼时效期间,应推定该债务承担人在签订债务承担协议时知道或应当知道其承担的债务已过诉讼时效期间,从而认定其已放弃原债务人的诉讼时效抗辩权。[①]

第四节　诉讼时效效力现行法之检讨

相比较《民法通则》而言,《诉讼时效规定》对于诉讼时效效力的规定在准确性、合理性和完整性等方面均有显著进步。该司法解释在

① 参见"中国工商银行内蒙古自治区通辽分行与通辽市科尔沁区工商农村信用社借款合同纠纷案",载最高人民法院民事审判第二庭编:《民商事审判指导》2006年第1辑(总第9辑),人民法院出版社2006年版,第230页以下。

现有法律及司法实务经验的基础上,对诉讼时效效力制度作了较为系统的梳理和规定,其中有些规定亦体现了学界近年来的理论研究成果。但该司法解释对于诉讼时效效力的规定也仍然存在一定程度的不足与缺陷,体现为以下几个方面:

一、《诉讼时效规定》的有关条文存在立法技术瑕疵

第一,未能正确认识诉讼时效抗辩权与时效援引规则的关系,同时规定诉讼时效抗辩权与时效援引规则有重复之嫌。如上文所述,"仅规定诉讼时效抗辩权,不规定时效援引规则"的德国模式,与"权利(或诉权)消灭+法院不得主动援引时效"的日本、法国模式,系采取不同立法技术而达到相同法律效果。这两种模式的共同点在于,将诉讼时效抗辩权与时效援引规则作为一个问题的两个方面统一加以考虑,而并非将两者看做不相干的两个规范。《诉讼时效规定》显然没有正确认识诉讼时效抗辩权与时效援引规则的关系,将两者作为两个独立的规范均予以规定。该司法解释第1条首先规定了诉讼时效抗辩权,又于第3条规定了法院不得援引诉讼时效的规则。依据学界的一般认识,诉讼时效抗辩权属于"需要主张的抗辩权",需要依据权利人相关愿望才能产生效力。这种抗辩权,如果当事人不主张,法院不得主动强制行使此类抗辩权。① 因此,第1条既然规定了诉讼时效抗辩权,就当然可以推知该抗辩权由当事人而非法院享有,在当事人未行使该抗辩权的情形下,法院不得主动援引诉讼时效规定进行裁判即为当然结论。如此一来,第3条规定的时效援引规则,就成了对第1条的同义反复。当然,这种双重规定的立法方法,对于明晰诉讼时效的法律效力、明确法院的职责及避免不必要的争议,也确实具有一定的积极意义。但如果单纯从立法技术的角度来评价,这种双重规定的立法方法确实存在重复规定的瑕疵。

第二,《诉讼时效规定》第2条与第22条所处位置不当。《诉讼时效规定》第2条规定,当事人预先放弃诉讼时效利益的行为无效。② 但在诉讼时效期间届满后,对债务人放弃时效利益的行为,各立法均承认其效力,《诉讼时效规定》亦持相同态度。债务人知时效完成之事实

---

① 参见龙卫球:《民法总论》,中国法制出版社2002年版,第129页。

② 关于该条的解读,参见本书第七章相关内容。

而为承认者,其承认自可认为是抛弃时效利益的默示意思表示。[①] 当事人在诉讼时效期间届满后同意履行债务或自愿履行债务的,均构成放弃诉讼时效抗辩权,亦即在诉讼时效期间届满后放弃时效利益。由于当事人在诉讼时效期间届满后同意履行债务或自愿履行债务与当事人放弃时效利益密切相关,各立法规定此两规则时,或者以一个条文统一规定,或者以不同条文规定但位置相近。例如《意大利民法典》第 2937 条第 2 款规定:“仅在时效届满的情况下,可以放弃消灭时效。”第 2940 条规定:“不允许要求将已经自愿履行的时效届满的债务进行返还。”而《诉讼时效规定》将当事人不得预先放弃诉讼时效利益规则规定于第 2 条,将诉讼时效期间届满后同意履行债务或自愿履行债务规则规定于第 22 条,割裂了此两规则的内在联系,在立法技术上显欠妥当。

二、《诉讼时效规定》对于诉讼时效释明的规定不尽合理

第一,关于释明权的问题规定于该司法解释是否恰当,值得商榷。所谓释明权,是指当事人的主张不明确或者有矛盾、或者不正确、或者不充分时,法院可以依据职权向当事人提出关于事实及法律上的质问,促请当事人提出证据,以查明案件事实的权能。[②] 释明权是程序法上的制度,各个国家和地区一般在民事诉讼法中对释明权的规则作出规定[③],而对诉讼时效的释明问题,在民法典中通常不作规定,而由学理加以解释。[④] 我国学界一般认为,最高人民法院《关于民事诉讼证据的若干规定》第 3 条、第 35 条等条文,即是对释明权的规定。将本属程序法的制度规定于该司法解释是否恰当,值得商榷。而且,这样规定容易引起诉讼时效制度究竟属于实体法还是程序法的无谓争论。

第二,即使认为有必要将诉讼时效的释明问题统一规定于该司法

---

① 参见黄立:《民法总则》,中国政法大学出版社 2002 年版,第 461 页。

② 参见江伟主编:《民事诉讼法学原理》,中国人民大学出版社 1999 年版,第 197 页。

③ 《德国民事诉讼法》第 139 条、《日本民事诉讼法》第 149 条、我国台湾地区“民事诉讼法”第 199 条。

④ 参见〔德〕迪特尔·梅迪库斯:《德国民法总论》,邵建东译,法律出版社 2001 年版,第 102 页。

解释，该司法解释对释明的规定也是不合理的。依据释明权的原理，法律只应禁止法院对诉讼时效的积极释明，而对于消极释明，则不在禁止之列。但《诉讼时效规定》第3条笼统地规定了禁止法院对诉讼时效进行释明，这样就至少在文义上将消极释明也纳入了禁止的范围。笔者认为，较为合适的做法有两种选择：一是对诉讼时效的释明不作规定，而交由程序法解决；二是如认为非规定不可，就应明确规定禁止对诉讼时效进行积极释明，而可以对其进行消极释明。

三、对于诉讼时效期间届满后义务人自愿履行或承认的法律后果，《诉讼时效规定》的规定不尽合理

第一，《诉讼时效规定》第22条的规定涉及两种情形：一是债务人向债权人作出同意履行义务的意思表示；二是债务人自愿履行了义务。在第一种情形下，债务人仅作出意思表示，而并没有实际的履行行为。由于债务人并未实际履行，债权人的请求权也就未得到实现，此时就会存在债务人还能否以诉讼时效抗辩权对抗债权人的问题。在第二种情形下，债务人已经实际履行了义务，债权人的请求权已经得到实现，用来对抗请求权的诉讼时效抗辩权已没有行使的可能。在这种情形下，存在债务人能否要求返还的问题，而非行使诉讼时效抗辩权的问题。可见，这两种情形的法律后果并不相同，但《诉讼时效规定》第22条将这两种情形的后果都规定为"以诉讼时效期间届满为由进行抗辩的，人民法院不予支持"，显属不当。该条后半段的正确表述应为："又以诉讼时效期间届满为由进行抗辩或者要求返还的，人民法院不予支持。"

第二，《诉讼时效规定》第22条将债务人放弃时效利益的方式仅限于"向对方当事人作出同意履行义务的意思表示"，不尽合理。对于诉讼时效期间届满后，债务人放弃时效利益的方式，各个国家和地区立法一般采取较为宽松的态度。《法国民法典》第2250条规定："仅有已经取得的时效，才能抛弃。"该条对抛弃时效利益的方式未作限定。《葡萄牙民法典》第302条规定："一、时效之放弃，仅在时效期间届满后作出，方予容许。二、放弃得以默示为之，且无须受益人之接受。"该条对放弃时效利益的方式亦未作限定。第304条规定："……二、然而，对时效已完成之债自愿作出给付以履行债务之人，不得请求返还该给付，即使在不知时效已完成之情况下亦然；对以任何

方式满足或承认时效已完成之权利或为其提供担保,亦适用该制度。"《德国民法典》第 214 条第 2 款规定:"为满足已完成消灭时效的请求权而给付的一切,即使是在不知道请求权已完成消灭时效的情况下给付的,也不得请求返还。债务人的合于合同的承认以及担保的提供,亦同。"依该条规定,放弃时效利益可以合同或提供担保的方式作出。可见,法国、葡萄牙之规定较倾向于保护债权人,对债务人放弃时效利益的行为方式基本不作限制;德国之规定更强调意思自治,规定放弃时效利益可以合同或提供担保等方式作出。但两种立法模式对放弃时效利益的行为方式,总体而言态度均较为宽松。《诉讼时效规定》第 22 条将债务人放弃时效利益的方式限于"向对方当事人作出同意履行义务的意思表示"的单方行为,显属过窄。学理上一般认为,时效抗辩权的抛弃,具体可以通过请求延期、部分清偿、支付利息、主张抵销、和解商谈等方式为之[①],而不仅限于债务人的单方同意行为。该条与我国以前有关司法解释的规定也不一致,例如依据最高人民法院《关于债务人在约定的期限届满后未履行债务而出具没有还款日期的欠款条诉讼时效期间应从何时开始计算问题的批复》(法复〔1994〕3 号)、最高人民法院《关于超过诉讼时效期间当事人达成的还款协议是否应当受法律保护问题的批复》(法复〔1997〕4 号)、最高人民法院《关于超过诉讼时效期间借款人在催款通知单上签字或者盖章的法律效力问题的批复》(法释〔1999〕7 号)等司法解释,债务人承认债务的方式并不仅限于单方作出意思表示。因此,对债务人放弃时效利益的方式,应基于特定立法目的,作从宽规定或解释。如果强调保护债权人一方的利益,可采法、葡模式,对该行为方式不作限制;如果强调意思自治的价值理念,可采德国模式,规定以合同或其他类似行为为承认债务的方式。

四、对于诉讼时效期间届满的债权能否适用于抵销,《诉讼时效规定》未作规定

各个国家和地区民法典一般均规定,诉讼时效届满的债权在一定条件下,仍可适用于抵销。《德国民法典》第 215 条规定:"在最早可抵

① 参见朱晓喆:《诉讼时效完成后债权效力的体系重构》,载《中国法学》2010 年第 6 期。

销或拒绝履行给付的时刻,请求权尚未完成消灭时效的,消灭时效的完成,不排除抵销和对留置权的主张。"《日本民法典》第508条规定:"因时效消灭的债权,在其消灭以前适于抵销时,其债权人可以适用抵销。"我国台湾地区"民法"第337条规定:"债之请求权虽经时效而消灭,如在时效未完成前,其债务已适于抵销者,亦得为抵销。"我国学界一般认为,时效届满的债权可作为被动债权适用于抵销,但不得作为主动债权适用于抵销。[①] 该观点与德、日等国立法并不相同。依据《德国民法典》第215条的规定,只要抵销权产生时债权的诉讼时效未完成,在诉讼时效完成后抵销权就仍可行使,《日本民法典》第508条的规定与此类似。梅迪库斯教授将此情形解释为"权利人以抗辩的方式主张该项权利"[②]。我妻荣教授则将此解释为"基于相抵性质的特则,依时效债权消灭的溯及效力的例外"[③]。"设定这样的例外是为了保护对立债权的两当事人在产生可抵销状态时,无须特别的意思表示而当然可以清算的信赖。"[④]我国台湾地区学者认为,一般情况下,主动债权必须完全有效并可强制实现,主动债权不得有抗辩权之阻碍。但是依据"民法"第337条的规定,时效完成之债权可作为主动债权适用于抵销,构成例外情形。[⑤] 笔者认为,德、日及我国台湾地区的规定更为合理,因为:其一,此规定更符合抵销制度的功能。抵销并不只意味着对清偿的简化,其同时使任何一方当事人可以在没有诉讼、判决和国家强制执行的情况下,实现自己对他人享有的债权。[⑥] 因此抵销制度具有担保债权之功能。[⑦] 抵销权产生时债权的诉讼时效期间未届

---

① 参见王利明:《合同法研究》(第2卷),中国人民大学出版社2003年版,第364页;马俊驹、余延满:《民法原论》,法律出版社2010年版,第251页。

② 〔德〕迪特尔·梅迪库斯:《德国民法总论》,邵建东译,法律出版社2001年版,第103页。

③ 〔日〕我妻荣:《我妻荣民法讲义Ⅰ新订民法总则》,于敏译,中国法制出版社2008年版,第410页。

④ 〔日〕我妻荣:《我妻荣民法讲义Ⅳ新订债权总则》,王燚译,中国法制出版社2008年版,第288—289页。

⑤ 参见黄立:《民法债编总论》,中国政法大学出版社2002年版,第708—709页。

⑥ 参见〔德〕迪特尔·梅迪库斯:《德国债法总论》,杜景林等译,法律出版社2004年版,第207页。

⑦ 参见孙森焱:《民法债编总论》(下册),法律出版社2006年版,第903页。

满，在诉讼时效期间届满后即承认抵销权行使的效力，方能充分实现抵销制度的担保功能。其二，此规定与抗辩权发生主义相一致。在抗辩权发生主义模式下，诉讼时效期间届满并不导致债权本体消灭。因此，只要抵销权产生时债权的诉讼时效期间未届满，在诉讼时效期间届满后，该债权无论作为主动债权或是被动债权均无不可。

对于诉讼时效期间届满之债权能否适用于抵销，《诉讼时效规定》未作规定。在司法实务上，对此问题的态度不一。认为诉讼时效期间届满之债权能适用于抵销的典型案例如下：

案例 6.4.1　中国农业银行福建省分行营业部诉福清华信食品有限公司侵权纠纷案[①]

【案件事实】

原告（反诉被告）：中国农业银行福建省分行营业部（以下简称农业银行）

被告（反诉原告）：福清华信食品有限公司（以下简称华信公司）

2002 年 11 月，福州市中级人民法院应农业银行之申请，委托福州天元拍卖行拍卖了坐落于福清宏路高仑村上的福建福曼股份有限公司所属厂房，由华信公司竞买成交。华信公司接收厂房时，该厂房内原装备有福建福曼股份有限公司等单位的机器设备一批，为农业银行的抵押物，福州市中级人民法院判决农业银行有权以该批设备优先受偿。农业银行申请执行后，福州市中级人民法院查封该批设备，并委托拍卖机构进行拍卖。但除了其中一套鳗鱼饲料生产线以人民币 8.8 万元成交以外，其余设备因流拍而仍封存于上述厂房内。2005 年 5 月 26 日，福州市中级人民法院裁定将上述设备以评估价值人民币 4 247 536 元抵债给农业银行。之后，双方曾多次就设备搬迁及设备占用费事宜进行协商，均未果。2005 年 11 月，华信公司函告农业银行其已将设备以人民币 80 万元作价卖给他人，并将价款扣作设备占用厂房的租金。农业银行认为华信公司擅自处置其财产构成侵权，请求判令华信公司赔偿经济损失人民币 4 247 536 元。华信公司反诉称，华信公司竞得厂房，对存放于其中的机器设备本不负有任何义务但仍对其

① 参见黄勤武：《超过诉讼时效的债权可以行使抵销权》，载《人民司法》2011 年第 4 期，第 32 页以下。

进行保管,机器设备的权利人或受益人应当偿付华信公司由此而支出的必要费用。请求判令农业银行向华信公司支付厂房占用费人民币1 930 768.9 元。农业银行辩称,华信公司提起的反诉超过了两年诉讼时效。并认为,即便华信公司提起反诉超过了诉讼时效,也不影响其在本诉中将逾诉讼时效的债权与农业银行所主张的债权进行抵销。

【裁判要旨】

一审法院认为:一方面,华信公司未取得农业银行授权或征得其同意,私自将讼争设备变卖给他人,构成侵权,华信公司应按讼争设备变现参考价赔偿农业银行经济损失。另一方面,讼争设备自华信公司取得涉案厂房所有权直至被其处置前一直占用该厂房,华信公司有权获得相当于厂房租金的场地占用费补偿。因华信公司针对厂房占用费提起的反诉超过诉讼时效,对其提出的请求判令农业银行支付厂房占用费的反诉请求不予支持。但鉴于本诉中华信公司对农业银行负有侵权损害赔偿之债,华信公司可以对农业银行享有的厂房占用费的债权与本诉中农业银行的等额债权行使抵销权。抵销之后,华信公司应赔偿农业银行损失人民币 325 099 元。

司法实务上认为诉讼时效期间届满之债权不能适用于抵销的典型案例如下:

案例 6.4.2　钟家元诉成都农村商业银行股份有限公司合作支行合同纠纷案[①]

【案件事实】

原告:钟家元

被告:成都农村商业银行股份有限公司合作支行

1997 年 11 月 18 日,原告与郫县合作乡信用合作社(以下简称合作信用社)签订抵押贷款合同,约定:原告向合作信用社贷款 5 万元,还款期限为 1998 年 6 月 30 日;若原告到期不能偿还贷款本息,从逾期之日起,合作信用社按规定加收利息并有权从原告账户直接扣收贷款本息。同日,合作信用社向原告发放了该 5 万元贷款。其后,依据

① 参见张媛媛:《诉讼时效期间届满的债权被抗辩时不可用于依法抵销》,载《人民司法》2012 年第 22 期,第 74 页以下。

2009 年 12 月 21 日中国银行业监督管理委员会《中国银监会关于成都农村商业银行股份有限公司开业的批复》和 2010 年 1 月 11 日中国银行业监督管理委员会四川监管局《关于同意成都农村商业银行股份有限公司分支机构开业的批复》,原合作信用社改名为成都农村商业银行股份有限公司合作支行,即本案被告。2010 年,原告所在的合作街道清平村九组在分配集体资金时,向原告分配了土地补偿费及安置补助费共计 51 438.05 元,并以成都农商银行(整存整取)储蓄存单的形式向原告发放。原告领取存单后要求被告提前兑付存款,被告以原告未归还贷款为由拒绝兑付,并向原告主张将该款用以抵销其所欠贷款,原告对此不予认可,故起诉至法院。

【裁判要旨】

一审法院认为:由于原告所持存单上的款项并非其自愿存入被告处,故该事实不能视为原告具有自愿履行债务的意思表示;由于该债务发生于 2010 年 7 月 31 日,此时被告对原告享有的债权已经超过了诉讼时效期间,而原告也不同意抵销并提出了诉讼时效抗辩,故根据《合同法》第 99 条之规定,被告在未经原告许可的情况下,无权将原告对其负有的案涉债务用以抵销其依据存单对原告所负的债务。判决:被告向原告支付存款本金 51 438.05 元及该款从 2010 年 7 月 31 日起至实际兑付之日止的银行存款利息。

五、对于诉讼时效期间届满对从权利的效力,《诉讼时效规定》的规定存在欠缺和不合理之处

第一,对于诉讼时效期间届满对从权利的效力,《诉讼时效规定》未就一般情形作原则性规定,而仅规定了诉讼时效期间届满对保证债权的影响。各个国家和地区民法典一般规定,主债权诉讼时效届满时,当然引起从权利诉讼时效届满的后果。《德国民法典》第 217 条规定:“主请求权完成消灭时效时,对取决于主请求权的从给付的请求权也完成消灭时效,即使这一请求权所适用的特别消灭时效尚未完成亦同。”《瑞士债法典》第 133 条规定:“主债权因时效届满而消灭的,利息和其他从权利亦同时消灭。”《俄罗斯民法典》第 207 条规定:“附带请求(违约金、抵押金、保证金等)的时效期随主要请求的时效期的届满而届满。”我国台湾地区“民法”第 146 条规定:“主权利因时效消灭

者,其效力及于从权利。但法律有特别规定者,不在此限。"对于此从权利的范围,各立法规定并不完全一致。在德国,此从权利主要是指利息债权,也包括孳息、用益所得和费用等。[①]《俄罗斯民法典》将此从权利限定为违约金、抵押金、保证金等。在我国台湾地区,此从权利主要包括法定或约定孳息、收益、报酬[②],但已发生之利息债权为独立的请求权,不因主债权(本金债权)时效消灭而消灭。[③] 对于这些常见从权利是否因主债权诉讼时效期间届满而受影响,《诉讼时效规定》未作任何规定,与其他国家和地区的立法通例不符。在司法实务上,认为利息之债与主债权适用同一诉讼时效的典型案例如下:

案例 6.4.3 中国光大银行烟台支行诉烟台海发船务有限责任公司等船舶抵押借款纠纷案[④]

【案件事实】

原告:中国光大银行烟台支行(以下简称光大银行)

被告:烟台海发船务有限责任公司(以下简称海发公司)、山东大西苑集团总公司(以下简称大西苑公司)、烟台市福山锅炉厂(以下简称锅炉厂)

第三人:中国水产大连渔轮公司(以下简称渔轮公司)

1997 年 6 月 27 日,大西苑公司与光大银行签订借款合同,借款金额为 45 万美元,借款期限为 1997 年 6 月 27 日至 1998 年 6 月 27 日,借款月利率为 1%,按季结息。同日,海发公司与光大银行签订了一份动产抵押合同。海发公司以其所有的钢制冷藏船"龙升"轮作为抵押物,为大西苑公司与光大银行之间的借贷关系提供担保。同日,锅炉厂也与光大银行签订了一份保证合同,承诺对大西苑公司与光大银行之间的借款承担连带保证责任。1998 年 2 月 25 日,锅炉厂的开办单位塔寺庄村民委员会与吕贻宾签订了一份锅炉厂产权转让合同,约定:塔寺庄村民委员会将锅炉厂以净资产值 12 万元人民币

---

① 参见朱岩编译:《德国新债法条文及官方解释》,法律出版社 2003 年版,第 53 页。

② 参见黄立:《民法总则》,中国政法大学出版社 2002 年版,第 496 页。

③ 参见施启扬:《民法总则》,中国法制出版社 2010 年版,第 357 页。

④ 参见最高人民法院中国应用法学研究所编:《人民法院案例选》2003 年第 4 辑(总第 46 辑),人民法院出版社 2004 年版,第 358 页以下。

的价格出售给吕贻宾，由吕贻宾在企业内部实行股份合作制。该合同还规定了塔寺庄村民委员会与吕贻宾之间在锅炉厂的管理方面的权责分配办法，但未涉及锅炉厂对外的债权、债务问题。法院另查明：1995年7月31日，海发公司与渔轮公司签订了改修“龙升”轮合同，由渔轮公司为海发公司改修“龙升”轮。1996年4月30日，改修工程全部竣工，海发公司没有及时付清工程费。1997年5月23日，海发公司与渔轮公司签订了一份付款协议书，约定海发公司于1997年11月23日前将拖欠的工程费76.8万元人民币付清，逾期30天，愿以其所有“龙升”轮作抵押还款。由于海发公司没有如约履行自己的义务，渔轮公司遂向大连海事法院起诉海发公司，要求其立即付清欠款及利息。大连海事法院受理后，以(1998)大海法商初字第171号民事判决书判决海发公司应偿付渔轮公司修船费及利息共724 701.29元人民币，但对海发公司在付款协议中承诺以其所有的“龙升”轮抵押还款的事宜未予评判。1999年9月28日，大连海事法院以171万元人民币的价格将“龙升”轮变卖。

【裁判要旨】

一审法院认为：贷款利息作为本金的孳息，与本金的诉讼时效期间相同。对大西苑公司关于该款项的部分利息已过诉讼时效的主张，不予支持。判决：被告大西苑公司支付给原告光大银行借款本金45万美元和利息161 857.38美元(计至2000年3月20日)，及该款项自2000年3月21日起至本判决生效之日止按借款合同中约定的利率计算的利息。

第二，对于诉讼时效期间届满对保证债务的效力，《诉讼时效规定》的规定不尽合理。《诉讼时效规定》第21条回避了主债务诉讼时效与保证债务诉讼时效的关系问题，而是规定保证人享有主债务人的诉讼时效抗辩权。① 这就产生了以下疑问：保证人行使主债务人的诉讼时效抗辩权的同时，保证债务的诉讼时效是否完成？如果此时保证债务的诉讼时效尚未完成，基于保证合同的相对独立性，保证人为何可以拒绝债权人要求其履行保证债务的请求？这些问题，在理论上尚未得到合理解释。

---

① 对于该条的解读与检讨，参见本书第十二章相关内容。

第三,对于诉讼时效期间届满对抵押权、质权等担保物权的效力,《诉讼时效规定》未作规定。《担保法解释》仿照我国台湾地区的立法,对于主债务诉讼时效与担保物权存续期间的关系,采取了相对独立的规定。① 但是《物权法》又改变了态度。②《诉讼时效规定》对此问题采取回避态度,未作规定。

综上所述,《诉讼时效规定》第 21 条合理的规定方法应为:"主权利诉讼时效期间届满,其效力及于从权利。适用本条的从权利,包括利息、约定或法定孳息、其他形式的收益等。对于担保物权和其他从权利,法律、行政法规另有规定的,不适用本条规定。"

---

① 《担保法解释》第 12 条第 2 款。

② 《物权法》第 202、220 条。

第七章　诉讼时效期间

第一节　诉讼时效期间之立法例

一、普通诉讼时效期间之立法例

在大陆法系主要国家和地区，普通诉讼时效期间的设置如表7-1所示：

表7-1

国家(地区)	普通诉讼时效期间(主要适用于合同请求权)	侵权请求权的诉讼时效期间
法国	对人诉讼或者动产诉讼5年(《法国民法典》第2224条)；不动产物权诉讼30年(《法国民法典》第2227条)	10年、20年(《法国民法典》第2226条)
德国	3年(《德国民法典》第195条)	10年、30年(《德国民法典》第852条)
瑞士	10年(《瑞士债法典》第127条)	1年、10年(《瑞士债法典》第60条)
意大利	10年(《意大利民法典》第2946条)	5年、2年(《意大利民法典》第2947条)
荷兰	20年(《荷兰民法典》第3:306条)	5年、20年、30年(《荷兰民法典》第3:310条)
奥地利	30年(《奥地利民法典》第1478条)	3年、30年(《奥地利民法典》第1489条)
西班牙	6年(《西班牙民法典》第1962条)、30年(《西班牙民法典》第1962条)、15年(《西班牙民法典》第1964条)	
葡萄牙	20年(《葡萄牙民法典》第309条)	3年(《葡萄牙民法典》第498条)

（续表）

国家（地区）	普通诉讼时效期间（主要适用于合同请求权）	侵权请求权的诉讼时效期间
瑞典	10年（《时效法》第2条）	
俄罗斯	3年（《俄罗斯联邦民法典》第196条）	
日本	10年、20年（《日本民法典》第167条）	3年、20年（《日本民法典》第724条）
韩国	10年、20年（《韩国民法典》第162条）	3年、10年（《韩国民法典》第766条）
越南	2年（《越南民法典》第427条）	2年（《越南民法典》第607条）
埃及	15年（《埃及民法典》第374条）	3年、15年（《埃及民法典》第172条）
埃塞俄比亚	10年（《埃塞俄比亚民法典》第1845条）	2年（《埃塞俄比亚民法典》第2143条）
巴西	10年（《巴西民法典》第205条）	10年、1年（《巴西民法典》第189条）
阿根廷	10年（《阿根廷民法典》第4023条）	2年（《阿根廷民法典》第4037条）
中国台湾地区	15年（“民法”第125条）	2年、10年（“民法”第197条）
中国澳门特区	15年（《澳门民法典》第302条）	3年（《澳门民法典》第491条）

从表7-1内容可总结出以下规律：其一，颁布较早的民法典设置的普通诉讼时效期间普遍较长。例如法国（2006年修改前）、德国（债法改革前）、奥地利等国均将普通诉讼时效期间设置为30年。其后颁布的民法典设置的普通诉讼时效期间以10年或15年的居多。其二，多数国家及地区区分合同请求权的普通诉讼时效期间和侵权请求权的普通诉讼时效期间。除西班牙、瑞典、俄罗斯等个别国家或地区外，其他国家或地区的时效立法均体现了这种区分。西班牙的时效法较为特殊，它是以动产、不动产和人身为区分标准分别规定了三种普通诉讼时效期间。而实际上，在西班牙，合同与非合同赔偿请求权的时

效制度差别特别大。[①] 俄罗斯的现行时效法立法模式在很大程度上则是继受前苏联民法的结果。对一个可能产生的质疑需要澄清,即侵权请求权的诉讼时效期间究竟是普通诉讼时效期间还是特殊诉讼时效期间?从大多数立法来看,各民法典针对侵权请求权的诉讼时效期间均规定有一般条款,该条款适用于侵权请求权的一般情形;同时又针对各具体类型的侵权请求权的诉讼时效期间设置有特殊条款。因此,由一般条款规定的侵权请求权的诉讼时效期间应当定性为侵权领域中的普通诉讼时效期间。其三,适用于侵权请求权的诉讼时效期间普遍短于主要适用于合同请求权的普通诉讼时效期间。日本学界对其立法理由的解释是:采证上的困难性、受害者感情的冷静化、受害者可以向加害者请求却对此予以放置。[②] 其四,为避免侵权请求权诉讼时效期间过短可能造成权利人丧失救济的弊端,一方面对该较短期间适用主观起算标准,另一方面设置适用客观标准的最长诉讼时效期间对该较短期间予以限制。其立法理由主要是"保护债务人法律安全利益的考虑"[③]。

在英美法系国家和地区,并不存在像大陆法系那样适用于一般民事法律关系的普通诉讼时效期间。英国的情况特别复杂,因为调整违约和侵权案件的诉讼时效期间的法律在英格兰和苏格兰各不相同,有关人身伤害的案件除外。[④] 英美法系的标准时效期间(standard period)为6年,但它并非大陆法系上的普通诉讼时效期间。英美法系诉讼时效期间的设置基本上是根据不同的诉因,也就是不同种类的诉讼而设。[⑤]

---

① 参见〔德〕克雷斯蒂安·冯·巴尔、〔德〕乌里希·德罗布尼希主编:《欧洲合同法与侵权法及财产法的互动》,吴越等译,法律出版社2007年版,第165页。

② 参见〔日〕圆谷凌:《判例形成的日本新侵权行为法》,赵莉译,法律出版社2008年版,第135—138页;〔日〕吉村良一:《日本侵权行为法》,张挺译,中国人民大学出版社2013年版,第134页。

③ 〔德〕马克西米利安·福克斯:《侵权行为法》,齐晓琨译,法律出版社2006年版,第246页。

④ 参见〔德〕克雷斯蒂安·冯·巴尔、〔德〕乌里希·德罗布尼希主编:《欧洲合同法与侵权法及财产法的互动》,吴越等译,法律出版社2007年版,第160—161页。

⑤ 参见葛承书:《民法时效——从实证的角度出发》,法律出版社2007年版,第109页。

二、特殊诉讼时效期间之立法例

在大陆法系主要国家及地区,特殊诉讼时效期间的设置如表 7-2 所示:

表 7-2

国家(地区)	特殊诉讼期间	适用的场合
德国	30 年、5 年、2 年、6 个月、1 个月等	瑕疵请求权、费用偿还请求权、租赁物的赔偿请求权等
瑞士	5 年等	定期付款、餐饮、劳务关系债权等
意大利	5 年、3 年、2 年、1 年、18 个月、6 个月等	年金、名义资本、有关租金、利息、劳动关系补偿费、居间佣金等
荷兰	5 年、1 年等	利息、终身租金权、股息、租金等
奥地利	3 年、6 年、1 年等	经营活动债权、租金、劳动报酬等
西班牙	5 年、3 年、1 年等	养老金、租金、定期给付债权等
葡萄牙	5 年、2 年、6 个月等	年金、租金、股息、利息、扶养费等
俄罗斯	1 年、10 年等	法律行为无效后果诉讼、货运索赔等
日本	20 年、10 年、5 年、3 年、2 年、1 年等	定期金债权、定期给付债权、有关工程债权、有关职务债权等
韩国	3 年、1 年等	利息、扶养费、报酬、使用费等
埃及	5 年、15 年、3 年、1 年等	地租、利息、定期金、薪金等
巴西	1 年、2 年、3 年、4 年、5 年等	商业食宿、保险、有关酬金、扶养费、不动产租金、定期金等
阿根廷	5 年、4 年、2 年、1 年、6 个月、3 个月等	扶养金、不动产租金、继承份额缩减请求权、法律行为无效诉权等
中国台湾地区	5 年、2 年等	利息、红利、租金、赡养费等
中国澳门特区	5 年、2 年、6 个月等	年金、租金、利息、股息、扶养费等

从表 7-2 内容可总结出以下规律:其一,特殊诉讼时效期间一般短于普通诉讼时效期间。其二,大多数国家及地区对特殊诉讼时效期间的设置体现了层次性、递减性的特征,即设置多种档次的期间,各期间之间的间隔幅度大致相当。例如法国设置的 6 个月、1 年、2 年、5 年、10 年,各档次期间之间呈倍数关系,巴西设置的 1 年、2 年、3 年、4 年、5 年,相邻档次期间之间均相差 1 年。其三,多数国家及地区对特殊诉讼时效期间设置的上限为 5 年,下限为 1 年或 6 个月。其四,对

于特殊诉讼时效期间的适用事由,各立法规定得较为繁杂,且差异很大。各立法规定的适用事由大致可分为几类:一是定期给付债权,包括各种形式的年金等;二是租金、利息、股息等孳息性质的金钱债权;三是劳动报酬请求权;四是扶养费、赡养费请求权;五是商业经营性债权,但该类事由仅适用于民商合一的国家(例如意大利、巴西等),而民商分立的国家则是在商法典中另行规定商事时效。

在英美法系国家和地区,系根据不同诉因适用不同的诉讼时效期间(Limitation of action),因此不存在大陆法系意义上的特殊诉讼时效期间。

三、诉讼时效期间法定性之立法例

对于是否允许当事人约定诉讼时效期间,各国及地区立法态度不一。

1. 模式一:禁止当事人约定

大多数大陆法系国家及地区采取该模式,例如瑞士(《瑞士债法典》第 129 条)、意大利(《意大利民法典》第 2936 条)、西班牙(《西班牙民法典》第 1961 条)、葡萄牙(《葡萄牙民法典》第 300 条)、俄罗斯(《俄罗斯联邦民法典》第 198 条)、埃及(《埃及民法典》第 388 条)、巴西(《巴西民法典》第 192 条)、中国台湾地区("民法"第 147 条)、中国澳门特区(《澳门民法典》第 293 条)等。其立法理由,一般解释为"维持社会秩序"和"事关公共利益"。[①]

2. 模式二:有条件地允许当事人约定

法国、德国、奥地利、韩国、英美法系国家采取该模式。《法国民法典》第 2254 条第 1 款规定:"时效期间,得经各方当事人一致同意的协议缩短或延长;但是,不得将其减少到不满 1 年,或者延长到超过 10 年。"《德国民法典》第 202 条规定:"(1) 在因故意而发生的责任的情况下,不得预先以法律行为减轻消灭时效。(2) 不得超出自法定的消灭时效起算点起 30 年的消灭时效期间以外,以法律行为加重消灭时效。"该条的立法理由是:"通过此种规定,法典准许加重或减轻时效的约定,与现行法相比,新法更好地考虑到了合同自由。准许加重时效

---

① 参见史尚宽:《民法总论》,中国政法大学出版社 2000 年版,第 624 页;王泽鉴:《民法总则》,北京大学出版社 2009 年版,第 410 页。

的约定也有助于法律的明晰,因为有了本条的规定以后,实践中就不存在规定法律规定的必要。"[①]《奥地利民法典》第1502条规定:"消灭时效的抗辩不能预先抛弃,当事人也不能约定长于法律规定的消灭时效期间。"依该条规定,约定延长消灭时效期间的合同是无效的,但约定缩短消灭时效期间的合同只要不违反法律的禁止性规定和善良风俗,是被允许的。《韩国民法典》第184条的规定与其类似。英美法国家多有条件地允许当事人约定诉讼时效期间,例如美国《Uniform Commercial Code》第2-725条规定:"当事人可以在原协议中约定缩短诉讼时效期间至1年,但不得加长。"《欧洲合同法原则》第14:601条规定:"(1)有关时效的要件,可因当事人合意上,特别是通过时效期间的缩短或延长而发生变更。(2)但时效期间不得缩短到1年以下,或者延长至第203条规定的时效开始时30年以上。"

3. 模式三:法律未设明文规定

采取该模式的国家,在民法典中对于是否允许约定变更诉讼时效期间未设明文规定,而交由学理或司法实务解决。法国(民法典修订前)、荷兰、阿根廷、日本等国采取该模式。例如旧《法国民法典》第2220条规定:"任何人不得提前抛弃时效,但可以抛弃已取得的时效。"该条仅规定禁止提前抛弃时效利益,但未规定变更时效期间协议的效力。依据法国最高法院的意见,关于"缩短期间"的条款,不论出于何种考虑,均不妨碍当事人在合同中订立条款约定"缩短解除债务的期间"。《法国民法典》第2220条并不禁止订立条款约定"某项特定行为必须在短于法国法律确定的期间内实施"[②]。《日本民法典》第146条亦仅规定禁止提前抛弃时效利益,而未规定变更时效期间协议的效力。日本学界多数说认为,缩短时效期间及其他使时效完成容易的特约是有效的。[③]

---

① 朱岩编译:《德国新债法条文及官方解释》,法律出版社2003年版,第29页。

② 罗结珍译:《法国民法典》(下册),法律出版社2005年版,第1578页。

③ 参见〔日〕我妻荣:《我妻荣民法讲义Ⅰ新订民法总则》,于敏译,中国法制出版社2008年版,第419页。

第二节　诉讼时效期间现行法之规定

一、普通诉讼时效期间的规定

《民法通则》第135条规定:“向人民法院请求保护民事权利的诉讼时效期间为二年,法律另有规定的除外。”依该条规定,我国现行法规定的普通诉讼时效期间为两年。

我国对于普通诉讼时效期间的现行法规定具有以下特点:其一,与其他国家及地区相比,我国现行法规定的普通诉讼时效期间较短。其立法理由是“为了加速经济流转”①及“由我国社会主义国家性质决定的”②。其二,我国现行法未区分规定适用于合同请求权的普通诉讼时效期间和适用于侵权请求权的普通诉讼时效期间,该立法模式与绝大多数国家及地区的立法模式均有所不同。关于该立法模式的立法理由,笔者在现有资料中未能查出,甚至绝大多数著述根本就未提及该特征。笔者认为,该立法模式可能与受前苏联民法的影响有关。其三,我国现行法规定的普通诉讼时效期间之“普通”,还具有适用主体上的普遍性的涵义。佟柔教授指出:“考虑到在改革中我国大力发展商品经济,计划的作用缩小,经济活动当事人的自主性大大增加,公有制组织也直接依据市场从事生产经营,因而没有必要像其他社会主义国家那样,为它们另外规定一种普通诉讼时效。”③普通诉讼时效期间适用于各类民事主体,在其他国家及地区本为当然之理,强调该所谓特征,与《民法通则》颁布时的特定历史背景有关。

二、特殊诉讼时效期间的规定

我国有关法律和司法解释规定的特殊诉讼时效期间如表7-3所示:

---

① 佟柔主编:《中国民法学·民法总则》,中国人民公安大学出版社1990年版,第319页。

② 佟柔主编:《中国民法》,法律出版社1990年版,第607页。

③ 佟柔主编:《中国民法学·民法总则》,中国人民公安大学出版社1990年版,第319页。

表 7-3

法律和司法解释	特殊诉讼时效期间	适用的场合
《民法通则》	1 年(第 136 条)	人身伤害、产品质量、租金、保管合同
《继承法》	2 年、20 年(第 8 条)	继承权纠纷
《合同法》	4 年(第 129 条)	国际货物买卖合同、技术进出口合同
《拍卖法》	1 年(第 61 条)	拍卖标的瑕疵
《产品质量法》	2 年、10 年(第 45 条)	产品责任
《环境保护法》	3 年(第 66 条)	环境污染责任
《保险法》	2 年、5 年(第 26 条)	保险金给付请求权
《票据法》	3 个月、6 个月、2 年(第 17 条)	票据权利
《民用航空法》	2 年、3 年(第 135 条、第 171 条)	航空运输、航空损害赔偿
《专利法》	2 年(第 68 条)	侵犯专利权
《婚姻法解释(一)》	2 年(第 31 条)	再次分割夫妻共有财产
《海商法》	90 日、1 年、2 年、3 年、6 年(第 257—265 条)	海上货物运输、航次租船合同、海上客运赔偿等
《劳动争议调解仲裁法》	1 年(第 27 条)	劳动争议仲裁
法发〔1994〕25 号	180 日	铁路货物运输赔偿
法释〔1997〕3 号	1 年	海上货物运输赔偿
法释〔2001〕18 号	1 年	沿海、内河货物运输赔偿
《无正本提单交货规定》	1 年	无正本提单诉讼

从表 7-3 内容可看出,我国对于特殊诉讼时效期间的现行法规定具有以下特点:其一,很多特殊诉讼时效期间设置为两年,其本质是规定某特定场合仍然适用普通诉讼时效期间。其二,某些特殊诉讼时效期间长于普通诉讼时效期间,例如涉外合同(4 年)、环境污染责任(3 年)、人寿保险金给付请求权(5 年)。该特点与其他国家及地区的特殊诉讼时效期间不长于普通诉讼时效期间的立法通例有所不同。其三,现行法对于特殊诉讼时效期间的设置没有体现出明显的层次性、递减性特征。这与现行普通诉讼时效期间过短,导致缺乏期间纵深有关。另外,以下几个问题值得注意:

第一,《民法通则》第 136 条第(一)项与特别法规定的特殊诉讼时效的关系。依《民法通则》第 136 条第(一)项的规定,“身体受到伤害要求赔偿的”适用 1 年诉讼时效期间。但如果身体受到伤害的原因亦被其他特别法规定适用特殊诉讼时效期间的,究竟应适用《民法通则》第 136 条第(一)项规定的 1 年期间,还是适用特别法规定的特殊诉讼时效期间?例如受害人身体受到伤害是由于加害人实施污染环境的行为所致,是适用 1 年期间还是适用《环境保护法》规定的 3 年期间。《民法通则》第 136 条虽然规定的也是特殊诉讼时效,但依据新法优于旧法、特别法优于普通法的原则,其后颁布的新法、特别法规定的特殊诉讼时效期间应当优先适用。在司法实务中,体现该适用原则的典型案例如下:

案例 7.2.1　米凤群因其夫在国外旅游时不幸身亡诉办旅游护照单位额尔古纳市国际旅行社未同时办旅游意外保险要求给付此项保险金案①

【案件事实】

原告:米凤群

被告:额尔古纳市国际旅行社(以下简称旅行社)、额尔古纳市旅游局(以下简称旅游局)

案外人刁兆英、王玉兰、张守军三人到俄罗斯做生意,雇原告米凤群之夫白长山开车,但他们均到旅行社办理了旅游护照,并以该社旅游团组的名义,于 1998 年 4 月 24 日从黑山头口岸出境。5 月 7 日在回国途经俄罗斯舍勒布区与嘎斯扎沃德区之间时,遭两名蒙面持枪的俄罗斯歹徒抢劫,争斗中白长山胸、腹部中弹,经抢救无效于 5 月 9 日死亡。事发后,二被告到原告家中进行慰问,并当即许诺待旅游局有条件时一定给予适当的经济补偿。后因经济补偿问题迟迟不能解决,2000 年 5 月,白长山之父白文岭到额尔古纳市政府信访办上访,信访办出具了《群众上访事项决定书》,将该问题转至旅游局。原告米凤群向法院起诉称:根据国家旅游局 1997 年颁布实施的《旅行社办理旅游意外保险暂行规定》的规定,旅行社组织团队旅游,必须给旅游者办理旅游意外保险。而被告没有给白长山等出国旅游人员办理过任何旅

---

① 参见最高人民法院中国应用法学研究所编:《人民法院案例选》2002 年第 1 辑(总第 39 辑),人民法院出版社 2002 年版,第 125 页以下。

游意外保险,致使原告得不到应有的经济补偿。为此请求法院判令被告赔偿白长山出国旅游人身意外伤害保险金30万元及子女抚养费和殡葬费31 907.29元。被告旅行社答辩称:本案属人身损害赔偿案件,已超过诉讼时效。

【裁判要旨】

一审法院经审理认为,被告旅行社为白长山办理了旅游护照,使其以旅游者的身份出境,就应依照规定为其办理30万元的人身意外保险。旅行社明知此规定而未为其投保,就应承担相应的过错责任。原告的实际损失参照《道路交通事故处理办法》的有关规定计算。被告旅行社提出的本案已超过诉讼时效的理由不能成立,本案不适用1年的诉讼时效。宣判后双方均未上诉。

还应注意的是,如果侵权行为导致受害人死亡的,司法实务亦不适用《民法通则》第136条第(一)项规定的1年期间。①

第二,《民法通则》第136条第(二)项规定的1年期间与《产品质量法》第45条第1款规定的两年期间关系如何?对于该问题,学界及司法实务界存在争议。第一种观点认为,《民法通则》第136条第(二)项规定的"出售质量不合格的商品未声明的"属于产品责任性质的侵权责任请求权。按新法优于旧法、特别法优于普通法的原则,《产品质量法》第45条第1款规定的两年期间取代了《民法通则》第136条第(二)项规定的1年期间,即《民法通则》第136条第(二)项不再适用。② 该观点为学界及司法实务界主流意见。第二种观点认为,《民法通则》第136条第(二)项规定的是产品本身质量不合格产生的赔偿请求权(违约责任请求权),该场合适用1年期间;《产品质量法》第45条第1款规定的是因产品质量不合格而导致消费者人身及其他

① 参见"宣玲等诉广州远洋运输公司、惠博轮船有限公司船员工伤死亡事故损害赔偿案",载最高人民法院中国应用法学研究所编:《人民法院案例选》2007年第3辑(总第61辑),人民法院出版社2008年版,第393页以下。

② 参见法律出版社法规中心编:《民法通则注释全书》,法律出版社2012年版,第571页;梁展欣主编:《诉讼时效司法实务精义》,人民法院出版社2010年版,第207页。

财产损害的侵权责任请求权，该场合适用两年期间。[1] 第三种观点认为，涉及产品责任的侵权诉讼适用《民法通则》第136条第(二)项规定的1年期间；涉及质量纠纷的合同诉讼，适用两年普通诉讼时效期间。最高人民法院《关于诉讼时效期间问题的复函》(〔1991〕法经字第160号)规定："因出售质量不合格的商品而未声明引起的损害消费者利益的侵权诉讼和因产品质量不合格造成他人人身、财产损害引起的追究产品责任的侵权诉讼，适用民法通则第一百三十六条规定的1年的诉讼时效期间；至于购销、加工承揽等经济合同因质量纠纷引起的追究违约责任的合同诉讼，应当适用民法通则第一百三十五条规定的二年的诉讼时效期间。"但该复函系颁布于《产品质量法》之前，且非正式法的渊源形式，因与《产品质量法》冲突，故已被废止。最高人民法院《关于购销合同标的物掺杂使假引起的诉讼如何确定诉讼时效的复函》(法函〔1992〕10号)规定："因购销合同的标的物掺杂使假引起的纠纷，应当适用《中华人民共和国民法通则》第一百三十五条规定，即'向人民法院请求保护民事权利的诉讼时效期间为二年'。"依该复函规定，《民法通则》第136条第(二)项规定的1年期间并不适用于违约责任请求权，故应采取第一种观点的理解为准。

在司法实务中，适用该特殊诉讼时效期间的典型案例如下：

案例7.2.2　王长松与郭永泉买卖合同纠纷案[2]

【案件事实】

原告：王长松

被告：郭永泉

2003年6月份，郭永泉以人民币24800元的价格卖给王长松3头奶牛，几天后，王长松以郭永泉所售的奶牛无子宫，不会产奶，要求退还购牛款，经多次协商无果，后王长松向修武县公安局举报，郭永泉被刑事拘留。2003年11月7日，修武县公安局因被指控事实不构成犯罪而撤销案件。在此期间，修武县公安局委托河南省畜牧改良站畜禽

---

① 参见李显东主编：《民法总则典型案例疏义》，法律出版社2008年版，第416页。

② 参见最高人民法院中国应用法学研究所编：《人民法院案例选》2006年第3辑(总第57辑)，人民法院出版社2007年版，第209页以下。

调剂服务中心和修武县价格认证中心，对3头奶牛进行了评估确定，该3头奶牛均无子宫、无生育和泌乳能力，不能作为奶牛饲养，其实际价值为人民币5 700元。王长松支付鉴定费人民币1 250元。之后，双方所争执的3头奶牛全部死亡。

【裁判要旨】

一审法院经审理认为，关于郭永泉提出的本案应适用1年的诉讼时效，该规定是针对因出售质量不合格的商品未声明引起的侵权诉讼，而本案系原告方以双方的买卖合同关系而追究被告方违约责任的合同诉讼，应当适用《民法通则》规定的2年诉讼时效，起算点应从王长松控诉郭永泉的刑事案件被撤销之日即2003年11月7日起算，王长松于2005年5月20日向法院提起诉讼，尚未超过诉讼时效。对王长松要求郭永泉承担违约责任、赔偿损失的诉讼请求予以支持。郭永泉不服一审判决，提起上诉。二审法院经审理认为，《民法通则》虽然规定有"出售质量不合格的商品未声明的"适用1年诉讼时效，但该规定含义不明确，且与《合同法》《产品质量法》等相关法律的规定相冲突。根据新法优于旧法、特别法优于普通法的原则，本案应当适用两年诉讼时效。判决：驳回上诉，维持原判。[①]

第三，《民法通则》第136条第(三)项应如何适用？依《民法通则》第136条第(三)项的规定，"延付或者拒付租金的"适用1年诉讼时效期间。《合同法》第212条规定："租赁合同是出租人将租赁物交付承租人使用、收益，承租人支付租金的合同。"租金是指承租人因对出租人提供的租赁物进行使用、收益而支付的对价。[②] 适用《民法通则》第136条第(三)项应注意两点：其一，该项规定的1年期间只能适用于承租人延付或拒付租金而产生的违约责任请求权，而不适用于租赁合同中的其他请求权，例如毁损租赁物的损害赔偿请求权、违约金请求权等。最高人民法院《关于对租赁合同债务人因欠付租金而出具的"欠款结算单"不适用普通诉讼时效的复函》(法研[2000]122号)

---

① 该案主审法院依据《产品质量法》第45条，认为该案违约责任请求权适用两年诉讼时效期间，似有不妥，因为该条适用于产品责任请求权。该案应适用《民法通则》第135条规定的两年普通诉讼时效期间，方为妥当。

② 参见王利明：《合同法分则研究》(上卷)，中国人民大学出版社2012年版，第254页。

规定:“租赁合同债务人因欠付租金而出具的‘欠款结算单’只表明未付租金的数额,并未改变其与债权人之间的租赁关系。因此,租赁合同当事人之间就该欠款结算单所发生纠纷的诉讼时效期间适用《中华人民共和国民法通则》第一百三十六条的规定。”其二,基于非租赁合同产生的金钱给付请求权不适用该项规定的1年期间。在司法实务中,酒店住宿被认为属于宾馆服务合同而非房屋租赁合同,因延付或拒付酒店房费引起的诉讼不适用《民法通则》第136条第(三)项规定的1年期间,典型案例如下:

案例7.2.3　天南大酒店诉启东市丝绸制衣厂给付宾客包房协议欠付住宿费案①

【案件事实】

原告:南通天南大酒店

被告:启东市丝绸制衣厂

原告南通天南大酒店与被告启东市丝绸制衣厂于1995年初签订宾客包房协议。双方约定:被告长期租用原告某室客房,租期1年;房租金每日人民币130元,被告当即支付定金人民币5 000元。1996年双方虽未再续订协议,但仍按此合同履行。1996年10月16日,原告因被告未付清包住其客房的费用,携带面额为人民币11 969元的房租发票一张前往被告处收款,被告向原告出具字据一张,言明收到该房租发票,剔除预付定金人民币5 000元,尚欠人民币6 969元因暂时无款延至当月底归还。但到期后,被告仍未按约偿付。1998年6月12日,原告用函件催收该款无果。1999年1月,原告诉至江苏省启东市人民法院,请求判令被告按约付清人民币6 969元的欠款及因违约所致的利息损失。

【裁判要旨】

一审法院经审理认为,双方的纠纷属房租纠纷,依照《民法通则》关于“延付或者拒付租金的”应适用1年期的诉讼时效的规定,原告于1996年10月16日主张权利后,在1年期内未及时主张权利,已丧失了胜诉权。判决:驳回原告诉讼请求。原告不服一审判决,提起上诉。

① 参见最高人民法院中国应用法学研究所编:《人民法院案例选》2001年第4辑(总第38辑),人民法院出版社2002年版,第152页以下。

二审法院经审理认为,双方所订宾客包房协议的性质,应属宾馆服务合同,而非房屋租赁合同。故一审法院适用1年期的特殊诉讼时效失当,而应适用两年期的普通诉讼时效。上诉人于1998年6月12日在两年期内函件催收欠款,已引起诉讼时效的中断,故上诉人的胜诉权仍应受法律保护,被上诉人应按其承诺履行给付上诉人欠款人民币6 969元的义务。判决:撤销原判,改判被上诉人启东市丝绸制衣厂给付尚欠上诉人南通天南大酒店的服务费人民币6 969元,并偿付相关滞纳金。

三、最长诉讼时效期间的规定

《民法通则》第137条规定,“从权利被侵害之日起超过二十年的,人民法院不予保护”。《民法通则意见》第167条规定:“民法通则实施后,属于民法通则第一百三十五条规定的二年诉讼时效期间,权利人自权利被侵害时起的第十八年后至第二十年期间才知道自己的权利被侵害的,或者属于民法通则第一百三十六条规定的一年诉讼时效期间,权利人自权利被侵害时起的第十九年后至第二十年期间才知道自己的权利被侵害的,提起诉讼请求的权利,应当在权利被侵害之日起的二十年内行使;超过二十年的,不予保护。”《民法通则意见》第175条第2款规定:“民法通则第一百三十七条规定的‘二十年’诉讼时效期间,可以适用民法通则有关延长的规定,不适用中止、中断的规定。”依该规定,我国现行法规定的最长诉讼时效期间为20年。另外,在特别法中也规定有类似《民法通则》20年期间性质的长期诉讼时效期间,例如《继承法》第8条规定的20年、《产品质量法》第45条规定的10年、《海商法》第265条规定的6年等。

我国对于最长诉讼时效期间的现行法规定具有以下特点:

其一,该期间适用客观起算标准,即“从权利被侵害之日”起算,与普通诉讼时效期间适用主观起算标准有所不同。

其二,该期间对普通诉讼时效期间和特殊诉讼时效期间起到限制作用。由于普通诉讼时效期间和特殊诉讼时效期间的起算采主观标准,导致其具体起算时间点具有不确定性,如果该起算时间点与权利被侵害的客观时间点相距过于久远,将明显危害法律的稳定性。因此,设置20年期间的主要作用在于限制普通诉讼时效期间和特殊诉讼时效期间的计算，即该两类时效期间的起算、中止和中断都应发生在20年期间内，超过20年期间的，则不能再适用这些计算规则。《民法通则意见》第167条规定了特殊场合下20年期间对普通诉讼时效期间和特殊诉讼时效期间的限制方法。

其三，由于该期间的第二个特点，决定了该期间没有其独立的适用对象。普通诉讼时效期间和特殊诉讼时效期间是以适用对象的不同作为区分标准的，而20年期间本为限制该两类期间所设，其适用对象与该两类期间的适用对象是重合的，其并无独立的适用对象。在此意义上，20年期间与普通诉讼时效期间和特殊诉讼时效期间并不是按照同一分类标准进行的平行分类。

其四，该期间虽不能适用中止、中断规则，但可适用延长规则，因此该期间为可变期间。[①] 此立法模式与其他国家及地区有所不同，因为延长规则为我国特有的制度，其他立法例中不存在该期间延长的问题。而要解决该期间能否适用中止、中断的问题，例如对于《日本民法典》第724条规定的20年期间能否适用中止、中断规则，日本学界就存在消灭时效说和除斥期间说之争。[②]

其五，现行法对该期间的适用范围未作限制，故该期间既适用于有关合同责任请求权，也适用于侵权责任请求权。此立法模式与其他国家及地区亦有所不同。在大多数大陆法系国家及地区，由于侵权责任请求权适用主观起算标准，而合同责任请求权适用客观起算标准，故通常规定长期诉讼时效期间限制侵权责任请求权的诉讼时效期间。[③]《民法通则》第137条将诉讼时效期间的起算标准统一规定为主观标准[④]，20年期间也就相应地适用于所有类型的请求权了。

对于《民法通则》第137条规定的20年期间的性质，学界一直存在争议。第一种观点认为，20年期间是最长诉讼时效期间，该观点现

---

① 有学者认为，延长规则只能适用于20年期间，而不适用于其他诉讼时效期间。参见梁慧星：《民法总论》，法律出版社2001年版，第280页。

② 参见〔日〕山本敬三：《民法讲义1总则》，解亘译，北京大学出版社2004年版，第394—396页。

③ 《德国民法典》第852条、《瑞士债法典》第60条、《日本民法典》第724条等。

④ 参见本书第八章第二节相关内容。

为多数说。[①] 第二种观点认为,20 年期间是除斥期间。[②] 第三种观点认为,20 年期间为最长权利保护期限。[③] 第四种观点认为,20 年期间是“诉讼时效计算之最长期间限制”。[④] 第五种观点认为,20 年期间是“权利最长主张期间”。[⑤] 笔者认为,现行法对于 20 年期间的适用规则和适用效果的规定是基本明确的,对 20 年期间冠以何种概念,均不会影响其规则的适用及适用效果。因此该争议主要是“正名”之争,而无关具体适用规则。在现行法框架下,以最长诉讼时效期间界定 20 年期间为宜。理由如下:其一,日本学界对于《日本民法典》第 724 条规定的 20 年期间的性质之争,是为了解决该期间是否适用中止、中断的问题[⑥],对该期间的定性直接关乎具体规则的适用。而我国现行法明确规定 20 年期间不适用中止、中断规则,可适用延长规则,其适用规则清晰确定。这就导致该争议在我国沦为无关规则适用的纯粹概念之争。该争议在我国学界最初系因何而起,已难考证,如果是因为受日本学界对该争议问题的影响而发生,则实属未充分了解两国时效法差异而产生的误解。其二,20 年期间规定于《民法通则》第 137 条,该条系“诉讼时效”一章的核心条文之一,将 20 年期间界定为最长诉讼时效期间在立法技术上可以得到合理解释。在我国台湾地区,“民法”第 197 条规定的 10 年期间,亦属以长期期间限制较短的侵权责任请求权之时效期间,学界主流观点认为该 10 年期间为长期消灭时效

---

① 参见王利明:《民法总则研究》,中国人民大学出版社 2012 年版,第 741—742 页;魏振瀛主编:《民法》,北京大学出版社、高等教育出版社 2010 年版,第 197 页;马俊驹、余延满:《民法原论》,法律出版社 2010 年版,第 261 页。对该说的批评意见参见霍海红:《“20 年期间”定性之争鸣与选择》,载《华东政法大学学报》2010 年第 3 期。

② 参见佟柔主编:《中国民法学 · 民法总则》,中国人民公安大学出版社 1990 年版,第 321 页;李由义主编:《民法学》,北京大学出版社 1988 年版,第 168 页。

③ 参见郭明瑞主编:《民法》,高等教育出版社 2007 年版,第 147 页;王卫国主编:《民法学》,中国政法大学出版社 2007 年版,第 176 页。

④ 参见龙卫球:《民法总论》,中国法制出版社 2002 年版,第 622 页;霍海红:《“20 年期间”定性之争鸣与选择》,载《华东政法大学学报》2010 年第 3 期。

⑤ 参见张驰:《论民事诉讼时效所定 20 年期间的性质》,载《华东政法学院学报》1999 年第 3 期。

⑥ 参见〔日〕山本敬三:《民法讲义 1 总则》,解亘译,北京大学出版社 2004 年版,第 394—396 页。

期间。[1] 在德国,用以限制3年侵权责任请求权时效期间的10年期间,亦被认为是最长时效期间。[2] 其三,司法实务界主流意见一直将20年期间界定为最长诉讼时效期间[3],在审判实务中亦以此认识为裁判基础。在无充分理由且不改变适用规则的情况下将这种定性予以变化,实属没有必要。在司法实务中,适用最长诉讼时效期间的典型案例如下:

案例7.2.4　赵盛强等诉通化市人民医院侵犯身份权赔偿案[4]

【案件事实】

原告:赵盛强、宫克(赵盛强之妻)

被告:通化市人民医院

1981年10月29日,原告宫克在被告妇产科顺产一名男婴。按被告的规定,新生儿由院方医护人员在婴儿室看护3日。3日后,原告宫克同被告交予的男婴一同出院,该男婴取名赵达,由二原告抚养至今。2001年4月6日,赵达在大学参加义务献血时,得知自己的血型为AB型,二原告方知赵达并非其亲生子。后经多方寻找,并经辽宁省公安厅进行DNA亲子鉴定,结论为二原告与赵达无血亲关系,与原告宫克同在被告处生产的李爱野之子孙超系二原告亲生子。经多方调查寻找获知,造成这一后果的直接原因是被告疏于管理,导致串子。二原告向法院起诉,要求依法判令被告赔偿寻子费用4.5万元,其他经济损失5 000元;原告赵盛强精神损害费20万元、宫克30万元;被告承担二原告抚养教育赵达21年的经济损失(包括赵达今后教育费用)18.5万元。

【裁判要旨】

一审法院经审理后判决:

(1) 被告赔偿原告寻子、寻亲费用4.5万元。

---

① 参见黄立:《民法债编总论》,中国政法大学出版社2002年版,第423页。

② 参见〔德〕莱茵哈德·齐默曼:《德国新债法》,韩光明译,法律出版社2012年版,第182页。

③ 参见梁书文主编:《民法通则贯彻意见诠释》,中国法制出版社2001年版,第150页。

④ 参见最高人民法院中国应用法学研究所编:《人民法院案例选》(总第48辑),人民法院出版社2005年版,第80页以下。

(2) 被告赔偿原告赵盛强、官克精神损害抚慰金人民币各5万元。

(3) 驳回原告的其他诉讼请求。

一审判决后，原、被告均不服，提出上诉。通化市人民医院上诉称，赵盛强、官克的诉讼请求已超过20年，不应受法律保护。二审法院经审理认为，对于赵盛强、官克起诉时是否超过法律规定的最长诉讼时效，其诉讼请求应否受法律保护问题，双方当事人对侵害事实发生至主张权利时超过20年没有异议。但本案中，赵盛强、官克夫妇不知受到侵害和不能主张权利的情形属于客观障碍，因此本案可延长诉讼时效期间。赵盛强、官克的诉讼请求应受法律保护。判决：驳回上诉，维持原判。

四、诉讼时效期间法定性的规定

在《诉讼时效规定》颁布以前，《民法通则》及其司法解释对于诉讼时效期间法定性未作规定。对于当事人能否约定延长或缩短诉讼时效期间，存在争议。第一种观点认为，延长诉讼时效期间的约定无效，但缩短诉讼时效期间的约定有效。第二种观点认为，延长或缩短诉讼时效期间的约定有效。第三种观点认为，延长或缩短诉讼时效期间的约定均无效。[①] 第三种观点为学界及司法实务界通说。《诉讼时效规定》采纳了第三种观点，《诉讼时效规定》第2条规定："当事人违反法律规定，约定延长或者缩短诉讼时效期间、预先放弃诉讼时效利益的，人民法院不予认可。"其立法理由是："诉讼时效制度虽属私法制度，但由于该制度的立法目的在于保护社会公益，维护社会交易秩序、平衡权利人与义务人利益，因此关于诉讼时效的规定应为强行性规定，不允许当事人自由变更诉讼时效期间。"[②]该条包含了以下两层涵义：

(1) 诉讼时效期间依据法律规定确定，当事人延长或者缩短诉讼

---

① 参见最高人民法院民事审判第二庭编著：《最高人民法院关于民事案件诉讼时效司法解释理解与适用》，人民法院出版社2008年版，第63页。

② 最高人民法院民事审判第二庭编著：《最高人民法院关于民事案件诉讼时效司法解释理解与适用》，人民法院出版社2008年版，第65页。相反的观点参见郑宽永：《诉讼时效强制性的反思》，载《厦门大学学报》(哲学社会科学版)2010年第4期。

时效期间的约定无效。现行法对于诉讼时效期间采取绝对法定主义,对延长或者缩短诉讼时效期间的约定均予以禁止。但该条对诉讼时效的其他规则是否允许当事人约定,则未作规定,例如中止、中断事由,诉讼时效效力等。对于中止、中断事由能否由当事人约定,司法实务界存在争议。第一种观点认为,当事人以协议变更中止、中断等诉讼时效期间计算方法的,该协议无效。[①] 第二种观点认为,当事人约定的中止、中断事由符合法律规定的,应认定有效;不符合法律规定的,认定无效。[②] 对于当事人约定改变诉讼时效的效力或约定排除诉讼时效效力的,司法实务界主流意见认为,该约定即使是当事人的真实意思表示,也因违反诉讼时效强制性规定而认定无效。[③] 因此,对《诉讼时效规定》第 2 条应作目的性扩张解释,不仅延长或者缩短诉讼时效期间的约定无效,对诉讼时效其他规则所作约定违反法律强制性规定的,亦应认定无效。

(2) 诉讼时效利益依据法律规定发生,当事人预先放弃诉讼时效利益的,放弃行为无效。由于现行法已经确立了抗辩权发生主义,因此诉讼时效利益主要是指诉讼时效期间届满后义务人取得时效抗辩权的利益。预先放弃诉讼时效利益是指在诉讼时效期间尚未届满,亦即义务人尚未实际取得时效抗辩权时,预先放弃该时效抗辩权的行为。在司法实务中,预先放弃诉讼时效利益的表现形式有:义务人在合同履行期限届满之前即在债权人的空白催收通知单上加盖公章,默许债权人填写催收日期以使请求权未过诉讼时效期间;在订立合同之初即承诺不进行诉讼时效抗辩等。[④] 在《诉讼时效规定》颁布以前,最高人民法院的有关批复就规定了不得预先放弃诉讼时效利益。例如最高人民法院《关于借款到期后债务人在多份空白催收通知上加盖公

① 参见梁展欣主编:《诉讼时效司法实务精义》,人民法院出版社 2010 年版,第 70 页。

② 参见最高人民法院民事审判第二庭编著:《最高人民法院关于民事案件诉讼时效司法解释理解与适用》,人民法院出版社 2008 年版,第 68 页。

③ 参见"重庆益嘉物业经营管理有限公司与重庆渝庆旧城改造有限公司欠款纠纷申请再审案",载苏泽林主编、最高人民法院立案庭编:《立案工作指导》2009 年第 2 辑(总第 21 辑),人民法院出版社 2009 年版,第 107 页以下。

④ 参见余冬爱:《诉讼时效法定性的法理解析与司法适用》,载《法律适用》2008 年第 11 期。

章如何计算诉讼时效的请示的答复》(〔2004〕民二他字第28号)规定:"'食品公司在空白催收单上加盖公章的行为是其授权京开大道农行可以根据需要在催收通知单上任意填写时间的真实意思表示,即放弃了因时效期间届满而产生的时效利益和抗辩权',但因其属于提前抛弃时效的行为,亦应认定为无效。"《诉讼时效规定》继承了该规定的精神。惟应注意,该条并未禁止当事人放弃已经取得的诉讼时效利益,即在诉讼时效期间届满后放弃诉讼时效抗辩权的行为是被允许的。①

在司法实务中,适用诉讼时效期间法定性裁判的典型案例如下:

案例7.2.5　中国工商银行太原市迎宾路支行诉永安财产保险公司山西分公司等借款保证合同及保证保险合同纠纷案②

【案件事实】

原告(被上诉人):中国工商银行太原市迎宾路支行(以下简称工行迎宾路支行)

被告:孟月柱、高林宝、山西飞麟汽车贸易有限公司(以下简称飞麟公司)

被告(上诉人):永安财产保险公司山西分公司(以下简称永安保险公司)

第三人:白一平

2002年7月1日,永安保险公司与工行迎宾路支行及飞麟公司签订了《个人汽车消费贷款保证保险合作协议》。2002年8月,工行迎宾路支行与被告孟月柱签订两份借款合同,约定由原告向被告孟月柱提供借款共人民币415 120元,借款期限为2002年9月26日至2004年2月26日。同年同月,孟月柱与飞麟公司签订汽车消费信贷主、挂购车合同各1份,主要内容为,由孟月柱向飞麟公司购买主、挂汽车各1辆。同时,高林宝作为孟月柱的担保人为飞麟公司签署《担保书》各1份,同意当购车人未按期偿还欠款时,承担连带担保责任。2002年8月29日,据三方协议的要求,孟月柱在永安保险公司办理了个人汽车

---

① 参见第六章第三节相关内容。

② 参见最高人民法院中国应用法学研究所编:《人民法院案例选》2006年第4辑(总第58辑),人民法院出版社2007年版,第339页以下。

消费贷款保证保险。签订合同后，工行迎宾路支行依约将贷款打入飞麟公司账户内。孟月柱未按购车合同约定支付主、挂车首付款，向飞麟公司支付人民币50 000元后提走汽车。之后，孟月柱通过飞麟公司向工行迎宾路支行如期偿还贷款。从2003年6月开始，孟月柱不再偿还欠款，截至2004年10月31日，共欠贷款本金人民币232 381元，利息人民币4 524.58元，罚息人民币4 950.68元。2003年2月25日，经飞麟公司同意，孟月柱将汽车转让给白一平营运。在保险事故发生后，工行迎宾路支行未向永安保险公司报案，也未采取措施控制风险，于2004年9月9日向永安保险公司发出通知，要求永安保险公司协助对借款人孟月柱进行催收并履行保证保险责任。2004年12月10日，工行迎宾路支行诉至法院。被告永安保险公司辩称，该案已过索赔时效。

【裁判要旨】

一审法院经审理认为，保险索赔时效期间应依《保险法》及相关法律规定确定，当事人不得自行约定，时效约定与法律规定不符的，应属无效，当事人只要在法定的索赔期间内行使了索赔权即应予保护。本案《个人汽车消费贷款保证保险条款》第20条规定，发生保险责任事故后，被保险人从通知保险人发生保险责任事故当日起6个月不向保险人提交规定的单证即视为自愿放弃权益。该条关于6个月的索赔时效的规定违反了《保险法》第22条的强行性规定，系无效条款。判决：被告永安财产保险股份有限公司山西分公司对上述到期未履行部分的本金人民币232 381元承担赔付责任。永安保险公司不服一审判决，提起上诉。二审法院经审理后作出了部分维持原判的判决。

第三节　诉讼时效期间现行法之检讨

《民法通则》颁布至今已有二十余年，该法所设置的诉讼时效期间在这段不算太短的时间里实施所产生的效果，既有立法之初所欲追求的积极效果的一面，也有立法者当初未曾预见或未必没有预见的消极效果的一面。从大的历史背景来看，《民法通则》对诉讼时效期间的设置是受多方面因素影响的结果，具体包括：大陆法传统、主流意识形态、经济模式转变对法律规则的需求、立法技术的局限性等。在笔者看来,诉讼时效期间作为诉讼时效制度的核心内容,该期间的设置是否合理,直接决定着诉讼时效制度在整个民法体系中是否能够发挥其制度的正面价值,同时也在很大程度上影响着普通民众对该制度的理解和评价。现行法关于诉讼时效期间的规定,主要存在以下几方面的弊端:

一、两年普通诉讼时效期间过短,不能有效实现诉讼时效制度应有的制度价值

在《民法通则》颁布之初,对于设置两年普通诉讼时效期间的立法理由,学者主要是从"民事流转和生活节奏加快""社会主义公有制经济"和"普通诉讼时效趋于缩短的立法趋势"等方面加以论证。[①] 在《民法通则》颁布后的相当长时期里,该观点一直被学界普遍接受。但近些年来,学界对《民法通则》规定的两年普通诉讼时效期间的批评意见日渐增多,其批评理由如下:其一,对权利人过于苛刻,违背了诉讼时效制度的价值理念。"私人利益关注的缺乏直接导致了诉讼时效期间的制度设置完全从公共利益视角去设计。"[②]"2 年普通时效期间显然对权利人的要求过于苛刻,反映了我国以往的民事立法重事实轻权利的观念,以致社会普通成员的个人权利和利益得不到充分尊重和保护,并且偏离了传统民法上诉讼时效制度的基本宗旨。"[③]其二,鼓励了义务人的不诚信行为,不利于市场信用环境的改善。"过短的普通诉讼时效期间,会促使经济主体的机会主义的盛行,诱生践踏权利的不良观念。"[④]"针对经济主体打 2 年诉讼时效这种机会主义行为的有效方法之一,就是延长普通诉讼时效期间,防止债务人打着'秩序'的旗号,请求法律的特殊保护,从而在牺牲公正的同时,也牺牲了秩序,

---

① 参见佟柔主编:《中国民法学 · 民法总则》,中国人民公安大学出版社 1990 年版,第 319 页。

② 霍海红:《对我国诉讼时效期间的多维反思》,载《法制与社会发展》2008 年第 3 期。

③ 史浩明:《完善诉讼时效制度三论》,载《广西社会科学》2003 年第 3 期。

④ 冯恺:《诉讼时效制度研究》,山东人民出版社 2007 年版,第 112 页。

使法律的天平失去平衡。”[①]其三，促使当事人的争讼行为，导致讼累增加。“2年的普通诉讼时效期间会促使权利人争讼，而任何一项促使权利人争讼的制度都不是好制度。”[②]“增加讼累，不利于良好社区关系的建设。”[③]其四，既与我国的本土资源相抵触，也与立法通例相悖。“2年的普通诉讼时效期间与我国的本土资源抵触太甚。”[④]“从比较法上看，我国2年的普通诉讼时效期间大大低于其他国家的诉讼时效期间。”[⑤]其五，违背了诉讼时效制度的多元化价值目标。“诉讼时效制度的设立在于尊重久已继承的事实状态，维持社会秩序，但片面追求秩序并不是法律的唯一价值，并不是秩序的稳定就意味着法律的有效实现。”[⑥]这些批评意见基本上是中肯的。对于我国普通诉讼时效期间究竟确定为多长时间合理，学界的意见主要集中在3年[⑦]、4年[⑧]、5年[⑨]、10年[⑩]等几种观点。还有学者认为，诉讼时效期间应与起算模式结合起来，我国将来诉讼时效期间的立法，应采主观主义为宜，对于普通诉讼时效期间可适当予以增长，并针对不同的请求权，强化更加具有针对性的最长诉讼时效期间限制。[⑪]

---

① 尹继良等：《对我国普通诉讼时效期间的反思》，载《当代法学》2003年第1期。

② 同上注。

③ 冯恺：《诉讼时效制度研究》，山东人民出版社2007年版，第112页。

④ 尹继良等：《对我国普通诉讼时效期间的反思》，载《当代法学》2003年第1期。

⑤ 顾伟强、孙美兰：《对一起民间借贷纠纷案的评析——兼谈我国普通诉讼时效合理性的反思》，载《法学》2000年第1期。

⑥ 冯恺：《诉讼时效制度研究》，山东人民出版社2007年版，第112—115页。

⑦ 参见全国人大常委会法工委2002年“民法典草案”、社科院“民法典草案建议稿”、人民大学“民法典草案建议稿”。

⑧ 参见屈茂辉：《论消灭时效的若干问题》，载王利明、郭明瑞、潘维大主编：《中国民法典基本理论问题研究》，人民法院出版社2004年版，第251页。

⑨ 参见柳经纬：《关于时效制度的若干理论问题》，载《比较法研究》2004年第5期；史浩明：《完善诉讼时效制度三论》，载《广西社会科学》2003年第3期；葛承书：《民法时效——从实证的角度出发》，法律出版社2007年版，第128页。

⑩ 参见李开国：《民法总则研究》，法律出版社2003年版，第432页。

⑪ 参见李蕊：《诉讼时效期间立法模式之我见》，载《河北法学》2008年第3期。

笔者认为,《民法通则》规定的两年普通诉讼时效期间已经不能适应我国当前经济发展及法制建设的实际需要,应予修改。我国未来民法典的普通诉讼时效期间应规定为15年,理由如下:

第一,在我国现阶段,保护权利应当是立法政策中最为突出的内容,这决定了在确定诉讼时效期间时应尽量向权利人一方倾斜。在我国历史上,权利至上从未成为主流价值观,相反,"重社会、轻个人""重公益、轻私益"这些强调个人权利应向社会或所谓公共利益让步的观念一直被倡导。而毋庸置疑,培植普通民众的权利意识、明确法律对权利的有效保护,是发展成熟、高效的市场经济的基本要素,立法机关应当对此有充分的认识。正如有学者指出:"2年的普通诉讼时效期间体现了立法者实现社会经济秩序稳定、加速社会主义企业资金周转、改善经营管理和提高经济效益的功利性考量,却明显忽视了对权利人的周到考量,以至于诉讼时效制度'权利上之睡眠者,不值保护'的归责策略变成了对权利人的苛求。"①从历史角度加以比较,法、德等国在建立市场经济之初将普通时效期间确定为30年,我国民众权利意识及司法水平之现状,未必强于当初启蒙运动高涨之法、德,将普通时效期间确定为15年,并不算长。

第二,我国诚信缺失的社会信用现状,决定了普通诉讼时效期间宜长不宜短。欺诈横行、诚信缺失是我国经济发展过程中由各种因素造成的毒瘤,它在精神层面和物质层面,已经给社会造成了巨大危害。而过短的普通诉讼时效期间,不自觉地对这种社会丑恶现象起到了推波助澜的作用。正如庞德所言:"如果在有些时候和有些地方,这些价值准则是或多或少无意识地被树立起来的话,那么由于立法者和法律工作者们的出现,这些准则就日益获得了系统的发展和制定,并日益与文明社会中的各种生活假说发生关系。"②如果两年诉讼时效期间所产生的实际社会效果与该制度所追求的价值理念是不一致甚至相反的,那说明该法定期间的设置是失败的。有实务界人士指出:"在当今中国的司法实践中,当事人挖空心思地利用诉讼时效期间较短这一

---

① 霍海红:《对我国诉讼时效期间的多维反思》,载《法制与社会发展》2008年第3期。

② 〔美〕罗斯科·庞德:《通过法律的社会控制》,沈宗灵译,商务印书馆1984年版,第50页。

漏洞以逃避债务、律师想方设法让当事人的诉讼时效中断(如设圈套让对方当事人重新确认债务)等已经司空见惯。几大国有银行均有规定:凡因超过诉讼时效而败诉的,必须追究有关人员的相关责任。这些现象表明在当今中国过诉讼时效在某种程度上成了一个不容忽视的问题。"[①]立法机关不应无视这些社会现实的严重性和紧迫性,而继续以所谓世界潮流为理由坚持两三年之诉讼时效期间。

第三,德国债法改革将普通诉讼时效期间由 30 年改为 3 年,不应成为阻碍我国加长诉讼时效期间的理由。对于德国将普通诉讼时效期间由 30 年改为 3 年,我们应当结合德国整个时效制度,考察其真实效果。学界主张 3 年时效期间者,多将德国债法改革引为例证,但这是只看到个别条文而忽略其整体制度效果的肤浅认识。旧民法典规定的普通诉讼时效期间是 30 年,同时,旧《德国民法典》第 225 条规定:"法律行为不得排除或加重时效。允许减轻时效,特别是缩短时效期间。"依该条规定,当事人不得协议延长时效期间,但可以协议缩短时效期间。对于该条的适用效果,德国官方承认:"然而实践证明,此种加重时效约定禁止难以满足实践的需要。虽然,基于债权人、同时也基于债务人的利益不能够任意延长时效的期间,但是另外一方面,在短期时效期间中约定加重时效届满或延长时效却符合双方当事人的利益。"[②]债法改革后,普通诉讼时效期间被规定为 3 年,旧法第 225 条被废除,代之以第 202 条,依该条规定,当事人可以协议将诉讼时效期间延长到 3 年以上、30 年以下,但在特定情形下不得协议缩短诉讼时效期间。对于此变化,德国官方解释是:"新法接受了现行第 477 条第 1 款和第 638 条第 2 款中准许约定加重法定瑕疵请求权时效的规定内容,并将此种规定扩展到所有的时效期间上。通过此种规定,法典准许加重或减轻时效的约定,与现行法相比,新法更好地考虑到了合同自由。"[③]由此可见,德国债法改革表面上看是缩短了普通诉讼时效期间,但其实质是在诉讼时效期间的确定问题上给了合同自由更大

---

① 葛承书:《民法时效——从实证的角度出发》,法律出版社 2007 年版,第 127 页。

② 朱岩编译:《德国新债法条文及官方解释》,法律出版社 2003 年版,第 28 页。

③ 同上注。

的适用空间，况且，新法典规定若干请求权仍然适用30年时效期间。[①]"实际上，以新的时效法的方法所得出的计算结果与原时效法的不同，并不像人们想象的那么大。"[②]而且，对于将30年普通诉讼时效期间改为3年，在德国债法改革过程中也存在不同的意见。英国法律委员会甚至建议，对于有些请求权应将3年的普通时效期间改为10年，如此才是一个合理的妥协方案。[③] 反观我国，现行法和学界历来坚持诉讼时效期间的绝对法定主义，而不允许当事人协议变更诉讼时效期间，当事人无法依其意思弥补诉讼时效期间过短所产生的弊端，因此，如果现行法仍然坚持诉讼时效期间的绝对法定主义，就应当在立法上确定较长的普通诉讼时效期间。而且，即使在德国债法改革以前，法律也是允许当事人就某些短期诉讼时效期间协议延长的。而我国的诉讼时效期间的绝对法定主义不仅适用于普通诉讼时效期间，也适用于特殊诉讼时效期间。因此，德国对于合同自由适用于时效期间的承认与我国对于诉讼时效期间绝对法定主义的坚持，导致两国的普通诉讼时效期间(2年、3年)看起来差别不大，但实际适用效果迥异。德国债法改革并不构成阻碍我国立法加长诉讼时效期间的理由。

第四，在我国的其他法域内，普通诉讼时效期间皆为15年左右。在我国台湾地区，普通诉讼时效期间为15年[④]；在我国澳门特区，普通诉讼时效期间为15年[⑤]；在我国香港特区，基于盖印合同的诉讼等，适用12年诉讼时效期间[⑥]，不涉人身伤害的疏忽诉讼，适用15年诉讼时效期间。[⑦] 有鉴于此，从实现祖国各区域法制化统一的角度，我国未来民法典之普通诉讼时效期间以规定15年为宜。而且，我国传统文化历来就有"父债子偿""有借必还，天经地义"的观念，15年的诉讼时效

---

① 《德国民法典》第197条。

② 齐晓琨：《德国新、旧债法比较研究》，法律出版社2006年版，第13页。

③ 参见〔德〕莱茵哈德·齐默曼：《德国新债法》，韩光明译，法律出版社2012年版，第194—195页。

④ 我国台湾地区"民法"第125条。

⑤ 《澳门民法典》第302条。

⑥ 香港特区《1998年诉讼时效条例》第4条。应当说明的是，香港特区属于英美法地区，并无普通诉讼时效期间的概念，但其12年时效期间适用于合同诉讼，与大陆法之普通诉讼时效期间的适用范围，大致重合。

⑦ 香港特区《1998年诉讼时效条例》第32条。

期间对于普通民众而言，绝无认为太长之理。

二、现行法未区分规定适用于合同请求权的普通诉讼时效期间和适用于侵权请求权的普通诉讼时效期间

在绝大多数大陆法系国家及地区，均区分规定适用于合同请求权的普通诉讼时效期间和适用于侵权请求权的普通诉讼时效期间。这两种诉讼时效期间存在以下几方面的差异，决定了立法应当对其分别规定：

第一，价值目的不同。通说“三目的说”没有区分合同请求权的诉讼时效和侵权请求权的诉讼时效，而是笼统地将诉讼时效制度的价值表述为：督促权利人及时行使权利、证据之代用和维护社会经济关系稳定。但此三目的对于这两种诉讼时效期间的意义是不同的。首先，对侵权请求权的诉讼时效期间而言，证据之代用的价值更为突出和明显。侵权行为通常发生于陌生人之间，由于不存在合同关系，加之各种损害有可能随时间流逝而产生变化，使得受害人举证更为困难。因此各立法通常规定侵权请求权适用短期诉讼时效期间，以避免因年代久远而无法认定各种证据和事实。日本学者在解释《日本民法典》第724条规定侵权请求权的短期时效期间的理由时，均将“时间流逝导致举证的困难性”作为首要理由加以论证。[①] 而对合同请求权的诉讼时效期间而言，由于存在合同书或其他证明合同关系的证据，基本上不存在举证困难的问题。因为此差异的存在，有司法实务界人士甚至认为“有书面证据的金钱借贷诉讼”由于不存在举证困难问题，所以不应适用诉讼时效。[②] 该结论虽失偏颇，但确实反映出证据代用价值在合同领域的失效。正是基于该原因，各立法通常规定合同请求权适用较长的普通诉讼时效期间。其次，对侵权请求权的诉讼时效期间而言，诉讼时效制度的价值需要考虑加害人与受害人感情对立关系的变

---

① 参见〔日〕田山辉明：《日本侵权行为法》，顾祝轩、丁相顺译，北京大学出版社2011年版，第121页；〔日〕圆谷凌：《判例形成的日本新侵权行为法》，赵莉译，法律出版社2008年版，第135—138页；〔日〕吉村良一：《日本侵权行为法》，张挺译，中国人民大学出版社2013年版，第134页。

② 参见顾伟强、孙美兰：《对一起民间借贷纠纷案的评析——兼谈我国普通诉讼时效合理性的反思》，载《法学》2000年第1期。

化因素。对于侵权请求权适用短期时效期间的理论依据，日本学者末川博提出“受害者宽恕说”，认为“知道加害者之后经过了3年首先不论何种愤怒之情也解开了，因此，规定受害者在知道损害以及加害者之时3年内不请求赔偿则其权利就消灭是有一定道理的”①。该说虽经争议，但渐已成为日本学界通说。② 我国学界虽无类似学说，但立法上亦存在体现该说精神的具体规定。③ 而对于合同请求权而言，不存在受害人对加害人宽恕的问题。相反，如果债权人没有免除债务意思的话，债务人欠债不还愈久，债权人对其怨恨亦会愈深。因此，各立法通常规定短期时效期间不适用于合同请求权。再次，对合同请求权的诉讼时效期间而言，诉讼时效制度的价值更加侧重于维护交易关系的稳定。由于当事人之间存在合同关系，双方的权利义务预先已经被确定，如何保障当事人的权利义务实现以完成交易行为是诉讼时效应优先考虑的价值。在合同领域，维护交易关系的稳定亦即维护社会经济关系稳定。因此，各立法通常对合同请求权设置较长的诉讼时效期间，给债权人更为充分的时间行使权利以实现交易目的。而对于侵权请求权而言，侵权行为并非交易行为，也不存在当事人预先约定权利义务内容的情况，诉讼时效之设与交易目的并无关系。因举证困难、损害变化等原因，维护社会经济关系稳定的价值需要通过设置较短时效期间以尽快确定当事人之间的权义状况来实现。

第二，起算标准不同。在合同领域，由于当事人约定履行期限或依法律规定、交易习惯可确定履行期限，在履行期限届满债务人不履行债务时，债权人是知道或应当知道其权利受到侵害的。因此，履行期限届满债务人不履行债务时，债权人于此时即取得对债务人的违约责任请求权，而且债权人也知道或应知自己取得该请求权，此时即应起算诉讼时效期间。这也是各立法针对合同请求权的起算规定客观标准的主要原因。因此，对于合同请求权的诉讼时效期间起算而言，

---

① 〔日〕圆谷凌：《判例形成的日本新侵权行为法》，赵莉译，法律出版社2008年版，第136页。

② 参见吉村良一：《日本侵权行为法》，张挺译，中国人民大学出版社2013年版，第134页。

③ 《继承法意见》第13条。

“问题的关键不是请求权的产生,而是请求权的已届清偿期”[①]。至于义务人实际上能否给付,请求权人主观上何时知悉其可行使,则非所问。[②] 而在侵权领域,由于当事人之间并未事先约定双方的权利义务,甚至受害人都不知道加害人为何人,损害在有些场合下亦不能立刻显现和确定,所以适用客观起算标准显然对受害人过于苛刻。因此大多数立法均规定侵权请求权的诉讼时效期间起算适用主观标准。《民法通则》第 137 条将合同请求权和侵权请求权的诉讼时效期间起算统一规定为主观标准,规定“从知道或者应当知道权利被侵害时起计算”。该条显然未充分认识到合同请求权和侵权请求权在起算标准上的差异性。该条规定的主观标准仅对侵权请求权具有实际意义,《民法通则意见》第 168 条针对人身损害赔偿的诉讼时效期间起算规定了更为具体的主观标准也进一步印证了这一点。正因为如此,学界及司法实务界在表述各种场合下诉讼时效期间的起算点时,均以主观标准来确定侵权请求权诉讼时效期间的起算,而以客观标准来确定合同请求权诉讼时效期间的起算。[③] 还应当指出的是,虽然合同请求权与侵权请求权的差异性在很大程度上影响着起算标准的确定,但该因素并非影响起算标准确定的唯一因素。“选择一个以知悉规则为基础的统一时效制度(相对的或主观的时效制度),还是选择客观决定的但必然互不相同的时效制度(绝对的或客观的时效制度),需要慎重的利益衡量。”[④]由于受欧洲合同法统一进程等因素的影响,德国债法改革将以前客观起算标准与主观起算标准并存的规定修改为统一的主观起算标准。[⑤] 但德国官方解释承认:“法典必须规定一个统一的时效开始时刻。但此处存在一个问题,即在多大的范围内应就一些请求权规定

---

① 〔德〕迪特尔·梅迪库斯:《德国民法总论》,邵建东译,法律出版社 2001 年版,第 94 页。

② 参见王泽鉴:《民法总则》,北京大学出版社 2009 年版,第 421 页。

③ 参见魏振瀛主编:《民法》,北京大学出版社、高等教育出版社 2010 版,第 198 页;马俊驹、余延满:《民法原论》,法律出版社 2010 年版,第 256—257 页。

④ 〔德〕莱茵哈德·齐默曼:《德国新债法》,韩光明译,法律出版社 2012 年版,第 189—190 页。

⑤ 《德国民法典》第 199 条。

例外的开始时刻,这尤其表现在因违反合同义务所生的请求权上。”①德国法关于起算标准的变化反映出该问题受多种因素影响的复杂性。就我国具体情况而言,比较现实合理的选择是:针对合同请求权规定较长的诉讼时效期间,并配以客观起算标准;针对侵权请求权规定较短的诉讼时效期间,配以主观起算标准。

第三,最长诉讼时效期间对其的意义不同。在侵权领域,由于适用主观起算标准,受害人因长期不知悉侵权人或损害而导致诉讼时效期间不能起算的可能性大为增加。如果此状态延续得过于久远,亦构成对法的安定性的妨碍。因此多数立法设置适用客观起算标准的最长诉讼时效期间,规定以“侵权行为时”②或“行为实施时、义务违反时或引起损害的其他事件发生时”③为最长诉讼时效期间的起算点,用以限制适用主观起算标准的侵权请求权的诉讼时效期间。日本学界对最长诉讼时效期间的意义的解释是:“之所以规定该条后半段的20年的期间,是为了不论受害人认识与否,经过一定时间而确定法律关系,因此这应当理解为是为了划定统一的请求权的存续期间。”④由于在侵权领域的很多场合下,侵权请求权的诉讼时效期间起算点和最长诉讼时效期间起算点是不一致的,最长诉讼时效期间对侵权请求权诉讼时效期间起算标准的补充作用是显而易见的。而在合同领域,由于债务履行期限和诉讼时效期间为衔接关系,“知道或者应当知道权利被侵害时”与“违约行为发生时”或“权利被侵害时”系同一时间点,通过设置适用客观起算标准的最长诉讼时效期间来弥补适用主观起算标准的普通诉讼时效期间的弊端的意义并不存在。《民法通则》第137条不加区分地规定合同请求权与侵权请求权均适用20年最长诉讼时效期间,实际上对合同请求权而言,其主要意义是该请求权诉讼时效的中止、中断均应在该20年期间内发生,而没有弥补起算标准之不足的意义。

综上,笔者认为:首先,我国未来民法典应当针对侵权请求权专门

---

① 朱岩编译:《德国新债法条文及官方解释》,法律出版社2003年版,第22页。

② 《日本民法典》第724条。

③ 《德国民法典》第199条。

④ 〔日〕吉村良一:《日本侵权行为法》,张挺译,中国人民大学出版社2013年版,第136页。

设置普通诉讼时效期间,具体期间以2年或3年为宜,以区别与主要适用于合同请求权的15年普通诉讼时效期间。其次,针对某些具体侵权请求权(例如人身伤害、环境污染等)单独设置特殊诉讼时效期间。最后,坚持侵权请求权诉讼时效适用主观起算标准的规定,并设置适用客观起算标准的最长诉讼时效期间予以限制。

三、对特殊诉讼时效期间现行法规定的检讨

第一,《民法通则》第136条规定适用短期诉讼时效期间的具体事由,缺乏内在的逻辑关联。各个国家及地区在设定普通诉讼时效期间之外,通常在民法典中还设定短期诉讼时效期间适用于一些特定的场合。例如,《日本民法典》第169—174条分别规定了适用5年、3年、2年、1年时效期间的情形。依据我妻荣教授的解释,"这些债权,一般是日常频繁地发生,常常金额不大,且多不交付受取证书,或者即使交付也不怎么长期保存,所以是基于依短期消灭时效确定法律关系不使纷争发生的理由"[①]。在我国台湾地区,"民法"第126、127条分别规定了适用5年、2年短期时效期间的情形。[②] 其立法理由是:"第126条的5年是'因此种债权,债权人本可速请求债务人履行,故其消灭时效之期间,以定5年为最适宜';关于第127条的2年是因其债权'宜速履行,亦有速行履行之性质'。"[③]从这些立法例来看,适用短期诉讼时效期间的情形主要有三类:一是即时清结或履行期限较短的债权;二是在日常生活中发生数量较大的一些定型化商事行为;三是涉及一

---

① 〔日〕我妻荣:《我妻荣民法讲义Ⅰ新订民法总则》,于敏译,中国法制出版社2008年版,第455页。

② 我国台湾地区"民法"第126条规定:"利息、红利、租金、赡养费、退职金及其他一年或不及一年之定期给付债权,其各期给付请求权,因五年间不行使而消灭。"第127条规定:"下列各款请求权,因二年间不行使而消灭:一、旅店、饮食店及娱乐场之住宿费、饮食费、座费、消费物之代价及其垫款。二、运送费及运送人所垫之款。三、以租赁动产为营业者之租价。四、医生、药师、看护生之诊费、药费、报酬及其垫款。五、律师、会计师、公证人之报酬及其垫款。六、律师、会计师、公证人所收当事人物件之交还。七、技师、承揽人之报酬及其垫款。八、商人、制造人、手工业人所供给商品及产物之代价。"

③ 陈荣传:《消灭时效的期间问题》,载《台湾本土法学杂志》2004年第62期。

些专业人士的报酬请求权。这些请求权的共同点在于,因定型化程度较高、数量较大且履行期很短,双方权义关系相对固定,如果适用较长时效期间,既缺乏足够的司法资源应对大量的此类诉讼,也不符合商事行为快速、便捷主义的要求,故法律规定适用较短的诉讼时效期间。反观《民法通则》第 136 条,除第(三)、(四)项尚大致具备履行期限较短、定型化商事行为的特点外,其第(一)项"身体受到伤害要求赔偿的"和第(二)项"出售质量不合格的商品未声明的"则并不具备该特点,不知因何也被规定于同一条中。"身体受到伤害要求赔偿的"因涉及人身权优先保护,故不应适用短期诉讼时效期间,后文将有详述。如前文所述,因《产品质量法》的颁布导致"出售质量不合格的商品未声明"作为适用 1 年期间的事由亦已失效。而《民法通则》第 136 条第(三)、(四)项,明显具有借鉴台湾地区"民法"第 127 条的痕迹,该二事由适用短期诉讼时效期间,本无疑义,但为何台湾地区"民法"第 127 条规定的事由有 8 项之多,《民法通则》却只规定 2 项呢? 可能的原因是:由于《民法通则》制定于 20 世纪 80 年代,由于当时改革开放尚不够深入,一些商事行为在社会生活中并不普遍,律师、公证人等制度也尚处于草创阶段,因此缺乏《民法通则》作出相关规定的社会基础。但是,经过数十年的社会转型,今日中国社会经济关系的各方面在广度上和深度上已非《民法通则》颁布时可比,法律制度自应作出相应调整。就《民法通则》第 136 条规定的 1 年诉讼时效期间而言,第(一)、(二)项应予以废除,同时应依据境外立法通例适用短期诉讼时效期间的 3 种类型的基本思路,扩大短期诉讼时效期间的具体事由。

第二,现行法规定"身体受到伤害要求赔偿的"适用 1 年诉讼时效期间,显属不当。基于人身权优先保护的立法理念,对于受害人有关人身权受到侵害,各立法例通常给予更为特殊的、有利于受害人的保护,未见有规定此种侵权请求权适用的诉讼时效期间还短于普通诉讼时效期间之规定。《德国民法典》第 199 条第 2 款规定:"因侵害生命、身体、健康或自由而发生的损害赔偿请求权,不论它们在何时发生和债权人是否知道或因重大过失而不知道,自行为实施时、义务违反时或引起损害的其他事件发生时起,经过 30 年而完成消灭时效。"其立法理由是:"当侵害具有特殊价值的法律利益而造成相关请求权时,此种 10 年的绝对时效期间可能会给债权人带来不利。此种情况表现在侵害生命、身体、健康或自由。侵害此种法益所造成的损害往往在几年以后才能够被发现，所以 10 年的绝对时效期间可能对于此种请求权显得过短。”[①]《法国民法典》第 2270-1 条第 2 款规定：“如果是以酷刑拷打与野蛮行为、暴力行为或者对未成年人实施性侵犯而造成的损害，民事责任之诉讼时效期间为 20 年。”英国《1980 年诉讼时效法》第 33 条规定了“关于人身伤害及死亡的诉讼时效的酌情排除”，依该条规定，因人身伤害或死亡所产生的损害赔偿请求权，法官可基于公平原则并参考案件的各种因素不适用诉讼时效。在我国学界，亦有学者主张人身伤害赔偿请求权的诉讼时效应酌情排除适用。[②] 笔者认为，《民法通则》第 136 条第（一）项与人身权特殊保护之观念不符，也与各国或地区立法通例相悖，应予废除。针对该种请求权的诉讼时效期间，未来民法典有两种合理选择：一是将其设置得长于普通诉讼时效期间，例如 20 年；二是将其设置为 3 年或 5 年，但同时规定某些场合下法院可不适用时效。这两种方案中，前者似与我国现行时效法更具有兼容性。还应指出，这两种方案均以适用主观起算标准为前提，以体现对受害人的特殊保护，并与《民法通则意见》第 168 条的规定相一致。

第三，《民法通则》规定的短期诉讼时效期间过于单一，缺乏层次性、递减性的特点。如本章第一节所分析的，各个国家及地区立法对于短期诉讼时效期间的规定均体现了层次性、递减性的特点，通过设置不同档次的期间，实现针对不同种类请求权予以不同强度保护的立法目的。我国现行法由于将普通诉讼时效期间规定为两年，导致在该期间之下再设置短期诉讼时效期间的纵深很窄，其直接后果就是《民法通则》仅在第 136 条设置了一种特殊诉讼时效期间。其进一步造成了下列恶果：一是针对不同种类请求权分档适用不同特殊诉讼时效期间的立法目的无法实现，各类性质、种类相异的请求权无法在诉讼时效方面体现出法律保护的差异，有可能导致司法资源的浪费。二是由于普通诉讼时效期间过短，导致某些单行法规定的特殊诉讼时效期间反而长于普通诉讼时效期间的奇怪现象。因此，未来民法典应当在加长普通诉讼时效期间的前提下，设置不同档次的特殊诉讼时效期间，

---

① 朱岩编译：《德国新债法条文及官方解释》，法律出版社 2003 年版，第 25 页。

② 参见梁慧星主编：《中国民法典草案建议稿附理由 · 总则编》，法律出版社 2004 年版，第 262 页；汪渊智：《我国民法诉讼时效制度之构想》，载《法学研究》2003 年第 3 期。

各档次期间的具体适用事由，可结合现行法既有规定、境外立法通例以及我国社会的实际情况等因素来确定。

第四，对于商事领域的某些特殊诉讼时效期间，现行法在立法技术方面存在缺陷。例如旧《保险法》第 27 条规定："人寿保险以外的其他保险的被保险人或者受益人，对保险人请求赔偿或者给付保险金的权利，自其知道保险事故发生之日起五年不行使而消灭。人寿保险的被保险人或者受益人对保险人请求给付保险金的权利，自其知道保险事故发生之日起五年不行使而消灭。"[①]《票据法》第 17 条规定："票据权利在下列期限内不行使而消灭：(一) 持票人对票据的出票人和承兑人的权利，自票据到期日起二年。见票即付的汇票、本票，自出票日起二年；(二) 持票人对支票出票人的权利，自出票日起六个月；(三) 持票人对前手的追索权，自被拒绝承兑或者被拒绝付款之日起六个月；(四) 持票人对前手的再追索权，自清偿日或者被提起诉讼之日起三个月。"该两条均将诉讼时效期间届满的效力表述为"××权利因××期间不行使而消灭"，该表述甚为不妥。在我国现行法已经明确确立了抗辩权发生主义的前提下，该表述容易引起不必要的误解和争议，应予修改。

四、生效法律文书所确定请求权适用何种诉讼时效期间，现行法未作规定

对于生效法律文书所确定请求权是否适用及适用何种诉讼时效期间，《民法通则》等民事实体法及司法解释均未作规定。《民事诉讼法》第 239 条规定了申请执行期间制度，并且规定申请执行期间适用法律有关诉讼时效中止、中断的规定。该立法方法与其他国家及地区的立法通例有所不同，大陆法系各个国家及地区一般在民法典而非诉讼法典中规定生效法律文书所确定请求权适用的诉讼时效期间。我国现行法将本属实体法范畴的诉讼时效制度规定于民事诉讼法中，在理论和实务上均产生了诸多困扰，在未来民法典中应予修正。关于生效法

---

① 2014 年修订后的《保险法》第 26 条规定："人寿保险以外的其他保险的被保险人或者受益人，向保险人请求赔偿或者给付保险金的诉讼时效期间为二年，自其知道或者应当知道保险事故发生之日起计算。人寿保险的被保险人或者受益人向保险人请求给付保险金的诉讼时效期间为五年，自其知道或者应当知道保险事故发生之日起计算。"

律文书所确定请求权是否适用诉讼时效、适用何种诉讼时效期间以及诉讼时效期间与申请执行期间的关系等问题,以及对这些问题在立法论层面和解释论层面如何解决,本书第三章第二节已有详述,此处不赘。

第四节　诉讼时效期间的案例统计研究

一、立法上确定诉讼时效期间应考虑的因素

各个国家及地区立法规定的诉讼时效期间是受多种因素综合影响的结果,其相互之间差异巨大,即使是在区域法律统一进程走在世界前沿的欧盟地区,各国诉讼时效期间的不同规定也被比喻成"一个色彩斑斓的花布拼缝物"①。一个显而易见的事实是,世界上并不存在唯一合理的诉讼时效期间,它能够在任何国家或地区的任何时期,使诉讼时效的制度价值得到充分体现和发挥。在立法上对诉讼时效期间的长短取舍,需要考虑多种因素,既要使该期间的设置能够与整个时效法体系兼容协调,也要顾及该期间对其他法律制度及某些非制度因素所可能造成的影响。已有学者对确定诉讼时效期间应当考虑哪些因素作了有益的探讨。例如有学者列出了社会文化、制度的内在互动、理论学说与现实需要等因素②;还有学者从经济发展水平、公民的法制意识、文化传统、交通和通讯状况、与诉讼时效其他规定的协调、法制昌明程度等方面对该问题加以论证。③ 笔者认为,诉讼时效期间的立法设置是否合理,与该国或地区对诉讼时效制度的价值定位有直接关系,能够使诉讼时效制度的价值得到充分实现的,即为合理的诉讼时效期间。一国或地区在不同的历史时期,由于面临不同的社会现实,因此具有不同的立法政策导向,一个固定不变的诉讼时效期间在同一国家或地区的不同历史时期,也未必都是合理的。在立法上确

---

① 〔德〕克雷斯蒂安·冯·巴尔、〔德〕乌里希·德罗布尼希主编:《欧洲合同法与侵权法及财产法的互动》,吴越等译,法律出版社 2007 年版,第 159 页。

② 参见冯恺:《诉讼时效制度研究》,山东人民出版社 2007 年版,第 98—106 页。

③ 参见葛承书:《民法时效——从实证的角度出发》,法律出版社 2007 年版,第 125 页。

定一个合理的诉讼时效期间,应结合本国或地区在当前历史时期社会经济发展的具体情况,在充分考虑多种因素的基础上,由立法机关作出理性的选择。在我国当前社会转型阶段,立法上设置诉讼时效期间主要应考虑下列因素:

第一,应当符合诉讼时效制度的价值理念,有利于实现立法政策对诉讼时效制度定位的各项价值目标。任何具体法律规则的设置,均应符合该法律制度所欲实现的特定立法目的和价值理念,诉讼时效期间作为诉讼时效制度的核心规则之一,当然亦不例外。

其一,诉讼时效制度的基本价值是合理配置司法资源,使有限的司法资源能够得到最有效的利用、发挥最佳的社会效果。诉讼时效期间的长短,对于司法资源的利用有着直接影响。从理论上来说,诉讼时效期间越短,权利越容易因诉讼时效届满而得不到保护,司法资源的负荷就越轻。但如果诉讼时效期间过短,虽然节省了司法资源,但权利人的权利得不到充分保护,也会产生其他的弊端。诉讼时效期间越长,权利人的权利固然可以得到充分保护,但也会因为大量的权利保护诉求而使法院负担过重,使有限的司法资源难堪重负。另外,合理确定诉讼时效期间,还应考虑司法资源的质量因素。在我国现阶段,虽已经过数十年的努力发展和积累,但相对于发达国家或地区而言,我国司法人员总体专业水平普遍不高是不能忽视的现实;相对于数量庞大的民商事案件而言,法官总体人数亦偏少。在此背景下,如果诉讼时效期间设置得过短,是难以实现司法资源有效利用这一价值目标的。

其二,诉讼时效制度的另一重要价值,是确立公权力对私权利提供救济的界限。在民法权利本位的前提下,诉讼时效期间的设置首先应保证对权利的充分保护,而不宜过于偏重于保护义务人。现行法在诉讼时效效力问题上由"胜诉权消灭说"改变为"抗辩权发生说",反映出立法上对权利人保护的倾斜,诉讼时效期间的设置也应作出相应的调整。

其三,平衡权利人与义务人之间的利益关系,也是诉讼时效制度的重要价值。在我国当前社会现实背景下,应在兼顾权利人、义务人双方利益大致平衡的前提下,将保护权利人作为首要价值目标。为实现该价值目标,诉讼时效期间的设置不宜过短。关于该点,前文已有详述,此处不赘。

第二,应当充分考虑诉讼时效期间设置在整个时效制度中的影响,以及与时效制度中其他规则的兼容性和协调性。诉讼时效期间是整个时效制度的一个有机组成部分,其设置必须考虑该期间在整个制度中所发挥的体系效应以及与其他具体规则的关系。

其一,诉讼时效的适用对象对诉讼时效期间的影响。诉讼时效最主要的适用对象是违约请求权与侵权请求权。在合同领域中,由于当事人之间存在合同关系,双方权利义务的内容相对确定,且举证较为容易,各立法通常规定违约请求权适用较长的普通诉讼时效期间。而在侵权领域,由于损害计算的不确定、举证较为困难等原因,侵权请求权一般适用较短的诉讼时效期间。另外,还应考虑一些商事交易行为的便捷性需求,因而各立法通常针对商事领域中某些请求权设置较短的诉讼时效期间。例如在德国,“更短的时效期间则适用于大量的、多半与日常生活有关的事务的债法上的请求权,它们主要是与货物的销售和提供服务有关的请求权……”[①]在日本,按月支付的工资债权、运费债权等,适用1年时效期间。[②]

其二,诉讼时效的起算标准对诉讼时效期间的影响。诉讼时效期间除应视权利性质不同而定之外,在立法技术上,还与时效期间起算点的规定相互影响,二者依安全性与伦理性价值相互协调的原理而互为牵制,从而诉讼时效期间起算点的确定标准也影响着时效期间的长短。[③] 在德国债法改革过程中,德国学者指出:“制定时效法的关键是时效期间开始起算的判断标准。这两种规则模式都有一定的优点和缺陷。客观时效制度可以针对每一种请求权选择更为恰当的期间……然而,另一方面,统一的时效制度也只能根据主观制度才能建立。”[④]在客观主义立法例下,诉讼时效的期间通常较长。相对于客观主义立法例,采用主观主义立法例的国家或地区在诉讼时效制度立法上的显著特点,是其所规定的诉讼时效期间一般相对较短。同时,在采用主观主义立法例时,为了防止因权利人不知道或不应当知道其请

---

① 〔德〕卡尔·拉伦茨:《德国民法通论》(上册),王晓晔等译,法律出版社2003年版,第336页。

② 《日本民法典》第174条。

③ 参见冯恺:《诉讼时效制度研究》,山东人民出版社2007年版,第105页。

④ 〔德〕莱茵哈德·齐默曼:《德国新债法》,韩光明译,法律出版社2012年版,第190页。

求权存在,从而导致其诉讼时效期间在请求权产生后长期无法起算的问题,有的对该立法例下的诉讼时效期间的最长期间采用了限制性规定,即最长诉讼时效期间限制。[①] 我国未来民法典设置诉讼时效期间时,必须要考虑该期间与起算标准的兼容性问题。

其三,诉讼时效期间法定性规则对设置诉讼时效期间的影响。在德国,按照旧《德国民法典》第 225 条的规定,当事人双方不得约定延长时效期,这主要是针对旧法 30 年的常规时效期的。而在新法中,由于常规时效期被规定为 3 年,因此,法律允许在 30 年的期间之内,由当事人约定延长时效期。[②]《欧洲合同法原则》亦允许当事人以协议变更时效期间,但不得短于 1 年、长于 30 年。[③] 在这些立法例中,普通诉讼时效期间被设置为较短的 3 年期间,但同时允许当事人依合同自由协议变更诉讼时效期间,这种立法模式的本质是给当事人在时效法领域预留出意思自治的空间。我国在立法和学理上一贯持严格的诉讼时效期间法定性立场,在不改变该立场的前提下,法定诉讼时效期间的设置不宜过短。

第三,应当立足于社会现实,有助于解决社会生活中突出的实际问题。诉讼时效期间的设置,应当立足于当时、当地的社会现实,应当反映一定历史时期内社会的主流价值导向,并且应当能够有效地解决社会生活中客观存在的实际问题。19 世纪的法、德民法典之所以将普通时效期间确定为 30 年,一方面是继受罗马法的结果,另一方面也与当时资产阶级革命胜利后的社会思潮和社会现实有关。资产阶级革命胜利后,权利绝对的观念成为主流思潮,资本主义发展也需要以权利能够得到充分有效的保护为基本条件,这些因素促使法律将时效期间确定为 30 年。我国当前的社会现实是,改革开放 30 年以来,一方面经济建设取得了举世瞩目的成就,另一方面由于各种原因,社会生活中的信用状况急速恶化,直接表现为诚信缺失的普遍存在、债务人恶意拖欠债务成为一种常态,使得债权人成为事实上的弱势群体。针对现行法规定的两年普通诉讼时效期间,有学者激烈地批评道:“这个

---

① 参见李蕊:《诉讼时效期间立法模式之我见》,载《河北法学》2008 年第 3 期。

② 参见齐晓琨:《德国新、旧债法比较研究》,法律出版社 2006 年版,第 13 页。

③ 《欧洲合同法原则》第 14:601 条。

创纪录的太短普通诉讼时效期间适用至今日，我国的许多债权人都受到了损害，其中受害最为惨重的莫过于几家国有商业银行。更为严重的是，这个太短的普通诉讼时效期间的恶劣影响已经通过司法实务扩散至整个社会经济生活，对我国经济生活中信用低下的发展势头起着推波助澜的作用。”①这种批评并非危言耸听。事实上，各国有银行为降低因诉讼时效期间届满而丧失司法救济的风险已经采取了一些自我防范措施。② 而要从根本上解决该问题，必须要改变法定诉讼时效期间过短的立法现状，给权利人更为充分的时间行使权利。一个合理的法定诉讼时效期间，对改善社会的信用状况即使不能直接产生立竿见影的影响，也至少不应成为债务人用于恶意拖欠债务的工具。

第四，应当符合当前的立法指导思想，并且应当与文化传统观念、民众主流认知具有较高的适应性。在我国古代史及近现代史上，权利保护从来没有能够成为一种主流思潮，相反，“重社会、轻个人”“重公益、轻私益”在我国历来被认为是无需证明的真理。新中国成立后，由于各种原因，真正意义上的法制建设，亦不过几十年的时间。市场经济的发展模式，迫切要求我国立法机关将民事权利保护作为立法指导思想中的重中之重。在当前的社会转型时期，立法机关的立法重点是“现实生活迫切需要、立法条件比较成熟”③的有关制度。有学者指出：“中国制定民法典应突出权利本位，强调对人民和企业合法权益的保护，在此基础上兼顾社会公益和第三人利益。换言之，中国民法典的制定，应当贯彻权利本位与社会本位的结合，以权利本位为主，社会本位为辅的立法思想。”④基于该立法指导思想，并结合我国维权艰难之社会现实，立法对诉讼时效期间的设置应当充分考虑权利保护的需要，而不宜设置过短的普通诉讼时效期间。另一方面，在我国文化传

---

① 李开国：《民法总则研究》，法律出版社 2003 年版，第 432 页。

② 例如 2004 年中国建设银行发布的《中国建设银行工作人员违规行为处理办法》第 141 条规定：“对逾期贷款未按规定发送贷款到期通知书或者办理其他收贷手续的，对已中断诉讼时效的逾期贷款在诉讼时效内未继续采取资产保全或其他收贷措施的，给予有关信贷经营责任人经济处罚或者警告至记过处分；造成严重后果的，给予记大过至开除处分。”

③ 吴邦国同志在十一届全国人大工作会议上作的常委会工作报告的话，摘自人民网。

④ 参见梁慧星：《民法总论》，法律出版社 2001 年版，第 46 页。

统上,历来就有"父债子偿""欠债还钱、天经地义"的观念,诉讼时效期间的设置也不应忽视普通民众对债务关系的朴素认识,否则,既容易使普通民众对诉讼时效制度产生误解,也难以使该制度发挥其应有的积极作用。

第五,应当采用案例统计方法,对现行诉讼时效期间的实际适用效果进行评估,为合理设置诉讼时效期间提供准确的参考数据。关于该点,下文将作详述。

二、诉讼时效期间案例统计研究的意义

第一,该研究方法可以弥补现有研究方法之不足,为诉讼时效的民法学研究提供新的视角和方法,有助于更加科学、全面地对诉讼时效制度进行研究。传统民法学针对诉讼时效制度的研究,主要采取的方法包括理论总结、规范分析、法条解读和立法比较等。由于这些研究方法本身的局限性以及研究范围局限于法律体系内部,较易导致研究结论的纯理论化及与司法实务的脱节。诉讼时效期间的案例统计研究属于实证研究方法的范畴,该研究方法本身的特质有助于弥补传统研究方法的不足。

其一,该研究方法采取一种外部研究视角,通过考察现行诉讼时效期间的外部运行效果,为诉讼时效的研究发现实际问题、提供研究素材。所谓外部视角,是指把法律规范看做是一种社会事实,它与其他条件一起塑造着人的行为模式,法律规范得到遵守或者违反本身更多地被看做是一种有待解释的社会现象。而所谓内部视角,是以法律规范具有效力、应该得到遵守为前提,分析规范是什么、何种规则更为合理等问题。[①] 传统民法学研究方法囿于内部视角,着眼于法律规范本身的解读和构造,而忽视现行时效法规范的外部运行效果及对该效果的外部社会评价。诉讼时效期间的案例统计研究,一方面弥补了现有研究视角的不足;另一方面也为传统的理论研究提供了真实可信的研究素材,有助于诉讼时效的理论研究与司法实务的有效结合。

其二,该研究方法着眼于现行诉讼时效期间适用的"实然"状态,弥补了传统研究着眼于"应然"规则的不足。传统研究方法重点立足

① 参见薛军:《实证研究与民法方法论的发展》,载《法学研究》2012 年第 1 期。

于规则本身的合理性及体系兼容性等因素，但对具体规则适用的“实然”状态关注不够，这就导致某些规则在理论设计上虽很完美，可实际适用效果却不甚理想。例如现行法规定的诉讼时效期间延长规则，该规则与中止、中断共同构成诉讼时效期间障碍规则的组成部分，在理论上具有体系周延性和相互衔接性。但在司法实务中，该规则的具体适用极为少见且适用条件也颇存争议。该研究方法的主要内容是发现诉讼时效期间的各种实际适用效果，该研究方法是描述性的而不直接涉及价值评价问题。

其三，在我国当前社会转型的法制背景下，案例统计的实证研究对法教义学的发展具有重要意义。法律实证研究方法作为体系外之考量，却能在体系外检验体系之效果，起到发现问题、指出方向、明确价值的作用，从而能够间接地影响法教义学及其所建构之法体系。此种作用在体系因成熟、固化而日益纯粹技术化、僵化之国家或时代尤为重要，耶林、海克之利益法学即为显例。但在体系不成熟、尚未趋于精致细密的法制落后国家，法律实证研究方法却因其针对个别问题的、点对点的零碎研究方式，无法担负起法律体系建构和融合的任务，相反，其只能为法教义学提供体系建构、融合之素材，进而由法教义学来完成体系化之重任。[①] 在我国现阶段，法律体系虽已初步建立，但就具体制度和规则而言，尚难谓成熟、精细。在此背景下，诉讼时效期间的案例统计研究可以为法教义学提供大量真实的研究素材，为法教义学的发展和进步提供有效帮助。

第二，该研究方法有助于检验诉讼时效期间的实际适用效果，有助于立法机关和研究者客观评价诉讼时效期间的立法目的是否达成、价值理念是否得到实现，对诉讼时效期间的立法论研究具有重要意义。

其一，通过案例统计研究了解现行诉讼时效期间的实际适用效果，有助于客观评价现行时效法之立法目的是否有效达成。法律制度的实质效力就是对实际运行中的法律的实际效果进行科学评价。法律承担着特定的社会功能，因而需要研究法律的实际运行效果，评价法律制度的优劣，考察客观效果与立法意图之间的吻合程度，立法以

---

① 参见金可可：《民法实证研究方法与民法教义学》，载《法学研究》2012 年第 1 期。

及司法所产生的客观效果是否符合应然状态的价值要求以及民事法律的社会反响和民众的认可接受程度如何,等等。[①] 现行诉讼时效期间已经适用二十余年,对这一段不算太短期间内发生的有关案例进行梳理、统计,通过考察现行诉讼时效期间的实际适用效果来评价《民法通则》颁布时所欲实现之立法目的是否达成,对将来时效法之立法完善具有重要的参考意义。

其二,通过案例统计研究了解现行诉讼时效期间的实际适用效果,为未来民法典合理设置诉讼时效期间提供重要的参考依据。在立法上将诉讼时效期间究竟设置为多少年才合理?从某种程度上来说,这不是一个理论问题,而是一个经验问题。客观、准确地评估现行诉讼时效期间的实施效果和实际影响,不仅有助于我们检验现行诉讼时效期间是否实现了立法目的,及时发现在立法、司法和执法各环节中存在的问题并加以改进,而且能够深化对现行诉讼时效期间的运行效果和实际作用的直观认识。通过对有关案例进行梳理、统计,可以直观地看到权利人因诉讼时效期间届满而丧失公力救济所占的比例,对该比例数据的成因进行分析研究,可以为未来民法典合理设置诉讼时效期间提供重要的参考依据。

第三,该研究方法通过发现、梳理现行诉讼时效期间在司法实务适用环节中存在的各种问题,有助于总结司法实务经验,对诉讼时效期间的解释论研究具有重要意义。

其一,该研究方法通过发现、梳理具体规则的实际适用状况和规律,总结出司法实务经验,为法律规范的解释、适用提供依据。该点对于涵义模糊、适用条件不明确的法律规范而言意义尤重。例如《民法通则》第 136 条第(二)项规定的 1 年期间与《产品质量法》第 45 条第 1 款规定的两年期间之关系,理论上素有争议,通过对有关案例的梳理归纳,可形成较有说服力的司法实务经验作为适用该项规定的解释论依据。近年来,司法实务机关已经认识到总结司法实务经验的重要意义,除定期颁布《最高人民法院公报》以外,还着手做了一些卓有成效的工作。例如由最高人民法院主持编写的《最高人民法院司法观点集成》系列和《最高人民法院裁判意见精选》(上、下册)就是其代表成果。但也应看到,对司法实务经验的总结工作及审判机关裁判意见的

---

① 参见屈茂辉:《民法实证研究中的计量方法》,载《法学研究》2012 年第 1 期。

汇编工作在我国仍处于起步阶段,因此,该研究方法对我国现阶段的司法实务具有更为突出的意义。

其二,该研究方法通过总结一些典型案例的裁判意见,可以起到补充法律漏洞的作用。由于民事诉讼遵循“法官不得以法无规定为由拒绝裁判”原则,在存在法律漏洞场合下审判机关的裁判意见就成为其后同一案型的重要裁判依据,尤其是最高人民法院的公报案例和指导案例更具有权威性。例如无效合同的诉讼时效期间适用问题现行法未作规定,理论上亦颇具争议,最高人民法院公报案例对该问题的裁判意见在很大程度上便起到了补充法律漏洞的作用。[①]

其三,通过对各种案例研究方法的运用,有助于反思诉讼时效期间具体规则在司法实务中适用的得失,从而促成司法裁判的进步。案例研究可检讨单个案例中裁判理由的构成,看裁判者在事实与规范之间往返穿梭是否存在问题,看裁判者对法律适用三段论的掌握是否存在问题,看裁判者对于不确定概念的价值补充或法律漏洞之填补是否存在问题。案例研究也可作综合研究,目光不限于个案,而是考察同一案型的处理在不同法院之间有何差异,评判其优劣,检讨其中得失。案例研究还可作比较研究,对于同一案型,看中外裁判者的处理依据、思维模式、裁判结果等有什么不同,进而检讨有待改进之处。案例研究有时甚至应超越裁判者对于裁判理由的通常证成,探讨解释结论的正当化或合理化,进而避免限于“恶法亦法”。案例批判为法体系完成后的法运作过程增添反思机制,提示改进可能,使法体系避免限于自足和僵化,保持旺盛的回应现实的能力。[②]

三、法律实施效果定量评价的几种基本方法

在国外学术界,针对法律实施效果的定量研究已较为成熟,尤其是随着统计学、数学以及计算机技术的发展成熟,该类研究方法在法和经济学、法律计量学和定量犯罪学等交叉学科领域被广泛应用。该

---

① 参见“广西北生集团有限责任公司与北海市威豪房地产开发公司、广西壮族自治区畜产进出口北海公司土地使用权转让合同纠纷案”,载《最高人民法院公报》2006 年第 9 期。

② 参见韩世远:《裁判规范、解释论与实证方法》,载《法学研究》2012 年第 1 期。

研究方法的基本特点是以特定范围内的案例数据为对象,以统计学、数学方法为基本研究手段,对特定法律规范的实际实施效果进行分析评价研究。该研究方法大致可分为以下三种:

第一,假设检验方法(hypothesis test)。该方法是推断统计学(inferential statistics)的基本方法之一,其基本思想是建立在"小概率事件原理"之上的概率性质的反证法。依据该原理,小概率事件在一次实验中几乎是不可能发生的。由此,可以先假定一个论断是正确的,在这一前提下构造一个小概率事件,然后随机抽取一组样本观测值进行实验。如果这个不应该在一次实验中出现的小概率事件确实出现了,那么说明原来的假定是错误的,应该接受与原论断相对立的说法;反之,则没有理由拒绝原论断而应予接受。① 例如,欲了解 2008 年《诉讼时效规定》对当事人主张诉讼时效中断的影响,可将收集到的诉讼时效争议案例依该司法解释实施前后分为两组,两组分别计算出主张中断得到法院支持所占比例,然后依设定的显著性水平比较两组数据,根据比较的结果是否超过显著性水平进而对该司法解释的实施效果作出评价。

第二,回归分析方法(regression analysis)。该方法通过观察数据确定存在于被解释变量(explained variable)和解释变量(explanatory variable)之间的定量表达式,即回归模型的具体函数形式与模型参数的估计值,是研究变量之间非确定性相互依赖关系的经典方法之一。所谓被解释变量,即其变化受其他一个或几个变量影响的变量,故又称"因变量"或"应变量"(dependent variable);解释变量即那些影响被解释变量的其他变量,也叫"自变量"(independent variable)。回归分析是目前定量分析法律实际执行效果的主流方法,至少在经济学、政策学和政策分析背景的研究如此。② 该方法多用于政策分析研究领域。例如,欲了解《产品质量法》规定产品责任请求权适用两年诉讼时效期间对提高产品质量的影响,可首先选择能够反映这一影响的统计指标作为被解释变量,并考虑还有哪些因素(例如成本、市场变化等)能够影响该指标的变化,将它们作为被解释变量。然后量化被考察的

① 参见张晓斌:《法律实施效果的定量评价方法》,载《法商研究》2006 年第 2 期。

② 同上注。

法律,将这一法律变量也作为解释变量和其他解释变量一起代入特定模型公式,通过考察系数估计值的显著性和绝对值的大小,便可衡量在其他因素不变的情况下,评估该法律的实际实施效果。

第三,干预分析方法(intervention analysis)。该方法是以时间序列分析为基础的。在法律效果的定量分析文献中,有两种方法都被冠以"时间序列分析"(time series analysis)的名称。一种就是脱胎于时间趋势回归模型的断续时间序列分析,除法律变量之外,它至少还要引入模拟时间变化趋势的解释变量。而另一种则建立在 N. Weiner 和 A. Kolgromov 等人 20 世纪 40 年代对随机过程的研究成果之上,只立足于序列本身的历史记录,借助同一系列中相邻观测值之间的依赖性便可建立模型,其他解释变量的介入并不是必需的。[①]

对于国外上述几种定量分析方法,国内学界尚属陌生,有关著述多以介绍性为主,而少有实际运用的成例。国内学界对法律实证研究方法多采取不同的分类标准。例如有学者认为民法研究计量方法可分为四类:民事立法的科学性研究、民事法律实施效果评价、民事法律对经济社会的影响研究、民法学的知识图谱分析。[②] 还有学者认为民法案例统计研究可分为个案研究、类案研究和案例统计研究三种形式。[③]

四、诉讼时效期间的案例统计研究——以《人民法院案例选》为素材

(一)对案例统计研究素材的选择

依据有关研究者提供的统计数据,1978 年到 2010 年民事一审案件收案数量由 30 万件增长到 609 万件,民事案件诉讼率由 10 万人口 31.5 增长到 435.6,其中婚姻家庭继承案件由 21.9 万件增长到 142.3 万件,所占比例由 73% 下降到 23%,合同案件由 3 232 件增长到 322.2 万件,所占比例由 1% 增长到 53%,权属侵权案件从 4.4 万件增长到

---

① 参见张晓斌:《法律实施效果的定量评价方法》,载《法商研究》2006 年第 2 期。

② 参见屈茂辉:《民法实证研究中的计量方法》,载《法学研究》2012 年第 1 期。

③ 参见张家勇:《探索司法案例研究的运作方法》,载《法学研究》2012 年第 1 期。

144.5万件,所占比例由15%增长到24%。1978年家事案件所占比例最大,权属侵权案件次之,合同案件最小;2010年合同案件最大,权属侵权案件次之,家事案件最小;合同案件增长996.1倍,家事案件增长5.5倍,权属侵权案件增长31.6倍。[①] 面对数量如此庞大的民商事案例,要保证案例统计结论的说服力,选择合适的案例统计素材为基本前提。选择该素材应着重考虑三个因素:① 权威性,即应优先考虑最高人民法院公布的案例或其主持编撰的案例集。② 连续性,即待统计案例素材应具有一定时间跨度,且具有不间断性。③ 全面性,即待统计案例素材应覆盖民商事案例的各领域,且案例总量应具备一定规模。

对待统计案例素材的选取,有两种思路可供选择。一种是"面"式统计,即对全国法院在《民法通则》实施以来的下列数据进行统计:民商事案件的总数量、涉及诉讼时效争议的案件数量、因诉讼时效届满而使权利人丧失救济的案件数量等。另一种是"点"式统计,即选择具有代表性的几个基层法院[②],对下列数据进行统计:民商事案件的总数量、涉及诉讼时效争议的案件数量、因诉讼时效届满而使权利人丧失救济的案件数量等。从理论上来说,第一种方法最能真实、全面地反映现行时效法的实施效果,而且还可以反映出我国《民法通则》实施以来时效法在纵向上的实施效果的变化。但是,该方法需要花费巨大的人力、物力才能得以实施,绝非普通研究者可以完成。第二种方法着眼于几个具有代表性的法院进行统计,其统计结果具有一定的典型性和代表性,也很有说服力。但是对笔者而言,受资源和条件所限,这两种方法都无法实施。

在笔者能够获得的资料范围内,有以下几种选择:

(1)《最高人民法院公报》案例。最高人民法院自1985年开始出版《最高人民法院公报》,并发布"典型案例",但自2000年才开始发布"裁判文书"。此类案例虽最具权威性,但案例总量偏少导致全面性不足,且裁判文书的发布不具有连续性。

(2)最高人民法院编撰的裁判文书选和案例集。典型代表有《最

---

① 以上数据均来源于朱景文主编:《中国人民大学中国法律发展报告2011》,中国人民大学出版社2011年版。

② 例如,可依据地理位置及经济发展水平,选择深圳、武汉、西宁等城市。

高人民法院公布裁判文书》（最高人民法院办公厅编）、《民商事审判指导》（最高人民法院民事审判第二庭编）和《最高人民法院裁判意见精选》（刘德权主编）等。此类著述有的并非案例集，有的欠缺完整的案情介绍和裁判意见，有的发布时间不具有连续性。

（3）《人民法院案例选》系列。该系列由最高人民法院中国应用法学研究所编著，自 1992 年出版第 1 辑，此后每年出版 2—4 辑。从 1992 年至 1997 年，由人民法院出版社出版了 22 辑；从 1998 年至 1999 年，由时事出版社出版了 8 辑；从 2000 年起即从第 31 辑起，由人民法院出版社出版至今。该系列所载案例虽非全部由最高人民法院裁判，但均系民商事各领域典型案例，具有较强的代表性；该系列连续出版，所载案例具有时间跨度，可在一定程度上反映时效法实施效果的纵向变化；该系列所载案例涉及民商事各领域，且总量具备一定规模，符合案例统计的全面性要求。因此，本书将《人民法院案例选》作为诉讼时效期间案例统计的素材。

（二）《人民法院案例选》涉诉讼时效案例之统计研究

本书选取《人民法院案例选》系列从 1992 年至 2012 年，即第 1 辑至第 82 辑进行统计。统计的案例范围包括：民事、商事、知识产权[①]和海商案件。为了对诉讼时效其他方面问题的研究有所帮助，统计时并未仅限于诉讼时效期间一个方面，统计的具体事由包括：诉讼时效的适用对象、诉讼时效期间的计算、诉讼时效强制性及援引等。

1. 对诉讼时效争议内容的统计表 7-4

表 7-4

数量 时间	适用对象有争议	起算、中止、中断、延长有争议	其他争议	民商案件总数
1992—1996 年	1	8	3	425
1997—2001 年	3	18	20	749
2002—2006 年	5	33	24	802
2007—2012 年	4	26	22	795
总计	13	85	69	2 771

① 《人民法院案例选》所载知识产权案例，部分为行政诉讼案例，该部分案例在统计时已剔除。

在全部2 771个民商事案例中,涉及诉讼时效争议的案例共167例,占全部民商事案例总数的6%,具体分为三类:

(1) 涉及诉讼时效适用对象争议的:共13例,占案例总数的0.4%,占诉讼时效争议案例的8%。

(2) 涉及诉讼时效起算、中止、中断和延长争议的:共85例,占案例总数的3.1%,占诉讼时效争议案例的51%。

(3) 涉及其他争议的:共69例,占案例总数的2.5%,占诉讼时效争议案例的41%。其他争议主要包括:一是诉讼时效有争议但法院未作具体认定;二是不涉及诉讼时效计算的具体争议,法院认定诉讼时效届满;三是诉讼时效强制性、援引规则争议。

表7-4统计数据反映出以下事实:

其一,在全部民商事案例中,涉及诉讼时效争议的案例占6%,所占比例已不算低,这表明现行诉讼时效制度在实际运行中产生争议的可能性还是较大的。由于民商事案例中当事人的主要争点通常是具体权利义务关系,而诉讼时效只是作为影响权利义务效力的规则被附带提出,这导致有些诉讼时效争议有可能被实体争议所掩盖。而且,《人民法院案例选》选入的案例主要是在实体法规范的适用上存在疑难的案例,单纯诉讼时效争议的案例不容易被选入。因此,诉讼时效争议案例在司法实务中所占真实比例有可能更高。

其二,在全部诉讼时效争议案例中,涉及诉讼时效起算、中止、中断和延长争议的案例占半数以上,这表明当事人对诉讼时效的争议主要集中在诉讼时效的计算规则上。而且从纵向上看,诉讼时效计算的争议案例呈上升趋势:1992—1996年间,该类案例仅为8例;1997—2001年间,该类案例为18例;2002—2006年和2007—2012年的时间段内,该类案例上升到33例和26例。造成该现象可能的原因是,随着《民法通则》施行日久及《诉讼时效规定》的颁布,当事人能够越来越熟练地运用诉讼时效计算规则来主张其权利或否认对方权利。还有一个可能的原因是,由于经济活动数量越来越多和标的额越来越大,当事人纠纷的对抗性和矛盾性亦更加激烈,这导致当事人有更强的利益动机运用包括诉讼时效计算规则在内的法律规则去维护其利益。

其三,在全部诉讼时效争议案例中,涉及其他争议的案例占到四成,其中虽对诉讼时效有争议但法院未作具体认定的案例占了多数。

造成该现象可能的原因有:一是案例编写者省略了法院对诉讼时效争议的裁判意见,而将具体权利义务的认定作为表述重点;二是确实有些法院简单地判决"诉讼时效依法未经过",而未作具体说明论证。这表明虽然诉讼时效对当事人权利义务具有重要影响,但仍未引起裁判者和案例编写者的足够重视。

其四,在全部诉讼时效争议案例中,涉及诉讼时效适用对象争议的案例所占比例最小,仅占不到一成。其中主要涉及物权请求权、与继承权有关的权利和存款请求权等特殊请求权是否适用诉讼时效的争议。这些权利中的有些权利已经被其后颁布的《诉讼时效规定》明确规定为不适用诉讼时效(如存款请求权);也有些权利在理论上普遍被认为不适用诉讼时效(如物权请求权)。

2. 对诉讼时效是否届满的统计表 7-5

表 7-5

时间＼数量	诉讼时效未届满	诉讼时效已届满	案件总数
1992—1996 年	11	1	425
1997—2001 年	29	12	749
2002—2006 年	51	11	802
2007—2012 年	43	9	795
总计	134	33	2 771

在诉讼时效争议的全部 167 件案例中,法院最终认定诉讼时效未届满和已届满的比例如下:

(1) 法院认定诉讼时效未届满的:共 134 例,占诉讼时效争议案例的 80%。

(2) 法院认定诉讼时效已届满的:共 33 例,占诉讼时效争议案例的 20%。

表 7-5 统计数据反映出以下事实:

其一,在全部诉讼时效争议案例中,法院认定诉讼时效已届满的案例达到 20%,这一较高比例表明,权利人因诉讼时效届满而丧失公力救济的可能性是较大的。虽然导致诉讼时效届满的原因有很多,但现行普通诉讼时效期间过短无疑是其最主要原因。从纵向来看,除 1992—1996 年间外,在其后的每一个统计年度时间段以内均有 10 个左右的案例是因为诉讼时效届满而使权利人丧失公力救济，这表明该类案例并非偶然发生，而是具有普遍性特征。而且，由于单纯的诉讼时效届满案例不是《人民法院案例选》的选编重点，该类案例在司法实务中所占的真实比例有可能更高。

其二，从各统计时间段的数据来看，诉讼时效届满案例数量在前期偏低，其后则趋于稳定。在1992—1996年间，诉讼时效届满案例占全部诉讼时效争议案例的8.3%；在1997—2001年间，该比例为29.3%；在2002—2006年间，该比例为18%；在2007—2012年间，该比例为17.3%。除第一统计时间段与第二统计时间段该比例有较大变化外，其后各统计时间段内该比例均维持在接近20%的水平。这表明在各时间段内，诉讼时效届满案例在诉讼时效争议案例中均占有较高比例，该现象并非特定时期的特有现象。

其三，在全部诉讼时效争议案例中，法院认定诉讼时效未届满的案例占到80%，而且在不涉及诉讼时效争议的案例中诉讼时效也当然未届满。从表面上看，似乎绝大多数案例中权利人并未因诉讼时效届满而丧失公力救济，但这并不足以说明现行诉讼时效期间对权利人的保护是充分的，因为：一是受选编案例的限制，单纯的诉讼时效届满案例不易被选入《人民法院案例选》；二是在涉及诉讼时效争议的全部案例中，诉讼时效届满的案例已经占较大比例；三是有些案例中的诉讼时效争议被实体法律关系争议所掩盖而没有被表述出来。

3. 对表7-4和表7-5的补充说明

受研究条件所限，表7-4和表7-5的统计尚存在一定不足，特此说明：

其一，《人民法院案例选》所载案例总量偏少。该案例集每年所载民商事案例在130件左右，相对于数量庞大的民商事案件总量而言，被选案例并不能全面体现司法实务的真实情况。

其二，《人民法院案例选》所载案例的性质存在一定局限性。该案例集所选案例主要是针对实体法律关系的疑难案例，这导致一些涉及诉讼时效的典型争议案例未被选入。

其三，由于所统计案例包括民事、商事、知识产权和海商等领域，各领域并非均适用普通诉讼时效期间，因此诉讼时效届满案例的有关数据仅能反映各类诉讼时效适用的整体状况。

总之，本书所做的案例统计工作只是实验性、探索性的，所统计的案例范围比较狭窄,所采用的统计手段比较粗糙,所得出的结论也仅具参考价值,其未必能够准确反映实践中的真实情况。但笔者认为,运用案例统计方法为确定诉讼时效期间提供数据支持的研究思路,应当引起立法机关的充分注意。全国人大常委会法工委或最高人民法院可以组织专门的资源从事该项统计工作,为立法机关在未来民法典中规定合理的诉讼时效期间提供有价值的决策依据。

第八章　诉讼时效的起算

第一节　诉讼时效起算之立法例

关于诉讼时效的起算时间点，各个国家及地区立法通常区分合同之债与侵权之债而规定不同的标准。其具体标准，又可分为主观标准和客观标准两类。

一、合同请求权之诉讼时效的起算

1. 模式一：客观标准——自请求权成立或诉因产生时起算

2002 年债法改革之前的旧《德国民法典》第 198 条规定："消灭时效自请求权成立时起开始计算。请求权以不作为为内容的，消灭时效自发生违反行为时起开始计算。"《德国民法典第一草案》第 158 条第 1 款规定："消灭时效，于法律上可以要求履行请求权(已届清偿期)之时开始。"虽然这一句话没有成为法律，但由于它的实质内容是正确的，因此被视为现行法的组成部分。[①] 2002 年债法改革之后的《德国民法典》第 200 条规定，某些特殊消灭时效期间的起算，仍然适用该客观标准。此外，《阿根廷民法典》第 3956 条规定："对人诉权不问是否计算利息，其时效均自义务产生之日起开始进行。"瑞士(《瑞士债法典》第 130 条)、俄罗斯(《俄罗斯联邦民法典》第 200 条)、埃及(《埃及民法典》第 381 条)等国则规定合同之债的诉讼时效自债务履行期届满时起算。

在英美法中，依据《1980 年英国诉讼时效法》第 8、11 条等的规定，诉讼时效的起算点一般是"诉因产生之时"。英国法通常认为，时效自诉因产生之日或占有之日(关于土地返还之诉)开始计算。如何

---

① 参见〔德〕迪特尔·梅迪库斯：《德国民法总论》，邵建东译，法律出版社 2001 年版，第 94 页。

判断诉因产生的时间是个复杂的问题。基本的规则是：在合同之诉中，违约的同时诉因产生；而在侵权之诉中，直到原告受到实际损害时才产生诉因。①

2. 模式二：客观标准二——自权利可行使时起算

法国（《法国民法典》第2224条）、意大利（《意大利民法典》第2935条）、荷兰（《荷兰民法典》第3:307条）、葡萄牙（《葡萄牙民法典》第306条）、日本（《日本民法典》第166条）、韩国（《韩国民法典》第166条）、埃塞俄比亚（《埃塞俄比亚民法典》第1846条）、阿尔及利亚（《阿尔及利亚民法典》第315条）、中国台湾地区（"民法"第128条）、中国澳门特区（《澳门民法典》第491条）采取该模式。例如《日本民法典》第166条第1款规定："消灭时效，自权利可以行使时起进行。"何谓"权利可行使时"？在日本学界及司法实务界存在两种学说："法律上的可能性说"（通说）认为，所谓"得以行使权利时"是指行使权利的法律障碍消失之时。该说主要是出于对法律关系的安定、权利行使的懈怠、存在例外规定等因素的考虑。"现实的期待可能性说"认为，所谓"得以行使权利时"是指能够现实期待权利行使的时刻。法律上权利是否发生，在多数情形下只有法院才能弄清，让权利人负担这种判断的危险不妥。② 我国台湾地区学者认为，所谓"请求权可行使时"指权利人于法律上并无障碍，而得行使请求权之状态而言，至于义务人实际上能否给付，请求权人主观上何时知悉其可行使，则非所问。③

应注意的是，以上诸立法例所规定的客观标准，虽然从形式上看是就诉讼时效起算所作的一般规定，但由于各民法典通常对侵权请求权诉讼时效的起算另行规定，因此，其所规定的客观标准实际上只适用于侵权请求权以外的请求权，其主要适用于合同请求权。

二、侵权请求权之诉讼时效的起算

1. 模式一：主观标准——自知道损害和责任人时起算

对于侵权请求权诉讼时效的起算，多数国家及地区民法典通常单

---

① 参见冯恺：《诉讼时效制度研究》，山东人民出版社2007年版，第131页。

② 参见〔日〕山本敬三：《民法讲义1总则》，解亘译，北京大学出版社2004年版，第362页。

③ 参见王泽鉴：《民法总则》，北京大学出版社2009年版，第421页。

独加以规定，且多采取主观标准，瑞士（《瑞士债法典》第 60 条）、荷兰（《荷兰民法典》第 3:310 条）、俄罗斯（《俄罗斯联邦民法典》第 200 条）、葡萄牙（《葡萄牙民法典》第 498 条）、日本（《日本民法典》第 724 条）、韩国（《韩国民法典》第 766 条）、埃及（《埃及民法典》第 172 条）、中国台湾地区（“民法”第 197 条）、中国澳门特区（《澳门民法典》第 491 条）等采取该模式。例如《日本民法典》第 724 条前段规定：“因侵权行为发生的损害赔偿请求权，自受害人或其法定代理人知道其损害及加害人时起三年间不行使时，因时效而消灭。”依据日本学者的解释，“知道损害时”是指受害人或者其代理人现实意识到因他人的侵权行为造成的损害发生时。“知道损害时”不应该理解为受害人确信加害人的侵权行为完全成立时，而应该理解为意识到加害行为具有违法的可能性时。“知道加害人时”是指“知道向加害人提出赔偿请求处于事实上可能的程度”。但在某些替代责任和共同侵权行为的场合，“加害人”应解释为“赔偿义务人”。① 我国台湾地区学者认为，损害之知悉只须对特定种类损害之发生之知悉，纵然其损害之范围尚无法预估在所不问。但若与所知之损害不同或无法预见之新损害发生，则时效之计算，自应以此新损害之知悉时起算。对于义务人之知悉，只须请求权人基于已知之情况足以辨识其人，对其姓名毋庸费力即可查出为足。如果行为人虽自录像记录中可以辨识，却无法查知其姓名时，自非此处之知悉。又就他人行为系属侵权行为一事，亦须一并知悉。②

2. 模式二：客观标准一——自损害发生之时起算

《法国民法典》第 2226 条规定：“因造成身体伤害之事件，受到该事件引起之损失的直接或间接受害人提起的追究责任之诉讼，时效期间为 10 年，自最初的损害或者加重的损害得到最后确定之日起计算。”依据法国最高法院的意见，责任之诉的时效，仅自损害发生之日开始计算，或者如果受害人证明其原来并不知道损害已经发生，仅在受害人知道发生损害之日开始计算。③

---

① 参见〔日〕圆谷凌：《判例形成的日本新侵权行为法》，赵莉译，法律出版社 2008 年版，134—135 页。

② 参见黄立：《民法债编总论》，中国政法大学出版社 2002 年版，第 422—423 页。

③ 参见罗结珍译：《法国民法典》（下册），法律出版社 2005 年版，第 1611 页。

3. 模式三:客观标准二——自侵权行为发生时起算

适用该标准又分为两种情况:

第一种情况是将该客观标准适用于长期诉讼时效期间,以限制普通诉讼时效期间及特殊诉讼时效期间。德国(《德国民法典》第 199 条第 2、3 款)、瑞士(《瑞士债法典》第 60 条)、荷兰(《荷兰民法典》第 3:310 条)、日本(《日本民法典》第 724 条)、韩国(《韩国民法典》第 766 条)、埃及(《埃及民法典》第 172 条)、中国台湾地区("民法"第 197 条)等采取该模式。例如我国台湾地区"民法"第 197 条第 1 款规定:"因侵权行为所生之损害赔偿请求权,自请求权人知有损害及赔偿义务人时起,二年间不行使而消灭。自有侵权行为时起,逾十年者亦同。"对于该期间的性质,在日本和我国台湾地区学界存在"消灭时效说"和"除斥期间说"之争。[①]

第二种情况是该客观标准直接适用于侵权之债的诉讼时效期间。《意大利民法典》第 2947 条规定:"对违法行为所致损害主张赔偿的权利,应当自行为发生之日起 5 年内行使。"《越南民法典》第 607 条规定:"要求赔偿损害的起诉时效为 2 年,自个人、法人或其他主体的合法权利和利益被侵害之日起计算。"

根据以上分析归纳,对于诉讼时效的起算标准,各个国家及地区通常区分合同之债与侵权之债而作出不同规定。但德国民法较为特殊,在债法改革以前,旧《德国民法典》与其他国家或地区立法例相同,对合同之债与侵权之债的诉讼时效起算标准分别规定于第 198 条和第 852 条。但是,债法改革之后的《德国民法典》第 199 条对诉讼时效的起算标准作出了统一的规定,该条第 1 款规定:"普通消灭时效期间,自下列情形之年的年末起算:(1) 请求权在该年以内发生的;(2) 债权人在该年以内知道或在无重大过失的情况下本应知道使请求权成立的情况和债务人的。"依据该款,在同时满足本款(1)和(2)所规定的前提时,则开始一般请求权时效。依据(1),首先必须形成请求权。依据(2),请求权开始的另外一个前提是,债权人获知或在无重

① 参见〔日〕山本敬三:《民法讲义 1 总则》,解亘译,北京大学出版社 2004 年版,第 393—396 页;黄立:《民法债编总论》,中国政法大学出版社 2002 年版,第 423 页。

大过失的情况下必须获知成立请求权的状态及谁是债务人。[①] 对于这种变化,一般认为,新法的常规时效期采取了一个主观的起算点。这种主观标准起算点的计算方法,在旧法中只适用于侵权行为(旧法第852条),在新法中,却变成了常规时效期的一个一般标准。[②] 但也有学者认为,改革之后的《德国民法典》采取的是主客观兼有的标准。[③]

第二节 诉讼时效起算现行法之规定

一、《民法通则》和《民法通则意见》对于诉讼时效期间起算的规定

第一,普通诉讼时效期间起算的一般规定。《民法通则》第137条前段规定:"诉讼时效期间从知道或者应当知道权利被侵害时起计算。"该条系采主观标准。依该条规定,诉讼时效期间的起算应具备三个条件:

其一,权利被侵害的事实在客观上已经发生。所谓"权利被侵害",包括合同债权、不当得利债权、无因管理债权等未被依债的本旨清偿而产生的违约责任请求权等,也包括支配权受侵害而产生的侵权责任请求权。

其二,对于权利被侵害的事实,权利人在主观上知道或应当知道。所谓"知道",是指权利人已经事实上了解到其权利遭受侵害的事实。所谓"应当知道",是指按照一个合理的人的标准来判断,权利人作为一个合理的人在当时的情况下应当知道其权利受到侵害的事实。[④] 例如在有履行期限合同债权的场合下,债权人已知债务人履行期限届满而未清偿的事实,则无论债权人在事实上是否明确知道自己权利受到侵害,均应推定其"应当知道"。

其三,法律对诉讼时效期间起算没有特殊规定。虽然《民法通则》第137条就起算标准的规定未设但书,但由于在《海商法》等单行法中

---

① 参见朱岩编译:《德国新债法条文及官方解释》,法律出版社2003年版,第24页。

② 参见齐晓琨:《德国新、旧债法比较研究》,法律出版社2006年版,第13页。

③ 参见冯恺:《诉讼时效制度研究》,山东人民出版社2007年版,第134页。

④ 参见王利明:《民法总则研究》,中国人民大学出版社2012年版,第746页。

对诉讼时效期间起算存在一些特殊规定，所以该条仅适用于法律没有特殊规定的场合。此外，《民法通则意见》第 165 条规定：“在民法通则实施前，权利人知道或者应当知道其民事权利被侵害，民法通则实施后，向人民法院请求保护的诉讼时效期间，应当适用民法通则第一百三十五条和第一百三十六条的规定，从 1987 年 1 月 1 日起算。”

第二，20 年最长诉讼时效期间起算的规定。《民法通则》第 137 条后段规定：“但是，从权利被侵害之日起超过二十年的，人民法院不予保护。”该条系采客观标准，依该标准起算诉讼时效期间，只须满足“权利被侵害”之事实在客观上发生，而不考虑权利人对该事实是否知道或应当知道。对于 20 年最长诉讼时效期间起算在《民法通则》实施前后的具体适用，《民法通则意见》第 166 条规定：“民法通则实施前，民事权利被侵害超过二十年的，民法通则实施后，权利人向人民法院请求保护的诉讼时效期间，分别为民法通则第一百三十五条规定的二年或者第一百三十六条规定的一年，从 1987 年 1 月 1 日起算。”依该条规定，在《民法通则》实施前，民事权利被侵害超过 20 年的，不能适用《民法通则》第 137 条后段规定的客观起算标准，2 年或 1 年诉讼时效期间从 1987 年 1 月 1 日起算。《民法通则意见》第 167 条规定：“民法通则实施后，属于民法通则第一百三十五条规定的二年诉讼时效期间，权利人自权利被侵害时起的第十八年后至第二十年期间才知道自己的权利被侵害的，或者属于民法通则第一百三十六条规定的一年诉讼时效期间，权利人自权利被侵害时起的第十九年后至第二十年期间才知道自己的权利被侵害的，提起诉讼请求的权利，应当在权利被侵害之日起的二十年内行使，超过二十年的，不予保护。”该条规定了在《民法通则》实施后，20 年最长诉讼时效期间起算与 2 年或 1 年诉讼时效期间起算的关系。

第三，人身损害赔偿诉讼时效期间起算的规定。《民法通则意见》第 168 条规定：“人身损害赔偿的诉讼时效期间，伤害明显的，从受伤害之日起算；伤害当时未曾发现，后经检查确诊并能证明是由侵害引起的，从伤势确诊之日起算。”该条是对《民法通则》第 137 条前段规定的“知道或者应当知道”在人身损害赔偿案件中作出了具体诠释。依据司法实务界的主流意见，“伤害明显的人身伤害案件，受害人自受伤害之日自然知道或应当知道自身权利被侵害的事实，因此诉讼时效期间自受伤害之日起算，但有些人身伤害案件，侵权时伤害并不明显，经过一段时间后伤势才明显，如果诉讼时效期间仍从受伤害之日起算，显然不利于保护受害人的合法权益，诉讼时效期间应当从伤势明显经过证明是由伤害引起时开始计算"①。在司法实务中，人身损害赔偿诉讼时效期间起算的典型案例如下：

案例 8.2.1　吴瑞宗诉安溪县龙涓中学等人身损害赔偿案②

【案件事实】

原告（被上诉人）：吴瑞宗

被告（上诉人）：安溪县龙涓中学、李恒彬、陈文德、陈志远

1990 年 10 月 31 日，被告安溪县龙涓中学组织全校学生秋游攀登安溪县龙涓乡的赤角旗山。作为学校老师的被告陈文德、陈志远为打猎而私带一支猎枪上山。中午 12 时在山上吃午餐休息时，作为学生的被告李恒彬持该猎枪玩耍，导致该枪不慎走火，打中作为学生的原告吴瑞宗。原告受伤后于 1990 年 11 月 12 日经第一七五医院检查结果为左手软组织金属弹残留 10 多粒。因伤情发作，原告于 2004 年 8 月 18 日至 9 月 19 日在上海市第八人民医院住院治疗，经检查原告的左手部和双下肢被发现约有 140 多粒金属物枪弹残留，在住院期间共进行了 5 次手术，取出左手掌残留的枪弹 37 粒，共花费医疗费 12 841.52 元。出院后医生建议原告休息 3 个月，待因手术导致白细胞减少和神经系统损伤恢复正常后再取异物。为此，原告于 2005 年 1 月 12 日向安溪县人民法院提起诉讼，请求判令四被告共同赔偿原告医疗费、误工费、护理费、住院伙食补助费、交通费、营养费、精神损害抚慰金，合计人民币 49 032.56 元。对此，被告安溪县龙涓中学、陈文德、陈志远辩称，原告提起诉讼的诉讼时效从受伤之日起算已超过。

【裁判要旨】

一审法院经审理认为：被告安溪县龙涓中学、陈志远、陈文德辩称本案诉讼时效超过的意见，因原告被侵害时并不知道自己身体上的枪弹确需要手术取出，原告只能在手术取弹时才能知道自己的权利被

---

① 梁书文主编：《民法通则贯彻意见诠释》，中国法制出版社 2001 年版，第 143 页。

② 参见最高人民法院中国应用法学研究所编：《人民法院案例选》2007 年第 1 辑（总第 59 辑），人民法院出版社 2007 年版，第 170 页以下。

侵害，故从手术取弹时起算诉讼时效并没有超过，因此被告的辩称意见理由不能成立，也不予支持。判决：被告陈志远、陈文德承担50%的赔偿责任为人民币16 196.26元；被告安溪县龙涓中学承担30%的赔偿责任为人民币9 717.75元；被告李恒彬承担20%的赔偿责任为6 478.5元。四被告不服，向泉州市中级人民法院提起上诉。二审法院经审理认为：原审认定事实清楚，适用法律正确。判决：驳回上诉，维持原判。

二、《诉讼时效规定》对于诉讼时效起算的规定

第一，同一债务分期履行的诉讼时效期间起算。《诉讼时效规定》颁布以前，对于分期履行债务的诉讼时效期间起算问题，最高人民法院曾经就各级法院请示作出过一系列的答复意见，例如最高人民法院《关于借款合同中约定借款分期偿还应如何计算诉讼时效期间的答复》（法经〔2000〕244号）、最高人民法院《关于珠海粤运交通发展公司与大连新镇企业集团公司借款合同纠纷一案的请示》（〔2003〕民二他字第14号）、最高人民法院《关于分期履行的合同中诉讼时效应如何计算问题的答复》（法函〔2004〕23号）等，但这些答复意见的内容并非完全一致。最高人民法院对于该问题曾有一个逐步深入、成熟的认识过程。[①] 在司法实务界和学界对该问题主要存在三种观点：第一种观点认为，应从最后一期履行期限届满之日起算；第二种观点认为，应从每一期履行期限届满之日分别起算；第三种观点认为，应区分情况分别处理。[②]

《诉讼时效规定》第5条规定："当事人约定同一债务分期履行的，诉讼时效期间从最后一期履行期限届满之日起计算。"该条包含了以下两层涵义：

（1）同一债务约定分期履行的，各期债务的诉讼时效期间均从最后一期履行期限届满之日起计算。在《诉讼时效规定》起草过程中，对

---

① 参见刘德权主编：《最高人民法院司法观点集成》（1），人民法院出版社2009年版，第217页。

② 参见最高人民法院民事审判第二庭编著：《最高人民法院关于民事案件诉讼时效司法解释理解与适用》，人民法院出版社2008年版，第104—106页。

该条争议很大[①]，该司法解释最终采取了前述第一种观点，其理由主要是："第一，该规定符合分期给付债务的特征；第二，该规定符合诉讼时效制度的立法目的；第三，该规定有利于解决举证困难问题；第四，有利于节约司法资源，减少讼累、实现诉讼效率；第五，该规定符合司法现实和民众的一般认识；第六，符合订约目的，有利于促进商业交易，增加社会财富。"[②]当事人针对同一债务约定分期履行的情形下，虽然实际履行次数为两次以上，但债务仍为一个债务，最后一期履行期限届满才构成整个债务履行期限届满，因此应以此时间点作为诉讼时效期间起算点。

（2）对于定期给付债务的诉讼时效期间起算，《诉讼时效规定》未作规定。广义的"分期履行债务"包括两种情形：一是分期给付债务，是指当事人针对一项债务约定分期履行，该债务在合同成立生效时即产生且内容确定，而非在合同履行过程中逐渐产生。《诉讼时效规定》第5条针对这种债务的诉讼时效期间起算作出了规定，对此类债务采取"当事人约定同一债务分期履行"的表述。二是定期给付债务，是指相隔一定期间继续为给付的债务，例如薪水、租金、保险费等。在此情形下，存在数个各自独立的债务，在一定期间内反复继续发生而为给付。[③] 对此情形下诉讼时效期间的起算，学界存在较大争议，在《诉讼时效规定》起草过程中亦未形成倾向性意见，最终该司法解释对此未作规定。[④] 笔者认为，从解释论的角度而言，定期给付债务的诉讼时效期间应自每一期履行期限届满时分别起算。理由为：其一，定期给付债务系由若干独立债务构成，仅因履行期限具有继续性而结合在一起。既然《诉讼时效规定》未作规定，则仍应适用《民法通则》第137条对诉讼时效期间起算的一般规定。每一期履行期限届满而债务人对该期债务未履行的，即构成债权人就该期债权"知道或应当知道权利被侵害"，该期债务的诉讼时效期间即开始起算。其二，前引最高人

---

① 参见吴庆宝：《准确起算诉讼时效维护当事人合法权益》，载《法律适用》2008年第11期。

② 最高人民法院民事审判第二庭编著：《最高人民法院关于民事案件诉讼时效司法解释理解与适用》，人民法院出版社2008年版，第109—110页。

③ 参见王泽鉴：《民法总则》，北京大学出版社2009年版，第418页。

④ 参见最高人民法院民事审判第二庭编著：《最高人民法院关于民事案件诉讼时效司法解释理解与适用》，人民法院出版社2008年版，第111页。

民法院复函如法函〔2004〕22 号答复、法函〔2004〕23 号答复等已经采取此观点，司法实务界亦持此观点。[①] 司法实务界主流观点认为，同一合同项下约定的具有整体性和关联性的定期给付之债的给付请求权，诉讼时效期间从最后履行期限届满之日起算；不同合同项下约定的独立性大于整体性和关联性的定期给付债务的给付请求权，诉讼时效期间从每一笔债务履行期限届满之日起算。实务中的项目融资合同约定的债务和最高额担保合同所对应的各主债务，都应从每一笔债务的履行期限届满之日起算。[②]

在司法实务中，分期履行债务诉讼时效期间起算的典型案例如下：

案例 8.2.2　吉林省吉原石油天然气开发有限责任公司、吉林省信托投资有限责任公司与中国光大银行长春分行借款合同纠纷上诉案[③]

【案件事实】

上诉人（原审被告）：吉林省吉原石油天然气开发有限责任公司、吉林省信托投资有限责任公司

被上诉人（原审原告）：中国光大银行长春分行

1997 年 9 月 26 日，中国光大银行长春分行（以下简称光大银行）与吉林省吉原石油天然气开发有限责任公司（以下简称吉原石油天然气公司）签订一份《借款合同》，约定由光大银行借款 500 万美元给吉原石油天然气公司，借款期限为 1997 年 9 月 26 日至 2002 年 3 月 26 日止，利率为融资成本加 2.6 个百分点。《借款合同》第六章“还款资金来源及还款方式”第 9 条约定：吉原石油天然气公司应按本合同约定按期支付利息，并应按下列第 2 项的规定偿还本金，利随本清。具

---

① 参见梁展欣主编：《诉讼时效司法实务精义》，人民法院出版社 2010 年版，第 138—139 页。

② 参见刘德权主编：《最高人民法院司法观点集成》(1)，人民法院出版社 2009 年版，第 221 页。

③ 参见最高人民法院民事审判第二庭编著：《最高人民法院关于民事案件诉讼时效司法解释理解与适用》，人民法院出版社 2008 年版，第 115 页以下。相关案例参见“中国银行芜湖市分行与芜湖卷烟厂、芜湖山江化学有限公司借款担保合同纠纷上诉案”，载李国光主编、最高人民法院民事审判第二庭编：《民商审判指导与参考》2002 年第 2 卷（总第 2 卷），人民法院出版社 2003 年版，第 209—220 页。

体还本金金额和日期如下:第一次还本金100万美元,还本金日期为1999年9月26日;第二次还本金80万美元,还本金日期为2000年3月26日;第三次还本金80万美元,还本金日期为2000年9月26日;2001年3月26日、2001年9月26日、2002年3月26日各还本金80万美元。同日,光大银行与吉林省信托投资有限责任公司(以下简称信托公司)签订一份《保证合同》,约定信托公司为吉原石油天然气公司贷款500万美元提供保证。《保证合同》第5条约定保证方式为连带责任保证;第7条约定保证期间为自本合同发生法律效力之日起至主合同借款人在主合同项下的全部债务偿清之日止。合同签订后,光大银行依约向吉原石油天然气公司发放了500万美元的贷款,但合同到期后吉原石油天然气公司未按合同约定偿还借款本息。2004年1月7日,光大银行向吉林省高级人民法院提起诉讼,请求判令:吉原石油天然气公司偿还贷款500万美元及利息;信托公司承担连带保证责任。

【裁判要旨】

一审法院经审理认为:对于吉原石油天然气公司认为光大银行应在每一笔债权到期后两年内主张债权,未主张的应视为已过诉讼时效的主张,该院不予支持。因为双方虽在《借款合同》中约定了分期还款方式,但在《借款合同》中同时约定了合同的终止期限,这就意味着分期还款的约定,并不影响合同整体权利义务的行使和承担。《借款合同》约定的权利义务具有不可分割性,因此本案的诉讼时效应为2002年3月26日届满起两年。判决:(1)吉原石油天然气公司自判决生效起10日内给付光大银行借款本金500万美元及利息;(2)信托公司对吉原石油天然气公司借款本金500万美元及利息承担连带清偿责任。二被告不服,向最高人民法院提起上诉。最高人民法院经审理认为:原审判决对于时效起算点的认定正确,二审法院予以维持。上诉人吉原石油天然气公司对于《借款合同》中的前5期债权,光大银行的主张已超过诉讼时效的上诉理由不能成立。判决:驳回上诉,维持原判。

最高人民法院自2000年以来针对个案发布了多个答复,但意见并不统一,主要在"从最后一期届满后起算"和"从每一期履行期限届满分别起算"两种观点之间摇摆不定。而最高人民法院的民事判决

（尤其是2004年以来的判决）则多采纳了从最后一笔还款期届满之日起算的观点。[①] 本案是最高人民法院就此问题最具代表性的案例。最高人民法院对该问题的司法态度的转变和统一的裁判尺度的初步形成，始于该案判决。[②]

第二，未约定履行期限的合同的诉讼时效期间起算。《诉讼时效规定》颁布以前，对于未约定履行期限的合同的诉讼时效期间起算问题，最高人民法院曾经作出过一些相关批复和答复。最高人民法院《关于债务人在约定的期限届满后未履行债务而出具没有还款日期的欠款条诉讼时效期间应从何时开始计算问题的批复》（法复〔1994〕3号）载明："关于债务人在约定的期限届满后未履行债务，而出具没有还款日期的欠款条，诉讼时效期间应从何时开始计算的问题，经研究，答复如下：据你院报告称，双方当事人原约定，供方交货后，需方立即付款。需方收货后因无款可付，经供方同意写了没有还款日期的欠款条。根据《中华人民共和国民法通则》第一百四十条的规定，对此应认定诉讼时效中断。如果供方在诉讼时效中断后一直未主张权利，诉讼时效期间则应从供方收到需方所写欠款条之日的第二天开始重新计算。"最高人民法院《关于买受人在交易时未支付价款向出卖人出具没有还款日期的欠款条诉讼时效期间应从何时开始计算问题的请示的答复》（〔2005〕民二他字第35号）载明："冯树根向广州市白云农业综合服务有限公司（以下简称白云农业公司）购买农药，双方并未签订书面买卖合同，也无证据证明双方对合同的履行期限进行约定，因此，该合同属于未定履行期限的合同。根据《中华人民共和国合同法》第六十二条第（四）项及《中华人民共和国民法通则》第八十八条第二款第（二）项、第一百三十七条的规定，本案诉讼时效期间应从白云农业公司向冯树根主张权利时起算。本案不符合法复〔1994〕3号批复适用的条件，故同意你院审判委员会多数意见。"在学理上主要存在三种观点：第一种观点权利人主张权利说认为，未定履行期限债权，诉讼时效

---

① 参见最高人民法院民事审判第二庭编：《民商事审判指导》2007年第1辑（总第11辑），人民法院出版社2008年版，第86—87页。

② 参见刘德权主编：《最高人民法院裁判意见精选》（上），人民法院出版社2011年版，第383页。

应从权利人主张权利开始计算。[①] 第二种观点宽限期届满说认为,未定履行期限债权,诉讼时效应当自债权人给予的宽限期届满之日起算。[②] 第三种观点债权成立说认为,未定履行期限债权,诉讼时效应当自债权成立时起算。[③]《诉讼时效规定》第 6 条规定:"未约定履行期限的合同,依照合同法第六十一条、第六十二条的规定,可以确定履行期限的,诉讼时效期间从履行期限届满之日起计算;不能确定履行期限的,诉讼时效期间从债权人要求债务人履行义务的宽限期届满之日起计算,但债务人在债权人第一次向其主张权利之时明确表示不履行义务的,诉讼时效期间从债务人明确表示不履行义务之日起计算。"该条包含了以下三层涵义:

(1) 对于未约定履行期限的合同,区分能否依《合同法》确定履行期限,分别规定起算标准。依《合同法》第 61、62 条规定,对于未约定履行期限的合同可依据下列方法确定履行期限:当事人达成补充协议、按照合同有关条款或者交易习惯确定、适用随时履行规则。依据《诉讼时效规定》第 6 条的规定,可以确定履行期限与不能确定履行期限的场合下,适用不同的起算标准。

(2) 依照《合同法》第 61 条的规定,可以确定履行期限的,诉讼时效期间从履行期限届满之日起计算。如果当事人达成补充协议或按照合同有关条款或者交易习惯可以确定履行期限,该合同即被转化为履行期限确定的合同,依据《民法通则》第 137 条的规定,诉讼时效期间应从履行期限届满之日起计算。

(3) 依照《合同法》第 61 条的规定不能确定履行期限的,适用第 62 条第(四)项确定履行期限,诉讼时效期间从债权人要求债务人履行义务的宽限期届满之日起计算,但债务人在债权人第一次向其主张

---

① 参见叶向东:《关于未定履行期限债权诉讼时效起算问题之研究》,载《江西法学》1995 年第 4 期;王全弟等:《民法总论》,复旦大学出版社 1998 年版,第 30 页。

② 参见佟柔主编:《中国民法学 · 民法总则》,中国人民公安大学出版社 1990 年版,第 322 页;刘春茂等:《民法学》,中国人民公安大学出版社 1992 年版,第 194 页;郭明瑞等:《民商法原理》(一),中国人民大学出版社 1999 年版,第 327 页。

③ 参见张俊浩主编:《民法学原理》,中国政法大学出版社 1997 年版,第 290 页;江平等:《民法学》,中国政法大学出版社 2000 年版,第 273 页;徐双喜:《试析未定履行期限债权诉讼时效之起算》,载《法学评论》2001 年第 6 期。

权利之时明确表示不履行义务的，诉讼时效期间从债务人明确表示不履行义务之日起计算。具体分为两种情形：其一，债权人要求债务人履行义务并确定宽限期，债务人无异议的，诉讼时效期间从宽限期届满之日起计算。依据《合同法》第 62 条第（四）项的规定，“债权人也可以随时要求履行，但应当给对方必要的准备时间”，即“随时履行规则”系以“催告 + 宽限期”为必经程序。《诉讼时效规定》第 6 条规定的“宽限期”与《合同法》第 62 条第（四）项规定的“必要的准备时间”系同一涵义。至于如何确定“宽限期”的长短，如何认定“必要的准备时间”中“必要”之构成要件，在实际交易中应根据债务金额大小、实际消费水平的高低和履行方式的难易程度等因素确定；法院应当按照通常的交易准则、习惯及惯例，通过行使自由裁量权来确定。[①] 在此情形下，宽限期即构成债务人的履行期限，宽限期届满时应为诉讼时效期间的起算点。其二，债务人在债权人第一次向其主张权利之时明确表示不履行义务的，诉讼时效期间从债务人明确表示不履行义务之日起计算。如果债权人第一次向债务人主张权利时，债务人就明确表示不履行义务，则不适用宽限期规则，诉讼时效期间从债务人明确表示不履行义务之日起计算。在此场合下，债权人在主张权利时可能确定了宽限期，也可能未确定宽限期，但均不适用宽限期规则。因为债务人明确表示不履行义务之时，就已经构成债权人“知道或应当知道权利受侵害”，在此时间点就应当起算诉讼时效期间，而无须再等到宽限期届满之时。所谓“债权人第一次向债务人主张权利之日”，是指债权人基于随时履行规则，第一次向债务人要求履行义务且债务人明确拒绝履行义务的情形，而不包括债务人同意履行诉讼时效期间届满的债务等情形，也不包括债权人在宽限期内第一次主张权利的情形。[②] 在司法实务中，如果债权人将不定期的债权变更为有明确履行期限的债权并通知债务人，债务人表示拒绝履行的，应推定为债权人应当知道

---

① 参见最高人民法院民事审判第二庭编著：《最高人民法院关于民事案件诉讼时效司法解释理解与适用》，人民法院出版社 2008 年版，第 124—125 页。

② 同上书，第 127 页。

权利受到侵害,诉讼时效期间此时起算。[1]

在司法实务中,未约定履行期限的合同诉讼时效期间起算的典型案例如下:

案例 8.2.3　艾娟诉三水区家福五金搪瓷制品厂买卖合同案[2]

【案件事实】

原告:艾娟

被告:佛山市三水区家福五金搪瓷制品厂(以下简称家福厂)

原、被告于 2004 年 10 月达成口头协议进行煤炭买卖,原告于 2004 年 10 月 26 日向被告交纳人民币 10 000 元的质量保证金,双方于 2004 年 12 月 28 日最后一次交易后就终止买卖。原告诉称:2004 年 10 月原告开始向被告供应煤炭,其间多次送货被告均验收入库并付款,2005 年 1 月原告向被告提出重新商定价格,但双方没有达成共识,所以交易关系终止,在供货之初被告收的人民币 10 000 元质量保证金经追讨也一直未归还。故起诉请求法院判令:

(1) 被告退还质量保证金人民币 10 000 元。

(2) 诉讼费由被告承担。

被告辩称:

(1) 原、被告双方开始交易时,原告的煤是合格的,但最后一次原告提供的煤有严重质量问题,该批煤至今仍放在我厂。

(2) 双方最后一次交易是在 2004 年 12 月 28 日,本厂在结账后,使用原煤时发现其质量很差,就与其终止交易,原告的诉讼已经超过诉讼时效。

【裁判要旨】

一审法院经审理认为,原告主张被告退还质量保证金的诉讼时效是两年,从知道或者应当知道权利被侵害时起计算。双方最后一次交

---

① 参见“中国农业银行新疆分行营业部、中国人民银行乌鲁木齐中心支行、乌鲁木齐市工银房地产开发公司与乌鲁木齐城市建设综合开发公司欠款纠纷上诉案”,载肖扬总主编、最高人民法院民事审判第一庭编:《中华人民共和国最高人民法院判案大系》(民事卷—2000 年卷),人民法院出版社 2003 年版,第 89—93 页。

② 参见最高人民法院中国应用法学研究所编:《人民法院案例选》2008 年第 3 辑(总第 65 辑),人民法院出版社 2009 年版,第 238 页以下。

易是在2004年12月28日，诉讼时效应从原、被告最后一次交易的次日起算，而原告于2007年1月19日才向法院起诉，而且不能提供引起诉讼时效中断的证据，故要求被告退还质量保证金的请求，因超过两年诉讼时效而丧失胜诉权，本院对该请求不予支持。被告主张原告的起诉超过两年诉讼时效的抗辩理由成立，本院予以采纳。判决：驳回原告艾娟的诉讼请求。

原告不服，向佛山市中级人民法院提起上诉。二审法院经审理认为，因双方没有约定质量保证金的返还时间，艾娟可随时向家福厂主张权利，家福厂也可随时向艾娟履行返还质量保证金的义务。在艾娟没有主张权利或家福厂未拒绝履行义务的情况下，不能认定艾娟知道自己的权利受到侵害。尽管艾娟关于其在2006年12月31日才向家福厂主张退还质量保证金的主张没有证据证明，但在家福厂没有证据证明本案诉讼时效的起算点早于该日的情况下，艾娟的该项主张实质上有损其时效利益，本院对艾娟的主张予以采纳。艾娟于2007年1月19日向原审法院提起诉讼，并没有超过两年的诉讼时效，对其要求家福厂向其返还10000元质量保证金的诉讼主张，本院予以支持。判决：

（1）撤销一审判决；

（2）被告应在本判决发生法律效力之日起10日内返还人民币10000元质量保证金予原告。

应当指出的是，《诉讼时效规定》第6条存在明显的法律漏洞，该条未涵盖以下几种情形：一是债务人提出履行债务（包括债务人提出的宽限期被债权人接受和有异议两种情形）；二是债权人向债务人主张权利并提出宽限期，债务人对履行债务无异议，但对宽限期有异议；三是债务人在债权人第一次向其主张权利时未明确表示不履行义务，但在宽限期内明确表示或以行为表明不履行义务；四是双方对履行债务均无异议，但对宽限期一直未予确定。司法实务界有观点认为，在这几种情形下应对债权人和债务人作不同角度的利益衡量，分别进行处理：

（1）债务人向债权人提出履行并提出履行时间的，债权人原则上不得拒绝之，并以该履行时间为履行期限。诉讼时效期间从该履行期限届满时起计算。

（2）债权人向债务人要求履行债务并提出履行时间的，债务人如有异议，则应向债权人确定其必要的准备时间，债权人原则上不得拒绝之，并以该准备时间为履行期限；债务人未提出异议，或者虽提出异议但未确定必要的准备时间的，以债权人提出的履行时间为履行期限。诉讼时效期间从履行期限届满时起计算。

（3）债权人向债务人提出履行后，债务人明确表示不履行债务的，诉讼时效期间从债务人明确表示不履行债务时起计算；债务人以自己的行为表明不履行债务的，诉讼时效期间自债权人知道或者应当知道债务人不履行债务之意思表示时起计算。

（4）双方当事人一直不对履行期限予以确定的，诉讼时效期间从双方第一次就给付内容进行协商时起计算。[①] 在现行法未作规定的前提下，该意见具有一定的参考价值。

司法实务中的一个疑难问题：按日累计的违约金请求权诉讼时效期间如何起算？在房屋买卖合同中，对于逾期办证、逾期交房按日累计的违约金请求权诉讼时效期间的起算问题，现行法没有明确规定，司法实务中各地法院采取的标准亦不统一。大致有三种计算方法：第一种是诉讼时效期间自合同约定的时间的次日起算。海南省高级人民法院《关于审理商品房买卖合同纠纷案件的指导意见（试行）》第2条第1款规定："合同对开发商向产权登记机关报送办证资料的时间有约定的，买房人请求开发商承担逾期办证违约责任的诉讼时效自合同约定的次日开始计算；合同未约定时间的，诉讼时效自开发商取得拟售房产初始登记之日起90日之次日开始计算。"上述规定中，对于逾期办证违约责任的方式未作区分，其诉讼时效一律从合同约定的办证时间的次日开始计算。第二种是诉讼时效期间从债务人明确表示不履行时起算。重庆市高级人民法院在某案件的审理中认为："对于购房合同来讲，主张自合同约定的逾期交房之日至实际交房之日的违约金，是双方当事人在合同中所确定的一个整体的合同权利，而不是按照违约的天数具体分割为若干分别计算诉讼时效的独立的权利。本案中双方并未约定违约金的支付期限，债权人任何时候都可以主张，只有当债务人明确表示不履行时，诉讼时效才可依法起算。"第三

---

① 参见梁展欣主编：《诉讼时效司法实务精义》，人民法院出版社2010年版，第134—135页。

种是诉讼时效期间从债权人起诉之日倒记两年至实际履行之日计算。广州市荔湾区人民法院和广州市中级人民法院在某案件的审理中认为:“曾某、李某(一审原告)未能提供证明其有诉讼时效中断的证据,故应从曾某、李某起诉之日倒记2年即2008年8月17日,按合同约定的已付房款的每日万分之三的标准支付逾期交付房屋违约金,违约金计至交付房屋的2008年12月12日。”[①]对此问题,学界亦存在争议。第一种观点认为,此类违约金的总额计算,叫做违约金的累计。其法律依据是《中国人民银行结算办法》第8条第7款的规定,其理论根据是继续性债权的内容随着时间推移而不断增加。“违约金的总额”与“个别数额”相当独立,违约金债权的诉讼时效应当分段计算。[②] 第二种观点认为,全部违约金整体作为一个债权请求权计算诉讼时效,起算日是履行迟延终了、障碍消除之日,即权利人知道或应当知道自己权益受侵害之日,并且是法律上能够行使自己的请求权的最初一日。[③]第三种观点认为,该场合应采“单个债权说”,按日累计的违约金属于无履行期限的债权,依《合同法》第62条第(四)项确定履行期限。[④]

对于该问题,笔者认为:

其一,当事人约定按日累计违约金,违约金数额按违约的天数累计,而并非每天均须履行支付违约金的义务。在此情形下,是违约金数额“分期计算”,而非“分期履行”违约金,因此不能适用《诉讼时效规定》第5条关于“分期履行”的规定。

其二,依据整体性和关联性标准,当事人约定按日累计违约金的情形下,违约金数额依据一个合同而非数个合同产生,该违约金请求权的诉讼时效期间起算应作整体考虑而不应按日分别计算。

其三,当事人约定按日累计违约金但对履行期限未作约定,应适用《诉讼时效规定》第6条的规定。但是,该条的适用前提是债务已经

---

① 陈嘉贤:《按日累计的违约金请求权诉讼时效何时起算》,载《人民司法》2011年第22期。

② 参见崔建远:《继续性债权与诉讼时效》,载《人民法院报》2003年6月27日。

③ 参见郗伟明:《论迟延履行违约金诉讼时效的起算》,载《环球法律评论》2010年第2期。

④ 参见韩世远:《商品房买卖中的迟延损害、违约金与时效》,载《法律适用》2010年第11期。

确定,仅履行期限不明。按日累计违约金情形的特殊性在于,违约金按日计算,其数额在不断发生变化,导致债权人每天所能够主张的违约金数额是不同的。因此,应当在当事人就违约金数额达成一致时或者违约金数额可确定时,才能够依据《诉讼时效规定》第6条来确定履行期限。

其四,前述第一种计算方法将违约金的计算起点作为诉讼时效期间起算点是错误的,诉讼时效期间起算点应当在违约金计算终点之后。第二种计算方法没有考虑催告程序的适用,与《诉讼时效规定》第6条规定不符。第三种计算方法则缺乏法律依据。因此,在当事人约定按日累计违约金的情形下,应当在违约金数额确定后,才能起算诉讼时效期间。违约金数额确定的方法包括:当事人就违约金数额达成一致、债务人迟延履行的最后一天被确定和依当事人约定的其他方法可确定违约金数额等。违约金数额确定后,依据《诉讼时效规定》第6条的规定,通过补充协议或按照合同有关条款或者交易习惯可以确定履行期限的,诉讼时效期间应从履行期限届满之日起计算;不能确定履行期限的,诉讼时效期间从债权人要求债务人支付违约金的宽限期届满之日起计算,但债务人在债权人第一次向其主张违约金之时明确表示不履行义务的,诉讼时效期间从债务人明确表示不履行义务之日起计算。

在司法实务中,按日累计违约金请求权的诉讼时效期间起算的典型案例如下:

案例8.2.4　泛华工程有限公司西南公司与中国人寿保险(集团)公司商品房预售合同纠纷案①

【案件事实】

上诉人(原审被告):泛华工程有限公司西南公司(以下简称泛华公司)

被上诉人(原审原告):中国人寿保险(集团)公司[以下简称人寿(集团)公司]

人寿(集团)公司原名为中保人寿保险有限公司,1996年9月经批准设立了中保人寿保险有限公司重庆市分公司(以下简称中保人寿

① 载《最高人民法院公报》2008年第2期(总第136期)。

重庆分公司)。1998年5月18日,泛华公司与中保人寿重庆分公司签订了《商品房预售(预购)合同》约定:泛华公司将其开发建设的重庆市渝中区新华路筷子街泛华大厦三区9楼至28楼房屋和负一层车库共计15000平方米以人民币6624万元的价格预售给中保人寿重庆分公司。该合同关于违约责任的约定为:合同签订后,双方均不得擅自变更或撤销,中保人寿重庆分公司如违反约定的期限延迟缴付房款,应向泛华公司缴纳违约金,违约金每日按房价的0.2‰累加计算;泛华公司如违反约定的期限延迟交付房屋,应向中保人寿重庆分公司缴纳违约金,违约金每日按房价款的0.2‰累加计算。合同签订后,泛华公司和中保人寿重庆分公司在重庆市房地产交易所办理了预售合同登记。1998年7月6日至1999年1月11日,中保人寿重庆分公司分8次向泛华公司共计支付了人民币5875万元的房款。1999年3月,中保人寿保险有限公司更名为中国人寿保险公司,同年4月,中保人寿重庆分公司更名为中国人寿重庆分公司。2003年6月,中国人寿保险公司独家发起设立了中国人寿保险股份有限公司,同年8月,中国人寿保险公司又更名为中国人寿保险(集团)公司。泛华公司未按约定向人寿(集团)公司提交泛华大厦通过竣工验收和消防验收并达到合格可以入住的证据。一审起诉前,讼争房屋已完成主体结构建设,尚未竣工验收,不具备交付使用条件。人寿(集团)公司诉至法院,请求判令:

(1) 泛华公司立即履行交房义务;

(2) 泛华公司从逾期之日起至交房之日止向人寿(集团)公司支付违约金(截至2005年1月31日违约金为人民币2543.62万元);

(3) 由泛华公司承担诉讼费用。

【裁判要旨】

一审法院经审理认为,首先,延迟交房的违约金是根据违约行为持续发生的状况而"累加计算"的,即相对于购房方来讲,主张自合同约定的逾期交房之日至实际交房之日的违约金,是双方当事人在合同中所确定的一个整体的合同权利,而不是按照违约的天数具体分割为若干分别计算诉讼时效的独立的权利,购房方可以在该项整体权利没能实现时提出主张。其次,双方当事人在合同中仅约定了违约金的计算方法,并没有约定违约金的支付期限。对于没有支付期限的债务,债权人任何时候都可以主张,只有当债务人明确表示不履行时,才能认定债权人“知道或者应当知道权利受到侵害”，诉讼时效才可依法起算；再次，要求购房方在房屋交付之前单独就违约金债权提起诉讼或申请仲裁，均不符合社会公众在日常生活中所应遵循的公序良俗。总之，泛华公司关于违约金债权应当按照违约时间分别计算诉讼时效的抗辩理由，不予采纳。判决：

(1) 泛华公司在判决生效后30日内依合同将验收合格的涉诉房屋交付人寿(集团)公司，并办理有关产权过户手续。

(2) 泛华公司在判决生效后立即向人寿(集团)公司支付截止2005年1月31日的逾期交房违约金人民币2 543.62万元，并按每日人民币6 624万元的0.2‰向人寿(集团)公司支付从2005年2月1日起至履行本判决第一项交房义务时止的逾期交房违约金。案件受理费、保全费共计人民币762 680元，由泛华公司负担。

泛华公司不服一审判决，向最高人民法院提起上诉。二审法院经审理认为，2004年4月14日，中国人寿重庆分公司向泛华公司发出《关于催交我司购买的办公用房的公函》的函件，要求泛华公司于2004年6月底前交付竣工验收合格的房屋，对此泛华公司予以拒收，此时应视为权利人主张权利而义务人拒绝履行义务，权利人始知其权利遭到侵害，诉讼时效应从发生争议之日起计算。故泛华公司关于本案违约金债权已经超过诉讼时效的上诉主张，与事实不符，亦无法律依据，不予支持。判决：驳回上诉，维持原判。

第三，合同被撤销产生的返还财产、赔偿损失请求权的诉讼时效期间起算。《诉讼时效规定》颁布以前，对于合同被撤销产生的返还财产请求权、赔偿损失请求权的诉讼时效期间起算问题，学界存在争议。第一种观点认为，由于返还财产、赔偿损失是合同撤销的法律后果，合同可撤销事由发生之时，撤销权人的债权也开始处于被侵害的状态。权利人得行使合同撤销权之时，其也得行使返还财产和赔偿损失请求权，故该两种请求权的诉讼时效期间应与合同撤销权的除斥期间同时开始起算。第二种观点认为，由于现行法规定合同撤销权必须以诉讼或仲裁的方式行使，诉的性质为变更之诉，该两种请求权可在其后行使，若通过起诉行使则诉的性质为给付之诉。而且该给付之诉以变更之诉获得支持为前提，因此该两种请求权的诉讼时效期间从合同被撤销之日起计算，换言之，从撤销合同的法院判决或仲裁裁决生效之日起计算。[1]《诉讼时效规定》采纳了第二种观点，该司法解释第7条第2款规定："合同被撤销，返还财产、赔偿损失请求权的诉讼时效期间从合同被撤销之日起计算。"司法实务界主流观点认为，该规定的立法理由是：该日期清晰明了，易于实务操作。由于法律规定了合同撤销权的除斥期间为1年，因此从被撤销之日起算诉讼时效期间并不会发生因权利人长久不申请撤销，而导致返还财产请求权诉讼时效期间长期不起算、不利于社会秩序稳定的问题。[2] 该条包含了以下两层涵义：

（1）合同被撤销是返还财产、赔偿损失请求权诉讼时效期间起算的前提。依《合同法》第58条的规定，返还财产、赔偿损失是合同被撤销的后果，合同被撤销后才产生返还财产、赔偿损失请求权。债权人知道或应当知道撤销事由而尚未行使撤销权或者虽已行使撤销权但还未被法院或仲裁机构确认的，该两种请求权的诉讼时效期间不能起算。在因合同被撤销而债权人主张返还财产、赔偿损失请求权的情形下，"知道或者应当知道权利被侵害时"即指债权人能够行使该两种请求权之时。

（2）撤销合同的法院判决或仲裁裁决生效之日是债权人主张返还财产、赔偿损失请求权诉讼时效期间的起算点。依《合同法》第54条第1款的规定，当事人撤销合同应采取诉讼或仲裁方式，因此，《诉讼时效规定》第7条第2款规定之"合同被撤销之日"系指撤销合同的法院判决或仲裁裁决生效之日。

应当注意的是，依据《诉讼时效规定》之本意，在合同被撤销前，合同约定债务的诉讼时效期间已经届满，债务人以该诉讼时效抗辩权对抗合同撤销权，或者债务人以该诉讼时效抗辩权对抗返还财产和赔偿损失请求权的，人民法院均不应支持。[3] 这两种情形与《诉讼时效规定》第7条第2款规定之适用情形并非一致。

第四，返还不当得利请求权的诉讼时效期间起算。《诉讼时效规定》颁布以前，对于返还不当得利请求权的诉讼时效期间起算问题，学界存在争议。第一种观点认为，因不当得利而生之债，只有当受损人

---

① 参见梁展欣主编：《诉讼时效司法实务精义》，人民法院出版社2010年版，第154页。

② 参见最高人民法院民事审判第二庭编著：《最高人民法院关于民事案件诉讼时效司法解释理解与适用》，人民法院出版社2008年版，第152页。

③ 同上书，第157—159页。

知道或应当知道自身利益受损且获知得利人的情况下,其才能行使返还请求权,故应从受损人知道或应当知道得利人之日起算。第二种观点认为,只有在权利人向不当得利人主张权利遭到拒绝或者不当得利人明确向其表明不返还利益时,权利人才知道或应当知道自身利益受损,故诉讼时效期间应从权利人第一次向不当得利人主张权利或者不当得利人明确向权利人表明不返还利益时起算。[①]

《诉讼时效规定》采纳了第一种观点,该司法解释第 8 条规定:"返还不当得利请求权的诉讼时效期间,从当事人一方知道或者应当知道不当得利事实及对方当事人之日起计算。"该条包含了以下两层涵义:

(1) 返还不当得利请求权的诉讼时效期间起算以债权人(受损失人)知道或者应当知道不当得利事实为前提。《民法通则》第 92 条规定:"没有合法根据,取得不当利益,造成他人损失的,应当将取得的不当利益返还受损失的人。"在不当得利之债法律关系中,债权人为受损失人,债务人为得利人。《诉讼时效规定》第 8 条规定的"当事人一方"系指受损失人,其作为不当得利之债的债权人知道或者应当知道不当得利事实时,才有可能起算诉讼时效期间,因为只有满足该前提才能构成"权利人知道或应当知道权利被侵害"。

(2) 返还不当得利请求权的诉讼时效期间起算还须债权人(受损失人)知道或者应当知道得利人(债务人)。《诉讼时效规定》第 8 条规定的"对方当事人"系指得利人,即不当得利之债法律关系中的债务人。因为不当得利之债的当事人之间可能不存在合同关系,在债权人(受损失人)不知道或不应知道得利人(债务人)是谁的情形下,债权人是无法行使不当得利返还请求权的。因此,《民法通则》第 137 条规定的权利人"知道或者应当知道权利被侵害"之起算标准,在不当得利之债的场合下应解释为债权人能够行使不当得利返还请求权。

应当注意的是,在学理上不当得利可分为给付型不当得利与非给付型不当得利[②],这两种类型不当得利返还请求权的诉讼时效期间起算标准的适用有所不同。

(1) 给付型不当得利的场合。当事人一方为实现给付的法律目

---

① 参见最高人民法院民事审判第二庭编著:《最高人民法院关于民事案件诉讼时效司法解释理解与适用》,人民法院出版社 2008 年版,第 159—160 页。

② 参见黄立:《民法债编总论》,中国政法大学出版社 2002 年版,第 191 页。

的而为给付行为，而其法律目的又欠缺时，则另一方因该给付所取得的利益就是无合法根据的。给付型不当得利具体包括：给付的目的自始不存在、给付的目的未达到、给付的目的嗣后不存在等情形。[①] 在该场合下，受损失人主动向得利人为给付行为，且须得利人有受领意思才能完成给付行为，因此不存在受损失人不知得利人的可能。《诉讼时效规定》第 8 条规定的“知道或者应当知道不当得利事实及对方当事人”之起算标准实际上可简化为“知道或者应当知道不当得利事实”，而“知道或者应当知道不当得利事实”系指受损失人知道或应当知道欠缺给付目的之时。

在司法实务上，较为典型的给付型不当得利主要因合同被撤销、被确认无效和被解除而发生。在这些不同的情形下，应结合导致不当得利发生的具体原因和性质，来确定诉讼时效期间的起算点。

因合同被撤销而产生的返还财产请求权[②]，在性质上亦为不当得利返还请求权，其诉讼时效期间的起算适用《诉讼时效规定》第 7 条第 2 款的规定，即以撤销合同的法院判决或仲裁裁决生效之日为起算标准。因合同被确认无效而产生的返还财产请求权如何适用诉讼时效问题，详见本书第九章第二节，此处不赘。

因合同被解除而产生的返还财产请求权诉讼时效期间的起算，学界尚存争议[③]，司法实务界主流观点认为，应区分合同解除有无溯及力来确定诉讼时效期间的起算点。[④]

（2）非给付型不当得利的场合。非给付型不当得利具体包括：基于得利人行为而发生的不当得利、基于受损失人行为而发生的不当得利、基于第三人行为而发生的不当得利、基于自然事件而发生的不当

---

① 参见刘凯湘：《债法总论》，北京大学出版社 2011 年版，第 44—45 页。

② 此处的“返还财产请求权”，仅指依《合同法》第 58 条规定在不能返还原物或没有必要返还原物的场合下之“折价补偿请求权”，而不包括“原物返还请求权”。具体分析参见第五章第五节相关内容。

③ 参见聂宏光：《给付型不当得利诉讼时效起算时点的确定》，载《法学杂志》2010 年第 11 期。

④ 参见最高人民法院民事审判第二庭编著：《最高人民法院关于民事案件诉讼时效司法解释理解与适用》，人民法院出版社 2008 年版，第 163—164 页。

得利、基于法律规定而发生的不当得利等情形。[①] 基于得利人行为而发生的不当得利(例如无权处分、违法转租等)、基于第三人行为而发生的不当得利(例如第三人以受损失人财产给予得利人)和基于自然事件而发生的不当得利(例如受损失人之母鸡到得利人鸡舍产下鸡蛋)的场合下,返还不当得利请求权诉讼时效期间自受损失人知道或者应当知道不当得利事实及得利人之日起计算。在基于受损失人行为而发生的不当得利(例如误以他人事务为自己事务而为管理)的场合下,返还不当得利请求权诉讼时效期间从不当得利事实发生之时起算。因不当得利既为受损失人自己行为所致,法律应推定无重大过错之受损失人在此事实发生之时即应当知道,以此拟制来鼓励和督促每个人对自己的事务及利益为必要之勤勉及注意。[②] 在基于法律规定而发生的不当得利(例如添附)的场合下,返还不当得利请求权诉讼时效期间自添附完成之时起算。

在司法实务上,返还不当得利请求权的诉讼时效期间起算的典型案例如下:

案例8.2.5 邯郸丛台酒业股份有限公司与中国广顺房地产开发唐山有限公司、中晟华融投资有限公司股权转让合同纠纷案[③]

【案件事实】

上诉人(原审被告):邯郸丛台酒业股份有限公司(以下简称丛台公司)

被上诉人(原审原告):中国广顺房地产开发唐山有限公司(以下简称广顺公司)

原审第三人:中晟华融投资有限公司(以下简称中晟华融公司)

2003年5月20日,丛台公司与中晟华融公司签订一份《股权转让协议》,约定丛台公司将所持河北证券人民币3 000万元股权转让给中晟华融公司。其后,中晟华融公司向丛台公司支付了股权转让款人民

① 参见魏振瀛主编:《民法》,北京大学出版社、高等教育出版社2010年版,第570—571页。

② 参见梁展欣主编:《诉讼时效司法实务精义》,人民法院出版社2010年版,第146页。

③ 参见最高人民法院民事审判第二庭编:《商事审判指导》2010年第3辑(总第23辑),人民法院出版社2011年版,第138页以下。

币 3 000 万元，但所转让股权一直未获批准过户。2004 年 5 月 12 日，中晟华融公司与广顺公司签订一份《债权转让协议》，约定：中晟华融公司将购买丛台公司在河北证券持有的人民币 3 000 万元股权而形成的人民币 3 000 万元债权，无条件转让给广顺公司。2006 年 10 月 26 日，中晟华融公司向丛台公司寄送了《债权转让通知书》，通知上述债权转让事实。2006 年 12 月 18 日，广顺公司以丛台公司没有按通知偿还转让款为由，向河北省高级人民法院提起诉讼，请求判令：

（1）认定丛台公司与中晟华融公司签订的《股权转让协议》无效；

（2）丛台公司返还人民币 3 000 万元债务及其利息人民币 648 000 元；

（3）诉讼费用由丛台公司负担。

【裁判要旨】

一审法院经审理认为，2004 年 5 月 12 日《债权转让协议》签订时，丛台公司出让的人民币 3 000 万元股权尚未转到中晟华融公司名下，即使中晟华融公司知道股权已不能转让，其仍享有要求返还股权转让款的权利，在其行使权利遭到拒绝前，不存在其权利受到侵害的问题。又因《债权转让协议》后，中晟华融公司于 2006 年 10 月 26 日通知丛台公司，明确要求由丛台公司返还股权转让款。丛台公司一直没有按通知返还转让款，债权人要求返还股权转让款的权利受到侵害的时间应在 2006 年 10 月 26 日之后，本案诉讼时效的起算点也应在该时间之后。所以，广顺公司于 2006 年 12 月起诉，没有超过诉讼时效。判决：丛台公司返还广顺公司股权转让款人民币 3 000 万元。丛台公司不服一审判决，上诉至最高人民法院。二审法院经审理认为，因广顺公司系请求丛台公司返还股权转让款，该请求权的诉讼时效期间应自股权转让协议被人民法院确认无效或者被人民法院判决解除时起算。本案中，本院在判令解除股权转让协议的同时部分支持广顺公司返还股权转让款的诉讼请求，故广顺公司的诉请未超过诉讼时效期间，丛台公司关于广顺公司民事权利已经超过诉讼时效的上诉理由，本院不予支持。

第五，无因管理相关请求权的诉讼时效期间起算。《诉讼时效规定》颁布以前，对于无因管理相关请求权的诉讼时效期间起算问题，学界存在争议。第一种观点认为，在无因管理法律关系中，因无因管理而发生的债权请求权,应自管理人管理行为终了且知道或者应当知道本人之时起算,因为只有此时管理人才真正能够向本人主张权利。第二种观点认为,在无因管理法律关系中,因无因管理而发生的债权请求权,应自管理或者服务行为终了之日开始起算诉讼时效期间,因为在行为终了之时,权利人应认识到由于无因管理行为的存在自己受到损失。第三种观点认为,无因管理法律关系中的请求权,诉讼时效期间从债权人主张权利而义务人不履行义务之日起算。[①]《诉讼时效规定》第9条规定:“管理人因无因管理行为产生的给付必要管理费用、赔偿损失请求权的诉讼时效期间,从无因管理行为结束并且管理人知道或者应当知道本人之日起计算。本人因不当无因管理行为产生的赔偿损失请求权的诉讼时效期间,从其知道或者应当知道管理人及损害事实之日起计算。”该条包含了以下两层涵义:

(1)管理人因无因管理行为产生的请求权的诉讼时效期间,从无因管理行为结束并且管理人知道或者应当知道本人之日起计算。依据《民法通则》第93条和《民法通则意见》第132条的规定,在无因管理法律关系中,管理人有权请求本人偿还因无因管理行为产生的必要管理费用和因管理行为受到的实际损失。依常理,无因管理行为结束时,管理人对于因管理行为而产生的必要费用和因管理行为受到的实际损失应当已有认知。但无因管理行为结束时,管理人未必确知本人为谁。因为无因管理的成立,虽以管理人有为他人管理事务的意思为要件;但管理人对于管理人是谁,并无认识的必要,纵对于本人有误认,亦不妨就真实的本人成立无因管理。[②] 因此,只有当无因管理行为结束和管理人知道或者应当知道本人两条件同时具备时,必要管理费用请求权和赔偿损失请求权的诉讼时效期间才能起算。

(2)本人因不当无因管理行为产生的赔偿损失请求权的诉讼时效期间,从其知道或者应当知道管理人及损害事实之日起计算。不当无因管理又称不适法无因管理,是指管理人管理事务违反本人明知或可得推知之意思,或违反本人之利益,亦未经本人于事后同意的情

① 参见最高人民法院民事审判第二庭编著:《最高人民法院关于民事案件诉讼时效司法解释理解与适用》,人民法院出版社2008年版,第167—168页。

② 参见王泽鉴:《债法原理》,北京大学出版社2009年版,第263页。

形。[1] 在此场合下，本人对于管理人的赔偿损失请求权在性质上并非无因管理之债请求权，而属侵权责任请求权。当本人知道或者应当知道管理人和本人知道或者应当知道损害事实两条件同时具备时，该请求权的诉讼时效期间才能起算。

三、其他单行法及司法解释对于诉讼时效起算的规定

第一，《产品质量法》对于诉讼时效期间起算的规定。《产品质量法》第 45 条规定："因产品存在缺陷造成损害要求赔偿的诉讼时效期间为二年，自当事人知道或者应当知道其权益受到损害时起计算。因产品存在缺陷造成损害要求赔偿的请求权，在造成损害的缺陷产品交付最初消费者满十年丧失；但是，尚未超过明示的安全使用期的除外。"

第二，《拍卖法》对于诉讼时效期间起算的规定。《拍卖法》第 61 条规定"因拍卖标的存在瑕疵未声明的，请求赔偿的诉讼时效期间为一年，自当事人知道或者应当知道权利受到损害之日起计算"。

第三，《继承法》对于诉讼时效期间起算的规定。《继承法》第 8 条规定："继承权纠纷提起诉讼的期限为二年，自继承人知道或者应当知道其权利被侵犯之日起计算。但是，自继承开始之日起超过二十年的，不得再提起诉讼。"《继承法意见》第 18 条规定："自继承开始之日起的第十八年后至第二十年期间内，继承人才知道自己的权利被侵犯的，其提起诉讼的权利，应当在继承开始之日起的二十年之内行使，超过二十年的，不得再行提起诉讼。"

第四，《环境保护法》对于诉讼时效期间起算的规定。《环境保护法》第 66 条规定："提起环境损害赔偿诉讼的时效期间为三年，从当事人知道或者应当知道受到损害时起计算。"

第五，《专利法》及司法解释对于诉讼时效期间起算的规定。《专利法》第 68 条规定："侵犯专利权的诉讼时效为二年，自专利权人或者利害关系人得知或者应当得知侵权行为之日起计算。发明专利申请公布后至专利权授予前使用该发明未支付适当使用费的，专利权人要求支付使用费的诉讼时效为二年，自专利权人得知或者应当得知他人使用其发明之日起计算，但是，专利权人于专利权授予之日前即已得

---

[1] 参见黄立：《民法债编总论》，中国政法大学出版社 2002 年版，第 181 页。

知或者应当得知的,自专利权授予之日起计算。"《专利纠纷规定》第23条规定:"侵犯专利权的诉讼时效为二年,自专利权人或者利害关系人知道或者应当知道侵权行为之日起计算。权利人超过二年起诉的,如果侵权行为在起诉时仍在继续,在该项专利权有效期内,人民法院应当判决被告停止侵权行为,侵权损害赔偿数额应当自权利人向人民法院起诉之日起向前推算二年计算。"

第六,《著作权纠纷解释》对于诉讼时效期间起算的规定。《著作权纠纷解释》第28条规定:"侵犯著作权的诉讼时效为两年,自著作权人知道或者应当知道侵权行为之日起计算。权利人超过两年起诉的,如果侵权行为在起诉时仍在持续,在该著作权保护期内,人民法院应当判决被告停止侵权行为;侵权损害赔偿数额应当自权利人向人民法院起诉之日起向前推算两年计算。"

第七,《商标纠纷解释》对于诉讼时效期间起算的规定。《商标纠纷解释》第18条规定:"侵犯注册商标专用权的诉讼时效为二年,自商标注册人或者利害权利人知道或者应当知道侵权行为之日起计算。商标注册人或者利害关系人超过二年起诉的,如果侵权行为在起诉时仍在持续,在该注册商标专用权有效期限内,人民法院应当判决被告停止侵权行为,侵权损害赔偿数额应当自权利人向人民法院起诉之日起向前推算二年计算。"

第八,《虚假陈述规定》对于诉讼时效期间起算的规定。《虚假陈述规定》第5条规定:"投资人对虚假陈述行为人提起民事赔偿的诉讼时效期间,适用民法通则第一百三十五条的规定,根据下列不同情况分别起算:(一)中国证券监督管理委员会或其派出机构公布对虚假陈述行为人作出处罚决定之日;(二)中华人民共和国财政部、其他行政机关以及有权作出行政处罚的机构公布对虚假陈述行为人作出处罚决定之日;(三)虚假陈述行为人未受行政处罚,但已被人民法院认定有罪的,作出刑事判决生效之日。因同一虚假陈述行为,对不同虚假陈述行为人作出两个以上行政处罚;或者既有行政处罚,又有刑事处罚的,以最先作出的行政处罚决定公告之日或者作出的刑事判决生效之日,为诉讼时效起算之日。"

第九,《票据法》对于诉讼时效期间起算的规定。《票据法》第17条规定:"票据权利在下列期限内不行使而消灭:(一)持票人对票据的出票人和承兑人的权利,自票据到期日起二年。见票即付的汇票、本票，自出票日起二年；（二）持票人对支票出票人的权利，自出票日起六个月；（三）持票人对前手的追索权，自被拒绝承兑或者被拒绝付款之日起六个月；（四）持票人对前手的再追索权，自清偿日或者被提起诉讼之日起三个月。”

第十，《保险法》对于诉讼时效期间起算的规定。《保险法》第 26 条规定：“人寿保险以外的其他保险的被保险人或者受益人，向保险人请求赔偿或者给付保险金的诉讼时效期间为二年，自其知道或者应当知道保险事故发生之日起计算。人寿保险的被保险人或者受益人向保险人请求给付保险金的诉讼时效期间为五年，自其知道或者应当知道保险事故发生之日起计算。”

第十一，《海商法》对于诉讼时效期间起算的规定。《海商法》第 257 条规定：“就海上货物运输向承运人要求赔偿的请求权，时效期间为一年，自承运人交付或者应当交付货物之日起计算；在时效期间内或者时效期间届满后，被认定为负有责任的人向第三人提起追偿请求的，时效期间为九十日，自追偿请求人解决原赔偿请求之日起或者收到受理对其本人提起诉讼的法院的起诉状副本之日起计算。有关航次租船合同的请求权，时效期间为二年，自知道或者应当知道权利被侵害之日起计算。”第 258 条规定：“就海上旅客运输向承运人要求赔偿的请求权，时效期间为二年，分别依照下列规定计算：（一）有关旅客人身伤害的请求权，自旅客离船或者应当离船之日起计算；（二）有关旅客死亡的请求权，发生在运送期间的，自旅客应当离船之日起计算；因运送期间内的伤害而导致旅客离船后死亡的，自旅客死亡之日起计算，但是此期限自离船之日起不得超过三年；（三）有关行李灭失或者损坏的请求权，自旅客离船或者应当离船之日起计算。”第 259 条规定：“有关船舶租用合同的请求权，时效期间为二年，自知道或者应当知道权利被侵害之日起计算。”第 260 条规定：“有关海上拖航合同的请求权，时效期间为一年，自知道或者应当知道权利被侵害之日起计算。”第 261 条规定：“有关船舶碰撞的请求权，时效期间为二年，自碰撞事故发生之日起计算；本法第一百六十九条第三款规定的追偿请求权，时效期间为一年，自当事人连带支付损害赔偿之日起计算。”第 262 条规定：“有关海难救助的请求权，时效期间为二年，自救助作业终止之日起计算。”第 263 条规定：“有关共同海损分摊的请求权，时效期间为一年，自理算结束之日起计算。”第 264 条规定：“根据海上保险合同向保险人要求保险赔偿的请求权，时效期间为二年，自保险事故发生之日起计算。”第265条规定：“有关船舶发生油污损害的请求权，时效期间为三年，自损害发生之日起计算；但是，在任何情况下时效期间不得超过从造成损害的事故发生之日起六年。”

在司法实务上，海商法案件诉讼时效期间起算的典型案例如下：

案例8.2.6 宁纺公司诉香港兰锚公司等无单放货赔偿请求权时效应从收到银行退单时起算案①

【案件事实】

原告：宁波市纺织品联合进出口公司（以下简称宁纺公司）

被告：香港兰锚船务公司（以下简称兰锚公司）、香港德迅海空运有限公司（以下简称德迅公司）

1993年6月19日，宁纺公司与香港C&D公司（C&D I. TER. ATIONAL LTD.）签订了一份服装购销合同。同年9月，宁纺公司按购货方香港C&D公司的指示，将货物交给被告兰锚公司承运，被告德迅公司作为兰锚公司的代理人签发了提单。提单载明：起运港上海，卸货港香港；托运人宁纺公司，收货人凭指示，承运人兰锚公司；背面条款规定：因提单引起的纠纷适用香港法律。宁纺公司取得提单后，将所有单证交中国银行宁波分行结汇，但宁波分行于1995年4月4日向宁纺公司发出了拒付通知书，并将全套单证退给了宁纺公司。货抵香港后，兰锚公司指示德迅公司将货交给了香港C&D公司，但未收回正本提单。1996年4月2日，宁纺公司向上海海事法院提起诉讼，称：我公司取得被告兰锚公司的代理人德迅公司签发的提单后，将全部单证交给银行结汇。但结汇银行于1995年4月4日将全部单证退回给我公司，我公司才知购货方香港C&D公司一直未付款赎单，经催问，该公司承认已收到货物。据此，被告未收取正本提单而交货，违反了国际惯例，致使我公司持有正本提单而无法支配提单项下货物，造成我公司损失货款103 333.34美元及银行利息，要求被告赔偿。被告兰锚公司答辩称：我公司怀疑原告所说的银行退单之事的真实性，而且原告的诉讼请求已超过了《海商法》规定的1年时效期间。即使原告

---

① 参见最高人民法院中国应用法学研究所编：《人民法院案例选》1998年第2辑（总第24辑），人民法院出版社1998年版，第259页以下。

因退单无法行使请求权而构成时效中止，那么，自退单之日起，中止时效的原因消除，继续计算的时效期间最多只有6个月。而自1995年4月4日银行退单至1996年4月2日原告起诉，其间时间长达1年，原告起诉已超过诉讼时效。

【裁判要旨】

一审法院经审理认为，就海上货物运输向承运人要求赔偿的请求权，时效期间为1年，自承运人交付或者应当交付货物之日起计算。承运人负有适当交货的义务，即承运人应向合法持有正本提单的人交付货物，并收回正本提单。承运人向未持有正本提单的人交货，对其提起诉讼的时效期间不应从“承运人交付或者应当交付货物之日”起计算，而应当从权利人知道或者应当知道权利被侵害之日起计算。宁纺公司于1995年4月4日接到银行的拒付通知，自该时起其才知道兰锚公司未收回正本提单已交付货物，其权利受到侵害的事实，故宁纺公司于1996年4月2日起诉，没有超过诉讼时效。因此，被告所持诉讼时效可有中止，且中止原因消除后至起诉时已超过诉讼时效期间的理由不成立。判决：

(1) 被告兰锚公司赔偿原告宁纺公司103 333.34美元及利息。

(2) 被告德迅公司对兰锚公司的赔偿负连带赔偿责任。

被告不服，向上海市高级人民法院提起上诉。二审法院经审理认为，宁纺公司是承运人签发的提单上的托运人，从其向银行托收提单项下货款时起，对承运人无法就无单放货提出请求权，直至其接到银行的退单取得了全套正本提单时，才可向承运人行使无单放货的请求权。宁纺公司于1995年4月4日接到银行退单，于1996年4月2日提起诉讼，并未超过时效期间，承运人无单放货造成提单持有人丧失物权，必须赔偿损失。上诉人认为本案“未适当交付”应视为时效开始，以及银行退单只能构成时效中止的上诉理由缺乏法律根据，不予支持。判决：驳回上诉，维持原判。

第十二，最高人民法院《关于审理铁路运输损害赔偿案件若干问题的解释》(法发〔1994〕25号)对于诉讼时效期间起算的规定。该司法解释第15条规定：“对承运中的货物、包裹、行李发生损失或逾期，向铁路运输企业要求赔偿的请求权，时效期间适用铁路运输规章180日的规定。自铁路运输企业交付的次日起计算；货物、包裹、行李全部灭失的,自运到期限届满后第30日的次日起计算。但对在此期间内或者运到期限内已经确认灭失的,自铁路运输企业交给货运记录的次日起计算。对旅客伤亡,向铁路企业要求赔偿的请求权,时效期间适用民法通则第一百三十六条第(一)项1年的规定。自到达旅行目的地的次日或者旅行中止的次日起计算。对路外伤亡,向铁路运输企业要求赔偿的请求权,时效期间适用民法通则第一百三十六条第(一)项1年的规定,自受害人受到伤害的次日起计算。”

第三节　诉讼时效起算现行法之检讨

一、应否区分合同请求权和侵权请求权分别规定不同的起算标准

现行法未区分合同请求权和侵权请求权分别规定不同的起算标准,此种立法方法既与各国或地区立法通例不符,也未充分认识到这两种请求权在诉讼时效期间起算问题上的差异性。大多数国家及地区的立法,通常区分合同请求权和侵权请求权,分别规定不同的起算标准,较为常见的做法是:合同请求权适用客观标准,侵权请求权适用主观标准。这样规定的法理在于:合同请求权存在于特定的合同当事人之间,请求权的内容由当事人约定产生,债务人的履行期限是约定的或虽未约定但可通过某种方法确定的,所以债务人的行为是否构成违约、何时起不履行才构成违约,对债权人而言是清晰明确的。因此自履行期限届满,债务人不履行债务,债权人便可对其行使违约请求权,如果债权人不行使,诉讼时效也就应自履行期限届满之时起算。而在侵权的场合,很多情况下在侵权行为发生时或损害发生时,受害人并不知道损害已经发生或谁是侵权人,在这种情况下显然无法苛求受害人在此刻就行使请求权,所以只有当受害人知道自己受到损害并知道谁是侵权人时,他才能够行使权利,诉讼时效此时起算对受害人而言才公平。

值得注意的是,在德国债法改革过程中,对于诉讼时效期间起算标准问题经历了较为激烈的讨论,并最终在立法上发生了重大变化。在德国债法改革过程中,立法机关对于诉讼时效期间起算点的变革态度可分为三个阶段,大致经历了倾向于客观标准到原则上采纳主观标

准的变化过程。[1] 对此，学界分为两派意见。持赞成意见的学者认为，要缩短并统一消灭时效期间，必须付出代价，这种代价就是采取主观消灭时效体系。[2] 只要采取统一而主观的消灭时效制度，在鉴定报告中所提及的问题，自然可以解决。[3] 持反对意见的学者认为，草案的体系不符合时代的潮流，主观消灭时效体系有碍法律安定性及法律秩序。在“整理版”中所建议的最长时效期间符合过去在客观制度下原本合理的期间。[4] 立法的最终变化是：相较于旧《德国民法典》以不同条文分别规定合同请求权与侵权请求权时效期间的起算点，新《德国民法典》在第 199 条中统一规定了时效期间的起算点，该条第 1 款规定：“普通消灭时效期间，自有下列情形之年的年末起算：1. 请求权在该年以内发生的；2. 债权人在该年以内知道或在无重大过失的情况下本应知道使请求权成立的情况和债务人的。”但是，对于诉讼时效期间起算标准的争论，并未因新债法的通过而停止。齐默曼教授指出：“这两种规则模式都有一定的优点和缺陷。……然而，德国的新时效法则不尽如人意，具有明显的妥协性。只有在考虑到制度统一所具有的优点时，其才具有可接受性。然而，如果不能尽量协调一致的实施主观制度，那么就可能存在这样的危险，即该制度最终将会综合具备两种制度的缺点而非优点。一旦新规则开始在实践中应用，恐怕这一点会更加明显。”[5]事实上，从《德国民法典》第 199 条字面上来看，是将主观标准适用于各种请求权，但是依据德国联邦普通法院及学者的解释，就合同请求权而言，“请求权能够被主张的最早时刻，就是请求权发生的时刻。换句话说，请求权发生于清偿期到来之时”[6]。可见，《德国民法典》第 199 条规定的主观标准，对于侵权请求权等更具有意

---

① 参见黄立：《德国民法消灭时效制度的改革》，载《政大法学评论》2003 年第 76 期。

② Zimmermann, a. a. O. JZ2000, 853, 86lf. 转引自冯恺：《诉讼时效制度研究》，山东人民出版社 2007 年版，第 135 页。

③ Mansel Die Reform des Verjaehrungsrechts, in: Ernst/Zimmermann (Hrsg.) Zivilrechtswissenschaft und schuldrechtsreform (2001), S. 406f. 转引自冯恺：《诉讼时效制度研究》，山东人民出版社 2007 年版，第 135 页。

④ 参见冯恺：《诉讼时效制度研究》，山东人民出版社 2007 年版，第 136 页。

⑤ 〔德〕莱茵哈德・齐默曼：《德国新债法》，韩光明译，法律出版社 2012 年版，第 190—192 页。

⑥ 陈卫佐译注：《德国民法典》，法律出版社 2006 年版，第 66 页。

义,而合同请求权时效的起算,则是适用“清偿期届满”的客观标准。

就我国现行法而言,《民法通则》第137条未区分合同请求权和侵权请求权,规定诉讼时效期间起算统一适用主观标准,这是不合适的。理由如下:

其一,存在于特定当事人之间的合同请求权适用客观标准、有可能是陌生人之间存在的侵权请求权适用主观标准,是各国及地区立法对该两种请求权采取不同起算标准的法理基础。理由如前文所述。

其二,《民法通则意见》第168条规定人身损害赔偿诉讼时效期间起算点是损害确定时,该起算标准应适用于所有侵权请求权,而非仅限于人身伤害的侵权请求权。因为无论是侵害人身权还是侵害财产权的场合下,侵权行为完成的时间点与损害确定的时间点均有可能是不一致的。而且,该条未规定应同时具备“知道或应当知道侵权人”条件才能起算诉讼时效期间,而在司法实务中又多认可该条件也应具备才能起算诉讼时效期间,这就造成了立法与司法实务的脱节。

其三,《诉讼时效规定》专门针对合同、不当得利、无因管理等请求权的诉讼时效期间起算标准作出了规定,使得《民法通则》第137条规定的起算标准事实上只能适用于侵权请求权,这就使该条作为一个统一起算标准的条文实际上名不符实了。

其四,从德国债法改革的经验来看,在形式上新时效法似乎采取了统一的主观标准,但司法机关和学理上仍然将合同请求权的诉讼时效期间起算点解释为“清偿期届满之时”,这与旧时效法所采客观标准的效果并无区别。况且对于这种立法变化究竟应采肯定评价抑或否定评价,在德国学界及司法实务界也还尚未形成压倒性的共识。德国债法改革在时效法上的变化,并不构成我国应对合同请求权和侵权请求权分别规定起算标准的否定性依据。

据此,笔者认为,我国未来民法典应区分合同请求权与侵权请求权,分别规定不同的起算点:合同请求权诉讼时效的起算采取客观标准,即从履行期限届满时起算;侵权请求权诉讼时效的起算采取主观标准,即从知道或者应当知道损害和侵权人时起算;不当得利、无因管理等请求权,准用侵权请求权的起算标准。

二、对于不作为债权等特殊债权诉讼时效的起算标准现行法未作规定，属立法漏洞

合同请求权的诉讼时效自履行期限届满时起算，这主要是针对作为债权而言的，而对于不作为债权，由于其债权的特殊性质及违反债务的特殊表现形式，不作为债权诉讼时效的起算，不能适用“自履行期限届满时起算”的规定。①《德国民法典》第 199 条第 5 款规定：“请求权的标的是不作为的，以违反行为代替请求权的发生。”我国台湾地区“民法”第 128 条规定：“以不行为为目的之请求权，自为行为时起算。”另外，还有立法对附条件、附期限债权等特殊债权诉讼时效的起算问题，专门作出规定。《葡萄牙民法典》第 306 条第 2 款规定：“附停止条件或始期之权利，其时效仅在条件成就或期限届至后方开始进行。”第 3 款规定：“如订定债务人在能够履行债务时方履行，或由债务人任意确定何时履行债务，则时效仅在债务人死亡后方开始进行，如债务人为法人，则仅在其消灭后方开始进行。”第 4 款规定：“如属未清算之债务，则时效自债权人得促成清算时开始进行；促成清算后，债务净额之时效在经时效或经确定判决定出净额时起开始进行。”《诉讼时效规定》虽然针对实践上一些起算问题争议较多的债权作出了规定，例如分期履行的债权、未约定履行期限的合同债权等，但对于不作为债权、附条件债权、无效合同债权等，仍未作出规定，在立法上有完善之必要。

三、对于诉讼时效期间具体起算日的确定，现行法规定尚有商榷余地

依据《民法通则》第 154 条第 2 款的规定，按照日计算期间的，开始的当天不算入，从下一天开始计算。因此，诉讼时效期间的实际起算日是发生起算事由的次日。这种计算方法存在一定弊端：

其一，举证困难。在很多场合下（尤其是侵权案件），要求当事人举证证明起算事由发生在具体的哪一天是十分苛刻的。加之现行法规定的诉讼时效期间偏短，这就使权利人因诉讼时效期间届满而得不

---

① 例如甲在离职时与公司签订保密协议，约定保密期限为 5 年。公司对甲享有的不作为债权的诉讼时效，不能自 5 年期限届满时起算。

到救济的可能性进一步增大。

其二,与企业通行的会计制度有所抵牾。按照现在通行的会计制度,通常是在年底对当年的债权债务进行清理结算。在这种情形下,要求当事人在合同履行期限届满时就马上主张权利,在有些情况下可能是不现实的。依据《德国民法典》第 199 条第 1 款第 1 项的规定,消灭时效期间从首次具备起算要件的年度结束时开始计算。从这一规定可以看出,德国的立法者在新法中没有采用旧《德国民法典》第 198 条中的单纯客观连结根据,而采用了将客观要件与主观要件结合在一起的主客观混合体系(gemischt subjektiv-objektives System),同时出于可操作性的原因维持了所谓月底消灭时效(Ultimo-verjaehrung)的规定。[①] 我国有学者认为:我国未来规定普通时效的开始时间时,可以借鉴《德国民法典》的做法,以年度为单位,从而便利当事人和法官准确计算时效期间,此种年度计算方法也便利了企业和公司,因为企业和公司通常只有在年底才清理债权。《民法典草案(第一稿)》第 99 条第 2 款规定以半个年度为起算标准,亦体现此种思想,但与我国现实法律生活不符,因为夏天并不是中国人清理债权债务的时间,以年度为计算单位应更可取。[②] 笔者基本赞同该观点。这种起算方法可以有效避免当事人对起算事由具体发生在哪一天的争议,能够方便当事人举证和法院顺利作出裁判,事实上也延长了对权利人的保护。

四、现行法规定 20 年诉讼时效期间的起算适用客观标准,该规定应予坚持

在德国及我国台湾地区,民法典在规定普通诉讼时效期间的同时,另行规定一个长期诉讼时效期间以限制普通时效期间,并且该长期时效期间以客观标准起算。[③] 依据德国新债法的官方解释,“时效开始于获知或在重大过失时未获知之时的规定会造成时间上区分的困难,因为在不存在获知特征的情况下,时效的届满可能会被推迟到

---

① 参见杜景林等编著:《德国债法改革〈德国民法典〉最新进展》,法律出版社 2003 年版,第 143 页。

② 参见朱岩:《诉讼时效制度基本问题研究》,载王利明主编:《中国民法年刊 2005》,法律出版社 2006 年版,第 173 页。

③ 《德国民法典》第 199 条、我国台湾地区“民法”第 197 条。

一个无法预测的时间。所以新法采纳了债法委员会的建议，将 30 年的时效针对此种请求权缩短到 10 年，该时效期间已经在可以接受的范围内降低了债权人在时效届满之前尚未获知其享有请求权的相关情况的危险”[①]。由于我国现行法规定普通时效期间的起算采取主观标准，因此规定以客观标准起算的长期时效期间，是有必要的，《民法通则》第 137 条及《民法通则意见》第 167 条对此作出了规定。但应说明的是，长期时效期间的规定，主要是对侵权请求权具有重要意义。通过该规定，既可避免受害人因过早起算时效期间而得不到救济，又可避免加害人对年代过于久远的行为仍需承担责任，以实现当事人双方的利益平衡。但是，现行法仅规定一种 20 年长期时效期间来限制普通时效期间，也未见妥当。我国未来民法典可借鉴《德国民法典》针对不同性质的请求权分别规定不同长期时效期间的做法，以体现对生命权、健康权等人格权的特殊保护。

五、现行法在立法技术上存在若干瑕疵

较为典型的瑕疵有：其一，《民法通则》第 137 条将三个规范规定于一个条文中，甚有不妥。就《民法通则》第 137 条的内容而言，其包含了三个可以相互独立的规范：一是该条前段规定了普通诉讼时效期间的起算标准；二是该条中段规定了 20 年最长诉讼时效期间及起算标准；三是该条后段规定了诉讼时效期间的延长。这三个规范虽具有一定关联，但将其一并规定于一个条文中，仍显不妥。建议以不同条文对此三个规范分别作出规定，以实现法律规范的条理化并方便法律的适用。其二，《民法通则》第 137 条前段规定的普通诉讼时效期间一般起算标准，应加“但书”。依据《诉讼时效规定》和某些单行法规定，在很多场合下，诉讼时效期间适用特殊起算标准，而非适用《民法通则》第 137 条前段规定的“知道或者应当知道权利被侵害时”之起算标准。因此，《民法通则》第 137 条前段未设“但书”在立法技术上是不严谨的。

---

① 朱岩编译：《德国新债法条文及官方解释》，法律出版社 2003 年版，第 25 页。

第九章　诉讼时效的中止

第一节　诉讼时效中止之立法例

一、模式一：仅规定诉讼时效中止，不规定诉讼时效不完成

大多数国家和地区采取该模式，例如法国（《法国民法典》第2233—2239条）、意大利（《意大利民法典》第2941、2942条）、荷兰（《荷兰民法典》第3：320、321条）①、葡萄牙（《葡萄牙民法典》第318—322条）、俄罗斯（《俄罗斯联邦民法典》第202条）、阿根廷（《阿根廷民法典》第3966—3983条）、越南（《越南民法典》第161条）、埃及（《埃及民法典》第382条）、中国澳门特区（《澳门民法典》第311—314条）等。《法国民法典》第2234条规定了中止的基本条件。依据法国最高法院的解释，因法律之规定，或者因合同之约定，或者因不可抗力引起的妨碍，致使一方当事人"绝对不可能"提起诉讼（采取行动）时，时效停止进行。②《俄罗斯联邦民法典》第202条第2款规定："如果本条所列情况在时效期间的最后6个月内发生或继续存在时，诉讼时效期的计算方可中止，而在该时效期等于或少于6个月，本条所列情况在时效期内发生或继续存在时，诉讼时效期限的计算可以中止。"依据俄罗斯学者的解释，依照《俄罗斯联邦民法典》第202条第1款，这个清单是不可扩展的，但是根据第198条第2款，其他法律又规定了另外一些中止诉讼时效的根据。上述情况中最常见的是不可抗

① 参见王卫国主译：《荷兰民法典》，中国政法大学出版社2006年版，第99页。《荷兰民法典》第3：320、321条所用概念翻译为"时效延长"，但从该两条的内容来看，实与我国时效中止为同一制度。

② 参见罗结珍译：《法国民法典》（下册），法律出版社2005年版，第1599页。

力，而在对外经济关系中还有政府规定的冻结。[①]

二、模式二：仅规定诉讼时效不完成，不规定诉讼时效中止

日本(《日本民法典》第158—161条)和我国台湾地区("民法"第139—143条)采取该模式。依据我妻荣教授的解释，所谓"对之时效不完成"，意味着对这些人不利益，包含其享有的权利，因消灭时效消灭，他人因取得时效可取得，其结果是这些人丧失其权利。立法目的对此没有作出说明。[②] 对于该立法模式的理由，王泽鉴教授的解释是："他国或地区立法例有规定时效进行中遇到一定事由时，停止时效的进行，'民法'不采时效进行停止制度，故在时效期间进行中，不论遭遇任何事由，均不因之停止，立法目的优惠于保护义务人。"[③]还有我国台湾地区学者指出，消灭时效之不完成指消灭时效停止进行，德国民法上分为时效进行之停止及时效完成之停止。我国台湾地区民法只就后者为规定，称之为时效之不完成。我国台湾地区民法既未采二分法，其不完成事由之范围，自较德国民法的规定为广。[④]

三、模式三：既规定诉讼时效中止，也规定诉讼时效不完成

德国采取该模式，《德国民法典》第203—209条规定了诉讼时效中止[⑤]，第210、211条规定了诉讼时效不完成。[⑥] 在德国法上，时效停止是指时效停止进行的时间不计入时效期间，时效期间因停止的时间而延长。"时效的不完成"而停止进行是指，时效期限由于某种特定的

---

① 参见〔俄〕E. A. 苏哈诺夫主编：《俄罗斯民法》(第1册)，黄道秀译，中国政法大学出版社2011年版，第437页。

② 参见〔日〕我妻荣：《我妻荣民法讲义Ⅰ新订民法总则》，于敏译，中国法制出版社2008年版，第440页。

③ 王泽鉴：《民法总则》，北京大学出版社2009年版，第421页。

④ 参见黄立：《民法总则》，中国政法大学出版社2002年版，第488—489页。

⑤ 有学者认为，《德国民法典》第203条以下规定的 Hemmung der Verjährung 译成"消灭时效的中止"是不准确的，应当译成"消灭时效的停止"。参见陈卫佐译注：《德国民法典》，法律出版社2006年版，第68页。本书采取通行的"中止"概念。

⑥ 《德国民法典》第210、211条规定的 Ablaufhemmung，有学者译为"中止结束"，本书采取通行的"不完成"概念。

对权利诉追的障碍。在这种情况下，时效在障碍消除后的6个月后才能届满。① 对于时效中止的立法目的，德国官方解释是："对债权人必须提供此种保护，即在其启动一个旨在行使自己的请求权的程序之后该请求权即届满的危险，或者在债权人于程序中导入其他请求权从而可以通过一种具有法律效力的方式决定该请求权、但在此之后该请求权旋即届满的危险。"②而时效不完成的立法目的，是旨在保护无完全行为能力并且无法定代理人的债权人，使其免予单纯因为没有人主张时效停止而丧失自己的请求权；同时保护因债务人欠缺完全行为能力而不能够提起诉讼的债权人；以及保护继承人和遗产债权人的利益。③

四、模式四：既不规定诉讼时效中止，也不规定诉讼时效不完成，而是将中止包含于中断

瑞士采取该模式，《瑞士债法典》没有规定诉讼时效中止和不完成制度，而是将其他国家或地区立法中作为中止或不完成的事由，规定为中断事由。依《瑞士债法典》第134条的规定，中断事由包括：① 亲权存续期间儿童对父母的债权；② 被监护人在监护关系存续期间对监护人和监护法院的债权；③ 婚姻关系存续期间夫妻一方对另一方的债权；④ 劳务关系存续期间，共同生活在一起的雇员对雇主的债权等。这些事由在其他立法中通常被规定为中止或不完成事由。

第二节　诉讼时效中止现行法之规定

一、《民法通则》和《民法通则意见》对于诉讼时效中止的规定

《民法通则》第139条规定："在诉讼时效期间的最后六个月内，因不可抗力或者其他障碍不能行使请求权的，诉讼时效中止。从中止时

---

① 参见〔德〕卡尔·拉伦茨：《德国民法通论》(上册)，王晓晔等译，法律出版社2003年版，第340—343页。

② 朱岩编译：《德国新债法条文及官方解释》，法律出版社2003年版，第34页。

③ 参见杜景林、卢谌：《德国民法典评注——总则·债法·物权》，法律出版社2011年版，第79页。

效的原因消除之日起,诉讼时效期间继续计算。”该条的立法理由是:“在诉讼时效进行中,因一定的法定事由的发生,阻碍了权利人行使其权利或提起诉讼,此时当事人不行使权利是由于客观原因造成的而不是他怠于行使权利。故法律规定暂时停止时效的进行。把这段时间不计入诉讼时效期间之内,以便保证权利人真正享有法律规定的提起诉讼的必要时间。”[①]依该条规定,诉讼时效的中止事由有二:不可抗力和其他障碍。对于不可抗力的内涵和外延,学界和司法实务界几无争议。对于其他障碍,《民法通则意见》作了进一步解释,其第 172 条规定:“在诉讼时效期间的最后六个月内,权利被侵害的无民事行为能力人、限制民事行为能力人没有法定代理人,或者法定代理人死亡、丧失代理权,或者法定代理人本人丧失行为能力的,可以认定为因其他障碍不能行使请求权,适用诉讼时效中止。”该条的立法理由是:“我国《民法通则》规定,无民事行为能力人、限制行为能力人的民事活动,由他的法定代理人代理,或征得他的法定代理人的同意后自己进行。无行为能力人、限制行为能力人,他们保护自己的权利进行诉讼是处分权利的行为,由于没有相应的行为能力,是无法进行的,必须由他的法定代理人代为进行。如果由于某种原因,他没有代理人或代理人不能代理时,无民事行为能力人、限制行为能力人就无法通过诉讼主张自己的权利。鉴于此,本条作出规定将它明确为诉讼时效中止的法定事由。”[②]

依据《民法通则》第 139 条和《民法通则意见》第 172 条的规定,诉讼时效的中止,是指在诉讼时效进行中,因发生一定的法定事由,权利人不能行使请求权,从而暂时停止计算诉讼时效期间,待阻碍时效进行的法定事由消除后,继续进行诉讼时效期间的计算。[③] 现行法规定的诉讼时效中止制度,包含了以下几方面基本内容:

第一,诉讼时效中止的事由是法定的。《民法通则》第 139 条规定的中止事由包括不可抗力和其他障碍,《民法通则意见》和《诉讼时效规定》对其他障碍作了进一步的解释和明确。诉讼时效中止的事由只

---

① 梁书文主编:《民法通则贯彻意见诠释》,中国法制出版社 2001 年版,第 146 页。

② 同上注。

③ 参见王利明:《民法总则研究》,中国人民大学出版社 2012 年版,第 757 页。

能依法律规定来确定，而不能由当事人约定，因为：其一，中止制度的本意是对因特殊事由而不能在诉讼时效期间内行使权利的权利人给予一定宽限，该特殊事由必须在客观上造成权利人无法行使权利的效果。中止事由只能依法定标准、客观标准判断，如果允许由当事人将一些轻微事由也约定为中止事由，则有悖于中止制度的本意。其二，现行法对于诉讼时效制度历来持严格法定主义，这也决定了不允许当事人约定中止事由而只能依据法定事由适用。其三，《民法通则》第139条规定中止事由，而未设“当事人另有约定”之“但书”，也表明了不允许当事人约定中止事由的态度。

在司法实务上，不可抗力作为诉讼时效中止事由的常见情形有：

(1) 因采取突发事件应对措施，导致诉讼、仲裁活动不能正常进行的。《突发事件应对法》第13条规定：“因采取突发事件应对措施，诉讼、行政复议、仲裁活动不能正常进行的，适用有关时效中止和程序中止的规定，但法律另有规定的除外。”依据该法第3条的规定，突发事件是指突然发生，造成或者可能造成严重社会危害，需要采取应急处置措施予以应对的自然灾害、事故灾难、公共卫生事件和社会安全事件。为应对突发事件，包括司法机关在内的各国家机关采取应急处置、救援、事后恢复与重建，导致诉讼、仲裁活动不能正常进行的，构成诉讼时效中止事由。

(2) 当事人因重大传染病事件而被依法隔离的。最高人民法院《关于在防治传染性非典型肺炎期间依法做好人民法院相关审判、执行工作的通知》(法〔2003〕72号)第6条规定：“当事人因是‘非典’患者、疑似‘非典’患者或者被依法隔离人员，不能及时行使民事请求权的，适用《民法通则》第139条关于诉讼时效中止的规定。”依该条规定，为防治传染病的需要，权利人被依法隔离而不能正常行使权利的，构成诉讼时效中止事由。

(3) 因地震导致法院不能正常工作的。最高人民法院《关于处理涉及汶川地震相关案件适用法律问题的意见(一)》(法发〔2008〕21号)第7条规定：“对民法通则第一百三十九条规定的‘中止时效的原因消除’、民事诉讼法第七十六条规定的‘障碍消除’、第一百三十六条规定的‘中止诉讼的原因消除’以及第二百三十二条规定的‘中止的情形消失’，最高人民法院《关于执行〈中华人民共和国行政诉讼法〉若干问题的解释》第五十一条规定的‘中止诉讼的原因消除’之日的确定，要区别灾区不同情况，坚持从宽掌握的原则，结合个案具体情况具体分析。人民法院在确定时可以考虑以下因素：1. 人民法院恢复正常工作的情况……”依该条规定，因地震灾害导致人民法院不能正常工作的，构成诉讼时效中止事由。

第二，诉讼时效中止的发生时间，必须是在诉讼时效期间届满前的特定时间之内。对于诉讼时效中止适用于诉讼时效期间的哪个时间段，有三种立法例：一是规定诉讼时效中止只能发生在诉讼时效期间临近届满的最后阶段。[①] 二是规定诉讼时效中止可以发生在诉讼时效期间任何阶段。[②] 三是区分不同情形，分别规定中止和不完成发生的时间。[③] 我国采取第一种模式，依据《民法通则》及相关司法解释的规定，法定事由只有发生在诉讼时效期间的最后 6 个月内，才能引起诉讼时效中止；法定事由发生在最后 6 个月之前而延续到最后 6 个月之内的，诉讼时效自诉讼时效期间的最后 6 个月时中止。

第三，诉讼时效中止的法律效果是，中止事由消除后，诉讼时效期间继续计算。《民法通则》第 139 条后段规定：“从中止时效的原因消除之日起，诉讼时效期间继续计算。”中止事由消除后，并非重新起算一个新的完整诉讼时效期间，而是将中止事由之前未计算完的时效期间继续计算。但是，对于继续计算的期间，是否应补足 6 个月，学界存在争议。

案例 9.2.1　某某机器制造有限公司诉某某发动机配件有限公司等买卖合同纠纷案[④]

【案件事实】

原告：某某机器制造有限公司（以下简称 A 公司）

被告：某某发动机配件有限公司（以下简称 B 公司）、某某模具有限公司（以下简称 C 公司）

2007 年 12 月 4 日，原告 A 公司与被告 B 公司签订工矿产品销售合同 1 份，约定被告 B 公司向原告购买 J3310 金属浇铸机两台，单价

---

① 《俄罗斯联邦民法典》第 202 条。

② 《法国民法典》第 2233 条以下。

③ 《德国民法典》第 203 条以下。

④ 参见上海市嘉定区人民法院（2012）嘉民二（商）初字第 1662 号民事判决书，载“北大法宝”。

每台人民币135 000元,合计价款人民币270 000元,约定交货时间为:预付款到账合同生效两个月;约定结算方式为:预付货款30%,货到需方厂内付60%,余款半年内付清。当月24日,原告与被告B公司又签订工矿产品销售合同1份,约定被告B公司向原告购买J3315金属浇铸机两台,价款人民币34万元,约定交货时间为:预付款到账合同生效90天;约定结算方式为:预付货款30%,余款分期支付。2008年1月28日,原告向被告B公司送货J3310金属浇铸机两台,2009年2月26日又送货J3315金属浇铸机1台。2008年4月10日,被告B公司签收原告金额人民币270 000元的增值税发票1份。嗣后被告支付货款人民币176 000元,尚余货款人民币264 000元未付。2012年9月12日,原告向被告B公司、C公司送达律师函,催要上述欠款,但未果。另查明,2009年5月5日C公司与案外人某某再生资源利用有限公司签订股权转让协议书1份,以75万美元的价格受让该公司持有的被告B公司75%的股权,并约定C公司按章程规定缴付注册资本。

【裁判要旨】

一审法院经审理认为,原告与被告B公司间买卖合同关系明确,被告B公司收取原告所供设备后,应按约支付相应价款。被告B公司拖欠部分货款不付,显属违约。但原告自被告逾期付款行为发生之日,至原告向被告发函催款止,已超过两年诉讼时效期间。原告无证据证明存在诉讼时效中断、中止情形,原告诉称到被告B公司厂区,已发现被告搬离,下落不明,导致原告无法向被告主张权利,此不属于法律规定的因不可抗力或者其他障碍不能行使请求权的情形,本院对其认为诉讼时效中止的主张不予采纳。而原告要求被告C公司担责的前提是原告对被告B公司的债权未超过诉讼时效。综上,被告B公司虽然欠原告货款,但原告诉请主张已过诉讼时效期间,原告已丧失胜诉权利,本院对原告的诉讼请求,不予支持。

二、《诉讼时效规定》对于诉讼时效中止的规定

《诉讼时效规定》第20条规定:“有下列情形之一的,应当认定为民法通则第一百三十九条规定的‘其他障碍’,诉讼时效中止:(一)权利被侵害的无民事行为能力人、限制民事行为能力人没有法定代理人,或者法定代理人死亡、丧失代理权、丧失行为能力;(二)继承开始

后未确定继承人或者遗产管理人;(三)权利人被义务人或者其他人控制无法主张权利;(四)其他导致权利人不能主张权利的客观情形。”该条的起草背景是,《民法通则》及《民法通则意见》虽然对诉讼时效中止的事由作出概括性规定并对部分事由进行了列举,但由于司法实践的复杂,该规定尚不能满足司法实务的需要,故该条对《民法通则》第 139 条规定的其他障碍事由进行了具体化规定。[①] 依该条规定,应认定为“其他障碍”而引起诉讼时效中止的情形有以下几种:

(1)权利被侵害的无民事行为能力人、限制民事行为能力人没有法定代理人,或者法定代理人死亡、丧失代理权、丧失行为能力。该项完全沿袭了《民法通则意见》第 172 条的规定。在该项规定的情形下,权利人不具有完全民事行为能力且没有法定代理人,或者虽有法定代理人但其死亡、丧失代理权、丧失行为能力的,权利人显然无法正常行使权利,因此该情形构成诉讼时效中止事由。有疑问的是,在下列情形下是否构成诉讼时效中止事由:一是限制民事行为能力人经法定代理人同意而实施的民事行为;二是限制民事行为能力人进行与他的年龄、智力、精神健康状况相适应的民事行为。有学者认为,依据《民法通则》第 12 条第 1 款、第 13 条第 2 款的规定,限制民事行为能力人可以征得其法定代理人同意而实施民事行为,也可以独立实施与他的年龄、智力、精神健康状况相适应的民事行为,因此这两种情形均不构成诉讼时效中止事由。[②]

笔者不赞同该观点,理由如下:其一,在第一种情形下,限制民事行为能力人有法定代理人,且法定代理人能够正常行使代理人职责,该情形根本不具备适用诉讼时效中止的条件,而非因为经法定代理人同意而不适用诉讼时效中止。法定代理人是否同意,仅对限制民事行为能力人实施的民事行为效力有所影响,而与诉讼时效中止的适用没有关系。其二,在第二种情形下,限制民事行为能力人独立实施与他的年龄、智力、精神健康状况相适应的民事行为,因权利受侵害(主要情形是对方违约)而向义务人主张权利,而该限制民事行为能力人没

① 参见最高人民法院民事审判第二庭编著:《最高人民法院关于民事案件诉讼时效司法解释理解与适用》,人民法院出版社 2008 年版,第 339 页。

② 参见梁展欣主编:《诉讼时效司法实务精义》,人民法院出版社 2010 年版,第 95—96 页。

有法定代理人或者法定代理人死亡、丧失代理权、丧失行为能力的，应当构成诉讼时效中止事由。因为限制民事行为能力人有资格独立实施与他的年龄、智力、精神健康状况相适应的民事行为，仅表明他对该行为具有相应的行为能力而能够使该行为有效，但如果因实施该行为而需要行使救济权，限制民事行为能力人对该救济权则未必能够行使。例如，未成年人与商场订立标的额不大的合同但商场违约，未成年人对于该合同虽可独立订立，但要起诉请求对方承担违约责任，则仍须其法定代理人代理进行。在此情况下，如果限制民事行为能力人没有法定代理人或者法定代理人死亡、丧失代理权、丧失行为能力的，则限制民事行为能力人无法行使权利，因此该情形构成诉讼时效中止事由。

（2）继承开始后未确定继承人或者遗产管理人。依据《继承法》第 2 条的规定，继承开始的时间点是“被继承人死亡时”。自该时间点起，至继承人或者遗产管理人被确定时止的时间段之内，无论被继承人是债权人或是债务人，相关权利人均无法正常行使权利，因此该情形构成诉讼时效中止事由。依该项规定，被继承人既可以是债权人，也可以是债务人。被继承人是债权人的，因继承人未确定，而导致行使权利的主体尚未被确定，自然无法进入行使权利的环节，故诉讼时效应当中止。被继承人是债务人的，因遗产管理人未确定，被继承人的债权人无法确定行使权利的对象，也无法进入行使权利的环节，故诉讼时效应当中止。可见，该项规定的诉讼时效中止事由，既为保护继承人之利益，也为保护被继承人的债权人之利益。

（3）权利人被义务人或者其他人控制无法主张权利。在《诉讼时效规定》起草过程中，对于该情形应否规定为诉讼时效中止事由，存在肯定说和否定说两种意见[①]，该司法解释最终采纳了肯定说。依据司法实务界主流观点意见，该项规定的中止事由具体包括以下情形：其一，义务人与权利人之间存在代表与被代表关系，即义务人是权利人的法定代表人。在该情形下，权利人的意思被义务人控制。但应注意，权利人的意志被义务人控制或者被其他人控制不能主张权利，并不限于义务人与权利人之间存在代表与被代表关系的情形，在虽无代

① 参见最高人民法院民事审判第二庭编著：《最高人民法院关于民事案件诉讼时效司法解释理解与适用》，人民法院出版社 2008 年版，第 339 页。

表关系，但存在实际控制关系的情形下，导致权利人无法主张权利的，也应适用诉讼时效中止的规定。其二，权利人系义务人的控股子公司。义务人通过控股控制权利人的经营管理和意志，因此，在其不同意权利人为主张权利的行为时，权利人客观上无法主张权利。其三，权利人被义务人或者其他人限制人身自由。一般而言，在刑事诉讼程序过程中，尽管权利人被采取刑事强制措施等情况，但均可依法委托代理人主张权利，故在该情形下，不应认定属于诉讼时效中止事由。[①]但如果其被非法控制或者被非法剥夺上述委托权、自身无法也无法委托他人主张权利的，则属于本项规定的事由。其四，义务人与权利人之间存在监护与被监护关系。在监护关系存续期间，权利人的意志被义务人控制无法主张权利的，应适用诉讼时效中止的规定。[②]

（4）其他导致权利人不能主张权利的客观情形。依该项兜底规定，未被具体列举但也能导致权利人不能主张权利的其他客观情形，也构成诉讼时效中止事由。最高人民法院曾经针对涉及诉讼时效中止事由的个案作出通知或批复，列举如下：其一，最高人民法院《关于涉及中银信托投资公司案件的诉讼时效问题的通知》（现已失效）（法明传〔1997〕202 号）规定："鉴于中国人民银行接管中银信托投资公司（下称中银公司）及广东发展银行收购中银公司均需对其债权、债务及财务状况进行清理，不能及时对外主张债权的情况，为依法保护其合法债权，对原中银公司的债权，凡在接管、收购前尚未超过诉讼时效期间的，一律适用《中华人民共和国民法通则》第一百三十九条诉讼时效中止的规定。中止期间为中国人民银行接管之日起至本院发文确定的继续中止执行期间届满之日止（即 1995 年 10 月 6 日至 1997 年 1 月 15 日）。中止期间届满之次日起，诉讼时效期间继续计算。"依该规定，"接管行为" 构成诉讼时效中止事由。其二，最高人民法院《关于审理涉及中农信公司经济纠纷案件有关问题的补充通知》（法明传

---

① 在司法实务中，权利人被检察机关作出不予起诉的决定被释放后，能够向责任人主张权利而怠于主张的，不认定为中止事由。参见"马艳杰与中国人寿保险（集团）公司、中国人民财产保险股份有限公司河南省分公司期货欠款纠纷案"，载刘德权主编：《最高人民法院司法观点集成》（1），人民法院出版社 2009 年版，第 265 页以下。

② 参见最高人民法院民事审判第二庭编著：《最高人民法院关于民事案件诉讼时效司法解释理解与适用》，人民法院出版社 2008 年版，第 343—344 页。

〔1997〕203号)规定:“对于有关涉及中农信公司的案件,如属在诉讼时效期间最后六个月内遇该公司被关闭的,可以中止诉讼时效,中止期间为1997年1月6日至3月19日。不属于在诉讼时效期间最后六个月内上述情形的,不适用诉讼时效中止的规定。”依该规定,“公司被关闭”构成诉讼时效中止事由。其三,最高人民法院《关于审理涉及中国农村发展信托投资公司经济纠纷案件有关问题的补充通知》(法〔1999〕57号)规定:“鉴于中农信公司问题的特殊情况,为最大限度地保护国有资产,对涉及原中农信公司的经济纠纷,除中农信公司关闭前已超过诉讼时效期间的之外,诉讼时效期间应从中农信公司被宣布解散之日,即从1998年2月24日起重新计算。”该通知是前一通知的补充通知。依该通知规定,诉讼时效中止的后果是诉讼时效期间“重新计算”,而非“继续计算”,该规定是值得商榷的。其四,最高人民法院《关于中国光大银行接收原中国投资银行有关问题的通知》(法明传〔1999〕291号)规定:“涉及原中国投资银行的经济纠纷案件尚未受理的暂不受理,此类案件诉讼时效适用《中华人民共和国民法通则》第139条的规定,中止期间从1998年12月11日起至1999年12月31日止。”依该规定,“接收行为”构成诉讼时效中止事由。

在司法实务中,因“其他障碍”而引起诉讼时效中止的典型案例如下:

案例9.2.2 河南省融资公司与河南省证券有限责任公司资金拆借合同纠纷案①

【案件事实】

上诉人(原审原告):河南省融资中心(以下简称融资中心)

被上诉人(原审被告):河南省证券有限责任公司(以下简称证券公司)

自1994年6月14日至1996年4月12日,河南省融资中心郑州办事处(以下简称郑州办事处)与河南省证券有限责任公司发生多笔资金拆借及证券回购业务,资金额达人民币4亿多元。其中1995年11月29日至1996年4月12日,郑州办事处与证券公司签订了7份

① 参见吴庆宝主编:《权威点评最高人民法院合同法指导案例》,中国法制出版社2010年版,第283页以下。

资金拆借合同，合计金额为人民币6 000万元。合同订立后，郑州办事处如约向证券公司支付借款人民币6 000万元。借款到期后，证券公司除于1996年5月23日还款人民币40万元，1998年3月10日还款人民币210万元外，利息分文未付。因证券公司长期拖欠上述本息，河南省融资中心于2002年3月5日向河南省高级人民法院提起诉讼，请求判令证券公司偿还借款本金人民币5 750万元及其利息，由证券公司承担本案诉讼费用。另查明：由于融资中心郑州办事处发生了违规违法拆借资金案，中国人民银行总行纪委指示济南分行成立专案组，并于1999年3月进驻郑州办事处，查封了全部账册、凭证，接管了郑州办事处的全部工作。直到2001年12月底，案情基本查清后，才将账册、凭证移交融资中心。在专案组工作期间，郑州办事处全部业务停止，不可能提起诉讼。

【裁判要旨】

一审法院经审理认为，证券公司的最后一次还款行为发生在1998年3月10日，融资中心郑州办事处未提供在2000年7月前曾主张权利的证据，已超过两年的诉讼时效期间。判决：驳回融资中心的诉讼请求。二审法院经审理认为，融资中心作为郑州办事处的继受债权人，未能在正常诉讼时效期间对证券公司提起诉讼，是由于特殊原因造成的。如果排除询证函的实际情况，证券公司最后一次还款是在1998年3月10日，诉讼时效到2000年3月9日届满。但1999年3月起中国人民银行济南分行派出的专案组接管郑州办事处，直至2001年12月底专案组撤离，即在诉讼时效到期的最后6个月，郑州办事处的正常业务工作仍被专案组接管，该办事处负责人被刑事拘留，其他工作人员亦属被审查对象。因此，郑州办事处不可能提起诉讼，这种情况不应认定为融资中心对诉讼时效的放弃，而应当认定为《民法通则》第139条规定的“其他障碍不能行使请求权”的情形。判决：

（1）撤销一审判决。

（2）河南省证券有限责任公司于判决生效后10日内向河南省融资中心偿还欠款本金人民币3 750万元，及自2000年7月7日至本金还清之日止的银行同业拆借利息。

三、其他单行法及司法解释对于诉讼时效中止的规定

第一,《海商法》对于诉讼时效中止的规定。《海商法》第 266 条规定:“在时效期间的最后六个月内,因不可抗力或者其他障碍不能行使请求权的,时效中止。自中止时效的原因消除之日起,时效期间继续计算。”

第二,《突发事件应对法》对于诉讼时效中止的规定。《突发事件应对法》第 13 条规定:“因采取突发事件应对措施,诉讼、行政复议、仲裁活动不能正常进行的,适用有关时效中止和程序中止的规定,但法律另有规定的除外。”

第三,《担保法解释》对于诉讼时效中止的规定。《担保法解释》第 36 条第 2 款规定:“一般保证和连带责任保证中,主债务诉讼时效中止的,保证债务的诉讼时效同时中止。”

第四,《继承法意见》对于诉讼时效中止的规定。《继承法意见》第 15 条规定:“在诉讼时效期间内,因不可抗拒的事由致继承人无法主张继承权利的,人民法院可按中止诉讼时效处理。”

第三节　诉讼时效中止现行法之检讨

一、我国应否规定诉讼时效不完成,代替诉讼时效中止制度

在德国民法中,同时规定了诉讼时效中止与诉讼时效不完成两种制度。在我国台湾地区,未采德国民法的“二分法”,而只规定了诉讼时效不完成制度。时效中止的实质在于停止的时间不计入时效期间,它发生于时效进程之中。而时效不完成的实质在于,针对特殊的情形设定一个特定的时间,即使时效期间已经届满,权利人的请求权不因此而受到影响,而延至为之设定的特定时间。时效不完成的发生不以时效进行的停止为前提,所以不一定发生于时效进程中,而可以突破时效的进程。在此意义上,时效的不完成是对时效期间的变相延长。[①]

---

① 参见冯恺:《诉讼时效制度研究》,山东人民出版社 2007 年版,第 225 页。

我国有学者认为,时效中止与时效不完成是同一种制度[①],这是一种误解。在德国法中,中止与不完成是两种不同的制度;在我国现行法中,则只规定有诉讼时效中止,而未规定诉讼时效不完成制度。

对于我国应否规定诉讼时效不完成制度,学界主流观点持否定意见。但近年亦有学者持肯定意见,认为:"我国应取消时效中止制度,代之以时效不完成制度,即规定在时效终止之际,出现了法定的妨碍权利人行使权利的事由(即不完成事由),在此期间时效虽然不停止进行,但当妨碍事由结束后,不管时效实际上是否完成,法律均规定在一定期间内不完成,只有在该法定期间内权利人没有行使权利或中断时效的,诉讼时效方可完成。这样规定的益处:一是可以避免前述对权利人保护不周的弊端,使权利人在不完成事由终止后有一定的准备或清理时间;二是规定了时效不完成制度,在客观上也能取代时效延长制度;三是可以继续发挥与时效中止制度相同的功能。"[②]还有学者认为:"我国更应适宜采纳德国式立法,理由在于:首先,时效不完成与时效中止并行规定便于与我国传统民法的有效衔接,避免了大范围变更原有立法内容,也不必完全取缔已广为公众接受的时效中止概念而代之以陌生的时效不完成概念。其次,我国民法中的时效中止与不完成在一定意义上有异曲同工之效,其价值都在于对诉讼时效的适用作一定限制,保证权利人正常行使权利,以均衡由于对诉讼时效制度的不当适用可能导致的利益失调状态。"[③]

笔者认为,我国应坚持诉讼时效中止的立法模式,没有必要引入诉讼时效不完成制度,也不宜以诉讼时效不完成代替现有的诉讼时效中止制度。理由如下:其一,中止与不完成只是采取的立法技术有所不同,两者的法律效果是类似的。不完成的要点是,发生不完成的事由时,时效期间不停止计算,但即使时效期间届满也视为未届满,而是要到法定的特定时间点,才导致时效期间届满的效果。时效中止则是直接通过暂停计算时效期间,来使时效期间届满的时间点得以推迟。这两种方法导致的效果,都是时效期间届满的时间点因某种事由的发

---

① 参见佟柔主编:《中国民法学·民法总则》,中国人民公安大学出版社1990年版,第323页;梁慧星:《民法总论》,法律出版社2001年版,第277页。

② 汪渊智:《我国民法诉讼时效制度之构想》,载《法学研究》2003年第3期。

③ 冯恺:《论诉讼时效的不完成》,载《法学杂志》2005年第1期。

生而被推迟。相比较而言,中止在观念上更容易为人们所接受,而不完成则体现了较为浓厚的人为拟制色彩,其复杂的技术处理不易为普通人所接受。其二,时效不完成制度存在的另一个理由是,有些事由处于长期延续状态,如果适用时效中止制度来处理,未免将时效期间拉得过长。有学者认为:"在此方面,时效的不完成有其适用优势。诉讼时效中止更适用于延续期相对较短的情事,以保持时效期间进行的连续性。"①笔者认为,该理由属于纯粹观念上的障碍,在司法实务中根本不会实际产生负面影响。在我国司法实务中,一直将债权人与债务人存在某种特定关系作为法定中止事由,其具体适用亦未见有何不妥。其三,只有德国、我国台湾地区等少数立法规定了诉讼时效不完成制度,并未形成立法通例。依据学界的现有研究和司法实务的现状,也不存在充分的理由能够证明诉讼时效不完成是一种不可替代而必须要规定的制度。

二、诉讼时效中止的法定事由应如何界定

对于诉讼时效中止的法定事由,主要有三种立法模式:列举主义、概括主义、折中主义。我国现行法基本上属于折中主义,一方面列举了一些典型的中止事由,例如不可抗力,另一方面又设有概括性条款,表述为"其他障碍"。依据现行法规定,诉讼时效中止的法定事由可分为 5 种:① 自然原因引起的障碍,即不可抗力。② 法定代理人的缺位,如法定代理人死亡、丧失行为能力等。③ 遗产继承中的障碍,如继承开始后未确定继承人或遗产管理人。④ 权利人因被控制无法行使权利。⑤ 兜底条款,即其他导致权利人不能主张权利的客观情形。

在采取列举主义模式的德国、日本等国②,民法典对诉讼时效中止事由的规定是极为详尽、精细的。相比较而言,我国现行法关于诉讼时效中止事由的规定,虽经司法解释补充规定,仍显得粗陋、简略。有学者认为:"我国在诉讼时效中止事由上应充分借鉴其他法域的规定,增加中止事由。"③笔者认为,鉴于诉讼时效中止在司法实务中争议较

---

① 冯恺:《诉讼时效制度研究》,山东人民出版社 2007 年版,第 230 页。

② 《德国民法典》第 203—208 条、《日本民法典》第 158—161 条。

③ 葛承书:《民法时效——从实证的角度出发》,法律出版社 2007 年版,第 177 页。

多，且现行法规定较为简略，确有必要进一步增设诉讼时效中止的法定事由。可考虑增设的事由有：

（1）磋商。依据德国新债法的官方解释，"磋商具有法律政策所期待的目的，即避免产生法律上的争议。所以，此种磋商所需时间应不受制于时效的压力。由于债务人参加此种磋商，所以避免了债权人此时提起诉讼，因此债务人不应通过援引包括磋商时所花费的时间在内的时效所经过的时间而在此之后拒绝向债权人为履行"①。《德国民法典》及《欧洲合同法原则》均规定磋商为诉讼时效中止事由。② 依据我国现行法，磋商不是中止或中断的法定事由，如果当事人一方利用磋商使对方因诉讼时效届满而不能行使权利，显然是不公平的。因此，未来民法典应将磋商规定为诉讼时效中止的法定事由。

（2）婚姻关系的存续。在婚姻关系存续期间，如果在配偶之间产生债权债务关系，依据民众的一般情感，通常不会向对方主张权利。而一旦双方离婚，此前在婚姻关系存续期间产生的债权是否因诉讼时效期间届满而不再受法律保护，则往往发生争议。因此，各个国家和地区立法一般将婚姻关系的存续规定为诉讼时效中止的事由。③《民法通则》和《诉讼时效规定》均未将婚姻关系的存续规定为诉讼时效中止的事由，但学理通说认为婚姻关系属于可中止诉讼时效期间的其他障碍④，司法实务界则存在肯定说⑤和否定说⑥两种意见。笔者认为，无论从民众情感还是立法通例的角度而言，均应以肯定说为宜。

三、诉讼中止事由消灭后，剩余的诉讼时效期间应否补足6个月

中止事由消灭后，诉讼时效期间应如何继续计算，各个国家及地区的规定并不一致。有些国家法律规定，剩余的时效期间无论事实上

---

① 朱岩编译：《德国新债法条文及官方解释》，法律出版社2003年版，第31页。

② 《德国民法典》第203条、《欧洲合同法原则》第14:304条。

③ 《法国民法典》第2236条、《德国民法典》第207条、《意大利民法典》第2941条。

④ 参见马俊驹、余延满：《民法原论》，法律出版社2010年版，第257页。

⑤ 参见梁展欣主编：《诉讼时效司法实务精义》，人民法院出版社2010年版，第100页。

⑥ 参见最高人民法院民事审判第二庭编著：《最高人民法院关于民事案件诉讼时效司法解释理解与适用》，人民法院出版社2008年版，第344页。

还有多长,均统一重新以6个月期间计算。《俄罗斯联邦民法典》第202条第3款规定:"自作为时效期限中止根据的情况消除之日起,诉讼时效期限继续计算。剩余部分的期限延长到6个月,而如果诉讼时效期限等于或少于6个月,则延长为诉讼时效期限。"《德国民法典》第210、211条关于时效不完成的条文,亦有类似规定。

我国现行法对该问题规定不明,在司法实务中,通常解释为只计算实际剩余期间,而无须补足6个月。学界对该问题存在争议。肯定说认为:"由于我国民法规定的诉讼时效期间较短;而且时效中止的事由是客观原因,当事人并不能恶意促成,所以从保护权利人以给予其充分机会行使权利的立场出发,在修订民法通则或制定民法时,有必要考虑采取这样的规定。(指《俄罗斯联邦民法典》第202条类型的规定——笔者注)"①还有学者认为:"在采诉讼时效进行之停止制度的基础上再增设'法定犹豫期间'。考虑到权利人主张权利的需要,该期间不宜太短,按世界通例采6个月为宜。"②否定说认为:"首先,按照《民法通则》的规定,诉讼时效只能在期间届满前最后6个月内发生中止,但并不意味着要继续留足6个月的时间,因为当事人提出请求可以在任何时间提出,而且,当事人提出请求也未必要收集足够的证据和资料。相反,如果一定要留足6个月,这样在时间上要重新计算,徒增麻烦。其次,即便不能这样解释,将时效中止事由持续发生的时间从时效进行过程中扣除掉,将先前进行的时间与后来进行的时间合并计算在一起,权利人没有6个月的时间行使权利,此时可以通过提出请求或提起诉讼的方式而导致诉讼时效中断。"③

笔者认为,中止事由消灭后,继续计算的诉讼时效期间应补足6个月。理由如下:

其一,只计算剩余期间而不补足6个月的做法,可能会使中止制度的目的难以实现。诉讼时效中止制度的目的,是在发生一些客观障碍导致权利人无法正常行使权利时,通过暂停计算诉讼时效期间,而

---

① 佟柔主编:《中国民法学·民法总则》,中国人民公安大学出版社1990年版,第324页。

② 葛承书:《民法时效——从实证的角度出发》,法律出版社2007年版,第178页。

③ 王利明:《民法总则研究》,中国人民大学出版社2012年版,第760—761页。

使权利人有机会行使权利。要实现该目的,就必须通过制度设计,使权利人在中止事由消灭后行使权利的机会具有现实性和可能性。在现实生活中确实存在这种情况,权利人本来打算在时效期间届满前最后几天行使权利,但却由于发生天灾等客观障碍而无法行使权利,待天灾过后,生活秩序恢复,权利人面对的实际最大问题是如何尽快恢复生产、安定生活、进行自救等,向债务人行使权利已无暇顾及。在此情况下,如果重新计算的时效期间仅为剩余的几天,显然权利人很容易因时效期间届满而丧失救济。至于有学者认为中止前后的期间相加并不短于整个时效期间的观点,这是仅从理论角度观察的形式上的公平,并没有从实际情况考虑权利人行使权利的现实性和可能性。有学者指出:“在水灾刚刚消除之后(这个日期的确定相信在实践中也是一个难题)就要求一个鱼塘里的鱼全跑了还来不及补救的农民马不停蹄地上法院或找债务人,似乎不合情理。如果追问为什么水灾之前不主张权利?也并非咎由自取可一言代之。”[①]这种担心是有道理的。

其二,补足 6 个月的做法,可以避免争议,方便当事人举证。否定说认为,如果补足 6 个月,重新计算时效会徒增麻烦。这种认识值得商榷。实际上,如果按照剩余的实际期间计算,则要求当事人对中止事由发生前已经过的时效期间进行举证,以确定剩余期间的准确天数,这无疑对当事人提出了较高的举证要求。而如果采取补足 6 个月的做法,当事人则只需举证证明中止事由发生在时效期间届满前的最后 6 个月内即可,至于发生的具体日期,则无须举证,这无疑对当事人举证更为方便,也避免了就中止事由发生的具体日期产生争议,节省了诉讼成本和司法资源。

其三,我国现行法规定的诉讼时效期间已经很短,在很多情况下难以实现对权利人的有效保护,采取补足 6 个月的做法,可以使诉讼时效期间事实上得到一定延长,有利于对权利人的保护。

---

① 葛承书:《民法时效——从实证的角度出发》,法律出版社 2007 年版,第 176—177 页。

第十章　诉讼时效的中断

第一节　诉讼时效中断之立法例

在规定取得时效制度的大陆法系国家及地区，时效中断可分为自然中断和法定中断两类。自然中断，指占有之丧失而言，乃取得时效所特有者；法定中断之事由乃取得时效与消灭时效通用者。[①] 本章仅讨论诉讼时效之法定中断，而不涉及取得时效之自然中断。各个国家及地区立法均规定有诉讼时效中断制度，中断的法定事由亦大致相同，包括：① 权利人请求[②]；② 义务人承认；③ 当事人起诉；④ 与起诉具有类似效力的事由。但是，各立法对于"权利人请求"引起诉讼时效中断的效果，态度并不一致，可分为以下几种模式。

一、模式一：诉讼外请求不构成中断事由

大多数国家及地区采取该模式，例如德国（《德国民法典》第 212 条）[③]、法国（《法国民法典》第 2240—2246 条）、瑞士（《瑞士债法典》第 134—138 条）、意大利（《意大利民法典》第 2943—2945 条）、葡萄牙（《葡萄牙民法典》第 323—327 条）、俄罗斯（《俄罗斯联邦民法典》第 203 条）、越南（《越南民法典》第 162 条）、埃及（《埃及民法典》第 383—385 条）、中国澳门特区（《澳门民法典》第 315—319 条）等。例如《德国民法典》第 212 条第 1 款规定："有下列情形之一的，消灭时效

---

① 参见郑玉波：《民法总则》，中国政法大学出版社 2003 年版，第 506 页。

② "权利人请求"专指诉讼外请求，亦不包括通过与起诉具有类似效力的程序请求。

③ 《债法现代化法》自 2002 年 1 月 1 日起施行后，《德国民法典》不再使用"消灭时效中断"（Unterbrechung der Verjährung）的概念（见债法改革之前的《德国民法典》第 208—217 条），代之以"消灭时效重新开始进行"（Neubeginn Verjährung）。参见陈卫佐译注：《德国民法典》，法律出版社 2006 年版，第 72 页。

重新开始进行:(1) 债务人通过分期支付、支付利息、提供担保或以其他方式,向权利人承认请求权的;(2) 法院或行政机关的执行行为被实施或申请的。”依该款规定,时效期间重新开始仅在两种情形下具有正当性:债务人承认(acknowledgment)债权人的请求权,以及债权人有效采取或申请执行行为。《德国民法典》第 212 条有效地反映了旧法的规定,并与《欧洲合同法原则》第 14:401 条以下的规定相对应。[①] 梅迪库斯教授指出:“在非法学专业人士中,有一种流传很广的看法,认为用挂号信向债务人发出催告即可中断消灭时效。实际上,这种方式是不起任何作用的。”[②]《俄罗斯联邦民法典》第 203 条第 1 款规定:“按规定程序提起诉讼以及义务人实施证明他承认债务的行为,则诉讼时效期限中断。”依该款规定,诉讼时效因以下两种情况而中断:按规定程序提起诉讼或者实施证明承认债务的行为。在前一种情况下,法院必须受理诉讼,当《俄罗斯联邦民事诉讼法》或《俄罗斯联邦仲裁诉讼法》规定的管辖、交纳诉讼费等规则得到遵守时,才能中断诉讼时效。在后一种情况下,被告人必须实施具体行为——部分偿还债务或请求延期偿还债务,直接表示同意原告的请求,等等,时效期才能中断。[③] 因此,诉讼外请求不构成中断事由。

二、模式二:诉讼外请求构成相对中断事由

日本(《日本民法典》第 153 条)、韩国(《韩国民法典》第 174 条)和我国台湾地区(“民法”第 130 条)采取该模式。《日本民法典》第 153 条规定:“催告,非在 6 个月内作出裁判上请求、支付督促申请、依据《民事调停法》或《家事审判法》的调停申请、参加破产、再生程序、实行扣押、假扣押或假处分时,不发生时效中断的效力。”催告,是指债权人不通过诉讼程序及类似程序,在法庭外要求债务人履行债务的行

---

① 参见〔德〕莱茵哈德·齐默曼:《德国新债法》,韩光明译,法律出版社 2012 年版,第 208—209 页。

② 〔德〕迪特尔·梅迪库斯:《德国民法总论》,邵建东译,法律出版社 2001 年版,第 100 页。

③ 参见〔俄〕E. A. 苏哈诺夫主编:《俄罗斯民法》(第 1 册),黄道秀译,中国政法大学出版社 2011 年版,第 438 页。

为。[①] 我妻荣教授指出："以不伴随裁判外的任何形式的催告作为中断事由，这是日本民法的特色。但是，此中断的效力弱。即催告后6个月以内除上述之中支付命令之外的四个请求之中某一个，或者后述扣押、假扣押或假处分未实施，则不生中断的效力。一旦提出了催告后6个月内再进行催告，其后6个月内再进行催告那样反复进行催告，也无效力。因此，这一催告只具有在接近时效期间届满诉诸强力的中断方法的场合，作为其预备行动的实益。"[②]我国台湾地区"民法"第130条规定："时效因请求而中断者，若于请求后六个月不起诉，视为不中断。"请求即权利人于诉讼外行使其权利的意思表示。请求虽然没有方式的限制，但一定要有债权人对于债务人请求履行债务的意思，才能被认为是请求。债权人为实现债权对债务人声请调解之声请状送达于债务人、票据提示等即构成请求。[③] 义务人受请求而置之不理，既不承认也不履行义务，则权利人为维持中断的效力，表示有继续行使权利的意思，应于请求后6个月内起诉，否则已中断的时效视为不中断，期间仍自原起算时起算，继续进行。[④]

三、模式三：混合模式

荷兰采取该模式。《荷兰民法典》第3:317条规定："1. 债务履行请求权，其诉讼时效因债权人作出明确表示保留其履行请求权的书面催告或书面通知而中断。2. 其他请求权的诉讼时效因书面催告而中断，但该书面催告作出后6个月内必须作出前条规定的中断诉讼时效的行为。"依该条规定，在债务履行请求权的场合，诉讼外请求为绝对中断事由；在其他请求权的场合，诉讼外请求为相对中断事由。

---

① 参见〔日〕山本敬三：《民法讲义1总则》，解亘译，北京大学出版社2004年版，第371页。

② 〔日〕我妻荣：《我妻荣民法讲义Ⅰ新订民法总则》，于敏译，中国法制出版社2008年版，第430—431页。

③ 参见黄立：《民法总则》，中国政法大学出版社2002年版，第479—480页。

④ 参见施启扬：《民法总则》，中国法制出版社2010年版，第341页。

第二节　诉讼时效中断现行法之规定

一、《民法通则》和《民法通则意见》对于诉讼时效中断的规定

适用诉讼时效制度的基础,是权利人怠于行使权利且义务人未履行义务。在诉讼时效期间内,如果发生某种事由导致诉讼时效期间继续计算的基础消灭,则诉讼时效期间应当自某一特定时间点重新开始计算。这就是诉讼时效中断的法理基础,各个国家及地区立法在诉讼时效制度中普遍规定有时效中断制度。《民法通则》第 140 条规定:"诉讼时效因提起诉讼、当事人一方提出要求或者同意履行义务而中断。从中断时起,诉讼时效期间重新计算。"该条是对诉讼时效的中断事由和中断效力的基本规定。《民法通则意见》对中断事由、中断效力和计算方法作了更为详细的规定。《民法通则意见》第 173 条规定:"诉讼时效因权利人主张权利或者义务人同意履行义务而中断后,权利人在新的诉讼时效期间内,再次主张权利或者义务人再次同意履行义务的,可以认定为诉讼时效再次中断。权利人向债务保证人、债务人的代理人或者财产代管人主张权利的,可以认定诉讼时效中断。"第 174 条规定:"权利人向人民调解委员会或者有关单位提出保护民事权利的请求,从提出请求时起,诉讼时效中断。经调处达不成协议的,诉讼时效期间即重新起算;如调处达成协议,义务人未按协议所定期限履行义务的,诉讼时效期间应从期限届满时重新起算。"

依据《民法通则》第 140 条和《民法通则意见》第 173、174 条的规定,诉讼时效的中断,是指在诉讼时效进行中,因法定事由的发生致使已经进行的诉讼时效期间全部归于无效,诉讼时效期间重新计算。[①] 现行法规定的诉讼时效中断制度,包含了以下几方面基本内容:

第一,诉讼时效中断的法定事由。依《民法通则》第 140 条的规定,诉讼时效中断的法定事由有三种:提起诉讼、当事人一方提出要求和当事人一方同意履行义务。分述如下:

---

① 参见魏振瀛主编:《民法》,北京大学出版社、高等教育出版社 2010 年版,第 200 页。

（1）提起诉讼。所谓提起诉讼，是指自然人、法人或者其他组织认为自己所享有的或者依法由自己管理、支配的民事权益受到侵害或与他人发生争议，以自己的名义请求人民法院通过审判给予司法保护的诉讼行为。[①] 权利人或义务人任何一方就所涉权利义务关系向法院提起诉讼，均可引起诉讼时效中断。但是，对于类似提起诉讼的行为（例如申请仲裁、申请破产、申请强制执行等）能否引起诉讼时效中断，《民法通则》和《民法通则意见》未作规定。将“提起诉讼”作为诉讼时效中断事由的立法理由在于，在权利人通过请求公权力机关运用公权力救济自己权利的情形下，应认定权利人积极行使了权利，诉讼时效期间继续进行的法律基础不再存在，因此，诉讼时效期间因权利人积极主张权利而中断，故只要其向法院提交起诉材料或者口头起诉，就应认定为诉讼时效中断，而无须等待法院受理。[②] 应注意的是，提起诉讼作为诉讼时效的中断事由，因其诉讼种类的不同，中断的效力也有不同：一是给付之诉，此为债权人行使请求权之典型，自可对其债权请求权构成诉讼时效的中断；二是确认之诉，仅于权利人处于不得请求履行的状态时，提起请求确认其权利之诉的情形，方可对其权利构成诉讼时效的中断；三是形成之诉，仅于请求权发生替代竞合，权利人选择行使形成权且被法院实体驳回的情形，其起诉构成对其他请求权诉讼时效的中断。至于反诉（《民事诉讼法》第 52 条），其效力与本诉一致。民事诉讼附属于刑事诉讼（《刑事诉讼法》第 77 条）、行政诉讼（《行政诉讼法》第 67 条）中者，亦同。[③]

（2）当事人一方提出要求。该“当事人一方”应解释为“权利人一方”；“提出要求”应解释为“在诉讼外提出权利要求”，因为“提起诉讼”已被单独规定为中断事由。将“诉讼外请求”规定为诉讼时效的绝对中断事由，系我国特有的立法模式，与其他国家及地区立法均有所不同。依据司法实务界主流观点意见，“当事人一方提出要求”是指权利人向对方提出履行义务的要求，是权利人向对方作出主张权利的意思表示。这一事实的出现，改变了权利人不行使权利的事实状态，

---

① 参见江伟主编：《民事诉讼法》，中国人民大学出版社 2011 年版，第 243 页。

② 参见张雪楳：《诉讼时效司法解释所涉主要问题论析》，载王利明主编：《判解研究》（2008 年第 5 辑），人民法院出版社 2009 年版，第 19 页。

③ 参见梁展欣主编：《诉讼时效司法实务精义》，人民法院出版社 2010 年版，第 105 页。

因而这一意思表示应当是明确的、正式的、可以被证明的，而且是应被义务人知悉的，只有符合法律要求的“提出请求”，才能引起诉讼时效的中断后果。[①] 对于该中断事由，应当注意以下几点：其一，依现行法规定，“当事人一方提出要求”不仅包括权利人直接向义务人主张权利，还包括向义务人的关系人主张权利以及向有关单位请求保护权利的情形。依《民法通则意见》第173条第2款和第174条的规定，“当事人一方提出要求”包括的具体情形有：权利人向债务保证人主张权利、权利人向债务人的代理人主张权利、权利人向债务人的财产代管人主张权利、权利人向人民调解委员会提出保护民事权利的请求、权利人向有关单位提出保护民事权利的请求。在司法实务中，有观点认为“当事人一方提出要求”包括的情形还有：公告、公证、银行扣息、委托第三人转达主张权利的意思表示、向企业法人的上级主管部门主张权利等。[②] 其二，“当事人一方提出要求”引起诉讼时效中断，不以义务人同意为条件。权利人向义务人主张权利后，无论义务人同意履行义务抑或否认该义务之履行，均不影响诉讼时效中断的发生。如果义务人在被权利人主张权利后同意履行义务的，该同意行为又作为独立中断事由再次引起诉讼时效中断。其三，“当事人一方提出要求”引起诉讼时效中断的时间点，是采“发信主义”还是“到达主义”，《民法通则》和《民法通则意见》未作规定。

（3）当事人一方同意履行义务。该中断事由应解释为“义务人一方同意履行义务”。域外立法一般规定“义务人承认”为中断事由，从字面上看，现行法规定的“义务人一方同意履行义务”要求更高，其不仅要求“承认”义务存在，还要求“同意履行义务”。但在学理上和司法实务上，通说认为“同意履行义务”应扩张解释为义务承认，即当义务人承认其义务，就应发生诉讼时效中断的效力，而无须义务人同意履行义务。[③] 对于该中断事由，应当注意以下几点：其一，义务承认行为的性质属于准法律行为的观念通知，即仅以义务人对权利人承认其

---

① 参见梁书文主编：《民法通则贯彻意见诠释》，中国法制出版社2001年版，第147—148页。

② 参见吴庆宝：《诉讼时效中断的司法认定》(上)，载《人民法院报》2009年2月3日。

③ 参见马俊驹、余延满：《民法原论》，法律出版社2010年版，第259页；梁展欣主编：《诉讼时效司法实务精义》，人民法院出版社2010年版，第119页。

权利存在为已足,不以其有中断诉讼时效之意思为要件。即使义务人不知相对人权利存在而为同意者,在相对人有权利存在的限度,仍有中断诉讼时效的效力。[①] 其二,义务承认系于诉讼外为之。义务人于诉讼中为义务承认者,因被此前提起诉讼的中断事由所吸收,因而如权利人胜诉的,该同意不单独构成中断事由;如义务人胜诉的,其同意仍得构成中断事由,由此而引起的中断,诉讼时效期间从诉讼程序结束时重新起算。但是,在诉讼中,义务人为达成调解协议或者和解的目的而为义务承认,其后调解或者和解不成的,该同意不影响有关权利的诉讼时效。[②] 其三,"当事人一方同意履行义务"引起诉讼时效中断的时间点,是采"发信主义"还是"到达主义",《民法通则》和《民法通则意见》未作规定。[③]

第二,中断事由的发生时间及中断的次数。中断事由应发生在诉讼时效期间之内,即诉讼时效期间起算至诉讼时效期间届满之间的任何时间点,才能引起诉讼时效中断的效果。诉讼时效中断的基本效力是诉讼时效期间重新计算,如果诉讼时效期间尚未起算,自然不存在"重新计算"的问题;如果诉讼时效期间已经届满,则债务人取得诉讼时效抗辩权,亦不存在诉讼时效中断的问题。只要中断事由发生在诉讼时效期间以内的任何时间点,均可引起诉讼时效的中断,此与诉讼时效中止制度要求中止事由必须发生在诉讼时效期间最后 6 个月明显不同。这是因为,权利人或义务人在诉讼时效期间以内的任何时间点主张权利或承认义务,即导致诉讼时效进行的基础已经丧失,而应重新计算诉讼时效期间。关于诉讼时效中断的次数,依《民法通则意见》第 173 条第 1 款的规定,诉讼时效中断的次数没有上限限制,尤其是在现行法承认"诉讼外请求"作为中断事由的背景下,理论上权利人

---

① 参见史尚宽:《民法总论》,中国政法大学出版社 2000 年版,第 670—671 页。

② 参见梁展欣主编:《诉讼时效司法实务精义》,人民法院出版社 2010 年版,第 120 页。

③ 有学者认为:"义务承认原则上为即时中断事由,以通知到达权利人时,溯及于通知作出时中断诉讼时效,诉讼时效期间从义务人作出同意履行义务的通知时起重新起算。"参见梁展欣主编:《诉讼时效司法实务精义》,人民法院出版社 2010 年版,第 120 页。但是,在现行法对意思表示生效时间原则上采取"到达主义"的背景下,该观点是缺乏法律依据的。

可以不断地以“诉讼外请求”使诉讼时效期间重新计算。惟应注意，诉讼时效中断受到20年最长诉讼时效期间的限制。《民法通则》第137条规定“从权利被侵害之日起超过二十年的，人民法院不予保护”。依该规定，诉讼时效中断只能发生在从权利被侵害之日起的20年以内，在此期限内，中断次数不受限制。

第三，诉讼时效中断适用的诉讼时效期间种类。《民法通则意见》第175条规定：“民法通则第一百三十五条、第一百三十六条规定的诉讼时效期间，可以适用民法通则有关中止、中断和延长的规定。民法通则第一百三十七条规定的‘二十年’诉讼时效期间，可以适用民法通则有关延长的规定，不适用中止、中断的规定。”依该条规定，诉讼时效中断适用的诉讼时效期间种类包括：两年普通诉讼时效期间（《民法通则》第135条）、1年短期诉讼时效期间（《民法通则》第136条）和其他单行法规定的特殊诉讼时效期间。中断制度不适用于20年最长诉讼时效期间（《民法通则》第137条），该20年期间是民事权利受法律保护的最长期间，该期间只能在特殊情况下适用延长制度，不能适用中止、中断制度。

第四，诉讼时效中断的效力。诉讼时效中断发生后，产生以下具体后果：

（1）已经经过的诉讼时效期间全部归于无效。在中断事由发生之前已经经过的诉讼时效期间不再计算，而归于无效。

（2）在诉讼时效中断发生以后，允许再次中断。依《民法通则意见》第173条第1款的规定，中断次数不受限制，在诉讼时效中断发生后可以再次中断。

（3）诉讼时效期间重新计算。《民法通则》第140条规定“从中断时起，诉讼时效期间重新计算”。依该规定，中断的时间点即是重新计算诉讼时效期间的时间点。但是，因不同事由中断而重新计算诉讼时效期间的时间点有所不同，不宜将该重新计算标准适用于一切中断场合。其一，因“提起诉讼”而重新计算的时间点。对该问题，学界主要有两种观点：第一种观点认为，中断的时间点即是重新计算诉讼时效期间的时间点，但对于该时间点的具体认定，具体又分为提交说、受理说、送达说等。[①] 第二种观点认为，因提起诉讼而中断诉讼时效的，中

① 参见梁展欣主编：《诉讼时效司法实务精义》，人民法院出版社2010年版，第105页。

断的时间点与重新计算诉讼时效期间的时间点不同,从生效判决确定的履行期限届满时重新计算诉讼时效期间。① 司法实务界主流观点认为,在起诉及与起诉具有同等中断诉讼时效效力事项的情况下,诉讼时效中断后的重新起算应自中断事由终止时开始,中断事由持续一段时间的,应自该期间届满后重新起算。② 其二,因"当事人一方提出要求"而重新计算的时间点。因"当事人一方提出要求"而中断诉讼时效的,中断的时间点与重新计算诉讼时效期间的时间点原则上是一致的。但是,依据《民法通则意见》第 174 条的规定,在权利人向人民调解委员会或者有关单位提出保护民事权利请求的场合,中断的时间点与重新计算的时间点是不同的:中断的时间点是"提出请求时";重新计算的时间点是"确定达不成协议时"(经调处达不成协议的)或者"调处协议所定期限届满时"(调处达成协议,义务人未按协议所定期限履行义务的)。其三,因"当事人一方同意履行义务"而重新计算的时间点。因"当事人一方同意履行义务"而中断诉讼时效的,中断的时间点与重新计算诉讼时效期间的时间点原则上是一致的。但应注意,如果双方对债务履行期限进行新的约定,给予债务人以一定宽限期,应于宽限期届满时重新计算诉讼时效期间。③

(4) 重新计算的诉讼时效期间。诉讼时效中断后,重新计算何种诉讼时效期间? 学界通说认为,中断以后仍然应当适用原来的时效期间重新计算,原来是适用普通诉讼时效的,中断后仍然适用普通诉讼时效期间;原来是适用特别诉讼时效的,中断后应当按照特别诉讼时效期间重新计算。④ 司法实务界主流意见也持该观点。⑤ 少数学者认为,如果原时效为普通诉讼时效期间,重新计算的诉讼时效期间应保持不变;如果原时效为特别诉讼时效者,重新计算的诉讼时效期间应

---

① 参见马俊驹、余延满:《民法原论》,法律出版社 2010 年版,第 259 页;王勤劳:《论起诉对诉讼时效的影响》,载《西南政法大学学报》2011 年第 6 期。

② 参见最高人民法院民事审判第二庭编著:《最高人民法院关于民事案件诉讼时效司法解释理解与适用》,人民法院出版社 2008 年版,第 263 页。

③ 参见梁书文主编:《民法通则贯彻意见诠释》,中国法制出版社 2001 年版,第 149 页。

④ 参见王利明:《民法总则研究》,中国人民大学出版社 2012 年版,第 757 页。

⑤ 参见刘德权主编:《最高人民法院司法观点集成》(1),人民法院出版社 2009 年版,第 263 页。

当转变为普通诉讼时效期间。[①]

在司法实务中，诉讼时效中断适用条件的典型案例如下：

案例 10.2.1　航盛公司诉高明区政府及其对外贸易经济合作局拖欠码头建设费超过诉讼时效后重新达成还款协议认定有效案[②]

【案件事实】

原告：广东省航盛工程有限公司（以下简称航盛公司）

被告：佛山市高明区对外贸易经济合作局（以下简称高明区外经局）、佛山市高明区人民政府

1993 年 5 月 15 日，广东省航务工程公司（以下简称省航务公司）与高明市人民政府口岸办公室（以下简称高明口岸办）签订了一份码头建设工程合同，约定：由省航务公司承建高明口岸办发包的高明客运口岸码头工程。1994 年 12 月 15 日，省航务公司完成了码头建设工程后，与高明港客运口岸建设指挥部（以下简称高明港指挥部）进行了工程竣工验收，确定工程决算造价为人民币 4 675 239.87 元。1996 年 7 月 10 日，省航务总公司致函高明港指挥部，要求支付工程余款人民币 860 378.67 元。10 月 31 日，高明港指挥部致函省航务总公司确认尚欠工程余款人民币 860 378.67 元，承诺在 12 月 30 日前付清。由于高明港指挥部没有履行承诺，1997 年 5 月 27 日，省航务总公司再次向高明港指挥部催款，仅收到工程款人民币 100 000 元。2001 年 5 月 30 日，省航务总公司致函高明港指挥部，要求支付所欠工程款人民币 760 378.67 元。5 月 31 日，高明港指挥部确认尚欠工程款余款人民币 736 378.67 元，计划在 2002 年底付清。2002 年 1 月 15 日，原告航盛公司再次致函高明口岸办，要求支付所欠工程款人民币 760 375.67 元。高明港指挥部再次确认尚欠工程款余款人民币 736 378.67 元，并计划在 2002 年底付清。另查明，省航务公司于 1994 年 2 月 1 日变更为省航务总公司。省航务总公司于 2000 年 12 月 1 日变更为广东省交通集团航务工程有限公司，后又于 2001 年 12 月 25 日变更为航盛

① 参见汪渊智：《我国民法诉讼时效制度之构想》，载《法学研究》2003 年第 3 期。

② 参见最高人民法院中国应用法学研究所编：《人民法院案例选》2005 年第 3 辑（总第 53 辑），人民法院出版社 2006 年版，第 426 页以下。

公司即原告。2004 年 3 月 17 日原告诉至法院，要求被告支付上述拖欠工程款和违约金。被告高明区外经局辩称，原告未能证明其曾向高明口岸办请求支付上述工程款，原告的请求已经超过诉讼时效。

【裁判要旨】

广州海事法院经审理认为，高明港指挥部于 2001 年 5 月 31 日和 2002 年 1 月 15 日在原告的催款函上的确认行为应视为原告与高明区政府之间达成新的债权债务关系，该债权债务关系的履行期限为 2002 年 12 月 31 日，因此本案的诉讼时效应从 2003 年 1 月 1 日重新起算。原告于 2004 年 3 月 17 日向法院起诉被告高明区政府，没有超过诉讼时效。由于高明口岸办因机构改革职能合并而不存在，其法律责任应由承担其职能的被告高明区外经局承受。原告航盛公司对被告高明区外经局诉讼请求的诉讼时效，因其未能举证证明存在构成诉讼时效中断的法定事由，因此，原告对被告高明区外经局的诉讼时效已过，丧失了胜诉权，其诉讼请求应予驳回。

二、《诉讼时效规定》对于诉讼时效中断的规定

1. 对于“当事人一方提出要求”的认定

《诉讼时效规定》颁布以前，对该中断事由的认定存在发出主义与到达主义的争论。发出主义又称单一要件说，认为只要权利人向义务人作出主张权利的意思表示即可认定诉讼时效中断，该主张权利的意思表示无须到达义务人。到达主义又称双重要件说，认为导致诉讼时效中断，除具备债权人单方向义务人作出主张权利的意思表示这一要件外，还需具备该意思表示到达对方当事人的要件。[①] 在司法实务中，最高人民法院相关判例[②]、批复和部分高级人民法院的规范性意见一般采取到达主义的认定标准。例如最高人民法院《关于中国建设银行信阳分行民权路支行与信阳市自来水(集团)有限责任公司、河南华夏光学电子仪器厂借款担保合同纠纷一案的答复》(〔2005〕民二他字第

---

① 参见张雪楳:《诉讼时效司法解释所涉主要问题论析》,载王利明主编:《判解研究》(2008 年第 5 辑),人民法院出版社 2009 年版,第 19 页。

② 参见最高人民法院〔2004〕民二终字第 208 号判决书,载最高人民法院民事审判第二庭编:《民商事审判指导》(2005 年第 1 期),人民法院出版社 2005 年版,第 248 页以下。

48号)、辽宁省高级人民法院《关于诉讼时效若干法律问题的指导意见》对该中断事由均采取到达主义的认定标准。《诉讼时效规定》第10条采纳了到达主义标准,其立法理由是:"采何种主义,实际是立法价值取向问题,与一国的法律传统以及所采用的法理息息相关。因此,关于作为诉讼时效中断事由的'权利人主张权利'这一意思表示行为的生效时间的认定标准,关键取决于其所适用领域的立法取向以及我国所秉承的大陆法系的基本法理。……因此,在讨论过程中,倾向观点认为,应采到达主义,但由于诉讼时效制度的立法目的是保护权利人的权利,故在对该原则进行适用时,在不违反基本法理的基础上,应作偏重于权利人的理解。"[①]《诉讼时效规定》第10条在采纳到达主义的基础上,列举了应当认定为"当事人一方提出要求"的具体情形,分述如下:

(1)当事人一方直接向对方当事人送交主张权利文书,对方当事人在文书上签字、盖章或者虽未签字、盖章但能够以其他方式证明该文书到达对方当事人的。该中断事由应符合以下几个条件:

其一,权利人一方以书面形式作出主张权利的意思表示。权利人一方包括权利人本人、权利人的代理人和权利人的财产代管人。"主张权利文书"系指为主张权利而作出的各种书面形式的文书,例如催收债权通知、律师函等。在司法实务中,有以下几种情形值得注意:一是权利人发出催收债务的公证文书是否构成该中断事由?依据《民事诉讼法》第69条和《民事诉讼证据若干规定》第9条第6款的规定,公证催收债务的方式具有法律认可的效力。最高人民法院相关判例[②]和部分高级人民法院的规范性意见[③]对该问题也持肯定意见。二是权利

① 张雪楳:《"当事人一方提出要求"的理解与认定》,载《法律适用》2008年第11期。

② 参见"中国信达资产管理公司石家庄办事处与中国—阿拉伯化肥有限公司、河北省冀州市中意玻璃钢厂借款担保合同纠纷案",载最高人民法院民事审判第二庭编著:《最高人民法院关于民事案件诉讼时效司法解释理解与适用》,人民法院出版社2008年版,第210页以下;"佳木斯市升平煤矿与黑龙江省地方煤炭工业(集团)总公司借款合同纠纷案",载最高人民法院民事审判第二庭编:《民商事审判指导》(2008年第3期),人民法院出版社2008年版,第208页以下。

③ 参见广东省高级人民法院《关于民商事审判适用诉讼时效制度若干问题的指导意见》、辽宁省高级人民法院《关于诉讼时效若干法律问题的指导意见》。

人发出询征函是否构成该中断事由？最高人民法院《关于哈尔滨市商业银行银祥支行与哈尔滨金事达实业（集团）公司借款合同纠纷一案如何处理问题的答复》（法民二〔2001〕16 号）指出："由于该询征函是在借款合同诉讼时效期间内发出的，因此借款合同诉讼时效中断，保证合同诉讼时效亦中断。"该答复对该问题持肯定意见。[①] 三是权利人发出贷款情况调查表是否构成该中断事由？最高人民法院《关于中国建设银行信阳分行民权路支行与信阳市自来水（集团）有限责任公司、河南华夏光学电子仪器厂借款担保合同纠纷一案的答复》（〔2005〕民二他字第 48 号）指出："该表包括贷款本金、逾期本金、逾期利息、还款计划等内容，故应认定其具有债权人向债务人主张权利的意思表示，具有诉讼时效中断的法律效力。"该答复对该问题持肯定意见。

其二，权利人主张权利的文书应当直接向义务人一方作出。权利人主张权利的该意思表示为有相对人的意思表示，应当直接向义务人一方作出。义务人一方包括义务人本人、义务人的代理人和义务人的财产代管人。

在司法实务中，有以下几种情形值得注意：

一是向义务人的上级主管部门主张权利，是否构成该中断事由？司法实务界意见不一。一种观点认为："企业法人与其上级主管部门是两个不同的民事主体，该上级主管部门不是权利义务关系中权利人的特定相对人，也不是《民法通则意见》第 173 条中所指的财产代管人，因此，向企业法人的上级主管部门主张权利的行为，不能引起诉讼时效的中断。但权利人在向该上级主管部门主张权利后，能够证明该上级主管部门将权利人主张权利的意思表示传达到了该企业法人的，诉讼时效自该意思表示到达该企业法人时中断。"[②]另一种观点认为："一般而言，义务人的上级主管部门与义务人之间具有管理和被管理的关系，故由于义务人不履行义务，权利人向其管理部门进行反映、请

① 但也有观点认为，该答复仅适用于个案，不应具有普遍的参考和指导作用。参见李国光主编：《民商审判指导与参考》（2002 年第 1 卷），人民法院出版社 2002 年版，第 97 页。

② 最高人民法院民事审判第二庭编著：《最高人民法院关于民事案件诉讼时效司法解释理解与适用》，人民法院出版社 2008 年版，第 172 页。另参见辽宁省高级人民法院《关于诉讼时效若干法律问题的指导意见》。

求解决问题、保护自己的权利的，如属于本司法解释第15条所规定的情形，则应具有诉讼时效中断的效力。”[①]笔者认为，从解释论的角度而言，应采第一种观点为宜。

二是向与义务人为同一法定代表人的关联企业主张权利，是否构成该中断事由？最高人民法院相关判例[②]对该问题持肯定意见。司法实务界主流观点认为，由于关联企业与义务人的法定代表人同一，故在司法实务中，有的当事人基于对义务人主体的错误认识，而向与义务人具有同一法定代表人的关联企业主张权利。在这种情况下，由于法定代表人为法人的代表机关，其行为即为法人行为，故权利人主张权利的意思表示到达法定代表人的应当认定为到达义务人，应具有诉讼时效中断的效力。[③]

三是债权人不知债务人法定代表人变更，向原法定代表人主张权利的，能否认定债权人向债务人主张了权利？对于该问题，司法实务界主流观点认为，在权利人对其不知义务人法定代表人变更的事实无过错的情形下，基于其对原法定代表人应为合法法定代表人的合理信赖，其对变更前的法定代表人主张权利的，应视为权利人向义务人主张了权利。[④]

四是企业法人被吊销营业执照后，签收债权人催收欠款通知的，是否构成该中断事由？对于该问题，司法实务界主流观点认为，企业法人被吊销营业执照后，丧失的是民事经营能力，而非民事主体资格，因此，由于其民事主体资格仍然存在，故其仍然可以对外从事相关法律行为，包括签收催收债权文书的行为。因此，其签收债权通知的行为应具有诉讼时效中断效力。[⑤]

---

① 刘德权主编：《最高人民法院司法观点集成》(1)，人民法院出版社2009年版，第262页。

② 参见“中国信达资产管理公司郑州办事处与河南轮胎集团有限责任公司借款合同纠纷案”，载最高人民法院民事审判第二庭编著：《最高人民法院关于民事案件诉讼时效司法解释理解与适用》，人民法院出版社2008年版，第202页以下。

③ 参见刘德权主编：《最高人民法院司法观点集成》(1)，人民法院出版社2009年版，第262页。

④ 参见最高人民法院民事审判第二庭编著：《最高人民法院关于民事案件诉讼时效司法解释理解与适用》，人民法院出版社2008年版，第201页。

⑤ 参见刘德权主编：《最高人民法院司法观点集成》(1)，人民法院出版社2009年版，第258页。

五是债权人直接从债务人处拿走物品并变卖抵债的行为，是否构成该中断事由？司法实务界主流观点认为，该行为是债权人单方面的行为，债务人无从得知，故不能构成向债务人明确主张权利的行为，不能引起诉讼时效中断。①

其三，义务人一方对主张权利文书予以签收，或者能够以其他方式证明该文书到达义务人一方。《诉讼时效规定》对于是否到达的认定主要采取签收标准，依《诉讼时效规定》第 10 条第 1 款第(一)项的规定，可认定为到达的包括两种情形：第一种情形是义务人一方在主张权利文书上签字、盖章的。义务人一方收到权利人直接送交的主张权利文书，并且对该文书予以签收，表明权利人主张权利的意思表示已经到达义务人一方。关于签收人的具体认定，依据同条第 2 款的规定，义务人为法人或其他组织的，签收人可以是其法定代表人、主要负责人、负责收发信件的部门或者被授权主体；义务人是自然人的，签收人可以是自然人本人、同住的具有完全行为能力的亲属或者被授权主体。第二种情形是义务人一方虽未签字、盖章但能够以其他方式证明该文书到达义务人一方的。在司法实务中，存在义务人拒绝签收主张权利文书、权利人无法以义务人签收的方式证明其主张权利的意思表示到达义务人的情形。在该情形下，权利人可以采取其他证明方式，如公证或者证人证言等方式证明权利人主张权利的意思表示到达义务人。②

(2) 当事人一方以发送信件或者数据电文方式主张权利，信件或者数据电文到达或者应当到达对方当事人的。《民法通则》和《合同法》规定，信件和数据电文可以作为意思表示的书面形式。该项中断事由与前一项中断事由的适用条件基本相同，但有以下几点区别：

其一，在前一项中断事由的情形下，是由权利人一方直接将主张权利文书送交义务人一方，两者之间不存在第三方的介入；而在该项中断事由的情形下，权利人与义务人没有直接接触，须借助第三方(邮

---

① 参见“邓建龙在履行期限届满两年后诉黄志振偿还借款和以自力取得的财产抵偿部分借款案”，载最高人民法院中国应用法学研究所编：《人民法院案例选》1998 年第 2 辑(总第 24 辑)，人民法院出版社 1998 年版，第 102 页以下。

② 参见张雪楳：《“当事人一方提出要求”的理解与认定》，载《法律适用》2008 年第 11 期。

政部门、网络服务器等)才能使主张权利的信件或数据电文到达义务人。

其二,在前一项中断事由的情形下,主张权利文书必须“到达”义务人,不包括“应当到达”的情形;而在该项中断事由的情形下,既包括“到达”义务人,也包括“应当到达”义务人的情形。

其三,在前一项中断事由的情形下,原则上应有义务人的签收行为;而在该项中断事由的情形下,义务人的签收行为不是必要条件,而只是证明信件或数据电文到达义务人的证据之一,而且有些情形下不会有签收的问题(例如电子邮件)。

在司法实务中,有以下几种情形值得注意:

一是由于义务人所留地址错误导致权利人发送的邮件未实际到达义务人的,是否构成该中断事由?最高人民法院《关于以法院专递方式邮寄送达民事诉讼文书的若干规定》第 11 条规定:“因受送达人自己提供或者确认的送达地址不准确、拒不提供送达地址、送达地址变更未及时告知人民法院、受送达人本人或者受送达人指定的代收人拒绝签收,导致诉讼文书未能被受送达人实际接收的,文书退回之日视为送达之日。受送达人能够证明自己在诉讼文书送达过程中没有过错的,不适用前款规定。”依据该规定的精神,司法实务界主流观点认为,在该情形下,由于权利人对邮寄错误并无过错,而义务人对邮寄地址错误具有过错,权利人基于对义务人所留的错误的邮寄地址的合理信赖,认为根据该地址其主张权利的意思表示应当到达义务人,故应视同权利人主张权利的意思表示到达义务人,这样规定可以避免义务人故意留虚假地址逃避债务行为的发生、有利于保护权利人的权利,也符合过责相当的基本法理。[①]

二是义务人拒绝签收文书的,是否构成该中断事由?最高人民法院《关于债权人在保证期间以特快专递向保证人发出逾期贷款催收通知书但缺乏保证人对邮件签收或拒收的证据,能否认定债权人向保证人主张权利的复函》(〔2003〕民二他字第 6 号)规定:“债权人通过邮局以特快专递的方式向保证人发出逾期贷款通知书,在债权人能够提供特快专递邮件存根及内容的情况下,除非保证人有相反证据推翻债

---

① 参见刘德权主编:《最高人民法院司法观点集成》(1),人民法院出版社 2009 年版,第 253 页。

权人所提供的证据,应当认定债权人向保证人主张了权利。"部分高级人民法院的规范性意见[①]也采取了相同或类似的规定。

三是由于邮政部门原因导致信件未实际到达义务人的,是否构成该中断事由?对于该问题,司法实务界主流观点认为,由于邮政部门的原因,该邮件未递交义务人,但在正常情况下,可以递交义务人的,应认定其"应当到达"义务人,具有诉讼时效中断的效力。[②]

(3)当事人一方为金融机构,依照法律规定或者当事人约定从对方当事人账户中扣收欠款本息的。在《诉讼时效规定》颁布以前,对于该事由能否引起诉讼时效中断,存在争议。第一种观点认为,如金融机构与借款人有关于金融机构有权从借款人的账户中直接扣收欠款本息抵债的约定,则应认定该扣款行为为债权金融机构主张权利的行为,具有诉讼时效中断的效力。否则,金融机构擅自扣款抵债构成侵权,不能产生诉讼时效中断的效力。第二种观点认为,不论贷款合同中是否约定贷款人有扣款的权利,金融机构扣款抵债的行为均应认定为其主张权利的行为,发生诉讼时效中断的效力。[③] 最高人民法院《关于贷款人从借款人银行账户中扣息行为是否引起诉讼时效中断问题的请示的答复》(〔2001〕民二他字第2号)规定扣息行为引起诉讼时效中断。《诉讼时效规定》采纳了第二种观点,其立法理由是:"金融机构从债务人账户中扣收欠款本息的行为,实质为抵销行为。根据抵销理论,债权金融机构依照法律规定或者当事人约定可以从债务人账户扣收欠款本息的行为表明,债权金融机构向义务人主张权利,因此,应属于本条所规定的权利人向义务人主张权利的方式。"[④]

在司法实务中,有以下几种情形值得注意:

---

① 参见广东省高级人民法院《关于民商事审判适用诉讼时效制度若干问题的指导意见》、江苏省高级人民法院《关于民商事审判适用诉讼时效制度若干问题的讨论纪要》。

② 参见最高人民法院民事审判第二庭编著:《最高人民法院关于民事案件诉讼时效司法解释理解与适用》,人民法院出版社2008年版,第181页;张雪楳:《诉讼时效司法解释所涉主要问题论析》,载王利明主编:《判解研究》(2008年第5辑),人民法院出版社2009年版,第19页。

③ 参见最高人民法院民事审判第二庭编著:《最高人民法院关于民事案件诉讼时效司法解释理解与适用》,人民法院出版社2008年版,第189页。

④ 张雪楳:《"当事人一方提出要求"的理解与认定》,载《法律适用》2008年第11期。

一是金融机构据以证明其从债务人账户扣款的证据主要是金融机构转账传票底单和原始会计凭证,法院能否据此认定金融机构的扣款行为?有观点认为,上述证据均系金融机构单方制作,故在义务人不予认可的情形下,不应具有证明力。但司法实务界主流观点认为,上述证据虽然是金融机构单方制作,如无相反证据,应作为认定金融机构扣款行为的证据,理由如下:① 上述证据符合金融机构的操作惯例;② 债务人如有异议,可通过申请证据鉴定以否认其效力;③ 金融管理部门及相关法律、法规对金融机构的会计及会计凭证的管理有严格规定,一般情况下可以排除金融机构事后伪造会计凭证的可能性。[①]

二是该中断事由是针对全部债权,还是针对部分债权?如果金融机构通过扣划欠款本息抵销了全部债权,则双方债权债务关系归于消灭,不存在诉讼时效及中断问题。仅在金融机构通过扣划欠款本息抵销部分债权的情形下,对于未被抵销的债权发生诉讼时效中断的效力。[②]

(4) 当事人一方下落不明,对方当事人在国家级或者下落不明的当事人一方住所地的省级有影响的媒体上刊登具有主张权利内容的公告的,但法律和司法解释另有特别规定的,适用其规定。在《诉讼时效规定》颁布以前,最高人民法院《关于审理涉及金融资产管理公司收购、管理、处置国有银行不良贷款形成的资产的案件适用法律若干问题的规定》(法释〔2001〕12 号,以下简称《十二条规定》)第 10 条规定,“原债权银行在全国或者省级有影响的报纸上发布的债权转让公告或通知中,有催收债务内容的,该公告或通知可以作为诉讼时效中断证据”。《〈关于贯彻执行最高人民法院“十二条”司法解释有关问题的函〉的答复》(法函〔2002〕3 号)规定:“金融资产管理公司在全国或者省级有影响的报纸上发布的有催收内容的债权转让公告或通知所构成的诉讼时效中断,可以溯及至金融资产管理公司受让原债权银行债权之日;金融资产管理公司对已承接的债权,可以在上述报纸上以发布催收公告的方式取得诉讼时效中断(主张权利)的证据。”这两

---

① 参见吴庆宝:《诉讼时效中断的司法认定》(上),载《人民法院报》2009 年 2 月 3 日;最高人民法院民事审判第二庭编著:《最高人民法院关于民事案件诉讼时效司法解释理解与适用》,人民法院出版社 2008 年版,第 191 页。

② 参见对《诉讼时效规定》第 11 条的相关分析。

个司法解释的适用范围是在金融资产管理公司收购、管理、处置国有银行不良贷款形成的资产的过程中发生债权转让的情形，对于该中断事由能否扩大适用于普通债权的场合，存在争议。[①]《诉讼时效规定》采纳了肯定意见，其立法理由是："在债务人下落不明、无法或者很难采用其他方式直接向义务人主张权利的情形下，如果不允许一般债权人采取公告的方式主张权利，则可能出现由于制度设计的不合理而导致权利人虽有向义务人主张权利的主观意思但难以将该意思表示传达给义务人情形的发生，这显然不利于保护权利人的权利。而且，在公告主张权利的情形下，权利人主张权利的意思表示明确，其通过公告制度所拟制的使意思表示到达义务人的效力并不违反诉讼时效中断的基本法理。"[②]依该项规定，该中断事由应符合以下几个条件：其一，该中断事由只适用于义务人下落不明的情形。在该情形下，由于权利人无法直接向义务人主张权利，可通过公告催收的方式使诉讼时效中断。如果义务人并未下落不明，权利人应当采取前几项规定的方式使诉讼时效中断。在国有银行不良贷款形成的资产发生债权转让的情形下，虽然义务人并未下落不明，但依据司法解释的规定，也可适用该中断事由。另外，依据《十二条规定》第 6 条第 1 款、第 10 条的规定，原债权银行与资产管理公司对债务人的债权本金和利息的转让移交，因受当时政策的原因而分阶段实施。在国家政策进一步明确后，银行就已转让债权中未明确的部分向债务人催收债权，产生诉讼时效中断的法律效力。[③] 其二，权利人作出的公告必须具有主张权利的内容。权利人作出的公告必须要包含主张权利的内容，才能构成"当事人一方提出要求"，而引起诉讼时效中断。至于权利人作出该公告是否具有中断诉讼时效的意思，则在所不问。其三，该公告应在国家级或者下落不明的义务人一方住所地的省级有影响的媒体上刊登。刊登的媒体形式包括但不限于报纸，且应当是国家级有影响

---

① 参见张雪楳：《诉讼时效司法解释所涉主要问题论析》，载王利明主编：《判解研究》（2008 年第 5 辑），人民法院出版社 2009 年版，第 19 页。

② 最高人民法院民事审判第二庭编著：《最高人民法院关于民事案件诉讼时效司法解释理解与适用》，人民法院出版社 2008 年版，第 193 页。

③ 参见"中国化学工程集团公司与中国信达资产管理公司海口办事处、中国化学工程海南大华公司借款合同纠纷申诉案"，载刘德权主编：《最高人民法院裁判意见精选》（上），人民法院出版社 2011 年版，第 393 页。

的媒体或者义务人住所地省级有影响的媒体。权利人在其他载体上作出相关公告的,不具有引起诉讼时效中断的效力,例如权利人在自己的网站发布催收公告[①]等情形。其四,对于该中断事由,法律和司法解释另有特别规定的,适用其规定。例如《十二条规定》、法函〔2002〕3号及最高人民法院《关于金融资产管理公司收购、处置银行不良资产有关问题的补充通知》对于公告催收国有银行不良贷款形成的债权的诉讼时效中断作出了特殊规定,在该场合下,应当适用这些特殊规定。

在司法实务中,因"当事人一方提出要求"引起诉讼时效中断的典型案例如下:

案例10.2.2 鹭菡公司诉绿姿公司欠付承揽合同价款适用推定制度推定诉讼时效中断案[②]

【案件事实】

原告:厦门市鹭菡贸易有限公司(以下简称鹭菡公司)

被告:南平绿姿化妆品有限公司(以下简称绿姿公司)

原告与被告之间从1992年起开始有业务往来。1993年7月至9月间,被告共分22次向原告下单订制用于化妆品包装的铝盘。原告按被告订单要求的品质、规格、数量进行加工,并按双方约定的方式,分18次将产品通过铁路包裹托运方式交付给被告。1993年12月15日,被告尚欠原告价款人民币176217.09元。后被告通过武夷山窑业有限公司分别于同年12月19日和1994年1月8日代向原告付款人民币各5万元,尚欠人民币76217.09元未付。1994年,被告又向原告订购棉刷、铝盘,也有尾款人民币1167.91元未付,合计共欠原告人民币77835元。1996年1月16日,原告通过律师事务所以挂号信方式向被告发出律师函进行催讨,被告董事长尤炳焜于同月22日以传真方式复函,声明:被告已变更法定代表人为尤炳焜;旧公司之账款愿以货品抵账,并已于1994年由郭副总与鹭菡公司许惠泰达成协议;有关

---

① 参见刘德权主编:《最高人民法院司法观点集成》(1),人民法院出版社2009年版,第254页。

② 参见最高人民法院中国应用法学研究所编:《人民法院案例选》2002年第3辑(总第41辑),人民法院出版社2003年版,第226页以下。

1994年新公司所欠货款将立即汇款结清。原告于同年2月12日再次以挂号信方式发出律师函给被告，否认以货抵账，并要求被告尽快还款。1997年5月22日，原告第三次以同样方式向被告发出律师函催讨，但被告仍未还款。原告遂于1999年5月13日向法院起诉，请求判令被告支付加工货款人民币77 385元及逾期付款利息。

【裁判要旨】

一审法院经审理认为，被告是否收到原告的第三封律师函，是判断本案诉讼时效是否再次中断的事实根据。由于南平地区邮政局的业务档案因1998年水灾而毁失，致使原告向南平地区邮政局查询却无法取得被告是否签收第三封律师函的证据。此非原告怠于举证，纯系自然灾害所致，原告并无过错。即使法院依职权进行调查，也无法查明客观事实。如适用一般证据规则，则被告可能因拒绝向法庭提供对其不利的证据或作不实陈述而获得利益，有违公平原则。基于本案的特殊情况和相关法律规定，根据本案已知的事实对未知的事实进行合理的推定并无不当。本案已知的事实是原告已按同一名址及邮寄方式寄出3封律师函，被告已收到前两封，在正常情况下，被告也应该收到第三封。也即排除偶然性因素，可以推定被告收到原告的第三封律师函，由此导致本案诉讼时效于1997年5月22日再次中断，原告于1999年5月13日向法院起诉并未超过诉讼时效。在审理中，被告既未提出证据证明偶然性因素存在，也未提出其他特殊抗辩理由反驳上述事实推定。因而，可以推定被告已收到第三封律师函，其关于本案已超过诉讼时效的主张，不予采信。判决：被告支付给原告人民币77 385元及逾期付款违约金。被告绿姿公司不服一审判决，上诉至厦门市中级人民法院。二审法院经审理认为，被上诉人已举证证明确已委托律师事务所于1997年5月22日寄出第三封催款函，在上诉人法定地址没有变更，且确有收到被上诉人按同一名址及邮寄方式发出的前两封催款函的情况下，原审法院推定上诉人收到第三封催款函并无不当。判决：驳回上诉，维持原判。

2. 权利人对同一债权中的部分债权主张权利，诉讼时效中断的效力

在《诉讼时效规定》颁布以前，对于权利人主张同一债权中的部分债权诉讼时效中断的效力是否及于剩余债权的问题，存在争议。第一

种观点认为,部分请求仅能及于请求债权部分,不能及于剩余债权。理由在于:部分请求的诉讼标的仅为部分债权主张,因此中断效果仅及于部分债权。第二种观点认为,部分请求同样应产生全部债权诉讼时效中断的效力。理由在于:部分请求的诉讼标的包括全部债权,因此,中断时效效果当然及于全部债权。[①]《诉讼时效规定》采纳了第二种观点,该司法解释第 11 条规定:"权利人对同一债权中的部分债权主张权利,诉讼时效中断的效力及于剩余债权,但权利人明确表示放弃剩余债权的情形除外。"其立法理由是:"诉讼时效中断制度是以保护债权人权利作为价值目标,因此,在相关制度的设计上,也应作有利于债权人的理解。再有,诉讼时效制度的设计目的之一为'作为证据的代用'。其不仅包括时效本身作为义务人抗辩理由、免除其举证责任的证据的代用,也包括权利人主张部分权利的,因其有对债权主张权利的意思表示,故对该意思进行解释,如其无放弃同一债权剩余部分的意思表示的,则对该主张权利的解释,可认为作为主张全部债权的证据。"[②]

在司法实务中,有以下几种情形值得注意:

一是同一债务分期履行的情形是否适用该条规定?对于该问题,司法实务界主流观点认为,在同一债务分期履行的情形下,由于该债权在合同订立之时即已产生,债权债务主体唯一,债务虽约定分期给付但实质为同一债务,具有唯一性,故只主张某一或者某几期债权的,诉讼时效中断的效力也应及于剩余债权,但其前提条件是剩余债权已开始起算诉讼时效期间。[③]《诉讼时效规定》第 5 条与第 11 条在适用上是衔接关系,即诉讼时效期间首先依据第 5 条规定的标准起算后,才能再依据第 11 条发生中断的问题。

二是债权人对债务人部分免除债务的行为,是否引起剩余债权诉讼时效中断?该条适用的场合是权利人主张部分债权,对剩余部分债权既未主张也未明确表示放弃。如果债权人不是主张权利,而是对债务人部分免除债务,对剩余部分债权既未主张也未明确表示放弃,是

---

① 参见最高人民法院民事审判第二庭编著:《最高人民法院关于民事案件诉讼时效司法解释理解与适用》,人民法院出版社 2008 年版,第 229 页。

② 同上注。

③ 参见刘德权主编:《最高人民法院司法观点集成》(1),人民法院出版社 2009 年版,第 269 页。

否也引起剩余债权诉讼时效中断呢?依《合同法》第105条的规定,债权人可以对债务人部分免除债务,且该免除行为并不当然包含主张权利的意思。债权人仅表示部分免除之意思,不涉及剩余部分债权的,不引起剩余部分债权诉讼时效中断;债权人明确表示仅免除部分债务,不免除剩余部分的,应视为含有要求履行剩余部分债务的意思,故引起剩余部分债权诉讼时效中断;债权人免除全部或部分债务之意思表示不明确的,应推定为免除部分债务,但不涉及剩余部分债务,故不引起剩余部分债权诉讼时效中断。①

三是权利人仅主张本金债权或利息债权,诉讼时效中断的效力是否及于利息债权或本金债权?对于该问题,有学者认为应区分利息之债是否已届清偿期而有所不同。利息债权尚未届清偿期时,为本金债权的从权利而不能独立请求履行,诉讼时效中断的效力及于对应的本金债权或利息债权。利息债权已届清偿期的,债权人可单独请求债务人支付利息,利息债权具有独立性,本金债权与利息债权的诉讼时效应分别计算。权利人仅主张本金债权或利息债权的,诉讼时效中断的效力不及于相对应的利息债权或本金债权。② 司法实务界主流观点认为,在利息债权为基本权利息之债权的情形下,主张本金或者利息债权的,由于该利息债权具有从属性,故主张利息或者本金债权而发生的诉讼时效中断效力当然及于本金或者利息债权。在利息债权为支分权利息债权的情形下,其虽具有独立性,但其仍是基于本金债权而产生,因此也具有一定的从属性。一般情形下,权利人主张的利息债权应包括基本债和分支债两部分,鉴于基本债居于从属于本金债的独立性,故主张利息债权,也应推定主张了本金债权。主张本金债权而未主张利息债权的情形也如此。③

在《诉讼时效规定》颁布以前,司法实务中亦有权利人主张部分债权仅引起部分债权诉讼时效中断的判决意见,典型案例如下:

---

① 参见梁展欣主编:《诉讼时效司法实务精义》,人民法院出版社2010年版,第162—163页。

② 参见史尚宽:《债法总论》,中国政法大学出版社2000年版,第262—263页。

③ 参见最高人民法院民事审判第二庭编著:《最高人民法院关于民事案件诉讼时效司法解释理解与适用》,人民法院出版社2008年版,第233页。

案例10.2.3　余姚市粮油贸易公司诉华粮粮油转运站等在货运代理中将货物交给伪造证书非法营运的船舶承运致货被骗赔偿损失案①

【案件事实】

原告:余姚市粮油贸易公司(以下简称粮贸公司)

被告:宁波华粮粮油转运站(以下简称转运站)

宁波市祥源船务代理有限公司(以下简称祥源公司)

1997年1月中旬,粮贸公司委托转运站,要求其办理将一批稻谷从宁波运抵漳州的有关手续,中转代办费用与海运费由其统一支付给转运站。转运站接受委托后,即与祥源公司联系商洽承运船舶。1月24日,祥源公司向转运站开具了一份派船单,载明:派船日期1997年1月24日,托运单位为转运站,货名稻谷,船舶准载吨330吨,承运船舶"琯机8号",运费自理,并加盖祥源公司的业务专用章。派船单开具后,祥源公司一业务员和"琯机8号"船船长一同来到转运站,三方当场约定船于25日晚到转运站自备的江甬码头装货。此后,祥源公司曾询问转运站有关装货事宜,转运站谎称:"这艘船不装这票货了",故祥源公司此后均未参与本案运输业务。1月24日至26日,粮贸公司陆续将稻谷从余姚运抵转运站所属的江甬码头仓库。25日晚,"琯机8号"船抵江甬码头受载,转运站负责装货,至26日晚装货完毕离港。其后经公安机关查明:"琯机8号"船(系伪造证件船只)诈骗一案中,涉及诈骗疑犯两人,一人已被捕移送追究刑事责任,另一人在逃。粮贸公司被骗的278吨稻谷已被销赃,从实际情况看已无力退赃。1998年9月15日,粮贸公司向转运站发函称:"为了减轻负担,双方本着同行兄弟的情理,要求转运站赔偿粮贸公司50%的损失,以了结此事。"原告粮贸公司于1999年4月29日起诉转运站,后又于1999年6月3日申请追加祥源公司为被告。被告转运站、祥源公司答辩称:原告的起诉已超过法律规定的诉讼时效。

【裁判要旨】

一审法院经审理认为,被告祥源公司虽然为本次稻谷运输开具了

---

① 参见最高人民法院中国应用法学研究所编:《人民法院案例选》2001年第1辑(总第35辑),人民法院出版社2003年版,第282页以下。

派船单,但事后被被告转运站撇开而没有进一步参与以后的各项业务。被告转运站虽有双重代理、代开发票等违章行为,但其过错行为与犯罪分子实施诈骗行为导致货物无法追回没有必然的因果关系,故两被告不应对原告稻谷被骗的损害结果承担责任。判决:驳回原告的诉讼请求。原告粮贸公司不服一审判决,提出上诉。二审法院经审理认为,转运站在接受粮贸公司的委托后,违规操作,未按粮贸公司的委托履行职责,致使粮贸公司的货物受损,故应承担赔偿责任;祥源公司在接受转运站调派船舶的委托后,指派了承运船舶,但未对所派船舶的经营资格和船舶证书进行审验,对粮贸公司的货损也应承担相应的赔偿责任。从1997年3月底经有关单位调查确认货物下落不明时起,粮贸公司即应当知道其权利已受到损害,粮贸公司曾于1998年9月15日向转运站要求承担一半损失,后又于1999年4月29日起诉,要求转运站承担本案的全部损失,故粮贸公司的另一半损失也已超过诉讼时效,转运站也因此而减轻了向粮贸公司的赔偿责任。

3. 因"提起诉讼"引起诉讼时效中断的,中断时间点的认定

在《诉讼时效规定》颁布以前,对于因"提起诉讼"引起诉讼时效中断时间点的认定问题,存在争议。第一种观点认为,当事人向法院提交起诉材料或者口头起诉,即应当认定权利人提起诉讼,诉讼时效期间从提交起诉材料或者口头起诉之日中断。第二种观点认为,在权利人以提起诉讼的方式主张权利的情形下,诉讼时效期间应在法院立案之日中断,法院不予受理的,则不发生诉讼时效中断的效力。第三种观点认为,在"提起诉讼"情形下,只有在起诉状副本送达给对方当事人、权利人主张权利的意思表示到达对方当事人后,诉讼时效期间才中断。①《诉讼时效规定》采纳了第一种观点,该司法解释第12条规定:"当事人一方向人民法院提交起诉状或者口头起诉的,诉讼时效从提交起诉状或者口头起诉之日起中断。"其立法理由是:"权利人通过请求公权力机关通过公权力救济自己权利的,应认定权利人未怠于行使权利,而是积极主张了权利,故只要其向法院提交起诉材料或者口头起诉,就应认定为诉讼时效中断,无需等待法院受理。该规定并

① 参见最高人民法院民事审判第二庭编著:《最高人民法院关于民事案件诉讼时效司法解释理解与适用》,人民法院出版社2008年版,第235页。

不违反到达主义的基本法理，也不违反民事诉讼法关于诉应具有原告方提起诉讼的行为和法院的受理行为两要件的理论。”[①]

在司法实务中，有以下几种情形值得注意：

一是当事人提起诉讼后，法院不予受理或当事人又撤诉的，是否引起诉讼时效中断？对于该问题，学界及司法实务界争议较大。在起诉被驳回或不予受理的情形下，司法实务界主流观点认为，原则上不发生诉讼时效中断的效力，但存在特殊原因除外。[②] 所谓特殊原因，例如最高人民法院《关于对全国证券回购机构间经统一清欠后尚余的债权债务诉讼时效问题的通知》（法〔2001〕9 号）规定：“凡已编入全国证券回购机构间债务清欠链条，经全国证券回购债务清欠办公室统一组织清欠后尚余的债权债务，其诉讼时效自我院法〔2000〕115 号文件下发之日即 2000 年 7 月 26 日起重新计算。”依该规定，权利人通过诉讼的方式主张权利的意思表示明确、合法，只是由于特殊政策性原因而暂时不予受理，故起诉应具有诉讼时效中断的效力。在暂不受理期间，诉讼时效期间持续中断，直至法院下发恢复受理的通知之日止。还应注意的是，在二审裁定撤销不予受理或者驳回起诉的情形下，在一审中的起诉行为具有诉讼时效中断的效力，诉讼时效自权利人向一审法院提交起诉状副本或者口头起诉之日起中断。[③] 在撤诉的情形下，司法实务界主流观点认为，如果权利人主张权利的意思表示已经到达义务人的，应认定诉讼时效中断。[④] 在当事人经催告仍未交纳诉讼费，法院裁定按撤诉处理的情形下，起诉状副本并未送达相对人，权利人既未通过诉讼方式，也未通过诉讼外方式向相对人主张权利，故不能引起诉讼时效中断。[⑤]

---

① 最高人民法院民事审判第二庭编著：《最高人民法院关于民事案件诉讼时效司法解释理解与适用》，人民法院出版社 2008 年版，第 237 页。

② 参见梁展欣主编：《诉讼时效司法实务精义》，人民法院出版社 2010 年版，第 107 页。

③ 参见刘德权主编：《最高人民法院司法观点集成》(1)，人民法院出版社 2009 年版，第 275 页。

④ 参见最高人民法院民事审判第二庭编著：《最高人民法院关于民事案件诉讼时效司法解释理解与适用》，人民法院出版社 2008 年版，第 250 页。

⑤ 参见王毓莹：《经催告当事人仍未交纳诉讼费法院裁定按撤诉处理诉讼时效是否中断》，载最高人民法院民事审判第一庭编：《民事审判指导与参考》2008 年第 2 辑（总第 34 辑），法律出版社 2008 年版，第 108—113 页。

二是权利人提起刑事附带民事诉讼或单独提起行政诉讼的，是否构成该中断事由？对于该问题，司法实务界主流观点认为，“提起诉讼”不仅包括权利人提起民事诉讼的情形，也应包括权利人提起刑事附带民事诉讼的情形。如果权利人为保护民事权利提起行政诉讼，即使提起的行政诉讼不被受理，但如果仅是其对案件性质的认识错误，但被告、事实理由及权利均无错误，则也应认定其提起行政诉讼的行为具有诉讼时效中断的效力。[①]

三是因证据不足被驳回诉讼请求，因发现证据或出现新证据而重新起诉且被支持的，前一次起诉是否构成该中断事由？最高人民法院《关于中国农业银行西藏自治区分行、中国人民银行拉萨中心支行与北京阿贝斯广告有限责任公司汇兑合同纠纷一案的答复》(〔2005〕民监他字第10号)规定：“北京市第二中级人民法院就北京阿贝斯广告有限责任公司诉工商银行北京东城支行汇兑纠纷作出终审判决，认定工商银行北京东城支行不承担过错责任之日，应为北京阿贝斯广告有限责任公司知道或应当知道其权利系被工商银行北京东城支行之外的民事主体所侵害之日。因此，北京阿贝斯广告有限责任公司对中国农业银行西藏自治区分行等诉讼时效期间应从北京市第二中级人民法院作出上述终审判决之日开始起算。”依该规定，如果因为权利人告错义务人而被判决驳回诉讼请求，则在判决作出之日，权利人才知道或应当知道谁是真正的义务人，因此，权利人与真正义务人之间的债权债务关系的诉讼时效期间应当从该判决生效之日重新计算。[②]

在司法实务中，因“提起诉讼”引起诉讼时效中断的典型案例如下：

① 参见张雪楳：《诉讼时效司法解释所涉主要问题论析》，载《判解研究》2008年第5辑；宋晓明等：《〈最高人民法院关于审理民事案件适用诉讼时效制度若干问题的规定〉的理解与适用》，载《法律适用》2008年第11期。

② 对于该答复的详细解读，参见董华：《关于中国农业银行西藏自治区分行、中国人民银行拉萨中心支行与北京阿贝斯广告有限责任公司汇兑合同纠纷一案的请示答复——如何确定对合同约定的汇兑行以外责任主体的诉讼时效起算时间》，载苏泽林主编：《审判监督指导》2006年第1辑(总第19辑)，人民法院出版社2006年版，第53—58页。

案例10.2.4　连爱萍诉焦作市马村区待王镇靳作村民委员会人身损害赔偿纠纷案①

【案件事实】

原告:连爱萍

被告:焦作市马村区待王镇靳作村民委员会(以下简称靳作村委会)

2000年7月14日下午,当时正下大雨,原告行至文昌大道与建兴路十字口西北角的围墙附近时,该围墙突然倒塌,将原告及另外一行人埋在倒塌的砖堆中,后被他人救出送往医院进行救治。原告连爱萍自2000年7月14日至2001年2月15日住院治疗,共花医疗费人民币14358.41元。经鉴定,原告属十级伤残。倒塌围墙的建设情况是:1998年5月12日,根据全市创建园林城市的要求,时任靳作村村支部书记的李耕臣在接到通知后,即安排人员修建了该围墙,后马村城建局又统一部署将该墙统一粉白进行了美化。2001年6月4日,原告以李耕臣(倒塌的围墙系李耕臣组织人员所建)、原马村区建设委员会(该围墙系马村区建设委员会要求被告所建)为被告向马村区人民法院提起诉讼,要求赔偿。马村区人民法院于2001年11月1日作出〔2001〕马民初字第223号民事判决,判决李耕臣与原马村区建设委员会赔偿原告各项损失共计人民币56446.65元,后经马村区城乡建设环境保护局(原马村区建设委员会)申请抗诉,焦作市人民检察院向焦作市中级人民法院提出了抗诉。焦作市中级人民法院指令马村区人民法院再审。经马村区人民法院再审,于2003年7月2日作出判决,以砸伤原告的围墙所占地系靳作村集体所有,该围墙系靳作村委会所建,李耕臣组织人员建围墙时,其是靳作村支部书记,其履行的是一种职务行为,李耕臣与马村区城建局均不是该围墙的所有人或管理人,撤销了〔2001〕马民初字第223号民事判决。原告又于2003年8月9日以靳作村委会为被告提出诉讼,请求法院判令被告赔偿原告医疗费等各项损失、诉讼费由被告承担。被告辩称原告的起诉已超过诉讼时效。

① 参见最高人民法院中国应用法学研究所编:《人民法院案例选》2005年第3辑(总第53辑),人民法院出版社2006年版,第87页以下。

【裁判要旨】

一审法院经审理认为,被告靳作村委会辩称李耕臣是该墙的管理人,应承担责任,被告不应承担责任,原告的起诉已超过诉讼时效,主张驳回原告的诉讼请求,因其举证不力,不予支持。判决:被告焦作市马村区靳作村民委员会赔偿原告连爱萍医疗费人民币 14 358.41 元、误工费人民币 6 242.34 元、陪护费人民币 5 368.86 元、营养费人民币 1 800 元、伤残生活补助费人民币 7 809 元、残疾赔偿金人民币 3 000 元。

4. 与"提起诉讼"具有同等诉讼时效中断效力的事项

对于类似提起诉讼的行为(例如申请仲裁、申请破产、申请强制执行等)能否引起诉讼时效中断,《民法通则》和《民法通则意见》未作规定,但学界及司法实务界对此普遍持肯定意见。[①] 在《诉讼时效规定》颁布以前,对于如何规定类似提起诉讼的事项,存在争议。第一种观点认为应采取概括式,即不明确规定与起诉有相同效力的具体事项,而规定一定的条件——以该事项是否表明权利人在积极行使权利作为标准,符合的则能够中断诉讼时效,理由是:在审判实践中具体的中断诉讼时效事项复杂,采取列举方式难免挂一漏万。第二种观点认为应采取列举式,即明确规定与起诉具有相同中断诉讼时效效力的具体事项,理由是:诉讼时效的中断将导致已进行的期间归于无效,对当事人的权利影响巨大,概括式规定给予法官过大的自由裁量权,可能使诉讼时效的强制性规定变得不确定。第三种观点认为应采取概括式加列举式,即设置概括性条款并列举一定范围的事项,对于不属于该列举范围的,依照概括性条款确定是否属于与起诉效力相同的中断时效的事项。[②]《诉讼时效规定》采纳了第三种观点,该司法解释第 13 条列举了 8 个具体事项并设 1 项概括性事项作为兜底条款,分述如下:

(1) 申请仲裁。依现行法规定,诉讼与仲裁是具有同等效力的民事纠纷解决途径,并适用"或裁或审"原则。当事人向仲裁机构申请仲

---

① 参见佟柔主编:《中国民法学 · 民法总则》,中国人民公安大学出版社 1990 年版,第 325 页。

② 参见最高人民法院民事审判第二庭编著:《最高人民法院关于民事案件诉讼时效司法解释理解与适用》,人民法院出版社 2008 年版,第 251—252 页。

裁,表明其具有通过有权机关主张权利的意思。申请仲裁与提起诉讼同样具有引起诉讼时效中断的效力,无论在《诉讼时效规定》颁布之前或之后,学界及司法实务界对此均不持异议。关于因申请仲裁引起诉讼时效中断的时间,可类推适用《诉讼时效规定》第 12 条的规定,即诉讼时效从当事人向仲裁机构提交仲裁申请书之日起中断。

(2) 申请支付令。《民事诉讼法》第 214 条规定:"债权人请求债务人给付金钱、有价证券,符合下列条件的,可以向有管辖权的基层人民法院申请支付令:(一) 债权人与债务人没有其他债务纠纷的;(二) 支付令能够送达债务人的。申请书应当写明请求给付金钱或者有价证券的数量和所根据的事实、证据。"督促程序是专门针对社会生活中一些简单债务如欠款或者有价证券等纠纷所设定的程序,这类纠纷的案情往往十分清楚,当事人不否认欠债的存在和所欠债务的数额,因此没有必要按照一般的诉讼程序办理。[①] 权利人向法院申请支付令的行为,表明其意图通过司法机关的有关程序来主张权利,因此该行为与提起诉讼同样具有引起诉讼时效中断的效力。关于因申请支付令引起诉讼时效中断的时间,司法实务界存在争议。第一种观点认为,诉讼时效应从申请之日中断,如义务人提出异议的,诉讼时效期间则从终结异议程序裁定书生效之日重新起算。权利人另行向人民法院起诉的,诉讼时效再次中断。[②] 第二种观点认为,诉讼时效因申请支付令而中断,但以支付令送达债务人为生效条件;债务人依法提出书面异议或者督促程序因其他原因被裁定终结的,仍维持该申请中断诉讼时效的效力,该债权的诉讼时效期间从法院作出该裁定时起重新起算。[③] 笔者认为,该中断事由的中断时间,可类推适用《诉讼时效规定》第 12 条的规定,即诉讼时效从当事人向法院提交支付令申请书之日起中断;债务人提出异议或者督促程序因其他原因被裁定终结的,不影响前一次中断的效力,但诉讼时效期间从法院作出该裁定时起重新起算。

---

① 参见王胜明主编:《中华人民共和国民事诉讼法释义》,法律出版社 2012 年版,第 511 页。

② 参见最高人民法院民事审判第二庭编著:《最高人民法院关于民事案件诉讼时效司法解释理解与适用》,人民法院出版社 2008 年版,第 251—252 页。

③ 参见梁展欣主编:《诉讼时效司法实务精义》,人民法院出版社 2010 年版,第 111 页。

（3）申请破产、申报破产债权。《企业破产法》第7条规定："债务人有本法第二条规定的情形，可以向人民法院提出重整、和解或者破产清算申请。债务人不能清偿到期债务，债权人可以向人民法院提出对债务人进行重整或者破产清算的申请。企业法人已解散但未清算或者未清算完毕，资产不足以清偿债务的，依法负有清算责任的人应当向人民法院申请破产清算。"《破产法规定(一)》第6条规定："债权人申请债务人破产的，应当提交债务人不能清偿到期债务的有关证据。债务人对债权人的申请未在法定期限内向人民法院提出异议，或者异议不成立的，人民法院应当依法裁定受理破产申请。受理破产申请后，人民法院应当责令债务人依法提交其财产状况说明、债务清册、债权清册、财务会计报告等有关材料，债务人拒不提交的，人民法院可以对债务人的直接责任人员采取罚款等强制措施。"依该规定，该中断事由所规定之"申请破产"，具体包括：① 债务人向人民法院提出重整、和解或者破产清算申请；② 债权人向人民法院提出对债务人进行重整或者破产清算的申请；③ 依法负有清算责任的人向人民法院申请破产清算。在债权人向法院申请债务人破产的情形下，债权人具有通过破产程序主张权利的意思，因此该行为与提起诉讼同样具有引起诉讼时效中断的效力；在债务人向法院申请破产的情形下，债权人应当申报债权，在某债权人申请债务人破产的情形下其他债权人也应申报债权，债权人申报债权的行为表明债权人具有通过破产程序主张权利的意思，因此该行为与提起诉讼同样具有引起诉讼时效中断的效力。在该中断事由引起诉讼时效中断的场合下，诉讼时效从当事人向法院提交破产申请书或者申报债权申请书之日起中断。

（4）为主张权利而申请宣告义务人失踪或死亡。《民法通则》第20条规定："公民下落不明满二年的，利害关系人可以向人民法院申请宣告他为失踪人。战争期间下落不明的，下落不明的时间从战争结束之日起计算。"第23条规定："公民有下列情形之一的，利害关系人可以向人民法院申请宣告他死亡：（一）下落不明满四年的；（二）因意外事故下落不明，从事故发生之日起满二年的。战争期间下落不明的，下落不明的时间从战争结束之日起计算。"《民事诉讼法》第183—186条规定了宣告失踪和宣告死亡的具体程序。该中断事由的适用前提是"为主张权利而申请"，此目的如何认定不无疑义。有观点认为，如果并非基于主张权利的目的,则不具有诉讼时效中断的效力。[①] 笔者认为,只要权利人依法定条件和程序提出宣告义务人失踪或死亡的申请,且客观上法院有可能对权利人的权利提供救济,就应引起诉讼时效中断,而无须权利人另外举证证明具有"为主张权利而申请"的目的。因该中断事由引起诉讼时效中断的场合下,诉讼时效从当事人向法院提交申请之日起中断。

(5) 申请诉前财产保全、诉前临时禁令等诉前措施。《民事诉讼法》第 101 条规定:"利害关系人因情况紧急,不立即申请保全将会使其合法权益受到难以弥补的损害的,可以在提起诉讼或者申请仲裁前向被保全财产所在地、被申请人住所地或者对案件有管辖权的人民法院申请采取保全措施。申请人应当提供担保,不提供担保的,裁定驳回申请。人民法院接受申请后,必须在四十八小时内作出裁定;裁定采取保全措施的,应当立即开始执行。申请人在人民法院采取保全措施后三十日内不依法提起诉讼或者申请仲裁的,人民法院应当解除保全。"民事诉讼中的诉前财产保全是法院为了确保将来的执行文书得以顺利执行或满足紧迫性需要,在执行文书生效之前,采取一定的强制性措施以限制义务人处分其财产或责令义务人作为或不作为的程序。[②] 最高人民法院《关于对诉前停止侵犯专利权行为适用法律问题的若干规定》(法释〔2001〕20 号)第 1 条规定:"根据专利法第六十一条的规定,专利权人或者利害关系人可以向人民法院提出诉前责令被申请人停止侵犯专利权行为的申请。提出申请的利害关系人,包括专利实施许可合同的被许可人、专利财产权利的合法继承人等。专利实施许可合同被许可人中,独占实施许可合同的被许可人可以单独向人民法院提出申请;排他实施许可合同的被许可人在专利权人不申请的情况下,可以提出申请。"最高人民法院《关于诉前停止侵犯注册商标专用权行为和保全证据适用法律问题的解释》(法释〔2002〕2 号)第 1 条规定:"根据商标法第五十七条、第五十八条的规定,商标注册人或者利害关系人可以向人民法院提出诉前责令停止侵犯注册商标专用

① 参见最高人民法院民事审判第二庭编著:《最高人民法院关于民事案件诉讼时效司法解释理解与适用》,人民法院出版社 2008 年版,第 257 页。

② 参见王胜明主编:《中华人民共和国民事诉讼法释义》,法律出版社 2012 年版,第 227 页。

权行为或者保全证据的申请。提出申请的利害关系人,包括商标使用许可合同的被许可人、注册商标财产权利的合法继承人。注册商标使用许可合同被许可人中,独占使用许可合同的被许可人可以单独向人民法院提出申请;排他使用许可合同的被许可人在商标注册人不申请的情况下,可以提出申请。"这两个司法解释对诉前临时禁令作出基本规定。当事人申请诉前财产保全、诉前临时禁令等诉前措施的,表明其具有通过这些公力救济程序主张权利的意思,因此该行为与提起诉讼同样具有引起诉讼时效中断的效力。因该中断事由引起诉讼时效中断的场合下,诉讼时效从当事人向法院提交诉前措施申请之日起中断。应注意的是,依《民事诉讼法》和上述两个司法解释的规定,诉前保护措施的申请人需在提出申请后一定期间内起诉,否则经法院裁定解除保护措施。在诉前保全措施被解除的情形下,由于权利人请求法院保护其权利的意思表示存在,故尽管上述诉前措施被解除,但诉前措施的申请行为仍应具有诉讼时效中断的效力。

(6) 申请强制执行。最高人民法院《关于人民法院执行工作若干问题的规定(试行)》(法释〔1998〕15 号)第 2 条规定:"执行机构负责执行下列生效法律文书:(1) 人民法院民事、行政判决、裁定、调解书,民事制裁决定、支付令 ,以及刑事附带民事判决、裁定、调解书;(2) 依法应由人民法院执行的行政处罚决定、行政处理决定;(3) 我国仲裁机构作出的仲裁裁决和调解书;人民法院依据《中华人民共和国仲裁法》有关规定作出的财产保全和证据保全裁定;(4) 公证机关依法赋予强制执行效力的关于追偿债款、物品的债权文书 ;(5) 经人民法院裁定承认其效力的外国法院作出的判决、裁定,以及国外仲裁机构作出的仲裁裁决;(6) 法律规定由人民法院执行的其他法律文书。"当事人就上述法律文书向法院申请强制执行,表明其具有通过公力救济性质的执行程序主张权利的意思,因此该行为与提起诉讼同样具有引起诉讼时效中断的效力。对于法院的生效裁判文书申请强制执行是否引起诉讼时效中断,学界及司法实务界曾经存在争议。[①] 修正后的《民事诉讼法》第 239 条将申请执行期间的性质界定为诉讼时效,亦从

---

① 参见詹昫刚:《申请执行时效若干问题探讨》,载《法制与社会》2008 年第 12 期;乔宇:《论申请执行时效的适用程序》,载《法律适用》2013 年第 4 期。

侧面反映出现行法对于申请强制执行可引起诉讼时效中断之立法态度。[①] 因该中断事由引起诉讼时效中断的场合下，诉讼时效从当事人向法院提交强制执行申请之日起中断。

（7）申请追加当事人或者被通知参加诉讼。该中断事由发生在必要共同诉讼和第三人参加诉讼的场合。《民诉法解释》第 73 条规定："必须共同进行诉讼的当事人没有参加诉讼的，人民法院应当依照民事诉讼法第一百三十二条的规定，通知其参加；当事人也可以向人民法院申请追加。人民法院对当事人提出的申请，应当进行审查，申请理由不成立的，裁定驳回；申请理由成立的，书面通知被追加的当事人参加诉讼。"依现行法规定，所有的必要共同诉讼都被看做是不可分的共同诉讼，只要有某一共同诉讼人未参加诉讼，就必然采取让当事人申请追加或由人民法院通知追加的方式让其参加诉讼。[②]《民事诉讼法》第 56 条第 1、2 款规定："对当事人双方的诉讼标的，第三人认为有独立请求权的，有权提起诉讼。对当事人双方的诉讼标的，第三人虽然没有独立请求权，但案件处理结果同他有法律上的利害关系的，可以申请参加诉讼，或者由人民法院通知他参加诉讼。人民法院判决承担民事责任的第三人，有当事人的诉讼权利义务。"《民诉法解释》第 81 条第 1 款规定："根据民事诉讼法第五十六条的规定，有独立请求权的第三人有权向人民法院提出诉讼请求和事实、理由，成为当事人；无独立请求权的第三人，可以申请或者由人民法院通知参加诉讼。"依该规定，第三人参加诉讼的方式也包括申请追加和由法院通知两种方式。当事人向法院申请追加诉讼参加人的，表明其具有通过诉讼向义务人主张权利的意思，因此该行为与提起诉讼同样具有引起诉讼时效中断的效力；当事人被法院通知参加诉讼的，表明权利人与义务人之间的纠纷须通过诉讼程序来解决，因此该行为也与提起诉讼同样具有引起诉讼时效中断的效力。在因该中断事由引起诉讼时效中断的场合，诉讼时效从当事人向法院提交追加申请或参加诉讼通知到达被通知人之日起中断。

（8）在诉讼中主张抵销。诉讼上的抵销，是指在民事诉讼中，被

---

① 关于生效法律文书的诉讼时效适用问题，参见第三章第二节相关内容。

② 参见江伟主编：《民事诉讼法》，中国人民大学出版社 2011 年版，第 126—127 页。

告主张自己对原告有满足抵销条件的债权而提出抵销,以达到在法院确认原告的请求成立的情况下作出余额判决,从而减少或者消灭对方诉讼请求的目的。抵销之所以在诉讼程序中提出是由于三方面原因:① 该抵销不属于自助抵销;② 该抵销确实是自助抵销,债务人曾在诉讼程序前行使,但遭到债权人的异议;③ 该抵销确实是自助抵销,但债务人首次在诉讼程序中提出。[①] 在诉讼中主张抵销,表明抵销关系中的主动债权人具有通过诉讼主张权利的意思,因此该行为与提起诉讼同样具有引起诉讼时效中断的效力。应注意的是,该中断事由针对的对象是抵销关系中的主动债权,即被告以此债权要求抵销原告对己享有的债权。至于原告对被告享有的债权(抵销关系中的被动债权)系因原告提起诉讼而引起诉讼时效中断,而非因被告提出抵销引起诉讼时效中断。在因该中断事由引起诉讼时效中断的场合,诉讼时效从当事人提出抵销主张之日起中断。

(9) 其他与提起诉讼具有同等诉讼时效中断效力的事项。该项为兜底条款,对未具体列举但性质上也应与提起诉讼类似的事由引起诉讼时效中断留下余地,例如先予执行[②]等。

在司法实务中,因与"提起诉讼"具有同等中断效力事项引起诉讼时效中断的典型案例如下:

案例 10.2.5　江苏省溧阳市建筑安装工程总公司诉西安南风日化有限责任公司与第三人西安南风油脂开发有限责任公司建筑工程纠纷案[③]

【案件事实】

原告(被上诉人):江苏省溧阳市建筑安装工程总公司(以下简称溧阳建安公司)

被告(上诉人):西安南风日化有限责任公司(以下简称南风日化)

第三人:西安南风油脂开发有限责任公司(以下简称南风油脂)

---

① 参见陈桂明、李仕春:《论诉讼上的抵销》,载《法学研究》2005 年第 5 期。

② 《民事诉讼法》第 106 条。

③ 参见最高人民法院中国应用法学研究所编:《人民法院案例选》2006 年第 4 辑(总第 58 辑),人民法院出版社 2007 年版,第 283 页以下。

1999年5月至1999年9月，溧阳建安公司下属西安分公司（乙方）和南风日化（甲方）签订三份建设工程施工合同，合同约定南风日化作为建设单位将“油厂浸出车间厂房”的施工、“油厂浸出车间外辅助设施”的施工及“油厂筒仓系统工程”的施工发包给溧阳建安公司下属西安分公司。合同签订后，溧阳建安公司进场开始施工，并于1999年底施工完毕。随后，溧阳建安公司施工建设的工程和安装的设备由南风日化交付南风油脂使用。溧阳建安公司与南风日化签订施工合同时，南风油脂尚未依法成立，南风日化称由于南风油脂没有成立，故应溧阳建安公司的要求，其代南风油脂在合同上加盖了公章，该合同的建设方实为南风油脂，合同义务应当由南风油脂承担；对此溧阳建安公司则认为，该合同是垫资工程，溧阳建安公司与南风日化签订合同时，正是由于南风油脂没有成立，没有缔约主体资格，溧阳建安公司也无法判别其经营状况及偿还能力，故坚持要求以南风日化作为建设方签订施工合同。经过协商，最终溧阳建安公司与南风日化签订了施工合同，南风日化作为合同的一方当事人应当承担合同义务，而南风油脂并不是合同当事人，目前也处于停业状态，溧阳建安公司亦表示不要求南风油脂承担支付工程款的民事责任。2004年8月，溧阳建安公司就本案争议的事实向西安仲裁委员会申请仲裁，2004年10月12日，西安仲裁委员会以溧阳建安公司与南风日化双方仲裁条款约定不明为由驳回了溧阳建安公司的申请，溧阳建安公司遂于2004年11月29日诉至法院，要求南风日化支付工程款人民币1396828.41元、利息人民币501245.23元、违约金人民币101900元。

【裁判要旨】

一审法院经审理认为，本案双方在履行合同期间，即从1999年9月起至2002年9月期间南风日化以及其债务辅助履行人即南风油脂逐年均向溧阳建安公司支付工程款，诉讼时效处于中断状态，2004年8月，溧阳建安公司就本案争议的事实向西安仲裁委员会申请仲裁，也应当属于中断事由。溧阳建安公司于2004年11月提起诉讼，并没有超过诉讼时效。南风日化不服一审判决，提起上诉。二审法院经审理认为，因本案所涉工程款的给付一直延续到2002年9月，诉讼时效应从2002年9月开始起算，溧阳建安公司于2004年8月向西安仲裁委员会申请仲裁的行为引起了诉讼时效的中断，诉讼时效重新起算。其于2004年11月再行向法院提起诉讼时，未超过两年诉讼时效期间，故南风日化以超过诉讼时效为由主张驳回溧阳建安公司的诉讼请求,不予支持。

5. 向有关社会组织请求保护民事权利引起诉讼时效中断的效力

依《民法通则意见》第174条的规定,权利人向人民调解委员会或者有关单位请求保护民事权利的,引起诉讼时效中断。但对于“有关单位”如何认定,则缺乏明确规定。《诉讼时效规定》颁布以前,对于向人民调解委员会之外的有关社会组织请求保护民事权利是否具有诉讼时效中断效力,存在争议。第一种观点(反对说)认为,对于诉讼时效中断的事由应坚持严格的法定性,即只有起诉、请求和承认具有发生诉讼时效中断的效力,不宜在《民法通则意见》规定的人民调解委员会之外再确定向其他机构或组织请求保护民事权利具有中断诉讼时效的效力。如有此类规定,容易出现大量伪证证明诉讼时效中断,从而使时效制度的价值难以实现。第二种观点(肯定说)认为,诉讼外纠纷解决机制存在与作用的实际要求肯定此种情形下诉讼时效中断的效力,否则不利于保护权利人的权利和降低纠纷的解决成本,促成纠纷的解决。伪证问题应在诉讼中根据证据制度予以辨别处理,不能因出现伪证的可能性而否定这一诉讼时效中断事由。①

在司法实务中,亦有肯定向有关单位请求保护民事权利的行为具有诉讼时效中断效力的判例。②《诉讼时效规定》采纳了第二种观点,该司法解释第14条规定:“权利人向人民调解委员会以及其他依法有权解决相关民事纠纷的国家机关、事业单位、社会团体等社会组织提出保护相应民事权利的请求,诉讼时效从提出请求之日起中断。”其立法理由是:“随着构建和谐社会中诉讼外纠纷解决机制的日益被重视,有关国家机关、事业单位、社会团体等社会组织调处解决民事纠纷的职能日益被重视和强化,尊重这一实际状况及充分发挥诉讼外纠纷解决机制的作用,确认在此情形下的诉讼时效中断效力,构建和认可该请求制度,对于鼓励权利人利用诉讼外纠纷解决机制,减少纠纷解决

---

① 参见最高人民法院民事审判第二庭编著:《最高人民法院关于民事案件诉讼时效司法解释理解与适用》,人民法院出版社2008年版,第266页。

② 参见“恒捷国际有限公司香港公司与东莞市华南汽车公司代开信用证纠纷案”,载最高人民法院民事审判第二庭编著:《最高人民法院关于民事案件诉讼时效司法解释理解与适用》,人民法院出版社2008年版,第265页以下。

的成本，节约有限的司法资源，促进纠纷的快速解决十分重要。在权利人虽未通过诉讼或与诉讼具有同等效力的事项中断诉讼时效，但却将纠纷交由有关部门调处时，由于在请求调处时，权利人有主张权利的意思表示并积极寻求纠纷解决，因此，诉讼时效应中断。"[①]该条包含了以下几层涵义：

（1）权利人提出的请求必须包含保护相应民事权利的内容。权利人向有关社会组织提出的请求应当构成主张权利的意思表示，而非包含其他内容。如果权利人仅向有关社会组织反映情况、提出批评建议或举报他人违法行为，而不是主张自己的权利并要求提供保护，则不能依该条引起诉讼时效中断。

（2）权利人请求保护权利的对象是人民调解委员会以及其他依法有权解决相关民事纠纷的国家机关、事业单位、社会团体等社会组织。《人民调解委员会组织条例》第 2 条第 1 款规定："人民调解委员会是村民委员会和居民委员会下设的调解民间纠纷的群众性组织，在基层人民政府和基层人民法院指导下进行工作。"在现行法框架内，人民调解委员会主持的诉讼外调解是解决民事纠纷的重要机制，权利人向人民调解委员会请求保护民事权利具有明确的主张权利的意思表示，该行为能够引起诉讼时效中断。"其他依法有权解决相关民事纠纷的国家机关、事业单位、社会团体等社会组织"是指依职权应当对相关民事权利提供保护或协助提供保护的各类社会组织。有关国家机关包括各级人大、政协、信访机关等；有关事业单位包括银监会、保监会、证监会等；有关社会团体包括消费者协会、各行业协会、工会、妇联等。应注意的是，依《诉讼时效规定》第 14 条的规定，权利人向"其他社会组织"请求保护的民事权利必须与该组织的职权具有相关性，才能够引起诉讼时效中断，例如因经营者欺诈行为向消费者协会请求保护、因保险合同纠纷向保监会请求保护等。

（3）在因该中断事由引起诉讼时效中断的场合，诉讼时效从权利人提出请求之日起中断。权利人向有关社会组织请求保护民事权利，提出请求的行为依相关程序完成时，权利人主张权利的意思表示也即完成，此时诉讼时效中断。依《民法通则意见》第 174 条的规定，经有

---

① 最高人民法院民事审判第二庭编著：《最高人民法院关于民事案件诉讼时效司法解释理解与适用》，人民法院出版社 2008 年版，第 267—268 页。

关社会组织调处达不成协议的,诉讼时效期间从确定达不成协议之日起重新起算;如调处达成协议,义务人未按协议所定期限履行义务的,诉讼时效期间从期限届满时重新起算。另外,最高人民法院《关于审理涉及人民调解协议的民事案件的若干规定》(法释〔2002〕29 号)第9 条第 3 款规定:“调解协议被撤销或者被认定无效后,当事人以原纠纷起诉的,诉讼时效自调解协议被撤销或者被认定无效的判决生效之日起重新计算。”

在司法实务中,向有关社会组织请求保护民事权利引起诉讼时效中断的典型案例如下:

案例 10.2.6　徐志燕等 12 名招婚上门的女性村民诉呼和浩特市赛罕区西把栅乡沙梁村委会集体经济收益分配纠纷案[①]

【案件事实】

原告:徐志燕等 12 人,均为呼和浩特市赛罕区西把栅乡沙梁村女性村民

被告:呼和浩特市赛罕区西把栅乡沙梁村民委员会

原告等人出生于呼和浩特市赛罕区西把栅乡沙梁村,并以家庭成员的身份,获得了一轮土地承包权。婚后招婿上门,仍住本村。当第一轮土地承包结束,签订第二轮土地承包合同时,沙梁村委会以其为“出嫁女”为由,未给其承包二轮土地,也取消了其村民集资住宅楼和临街商业楼(以下简称“两楼”)的分配权。为此,原告多次上访。后在内蒙古自治区政府信访局的协调下,沙梁村委会与原告于 2002 年 6 月 7 日达成《沙梁村委会与出嫁闺女承包二轮土地及相关事宜的协议》,即“6·7 协议”,该协议规定“在徐志燕等十二人能够证明其丈夫在原乡、村没有承包二轮土地的前提下,沙梁村委会分给徐志燕等十二人在内的出嫁闺女 35 人每人 1.7 亩承包土地”;“徐志燕等十二人不参与 1999 年到 2002 年 6 月 7 日建设的集资住宅楼、商业二楼的分配”。上述协议签订后,沙梁村委会与原告如约签订了《呼和浩特市农村集体土地承包合同》,原告每人获得 1.7 亩的二轮土地承包权。2004 年村委会收回了一些承包地,其中包括原告二轮承包的 1.7 亩土

---

① 参见最高人民法院中国应用法学研究所编:《人民法院案例选》2007 年第 3 辑(总第 61 辑),人民法院出版社 2008 年版,第 124 页以下。

地。原告与其他村民一样得到了每亩6.5万元的补偿款。原告根据“6·7协议”获得了1.7亩土地的二轮承包权后，对于不能与其他村民平等得到“两楼”的分配权仍然不服，又多次与村委会交涉，未能解决，又向乡政府、市政府、内蒙古党委和政府上访，也均未得到解决，于2006年9月6日诉至法院。

【裁判要旨】

一审法院判决：

(1) 确认2002年6月7日《沙梁村委会与出嫁闺女承包二轮土地及相关事宜的协议》第4条第(1)项无效；

(2) 沙梁村委会给付原告每人与本村出生的男性村民同等面积、同类地段的集资住宅楼和商用楼各一套(原告按同等村民交纳相关费用)，或相应的折价款。诉讼费人民币31 010元，由沙梁村委会负担。被告沙梁村委会不服，上诉称本案原告的起诉已过诉讼时效。二审法院经审理认为：关于诉讼时效的问题，由于被上诉人一直在上访，寻求解决问题的途径，故本案不存在超过诉讼时效的问题。判决：驳回上诉，维持原判。

6. 民刑交叉案件中的诉讼时效中断规则

在《诉讼时效规定》颁布以前，对于“民刑交叉”案件的审理，最高人民法院曾颁布一系列司法解释、批复等文件①，其中涉及诉讼时效中断的规定是《关于在审理经济纠纷案件中涉及经济犯罪嫌疑若干问题的规定》(法释〔1998〕7号)第9条规定：“被害人请求保护其民事权利的诉讼时效在公安机关、检察机关查处经济犯罪嫌疑期间中断。如果公安机关决定撤销涉嫌经济犯罪案件或者检察机关决定不起诉的，诉讼时效从撤销案件或决定不起诉之次日起重新计算。”《诉讼时效规定》基本坚持了该规定的精神，并作了更为具体的规定，该司法解释第15条规定：“权利人向公安机关、人民检察院、人民法院报案或者控告，请求保护其民事权利的，诉讼时效从其报案或者控告之日起中断。上述机关决定不立案、撤销案件、不起诉的，诉讼时效期间从权利人知道或者应当知道不立案、撤销案件或者不起诉之日起重新计算；刑事案件进入审理阶段，诉讼时效期间从刑事裁判文书生效之日起重新计

① 参见本书第三章第一节相关内容。

算。”其立法理由是:“在民刑交叉案件中,存在着当事人先提起民事诉讼后进行刑事报案、或者先进行刑事报案后提起民事诉讼以及在同一天既提起民事诉讼也进行刑事报案三种情形。在第一种情形下,由于当事人已提起民事诉讼,故其请求权在提起诉讼期间持续中断,若刑事报案系发生在民事诉讼期间,则不涉及诉讼时效再次中断和重新起算问题,而是仍然因提起民事诉讼的行为持续中断。在司法实务中,存在民事案件因当事人刑事报案而中止审理的情形。在该情形下,尽管民事案件中止审理,但由于权利人向人民法院提起诉讼、请求保护民事权利的意思表示仍然存在,故诉讼时效期间仍应持续中断,不应因诉讼程序的暂时中止而否定权利人主张权利的意思表示,该中止时间也应一并计入中断时间。在民事诉讼程序终结后,如果权利人的权利仍然存在、诉讼时效仍需继续计算的,当事人进行刑事报案的,诉讼时效期间应从报案之日中断。在第三种情形下,诉讼时效期间因当事人提起民事诉讼或者进行刑事报案的行为而中断。在第二种情形下,当事人先进行刑事报案的行为能否发生诉讼时效中断的效力是本条意在规定的内容。报案或者控告行为本身意味着,被害人(权利人)请求公安机关、人民检察院、人民法院等国家司法权机关采用公权力在侦查犯罪的同时保护其民事权利。因此,其报案、请求公权力机关保护其民事权利的意思表示明确,该意思表示应在到达公权力机关时即发生法律效力。”①该条包含了以下几层涵义:

(1)权利人向公安机关、人民检察院、人民法院报案或者控告,请求保护其民事权利的,构成诉讼时效中断事由。该条的适用场合是权利人在未提起民事诉讼或通过其他民事救济程序主张权利的情形下,先向有关公权力机关进行刑事报案或者控告,请求保护其民事权利。在该场合下,系由权利人主动向公权力机关报案或者控告并请求保护其民事权利,其主张权利的意思表示明确,故能引起诉讼时效中断。如果权利人未主动报案或者控告,而是公安机关、人民检察院主动侦查刑事案件的,应区分不同情形以确定诉讼时效是否中断:其一,公安机关、人民检察院主动侦查刑事案件且未通知权利人(被害人)的,权利人不知道且不应知道权利受到侵害,诉讼时效期间不起算,自无中

---

① 最高人民法院民事审判第二庭编著:《最高人民法院关于民事案件诉讼时效司法解释理解与适用》,人民法院出版社 2008 年版,第 279—280 页。

断问题。其二,公安机关、人民检察院主动侦查刑事案件但尚未发现犯罪嫌疑人,并通知权利人(被害人)的,权利人虽然知道其权利受到侵害但不知侵害人为何人,诉讼时效期间不起算,也无中断问题。其三,公安机关、人民检察院主动侦查刑事案件发现犯罪嫌疑人,并通知权利人(被害人)的,诉讼时效期间起算,但在侦查阶段诉讼时效处于持续中断状态。因为在该阶段,公权力机关正在运用侦查手段查明、确定犯罪嫌疑人的侵害事实以保护权利人的民事权利,须待刑事诉讼程序结束后诉讼时效重新起算。

(2) 因该中断事由引起诉讼时效中断的,中断时间点为权利人报案或者控告之日。对于因该中断事由引起诉讼时效中断的时间点,在《诉讼时效规定》起草过程中存在争议,分别有从报案或者控告、立案之日中断的观点。《诉讼时效规定》最终采纳了前一种观点,其理由是:"权利人向公安机关、人民检察院、人民法院报案或者控告的,报案或者控告行为本身就代表其向上述机关作出保护其民事权利的请求,且该请求已到达上述机关,故应从报案或者控告之日中断诉讼时效。"[①]

(3) 因该中断事由引起诉讼时效中断的,诉讼时效重新计算的时间点区分不同情形有所不同:其一,公安机关、人民检察院、人民法院决定不立案、撤销案件、不起诉的,诉讼时效期间从权利人知道或者应当知道不立案、撤销案件或者不起诉之日起重新计算。司法机关在接到报案或者控告后经过审查决定不立案、撤销案件、不起诉的,表明权利人虽然权利受到侵害但责任人未构成犯罪或犯罪事实显著轻微不需要追究刑事责任,或者根本不存在权利人的权利受到侵害的事实。在前一种情形下,引起诉讼时效中断,诉讼时效从权利人知道或者应当知道司法机关作出上述决定之日起重新计算;在后一种情形下,不存在诉讼时效中断的问题,也无重新计算的问题。其二,刑事案件进入审理阶段,诉讼时效期间从刑事裁判文书生效之日起重新计算。刑事案件进入审理阶段且权利人未提起刑事附带民事诉讼的情形下,权利人不能另行单独提起民事诉讼主张其权利,而须等待刑事案件的审理结果。在刑事裁判文书作出并生效后,权利人希望通过刑事程序保护其民事权利的程序终结,如果其民事权利未得到充分保护,其可以

---

① 最高人民法院民事审判第二庭编著:《最高人民法院关于民事案件诉讼时效司法解释理解与适用》,人民法院出版社 2008 年版,第 281 页。

另行提起民事诉讼,故其请求保护的民事权利之诉讼时效期间从刑事裁判文书生效之日起重新计算。

在司法实务中,民刑交叉案件中诉讼时效中断的典型案例如下:

案例 10.2.7　罗定市林产化工厂、刘显驰与株洲选矿药剂厂技术秘密侵权纠纷上诉案①

【案件事实】

上诉人(原审被告):广东省罗定市林产化工厂(以下简称罗定厂)、刘显驰

被上诉人(原审原告):株洲选矿药剂厂(以下简称株洲厂)

株洲厂生产的"黄药"由于产品质量稳定,多次获得国家级、省级奖项,株洲厂对其技术成果采取了保密措施。1990 年 10 月,广东省罗定厂找到株洲厂技术人员刘显驰,要求其提供黄药生产的设备图纸及技术。刘显驰先后收受罗定厂人民币 4 万元,向罗定厂交付了株洲厂生产黄药的全部设备图纸并对罗定厂进行设备安装指导。1992 年 6 月,株洲厂根据群众揭发线索,向株洲市北区人民检察院举报刘显驰出卖该厂技术资料、贪污犯罪的问题。该检察院在侦查过程中将刘显驰收受的人民币 4 万元予以追缴后交给了株洲厂,并于 1994 年 12 月 20 日向株洲厂发出一份检察建议书,称刘显驰案已侦查终结,建议株洲厂对刘显驰和罗定厂的侵权行为向人民法院提起诉讼。

【裁判要旨】

一审法院经重审认为,罗定厂与刘显驰共同实施侵权行为,应承担法律责任。判决:

(1) 罗定厂赔偿株洲厂人民币 4 155 882.07 元。

(2) 刘显驰赔偿株洲厂人民币 5 万元(含罗定厂支付的报酬 4 万元)。本案案件受理费、财产保全费共计人民币 5 万元,鉴定费人民币 1.5 万元,审计费人民币 8 万元,共计人民币 14.5 万元,由罗定厂承担。罗定厂不服一审判决,提起上诉,称本案已经超过诉讼时效。二审法院经审理认为,虽然株洲厂仅向检察机关举报要求追究刘显驰的法律责任,未向人民法院提出追究罗定厂侵权责任的请求,但是在检察机关侦查终结于 1994 年 12 月提出检察建议之前,没有证据证明株

---

① 载《最高人民法院公报》2000 年第 3 期。

洲厂当时已经清楚知道其权利被罗定厂侵犯的情况，故株洲厂于同年12月20日起诉罗定厂，并没有超过诉讼时效；其根据群众揭发的线索向检察机关举报刘显驰，等待检察机关侦查结束后提起民事诉讼，应当认为诉讼时效自其举报时起中断，因此，株洲厂起诉罗定厂和刘显驰，均未超过诉讼时效。

7. 对于“当事人一方同意履行义务”的认定

在《诉讼时效规定》起草过程中，对该问题主要存在两点争议：一是对“当事人一方同意履行义务”这一中断事由应采单一要件还是双重要件。单一要件说认为，只要有义务人同意履行义务的意思表示，即应认定义务人同意履行义务，诉讼时效中断，而不管该意思表示是否到达权利人。双重要件说认为，不仅义务人要作出同意履行义务的意思表示，而且该意思表示必须到达或者应当到达权利人的，才能认定义务人同意履行义务，诉讼时效中断。二是义务人部分履行债务行为是否对全部债务产生诉讼时效中断的效力。第一种观点认为，在该情形下，应作有利于权利人的理解，义务人同意履行部分义务应视同其承认全部债务，故应具有诉讼时效中断的效力。第二种观点认为，依据当事人意思自治原则，既然义务人只同意履行部分债务，自应对该同意履行部分债务具有诉讼时效中断的效力，对其余债务不具有诉讼时效中断的效力。[①]《诉讼时效规定》第16条规定：“义务人作出分期履行、部分履行、提供担保、请求延期履行、制定清偿债务计划等承诺或者行为的，应当认定为民法通则第一百四十条规定的当事人一方‘同意履行义务’。”对于第一个争议问题，该条“作出……承诺或者行为”之表述似乎采取单一要件说，但司法实务界主流观点认为应采双重要件标准。[②] 对于第二个争议问题，该条采纳了前述第一种观点。其立法理由是：“苛刻地要求债权人不间断地向债务人主张全部债权，不仅加大了债权人的成本支出，而且也不利于诚信原则之维护。因

① 参见最高人民法院民事审判第二庭编著：《最高人民法院关于民事案件诉讼时效司法解释理解与适用》，人民法院出版社2008年版，第285—286页。

② 参见最高人民法院民事审判第二庭编著：《最高人民法院关于民事案件诉讼时效司法解释理解与适用》，人民法院出版社2008年版，第288页。相反观点参见梁展欣主编：《诉讼时效司法实务精义》，人民法院出版社2010年版，第119—120页。

此,认定部分同意履行债务具有对全部债务诉讼时效中断的效力,有利于保护权利人的权利,与诉讼时效中断制度保护权利人权利的立法目的正相契合。"[①]该条列举的5种具体情形可分为三种类型:

(1)义务人作出分期履行或部分履行的承诺或者行为。分期履行和部分履行均构成广义的部分履行。义务人向权利人作出分期履行或部分履行的承诺,构成明示的债务承认;义务人直接向权利人作出分期履行或部分履行行为,构成默示的债务承认。[②] 两者均可引起诉讼时效中断。义务人作出支付利息的承诺或者行为,诉讼时效中断的效力当然及于本金债权。[③] 在司法实务中,义务人履行了同一合同项下的人民币借款债务的,对该合同项下的美元及日元借款债务亦发生诉讼时效中断的效力。[④]

(2)义务人作出提供担保的承诺或者行为。依现行法规定,担保关系对主债务而言均具有从属性。因此,义务人向权利人作出提供担保的承诺或者行为,亦间接地承认了主债务的有效存在,故该承诺或者行为能够引起诉讼时效中断。但如果是由第三人在义务人不知情的情况下主动为债务人提供担保,由于并非由债务人作出债务承认行为,因此不能引起诉讼时效中断。

(3)义务人作出请求延期履行、制订清偿债务计划的承诺或者行为。延期履行和清偿债务计划均以债务有效存在为前提,债务人作出这种承诺或者行为,表明其承认债务有效存在,故该承诺或者行为能够引起诉讼时效中断。另外,在司法实务中,保险人在保险事故发生后指示被保险人进行自救,为其联系施救,并采取措施确定损失,其行为也被认定为"当事人一方同意履行义务"。[⑤]

---

① 最高人民法院民事审判第二庭编著:《最高人民法院关于民事案件诉讼时效司法解释理解与适用》,人民法院出版社2008年版,第289页。

② 参见施启扬:《民法总则》,中国法制出版社2010年版,第342页。

③ 参见史尚宽:《债法总论》,中国政法大学出版社2000年版,第673页。

④ 参见"辽宁省鞍山市发展计划委员会与中国光大银行沈阳分行、辽宁省鞍山市纺织厂、辽宁省鞍山市轻纺国有资产经营有限公司、辽宁省鞍山市针织总厂借款担保纠纷案",载刘德权主编:《最高人民法院司法观点集成》(1),人民法院出版社2009年版,第292页以下。

⑤ 参见"赵典藏等诉中国人民财产保险股份有限公司温州市分公司船舶保险合同纠纷案",载最高人民法院中国应用法学研究所编:《人民法院案例选》2008年第1辑(总第63辑),人民法院出版社2008年版,第369页以下。

在司法实务中,因“当事人一方同意履行义务”引起诉讼时效中断的典型案例如下:

案例10.2.8　马来西亚KUB电力公司诉中国光大银行股份有限公司沈阳分行履行独立性保函承诺案①

【案件事实】

原告:马来西亚KUB电力公司

被告:中国光大银行股份有限公司沈阳分行(以下简称中国光大银行沈阳分行)

1997年3月25日,原告与沈阳机械设备进出口公司达成了电力设备进出口协议。协议约定,货款总金额为3 741 500美元,由原告向沈阳机械设备进出口公司支付合同总价的10%的预付款,沈阳机械设备进出口公司向原告出口气体绝缘开关设备。1997年6月4日,根据沈阳机械设备进出口公司的申请,中国投资银行沈阳分行开具了以原告为受益人的不可撤销保函。嗣后,双方约定的原告与案外人沈阳机械设备进出口公司的进出口交易未能实际履行。1998年2月27日,原告根据保函的规定正式向中国投资银行沈阳分行提出了金额为374 150美元的全额索赔的书面要求,提出索赔的原因是沈阳机械设备进出口公司已收到374 150美元的预付款,但未能按照合同的规定交付气体绝缘开关设备。1999年3月18日,被告中国光大银行沈阳分行全面接收了中国投资银行沈阳分行,中国投资银行沈阳分行的债权债务由被告承继。2002年1月9日,被告向原告支付了保函项下20万美元。2002年8月13日,原告向被告发出律师函,提出尽快解决保函余额174 150美元的支付问题,但被告至今没有向原告支付该笔余款,故原告诉至法院,诉讼请求为:

(1)判决被告向原告支付保函金额174 150美元,及自2000年9月13日到上述金额全部支付完毕之日的利息;

(2)判令被告承担本案全部诉讼费。

【裁判要旨】

沈阳市中级人民法院经审理认为,关于被告提出其曾经在2002

① 参见最高人民法院中国应用法学研究所编:《人民法院案例选》2006年第1辑(总第55辑),人民法院出版社2006年版,第285页以下。

年1月9日支付给原告20万美元,这种支付并非是向原告履行保函责任,而是将冻结在账户项下的存款返还给原告的主张,法院认为,通过被告自身在汇款申请书中的表述即可看出被告支付该笔款项是"偿付"保函项下的款项,即部分履行了本案所涉保函项下的保证责任,故被告这一抗辩主张不能成立,不予支持。原告两次索赔均是在保证期间内提出。2002年1月9日被告向原告支付了20万美元,诉讼时效重新开始计算,2002年8月13日,原告向被告发出要求被告继续履行保函责任的律师函,诉讼时效于2002年8月16日再次发生中断,原告2004年4月20日诉讼至本院,没有超过诉讼时效。判决:被告向原告支付保函金额174 150美元及利息;案件受理费、翻译费用由被告承担。

8. 连带之债中诉讼时效中断的效力

在《诉讼时效规定》起草过程中,对于连带债权中的一人发生诉讼时效中断事由的事项是否对其他连带债权人具有涉他性,存在争议。肯定说认为,连带债权具有外部连带性和内部分享性的特点表明,任一债权人主张权利或者接受给付的效力均可及于其他连带债权人,因此,就诉讼时效中断事由而言,债权人主张权利、提起诉讼、义务人同意履行义务当然均应具有涉他性。否定说认为,连带债权为数个独立的债权,各债权的诉讼时效起算点不同,中断、中止事由也不同,故对一连带债权人具有诉讼时效中断效力的事由,除非也对其他连带债权人发生,否则不应对其他连带债权人具有诉讼时效中断的效力。而且,规定对一连带债权人诉讼时效中断事项具有涉他性有违连带债权保障债权实现的立法目的,会发生债权弱化的问题。对于连带债务诉讼时效中断事由是否具有涉他性,也存在争议。各观点针对权利人主张权利、提起诉讼、义务人同意履行义务等不同中断事由,认为涉他性的判断亦有所不同。[①]《诉讼时效规定》采纳了肯定说,该司法解释第17条规定:"对于连带债权人中的一人发生诉讼时效中断效力的事由,应当认定对其他连带债权人也发生诉讼时效中断的效力。对于连带债务人中的一人发生诉讼时效中断效力的事由,应当认定对其他连

① 参见最高人民法院民事审判第二庭编著:《最高人民法院关于民事案件诉讼时效司法解释理解与适用》,人民法院出版社2008年版,第300—303页。

带债务人也发生诉讼时效中断的效力。”其立法理由是：“尽管连带债权为复数债权，各债权的诉讼时效起算点并不相同，但规定诉讼时效中断事由具有涉他性，符合连带债权保护债权实现的立法目的，也与诉讼时效中断制度保护债权人权利的立法目的契合，且符合连带债权具有涉他性的一般法理。连带债务诉讼时效中断事由具有涉他性的理由在于：第一，从连带债务制度的设定目的以及诉讼时效中断制度的设定目的角度分析，具有涉他性符合上述制度保护债权人权利的目的。第二，具有涉他性，符合连带债务为平衡债权人、债务人以及债务人之间利益而进行的制度设计，符合公平和效率原则。第三，由于本条的起草本意在于解决诉讼时效中断事由中的请求的涉他性问题，而非从请求履行、消灭债务角度进行的阐述，因此反对观点从履行债务的角度所阐述的具有涉他性则否定债权人可向不同债务人为多次请求的法理，因而请求不具有涉他性的理由也不具有说服力。”[①]该条包含了以下两层涵义：

(1) 连带债权诉讼时效中断事由具有涉他性。连带债权是指多数人依法律或法律行为，有同一债权，而债权人各得向债务人请求全部之给付，而依一次之全部给付，各债权均归消灭之债。[②] 任一连带债权人因主张权利、提起诉讼、义务人同意履行义务等中断事由引起诉讼时效中断，基于连带债权的牵连性和一体性，对其他连带债权人亦发生诉讼时效中断的效力。

(2) 连带债务诉讼时效中断事由具有涉他性。在连带债务中，债权人有权要求债务人履行全部或一部之给付，各个债务人负有履行全部给付之义务。[③] 最高人民法院《关于已承担保证责任的保证人向其他保证人行使追偿权问题的批复》(法释〔2002〕37 号)规定：“根据《中华人民共和国担保法》第十二条的规定，承担连带责任保证[④]的保证人一人或者数人承担保证责任后，有权要求其他保证人清偿应当承

---

① 最高人民法院民事审判第二庭编著：《最高人民法院关于民事案件诉讼时效司法解释理解与适用》，人民法院出版社 2008 年版，第 306—307 页。

② 参见黄立：《民法债编总论》，中国政法大学出版社 2002 年版，第 593—594 页。

③ 参见刘凯湘：《债法总论》，北京大学出版社 2011 年版，第 161 页。

④ 该批复所称“连带责任保证”系指《担保法》第 12 条承担连带责任的共同保证即连带共同保证，而非《担保法》第 18 条规定的连带责任保证。

担的份额，不受债权人是否在保证期间内向未承担保证责任的保证人主张过保证责任的影响。”该规定虽然是针对连带共同保证中保证期间是否具有涉他性所作的规定，但体现了连带债务具有涉他性的属性。《担保法解释》第 36 条第 1 款规定：“一般保证中，主债务诉讼时效中断，保证债务诉讼时效中断；连带责任保证中，主债务诉讼时效中断，保证债务诉讼时效不中断。”其理由是：“连带责任保证人为从债务人而非主债务人，其所负的债务为从债务而非主债务，与主债务并非同一层次的债务关系，而连带债务人承担的债务皆属主债务，效力层次相同。”[①]对于连带责任保证中保证债务诉讼时效中断是否及于主债务，《民法通则意见》第 173 条第 2 款规定：“权利人向债务保证人、债务人的代理人或者财产代管人主张权利的，可以认定诉讼时效中断。”[②]依该规定，权利人向保证人主张权利引起诉讼时效中断的，其效力及于主债务。

在司法实务中，连带之债诉讼时效中断的效力具有涉他性的典型案例如下：

案例 10.2.9　吉利区城市信用社超过法定保证期限诉连带责任保证人中原内燃机配件总厂承担保证责任案[③]

【案件事实】

原告：洛阳市吉利区城市信用社

被告：河南省孟县天然保健食品饮料厂、河南省中原内燃机配件总厂

1996 年 1 月 20 日，原告洛阳市吉利区城市信用社与被告河南省孟县天然保健食品饮料厂、河南省中原内燃机配件总厂签订借款担保合同一份。合同规定：由吉利区城市信用社贷给孟县天然保健食品饮料厂人民币 10 万元，期限自 1996 年 1 月 20 日至 1996 年 6 月 20 日止，由河南省中原内燃机配件总厂作为连带责任保证人，担保期间至

---

① 最高人民法院民事审判第二庭编著：《最高人民法院关于民事案件诉讼时效司法解释理解与适用》，人民法院出版社 2008 年版，第 308 页。

② 该规定并未区分保证人的类型，因此无论是在一般保证还是连带责任保证中，保证债务诉讼时效中断的效力均及于主债务。

③ 参见最高人民法院中国应用法学研究所编：《人民法院案例选》1999 年第 4 辑（总第 30 辑），时事出版社 2000 年版，第 197 页以下。

主债务本息全部清偿完毕之日止。该笔贷款到期后,原告多次向被告孟县天然保健食品饮料厂催要,该被告一直拖欠不还。1996 年 8 月 15 日,原告要求担保人河南省中原内燃机配件总厂承担保证责任,但其至诉讼时也未履行还款义务。1997 年 3 月 3 日,吉利区城市信用社提起诉讼,要求判令孟县天然保健食品饮料厂立即归还拖欠的贷款本金和利息,并支付逾期还款的罚息,担保单位承担连带赔偿责任。

【裁判要旨】

一审法院经审理认为,双方所签合同为有效合同。被告孟县天然保健食品饮料厂长期拖欠贷款不还,已侵害了原告的合法权益,对本案纠纷应负主要责任。该合同关于保证期间的约定,没有具体的时间,约定不明,应视为未约定保证期间。但原告 1996 年 8 月 15 日在法律规定的 6 个月内已要求被告河南省中原内燃机配件总厂履行其代为清偿贷款本息的保证责任,应视为诉讼时效中断。诉讼时效中断后,原告还有两年的诉讼时效期间。自 1996 年 8 月 15 日原告要求保证人承担保证责任至今,尚不足两年,故被告辩称原告起诉时已超过诉讼时效,应免除保证人保证责任的理由不能成立。被告河南省中原内燃机配件总厂对孟县天然保健食品饮料厂的这笔贷款仍应负保证责任。

9. 代位权诉讼中诉讼时效中断的效力

在《诉讼时效规定》颁布以前,对于代位权诉讼是否引起次债务诉讼时效中断,存在争议。肯定说认为,提起代位权诉讼系债权人代债务人向次债务人主张权利,且在代位权诉讼被支持的情形下,代位行使部分的债权在债务人与次债务人之间消灭,其法律后果及于次债权,因此,提起代位权诉讼应对次债权发生诉讼时效中断的效力。否定说认为,代位权诉讼系债权人代债务人向次债务人主张权利,债务人并没有主动向次债务人主张权利的意思表示,而且尽管代位权诉讼被支持后,代位行使部分的债权在债务人与次债务人之间消灭,但对于未被代位主张部分的债权,由于债务人并无主张权利的意思表示,故提起代位权诉讼不应对次债权发生诉讼时效中断的效力。[①] 肯定说

① 参见最高人民法院民事审判第二庭编著:《最高人民法院关于民事案件诉讼时效司法解释理解与适用》,人民法院出版社 2008 年版,第 319 页。

为学界主流观点。[①]《诉讼时效规定》采纳了肯定说,该司法解释第 18 条规定:“债权人提起代位权诉讼的,应当认定对债权人的债权和债务人的债权均发生诉讼时效中断的效力。”其立法理由是:“第一,根据代位权诉讼的基本原理,债权人基于对债务人享有合法的债权,且具备了‘债务人怠于行使其到期债权,对债权人造成损害’等法定条件,债权人依法取得了以自己的名义(代为债务人)向次债务人主张债权的权利。第二,在代位权诉讼中,债务人的诉讼地位为第三人,债务人足以知悉其权利是否受到侵害的情形。第三,在实体权利方面,债务人可以对抗债权人及次债务人的不当请求及不合理的抗辩。因此,代位权诉讼引起前位债权及次债权诉讼时效同时中断,有利于保证债权人、债务人在实现债权方面享有平等的司法救济机会。”[②]该条包含了以下两层涵义:

(1)债权人提起代位权诉讼,债权人的债权和债务人的债权均引起诉讼时效中断。如果两个以上债权人均提起代位权诉讼,依《合同法解释(一)》第 16 条第 2 款的规定:“两个或者两个以上债权人以同一次债务人为被告提起代位权诉讼的,人民法院可以合并审理。”在此情形下,各债权人的债权和债务人的债权均引起诉讼时效中断,但未提起诉讼的其他债权人不发生诉讼时效中断的效力。

(2)次债权数额超过代位请求债权数额的,超过部分之次债权亦引起诉讼时效中断。在债务人的债权数额超过债权人的债权数额场合,债权人可代位行使的以其债权数额为限[③],对于超过部分之次债权是否发生诉讼时效中断的效力,学界存在争议。[④] 司法实务界主流观点对此持肯定意见,理由是:“尽管代位权诉讼中并不就‘超过部分的债权清偿’问题作出裁决,这部分债权应由其债权人(代位权诉讼中的第三人)另行主张,但作为债权人不放弃该部分权利并经人民法院在

---

① 参见崔建远主编:《合同法》,法律出版社 2007 年版,第 149 页;韩世远:《合同法总论》,法律出版社 2008 年版,第 296 页。

② 最高人民法院民事审判第二庭编著:《最高人民法院关于民事案件诉讼时效司法解释理解与适用》,人民法院出版社 2008 年版,第 320 页。

③ 《合同法》第 73 条第 2 款、《合同法解释(一)》第 21 条。

④ 参见崔建远:《合同法总论》(中卷),中国人民大学出版社 2012 年版,第 263 页。

审理中而知悉的该事实本身，足以引起该部分债权之诉讼时效的中断。”①

在司法实务中，代位权诉讼中诉讼时效中断的典型案例如下：

案例10.2.10　中国银行股份有限公司汕头分行与广东发展银行股份有限公司韶关分行代位权纠纷案②

【案件事实】

原告：中国银行股份有限公司汕头分行（以下简称中行汕头分行）

被告：广东发展银行股份有限公司韶关分行（以下简称广发行韶关分行）

第三人：珠海经济特区安然实业（集团）公司（以下简称安然公司）

1995年8月17日，广东发展银行曲江支行（以下简称广发行曲江支行）与中国银行南澳支行（以下简称中行南澳支行）签订一份《拆借合同》，合同约定：由广发行曲江支行拆借人民币3500万元给中行南澳支行作临时性周转金，期限为4个月，利率为月息11.55‰。订约后，广发行曲江支行将人民币3500万元转入中行南澳支行所指定金柱公司的账户。金柱公司当天从该账户转款人民币2764.4万元到安然公司在广发行韶关分行开设的账户。安然公司又于当天转款人民币1500万元给广发行曲江支行房地产部，信汇凭证上记载该款用途是“购横琴岛地款”。1994年2月28日，广发行曲江支行与安然公司签订了一份《合作权转让协议》，约定：广发行曲江支行将珠海市横琴岛围垦2万平方米土地的开发权转给安然公司，安然公司需付广发行曲江支行转让费等共计人民币3300万元。另查：根据珠海市中级人民法院（2005）珠中法民二初字第35号民事判决认定，安然公司返还中行汕头分行借款人民币2764.4万元及利息。该判决已生效，安然公司至今未履行判决义务。2004年12月3日，广发行曲江支行被注销，其债权债务由广发行韶关分行承担。2007年1月26日，中行汕头分行提起诉讼，请求判令广发行韶关分行返还购地款人民币1500万

① 最高人民法院民事审判第二庭编著：《最高人民法院关于民事案件诉讼时效司法解释理解与适用》，人民法院出版社2008年版，第322页。

② 载《最高人民法院公报》2011年第11期。

元及利息,用于清偿安然公司所欠中行汕头分行债务。经一审、二审,中行汕头分行向最高人民法院申请再审。

【裁判要旨】

最高人民法院经审理认为,债权人提起代位权诉讼,同时引起两个债权的诉讼时效中断,即债权人对债务人的债权和债务人对次债务人的债权,两个债权均应属于受人民法院保护的诉讼时效期间内的债权。关于本案中主债权的诉讼时效,在广发行曲江支行起诉中行汕头分行、金柱公司、安然公司拆借合同纠纷一案中,中行汕头分行主张应将安然公司支付给广发行曲江支行的人民币1 500万元在债务中予以冲抵,广东省高级人民法院认定"有关人民币1 500万元的权利义务及存在的争议,应当由安然公司与广发行曲江支行另诉解决"。由于安然公司已下落不明,未参加该案的诉讼活动,且该院认为关于人民币1 500万元款项的争议应另行解决,因此,在(2001)粤高法经一终字第172号案件中并没有确认中行汕头分行与安然公司、安然公司与广发行曲江支行之间的债权债务关系及具体的债权金额。该判决生效后,中行汕头分行享有的相关债权的诉讼时效期间应当重新起算。

10. 债权转让和债务承担的情形下,诉讼时效中断时间点的认定

在《诉讼时效规定》起草过程中,对于债权转让和债务承担情形下诉讼时效中断问题,主要存在两点争议:

一是债权转让通知是否当然具有诉讼时效中断的效力。第一种观点认为,权利人因转让债权而通知债务人,故该转让通知本身带有权利人主张权利的意思表示,在其到达义务人时,应具有诉讼时效中断的效力。第二种观点认为,债权转让通知仅为观念上的通知,非意思表示,不具有主张权利的意思表示,因此不当然具有诉讼时效中断的法律效力,只有在权利人有主张权利的意思表示时才具有诉讼时效中断的法律效力。

二是债务承担过程中诉讼时效何时中断。第一种观点认为,在构成原债务人对原债务承认的情形下,诉讼时效中断。第二种观点认为,在签订债务承担协议时原债务诉讼时效中断。[①]《诉讼时效规定》

---

① 参见最高人民法院民事审判第二庭编著:《最高人民法院关于民事案件诉讼时效司法解释理解与适用》,人民法院出版社2008年版,第333页。

第 19 条规定:“债权转让的,应当认定诉讼时效从债权转让通知到达债务人之日起中断。债务承担情形下,构成原债务人对债务承认的,应当认定诉讼时效从债务承担意思表示到达债权人之日起中断。”其立法理由是:“债权人通知债务人债权转让,意味着其不放弃债权,明确和维持债权的存在,而且在司法实务中,债权转让通知多含有主张权利的意思表示。因此一般而言,债权人向债务人发出债权转让通知的,符合诉讼时效中断制度明确和维持权利存在的要件,应具有诉讼时效中断的效力。在债务转移情形下,债务转移须经债权人同意。在征得债权人同意的过程中,无论原债务人及新债务人均对债务予以确认,同意履行债务,故应认定在该意思表示到达权利人时,诉讼时效期间中断。在债务加入情形下,如系原债务人与债务承担人或者债务承担人、原债务人、债权人签订债务承担协议,则因为债务承担应遵循债权人同意原则,在债务承担人及原债务人作出债务承担意思表示之时,表明其承认原债务,故诉讼时效中断。”[①]该条包含了以下两层涵义:

(1) 在债权让与的场合,让与债权诉讼时效中断的时间点为债权转让通知到达债务人之日。在学理上,债权让与通知为观念通知而非意思表示,但该通知中往往含有债权人向债务人主张权利的意思。因此在司法实务中,一般认定债权让与能够引起诉讼时效中断。《十二条规定》(法释〔2001〕12 号)第 10 条规定:“原债权银行在全国或者省级有影响的报纸上发布的债权转让公告或者通知中,有催收债务内容的,该公告或通知可以作为诉讼时效中断证据。”《关于贯彻执行最高人民法院“十二条”司法解释有关问题的函的答复》(法函〔2002〕3 号)规定:“金融资产管理公司在全国或者省级有影响的报纸上发布的债权转让公告或通知所构成的诉讼时效中断,可以溯及至金融资产管理公司受让原债权银行债权之日;金融资产管理公司对已承接的债权,可以在上述报纸上以发布催收公告的方式取得诉讼时效中断(主张权利)的证据。”依以上两个司法解释的规定,债权人可以通过公告方式作出债权让与通知,该通知引起让与债权的诉讼时效中断。司法实务界主流观点认为,不应对债权人

① 最高人民法院民事审判第二庭编著:《最高人民法院关于民事案件诉讼时效司法解释理解与适用》,人民法院出版社 2008 年版,第 335 页。

催讨债权的意思表示的表述过于苛刻,只要是书面、口头转让债权能够证明的,应当导致债权催讨的诉讼时效中断。[①]《诉讼时效规定》第 19 条第 1 款坚持了上述精神。

(2) 在债务承担的场合,构成原债务人对债务承认的,引起该债务诉讼时效中断,中断时间点为债务承担意思表示到达债权人之日。依该款规定,债务承担引起诉讼时效中断的前提条件是"原债务人对债务承认",即债务承担行为中包含有债务人对该债务予以承认的意思表示。在原债务人与新债务人订立协议进行债务承担的情形下,明显包含有债务承认的意思表示,能够引起诉讼时效中断;但在债务人加入人单独与债权人订立债务承担协议的情形下,原债务人未必知情,不能推导出原债务人作出债务承认的意思表示,故不能引起原债务诉讼时效中断。[②]

对于债权债务概括移转是否引起诉讼时效中断及中断时间点如何认定的问题,《诉讼时效规定》未作规定。债权债务概括移转系由债权让与和债务承担两部分构成,依据《诉讼时效规定》第 19 条的立法本意,债权债务概括移转亦能引起诉讼时效中断。在约定概括移转情形下,须以对方当事人同意为条件[③],依据《诉讼时效规定》第 19 条第 2 款的规定,诉讼时效中断时间点为概括移转意思表示到达对方当事人之日。因企业合并、分立引起法定概括移转情形下,诉讼时效中断时间点应为合并、分立的通知、公告完成之时。如果债权人不知债务人被合并而仍向原债务人主张权利的,依最高人民法院《关于阜新液压件厂与盼盼集团有限公司购销合同纠纷案件诉讼时效请示问题的答复》(〔2002〕民二他字第 30 号)的规定,亦发生诉讼时效中断的效力。

在司法实务中,在债权让与情形下诉讼时效中断的典型案例如下:

---

① 参见吴庆宝:《诉讼时效中断的司法认定》(下),载《人民法院报》2009 年 2 月 10 日。

② 参见梁展欣主编:《诉讼时效司法实务精义》,人民法院出版社 2010 年版,第 181 页。

③ 《合同法》第 88 条。

案例 10.2.11　天津联帮裕然投资发展有限公司诉天津市第一日用化学厂等借款合同纠纷案[①]

【案件事实】

原告(被上诉人):天津联帮裕然投资发展有限公司(以下简称裕然公司)

被告(上诉人):天津市第一日用化学厂(以下简称一日化厂)、天津市腾达企业总公司(以下简称腾达公司)

天津市第一日用化学厂一分厂(以下简称一日化分厂)为一日化厂和腾达公司设立的联营体。1995 年 6 月 26 日,一日化分厂与中国农业银行天津市西青区支行(以下简称农行西青支行)及腾达公司签订《保证担保借款合同书》,由一日化分厂向农行西青支行借款人民币 30 万元,腾达公司作为保证人对上述借款进行担保,该合同还款期限为 1995 年 12 月 25 日。至合同约定的还款日,一日化分厂及腾达公司均未履行还款义务。2000 年 3 月 13 日,中国长城资产管理公司天津办事处(以下简称长城公司)与农行西青支行签订了《剥离收购不良资产协议书》,长城公司收购了包括上述借款在内的不良贷款。2000 年 5 月 17 日,腾达公司作为担保人在长城公司的《债权转移确认通知回执》上盖章确认。随后,长城公司分别在 2001 年 12 月 25 日、2003 年 12 月 23 日、2005 年 12 月 20 日的《天津日报》上发布催收公告,向一日化分厂及腾达公司主张债权。2000 年 7 月 14 日,一日化分厂因未参加年检被工商局吊销营业执照。2001 年 2 月 16 日,一日化厂与腾达公司经过一、二审诉讼,法院判决原一日化分厂的银行借款由一日化厂承担。2006 年 7 月,长城公司与裕然公司签订《债权转让协议》,将上述债权转让给裕然公司,裕然公司于 2006 年 7 月 16 日在《天津日报》上发布催收公告,向一日化分厂及腾达公司主张债权。裕然公司诉称:一日化分厂和腾达公司一直不履行还款义务,至起诉日尚欠本息人民币 803 858.01 元。故起诉请求判令一日化厂偿还欠款人民币 30 万元,腾达公司承担担保责任。一日化厂辩称,裕然公司的起诉已经超过了诉讼时效期间。

---

① 参见最高人民法院中国应用法学研究所编:《人民法院案例选》2010 年第 1 辑(总第 71 辑),人民法院出版社 2010 年版,第 141 页以下。

【裁判要旨】

一审法院经审理认为，裕然公司经合法手续受让债权，有权行使原债权人的合法权利。上述借款经生效判决确认由一日化厂承担。对于一日化厂提出裕然公司起诉已经超过诉讼时效期间的抗辩理由，裕然公司发布催收公告取得诉讼时效中断（主张权利）的证据，裕然公司的起诉未超过诉讼时效。判决：一日化厂偿还裕然公司借款人民币30万元。一日化厂不服一审判决，提起上诉。二审法院经审理认为，裕然公司未能提供证据证明原债权人农行西青支行曾在涉案《保证担保借款合同书》借款期限届满后两年的诉讼时效期间内向一日化厂主张债权，故应认定涉案人民币30万元借款及利息的债权在农行西青支行转让给长城公司前就已经超过诉讼时效期间。裕然公司也未提供一日化厂在超过诉讼时效后向农行西青支行、长城公司以及裕然公司重新确认债务的证据，故裕然公司的诉讼请求，已经超过诉讼时效期间。判决撤销原判，驳回裕然公司原审诉讼请求。

三、其他单行法及司法解释对于诉讼时效中断的规定

1.《海商法》及司法解释对于诉讼时效中断的规定

《海商法》第267条规定："时效因请求人提起诉讼、提交仲裁或者被请求人同意履行义务而中断。但是，请求人撤回起诉、撤回仲裁或者起诉被裁定驳回的，时效不中断。请求人申请扣船的，时效自申请扣船之日起中断。自中断时起，时效期间重新计算。"最高人民法院《关于审理海上保险纠纷案件若干问题的规定》（法释〔2006〕10号）第15条规定："保险人取得代位请求赔偿权利后，以被保险人向第三人提起诉讼、提交仲裁、申请扣押船舶或者第三人同意履行义务为由主张诉讼时效中断的，人民法院应予支持。"

2.《继承法意见》对于诉讼时效中断的规定

《继承法意见》第17条规定："继承人因遗产继承纠纷向人民法院提起诉讼，诉讼时效即为中断。"

3.《担保法解释》对于诉讼时效中断的规定

《担保法解释》第36条第1款规定："一般保证中，主债务诉讼时效中断，保证债务诉讼时效中断；连带责任保证中，主债务诉讼时效中断，保证债务诉讼时效不中断。"

4. 最高人民法院《关于审理票据纠纷案件若干问题的规定》(法释〔2000〕32 号)对于诉讼时效中断的规定

该司法解释第 20 条规定:“票据法第十七条规定的票据权利时效发生中断的,只对发生时效中断事由的当事人有效。”

5. 企业破产法有关司法解释对于诉讼时效中断的规定

最高人民法院《关于审理企业破产案件若干问题的规定》(法释〔2002〕23 号)第 74 条规定:“债务人享有的债权,其诉讼时效自人民法院受理债务人的破产申请之日起,适用《中华人民共和国民法通则》第一百四十条关于诉讼时效中断的规定。债务人与债权人达成和解协议,中止破产程序的,诉讼时效自人民法院中止破产程序裁定之日起重新计算。”《破产法规定(二)》第 19 条规定:“债务人对外享有债权的诉讼时效,自人民法院受理破产申请之日起中断。债务人无正当理由未对其到期债权及时行使权利,导致其对外债权在破产申请受理前一年内超过诉讼时效期间的,人民法院受理破产申请之日起重新计算上述债权的诉讼时效期间。”

6. 最高人民法院《关于审理涉及人民调解协议的民事案件的若干规定》(法释〔2002〕29 号)对于诉讼时效中断的规定

该司法解释第 9 条规定:“调解协议的诉讼时效,适用民法通则第一百三十五条的规定。原纠纷的诉讼时效因人民调解委员会调解而中断。调解协议被撤销或者被认定无效后,当事人以原纠纷起诉的,诉讼时效自调解协议被撤销或者被认定无效的判决生效之日起重新计算。”

7. 最高人民法院《关于审理涉及金融资产管理公司收购、管理、处置国有银行不良贷款形成的资产的案件适用法律若干问题的规定》(法释〔2001〕12 号)对于诉讼时效中断的规定

该司法解释第 10 条规定:“债务人在债权转让协议,债权转让通知上签章或者签收债务催收通知的,诉讼时效中断。原债权银行在全国或者省级有影响的报纸上发布的债权转让公告或通知中,有催收债务内容的,该公告或通知可以作为诉讼时效中断证据。”

第三节 诉讼时效中断现行法之检讨

一、诉讼外请求应否作为中断事由

我国现行法将诉讼外请求规定为绝对中断事由,这样规定是否合理,学界存在争议。第一种观点认为,诉讼外请求应为绝对中断事由。"第一,可以减少诉讼,节省司法资源。第二,符合中国无讼为贵的法律文化传统。第三,方便债权人。第四,反对将请求作为绝对中断事由的理由并不成立。而且,如果将请求作为相对中断事由,即请求作为起诉的前奏,这无异于将请求作为告知债务人即将起诉的信号,给债务人提前逃债留下可乘之机。"①第二种观点认为,诉讼外请求应为相对中断事由。"(1)将请求作为时效中断的相对事由也符合我国的文化传统与国情。(2)将请求作为时效中断事由,以提出请求后能够期限内起诉为条件限制,可以防止因权利人的不断请求所导致的权利义务关系长期悬而不决的局面,有利于法律秩序的稳定。(3)请求后在一定期限内不起诉,视同不中断,更具有合理性。"②第三种观点认为,诉讼外请求不应作为中断事由。"能够引起时效中断的原因原则上只有两个:债务人承认对方当事人的债权和债权人要求强制执行。"③

笔者认为,在我国现阶段,应将诉讼外请求规定为绝对中断事由。除了学者提出的上述理由外,还有三点理由特别值得注意:其一,在我国诚信缺失的社会现实下,将诉讼外请求规定为绝对中断事由,对于保护权利人具有现实意义。法、德等国只承认起诉为中断事由,而不承认诉讼外请求为中断事由,这与该国的司法环境及法律文化传统有关。而在我国,避讼、厌讼是已存在了数千年的文化传统和行为习惯,

① 葛承书:《民法时效——从实证的角度出发》,法律出版社 2007 年版,第 201—202 页。

② 汪渊智:《我国民法诉讼时效制度之构想》,载《法学研究》2003 年第 3 期。

③ 朱岩:《诉讼时效制度基本问题研究》,载王利明主编:《中国民法年刊 2005》,法律出版社 2006 年版,第 184 页。

债权人行使债权不到万不得已，通常不会轻易到法院起诉，而是更习惯于通过诉讼外的途径来主张权利。如果债权人以社会公众都认可的方式行使权利，只是未向法院起诉，仍然因诉讼时效届满而丧失公力救济，显然与社会通常观念不符，也无助于改善诚信缺失的社会现实。其二，我国现行法规定的普通诉讼时效期间较短，相较于采取二三十年时效期间的其他大陆法系国家或地区而言，我国的权利人因诉讼时效届满而得不到救济的可能性更大。这就需要设置对权利人而言更为方便的中断事由，以弥补诉讼时效期间过短可能造成的不良后果。其三，我国历来重视运用调解等诉讼外机制解决民事纠纷，将诉讼外请求规定为绝对中断事由有助于这些诉讼外程序与诉讼时效制度的对接。将申请调解、请求有关社会组织保护民事权利等行为规定为绝对中断事由，既是诉讼外纠纷解决机制有效运转的需要，也符合普通民众对诉讼外纠纷解决机制的认知。

二、诉讼时效中断事由的范围应当扩大还是缩小

各个国家及地区民法典对两类时效中断事由的态度基本是一致的：一类是启动司法程序（包括性质类似的一些行为）；另一类是债务人承认债务。但是，2002 年的德国债法改革改变了这种状况。新《德国民法典》将旧法的消灭时效中断（Verjähruangsunterbrechung）形象化地改称为消灭时效的重新开始（Neubeginn der Verjähruang），并将旧法中的绝大多数消灭时效中断事实转变成了停止事实。另外，新法将旧法中的一些特定的消灭时效停止规范普遍化了，并且又创设了新的停止事由。旧法以消灭时效的中断为“普通情形”（Normalfall），新法则使这种情况发生了反转，即其以消灭时效的停止为“普通情形”。[①] 与德国民法上时效中断事由范围大幅度缩小的情况不同，我国现行法规定的时效中断事由的范围则呈现出不断扩大的趋势。除了《民法通则》规定中断事由外，《民法通则意见》《诉讼时效规定》等司法解释对中断事由均作出了扩张性解释。对于诉讼时效中断事由的范围，我国民法应采扩大还是缩小的态度？学界存在争议，多数学者认为应扩大中断事由的范围。在我国，从对未来民法典制定的讨论中可以看出，

---

① 参见杜景林等编著：《德国债法改革》，法律出版社 2003 年版，第 152 页。

学者趋向于赞成诉讼时效中断的扩张性适用。[①] 2002 年全国人大常委会法工委“民法典草案”以及几部学者建议稿，对诉讼时效的中断事由，都在现行法的基础上作出了扩张性规定。《诉讼时效规定》设置大量条文对时效中断事由作具体化规定，也是这种思想的反映。[②] 但也有学者对时效中断事由范围不断扩大持反对意见，认为：“我国对于中断时效规定过多，有违时效制度稳定社会秩序的立法目的。”[③]“借鉴当代最新时效立法，未来我国民法典中的时效法应当减少时效中断的事由而扩大时效中止的事由。能够引起时效中断的原因原则上只有两个：债务人承认对方当事人的债权和债权人要求强制执行。”[④]

笔者认为，我国不宜机械地、直接照搬德国民法缩小中断事由范围的做法，现行法对于诉讼时效中断的规定基本上是适当的。其一，设置中断事由，应当立足于本国的现实情况和立法指导思想，突出强调权利保护的立法指导思想，决定了不宜缩小诉讼时效中断事由的范围。有学者指出：“我国未来立法中究竟应当借鉴德国新法经验还是沿袭其旧法规定？这一问题通过诉讼时效的价值分析可以得到启示。一个国家诉讼时效多元价值的平衡状态也决定着包括时效中断在内的相应障碍体制的设定。如果诉讼时效所追求的价值偏重于权利人的保护，则中断的事由必然趋于扩张，以便时效制度存在更多的效力被击破的可能；反之，如果其价值趋向于义务人私益或社会公益（效率、安全或秩序），则中断的事由应当趋向于限缩。”[⑤]笔者赞同该观点。其二，我国现行法规定的普通时效期间已经很短，而对于债权人而言，诉讼时效中断是克服诉讼时效期间过短的最有效的方法。如果缩小诉讼时效中断事由的范围，则必然会加大债权人因诉讼时效届满而丧失救济的可能性，这对债权人来说极为不公平。还应注意的是，依《德国民法典》第 197 条第 1 款第 3 项的规定，生效判决确定的请求权可以重新启动一个新的 30 年时效期间，这就导致中断规则的变化

---

① 参见冯恺：《诉讼时效制度研究》，山东人民出版社 2007 年版，第 199 页。

② 《诉讼时效规定》共 24 条，规定时效中断的有 10 条之多。

③ 温世扬、廖焕国：《民事时效立法简论》，载王利明等主编：《中国民法典基本理论问题研究》，人民法院出版社 2004 年版，第 230 页。

④ 朱岩：《诉讼时效制度基本问题研究》，载王利明主编：《中国民法年刊 2005》，法律出版社 2006 年版，第 184 页。

⑤ 冯恺：《诉讼时效制度研究》，山东人民出版社 2007 年版，第 194 页。

并不像看上去那样“可靠”[①],也在一定程度上克服了中断事由范围缩小可能带来的弊端。而依据我国《民事诉讼法》第 239 条的规定,民事诉讼的申请执行期间仅为两年。其三,中止与中断虽然都可以推迟诉讼时效届满的时间,但就推迟的效果而言,中止弱于中断。德国民法将大量原属强效力的中断事由改为弱效力的中止事由,在一定程度上体现了意思自治在时效领域的强化。[②] 我国现行法一贯强调时效规定的强制性,在诉讼时效领域引入意思自治的各方面条件也尚不成熟,因此不宜简单模仿德国民法的这种做法。

① 参见〔德〕莱茵哈德·齐默曼:《德国新债法》,韩光明译,法律出版社 2012 年版,第 209 页。

② 德国民法将普通时效期间由 30 年改为 3 年,同时允许当事人协议延长时效期间,也是该思想的体现。

第十一章　诉讼时效的延长

第一节　诉讼时效延长之立法例

一、模式一：对适用范围未作限定的诉讼时效延长制度

前苏联（包括其后的俄罗斯联邦）、蒙古、朝鲜等社会主义国家采取该模式。1922 年《苏俄民法典》第 49 条规定："在任何情形下，法院认为迟延诉讼时效期间有正当理由的时候，都可以延长诉讼时效的期限。"依据前苏联学者的解释，该条授权法院在它认为迟延诉讼时效期限的理由系属正当的一切情况下，延长诉讼时效的期限。[①] 1964 年《苏俄民法典》第 87 条第 2 款规定："如果法院、仲裁署或公断法庭认为造成诉讼时效过期有正当原因，则对于被侵犯的权利应予保护。"错过诉讼时效期间的正当原因包括：在有公民参加的关系中，原告身患重病、长期出差等。法院和仲裁机关提出延长的一般性特征是，在提起诉讼方面不是由于原告的过失而引起迟延的情况可以视为正当的原因。[②]《俄罗斯联邦民法典》第 205 条规定："在法院认为因与原告个人有关的正当理由（重病、无助、不识字等）致使时效期限过期的特殊情况下，公民的被侵犯的权利应该受到保护。"在这种情况下，不论被告人是否提出适用诉讼时效期届满的申请，法院均应审理争议，如同诉讼时效未届满时一样。[③]《蒙古国民法典》第 70 条第 2 款规定："法院、仲裁机构认为超过诉讼时效期间不行使权利有正当理由，则它

---

① 参见〔苏联〕诺维斯基：《法律行为 · 诉讼时效》，康宝田译，中国人民大学出版社 1956 年版，第 221 页。

② 参见〔苏联〕斯米尔诺夫等：《苏联民法》（上卷），黄良平等译，中国人民大学出版社 1987 年版，第 224 页。

③ 参见〔俄〕E. A. 苏哈诺夫主编：《俄罗斯民法》（第 1 册），黄道秀译，中国政法大学出版社 2011 年版，第 438 页。

们可延长此等诉讼时效期间并保护被侵犯之权利。”《朝鲜民法典》第267条规定：“裁判机关或仲裁机关，认为有请求权人于民事时效期间内，未提起诉讼或仲裁有正当理由的，可延长时效期间。”该模式的基本特征有二：一是对于诉讼时效延长制度适用于何种类型的请求权未作限定；二是诉讼时效延长制度与法院主动援引时效规则联系紧密，即法院可依据该制度主动延长诉讼时效期间。

二、模式二：适用于特定侵权案件的诉讼时效延长制度

英国、澳大利亚、中国香港特区等英美法系国家及地区采取该模式。英国《1980年诉讼时效法》第32A条规定：“当书面诽谤或口头诽谤的诉因已经产生，由于他对全部或者任何与该诉因相关的事实直至诉讼时效届满都一无所知，因而在本法第4A条规定的3年时效期间内没有提起诉讼，那么诉讼从他知道所有与该诉因相关的事实之日起1年内可以提起，但必须经高等法院批准。”依该条规定，诉讼时效延长适用于诽谤诉讼案件，且须经高等法院批准。但对于哪些情形下可准予延长，该条并未作具体规定。所以法官对于判断哪些情形符合“相关的事实”是一件困难的事。[①] 英国《1980年诉讼时效法》第33条第1款规定：“如果考虑到(a)第11、11A或12条的适用给原告或者原告所代表的人造成的不利以及(b)法院作出排除时效适用的决定给被告或者被告所代表的人造成的不利，法院认为允许诉讼继续是公平的，法院可以决定对第11、11A或12条的规定不予适用。”《1980年诉讼时效法》第11条和第12条规定的是人身伤害和死亡情形下的诉讼时效期间，第11A条规定的是因产品缺陷造成人身伤害或财产损失的诉讼时效期间，但根据第33条(1A)(b)的规定，产品缺陷造成财产损失时不能排除诉讼时效的适用。第33条授予法院在人身伤害诉讼的时效完成后，排除时效适用，允许原告继续诉讼的权力。[②] 在澳大利亚，各州均有关于在人身伤害及过失致人死亡案件中法院有权在适当

---

① Ruth Redmond-Cooper, Limitation of Actions, Sweet & Maxwell Ltd., 1992, p. 57.

② Andrew Mcgee, Limitation Periods, Sweet & Maxwell Ltd., 2002, p. 142.

的情形下决定延长诉讼时效期间的规定。[①] 对于诽谤案件，澳大利亚的部分州也适用诉讼时效延长制度，例如新南威尔士州《1969年诉讼时效法》第56A条规定："对于诽谤案件，如果法院认为要求原告在从公开之日起1年内起诉是不合理的，则可以延长诉讼时效期间至3年。"在我国香港特区，《1998年诉讼时效条例》第30条基本承袭了英国《1980年诉讼时效法》第33条的规定，但该条例没有继受英国《1980年诉讼时效法》第32A条的规定。因此，我国香港特别行政区法院在人身伤害和死亡案件中有权排除诉讼时效的适用，但在诽谤诉讼案件中不能适用延长制度。

三、模式三：未规定诉讼时效延长制度

绝大多数大陆法系国家及地区采取该模式。在德国、法国、荷兰、日本等主要大陆法系国家，仅规定诉讼时效中止、中断制度，而未规定延长制度。

第二节　诉讼时效延长现行法之规定

一、《民法通则》和《民法通则意见》对于诉讼时效延长的规定

《民法通则》第137条规定"有特殊情况的，人民法院可以延长诉讼时效期间"。《民法通则意见》第169条规定："权利人由于客观的障碍在法定诉讼时效期间不能行使请求权的，属于民法通则第一百三十七条规定的'特殊情况'。"其立法理由是："给予法院根据有无正当理由而决定时效是否予以延长的权力，以弥补法定中止和中断事由的不足。但对于这种制度，法院必须严格掌握，否则有违设立诉讼时效制度的目的。"[②]依据该规定，诉讼时效延长应具备三个条件：其一，诉讼时效期间已经届满。如果诉讼时效期间尚未届满，应适用中止、中断规则，诉讼时效延长是针对诉讼时效期间已经届满的权利人提供救

---

① Peter Handford, Limitation of Actions · The Australian Law, Lawbook Co., 2004, pp. 61, 88.

② 佟柔主编：《民法原理》，法律出版社1986年版，第131页。

济的一种制度。其二，必须存在“特殊情况”。何为“特殊情况”？《民法通则意见》第169条将其解释为权利人由于客观的障碍在法定诉讼时效期间不能行使请求权的情形。依据司法实务界主流观点，“该特殊情况必须是客观存在的，足以妨碍权利人行使请求权的事实，即权利人不是自己不行使权利，而是客观原因迫使他不能行使权利。这属于一种弹性的条款，实际上是对时效中止、中断法定事由的不足的一种概括性的补充，即除时效中止、中断法定事由之外的特殊事由”①。还有实务界观点认为：“法院得依职权判定义务人之自相矛盾行为构成诉讼时效期间延长事由的‘特殊情况’。”②其三，是否延长及延长的具体期限由法院通过行使自由裁量权决定。法院能否在当事人未提出申请的情形下主动依职权延长诉讼时效？在《诉讼时效规定》颁布以前，法院在司法实务中通常主动依职权适用诉讼时效延长制度。但在《诉讼时效规定》第3条规定了法院不得主动援引时效规则后，应解释为法院适用诉讼时效延长制度以当事人申请为条件。

在司法实务中，诉讼时效延长适用条件的典型案例如下：

案例11.2.1 昆明市政基础设施综合开发建设（集团）股份有限公司与云南容畅投资（集团）有限公司、昆明市金碧路片区道路拓宽改造建设指挥部土地使用权出让合同纠纷案③

【案件事实】

上诉人（原审原告）：昆明市政基础设施综合开发建设（集团）股份有限公司（以下简称市政集团公司）

被上诉人（原审被告）：云南容畅投资（集团）有限公司（以下简称容畅公司）

1998年12月23日，昆明市金碧路片区道路拓宽改造建设指挥部（以下简称指挥部）与容畅公司（原名称为“昆明吉泰龙房地产开发经营有限公司”）订立《土地出让协议》约定：“指挥部将位于金碧路规划

---

① 梁书文主编：《民法通则贯彻意见诠释》，中国法制出版社2001年版，第144页。

② 梁展欣主编：《诉讼时效司法实务精义》，人民法院出版社2010年版，第122页。

③ 参见云南省高级人民法院(2008)云高民一终字第3号民事判决书，载中国仲裁在线。

范围内的B03地块出让给容畅公司;价款为人民币53 858 600元,地价包含该地块拆迁安置费、市政基础设施配套费、土地出让金三项内容;指挥部负责将市政基础设施管网建设至B03地块边缘并承担金碧路、祥云街公建建设费”。其后,双方又签订了多份《补充协议》。容畅公司于2002年7月31日前后共支付地价款人民币47 143 100元。另确认,指挥部是1996年6月30日由昆明市市政公用局作出(1996)26号《关于成立昆明市市政公用局金碧路片区道路拓宽改造建设指挥部的决定》而设立,有相应的组织机构,在财务管理上为昆明市市政公用局所属二级独立核算单位。2003年8月28日,昆明市人民政府办公厅作出昆政办(2003)8号《关于对金碧路片区改造工程指挥部划归市政集团公司有关问题的批复》,将指挥部划归为市政集团公司的内设机构,主要负责处理金碧路片区拓宽改造遗留问题,相关的法律义务和责任由市政集团公司承担。2007年7月,指挥部和市政集团公司作为共同原告向法院提起诉讼,请求判令容畅公司向其支付土地欠款和预留保证金差额,并承担拖欠期间的利息。

【裁判要旨】

一审法院经审理认为,荣畅公司发生登记变更以及指挥部主管单位调整的事由,因公司登记事项的变更须经工商行政管理机关核准,指挥部可以进行相应的查询,而指挥部主管单位的调整也不影响指挥部作为其他组织向人民法院主张权利的资格,故上述理由不属于人民法院可以延长诉讼时效的情形,指挥部和市政集团公司认为诉讼时效延长的主张不予支持。指挥部和市政集团公司于2007年8月1日向法院起诉,已经超过诉讼时效。市政集团公司不服一审判决,提起上诉。二审法院经审理认为,容畅公司的名称虽然在2003年间发生了变更,但住所地并未变更,同时政府部门专户代收的行为也没有改变指挥部的收款主体的地位,上述原因均不能成为市政集团公司向容畅公司行使请求权的客观障碍,不能认定为诉讼时效延长。判决:驳回上诉,维持原判。

二、有关司法解释对于诉讼时效延长的规定

1. 最高人民法院《对在审判工作中有关适用民法通则时效的几个问题的批复》[法(研)复〔1987〕18号]对于诉讼时效延长的规定

该批复第3条规定:“民法通则施行前民事权利被侵害尚未处理

的，无论被侵害人知道与否，向人民法院请求保护民事权利的诉讼时效期间，分别为民法通则第一百三十五条规定的二年或第一百三十六条规定的一年。诉讼时效期间自民法通则施行之日起计算。民法通则施行前民事权利被侵害尚未处理的，无论是否超过二十年，向人民法院请求保护民事权利的诉讼时效期间，分别为民法通则第一百三十五条规定的二年或第一百三十六条规定的一年。诉讼时效期间自民法通则施行之日起计算。对于上述诉讼时效期间，有特殊情况的，人民法院可以延长。”

2. 最高人民法院《关于人民法院处理涉台民事案件的几个法律问题》对于诉讼时效延长的规定

该司法解释“七、关于诉讼时效问题”部分规定：“为了保护去台人员和台胞的合法权益，我们在适用诉讼时效方面，对涉台民事案件作了特别规定。根据《中华人民共和国民法通则》的规定，从权利被侵害之日起超过二十年，权利人才向人民法院提起诉讼的，人民法院不予保护。由于涉及去台人员和台湾同胞的案件，许多已经超过二十年了，因此，对去台人员和台湾同胞的诉讼时效期间问题，根据民法通则第一百三十七条的规定，人民法院可以作为特殊情况予以适当延长。”

3. 最高人民法院《处理涉台刑事申诉民事案件座谈会纪要》[法(办)发〔1988〕18 号]对于诉讼时效延长的规定

该纪要“(四)关于遗产继承问题”部分规定：“去台人员和台胞对在大陆的遗产主张继承权的，人民法院应依法保护；要求取得人民法院判决中保留给自己的继承份额的，按执行程序处理；对已审结但未保障其继承权的案件提出申诉的，可依审判监督程序进行再审，依法保护其继承份额，份额多少可根据实际情况酌定。去台人员和台胞向人民法院提起诉讼的继承案件，继承开始已经超过二十年的，人民法院可依法作为特殊情况延长诉讼时效；对于知道或者应当知道其权利被侵犯已经超过两年的，可按最高人民法院《关于贯彻执行〈中华人民共和国继承法〉若干问题的意见》第十五条的规定处理。人民法院今后处理的继承案件，对在台的合法继承人，应设法通知其参加诉讼；无法通知的，可为其保留应继承的份额，并指定财产代管人。”

在司法实务中，诉讼时效延长的典型案例及解读如下：

案例11.2.2 李金连、李娜萍诉柯杰生回赎出典房屋纠纷案[①]

【案件事实】

上诉人(原审被告):柯杰生

被上诉人(原审原告):李金连、李娜萍

坐落在厦门市北门外街10号平房系被上诉人李金连的丈夫、李娜萍的父亲李启经的产业。1948年11月,李启经将该院内的两房一厅及厅后一块空地共计140平方米,出典给上诉人柯杰生的祖父柯伯行。典期5年(自1948年11月至1953年10月),典金250美元。典期期间,李启经去台湾地区谋生,1975年去世。柯伯行去菲律宾,1960年去世。1989年10月,李金连、李娜萍以李启经早年去台湾谋生,因海峡两岸长期隔绝,致典给柯伯行的房屋在典期届满时难以回赎为由,提起诉讼。

【裁判要旨】

一审法院经审理判决,准予原告李金连、李娜萍回赎李启经出典给柯伯行的房屋;李金连、李娜萍于判决发生法律效力后7日内给付柯伯行的合法继承人、被告柯杰生典金人民币5 000元。被告不服一审判决,提起上诉。二审法院经审理认为,本案讼争的房屋,在1987年11月台湾地区开放台胞回大陆探亲之前,由于历史原因,海峡两岸长期隔绝,出典人无法主张回赎。这种情况应视为不可抗力,这段时间不应计入回赎期限。依上述规定,出典人主张回赎典当房屋的限期并未超过。同时,出典人由于同一原因在法定诉讼时效内不能行使请求权,属《中华人民共和国民法通则》第137条规定的"特殊情况"。台湾地区开放台胞回大陆探亲之后,房屋出典的继承人、本案被上诉人李金连、李娜萍即办理了有关公证手续,委托了全权诉讼代理人,于1989年向人民法院提出回赎出典房屋的请求,其主张符合法律规定,应予准许。中国台湾与菲律宾两地虽可来往,但上诉人未提出出典人与承典人在典期届满时有何联系,或出典人有条件回赎出典房屋而不回赎的证据。上诉人是承典人柯伯行的继承人之一,并长期居住、管理讼争的房屋,由其参加本案诉讼,是不违背法律规定的。判决:被上诉人李金连、李娜萍给付上诉人柯杰生典金人民币6 000元;维持原审准予李金连、李娜萍回赎出典房屋的判决。

---

① 载《最高人民法院公报》1993年第1期。

该案是《最高人民法院公报》刊载的为数极少的涉及诉讼时效延长的判例之一，该案判决的要点分析如下：

其一，主审法院将海峡两岸长期隔绝的事实认定为《民法通则》第137条规定的“特殊情况”，并依此适用诉讼时效延长规则。该认定与前述最高人民法院《关于人民法院处理涉台民事案件的几个法律问题》的规定相符。

其二，主审法院同时认为，“由于历史原因导致海峡两岸长期隔绝”而使出典人无法回赎应视为不可抗力，所以这段时间不应计入回赎期限，故出典人主张回赎典当房屋的限期并未过诉讼时效期间。但该认定实际上导致本案没有必要适用诉讼时效延长制度，因为该认定的本质是否认诉讼时效期间已经届满。最高人民法院《关于房屋典当回赎中几个有关问题的批复》规定：“如果典期届满，出典人未按契约规定期限提出回赎，是由于不可抗力使其不能行使请求权的，这种受客观原因影响的时间，应予扣除，不计入回赎时效期间。”本案以该批复的规定为裁判依据似乎更为合适，而无必要适用诉讼时效延长制度。

其三，原告仅主张回赎的诉讼请求，而并未就诉讼时效延长提出申请，主审法院系主动依职权适用诉讼时效延长规则。在当时，普遍的通行做法是法院主动审查诉讼时效问题，所以主审法院也采取了这种做法。

其四，主审法院仅笼统地认定本案应适用诉讼时效延长，但对于本案中诉讼时效何时届满、延长的期间具体多长等问题并未作出具体认定。因此可以说，该案虽然是《最高人民法院公报》刊载的适用诉讼时效延长的典型判例，但在判决理由、裁判依据等方面均存在一定瑕疵而显得判决内容较为粗糙。

案例11.2.3　孙华东夫妇诉通化市人民医院错给所生孩子致使其抚养他人孩子达20余年要求找回亲子和赔偿案①

【案件事实】

原告：孙华东、李爱野

被告：通化市人民医院

① 参见最高人民法院中国应用法学研究所编：《人民法院案例选》2003年第4辑（总第46辑），人民法院出版社2004年版，第93页以下。

原告李爱野于1981年10月29日在被告通化市人民医院分娩一男婴，由医护人员在婴儿室看护，3日后由被告交予李爱野一同出院。该男婴取名孙超，由孙华东、李爱野夫妇抚养至今。2002年2月5日，经辽宁省公安厅进行DNA亲子鉴定，结论为：孙超与孙华东、李爱野无血缘关系，孙超系宫某夫妇的亲生儿子。这一后果是被告疏于管理所致。孙华东、李爱野寻子期间共花销各种费用人民币8 600元。2002年6月，孙华东、李爱野向通化市东昌区人民法院提起诉讼。

【裁判要旨】

一审法院经审理认为，本案被告严重侵害了二原告对自己亲生子的监护权，致使二原告至今没有找到亲生子，被告对自己的违法行为应承担民事责任，并有义务协助二原告寻找亲生子。判决：

(1) 被告协助二原告寻找亲生子。

(2) 被告赔偿二原告抚养孙超的抚育费人民币35 457.98元。

(3) 被告赔偿二原告精神抚慰金人民币各10万元。

(4) 被告公开向原告赔礼道歉。

一审判决后，原、被告双方均提起上诉。通化市人民医院称：孙华东、李爱野向法院主张权利时距侵权事实发生已超过20年，其诉讼请求已超过保护时效，且不具备延长时效的条件。二审法院经审理认为，孙华东、李爱野从其权利受侵害到主张权利时虽然已超过20年，但属于人民法院可以延长诉讼时效的特殊情况。对此，法院认为，双方当事人对侵害事实发生至主张权利时超过20年没有异议。但本案的关键问题是诉讼时效期间是否适用诉讼时效延长的法律规定。本案中孙华东、李爱野夫妇不知受到侵害和不能主张权利的情形属于客观障碍，因此，本案可以延长诉讼时效期间。孙华东、李爱野的诉讼请求应受法律保护。

该案刊载于《人民法院案例选》，而且该案例选系列中刊载的另一则适用诉讼时效延长的案例[①]也与本案类似，由此可见本案较具典型意义。该案判决的要点分析如下：

---

① 参见“赵盛强等诉通化市人民医院侵犯身份权赔偿案”，载最高人民法院中国应用法学研究所编：《人民法院案例选》2004年民事专辑（总第48辑），人民法院出版社2004年版，第80页以下。

其一,主审法院认为“原告不知受到侵害和不能主张权利的情形属于客观障碍”,并依据《民法通则意见》第 169 条的规定适用诉讼时效延长。但对于该案为何可认定为“客观障碍”的理由,判决主文未作详细解释。依据该案例编写者的解释,其理由是“本案医院串子的情况,不仅为我国社会生活中所罕见,在其他国家也属罕见,因此应属特殊情况加以延长”。

其二,依域外立法例,涉及亲属关系的有关请求权不适用诉讼时效[①],但我国现行法对此并无明确规定。主审法院适用诉讼时效延长规则使原告仍可行使此类请求权,在结果上达到与域外立法相似的效果,其精神值得肯定。但应注意的是,本案原告的诉讼请求为:① 被告承担原告今后寻子过程中实际发生的费用;② 被告赔偿原告已支出的抚养费人民币 18.5 万元;③ 被告支付精神损害抚慰金人民币 120 万元。这三个请求权并非以恢复亲属关系为目的,而属于侵权责任请求权,其与域外立法排除适用诉讼时效之请求权性质有异。就此而言,主审法院将诉讼时效延长适用于这三个请求权又具有不同的意义。

其三,本案原告并未就诉讼时效延长提出申请,主审法院系主动依职权适用诉讼时效延长规则,并主动就被告主张“不具备延长时效的条件”作出说明。这表明主审法院和当事人均认为审查诉讼时效延长事由属于法院职权范围,而非当事人应主张的抗辩权。

其四,本案由于在当时社会上引起广泛关注,对法院裁判亦产生某种程度的影响,并最终适用诉讼时效延长对原告提供救济。这是否表明“社会影响较大或巨大”可认定为《民法通则》第 137 条规定的“特殊情况”？判决主文对此未作说明,最高人民法院在以后的司法解释中应予以明确。

案例 11.2.4　“银广夏案”

银广夏因证券虚假陈述造成投资人重大损失,证监会于 2002 年 4 月 23 日作出处罚决定,银广夏于 2002 年 5 月 16 日作出相应公告。根据《民法通则》第 135 条的规定,诉讼时效将于 2004 年 5 月 15 日届

① 《德国民法典》第 194 条第 2 款规定:“由一项亲属法律关系产生的请求权,如其以将来回复与此种关系相符合的状况为内容,或者以允许进行基因检查以澄清血缘关系为内容,其不受时效的约束。”

满。因各种原因,法院一直未受理众多投资者提起的民事赔偿案件。直到2004年4月20日,在银广夏案的诉讼时效即将到期的前1个月,法院才开始受理该案。由于受理时间太短,社会各界纷纷要求延长受理期限。经最高人民法院批准,银川市中级人民法院于2004年5月14日召开新闻发布会宣布:“根据最高人民法院《关于审理证券市场因虚假陈述引发的民事赔偿案件的若干规定》第5条第1款第1项的规定,证券市场投资人要求银广夏承担民事责任的诉讼时效期间至2004年5月15日届满。为保护广大证券市场投资人的合法权益,经最高人民法院批复,证券市场投资人诉银广夏民事赔偿案件的诉讼时效从5月16日延长到8月15日。”

该案堪称司法实务中适用诉讼时效延长影响最大的案例,该案具有以下特点:其一,该案并非单个案件,而是由若干性质相同的多个民事赔偿案件组成。在这一系列案件中,法院共受理案件103件,涉及总标的约1.81亿元,涉及投资人847人。该案的第一份判决书于2004年12月31日作出,最后一份判决书则迟于2007年才作出。其二,该案的诉讼时效延长,既不是由当事人在诉讼中提出,也不是法院在诉讼过程中主动依职权适用,而是在起诉之前由中级人民法院向最高人民法院请示,由最高人民法院以批复形式适用诉讼时效延长。这在其他同类案件中是绝无仅有的。其三,该案适用诉讼时效延长的“特殊情况”是由于行政复议程序、“先刑后民”的司法惯例以及受害人众多等原因①导致法院无法在短时间内受理全部起诉。巨大的社会影响也对最高人民法院将诉讼时效延长适用于该案起了一定的催化作用。其四,与前两个案例主审法院笼统认定诉讼时效延长不同,该案主审法院明确本案诉讼时效延长3个月,在此时间段内受理有关原告的起诉。其五,最值得关注的是,该案适用诉讼时效延长实际上突破了现行法关于延长规定的本意。表现为:① 该案是在诉讼时效期间即将届满但尚未届满时提前适用诉讼时效延长的。而依《民法通则》第137条的规定,诉讼时效延长的适用场合是诉讼时效期间已经届满,因此该案严格来说并不属于可适用诉讼时效延长的情形。② 依《民法通则》第140条的规定,“诉讼外请求”可引起诉讼时效中

① 参见章武生:《类似案件的迥异判决——银广夏虚假陈述证券民事赔偿案评析》,载《华东政法大学学报》2010年第2期。

断。即使该案不适用诉讼时效延长,当事人亦可通过“诉讼外请求”引起诉讼时效中断从而阻止诉讼时效届满。但该案当事人及主审法院似乎均陷入一个误区,即认为如果原告未在诉讼时效期间内起诉将导致其权利不再受法律保护。该认识的本质实际上是否认“诉讼外请求”具有引起诉讼时效中断的效果。③ 依《民法通则》第 137 条的规定,“权利被侵害之日”起算 20 年时效期间。在本案中,被告于 1999—2001 年间实施虚假陈述行为,自该侵权行为结束时应起算 20 年时效期间。但主审法院在两年诉讼时效期间尚未届满时,决定将诉讼时效从 2004 年 5 月 16 日延长到 8 月 15 日,此时 20 年时效期间远未届满。该决定忽视了 20 年时效期间的作用和中断规则的意义,事实上导致诉讼时效期间反而被缩短(两年时效期间不能在 20 年时效期间内中断)。因此,该案是法院及诉讼当事人在未准确理解延长、中断规则本意的情况下对诉讼时效延长的误用。该案突破了法律对于延长、中断及普通时效期间与 20 年时效期间关系的现有规定,该案的巨大影响可能将造成普通民众对诉讼时效制度的误读。

第三节　诉讼时效延长现行法之检讨

一、诉讼时效延长制度存废之争

对于我国民法应否规定诉讼时效延长制度,学界存在争议。

(一) 肯定说

该说主张我国民法应规定诉讼时效延长制度,其理由主要有:

第一,诉讼时效延长制度可对中止和中断制度起到补充作用。“在实际生活中,有时虽然不存在时效中止或中断的事由,但当事人确实不是因为主观上不愿意行使权利而错过了在时效期间行使权利的机会。在这种情况下,就需要通过延长时效期间来加以补救。”①“诉讼时效的延长是对诉讼时效中止和中断的一种补充,是法律充分保护权利人正当权利的一种措施。”②“法律完全有必要特别设立诉讼时效

① 佟柔主编:《中国民法学 · 民法总则》,中国人民公安大学出版社 1990 年版,第 327 页。

② 佟柔主编:《中国民法》,法律出版社 1990 年版,第 615 页。

延长制度予以平衡，以对诉讼时效中止、中断作相宜补充，由法官行使自由裁量权来弥补法律规定的不足。”①

第二，诉讼时效延长制度可以在特殊情况下实现公平。“诉讼时效期间的延长制度之设，系为解决在特殊情况下适用诉讼时效制度将产生严重的不合理的情形。在最长诉讼时效期间内，如果权利所适用的普通诉讼时效期间届满的，则最长诉讼时效期间引而不彰，更无适用延长之可能。因此，期间延长制度适用的对象，不限于普通诉讼时效期间和特别诉讼时效期间，还包括最长诉讼时效期间。”②

第三，诉讼时效延长制度系我国特有的制度，应予坚持。“诉讼时效延长，是社会主义国家特有的制度。”③“在一定意义上，诉讼时效的延长与德国法中的时效不完成异曲同工，因此在未来我国民法典制定之时，不宜对二者同时予以规定。比较而言，由于时效延长制度是我国的本土制度，为保持法的延续性，采用此概念更适合国情。”④

第四，其他国家及地区亦有延长制度之立法例，我国应予借鉴。“无论是大陆法系，还是英美法系，均不乏设立诉讼时效延长制度之立法例，这些立法例本身足以表明诉讼时效延长制度有其存在之价值。”⑤“鉴于时效延长已是国际海运惯例，即使中国不参加国际海运公约，《海商法》也应当认可并借鉴《鹿特丹规则》的做法。《海商法》已经规定了时效中止、中断，理应明确时效延长的补充地位。”⑥

（二）否定说

该说主张我国未来民法应废除诉讼时效延长制度，其理由主要有：

第一，诉讼时效延长制度与中止、中断制度相互抵牾。“在确定了

---

① 李群星：《法律与道德的冲突——民事时效制度专论》，法律出版社2011年版，第316页。

② 梁展欣主编：《诉讼时效司法实务精义》，人民法院出版社2010年版，第121页。

③ 佟柔主编：《中国民法学·民法总则》，中国人民公安大学出版社1990年版，第327页。

④ 冯恺：《诉讼时效制度研究》，山东人民出版社2007年版，第220页。

⑤ 葛承书：《民法时效——从实证的角度出发》，法律出版社2007年版，第211页。

⑥ 金彦平：《谈〈鹿特丹规则〉诉讼时效的延长》，载《黑龙江政法管理干部学院学报》2012年第1期。

消灭时效的中止制度与中断制度以后，消灭时效延长制度的意义就显得式微。”[①]“由于现行法已为中止和中断规则预留兜底空间，延长规则显得多此一举，并导致其与中止、中断的混淆。”[②]

第二，诉讼时效延长制度赋予法官过大的自由裁量权，导致法律不确定性的恶果。“一方面，此种规定给予了法官过大的自由裁量权。另一方面，时效期间的不确定性将使时效制度形同虚设，如此将导致时效制度在确定权利义务关系等方面的作用无法发挥。”[③]“赋予法官过大的自由裁量权，损害了消灭时效的强行性规则的性质，有损于消灭时效制度目的的实现。”[④]“诉讼时效的延长打破了确定性这一诉讼时效制度最核心的价值，一定程度上颠覆了诉讼时效制度。”[⑤]

第三，诉讼时效延长制度是我国在特定历史背景下的产物，该历史背景已然消失。“该制度主要是针对去台人员所设立的。但随着两岸关系的不断发展，我国台湾地区人民进入大陆已经基本上不存在障碍，权利人行使权利与起诉都不存在问题，因此已经不需要再作这种特殊安排。”[⑥]“延长规则是我国时效期间过短和法官职权援用时效等规则约束的产物，随着职权援用已被禁止和时效期间将被加长，延长规则作为权宜之计的价值也将消失。”[⑦]

第四，司法实务中适用诉讼时效延长的案例，可以通过其他途径解决。“废除时效延长制度，是对我国司法实践的确认。我国现行民法虽然规定了时效的延长，但就我国的司法实践而言，人民法院几乎没有适用过时效的延长。”[⑧]“司法实践公认的延长案例，其实或者是

① 屈茂辉：《论消灭时效的若干问题》，载王利明、郭明瑞、潘维大主编：《中国民法典基本理论问题研究》，人民法院出版社 2004 年版，第 251 页。

② 霍海红：《诉讼时效延长规则之反省》，载《法律科学》2012 年第 2 期。

③ 王利明：《民法总则研究》，中国人民大学出版社 2012 年版，第 762 页。

④ 屈茂辉：《论消灭时效的若干问题》，载王利明、郭明瑞、潘维大主编：《中国民法典基本理论问题研究》，人民法院出版社 2004 年版，第 251 页。

⑤ 李永锋：《英国诉讼时效延长制度具体改革——兼论对我国民法典的启示》，载《法学》2006 年第 12 期。

⑥ 王利明：《民法总则研究》，中国人民大学出版社 2012 年版，第 762 页。

⑦ 霍海红：《诉讼时效延长规则之反省》，载《法律科学》2012 年第 2 期。

⑧ 李永锋：《英国诉讼时效延长制度具体改革——兼论对我国民法典的启示》，载《法学》2006 年第 12 期。

起算问题，或者是时效排除问题，或者应以规则而非裁量方式解决。"①

第五，不规定诉讼时效延长制度是域外立法通例，英美法上的延长制度不足以成为我国坚持规定该制度的理由。"大陆法系国家的民法上大都没有时效延长或类似的制度，联合国国际贸易法委员会订立的《国际货物销售时效公约》中也没有承认时效的延长，最新的一些国际性示范法，包括 2003 年欧洲合同法委员会公布的《欧洲合同法原则（第三部分）》、国际统一私法协会 2004 年修订的《国际商事合同通则》，在时效制度中都没有承认延长或类似制度。"②"站在大陆法系民法的视角，英国法所谓延长针对的多为常规类型，而非我国延长规则试图规制的极端例外。以英国法为我国的自由裁量规则论证只是表面的和无力的，并可能沦为美国比较法学者达玛斯卡所谓的'修辞上的成果'。"③

二、笔者观点：我国未来民法典不应规定诉讼时效延长制度

除了否定说上述理由外，还应特别强调以下三点理由：

第一，权利人因诉讼时效期间过短而丧失公力救济，其根本解决途径应当是在立法上规定较长的诉讼时效期间，而非设置延长制度。由于现行法规定的诉讼时效期间过短，导致权利人因诉讼时效期间届满而丧失公力救济的风险大大增加。为降低该风险，实现对权利人的充分保护，其根本解决途径应当是改变诉讼时效期间过短的现行法规定，以较长的诉讼时效期间代替，而非通过设置延长制度来实现该目的。

其一，在现行法规定的普通诉讼时效期间过短的前提下，通过延长制度来对诉讼时效届满的权利人提供保护，其实际效果十分有限。而且，由于现行法对延长事由规定不明，使得法院在适用延长制度时因无所适从而显得十分谨慎，真正能够通过时效延长受到保护的权利人十分罕见。在司法实务中，亦不乏误将起算、中断、适用范围等规则当做延长加以适用的实例。

---

① 霍海红：《诉讼时效延长规则之反省》，载《法律科学》2012 年第 2 期。

② 李永锋：《英国诉讼时效延长制度具体改革——兼论对我国民法典的启示》，载《法学》2006 年第 12 期。

③ 霍海红：《诉讼时效延长规则之反省》，载《法律科学》2012 年第 2 期。

其二,将延长制度适用于20年最长诉讼时效期间,削弱了设置最长诉讼时效期间的意义,也与各个国家及地区的立法通例相悖。20年最长诉讼时效期间的设置本意即是通过该期间限制普通和特别诉讼时效期间,该期间构成权利的最长保护期限。将延长制度适用于最长诉讼时效期间,将极大地削弱最长诉讼时效期间所应发挥的功能。

其三,为解决权利人因诉讼时效期间过短而丧失公力救济的弊端,其根本解决途径应当是在设置较长普通诉讼时效期间的基础上,分层次地设置各类特殊诉讼时效期间,并以最长诉讼时效期间对其加以限制。如此,既可实现对各种场合下权利人的充分保护,又可体现诉讼时效制度的确定性价值追求。

第二,在极端场合下因诉讼时效期间届满而使权利人丧失公力救济,本为诉讼时效制度所应付出的必要代价,该结果与诉讼时效制度的价值并不相悖。

其一,诉讼时效制度的基本价值是实现对司法资源的有效利用,因诉讼时效期间届满而丧失公力救济,正是该价值的体现。如果在个别场合下对诉讼时效期间届满的权利人仍然予以救济,则需要耗费更多的司法资源进行取证、调解或审判,该情形正是诉讼时效制度设置所力图避免的结果。任何制度都无法实现在一切情况下的绝对公平,诉讼时效期间届满的权利人丧失公力救济即使存在令人同情的事由,也属该制度所应付出的必要代价。《德国民法典》立法理由书指出:"于具体情形,若消灭时效于实体公正有损,即若权利人因消灭时效届满失却其本无瑕疵之请求权,此亦属关系人须向公共利益付出之代价。"①

其二,在中止、中断规则之外再设延长规则,使诉讼时效期间届满之效力存在极大的不确定性。罗斯科·庞德教授指出:"一个法律制度通过下面一系列办法来达到,或无论如何力图达到法律秩序的目的:承认某些利益;由司法过程按照一种权威性技术所发展和适用的各种法令来确定在什么限度内承认与实现那些利益;以及努力保障在

---

① 〔德〕迪特尔·梅迪库斯:《德国民法总论》,邵建东译,法律出版社2001年版,第91—92页。

确定限度内被承认的利益。"[1]诉讼时效效力的确定性,须通过有权机关在法令中明确列举能够使诉讼时效期间变相被延长(中止、中断)的事由来实现,而非设置一个白纸事由的延长制度,将自由裁量权完全地交给法官行使。

其三,英美的延长制度仅适用于特定类型案件,且本身极具争议,根本不足以成为为我国延长制度辩护的理由。英美法中的延长制度仅适用于人身伤害等特定案件,完全不同于我国未限定适用范围的延长制度。而且,英美的延长制度一直以来饱受争议。冯·巴尔教授对英美的延长制度批评道:"它一方面缓和了过于严格的法律规定,但另一方面却危及了时效法所追求的法律的安全性。……要预见法院的决定几乎是不可能的,这正是它的问题之所在。"[2]该制度在英国国内也存在极大争议。法律委员会《关于诉讼时效法的征求意见报告(第151号)》(1998)认为,时效排除弊大于利,并建议新时效法废除法院对时效的排除权。[3]

第三,诉讼时效延长制度与现行法确立的诉讼时效期间法定性、抗辩权发生主义等规则相悖,同时也不利于充分发挥诉讼时效制度保护权利人的功能。多数大陆法系国家或地区禁止当事人协议变更诉讼时效期间,但德国及英美法国家则有条件地允许当事人协议变更诉讼时效期间。对这两种看似截然相反的做法,不能简单地作优劣之分。在禁止协议变更诉讼时效期间的国家或地区,一般设置较长的诉讼时效期间,这样既可以对权利人提供充分的保护,也有利于维护诉讼时效制度的确定性。在允许协议变更诉讼时效期间的国家或地区,一般设置较短的诉讼时效期间[4],而同时允许当事人依其意思在一定限度内延长诉讼时效期间,以修正诉讼时效期间过短的弊端。后一种做法,在更大程度上将诉讼时效期间的决定权交给当事人,法律对诉讼时效期间只作上限和下限的限制,更加体现了对当事人意思自治的

---

① 〔美〕罗斯科·庞德:《通过法律的社会控制》,沈宗灵译,商务印书馆1984年版,第33页。

② 〔德〕克雷斯蒂安·冯·巴尔:《欧洲比较侵权行为法》(下卷),焦美华译,法律出版社2001年版,第703页。

③ 参见李永锋:《英国诉讼时效延长制度具体改革——兼论对我国民法典的启示》,载《法学》2006年第12期。

④ 例如德国债法改革将普通消灭时效期间由30年改为3年。

尊重，但这种立法模式必须要以社会成员法律素养的普遍提高及良好的社会司法环境为前提。① 我国现行法一贯强调诉讼时效规定的强制性，一方面禁止当事人延长或缩短诉讼时效期间，另一方面却允许法院依职权延长诉讼时效期间，该立法方法既否认了意思自治原则在诉讼时效领域的适用，又未严格坚持诉讼时效法定性规则。而且，现行法既然确定了抗辩权发生主义，就表明只有当事人有权主张诉讼时效抗辩，但现行法及司法实例却同时承认最高人民法院可依据职权以批复形式延长诉讼时效期间，下级法院亦可依职权主动延长诉讼时效期间，这在逻辑上显然是矛盾的。结合我国现阶段的实际国情，比较合适的做法是，在坚持禁止当事人合意变更诉讼时效期间的前提下，同时禁止法院变更诉讼时效期间，规定较长的诉讼时效期间以实现对权利人的充分保护。

第四，通过对前述典型案例的解读可以看出，诉讼时效延长制度在司法实务中的实际运用效果并不理想。

其一，以“李金连、李娜萍诉柯杰生回赎出典房屋纠纷案”为代表的一类案例表明，在《民法通则》颁布之初的相当一段时期内，诉讼时效延长的主要适用对象是涉台案件，最高人民法院也因此颁布了一系列具有针对性的司法解释。但当时两岸隔绝的背景在今天已发生巨大变化，延长制度对此类案件已丧失了适用意义。

其二，对于“连环婴儿抱错案”等涉及身份权请求权的案例，境外立法一般通过排除此类请求权适用诉讼时效的方法对受害人提供救济。在我国现行法无明文规定的情况下，法院通过诉讼时效延长变通地解决此问题，实为权宜之计。对此问题的根本解决方法是，对立法政策认为不宜适用诉讼时效的请求权明文列举，而非适用诉讼时效延长。

其三，以“银广夏案”为代表的一类案例是对诉讼时效延长的误用。其主要原因是由于现行法对延长事由未作具体限定，仅笼统表述为“特殊情况”或“客观障碍”，使得主审法院享有极大的自由裁量权。

---

① 有学者认为：“我国的时效立法应采允许合意变更时效的模式，从而在时效法中亦体现合同自由原则。”参见朱岩：《诉讼时效制度基本问题研究》，载王利明主编：《中国民法年刊2005》，法律出版社2006年版，第185页。笔者认为，允许协议变更时效期间的立法模式，必须以一定社会及司法环境为基础。在我国现阶段，允许当事人协议变更时效期间的各方面条件尚不成熟。

在一些涉及时效纠纷的案例中,这种行使方便的自由裁量权容易诱使法官绕开中止、中断等规则而直接适用延长规则。尤其是在一些社会影响巨大、法院面临舆论压力的案件中,延长规则更容易被主审法院视做解决时效难题的良方,这种现象在"连环婴儿抱错案"和"银广夏案"中均表现得甚为明显。

综上所述,诉讼时效延长制度是《民法通则》制定时特定历史环境和立法思维的产物,它使法官享有突破时效基本规则之自由裁量权而对时效制度的确定性产生不良影响。司法实务中适用诉讼时效延长的典型案例,或者已经丧失适用延长规则的历史背景,或者是对延长规则的误用。对于某些立法政策认为确应提供救济的情形,应通过设置较长的时效期间或排除时效适用来解决。因此,我国未来民法典对现有诉讼时效延长制度应予废除。

第三编　取得时效

第十二章　取得时效概述

虽然大多数国家及地区都规定了取得时效制度，但对它的价值取向、逻辑体系等重大问题远没有取得一致意见。[1] 正因如此，各民法典所规定的取得时效制度无论是在内涵还是外延上均存在不同程度的差异。根据谢在全先生对取得时效的定义，"取得时效者，抽象而言，乃无权利人以行使某权利之意思继续行使该权利，经过一定期间后，遂取得其权利之制度。具体而言，乃无权利人，继续以一定状态占有他人之物，经过法定期间而取得其所有权，或继续以一定状态行使所有权以外之财产权，经过法定期间而取得其权利之制度"[2]。

第一节　取得时效的立法例

一、关于取得时效的立法模式

（一）大陆法系的立法模式

对于取得时效与消灭时效两种制度的关系，大陆法系国家及地区存在三种立法模式：统一主义、分立主义和单一主义。本书第二章已有详述，此处不赘。

（二）英美法系的立法模式

英美法中相当于大陆法取得时效制度的有两种制度：一是 acquis-

---

① 参见温世扬、廖焕国：《物权法通论》，人民法院出版社 2005 年版，第 228 页。

② 谢在全：《民法物权论》（上册），中国政法大学出版社 2011 年版，第 142 页。

itive prescription，即“时效取得”[1]；二是 adverse possession，即“反向占有”[2]。

时效取得(prescription)，是指通过公开持续的以对抗所有人权利的形式使用他人土地，在法定期间后取得地役。土地所有人如果有权使用财产，则被推定为知道他人对抗其使用的行为。如果在法定期间内不采取行动以阻止他人的这种行为，他可能丧失阻止他人使用财产的权利。通过取得时效获得的地役是附属地役，不因土地转让而消灭。[3] 时效取得(prescription)最初发源于英国普通法，其后随着判例法的发展产生了“授权证书遗失原则”(Lost Modern Grant)，该原则成为补充时效取得(prescription)之不足的一项制度。詹姆士一世在位时，颁布了《1832 年时效法》(Prescription Act 1832)，该法律缩短了某些案件所适用的时效期间。在此之后，在英国法中存在三个关于时效取得(prescription)的法律渊源：普通法、“授权证书遗失原则”、《1832 年时效法》。

反向占有(adverse possession)，是指某人(例如土地之登记所有人)在一定期间经过之后，可能受到成文法的阻碍，而不能对权利侵占者提起恢复之诉。该制度最初发源于英格兰传统的封建法，其后成为《1980 年诉讼时效法》(The Limitation Act 1980)的核心内容。在美国，每个州都规定了土地所有人通过提起诉讼，从土地侵入者手中重获占

---

① 英美法中的 acquisitive prescription，学界主要有两种译法：一是译为“时效取得”，参见苏号朋主编：《美国商法》，中国法制出版社 2000 年版，第 240 页。二是译为“时效占有”，参见温世扬、廖焕国：《物权法通论》，人民法院出版社 2005 年版，第 227 页。笔者认为，考虑到 prescription 一词本身源于大陆法，译为“时效取得”或“取得时效”较为恰当。

② 英美法中的 adverse possession，学界译法更多：一是译为“反向占有”，参见温世扬、廖焕国：《物权法通论》，人民法院出版社 2005 年版，第 227 页。二是译为“不利占有”，参见侯利宏：《取得时效研究》，载梁慧星主编：《民商法论丛》(第 14 卷)，法律出版社 2000 年版，第 8 页。三是译为“时效占有”“相反占有权”，参见李进之等：《美国财产法》，法律出版社 1999 年版，第 32 页。四是译为“对抗性占有”，参见苏号朋主编：《美国商法》，中国法制出版社 2000 年版，第 244 页。五是译为“反占有”，参见钱明星：《物权法原理》，北京大学出版社 1994 年版，第 229 页。笔者认为，结合 adverse possession 的字面含义和制度内容，译为“反向占有”较为恰当。

③ 参见苏号朋主编：《美国商法》，中国法制出版社 2000 年版，第 240 页。

有的时效。如果有人无正当理由占有了土地并像真正所有人那样行事，真正的所有人必须在法定期间内采取行动将其驱逐，否则他就丧失了驱逐侵入者的权利。为了取得土地，反向占有人必须是公开地、实际地、持续地、排他地占有土地并且对抗所有人的权利。判断是否对抗所有人的权利不取决于占有人的主观意思，而是指占有行为必须和所有的权利不一致。因租赁而占有、因共有而占有和经所有人的允许而占有都不能对抗所有人的权利。在有的州，占有人必须缴纳财产税才能取得产权。[①]

反向占有与时效取得的共同之处在于，都是为了给长久存续的事实穿上法律的外衣，且均不依赖损害的证据，在构成要件上均要求占有的事实，不能得到原权利人的许可且须达到一定的期间。二者的差异主要有三个方面：其一，与反向占有不同的是，时效取得无需存在与原权利人利益反向的行为。其二，二者的适用对象不同，反向占有适用于有体动产、不动产，而时效取得则主要适用于附属性地役权和用益权（easements and profits）。其三，对于占有本身的要求也不尽相同，反向占有不要求公然、和平占有，而这些为时效取得所必备。[②]

二、关于取得时效的适用对象

大陆法系各民法典对于取得时效适用对象的规定，主要有三种模式。

1．模式一：取得时效的适用对象是所有权

法国、巴西等国采取该模式，旧《法国民法典》第 2219 条规定："时效系指依法律确定的条件，经一定的期间而取得财产所有权或者自行免除义务的一种方法。"该条明确规定取得时效的适用对象仅限于所有权。新《法国民法典》第 2258 条规定："取得时效是指因占有之效力取得某项财产或权利的方法，无需主张时效的人提出某项证书，他人也不得以其系恶意而作抗辩。"结合第 2255 条关于占有的规定及第 2261、2266 条等关于取得时效要件的规定，取得时效的适用对象亦仅限于所有权。

---

① 参见苏号朋主编：《美国商法》，中国法制出版社 2000 年版，第 244 页。

② 参见温世扬、廖焕国：《物权法通论》，人民法院出版社 2005 年版，第 228 页。

2. 模式二:取得时效的适用对象包括所有权和他物权

德国(《德国民法典》第1033条)、瑞士(《瑞士民法典》第746条)、意大利(《意大利民法典》第1158条)、西班牙(《西班牙民法典》第1940条)、葡萄牙(《葡萄牙民法典》第1287条)、阿根廷(《阿根廷民法典》第4015条)、埃及(《埃及民法典》第968条)和我国澳门特区(《澳门民法典》第1212条)采取该模式。在该模式下,取得时效不仅适用于所有权,还适用于他物权。《德国民法典》第1033条规定:"动产上的用益权可以因取得时效而取得。准用关于因取得时效而取得所有权的规定。"该条旨在表明,如善意的用益权取得因第935条而失败,或者在取得行为上存在瑕疵,则权利可以因取得时效而被取得,以此为未取得用益权之善意人提供保护。[①]

3. 模式三:取得时效的适用对象包括所有权、所有权以外的财产权或财产

日本(《日本民法典》第163条)、韩国(《韩国民法典》第248条)、奥地利(《奥地利民法典》第1455条)、荷兰(《荷兰民法典》第3:99条)、俄罗斯(《俄罗斯联邦民法典》第234条)、越南(《越南民法典》第155条)和我国台湾地区("民法"第772条)采取该模式。财产权或财产,是比所有权、用益物权外延更广的概念,在具体范围的界定上,也存在一定的模糊性。《日本民法典》第163条规定:"对所有权以外的财产权,以为自己而为的意思平稳且公然行使者,依照前条的区别,在二十年或十年之后,取得其权利。"所有权以外的财产权中,不表现或不继续的地役权不适用取得时效有明文规定(《日本民法典》第283条);直接依法律规定成立的权利(留置权、先取特权等)、以一定身份为前提的权利(例如接受扶养的权利)不适用取得时效;依一次行使消灭的权利(例如撤销权、解除权、回购权)也不适用取得时效。但这些权利若解释为构成准占有的客体时,也有适用取得时效的余地。[②] 值得一提的是《越南民法典》第155条的规定:"取得民事权利时效:当期限届满时,民事主体可取得民事权利。"依据该条规定,取得时效的适用对象至少在字面上最为宽泛,为一切民事权利。

---

① 参见杜景林、卢谌:《德国民法典评注》,法律出版社2011年版,第533页。

② 参见〔日〕我妻荣:《我妻荣民法讲义Ⅰ新订民法总则》,于敏译,中国法制出版社2008年版,第447页。

三、关于"善意"

1. 模式一:取得时效以善意占有为要件

奥地利(《奥地利民法典》第 1463 条)、俄罗斯(《俄罗斯联邦民法典》第 234 条)、越南(《越南民法典》第 247 条)采取该模式。

2. 模式二:取得时效不以善意占有为要件,但善意占有和恶意占有适用不同的时效期间

法国(《法国民法典》第 2272—2277 条)、意大利(《意大利民法典》第 1158—1162 条)、荷兰(《荷兰民法典》第 3:99、105 条)、西班牙(《西班牙民法典》第 1955、1957、1959 条)、葡萄牙(《葡萄牙民法典》第 1294—1299 条)、日本(《日本民法典》第 162 条)、韩国(《韩国民法典》第 245、246 条)、巴西(《巴西民法典》第 1238、1260、1261 条)、阿根廷(《阿根廷民法典》第 3999、4004、4015、4016 条)、埃及(《埃及民法典》第 968、969 条)、我国台湾地区("民法"第 768—770 条)、我国澳门特区(《澳门民法典》第 1219—1225 条)采取该模式。

3. 模式三:登记取得时效和公示催告程序的取得时效不以善意为要件,动产取得时效以善意占有为要件

《德国民法典》第 900 条规定的登记取得时效和第 927 条规定的适用公示催告程序的不动产取得时效均不以善意为要件;第 937 条以下规定的动产取得时效以善意占有为要件。

4. 模式四:登记取得时效以善意为要件,未登记不动产取得时效和动产取得时效不以善意为要件

《瑞士民法典》第 661 条规定的登记取得时效以善意为要件;第 662 条规定的未登记不动产取得时效和第 728 条规定的动产取得时效不以善意为要件。

5. 模式五:英美法的时效取得和反向占有均不以善意为要件

在英美法系,时效取得在适用条件上要求不应使用暴力、隐秘占有或得到许可占有(by force, stealth or permision),这与大陆法系中善意的涵义差别较大。而反向占有通常并不考虑占有人的主观心理状态,亦不以善意为要件。

关于善意的认定标准,多数国家和地区并未在民法典中给出明确界定,但也有少数国家或地区在民法典中作了明文规定。《阿根廷民法典》第 4006 条规定:"取得时效所要求的善意,是指占有人毫不怀疑

地认为自己是物的排他性所有人。”关于善意的存在时间，多数国家及地区的态度仅要求取得占有时为善意即可（《法国民法典》第2275条、《日本民法典》第162条、《阿根廷民法典》第4008条、《埃及民法典》第969条）。但《德国民法典》的态度与此不同，依据其第937条的规定，占有人最初虽为善意，但后来获悉所有权并不属于自己的，取得时效被排除。关于善意的举证责任，多数国家和地区规定占有人的善意是推定的善意，无需占有人自己举证（《法国民法典》第2274条、《阿根廷民法典》第4008条、《埃及民法典》第965条）。

四、关于取得时效期间

大陆法系各个国家及地区的取得时效期间，具体归纳如下：

表12-1

国家（地区）	取得时效期间
法国	不动产30年（善意10年）、动产5年
德国	登记不动产30年、公示催告程序不动产30年、动产10年
瑞士	登记不动产10年、未登记不动产30年、动产5年
意大利	不动产20年（善意10年）、属于山区的不动产15年（善意5年）、动产集合体20年（善意10年）、动产善意10年（恶意20年）、登记动产善意3年（恶意10年）
荷兰	不属于登记财产的动产权利以及见票付款与凭指示付款票据项下的权利3年、其他财产10年
奥地利	动产3年、未登记不动产30年
西班牙	动产善意3年（连续不间断占有6年）、不动产善意10年（占有人不在的20年）、非善意取得且不满足其他条件不动产30年
葡萄牙	有依据之占有登记不动产善意10年（恶意15年）、单纯占有之登记不动产善意5年（恶意10年）、欠缺登记不动产善意15年（恶意20年）、有依据之占有须登记动产善意2年（恶意4年）、须登记动产无登记10年、有依据之占有不须登记动产善意3年（恶意6年）
俄罗斯	不动产15年、其他财产5年
日本	所有权20年（善意10年）、所有权以外的财产权20年（善意10年）
韩国	不动产20年（善意10年）、动产10年（善意5年）
越南	动产10年、不动产30年

（续表）

国家(地区)	取得时效期间
埃及	普通时效期间 15 年、不动产善意 5 年、继承权 30 年
巴西	不动产 15 年(在不动产上设立了通常居所或在其上完成了生产性工程或营业 10 年)、动产善意 3 年(恶意 5 年)
阿根廷	不动产善意 10 年、不动产恶意 20 年、动产 3 年、登记动产 2 年
中国台湾地区	动产 5 年、不动产 20 年(善意 10 年)
中国澳门特区	有依据之占有登记不动产善意 10 年(恶意 15 年)、单纯占有之登记不动产善意 5 年(恶意 10 年)、欠缺登记不动产善意 15 年(恶意 20 年)、有依据之占有须登记动产善意 2 年(恶意 4 年)、须登记动产无登记 10 年、有依据之占有不须登记动产善意 3 年(恶意 6 年)

从表 12-1 内容可总结出以下规律:其一,取得时效期间因适用对象为动产或不动产而有所不同。在规定有登记取得时效的国家及地区,又区分登记的不动产和未登记的不动产而适用不同的取得时效期间。一般来说,不动产的取得时效期间长于动产的取得时效期间。其二,取得时效期间因占有人主观心理状态为善意或恶意而有所不同。一般来说,恶意占有的取得时效期间长于善意占有的取得时效期间。

第二节　取得时效的适用对象

取得时效的适用对象,是指哪些民事权利能够适用取得时效制度,因取得时效期间届满而由非权利人取得民事权利。如前文所述,各个国家及地区对于取得时效适用对象的规定并不一致,有的仅限于所有权,有的包括所有权和他物权,还有的包括不限于物权的财产权,也有的为一切民事权利。[①] 我国学界对于取得时效的适用对象,亦观点各异,其争议的焦点主要集中在以下几个方面。

① 依据《越南民法典》对取得时效适用对象规定的字面理解,为一切民事权利。但越南的司法实践上是否真的将一切民事权利作为取得时效的适用对象,笔者持怀疑态度。

一、已登记的不动产是否适用取得时效

(一)肯定说

该说主张已登记不动产应当适用取得时效,其理由主要有:

第一,不动产登记制度在我国现阶段很不完善。“在我国,由于不动产登记制度极不完善,因此在实践中出现了许多登记错误的现象。尤其是因为我国登记机关采取的主要是一种形式审查方式,因此登记的错误也不能及时发现和更正,这就为取得时效的适用提供了可能。”①“登记在我国并不健全,特别是不动产,存在许多未登记的情况,对于这一部分不动产应该适用取得时效,以利流转;即使在登记相当健全的国家,登记也不会无所不包,因此想完全依赖登记而排除取得时效之适用,显然不切实际。”②

第二,取得时效制度的宗旨和功能的要求。“取得时效制度的宗旨在于使‘事实胜于权利’,安定社会秩序。”③“一概将已登记不动产排除在取得时效之客体之外,其结果不仅增大了交易成本,而且与取得时效之价值功能之一——维护交易安全背道而驰。”④

第三,利益衡量和价值判断的考虑。“是否承认对他人已登记不动产所有权的取得时效同样会涉及生存利益与所有利益两者之间的利益衡量和价值判断问题。非所有人对闲置废弃的不动产长期占有使用,该不动产往往就成为其赖以生存发展的物质基础。一旦失去该不动产,则将从根本上动摇其生存基础,损及生存利益。”⑤

第四,各国或地区立法例的肯定。“从诸多立法例来看,对于权利与事实不一致的情况,一般认为有取得时效制度之适用。为达到权利与事实一致,保持社会之良好秩序,应该在尊重登记的前提下,适当拓

---

① 王利明:《建立取得时效制度的必要性探讨》,载《甘肃政法学院学报》2002 年第 2 期。

② 温世扬、廖焕国:《物权法通论》,人民法院出版社 2005 年版,第 243—245 页。

③ 吴锦标、许晓芳:《取得时效适用范围初探》,载《法律适用》2004 年第 12 期。

④ 喻文莉:《取得时效之客体研究》,载《法律科学》2003 年第 2 期。

⑤ 同上注。

宽取得时效的适用范围。”[①]

（二）否定说

该说主张已登记不动产不应适用取得时效，其理由主要有：

第一，不动产登记制度的要求。不动产登记制度的建立，将有关不动产物权的设立、变更和移转都纳入了登记的范围，并确立了不动产权利的变动以登记为准的原则。尤其是在采取登记要件主义的国家或地区，依法进行的不动产物权变动登记具有绝对的公信力，未经登记不发生不动产物权变动的效力。这样一来，以占有事实为基础的取得时效制度也就失去了适用的可能。[②]

第二，台湾地区立法例的借鉴。“借鉴台湾地区‘民法典’的规定，因为如果登记的不动产也可以时效取得则会破坏不动产登记制度。同时也应将动产与不动产的确定时间予以区别，例如动产主观善意 3 年，主观恶意 5 年；未经登记的不动产主观善意 8 年，主观恶意 10 年。”[③]

二、哪些他物权可适用取得时效

在我国台湾地区，“民法”规定取得时效的适用对象包括所有权以外的财产权，对于所有权以外的财产权具体包括哪些权利，则尚存争议。原则上凡财产权皆得为取得时效的客体，实务上最常见者，为地上权及地役权。不能公然、继续行使的权利，如不表见及不继续的地役权、解除权、撤销权、买回权等，均不能因时效而取得。有疑问的是，从权利（例如质权、抵押权）或依法律规定必须支付一定对价始能成立的权利（如永佃权、租赁权），能否因时效而取得。通说采否定见解。[④] 但也有学者认为，永佃权可以适用取得时效。[⑤] 在我国大陆，一般认为担保物权不能适用取得时效，而对于哪些用益物权可适用取得

---

① 温世扬、廖焕国：《物权法通论》，人民法院出版社 2005 年版，第 243—245 页。

② 参见柳经纬：《关于时效制度的若干理论问题》，载《比较法研究》2004 年第 5 期。

③ 何淼：《论取得时效制度在我国民法体系中的建立》，载《法学论坛》2003 年第 6 期。

④ 参见王泽鉴：《民法物权》，北京大学出版社 2009 年版，第 142 页。

⑤ 参见陈荣传：《永佃权得否因时效取得及特约禁止处分》，载苏永钦主编：《民法物权争议问题研究》，清华大学出版社 2004 年版，第 194—198 页。

时效则存在争议。

第一种观点认为,农村土地承包经营权和国有土地使用权适用取得时效。[①]

第二种观点认为,地上权、农村集体土地所有权、国有土地使用权可适用取得时效。[②]

第三种观点认为,基地使用权、农地使用权、地役权可适用取得时效,而将取得时效适用于典权则无必要。[③]

第四种观点认为,地上权可适用取得时效;地役权原则上可依时效而取得,但并非各种地役权均可适用取得时效;农地使用权依时效取得的可能性较小,但并非绝对没有;不宜完全否定典权适用取得时效。[④]

三、知识产权是否适用取得时效

日本、荷兰、俄罗斯、越南等国及我国台湾地区将取得时效的对象规定为“财产或财产权”,这就使知识产权适用取得时效在理论上成为了可能。在我国台湾地区,商标权等知识产权可准用取得时效之规定。[⑤] 我国大陆学界对该问题存在争议。

(一)肯定说

该说主张知识产权应当适用取得时效,其理由主要有:

第一,取得时效制度的发展趋势和境外立法例的借鉴。“就罗马法之后的法律发展史来看,法国、德国、日本等国法上呈现了不同于罗马法时效取得制度的面貌,适用对象从土地和要式转移发展到一切不动产和动产,法律效果从取得所有权到取得所有权和用益物权再到取

① 参见梅夏英:《物权法 · 所有权》,中国法制出版社 2005 年版,第 236 页。

② 参见王利明:《建立取得时效制度的必要性探讨》,载《甘肃政法学院学报》2002 年第 2 期。

③ 参见喻文莉:《取得时效之客体研究》,载《法律科学》2003 年第 2 期。

④ 参见吴锦标、许晓芳:《取得时效适用范围初探》,载《法律适用》2004 年第 12 期。

⑤ 在我国台湾地区,对商标权应准用动产所有权取得时效要件还是不动产所有权取得时效要件,存在争议。参见谢在全:《民法物权论》(上册),中国政法大学出版社 2011 年版,第 165 页。

得一切财产，占有也不再是时效取得的必备要件（日本法）。”[①]

第二，取得时效制度理念的要求。“时效取得制度一方面在于督促所有权及其他财产权人积极履行社会义务，另一方面还在于维护既定的法律秩序。当一个行为人持续、和平、公然地行使他人的财产权达一定期间，就会在第三人和行为人中形成一种信赖，认为权利人已经放弃了其权利。此时，维护这种秩序非常必要。由此，按照时效取得的制度理念，它在知识产权法上颇有适用之空间。”[②]

（二）否定说

该说主张知识产权不应适用取得时效，其理由主要有：

第一，知识产权适用取得时效违背知识产权制度的宗旨。“无体财产权中的著作权、专利权和商标商号权，均由特别法规定了保护的方式和期限，优先于一般法的适用。且设立该种权利的宗旨即为保护权利人的专有性，若允许依时效取得，则与此相悖逆。”[③]

第二，知识产权无法满足取得时效的“占有”要件要求。“取得时效适用的前提是占有人对物的长期占有，为保持这种占有关系的稳定性才产生了取得时效制度，但财产权的范围却极为宽泛，并不是都基于占有关系而产生，有的依其性质也不可能适用取得时效。”[④]“知识产权客体‘占有’的非唯一性、知识产权客体不具可转让性、知识产权权利公示的独特性”决定了知识产权不应适用取得时效。[⑤]

第三，知识产权的特殊权利性质决定了其不能适用取得时效。“专利权、商标权均为经行政审查、核准获得的民事权利，其登记并公告既是权利获得的象征，又为权利获得的公示方式。当专利权与商标权所公告的权利状态与真实的权利状态一致时，就不存在适用取得时效的可能。而若专利权与商标权不登记，则根本就不存在该权利，更谈不上取得时效的适用。如果公示的权利状态与真实的权利归属不一致，即在他人作品上署名，若有证据证明作品上的署名是错误的，即

---

① 李雨峰：《论知识财产使用权的时效取得》，载《法学评论》2011 年第 5 期。

② 同上注。

③ 吴锦标、许晓芳：《取得时效适用范围初探》，载《法律适用》2004 年第 12 期。

④ 梅夏英：《物权法·所有权》，中国法制出版社 2005 年版，第 235 页。

⑤ 参见张晓都：《论知识产权的时效》，载《法律适用》2001 年第 6 期。

可推翻原来错误的权利公示,真正的权利人即享有权利。所以署名人亦不能因取得时效获得作品的著作权。”①

(三) 折中说

该说认为知识产权是否适用取得时效不应一概而论,而应就权利种类作个别判断。有学者认为:“对于无形财产权,是否均适用取得时效,应该加以分析。其一,无形财产权中的传统知识产权(专利、商标、版权),不宜适用取得时效制度。其二,创造性成果权中的商业秘密权,经营性标记权中的商号权、经营资信权中的商誉权等权利,可以适用取得时效制度。其三,对于新型权利,例如顾客权、信用权、域名权、形象权等是否适用,应该具体分析。”②还有学者认为:“就整体而言,知识产权不应适用取得时效制度,但是应当有例外情形可以考虑,即对于长期使用且被人熟知的老字号可以基于取得时效取得商号权。”③

四、国有财产是否适用取得时效

某些国家例如墨西哥(《墨西哥民法典》第 770 条)、越南(《越南民法典》第 247 条),设有明文规定国有财产不得适用取得时效。我国学界对该问题存在争议。

(一) 否定说

该说为主流意见,认为国有财产不应适用取得时效,其理由主要有:

第一,社会主义公有制的影响。“考虑到生产资料公有制经济制度为我国的根本经济制度,于国家和社会生活中居于举足轻重的地位,维护、巩固及进一步发展这一经济制度具有头等重要的意义,因此绝不允许任何人借时效取得制度来侵吞国家公有财产。”④

第二,现行土地制度的影响。“在我国,公有制国家之土地政策乃

---

① 赵万忠:《人身权、所有权以外其他民事权利的时效取得》,载《经济与社会发展》2008 年第 8 期。

② 温世扬、廖焕国:《物权法通论》,人民法院出版社 2005 年版,第 243—245 页。

③ 王萌:《取得时效制度适用范围研究》,载《科技与法律》2011 年第 5 期。

④ 梁慧星主编:《中国物权法研究》(上),法律出版社 1998 年版,第 304 页。

是取得时效发挥效用的最大障碍。”①“由于实行土地公有制，土地所有权归属国家或归属集体。国家因建设需要可以征用集体土地，但法律禁止任何组织或个人侵占、买卖土地或以其他方式非法转让土地。因此，土地所有权也就没有适用取得时效的任何可能。此外，国家土地使用权也无适用取得时效的余地。因为依据我国现行法律规定，取得国家土地使用权的方式不外行政划拨和出让两种，除此之外任何人或组织不得强占国家土地，自然也就不可能通过长期占有的方式取得国有土地使用权。”②

第三，境外理论及司法实务的借鉴。对于公物能否适用取得时效，境外学界存在争议，大致有否定说、限制性肯定说、默认的公用废止说和完全时效取得说等。但目前各国或地区理论和实践已确认公物不受时效限制。“综合考虑，默示的公用废止说较符合实际。公物本身不能有取得时效，但通过明示或默认的公用废止，失去作为公物的性质，作为私物能够取得其所有权。”③

第四，现行法精神的要求。“最高人民法院《民法通则意见》第170条规定：‘未授权给公民、法人经营、管理的国家财产受到侵害，不受诉讼时效期间的限制。’事实上，这些财产包括公物在内，该规定体现了公物不得作为取得时效的标的精神。”④

（二）肯定说

该说为少数说，认为国有财产应当适用取得时效，其理由主要有：

第一，平等保护原则的要求。“市场经济的特点就在于它的主体是平等的，在适用法律上一律平等，违背了这一原则，也就违背了市场经济的基本规律，不利于我们建设社会主义的市场经济秩序。”⑤“在民事法律制度中任何进入交易的财产，不管其所有权归属如何，都应适用平等的保护规则，这是民法现代化的客观要求，取得时效亦应体

① 马栩生：《取得时效未来论：价值与实证》，载《武汉大学学报》（哲学社会科学版）2005年第1期。

② 柳经纬：《关于时效制度的若干理论问题》，载《比较法研究》2004年第5期。

③ 侯宇：《论公物时效制度》，载《法治论丛》2009年第4期。

④ 同上注。

⑤ 冯忠明：《取得时效制度问题探讨》，载《法学杂志》2005年第4期。

现上述要求。”[①]

第二，国有资产流失不应成为否认国有财产适用取得时效的理由。“许多学者担心对国家所有的财产适用取得时效，会给一些不法之徒侵占国有资产提供方便。其实这种担心是多余的，因为取得时效是有条件的。在同时满足了这些条件的情况下应该说国有资产交由这些有效利用者占有使用更为合理。”[②]“本质上，国有资产的流失本非物权法所能解决的问题，而是国家需要以特别立法，辅以有关机关多方协调方能有效遏制的社会现象。实际上，我们完全可以在对时效取得进行立法设计时充分考虑到社会现实的忧虑，完全可以通过对时效取得客体的限制来避免公有财产因为时间的流逝而合法地成为私有财产从而对国有经济造成损害和威胁。”[③]

第三，国有财产经营、管理形式的多样化。“国家财产也是有区别的。国家间接控制的委托法人管理、使用的财产如果不适用取得时效，实体权利不受丧失的限制，导致经营管理者对国家财产没有义务感和责任心。”[④]

五、人身权领域是否适用取得时效

几乎所有国家和地区的立法均将取得时效的适用对象限定于财产权领域，或为物权，或为财产权。对此，学界也普遍持赞同态度。谢在全先生指出：“人格权与身份权，因与权利主体之人格、身份有不可分离关系之权利，为非财产权，与取得时效规定限于财产权始得依时效取得者不合。以身份关系为前提之专属财产权，例如受扶养之权利，受退休金之权利，夫对妻之财产之用益权。因其不适于以事实状态为基础而变更其法律关系。”[⑤]

近年来有少数学者提出一种新观点，主张将取得时效制度的适用范围扩大到人身权领域。兹将代表性观点列举如下：

---

① 喻文莉：《取得时效之客体研究》，载《法律科学》2003 年第 2 期。

② 冯忠明：《取得时效制度问题探讨》，载《法学杂志》2005 年第 4 期。

③ 杨佳红：《我国物权立法应确立时效取得制度》，载《西南民族大学学报》(人文社科版)2006 年第 5 期。

④ 冯忠明：《取得时效制度问题探讨》，载《法学杂志》2005 年第 4 期。

⑤ 谢在全：《民法物权论》(上册)，中国政法大学出版社 2011 年版，第 161 页。

第一种观点认为,取得时效可适用于各类身份关系。徐国栋先生认为:“在欧美大陆法系国家中,取得时效制度在人身关系法乃至公法方面都运用得很广泛,这些运用完全可以引入我国,甚至可以在我国更为扩张地适用。取得时效在身份法上之适用,有以下方面:其一,适用于事实婚之合法化。其二,适用于父亲身份的占有取得制度。其三,适用于诚信收养人取得父母身份问题。取得时效在我国公法上的适用首推刑法中的追诉时效制度。其次,在我国的户籍管理法中也有取得时效制度的适用余地。如果我们真的认同身份占有制度与取得时效制度的联系,并认为在人身法和公法上适用取得时效很有必要,我们的任务就是通过研究补全这一领域的取得时效的构成要件并反应为相应的立法。当然,如果做到了这一步,在民法范围内,取得时效制度就有了不仅适用于财产关系,而且适用于人身关系的属性,因此,它应该进入总则。另外,它还有适用于公法的方面,因此,它是一项跨部门法的制度,反映了时间因素对减缓法律效果以求尊重事实状态的作用。”①这种观点的实质,是要将各部门法中一定期间经过导致法律关系变动的各项制度,一概纳入取得时效制度中来解决。

第二种观点认为,取得时效应当适用于配偶权。有学者从分析古罗马时效婚和事实婚姻的制度演进入手,主张将取得时效适用于配偶权,并以取得时效来设计和诠释事实婚姻制度。“其一,事实婚姻构成要件男女双方主观须具有以夫妻身份永久共同生活的目的性,自主占有就演化为事实婚姻男女双方主观上具有支配配偶身份的意思;公然占有就演化为事实婚姻男女双方将支配配偶身份的事实向社会公开而得到社会认可;和平占有就演化为事实婚姻男女双方支配配偶身份的事实应是双方自愿的结果。其二,事实婚姻的男女双方以夫妻名义共同生活事实可以推断出男女双方是否具有成立夫妻关系的意思,共同生活期间长短又有力证明了双方是否具有永久共同生活的目的性,但事实婚姻中共同生活的男女双方并不一定均未结婚,有配偶一方再与他人共同生活而形成事实婚姻无疑也会侵害原配偶的利益,无论何种共同生活期间设计无疑会侵害原配偶一方的利益,事实婚姻中的共

---

① 徐国栋:《论取得时效在人身关系法和公法上的适用》,载《中国法学》2005 年第 4 期。类似观点参见王波永:《浅析取得时效制度在人身关系上的可行性研究》,载《法制与经济》2012 年第 6 期。

同生活期间设计就必须协调这些利益的冲突。其三,事实婚姻共同生活期间中止就是一定法定事由的发生致使共同生活期间暂时停止计算,事由消除后,再继续计算共同生活期间;事实婚姻共同生活期间中断就是一定法定事由的发生致使已经经过的共同生活期间统归无效,事由消除后,共同生活期间重新起算。其四,适用取得时效而应对事实婚姻的法律效力就是赋予男女双方以夫妻名义持续共同生活事实经过一定时间后而转化为法律婚姻。"①

---

① 冯乐坤:《配偶权的时效取得》,载《当代法学》2011 年第 2 期。

第十三章 取得时效制度立法设计之反思

第一节 取得时效存废之争

在《民法通则》颁布之前及之后相当长的一段时期里，立法机关和学界普遍对取得时效制度持绝对否定态度。到了20世纪90年代，学界对取得时效制度的态度发生了很大的转变，在这一时期发表的著述中，主张建立该制度的观点占据压倒性优势。学界态度的骤变主要有几方面的原因：其一，物权法知识的普及与研究的深入，使人们能够较为理性地了解和认识取得时效制度，而不再像以前那样，在并不真正了解该制度的前提下，就仅凭直观感受和意识形态的理由，去简单地否定它。其二，我国改革开放后的民事立法，多借助于法律移植的方法。取得时效是一项大陆法系国家或地区普遍承认的制度，这一事实不可能不对立法机关和学界产生影响。其三，随着改革开放的深入和学术研究的专业化，过去那种以意识形态为理由来否定一项制度的现象，逐渐不再被人们所接受。其四，一些具有重要影响力的学者的态度，影响并主导了学界对该制度的态度。例如梁慧星教授、王利明教授等学者均积极主张建立取得时效制度。受学界主流意见的影响，全国人大常委会法工委2002年颁布的“民法草案”规定了取得时效制度。建立取得时效制度，似乎已成为实现物权法先进性的一项标志。《物权法》最终未规定取得时效令很多学者失望，但亦有学者认为《物权法》未规定取得时效是纯粹立法技术上的原因。[①] 近年来，虽然取得时效肯定说在学界仍然占据优势地位，但学界对该制度的认识更加趋于理性，转而采取更为务实的态度来研讨该制度。对于取得时效制

---

① 据尹田教授介绍，物权法（草案）审议稿未规定取得时效，其重要原因是有人认为“取得时效应当与诉讼时效接轨，故物权法上无须规定”。参见尹田：《论物权法规定取得时效的必要性》，载《法学》2005年第8期，第10页。

度的存废,学界大致有肯定说、否定说和折中说三种意见。

一、取得时效肯定说

该说主张我国民法应建立取得时效制度,其主要理由如下:

第一,取得时效制度具有确定财产归属、定分止争的功能。“尽管现代社会由于财产法律的完善,财产处于无主状态的现象大大减少,但毕竟因产权的归属还会发生各种纠纷,即使不动产设有登记制度,但因为登记制度不完善以及登记的错误也会发生产权纠纷,如果不及时解决,将会造成社会的不安定,很难建立真正的财产秩序。取得时效的设定使长期占有该财产的非财产权人取得该财产的所有权或其他物权,也就是说,原权利人丧失了该实体权利,而实际占有人取得了该实体权利,从而确定了财产归属。取得时效对于确定产权归属方面的作用是其他制度不可替代的。”①“确立取得时效制度有利于明确权利归属,稳定社会经济秩序。确立占有时效的目的在于:防止占有与所有长期属于不同的人及因此产生的法律不安定状态。取得时效的这一传统的功能,在今天看来仍然具有积极的意义。”②在我国台湾地区,“关于时效取得制度的功能,大法官解释强调系为促使原权利人善尽积极利用其财产之社会责任,并尊重长期占有之既成秩序,以增进公共利益而设,并使所有权之状态,得以从速确定”③。

第二,促进物尽其用,充分提高财产的利用效率。“就财产享有权利的人长期消极不行使权利,对财产无权利之人却长期积极行使权利,比较此两种情形,并衡量财产权利人与无权利人对于财产权利的实际利害,可以肯定,与其保护财产权利人的利益,不如保护财产实际支配人的利益,更能发挥财产的社会经济效益。”④“现代民法的价值取向上,既要保护所有权又要促进物的有效率的利用,当两者发生冲突时,民法的一些制度如时效制度更倾向于后者。时效本身就体现了‘法律保护勤勉者,不保护懒惰者’的原则。财产的权利人虽然享有权

① 王利明:《物权法研究》,中国人民大学出版社 2002 年版,第 230—231 页。

② 冯忠明:《取得时效制度问题探讨》,载《法学杂志》2005 年第 4 期。

③ 王泽鉴:《民法物权》,北京大学出版社 2010 年版,第 134—135 页。

④ 梁慧星主编:《中国物权法研究》(上),法律出版社 1998 年版,第 289 页。

利,但其长期'睡眠于权利之上',不主动行使权利,则不利于物尽其用。无论是诉讼时效还是取得时效都具有促使权利人积极行使权利从而提高物的利用效率的功能。取得时效在实现物尽其用方面的作用表现在:一方面,该制度能有效地促使权利人积极行使权利,减少资产的浪费和闲置,从而充分发挥资产的利用效率。相反,如果没有取得时效,物和权利的拥有者可以躺在权利上'睡眠',长期不行使其权利或者使其财产长期闲置不用,这将使物不能得到有效率的利用。另一方面,因为取得时效允许占有人在一定条件下取得物的所有权,就使占有人敢于把占有物投入流通,参与民事流转,尽可能充分发挥物的效用。物的占有人和权利的行使者如果能够经过一定的期限取得其权利,就有可能努力增加占有物或行使权利的价值。"①"取得时效的适用能够促进物尽其用,加速财产的流转,增进社会效益,减少浪费。这是取得时效最早为人类所认识的价值,而且,取得时效的这一价值在当今仍有重要意义。从经济学角度看,取得时效诱使闲置资产(即财产)得以重新配置和利用。取得时效制度解决了原所有权与事实占有权分离后形成的产权模糊问题。模糊的产权制度是增加社会成本的最基本的原因,而相反,产权界定可以产生一种激励机制,促使产权所有者最大限度地减少内化的成本,增加相应的效益。"②

第三,维护社会秩序和交易安全。"按法律之目的本在保护真正之权利关系,如有反于真正权利关系之事实状态存在时,将之去除犹恐不及,自无给予保护之理,唯一定之事实状态经长期存在之后,社会常信赖其与真实权利关系相符,且在此种事实状态上建立各种法律关系,如为保护真正权利人,一旦将之推翻,势必将此等已建立之各种复杂之法律关系完全毁坏,造成社会之不安与混乱,此显与法律在维持共同生活之和平秩序之目的相悖。"③"时效制度设立的目的,就在于维护社会秩序的安定。立法者在衡量现有的事实状态予以维持的必要性与保护所有人利益之间进行权衡,认为前者比后者更为重要,从而形成了取得时效。设定取得时效的另一个重要原因在于维护交易

---

① 王利明:《物权法研究》,中国人民大学出版社2002年版,第231页。

② 赵转:《取得时效的价值与体例》,载《河南省政法管理干部学院学报》2004年第3期。

③ 谢在全:《民法物权论》(上册),中国政法大学出版社2011年版,第143页。

安全。在社会生活中,一定的事实状态的继续必然会产生一定程度的社会信赖,并据此形成一种信赖关系。占有人占有某项财产经过了一定合理的时间,除非有相反的证据证明其占有是恶意的、非法的,他人对该占有人的占有将形成一种合理的信赖。如果占有人将其占有的财产转让给他人,第三人基于对占有人享有权利的信赖,而与占有人从事了交易行为,法律对此种交易应当予以保护。在设立取得时效以后,交易当事人直接可以根据占有人占有某种财产经过相当时期的事实状态,相信占有人具有权利,从而可以放心地与占有人从事交易。"①"将'维护现有秩序'作为取得时效的直接目的,并以之为该层面的主要立法目的,既符合取得时效制度的本质属性,也与取得时效制度适用的根本基础相吻合。取得时效制度的根本基础是占有制度,而占有制度的基本功能就是维护现存秩序,因此,占有制度本质上制约着取得时效制度的立法目的;而取得时效也正是继承了占有制度的基本功能,同时又将占有制度又进一步延伸,即在经过较长时间后将符合法定条件的无权占有提升为有权占有,以便加以更充分的保护。"②

第四,有利于证据的收集和判断,及时解决纠纷。"由于法律设定了取得时效,因此只要确定占有人的占有经过一定的时期,符合取得时效规定的条件,法院就可以据此直接确定权利的归属,不需要再就权利的归属问题进行进一步的调查取证,这就有利于证据的收集和判断,并及时解决纠纷。事实上,取得时效兼具证据的功能和保护权利的功能。这两方面的功能是缺一不可的。"③"为了人民法院正确、合法、及时地审结民事纠纷案件,保护当事人的合法权益,我国民法必须规定取得时效制度。如果我国未来的民法典不规定取得时效,不仅不利于人民法院正确、合法、及时地审结民事纠纷。而且,由于人民法院无法律依据对争议的产权归属问题作最终裁决,而只能判决驳回权利人的诉讼请求,这无异于将矛盾推之于法院之门外,这可能激化矛盾,

---

① 王利明:《物权法研究》,中国人民大学出版社 2002 年版,第 232 页。

② 邹开亮:《浅析民事时效的立法目的》,载《沈阳工程学院学报》(社会科学版)2008 年第 3 期。

③ 王利明:《物权法研究》,中国人民大学出版社 2002 年版,第 232—234 页。

不利于维护正常的社会、经济秩序。”[①]“由于年深日久，各种证据已趋湮灭，致使当事人举证困难，很难证明其权利的合法性。一旦争执，则是非难辨，平添不必要的纷扰。而取得时效制度，尊重既成的事实状态，以事实代替证据，可以避免不必要的纠纷发生。”[②]

第五，对完善我国民法时效制度具有重要意义。提出该理由的学者多从比较诉讼时效与取得时效的区别入手，阐述规定取得时效制度的意义。“诉讼时效与取得时效虽然同为时效制度，都是指一定的事实状态，持续一定的期间，均要产生一定的法律后果，但二者是两种不同的制度，不可相互代替，其原因在于：第一，二者的法律后果不同。第二，二者的适用对象不同。第三，适用的条件不同。”[③]2007 年通过的《物权法》及之前的审议草案中并未规定取得时效制度，对此有学者持批评意见。尹田先生认为：“取得时效能够与诉讼时效‘接轨’或者被其‘吸收’吗？表面观之，取得时效似乎是消灭时效（诉讼时效）的反面表达：就占有人方面观察，物权人的财产被他人非法占有时，如果占有人对财产自主、公然、和平、持续占有至一定期间，即依法取得所有权或其他物权；而就权利人方面观之，则权利人不行使其权利（原物返还请求权）达到一定期间，即丧失其权利或者权利保护。既如此，何不取消取得时效而将原物返还请求权的保护一并纳入诉讼时效予以解决？但笔者认为，此种观察及其结论是草率、肤浅和片面的……对于前述物权法审议稿以‘接轨’为由取消取得时效制度的做法，应给予否定评价。”[④]“取得时效和诉讼时效在制度功能、立法目的、适用范围、构成要件、法律后果等诸方面均有显著差异，无法融入统一的时效制度之下，更不可能为诉讼时效所消融，而是应当分别立法，鼎足而立，在物权法中确立时效取得制度。”[⑤]还有学者将建立取得时效制度的意义上升到完善民法体系的高度，认为“取得时效制度对完善民法

---

① 马俊驹、余延满：《民法原论》，法律出版社 2010 年版，第 244 页。

② 孟利民：《取得时效制度存废的价值分析》，载《法律适用》2005 年第 11 期。

③ 王利明：《建立取得时效制度的必要性探讨》，载《甘肃政法学院学报》2002 年第 2 期。

④ 尹田：《论物权法规定取得时效的必要性》，载《法学》2005 年第 8 期。

⑤ 杨佳红：《我国物权立法应确立时效取得制度》，载《西南民族大学学报》（人文社科版）2006 年第 5 期。

制度的体系构建也有重要意义"①。

第六，取得时效制度并不违反传统道德。"取得时效制度所涉及的，不仅是道德问题，不能迳认系鼓励不法，侵占他人之物，而主张应废除时效取得制度，原则上亦不应当然排除恶意占有人的时效取得（如何加长其占有期间，系另一问题）。"②"取得时效制度的设定并不违背我国的传统道德，因为一方面，该制度是以不背离社会的公序良俗为其出发点的，我们要设定的时效取得制度有一个重要条件，是占有人必须是善意、和平地占有他人财产，恶意占有不能基于取得时效而取得财产，这就不存在为哄抢财物提供法律'空隙'以及有悖于我国传统美德的问题。现代道德观、价值观影响下的法律趋向，放弃了所有权绝对的观念，否定了一味保护'权利上的睡眠者'造成社会财富的浪费的做法，而是倾向通过取得时效制度维护既定的事实状态，促使权利人积极行使权利，促进经济的发展。在这种情况下，取得时效的设定更符合现代道德观、价值观影响下的法律趋向。"③"纵观各国法律规定，取得时效有着严格的构成要件，并受到种种限制，因此，担心取得时效会败坏社会主义道德实属杞人忧天；他人和平公然持续地以所有人的意思加以利用，却仍不能取得所有权，那才是真正的纵容浪费，鼓励懒惰。"④

第七，我国司法实务表明取得时效有其存在价值。"我国一些法律法规已有承认取得时效的倾向。如国家土地管理局印发《关于确定土地权属问题的若干意见》的通知（〔1989〕国土【籍】字第73号）第11条规定：'农民集体使用其他农民集体所有的土地，凡连续使用已满二十年的，应视为现使用者所有；连续使用不满二十年，或者虽满二十年但在二十年期满之前原所有者曾向现使用者或有关部门提出异议要求归还的，由县级人民政府根据具体情况确定土地所有权。'1995年，国家土地管理局颁布的《确定土地所有权和使用权的若干规定》第21条规定：'农民连续使用其他农民集体所有的土地已满二十年的，可视

① 赵转：《取得时效的价值与体例》，载《河南省政法管理干部学院学报》2004年第3期。

② 王泽鉴：《民法物权》，北京大学出版社2010年版，第135页。

③ 王利明：《物权法研究》，中国人民大学出版社2002年版，第234页。

④ 赵转：《取得时效的价值与体例》，载《河南省政法管理干部学院学报》2004年第3期。

为现使用者所有’。这一规定说明取得时效对于解决农民集体之间的土地权属纠纷亦有重要作用。又如，最高人民法院审判委员会于1984年8月30日通过的《关于贯彻执行民事政策法律若干问题意见》第58条规定：‘承典人可因出典人对有典期而逾期10年，无典期而满30年未赎的出典房屋取得所有权。’（该法条引用有误——笔者注）这条规定亦属典型的时效取得。”[①]此外，最高人民法院针对“国营老山林场与渭昔屯林木、土地纠纷案”和“安怀村村委会与三家二队土地纠纷案”[②]作出的答复意见亦被一些学者认为是肯定取得时效的例证。

二、取得时效否定说

否定说认为我国未来民法典不应规定取得时效制度。民法学界一直存在反对在我国建立取得时效的意见，但以20世纪90年代为界限，在此之前与在此之后的否定说则存在较大差别，主要体现为分析的侧重点、分析的深度等方面。

（一）20世纪90年代之前的否定说

在这一时期，多数人主张不必规定取得时效制度。[③] 这一时期否定说的主要理由是：如果法律规定了取得时效，对那些行为不轨的哄抢、私占公共财物，可能起到鼓励作用。这与我国“拾金不昧”“公物还家”“物归原主”的传统美德相矛盾。法律规定取得时效利少害多。[④] “在近现代民事立法中，由于财产关系和调整财产关系的法律的变化，土地法的独立，民法不动产登记制度的发达和动产善意取得的确立，使取得时效变得没有必要了。”[⑤]“从民法理论上看，取得时效和消灭时效并行是不科学的，这样可能产生两个矛盾：第一，对一个权利客体来说，一方取得权利，就意味着对方丧失权利，但在两种时效并行的体制下，一方丧失权利，对方却并不能因此而取得权利，这就造成

---

① 彭诚信、刘智：《取得时效的时间价值与立法设计》，载《社会科学研究》2007年第4期。

② 对于此类案例的分析解读，详见本章第三节。

③ 参见《法学研究》编辑部编著：《新中国民法学研究综述》，中国社会科学出版社1990年版，第187页。

④ 参见王作堂等：《民法教程》，北京大学出版社1983年版，第124—125页。

⑤ 李景禧、李连宁：《我国民法需要建立消灭时效制度》，载《中国法学》1985年第2期。

了权利和客体的脱节,有悖于时效制度的宗旨;第二,只要权利人在消灭时效期间内提出争议,就会阻止取得时效的完成,因此谈不上取得时效的适用,两种时效并行没有实际意义,只会增加问题的复杂性,这是资产阶级繁琐哲学在民法中的反映。"①

(二) 新近之否定说

20 世纪 90 年代之后,虽然取得时效肯定说已成为学界主流观点,但仍有学者对建立该制度持反对意见,其主要理由如下:

第一,取得时效存在的理论基础已经丧失。"取得时效赖以存在的四个理论基础。(1) 平衡有余与不足,鼓励使用废置物以使物尽其用。(2) 补救形式主义的缺陷。(3) 所有权的便利证明。(4) 稳定秩序。诉讼时效已足以产生取得时效所能起到的界定权利、稳定事实状态与生活秩序之功能。"②"我国当前的经济发展水平和社会发展条件决定了我国目前的民法体系无需建立时效取得制度。我国当前市场经济迅速发展,物尽其用,现代社会的生产与建设充分地利用了各种社会物质资源,极少产生闲置不用之物。社会条件亦不比从前,社会秩序安定有序,各种社会保障制度健全,取得时效制度所适用的范围越来越窄,同时适用的频率也极少。在这种社会条件下发生争议,无论是动产还是不动产所有权不明晰的情况很少产生,即使某些时候的所有权问题也可以通过其他的相关法律制度来解决。对于有些学者主张的建立取得时效制度能够促进物尽其用,充分发挥财产的有效利用率等观点就值得商榷,因为在市场经济条件下各种经济制度已经有效地促进了各种资源的有效利用,各种财产有效地得到流转。"③

第二,善意取得、不动产登记、占有制度等相关制度使取得时效制度的适用余地极为狭窄。"现代民法体系中时效取得的适用余地极为狭窄,最大可能的范围是:(1) 占有他人遗失物(或脱离物),此时依严

① 张玉敏:《论我国民法时效制度》,载《西北政法学院学报》1986 年第 2 期。进入 20 世纪 90 年代后,张玉敏先生转变了对取得时效制度的态度,转而持肯定说。参见张玉敏、田平安:《应当尽快建立取得时效制度》,载《中外法学》1990 年第 3 期。

② 甘功仁等:《取得时效制度的适用性研究》,载《现代法学》2002 年第 4 期。

③ 吕维刚:《浅论我国民法典不应建立取得时效制度》,载《学术交流》2008 年第 7 期。

格之‘善意’标准将难构成善意占有;(2)恶意占有他人动产;(3)占有他人的未登记的不动产(在普遍承认不动产的公示原则的现代民法体系内,此种情况下的占有常构成恶意占有)。显而易见,善意取得制度排除了取得时效在善意占有他人动产情形下的适用,不动产登记也使取得时效在取得他人不动产时的适用遭到很大限制。”①“与取得时效制度曾经弥补所有权转移方式上的缺陷,从而有助于社会交易安全之功能一样,登记制度使得权利得丧变更有据可考,无须再依赖取得时效的帮助。对于准物权取得时效适用问题,由于矿业权、水权、渔业权等取得尚需经过行政许可,并且一般权属固定与登记制度联系紧密,法律更是对某些权利主体行使作了严格限定。除此之外,由于准物权支配形式特殊性以及客体形式特殊性所决定,准物权一般不含有占有权能,这使得取得时效对准物权几无可能;而知识产权更难以时效取得。作为保护交易安全重要设计的善意取得制度,对取得时效在动产领域的冲击巨大。由于善意取得制度对第三人的保护没有时间距离,只要完成交易,就使受让利益受到保护。而取得时效则需要时光缓慢流逝方能受到保护。所以多数情况下取得时效的适用被排除。”②

第三,取得时效制度破坏法律秩序、违反公正。“依法理而言,权利义务关系一经存在,纵使权利人长期不行使权利,也不能因此而认为有保护义务人的理由。义务人负担义务应当履行,属于法律上的义务,取得时效仅责备权利人不行使权利,未免对权利人过于苛酷,而失去权利人与义务人之间的衡平。取得时效制度,当权利被他人侵犯时,不但不依法予以制止或恢复,反而坐视其演变,进而承认其权利取得,岂不是对法律秩序的公然破坏?”③“近代取得时效与秩序相悖。如果诸多不当利益借助‘秩序’旗号谋求个别秩序的特殊法律保护,那就将牺牲秩序。而否定这些不当利益形成的财产秩序状态,并不会给社会和谐带来破坏性后果。近代取得时效与公正有违:(1)取得时效

① 甘功仁等:《取得时效制度的适用性研究》,载《现代法学》2002年第4期。

② 马栩生:《取得时效未来论:价值与实证》,载《武汉大学学报》(哲学社会科学版)2005年第1期。

③ 周兴武:《时效制度之基本理论》,载《法律论丛》2007年第20期。

之关怀错位。(2) 比例原则之不贯彻。”①

第四,取得时效与诉讼时效无法衔接、协调。“许多学者乃因不满此种状态的存在,呼吁建立取得时效制度,将所有权明确界定给占有人,消除这种‘权利真空’。此议不妥,理由有三:(1) 除非诉讼时效与取得时效同时完成,否则在诉讼时效完成后、取得时效完成前仍存在前述‘权利真空’,只不过后者会使可能永久存在的‘真空’终结,但无论如何,真空终归未完全消除。(2) 契约之债等债务亦会存在自然债的情况,依此理由背后的立法精神与法律一致性原则的要求,则其他自然债也需建立相应的‘债权债务消灭时效’,而事实上,诉讼时效本身的功能即是确定权利、稳定秩序,何须取得时效来画蛇添足?(3)‘权利真空’并未影响占有人在事实上有效行使所有权……之所以产生‘自然债’、‘权利真空’需以另外规则确认、赋予权利的问题,纯系大陆法系学者陷入概念迷宫、逻辑怪圈的结果,对于身处‘权利真空’中的当事人来说,恐无实际效用。……综上所述,在已规定了诉讼时效的情况下,取得时效并无适用余地和实际作用,反而引起体系混乱和衔接问题。”②“出于体系完美的需要,大陆法系各国均在取得时效之外规定了所谓的诉讼时效制度。制度设计的初衷乃在于‘有人得到,则必有人失去’,然由于诉讼时效与取得时效的要件均不相同,造成权利的丧失与取得无法保持一致的矛盾。为了消除这种冲突和抵牾,弥补体系失衡带来的不周延,各国多将取得时效的客体定位于支配权。然就支配权领域取得时效之适用而言,障碍重重。支配权领域中最为典型者,当属不动产。如果将该领域从取得时效中剥出,整个取得时效体系实在会黯然失色。”③

第五,公有制国家适用取得时效制度存在障碍。“在我国,公有制国家之土地政策乃是取得时效发挥效用的最大障碍。我国属于公有制国家,所有制形式决定了土地所有权不能进入市场。在不动产领域,该种权利首先被剥离出取得时效的范畴。对于国有土地使用权,

---

① 马栩生:《取得时效未来论:价值与实证》,载《武汉大学学报》(哲学社会科学版)2005 年第 1 期。

② 甘功仁等:《取得时效制度的适用性研究》,载《现代法学》2002 年第 4 期。

③ 马栩生:《取得时效未来论:价值与实证》,载《武汉大学学报》(哲学社会科学版)2005 年第 1 期。

划拨所取得的土地使用权一般不能成为取得时效的客体。集体土地使用权,其取得时效的主体被限制在'集体成员'这个非常狭窄的范畴。对于四荒土地使用权国家更是作了严格限制,必须在'在保持农用的范围内',这实际上为四荒土地的时效取得增添了额外的要件。由于实行土地公有制和土地所有权非商品化的制度,在禁止土地所有权转让的情况下,我国能够成为取得时效客体只能是出让土地使用权、特定权利主体范围内的集体土地使用权和农用用途范围内的四荒土地使用权。但是,即使上述客体权利,仍难适用取得时效制度。"① "我国是社会主义公有制国家,我国宪法明确规定社会主义的公共财产神圣不可侵犯,国家保护社会主义的公共财产。禁止任何组织或者个人用任何手段侵占或者破坏国家的和集体的财产。如果我国建立时效取得制度,对于社会主义公共财产是否可以适用呢?如果适用了取得时效制度那么势必会造成违宪问题,如果不适用,那么取得时效制度恐徒有其表了,亦会产生对物权法中平等保护原则的违反。"②

三、取得时效折中说

折中说在肯定取得时效制度的基础上,主张对该制度的运用给予一定限制,或者弱化该制度的功能。

(一) 20 世纪 90 年代之前的折中说——建立"适当"的取得时效制度

持该观点的学者认为:"应建立适合我国情况的取得时效制度。对取得时效的运用应给予如下限制:第一,在取得时效的适用条件上,因取得时效而取得所有权的财产,应该经过占有人持续不断的善意占有;第二,在取得时效的适用范围上,应该有严格限制,公民之间的财产可以适用,法人之间的财产也可以适用,但仅以流动资产为限,至于法人与公民之间适用取得时效制度,则应持慎重态度,严格掌握;第三,当事人不得自行协定时效期间,不得在时效期间届满前预先抛弃

① 马栩生:《取得时效未来论:价值与实证》,载《武汉大学学报》(哲学社会科学版)2005 年第 1 期。

② 吕维刚:《浅论我国民法典不应建立取得时效制度》,载《学术交流》2008 年第 7 期。

时效利益。"[①]

（二）新近之折中说——功能弱化说

持该观点的学者认为："对于建立取得时效的必要性应该说是不言而喻的。苏俄民法学所持观点已不足为训，那种认为规定取得时效会导致鼓励哄抢、侵占公共财物的担心也实在是杞人忧天，实属不了解取得时效制度所致。然而，我们也不宜过高估计取得时效制度的作用和意义。在我国大陆，取得时效的作用将更加有限。首先，禁止流通物不适用取得时效。其次，土地所有权、国有土地使用权也不能适用取得时效。再次，已登记的财产不适用取得时效。由此可见，除了上述财产或财产权利外，可适用取得时效的财产或财产权利范围极为有限。因此，我们不能过高估计取得时效在我国的作用和意义。"[②]"在德国、瑞士等这样一些实行推定力制度的民法里，取得时效机能并不显著。尤其在德国，其动产时效取得以善意为条件，能满足取得时效要件者通常也能满足善意取得条件。然而，在实行公示对抗主义的民法里，诸如法国、日本，由于欠缺推定力—公信力这一保护交易安全强有力的手段，为交易安全计，就必须强化其他制度的此一功能。由上所述，可知在有推定力—公信力制度的民法里，取得时效制度机能微弱，而在欠缺推定力—公信力制度的民法里，取得时效的机能显著。故而，取得时效在民法上的地位和价值如何全赖立法者的价值取向以及由此形成的各制度之间的关系。我们可以舍弃推定力—公信力制度，而强化取得时效的功能；同时也可以作相反的选择，采行推定力—公信力制度，而削弱取得时效保护交易安全的价值和意义。鉴于此，如果采行推定力—公信力制度，那么我们就不应对取得时效寄予过大希望，而在这一制度上盲目乐观，投注过多精力。"[③]

---

① 祁秀山：《试论建立适合我国情况的取得时效制度》，载《法学研究》1985年第1期。

② 柳经纬：《关于时效制度的若干理论问题》，载《比较法研究》2004年第5期。

③ 肖厚国：《取得时效的实践价值》，载《甘肃政法学院学报》2005年第7期。

第二节　我国应否规定取得时效之检讨

笔者认为,从制度价值、历史传统、社会现实、实际效果等方面综合考虑,我国不应建立取得时效制度。

一、肯定说着眼于取得时效制度的原始价值,但对于发挥这些价值的社会基础的变动关注不够

取得时效制度产生于罗马法的初始原因是多方面的,包括经济方面、弥补要式主义的不足、举证方面、历史方面、地理方面等原因,其中最重要的原因有两个:一是弥补要式主义的不足;二是特定历史背景的原因。英国学者巴里·尼古拉斯指出:“时效取得的作用在于帮助那些以让渡的方式取得要式物的人以及其他的类似持有人弥补其权利方面的缺陷,除此而外,时效取得的规则通常不是为人们提供取得所有权的有效方式,而是为人们提供推卸举证责任的方法。”①在罗马法时代,严格的要式主义是对大多数交易行为的普遍要求,交易形式的繁琐要求使得交易行为无效的可能性大大增加,这显然不利于罗马社会商品经济发展的客观要求。在这种背景下,取得时效制度提供了一种变通的解决方法,即以一定时间的经过补正交易行为形式上的欠缺。例如依《十二表法》的规定,要式买卖的方式有瑕疵,或者亲友间用略式移转要式移转物,在市民法上就不发生移转所有权的效力,但可因持续占有标的物,不动产满两年,动产满 1 年,而使买受人受到法律的保护。② 这样就既在一定场合下克服了严格要式主义的弊端,又至少在形式上仍然坚持了要式主义的传统思维。取得时效制度产生的另一个重要原因,则与特定历史条件下的战乱有关。在古罗马时代,进入帝政后期,战乱频仍,田园荒芜,为了安定人民生活,取得时效更演变成了一种尊重持续的事实状态,保护现有社会经济秩序,以利

① 〔英〕巴里·尼古拉斯:《罗马法概论》,黄风译,法律出版社 2004 年版,第 21 页。

② 参见周枏:《罗马法原论》(上册),商务印书馆 1994 年版,第 345 页。

发展生产力的制度。[1] 而且，在古罗马时代，占有与所有没有被很严格地区分，这就使取得时效制度被人民观念接受成为可能。在我国古代，产生于后周、施行于两宋的"请射"制度，其产生的直接原因，就是为了解决长期战乱所造成的"逃户弃田"的社会问题。"请射"制度当时确实也发挥了相当的积极作用，促使农业生产得到恢复，政府的税收得到了保障。因此，从对取得时效制度的历史考察中不难得出结论：取得时效的价值，以特定的社会历史条件为基础，即交易行为要式主义的法律现实和战乱造成大量归属不明财产的社会现实。

取得时效制度价值赖以存在的两个基础条件，在我国当前社会都已经不再存在。在要式主义方面，罗马法时代的严格要式主义已成为历史，现代"私法中适用形式自由的规则"。[2] 对于法律行为的形式，现代民法的基本态度是充分尊重当事人的意思自由，仅在立法政策认为有必要采取要式主义的特殊场合，才对法律行为的形式有硬性要求。我国《合同法》也采取了以不要式为原则、要式为例外的主张。这就使得取得时效制度丧失了发挥弥补要式主义不足的价值的基础。在历史条件方面，我国正处于和平发展的上升时期，而且这一时期还会持续相当长的时间。和平发展是这一时期最本质的特征。对于社会资源的分配和生产资料的配给，国家应当在制度化的框架内作出合理的安排，以保障经济的发展。况且，现代社会对于各种资源已经充分开发，在现实生活中难以存在未确定归属的财产。有人认为，农民工入城造成原承包土地的荒芜，可适用取得时效制度。[3] 笔者不赞同这种观点。这种情况下的荒芜土地，与古罗马因战乱造成的荒芜土地及我国古代的"逃户弃田"有着本质区别。其一，该土地的权利归属是明确的。土地所有权归属于集体，土地承包经营权归属于承包人，并不存在权利归属不明的情形。其二，承包人因入城打工或其他原因导致土地荒芜，如果违反了承包合同的约定，则应由承包人承担违约责任，而非由其他人来时效取得；如果未违反承包合同的约定，则更谈不上取得时效的适用。其三，承包人导致土地荒芜，如果构成了根本违

---

① 参见周枏：《罗马法原论》(上册)，商务印书馆 1994 年版，第 345 页。

② 参见〔德〕迪特尔·梅迪库斯：《德国民法总论》，邵建东译，法律出版社 2001 年版，第 459 页。

③ 参见喻文莉：《取得时效之客体研究》，载《法律科学》2003 年第 2 期。

约,发包人可依法解除承包合同,以避免资源的浪费。在现有的《物权法》《农村土地承包法》框架内,该问题完全可以得到有效解决,没有必要再设取得时效制度,人为地使法律关系复杂化。

二、肯定说着眼于取得时效制度规定于各国或地区民法典的表面现象,但对于该制度适用的实际效果关注不够

受罗马法影响,大陆法系各民法典一般均规定取得时效,但该制度在各个国家及地区司法实务中适用的实际效果,却十分有限。在法国民法上,在善意占有有形动产的情形,善意占有人通过"即时取得"(acquis instantanemen)即可取得其所有权。因此,以占有达到一定期间为条件的取得时效,只有可能适用于恶意占有有形动产的情形及经登记的动产(船舶、航空器等),而不适用于其他有形财产。然而,一方面,由于一些须经注册登记的动产所有权只有公开的登记注册方能取得,取得时效对之不能适用;另一方面,动产恶意占有人在 30 年后对动产的取得时效更多的是基于消灭时效(权利人返还请求权的消灭)而非取得时效,因为在占有人持续占有已达 30 年时,其对该动产所有权的取得应自所有人丧失占有之日起算。卡尔波尼埃指出,在法国现代社会,取得时效的作用有所减弱。[①] 在物权领域,无形动产权利归属的确定是容易的,而有形动产所有权的确定主要根据自主占有(一般动产)及登记注册(注册动产)。唯有不动产所有权的证明特别困难。诚然,取得时效完成可以证明不动产所有权,但一方面,取得时效对于不动产的适用十分少见;另一方面,不动产取得时效自身因时效期间的计算规则而呈现不稳定状态。[②] 由此可见,在法国民法上,由于即时取得和动产登记制度的存在,动产无需适用取得时效或适用取得时效存在障碍。而取得时效虽然在理论上可以适用于不动产,但该制度在司法实践上的运用却是十分罕见的。尤其应当注意的是,法国法的取得时效和消灭时效一并规定,导致在有些场合下,非权利人取得权利是基于取得时效还是基于消灭时效的界限并不清晰。

在德国民法上,因其本身的缺点,善意取得制度包括时效取得制度,在当代德国民法实践中正在从其原来被广泛适用的角色中退出

---

① 参见尹田:《法国物权法》,法律出版社 1998 年版,第 232—233 页。

② 同上书,第 249 页。

来,只适用于遗失物的情形,而不再适用于因法律行为所产生的动产所有权的各种变动。[①] 德国学者鲍尔在论述取得时效制度时指出:"该制度在今天真的还有其适用范围吗,或者它只不过是基于某个时代的历史残余物呢?在那个时代,从无权利人处善意取得是不可能的,而且土地交易中取得过程的登记有很大的不完善之处,所以不得不对时效取得思想予以承认。事实上,善意取得的可能性的确使取得时效的意义受到了巨大的限制;时效取得在今天只在非典型的案例群中起作用:如在遗失物的取得情况下(第 935 条),在由无行为能力人或对无行为能力人进行出让的情况下;一句话,在占有人于继受或原始取得时认为自己为所有权人的所有情况下,其实并非如此。对时效取得权的法院判决的数量是极少的,这使人们认识到,该制度在我们的法律秩序中没有特别的意义。"[②]土地上权利的登记取得与动产时效取得是相类似的现象:30 年非法存在于土地簿册上作为所有权人的登记,连同一样长的自主占有使被登记人获得了所有权(《德国民法典》第 900 条第 1 款)。以公示催告程序的途径对所有权人的排除(《德国民法典》第 927 条与《德国民事诉讼法》第 977—981 条)有别于登记取得。法律并不愿意许可一般的针对土地簿册的时效取得(即没有"违反登记的取得"),因此在第 927 条设置了复杂的前提要件。[③]由此可见,在德国民法上,动产时效取得仅适用于遗失物等特殊场合,并不具有普遍的适用性。登记取得时效与公示催告程序的取得时效虽然对不动产有适用的余地,但前者的时效期间随时可因异议登记而停止(《德国民法典》第 900 条第 1 款),后者则规定有严格的要件,使得登记的正当性不会被轻易否定。[④]

在我国台湾地区,关于动产所有权时效取得,实务上争议案例甚为罕见。对于不动产的时效取得,学者坦承:不动产物权时效取得须经登记,因欠缺公布的统计资料,难以评估现行制度的实际功能。[⑤] 由此可见,大陆法系各个国家及地区民法典虽然普遍认可取得时效制

① 参见孙宪忠:《德国当代物权法》,法律出版社 1997 年版,第 319 页。

② 〔德〕鲍尔、施蒂尔纳:《德国物权法》(下册),申卫星等译,法律出版社 2006 年版,第 520—521 页。

③ 同上书,第 522—523 页。

④ 同上注。

⑤ 参见王泽鉴:《民法物权》,北京大学出版社 2010 年版,第 135 页。

度,但该制度在司法实务中的适用,并不具有普遍性和常用性,适用该制度的实际效果相当有限。值得注意的是,这一现象在各个国家和地区是普遍存在的,而并非个例。这主要是因为,随着现代民法体系的完善和相关制度的建立,使得罗马法时代取得时效的适用范围,已经被其他效率更高的制度挤占殆尽了。

三、肯定说着眼于取得时效制度形式上的合理性,但对于该制度与其他制度的协调关注不够

持肯定说的学者大多强调取得时效制度具有弥补权利真空的功能,以此作为肯定说的论据。诚然,取得时效制度在历史上确实存在过弥补权利真空的功能,但发挥这种功能,是以特定历史条件为基础的,并且与相关法律制度的协调有着密不可分的关系。在历史上,所谓的权利真空主要产生于两种情况:一是在采取严格要式主义并且欠缺相关法律制度的情况下,当事人因行为形式不合要求而使权利归属不明。古罗马时代为其典型例证,而且当时由于尚无善意取得、不动产登记、登记公信力等制度,在一定场合下也会造成权利归属不明的结果。二是因战乱、革命等原因,原有的社会秩序被破坏,造成大量的财产归属不明。在古罗马和中国古代均存在过这种情况,而 1804 年《法国民法典》之所以规定取得时效制度,一方面是继承罗马法的结果,另一方面也与当时革命胜利后财产关系的无序状态有关。由此可见,所谓权利真空产生的原因,是因为相关制度的缺乏或社会的无序状态导致权利的归属不能在正常的法律体系内得到确认。我们考察取得时效制度弥补权利真空的功能时,不能孤立地以该制度内容本身为唯一视角,而应当立足于现行法律体系和当前社会现实作全面的考察。

在我国现行法律体系内,难以存在适用取得时效制度的权利真空。首先,就动产所有权而言,占有人无论是善意还是恶意,均无适用取得时效的可能。《物权法》规定的善意取得制度使有偿取得动产的善意占有人无需适用取得时效制度。而无偿取得动产的善意占有人,《物权法》规定其不适用善意取得的立法本意,在于因其未支付对价,所以基于公平的考量,其虽为善意却仍应返还动产给原权利人。基于这种立法目的,该善意占有人既不能适用善意取得,也不能适用取得时效,而应当返还财产。当然,善意取得能否适用于无偿行为,本就是

一个有争议的问题,如果把无偿行为也纳入善意取得适用范围之中,则该善意占有人仍无需适用取得时效制度。对于恶意占有人,由于取得时效肯定说的主流意见主张取得时效应当以善意为要件[①],所以其也无法适用取得时效。关于遗失物,由于依《物权法》第 107 条规定可适用善意取得,所以也无需适用取得时效制度。另外,现代社会已经成为一个"转瞬即逝""即用即扔"[②]的时代,贵重动产如汽车,有的人都难以使用 10 年以上,普通动产的长期占有则更无可能。其次,就不动产所有权而言,恶意占有人首先被排除,善意占有人则主要有两种情况:一种是不动产登记错误,善意占有人从无处分权人处取得不动产,并已办理了过户登记。在此场合下,依《物权法》第 106 条的规定可适用善意取得,无需适用取得时效制度。原权利人通过向无权处分人和登记机关请求赔偿的途径得到救济。另一种是真正权利人未办理原始登记,或从有处分权人处取得不动产但未办理过户登记。这种情况可能是取得时效制度仅存的适用范围。但是,一方面,这种情况属于非常态的、非具普遍性的情形,法律制度应当着眼于一般情形而不应专就特殊情形而设置;另一方面,这种情形并非只能通过取得时效制度来解决,取得时效制度作为一种救济途径并不是不可替代的,通过完善登记制度和举证规则来解决该情形更为有效率。还应当注意的是,依现行法,只有房屋所有权才有可能适用取得时效,这也在一定程度上限制了该制度的实际作用。最后,就他物权而言,依《物权法》第 106 条的规定也可适用善意取得,基于前面分析的理由,他物权也无需适用取得时效制度。

四、肯定说着眼于取得时效制度在各国或地区立法的普遍性,但对于我国自身的国情、民情关注不够

历史和现实的经验表明,如果一项制度在该社会的主流价值中找不到依据并且不能被该国家或地区的民众普遍接受,那么无论立法者具有多么良好的立法意图,也无论该制度在理论上得到了多么充分的论

---

① 参见梁慧星主编:《中国物权法研究》(上),法律出版社 1998 年版,第 304 页;王利明:《建立取得时效制度的必要性探讨》,载《甘肃政法学院学报》2002 年第 2 期。

② 参见尹田:《法国物权法》,法律出版社 1998 年版,第 15 页。

证,该制度的实际适用效果都是令人怀疑的。萨维尼指出:“法典化不能切断与历史渊源的联系,就如同不能阻止立法者间或通过完全自我意识的手势颁布法典一样。”[①]《法国民法典》规定取得时效制度的社会背景,是法国众多地区已有数世纪适用罗马法的历史,该制度对当时的法国民众来说,并不是一项陌生的制度。因而,取得时效制度在当时容易被民众所接受。而其他大陆法系国家或地区,其民法渊源都在某种程度上与罗马法有着千丝万缕的联系,这些国家或地区的民众和主流价值观,并不缺乏对该制度的认同感。

基于我国国情、民情的现实状况,取得时效制度是一项难以被接受的制度。首先,物权法具有鲜明的民族性,而我国历史上没有取得时效制度的传统。施行于五代后期及两宋的“请射”制度,虽与取得时效制度类似,但那是特殊时代的变通措施,在其他朝代均未得到认可。而且“请射”制度之所以能在那一时期施行,与当时“王土”观念尚存及“恒产”观念尚未确立也有很大的关系。而在“恒产”观念被确立的明清,“请射”制度便彻底被废弃了。其次,传统儒家文化的观念,与取得时效制度承载的价值不符。儒家文化的“利、义”观,排斥取得时效制度。儒家文化主张“贫贱富贵,去取以道”,子曰:“富与贵,是人之所欲也;不以道得之,不处也;贫与贱,是人之恶也;不以其道得之,不去也。”[②]儒家文化还主张“舍利取义”,子曰:“放于利而行,多怨。”“君子喻于义,小人喻于利。”[③]依据这些观念,取得时效制度是一种违反“道”的取得利益的方法,不应当提倡,而且容易产生纠纷。儒家文化的“信、义”观,也排斥取得时效制度。子曰:“人而无信,不知其可也。”[④]有子曰:“信近于义,言可复也。”[⑤]依据这种观念,非权利人应当返还财产给真正权利人才合乎信义的要求,而通过时效取得权利则是不正当的。再次,社会主义的道德观念,排斥取得时效制度。对于这

① 〔德〕罗尔夫·克尼佩尔:《法律与历史——论〈德国民法典〉的形成与变迁》,朱岩译,法律出版社 2003 年版,第 37 页。

② 《论语·里仁》。

③ 同上注。

④ 《论语·为政》。

⑤ 《论语·学而》。

一点，已有学者作了很充分的阐述。[①] 有学者认为，道德标准在社会生活中是可变的，因此取得时效与道德观念并不相悖。诚然，道德标准具有可变性是事实，但不宜夸大道德标准的变动程度，更不能以此来轻易地否定既存的道德观念。2001 年中共中央颁发的《公民道德建设实施纲要》指出，“必须在加强社会主义法制建设、依法治国的同时，切实加强社会主义道德建设、以德治国，把法制建设与道德建设、依法治国与以德治国紧密结合起来”。该纲要将“坚持继承优良传统与弘扬时代精神相结合”作为公民道德建设的指导思想和方针原则，并将“见利忘义、不讲信用”称为社会公害。胡锦涛同志在 2006 年提出的“八荣八耻”荣辱观标准，也包含了“以诚实守信为荣、以见利忘义为耻”的内容。这些主流价值道德标准，都有可能成为民众接受取得时效制度的观念障碍。最后，社会主义公有制的所有制形式，是取得时效制度适用于我国的现实障碍。虽然有许多学者基于平等保护的理由，主张国有财产也应适用取得时效，但基于现实的考虑，立法机关显然不大可能接受这种观点。关于国有资产流失问题，有学者提出取得时效有严格的要件，不会导致国有资产流失。这种观点是仅从形式上、逻辑上得出的推论，其与取得时效制度在我国社会适用的实际效果是否一致，值得怀疑。一项制度适用于社会的实际效果，是多方面因素综合的结果，而并非立法者的意图直接从纸面转化为现实。基于我国当前诚信缺失、国有资产流失严重的社会现实，取得时效制度的建立是否真的对国有资产流失不会起到推波助澜的作用，令人怀疑。

五、肯定说着眼于取得时效制度在学理上的论证、分析，但对于立法及司法对该制度的态度关注不够

肯定说多从学理上论证建立取得时效制度的必要性，而对于当前我国立法活动的指导思想及司法实务对该制度的既有态度，未给予足够的关注。在当前的社会转型时期，立法机关的立法重点是“现实生活迫切需要、立法条件比较成熟”[②]的有关法律制度，当前立法活动的

---

① 参见《法学研究》编辑部编著：《新中国民法学研究综述》，中国社会科学出版社 1990 年版，第 187 页。

② 吴邦国同志在十一届全国人大工作会议上作的常委会工作报告中的话，载人民网。

目的之一是“将改革开放和社会主义现代化建设的成功经验以法律形式固定下来”①。取得时效制度在学界尚存巨大争议，难称“立法条件比较成熟”；该制度在改革开放以来也从未适用过，不属于需要“以法律形式固定下来的成功经验”。

对于有学者认为我国司法实务上通过司法解释和具体判例间接承认了取得时效制度的观点，笔者持否定意见。首先，关于最高人民法院 1984 年《关于贯彻执行民事政策法律若干问题的意见》第 58 条第 2 款的规定，多有学者认为规定的是取得时效。这实际上是一个误解，该条规定与我国台湾地区“民法”第 923 条、第 924 条②规定的性质是相同的，这两条规定的 2 年和 30 年期间，为回赎权的除斥期间③，与取得时效并无关系。其次，原国家土地管理局 1989 年《关于确定土地权属问题的若干意见》(已废止)第 11 条、1995 年《确定土地所有权和使用权的若干规定》第 21 条的规定，也有学者认为规定的是取得时效。但这两条规定，是专门针对农村集体所有土地因承包关系混乱所造成的权利归属不明而设。依据这两条规定，在一定场合下，都具有承包资格的农民之间的土地纠纷、不同集体之间的土地纠纷，以谁长时间占有使用该土地作为确定权利归属的依据，这是基于我国农村实际情况采取的一种现实的解决方法。而且，这两条中还包含“由县级人民政府根据具体情况确定土地所有权”的非法律用语，将这两条解释为取得时效，实属牵强。再次，最高人民法院 1992 年《关于国营老山林场与渭昔屯林木、土地纠纷如何处理的复函》，多被学者引为司法实务承认取得时效的例证。此为对该复函的误解，对于该复函的具体分析解读，详见本章第三节。

综上所述，取得时效制度是以罗马法时代特定的社会历史条件为基础而产生的一项制度。在罗马法时代，由于实行严格的要式主义，

---

① 吴邦国同志在十一届全国人大工作会议上作的常委会工作报告中的话，载人民网。

② 我国台湾地区“民法”第 923 条规定：“出典人于典期届满后，经过二年，不以原典价回赎者，典权人即取得典物所有权。”第 924 条规定：“典权未定期限者，出典人得随时以原典价回赎典物。但自出典后经过三十年不回赎者，典权人即取得典物所有权。”

③ 参见谢在全：《民法物权论》(中册)，中国政法大学出版社 2011 年版，第 597 页。

并且缺乏善意取得、不动产登记等制度，取得时效制度才得以发挥其弥补权利真空的功能。随着民法体系的完善和制度的发展，罗马法时代这些特定的社会历史条件在现代社会已不再存在，取得时效制度已丧失了发挥其功能的基础，其适用范围也已被其他制度挤占殆尽。大陆法系各个国家及地区虽基于罗马法传统，大多规定了取得时效制度，但该制度适用的实际效果并不理想，这在各个国家及地区已经得到了验证。而我国并无普遍适用该制度的历史，我国社会的主流价值观使民众接受该制度存在障碍，公有制的所有制形式也使该制度的适用存在现实障碍。一些特殊场合下的权利归属确定的问题，在《物权法》等现有法律框架内，可以得到有效解决，无须另设取得时效制度。建立取得时效制度，并不符合立法机关在当前时期的指导思想和价值目标，我国司法实务也从未承认该制度。因此，结合这些因素综合考虑，我国未来民法典不应建立取得时效制度。

第三节　疑似判例之释疑

一、“国营老山林场与渭昔屯林木、土地纠纷案”①之解读

【案件事实】

1987 年 2 月，渭昔屯村民持乡政府批准的砍伐证明到现争议的渭贵沟、渭贵坡林地砍伐杉木 166 立方米卖给田林县木材公司，老山林场提出异议，因而发生纠纷。1989 年田林县人民政府办公室处理该土地林木归渭昔屯所有。老山林场不服，于同年 7 月向法院起诉称：争议的渭贵沟、渭贵坡林木，我场于 1967 年至 1968 年雇请靖西、平果两县民工挖坑种植，历来是林场所有，渭昔屯从无异议。直至 1987 年，他们看到杉木长大成材，才以生产队所种为由，侵吞国家财产，请求法院依法保护国有林权。渭昔屯辩称：争议林木原是和平生产大队企业，综合场于 1961 年至 1964 年在该地办企业场所种植，1965 年该场解散后，已将土地林木拨给渭昔屯生产队所有，自此后至 1969 年我屯

① 参见最高人民法院《关于国营老山林场与渭昔屯林木、土地纠纷如何处理的复函》。

曾在该地补种过杉木苗，要求法院保护本屯的合法权益。该案经百色地区中级人民法院审理判决，讼争之土地、林木归渭昔屯所有，并由老山林场赔偿渭昔屯造成的砍树贷款损失人民币3 398.75元，老山林场不服，持原诉理由向广西壮族自治区高级人民法院提出上诉。

法院另查明：双方讼争的渭贵沟、渭贵坡，位于渭昔屯村背后约3公里处，面积610多亩，现有林木270多亩，1965年底，老山林场开始规划包括现讼争的渭贵沟、渭贵坡土地在内其中有渭昔屯1961年、1962年开垦种过玉米、木薯后丢荒的土地13.5亩扩建林场，并于1967年和1968年由林场工人余少仁、巫桂江、丁展玉、梁华彬带领靖西、平果两县民工种植杉木。当时双方未对土地签订过什么协议，只是种树之前林场带队人巫桂江问过生产队干部，队干说山地是我们的，你们的树长大了砍下来，地留给我们。此后渭昔屯从无异议，林木一直由林场看护管理。直到1987年，因渭昔屯群众上山砍伐才引起纠纷。在一审期间，百色地区林业局曾对树龄作过鉴定。后在二审中广西农学院和广西林业勘测设计院又联合作过技术鉴定，均未发现有24年以前所生的植株。

【法院意见】

广西壮族自治区高级人民法院认为，双方讼争之渭贵沟、渭贵坡杉木林，系老山林场所种。这不仅有两县种树民工现场指认证实，而且有知情老人和树龄技术鉴定所证明。而渭昔屯提出的种树时间、树苗来源、参加种树人等方面问题，查无确凿证据。原审法院认定这些树木为渭昔屯所种，与事实不符，应予改判，林权归老山林场所有。土地权属问题，虽然土改、合作化、四固定时未明确确权给渭昔屯，但该地距渭昔屯较近，且土改时当地农会只确权耕地，未确权荒山，而渭昔屯村民新中国成立前后均在附近割草、放牧。此外，1961年、1962年时，渭昔屯群众又在该坡垦荒种植一些农作物。纠纷发生后，县政府将讼争土地确认为渭昔屯所有。从以上实际出发，方便管理，有利于群众生产、生活，可视为林场借地造林。因此该院处理意见如下：

（1）讼争之地权属归渭昔屯所有；

（2）杉木林归老山林场所有，但在两年内将离地5寸处10公分直径以上树木砍完，余下树木归渭昔屯所有。

（3）渭昔屯群众原砍伐卖给县木材公司杉木款34 000元作为老山林场使用该地的补偿费归渭昔屯所有使用。诉讼费各承担一半。

(4)找民委、林业部门分别做好工作再下判。该院以此意见报最高人民法院请示。

最高人民法院意见。1992年7月最高人民法院《关于国营老山林场与渭昔屯林木、土地纠纷如何处理的复函》(以下简称《复函1》)的内容:“国营老山林场与渭昔屯讼争的渭贵沟、渭贵坡位于渭昔屯村背后的3公里处。新中国成立后渭昔屯村民曾在该地割草、放牧,1961年、1962年曾在该地垦荒种植农作物。1965年老山林场将该地纳入林场扩建规划,并从1967年至1968年雇请民工种植杉木,但未经有关部门批准将该地划归老山林场。纠纷发生后,当地人民政府将该地确权归渭昔屯所有。据此,为了保护双方当事人的合法权益,我们基本同意你院审判委员会的意见,即:本案可视为林场借地造林,讼争的土地权属归渭昔屯所有,成材杉木归老山林场所有,由林场给渭昔屯补偿一定的土地使用费。”

对于该案,多有学者认为系司法实务适用取得时效的典型例证,认为“1992年7月最高人民法院在《复函1》里,对基地使用权的时效取得问题作了正式的司法解释,确认了时效取得在司法实务中的运用。这一复函正式表明了我国司法实务对时效取得制度部分适用的肯定,第一次以解释性文件的形式确认了时效取得制度,因而具有极为重要的理论意义和实践意义”①。“这是我国第一次以司法解释形式确认取得时效制度。最高人民法院的批复与复函既是有效的批复性司法解释,又具有判例的性质,表明我国实务中对取得时效采部分肯定的态度,同时也表明取得时效在我国实践中确有适用之处。”②笔者不同意上述观点,从该案的处理及《复函1》内容并不能推导出我国司法实务承认或部分承认取得时效的结论,理由如下:

第一,法院认定讼争土地所有权归渭昔屯,其决定性因素系政府的确权行为,而非渭昔屯对该土地长期的持续占有。广西壮族自治区高级人民法院指出“土地权属问题,虽然土改、合作化、四固定时未明确确权给渭昔屯……纠纷发生后,县政府将讼争土地确认为渭昔屯所

---

① 梁慧星主编:《中国物权法研究》(上),法律出版社1998年版,第302—303页;杨立新:《民法判解研究与适用》,中国检察出版社1996年版,第176页。

② 彭诚信、刘智:《取得时效的实践价值与立法设计》,载《社会科学研究》2007年第4期。

有”。最高人民法院在《复函1》中指出:“纠纷发生后,当地人民政府将该地确权归渭昔屯所有。据此……”由此可见,该案讼争土地所有权不存在时效取得问题。

第二,前述学者认为该案是对基地使用权的时效取得,该观点亦不成立。其一,法院对该案的处理与时效取得基地使用权的效果不符。时效取得基地使用权(或地上权)的基本效果是:占有人长期占有他人土地并在其上实施种植、建筑房屋或其他利用行为,因而占有人取得对该土地的基地使用权,以后其仍可对该土地加以利用。而在该案中,法院仅认可林场在诉讼之前利用他人土地所产生林木归其所有,而并未因林场长期在他人土地上的种植行为确认其在诉讼以后仍然享有继续在他人土地上种植的权利。其二,广西壮族自治区高级人民法院和最高人民法院《复函1》均将该案定性为“借地造林”。既然是借地,林场的法律地位为借用关系中的借用人,法院并未承认林场通过长期占有而时效取得讼争土地的基地使用权。其三,《复函1》要求“林场给渭昔屯补偿一定的土地使用费”,这就进一步表明林场并未因时效而取得讼争土地的基地使用权,否则林场无须向对方补偿土地使用费。

第三,从法院的处理意见和《复函1》的内容来看,该案的本质是借用关系中借用物所生孳息的归属纠纷,而与取得时效无关。其一,两级法院一方面将该案定性为“借地造林”,另一方面又要求林场给渭昔屯补偿一定的土地使用费,似乎又为“租地造林”。但考虑到双方并未就“租地”达成过合意,且法院查明“队干说山地是我们的,你们的树长大了砍下来,地留给我们”的事实,因此法院将该案定性为“借地造林”是合适的,“土地使用费”可理解为基于公平原则林场给对方的补偿。其二,双方的主要争讼点并非林场对讼争土地的基地使用权。林场的主要诉讼请求为:一是确认其对讼争土地的所有权;二是确认其对林木的所有权。对于第一个诉讼请求,法院以政府部门确权为依据否定了其请求,在广西壮族自治区高级人民法院意见和最高人民法院《复函1》中也未作过多说明。对于第二个诉讼请求,法院着重作了分析和认定。在广西壮族自治区高级人民法院作出的四点处理意见中,有三点与林木归属直接或间接有关;《复函1》的核心内容亦是在“借地造林”的基础上对林木归属作出了认定。可见,双方的主要争讼点是林木归属而不是讼争土地的基地使用权。其三,该案产生的根本原因是,我国在土地改革特定时期某些权属不明的土地因年代久远而造成实际使用人和其后确定的所有人不一致所致。《复函1》在我国的土地政策、公平原则框架内作出处理,考虑到了各方利益的平衡,实体部分处理意见基本妥当。但无论其具体处理意见如何,均与取得时效没有直接或间接的关系。

二、"安怀村村委会与三家二队土地纠纷案"[①]之解读

【案件事实】

双方讼争的铜鼓岭,面积约20亩,新中国成立前系地主松山,土改时没收未作分配,1962年"四固定"时大队曾明确不划分给生产队。但从20世纪50年代初起,三家二队一些群众就自发在该岭零星开荒,陆续种植安树、柑果、花生、木菇等,大队均未提出异议。直到1988年发生纠纷时,三家二队才将该岭全部种上甘蔗等作物。安怀乡政府于1988年在该岭旁边建造机砖厂,因用地问题,曾于同年3月21日和7月5日,两次请三家二队社员代表到乡政府协商。当时乡政府提出三条补偿办法,一是每亩减公购粮400斤;二是按生产每块砖给予1.1厘补偿;三是按土地3年产值一次性补偿。以上三条由三家二队社员大会任选其中一条。后因乡政府未取得县有关部门批准未果。1989年3月13日,乡政府直接与安怀村公所签订征用该岭土地协议,补偿给村公所1.8万元,随后乡政府又派员施工,因而引起纠纷。平南县人民政府作出决定,将该岭处理给村公所所有。三家二队不服向法院起诉,平南县人民法院判决归村公所所有。三家二队不服上诉。

【法院意见】

广西壮族自治区高级人民法院认为,讼争之铜鼓岭,土改时没收未作分配,"四固定"时也未下放给生产队,新中国成立后一直为三家二队管理使用,这都是事实。如根据国务院国发〔1980〕135号文件批转广西壮族自治区《关于处理土地山林水利纠纷的情况报告》中第三点第(二)项中"一般以土改、合作化、四固定时的定论为依据"的规定,则应确认该岭为安怀村公所所有;如根据国家土地管理局(1989)国土

---

① 参见最高人民法院《关于村委会与所属村民小组的土地纠纷案应如何适用政策法律问题的复函》。

（籍）字第73号文件《关于确定土地权属问题的若干意见》第11条“农民集体使用其他农民集体所有的土地，凡连续使用已满20年的，应视使用者所有”的规定，则应确认该岭归三家二队所有。但国土（籍）字第73号文件既未公布，又未经国务院批转，也未与最高人民法院会签，故认为该号文件在与国发〔1980〕135号文件的规定相抵触的情况下，不好适用。故报最高人民法院请示。

最高人民法院意见。1991年9月最高人民法院《关于村委会与所属村民小组的土地纠纷案应如何适用政策法律问题的复函》（以下简称《复函2》）内容：“经研究并征求国家土地管理局的意见，我院基本同意你院审判委员会的意见，即此案不适用国家土地管理局（1989）国土（籍）字第73号文件《关于确定土地权属问题的若干意见》第11条的规定，而应根据国务院国发〔1980〕135号文件批转广西壮族自治区《关于处理土地山林水利纠纷的情况报告》和最高人民法院有关规定中关于一般应以土改、合作化、‘四固定’时的定论为依据的精神，将该讼争之铜鼓岭确认为原所有者安怀村公所所有为宜。至于对三家二队在讼争之地上的作物和其他附属物，可由安怀村公所予以适当补偿，并请注意切实做好有关方面和群众的思想工作。”

对于该案，有学者认为《复函2》尽管没有适用取得时效制度，但显然在两级法院中都有运用取得时效的主观倾向，只不过作为司法机关当时没有具体适用的法律和规定。这也从另一个角度说明了取得时效制度在实践中的必要。[①] 笔者不同意上述观点，理由如下：

第一，该案（以下简称“安怀村案”）的本质与前述“国营老山林场与渭昔屯林木、土地纠纷案”（以下简称“林场案”）类似，均为土地改革时期某些权属不明的土地因年代久远而造成的“历史遗留问题”。法院对该两案的处理意见在很多方面也是类似的，且都未涉及取得时效的适用。其一，对讼争土地所有权的确权类似。在“林场案”中，讼争土地所有权被确权给渭昔屯，而非长期占有、使用该土地的林场；在“安怀村案”中，讼争土地所有权被确权给安怀村公所，而非长期占有、使用该土地的三家二队。这表明在该两案中法院均未认可对土地所

---

① 参见彭诚信、刘智：《取得时效的实践价值与立法设计》，载《社会科学研究》2007年第4期。

有权的时效取得。其二,对讼争土地上种植物或附属物的补偿类似。在“林场案”中,《复函 1》要求“林场给渭昔屯补偿一定的土地使用费”;在“安怀村案”中,《复函 2》要求“在讼争之地上的作物和其他附属物由安怀村公所予以适当补偿”。在两案中,法院仅认可土地实际占有使用人对讼争土地上种植物或附属物的补偿请求权,而并未认可其对讼争土地的所有权或基地使用权。其三,适用的法律依据类似。在该两案中,法院作出处理意见的主要依据均为有关土地政策即“一般以土改、合作化、‘四固定’时的定论为依据”,而非取得时效制度。

第二,法院对“林场案”与“安怀村案”的具体处理意见也存在一些不同之处。其一,主要讼争点不同。在“林场案”中,原告虽也主张对讼争土地的所有权,但其主要诉讼请求是“依法保护国有林权”。两级法院主要依据政府的确权行为认定讼争土地所有权归渭昔屯,而未作进一步说明,并将林木归属及补偿问题作为主要处理对象。而在“安怀村案”中,原告的主要诉讼请求即为讼争土地的所有权,其起诉的直接原因是对县政府将讼争土地确权给被告的行为不服,由于当时《行政诉讼法》尚未实施,该案仍以民事案件受理。法院将讼争土地所有权的归属作为主要处理对象,地上作物的补偿仅为附带处理问题。其二,认定依据不同。在“林场案”中,法院的处理意见是基于对“借地造林”法律关系的认定。在“安怀村案”中,法院将认定哪种法律文件为确权依据作为裁判的重点。

第三,认为《复函 2》包含有取得时效精神的观点,以原国家土地管理局 1989 年《关于确定土地权属问题的若干意见》第 11 条规定为依据,亦不能成立。对于该条的分析解读,已如前文所述,此处不赘。而且《复函 2》还明确指出该案不能适用《关于确定土地权属问题的若干意见》作为裁判依据。

三、“胡德开等人申请确认房屋所有权案”[①]之解读

【案件事实】

申请人:胡德开等 12 人

讼争房屋原系张瀛洲业产。张因负债,于 1936 年 1 月经厦门地方法院受理后将该房拍卖,由债权人原漳州民兴银公司以国币 18 206

① 载《最高人民法院公报》1998 年第 4 期。

元中标买受,并由该公司办理产权登记。同年3月,该公司因缺乏资金,由当时公司经理刘志成出面向胡五宏借款国币1.1万元,以该房作为抵押物,约定期限为1年,立有抵押借款契据。同时该公司将此处房屋及所有权证等交付胡五宏使用、保管。胡于1948年8月以房屋抵押权人的名义向当地房产登记部门办理他项权利登记。该房于1958年12月16日被房改,1984年7月厦门市房地产管理局将此房退改在胡德开、胡赐开、胡淼开三兄弟名下。胡五宏及其子女胡赐开、胡德开、胡淼开均为原漳州民兴银公司股东,该公司在抗日战争期间倒闭。胡五宏、胡赐开已故,胡淼开在本案审理期间死亡。法院依法追加胡赐开的配偶罗素秋和子女胡友川、胡友慧、胡友琼、胡友正、胡友安、胡友慎以及胡淼开的配偶杨别嘉和子女胡友婷、胡友恒、胡友杨等合法继承人为申请人。厦门市开元区人民法院依照《中华人民共和国民事诉讼法》第175条的规定,经登报公告,至今未有任何利害关系人就原漳州民兴银公司房屋产权向法院主张权利。该房屋经委托厦门市房地产管理局进行评估,价值为人民币868 600元。同时经厦门市地方志编纂委员会证实,1936年的国币1.1万元占该房屋价值的60.419%。对此,申请人表示愿意补交该房屋价值39.581%的款项即人民币343 800元,要求将房屋判归其所有。

【法院意见】

法院经审理认为:申请人提供的1936年3月13日刘志成立下的契据、胡五宏借款给漳州民兴银公司后于1936年4月办理的抵押权登记,以及土地所有权证、他项权利证均可证明,1944年漳州民兴银公司倒闭后,一直未清理债务。1948年8月,胡五宏以所有权人漳州民兴银公司的名义领取了房屋土地所有权证明,证中“他项权利”栏内明确记载了胡五宏享有抵押权,因双方当事人的真实意思表示应是抵押借款,而非申请人所称之典权关系,故申请人主张其与漳州民兴银公司形成了典权关系与事实不符,不予采纳。鉴于胡五宏与原漳州民兴银公司确有债权债务关系,该公司并未届期清偿债务,且已倒闭50余年,胡五宏及申请人以自己名义长期占用、管理坐落于厦门市公园东路80号的房屋,至今并无任何人提出异议,系善意占有,现申请人愿补足该房屋差价款,以取得该房屋所有权,符合《中华人民共和国民法通则》第4条关于“民事活动应当遵循自愿、公平、等价有偿、诚实信用的原则”的规定,应予准许。鉴于原漳州民兴银公司至今无人主张权利，申请人补交的房屋价款可视为无主财产，依照《民法通则》第 89 条第 1 款第（二）项的规定，收归国有。据此，该院判决：

（1）讼争房屋归申请人所有；

（2）申请人补交的房屋价款人民币 343 800 元以无主财产论，依法收归国库。

对于该案，有学者认为，“本案作为一个无主财产申请案件能够入选为公报案例，其所具有的示范意义在于裁判者并未拘泥于民事诉讼法的规定直接将房屋收归国有或者集体所有，而是创造性地参照了时效取得这一物权制度原理，在申请人补足房款差价后，将无主房屋的产权判归了申请人所有，同时也维护了国家、集体利益不受侵害……法官绕道无主物的财产确认程序，通过无主物的财产确认程序来对本案予以解决；同时，在无主物财产确认程序中又参鉴了取得时效的制度原理，来平衡多方当事人的利益”①。笔者不同意上述观点，理由如下：

第一，该案的本质是抵押权人以抵押物折价方式实现抵押权，而非取得时效的适用。其一，从申请人的范围来看，申请人为抵押权人的所有继承人，而非仅限于抵押物的实际占有人。在该案中，原申请人仅为抵押权人的部分继承人，而法院其后依法追加所有继承人为申请人，表明法院对该案的定性为抵押权的实现及其份额的继承问题。其二，法院对该案的处理符合以抵押物折价方式实现抵押权的基本特征。依《担保法》第 52 条第 2 款的规定，抵押物折价后，其价款超过债权数额的部分归抵押人所有，不足部分由债务人清偿。法院判决由申请人取得抵押物所有权，而申请人同时应当补缴超出其担保债权数额的房款，只是由于作为抵押人的法人已不存在，所以由国家以无主财产取得补缴的房款。其三，申请人的原请求为依据“典期届满后长期不回赎视为绝卖”的习惯取得该房屋所有权，但法院否定了该请求，而将该案性质认定为“抵押借款”关系，亦证明该案的本质为抵押权实现的问题。

第二，该案不符合取得时效的适用条件。其一，法院判决该房屋

---

① 熊谓龙：《胡德开等人申请确认房屋所有权案——简评取得时效制度在中国物权法中的命运》，载王利明主编：《判解研究》2007 年第 5 辑（总第 37 辑），人民法院出版社 2008 年版，第 73 页。

由抵押权人的所有继承人共同所有，而非实际占有该房屋的继承人所有，不符合取得时效中由占有人取得标的物所有权之要件。其二，法院虽确认申请人“以自己名义长期占用、管理该房屋”的事实，但这是对抵押权人及其继承人长期占有抵押物的认可，而非由申请人取得该房屋的理由。其三，法院判决由申请人补缴超出其债权数额的房款，且由国家依无主财产取得补缴的房款，这不符合取得时效中占有人可取得标的物完整所有权之要件。

第三，法院对该案的主要裁判依据是《民法通则》第 4 条关于“民事活动应当遵循自愿、公平、等价有偿、诚实信用的原则”的规定。该案是一起由于历史原因导致抵押权人无法正常行使抵押权的案例，法院依据民法基本原则的精神，在虽然年代久远但抵押权人及其继承人仍占有抵押物的情形下，仍然认可抵押权人的继承人可通过抵押物折价方式以实现其抵押权。

四、“王选胜诉王选其相邻通行损害引起房屋产权争议案”[①]之解读

【案件事实】

原告：王选胜

被告：王选其

第三人：王选洪（被告之大哥）

1996 年 12 月 4 日，被告王选其借口原告王选胜堵塞了房屋的通道，便邀集其大哥王选洪和二哥王选定及其他亲属十余人到场，被告和其妻用钢钎、锄头将原告房屋的板壁及一些日常生活用具打烂。事发后，经村、乡处理没有结果，原告遂于同月 25 日起诉至法院。原告王选胜诉称：我家居住的 3 间木屋与被告家房屋邻接，所有权在解放前为被告家所有。新中国成立前夕，被告父母为避乱搬到了县城居住，叫我父母来住此屋并看管其他房屋及财产。但在土改时，被告父母被划为富农成分，我父母被定为雇农成分，当时根据“没收地主一切财产，征收富农多余财产”的土改政策，本着坐屋改屋的精神，政府决定维持我父母住房现状，将此房改给我母亲所有。1992 年核发《集体土地建设用地使用证》，确认此 3 间房屋的宅基地归我家使用。现要

---

① 参见最高人民法院中国应用法学研究所编：《人民法院案例选》1998 年第 3 辑（总第 25 辑），时事出版社 1998 年版，第 41 页以下。

求依法维护我的3间房屋的所有权和宅基地使用权,判令被告恢复损坏的我所有的房屋原状,或赔偿房屋被毁坏的损失。

【法院意见】

一审桑植县人民法院认为:原、被告诉争的3间木屋,从新中国成立前至今一直由原告家居住,已有48年之久,被告及第三人在庭审中没有提交此房属于自己的充分证据,对被告的反诉请求不予支持。原、被告为通道一事而发生纠纷,双方均有过错。原告不能先将历来通行的通道堵塞,给被告通行造成困难。被告未经合法程序解决,将他人财产打坏,是违法行为。判决:

(1)原、被告诉争的3间木屋归原告所有。

(2)被告赔偿损坏原告的财产损失费人民币200元。

(3)原告应恢复历来通行的通道。王选其、王选洪不服一审判决,提起上诉。

二审张家界市中级人民法院认为:双方诉争的3间木屋,由被上诉人一直从土改时居住至今,上诉人又提不出能够证明该房产仍属自己所有的证据,故诉争的房产应归被上诉人所有。上诉人故意损坏王选胜的财产,理应赔偿。被上诉人封闭历年来的通道,侵犯了他人的合法通行权,应予恢复。判决:驳回上诉,维持原判。

该案载于《人民法院案例选》,该案例的编写者认为,该案反映了"占有时效制度有其存在的客观基础和法律上的合理性,应为我国民法所承认的制度。但是我国现有的民法制度中,未见有这种制度的规定,使审判实践中遇到的此类问题,只能以超诉讼时效权利人败诉,所有权不能直接判给占有人这样一种模棱两可的方法处理,使这部分财产无法进入流通领域并发挥其更大的作用,只能使这部分财产处于自生自灭的自然权利状态"①。笔者认为,该案既不能作为适用取得时效的例证,也不能作为我国应当建立取得时效制度的依据。理由如下:

第一,从解释论的角度而言,该案并未适用取得时效。其一,法院确认由原告取得讼争房屋所有权的依据不是取得时效,而是被告的举

① 最高人民法院中国应用法学研究所编:《人民法院案例选》1998年第3辑(总第25辑),时事出版社1998年版,第45页。

证不能。两级法院将讼争房屋确权给原告的主要理由均为“被告提不出能够证明该房产仍属自己所有的证据”,而非原告对讼争房屋的长期占有。法院处理该案的裁判依据主要是程序法上的举证规则,而与取得时效无涉。其二,法院处理该案适用的是诉讼时效而非取得时效。该案主审法官在评析意见中指出:“王选其反诉是在王选胜起诉的情况下提出的,但其在王选胜修缮及居住此房40多年的时间里,均未向有关单位及司法部门提出异议,最长20年的诉讼时效期间都已超过,王选其的反诉是不成立的。”①姑且不论该案被告权利适用诉讼时效是否合适,仅从法院处理意见来看,该案应适用诉讼时效而非取得时效。其三,该案的主要讼争点不是取得时效的适用。该案的主要讼争点有三:一是讼争房屋的归属;二是被告对原告的侵权赔偿;三是相邻关系中的通行权。法院判决的三点内容也是针对这三个问题作出的。在判决主文中,法院一方面以被告举证不能为由将讼争房屋确权给原告,而未作进一步的论证;另一方面就侵权赔偿和相邻关系问题作了较多篇幅的说明。此判决意见显然是将侵权赔偿和相邻关系的处理作为裁判的重点,而并未就取得时效的各要件是否具备作具体认定。

第二,从立法论的角度而言,该案并不能反映出我国必须建立取得时效制度的必要性。其一,该案纠纷反映出我国建立农村房屋登记制度的必要性。该案纠纷产生的根本原因是,由于我国未建立农村房屋登记制度导致房屋权属发生争议时无法凭借登记簿来确定房屋权属关系。事实上,该案原告占有讼争房屋的时间是否久远并非问题的重点,该案的关键点是在原告占有房屋的前提下,被告无法借助登记簿来证明自己为真正权利人。在罗马法历史上,由于未普遍建立不动产登记制度使得规定取得时效成为必要。但近现代民法发展历史经验证明,不动产登记是比取得时效更有效率、更为科学的制度。因此,与其说该案反映出我国有必要建立取得时效制度,不如说该案反映了我国农村房屋登记制度的缺位及建立相应登记制度的必要性和紧迫性。其二,法院对该案的处理反映了“占有权利推定”适用于不动产的意义。占有权利推定,是指占有人在占有物上行使的权利,推定其适

① 最高人民法院中国应用法学研究所编:《人民法院案例选》1998年第3辑(总第25辑),时事出版社1998年版,第44页。

法享有此权利。此为占有的重要效力之一，境外立法多设有明文规定。[①] 我国《物权法》对此虽然没有设置专门的条文，但学理上通常认为也应承认该项推定。[②] 占有权利推定的适用范围包括动产和未登记的不动产。[③] 尤其对于尚未建立农村房屋登记制度的我国，承认占有权利推定适用于不动产具有特别重要的意义。在该案中，两级法院将讼争房屋确权给原告的主要依据是，原告占有该房屋并以所有人身份使用该房屋已形成权利推定的事实，而被告却无法举证推翻该权利推定，因此法律上推定占有人享有对讼争房屋的所有权。该裁判意见实际上承认了占有权利推定适用于未登记之不动产。因此，该案表明我国司法实务上承认占有的权利推定效力在某些情形下可适用于不动产，而并非承认取得时效之适用。

综上所述，基于对以上疑似案例的分析解读可知，这些案例并非可证明司法实务承认取得时效的适当例证。这些案例或者是依据现行法其他相关制度为裁判依据，或者是以公平原则或土地政策作出的务实处理。虽然这些案例涉及的法律关系均年代久远，多为"历史遗留问题"，但法院并未将其置于取得时效的制度框架内予以解决。我国司法实务上并未承认取得时效制度。

---

① 《日本民法典》第 188 条、我国台湾地区"民法"第 943 条。

② 参见崔建远：《物权法》，中国人民大学出版社 2009 年版，第 158 页。

③ 参见王泽鉴：《民法物权》，北京大学出版社 2010 年版，第 464 页。

附表一 《最高人民法院公报》涉及诉讼时效案例

序号	案例来源	案例名称	裁判法院	案例争点	裁判要点
1	1985 年第 3 期	格布·舍马克尔有限合伙公司诉上海市对外贸易总公司随船债务转移纠纷案	上海市中级人民法院一审	债务转移情形下的诉讼时效中断	原告在规定付款期满 6 个月内,曾分别向原债务人和受让人主张权利,应视为时效中断
2	1995 年第 2 期	中国外运上海公司诉深圳江南经济开发总公司货运代理合同纠纷案	上海市高级人民法院一审	中断	诉讼时效因提起诉讼、当事人一方提出要求或者同意履行义务而中断。从中断时起,诉讼时效期间重新计算
3	1995 年第 3 期	北京锅炉厂诉潘代明专利权属纠纷上诉案	北京市中级人民法院一审;北京市高级人民法院二审	专利权归属纠纷是否适用普通诉讼时效	专利权归属纠纷适用两年诉讼时效期间,从当事人知道或者应当知道权利被侵害时起计算
4	1999 年第 1 期	李金连、李娜萍诉柯杰生房屋典当回赎纠纷案	厦门市开元区人民法院一审;厦门市中级人民法院二审	回赎时效的计算	房屋典期届满因不可抗力超过契约规定期限的时间,应予扣除,不计入回赎时效期间
5	2000 年第 3 期	罗定市林产化工厂、刘显驰与株洲选矿药剂厂技术秘密侵权纠纷上诉案	湖南省高级人民法院一审;最高人民法院二审	中断	原告根据群众揭发的线索向检察机关举报侵权人,等待检察机关侦查结束后提起民事诉讼,诉讼时效自举报时起中断

（续表）

序号	案例来源	案例名称	裁判法院	案例争点	裁判要点
6	2000 年第 5 期	北京市五金矿产进出口公司诉中国五金矿产进出口公司货款纠纷案	北京市第二中级人民法院一审；北京市高级人民法院二审	起算	受托人完成委托发货义务后，未及时收到委托人转来的货款的，就应当知道自己的权利受到了侵害
7	2002 年第 6 期	中信实业银行诉北京市京工房地产开发总公司保证合同纠纷案	北京市第二中级人民法院一审；北京市高级人民法院二审	保证期间的性质	保证期间是除斥期间，它与诉讼时效不同，不发生中止、中断的问题
8	2003 年第 6 期	中国东方资产管理公司大连办事处诉辽宁华曦集团公司等借款担保纠纷上诉案	辽宁省高级人民法院一审；最高人民法院二审	债务人在催收贷款通知书上加盖印章的效力	债权人对债务人的债权已过诉讼时效，但债务人在催收通知单上加盖印章应视为对原债务的重新确认，属于对原债权已过诉讼时效带来的抗辩权的放弃
9	2004 年第 8 期	农业发展银行青海分行营业部诉青海农牧总公司担保合同纠纷案	青海省高级人民法院一审；最高人民法院二审	保证债权的起算	主债务人被宣告破产还债之前，债权人已在保证期间内向保证人主张权利，应自主张权利之日起开始计算其保证债权的诉讼时效
10	2004 年第 9 期	大洋公司诉黄河公司专利实施许可合同纠纷案	福建省高级人民院一审；最高人民法院二审	合同解除权是否适用诉讼时效	解除合同不受诉讼时效的限制
11	2005 年第 11 期	陈丽华等 23 名投资人诉大庆联谊公司、申银证券公司虚假陈述侵权赔偿纠纷案	哈尔滨市中级人民法院一审；黑龙江省高级人民法院二审	证券虚假陈述案件中诉讼时效的起算	在证券虚假陈述案件中，应从中国证监会对虚假陈述行为人作出的处罚决定公布之日起计算诉讼时效期间，而不适用《民法通则》“从知道或者应当知道权利被侵害时起计算”诉讼时效期间的规定

（续表）

序号	案例来源	案例名称	裁判法院	案例争点	裁判要点
12	2006年第9期	广西北生集团有限责任公司与北海市威豪房地产开发公司、广西壮族自治区畜产进出口北海公司土地使用权转让合同纠纷案	广西壮族自治区高级人民法院一审；最高人民法院二审	请求确认合同无效是否受诉讼时效限制	当事人请求确认合同无效，不应受诉讼时效期间的限制，而合同经确认无效后，当事人关于返还财产及赔偿损失的请求，应当适用法律关于诉讼时效的规定
13	2007年第9期	张艳娟诉江苏万华工贸发展有限公司、万华、吴亮亮、毛建伟股东权利纠纷案	南京市玄武区人民法院一审	《公司法》第22条60日期限与诉讼时效的关系	公司股东会及其决议实际上并不存在，只要权利人在知道或者应当知道自己的股东权利被侵犯后，在法律规定的诉讼时效内提起诉讼，人民法院即应依法受理，不受《公司法》第22条关于股东申请撤销股东会决议的60日期限的规定限制
14	2008年第2期	泛华工程有限公司西南公司与中国人寿保险（集团）公司商品房预售合同纠纷案	重庆市高级人民法院一审；最高人民法院二审	迟延交房违约金请求权诉讼时效的起算	重庆市高级人民法院认为：(1) 延迟交房违约金是双方在合同中所确定的一个整体的合同权利，而非按照违约天数具体分割为若干分别计算诉讼时效的独立的权利；(2) 合同中未约定违约金支付期限的，债权人可随时主张权利，只有当债务人明确表示不履行时，才能认定债权人“知道或者应当知道权利受到侵害”，诉讼时效才可起算。 最高人民法院认为，权利人主张权利而义务人拒绝履行义务，权利人始知其权利遭到侵害，诉讼时效应从此发生争议之日起计算

（续表）

序号	案例来源	案例名称	裁判法院	案例争点	裁判要点
15	2008年第10期	中国信达资产管理公司成都办事处与四川泰来装饰工程有限公司、四川泰来房屋开发有限公司、四川泰来娱乐有限责任公司借款合同纠纷案	四川省高级人民法院一审；最高人民法院二审	保证债权诉讼时效的中断	信达成都办受让债权后，中行蜀都支行向被告发出《担保权利转让通知》，被告予以签收的行为引起保证债权诉讼时效中断。2006年6月17日信达成都办登报发布催收公告并在催收公告的担保合同一栏中列有被告，应视为对被告主张了担保债权，保证债权诉讼时效再次中断
16	2008年第11期	大连渤海建筑工程总公司与大连金世纪房屋开发有限公司、大连宝玉房地产开发有限公司、大连宝玉集团有限公司建筑工程合同纠纷案	辽宁省高级人民法院一审；最高人民法院二审	中断	因宝玉公司于2004年11月17日承诺给付赔偿款，渤海公司于2006年1月26日向一审法院提起诉讼，主张此项权利，未超过法定诉讼时效期间
17	2011年第3期	绵阳市红日实业有限公司、蒋洋与绵阳高新区科创实业有限公司公司决议效力确认纠纷案	绵阳市中级人民法院一审；四川省高级人民法院二审；最高人民法院再审	股东请求法院保护其认缴新增资本优先权是否适用诉讼时效	四川省高级人民法院认为，关于有限责任公司股东请求人民法院保护其认缴新增资本优先权的诉讼时效问题，现行法律无特别规定，应当适用《民法通则》规定的两年普通诉讼时效。最高人民法院撤销四川省高级人民法院判决；对诉讼时效问题未作具体认定

（续表）

序号	案例来源	案例名称	裁判法院	案例争点	裁判要点
18	2011年第8期	艾斯欧洲集团有限公司与连云港明日国际海运有限公司、上海明日国际船务有限公司航次租船合同纠纷案	上海海事法院一审；上海市高级人民法院二审；最高人民法院再审	航次租船合同请求权的诉讼时效	航次租船合同请求权的时效期间为两年，自知道或者应当知道权利被侵害之日起计算
19	2011年第11期	中国银行股份有限公司汕头分行与广东发展银行股份有限公司韶关分行、第三人珠海经济特区安然实业（集团）公司代位权纠纷案	韶关市中级人民法院一审；广东省高级人民法院二审；最高人民法院再审	代位权诉讼的诉讼时效	债权人提起代位权诉讼，同时引起两个债权的诉讼时效中断，即债权人对债务人的债权和债务人对次债务人的债权，两个债权均应属于受人民法院保护的诉讼时效期间内的债权

附表二 《人民法院案例选》涉及诉讼时效案例

序号	案例来源	案例名称	裁判法院	案例争点	裁判要点	备注
1	总第6辑(1993年第4辑)	交通部广州海运管理局申请海事赔偿责任限制案	青岛海事法院	中断	申请人曾多次向法院提出责任限制的书面申请,且与被申请人就赔偿事宜始终不间断地协商,引起时效中断	
2	总第8辑(1994年第2辑)	徐树英等诉李金生等回赎未定期限的出典房屋纠纷案	济南市槐荫区人民法院一审;济南市中级人民法院二审;山东省高级人民法院再审	回赎时效的计算	无期限典当的回赎时效为30年,可适用中断	
3	总第9辑(1994年第3辑)	邹学勤诉南宁市电机厂给付其申请调动期间照常上班的劳动报酬纠纷案	南宁市城北区人民法院一审;南宁市中级人民法院二审	起算	原告工资被逐月扣除,整个侵权结束是在扣除工资的最后一个月的最后一天,时效应从最后一个月起算	
4	总第9辑(1994年第3辑)	盐城市针织服装厂申请破产还债资产整体招标出售案	盐城市中级人民法院一审	诉讼时效是否经过	部分债权超过诉讼时效	已届满

（续表）

序号	案例来源	案例名称	裁判法院	案例争点	裁判要点	备注
5	总第10辑（1994年第4辑）	中国东方租赁有限公司诉吉林省长春市电子工业局、吉林省国际经济技术合作公司融资租赁合同拖欠租金纠纷案	吉林省高级人民法院一审；最高人民法院二审	中断	被告关于原告超过诉讼时效的主张，无事实依据，不予采纳	
6	总第14辑（1995年第4辑）	焦彦平诉焦玉英侵犯其继承的遗产和析产纠纷案	吉林市丰满区人民法院一审	继承中诉讼时效的适用	原告以应继承份额主张权利，而遗产一直未分割而转为共同共有性质，故对原告诉讼请求不能按继承诉讼时效对待，应按普通时效	
7	总第15辑（1996年第1辑）	德国S&H食品贸易有限公司申请承认执行汉堡交易所商品协会仲裁法庭仲裁裁决案	厦门市中级人民法院裁定	申请执行期限的中断	申请执行期限内，双方达成了如何履行裁决的协议，并约定了新的履行期限，引起申请执行期间中断	
8	总第17辑（1996年第3辑）	张庆策诉吉林镍业公司汽车运输部汽车门夹伤头部致外伤性失语赔偿纠纷案	吉林省盘市县人民法院一审；吉林市中级人民法院二审	中断	原告伤后多次到有关部门请求处理，要求运输部赔偿损失，引起时效中断	

（续表）

序号	案例来源	案例名称	裁判法院	案例争点	裁判要点	备注
9	总第 17 辑（1996 年第 3 辑）	李焕雄受伤害后出现新症诉李金发赔偿未过诉讼时效再审案	广州市天河区人民法院一审；广州市中级人民法院二审；广州市中级人民法院再审	起算	伤害当时未发现，后经检查确诊并能证明是由侵害引起的，从伤势确诊之日起算	
10	总第 18 辑（1996 年第 4 辑）	美国沃尔特·迪斯尼公司诉北京出版社等未经许可在中国境内出版其作品侵害著作权案	北京市第一中级人民法院一审；北京市高级人民法院二审	起算	合同履行期为 3 年，原审法院依次追加第三人，并未超过诉讼时效	
11	总第 18 辑（1996 年第 4 辑）	黄石市下陆钢铁总厂宏达实业总公司诉黄陂县乡镇企业物资公司等购销合同担保纠纷再审案	黄石市下陆区人民法院一审；黄石市中级人民法院再审；湖北省高级人民法院再审	诉讼时效是否经过	法院未作认定	
12	总第 18 辑（1996 年第 4 辑）	厦门纺织工业公司诉福建国际货运有限公司无正本提单放货起诉是否超过诉讼时效案	厦门海事法院一审；福建省高级人民法院二审	涉及提单的诉讼时效	原告在诉讼时效期间内提出追回货物，引起时效中断	
13	总第 19 辑（1997 年第 1 辑）	新华日报社诉南京华厦实业有限公司建设工程施工损害相邻建筑物及设备赔偿案	江苏省高级人民法院一审；最高人民法院二审	中断	原告在法定期间内依法起诉，所举证据能证明其主张成立	

（续表）

序号	案例来源	案例名称	裁判法院	案例争点	裁判要点	备注
14	总第19辑（1997年第1辑）	双鸭山水泥厂煤井诉邵明坤非法开采煤炭侵犯采煤权损害赔偿案	双鸭山市岭东区人民法院一审； 双鸭山市中级人民法院二审	诉讼时效是否经过	法院未作认定	
15	总第20辑（1997年第2辑）	青海省化工设计研究所因通过行政有偿调拨取得所有权的房屋被占住诉周风石等腾退房屋案	西宁市城西区人民法院一审； 西宁市中级人民法院二审	诉讼时效是否经过	法院未作认定	
16	总第20辑（1997年第2辑）	受益人颂佳实业有限公司接受议付行议付的信用证款后诉开证行中国农业银行江西省分行国际业务部兑付同一信用证项下款纠纷案	江西省高级人民法院一审； 最高人民法院二审	跟单信用证的诉讼时效	法院未作认定	
17	总第20辑（1997年第2辑）	鞍山市全钢家具厂申请破产案	鞍山市中级人民法院裁定	保证债权的诉讼时效	贷款到期后，债权人在诉讼时效期内未向担保人主张权利，其债权按无担保债权处理	已届满

（续表）

序号	案例来源	案例名称	裁判法院	案例争点	裁判要点	备注
18	总第22辑（1997年第4辑）	出票人上海等七印染厂向承兑汇票持票人付款后诉未履行合同供货义务但已贴现的收款人申申衣着公司供销经理部返还票款案	上海市长宁区人民法院一审	诉讼时效是否经过	法院未作认定	
19	总第22辑（1997年第4辑）	中国人民保险公司福建省分公司诉福克斯特有限公司等海运货损赔偿案	厦门海事法院一审	延长、中断	货损赔偿请求权适用国际惯例1年时效期间，且当事人可协议延长。原告向被告索赔和被告作出赔偿承诺，均引起时效中断	
20	总第24辑（1998年第2辑）	邓建龙在履行期届满两年后诉黄志振偿还借款和以自力取得的财产抵偿部分借款案	郴州市安仁县人民法院一审	中断	违法行为不能引起时效中断	已届满
21	总第24辑（1998年第2辑）	宁纺公司诉香港兰锚公司等无单放货赔偿请求权时效应从收到银行退单时起算案	上海海事法院一审；上海市高级人民法院二审	提单诉讼时效的起算、中止	承运人向未持有正本提单的人交货，诉讼时效不应从“承运人交付或者应当交付货物之日”起计算，而应当从权利人知道或者应当知道权利被侵害之日起计算	

（续表）

序号	案例来源	案例名称	裁判法院	案例争点	裁判要点	备注
22	总第25辑（1998年第3辑）	王选胜诉王选其相邻通行损害引起房屋产权争议案	张家界市桑植县人民法院一审；张家界市中级人民法院二审	因相邻纠纷引起的房屋确权是否适用诉讼时效	原告居住此房40多年，被告均未提出异议，最长20年诉讼时效期间已超过	已届满
23	总第25辑（1998年第3辑）	张家界水泥厂诉中银张家界旅游经济开发区支行因债务人破产其受偿为零擅自扣划保证人的存款侵权案	张家界市永定区人民法院一审	保证债权的诉讼时效	两年内被告未向原告主张承担担保责任，已超过诉讼时效	已届满
24	总第26辑（1998年第4辑）	路禄等诉青海省第一建筑工程公司无权享有外国保险公司赔付的出国劳务人员死亡保险赔偿金案	西宁市城西区人民法院一审；西宁市中级人民法院发回重审；西宁市中级人民法院二审	起算	原告于1993年4月才得知保险费一事，故其于1994年9月提起诉讼，未超过法定诉讼时效	
25	总第27辑（1999年第1辑）	郑进泮申请撤销厦门仲裁委员会作出的“关于撤销技术合同仲裁案的决定”案	厦门市中级人民法院一审	适用1年特殊时效期间还是两年普通时效期间	申请人撤回申请，法院未作认定	

（续表）

序号	案例来源	案例名称	裁判法院	案例争点	裁判要点	备注
26	总第28辑（1999年第2辑）	中信实业银行南京分行诉南京市县郊化工公司偿还以他人名义开立的信用证下垫付款案	南京市中级人民法院一审	诉讼时效是否经过	法院未作认定	
27	总第28辑（1999年第2辑）	担保人镜威公司受让债权后诉债务人梁金福偿还代为偿还的渔船抵押借款案	海口海事法院一审；海南省高级人民法院二审	诉讼时效是否经过	被告提出的原告提起诉讼已超过两年时效，没有事实根据	
28	总第29辑（1999年第3辑）	汕海公司诉承租人连海公司赔偿航次租船合同卸港C.Q.D条款下中断卸货期间的租金等损失案	大连海事法院一审；辽宁省高级人民法院二审、再审	诉讼时效是否经过	部分债权超过诉讼时效	已届满
29	总第30辑（1999年第4辑）	吉木萨尔县人保支公司诉吉木萨尔县汽车站等因过错造成保险财产损失代位求偿案	昌吉回族自治州吉木萨尔县人民法院一审；昌吉回族自治州中级人民法院二审	起算	原告在被告被追究刑事责任后才知道其权利受到侵害，时效此时起算	
30	总第30辑（1999年第4辑）	吉利区城市信用社超过法定保证期限诉连带责任保证人中原内燃机配件总厂承担保证责任案	洛阳市吉利区人民法院一审	保证债权的诉讼时效中断	原告在法定保证期间内要求被告（连带保证人）承担保证责任，引起时效中断	

（续表）

序号	案例来源	案例名称	裁判法院	案例争点	裁判要点	备注
31	总第31辑（2000年第1辑）	泰丰公司诉大同市土地管理局土地使用权出让合同解除后不退还已付的出让金要求退还案	大同市中级人民法院一审；山西省高级人民法院二审	中断	原告已向市政府行文主张权利，市政府系被告土地局主管部门，应视为与向被告主张权利有同等效力，引起时效中断	
32	总第31辑（2000年第1辑）	孟澄明诉石家庄棉纺四厂等利用其作品中表明的技术思想绘制图纸后制作装置侵犯著作权案	石家庄市中级人民法院一审	起算	原告在1990年即发现二被告使用其发明，应视为原告在此时已知二被告侵权之事实，诉讼时效应从该年的知道之日起算	已届满
33	总第31辑（2000年第1辑）	C&F卖方中国（深圳）对外贸易中心有限公司获得退单后诉丰泰企业有限公司签发记名指示提单凭指示人银行保函无单放货赔偿货款损失案	广州海事法院一审	起算、中断	被告应当交付货物时，时效起算。被告收到原告寄发的索赔资料和保证提单有效的行为不构成时效中断	已届满
34	总第32辑（2000年第2辑）	串井小等诉贾计生返还出借的名画案	邢台市内丘县人民法院一审；邢台市中级人民法院二审	物权请求权是否适用诉讼时效	基于所有权的返还原物请求权不受时效限制	

（续表）

序号	案例来源	案例名称	裁判法院	案例争点	裁判要点	备注
35	总第32辑（2000年第2辑）	赤坎区乡镇企业供销总公司诉海南达荣公司作为合同共同需方伪造文件单方提取货物侵权赔偿案	海口市新华区人民法院一审；海口市中级人民法院二审	起算	原告在广东省高级人民法院作出终审判决后，始得知其权利被本案被告侵害	
36	总第33辑（2000年第3辑）	康国宁等诉旷原子分割登记为共有的房产案	衡阳市南岳区人民法院一审；衡阳市中级人民法院二审	诉讼时效是否经过	原告所称被告未将其填做该房屋共有权人，侵害了其合法权益，未在诉讼时效期间内提出，不予支持	已届满
37	总第33辑（2000年第3辑）	查则群诉查则学先栽树影响其后建房采光要求伐除案	锦州市北宁市人民法院一审	诉讼时效是否经过	被告在1980年获得林木执照，与诉讼时效没有关系	
38	总第33辑（2000年第3辑）	开证人农行深圳罗湖支行对外付款取得多式联运单据诉君皇公司未付款赎单提货返还货物或货款案	广州海事法院一审	诉讼时效是否经过	原告没有提供证据证明存在诉讼时效中断、中止及可延长的事由，依法失去法律的强制保护	已届满
39	总第34辑（2000年第4辑）	平潮钣金厂诉狼山电力公司应依已离开其单位的原合同经办人出具的欠条偿付加工费用案	南通市港闸区人民法院一审	起算	被告在具体经办人离开单位后未告知原告，原告此时并不知其权利被侵害。时效应从经办人出具欠条的次日起算	

（续表）

序号	案例来源	案例名称	裁判法院	案例争点	裁判要点	备注
40	总第 34 辑（2000 年第 4 辑）	中行濮阳市老城支行诉濮阳县电信局委托代理合同终止后不履行后合同义务赔偿损失案	濮阳市中级人民法院一审；河南省高级人民法院二审	诉讼时效是否经过	法院未作认定	
41	总第 35 辑（2001 年第 1 辑）	张维城等因其亲属在乘旅客列车时发生结论为不属他杀和自杀的死亡诉郑州铁路分局等赔偿案	郑州铁路运输法院一审	中断	原告到铁路公安局、检察院上访，要求铁路部门赔偿，诉讼时效中断	
42	总第 35 辑（2001 年第 1 辑）	黄河银行诉汇德丰公司贴现的汇票到期被退票以票据纠纷为由向贴现申请人、贴现保证人及出票人追索案	上海市第二中级人民法院一审；上海市高级人民法院二审	中断	诉讼时效因原告的起诉而中断，从中断时起，诉讼时效期间重新计算	
43	总第 35 辑（2001 年第 1 辑）	余姚市粮油贸易公司诉华粮粮油转运站等在货运代理中将货物交给伪造证书非法营运的船舶承运致货被骗赔偿损失案	宁波海事法院一审；浙江省高级人民法院二审	起算、中断	确认货物下落不明时起，时效起算。原告曾要求被告承担一半损失，后又起诉要求被告承担全部损失，故原告另一半损失也已超过诉讼时效	已届满

（续表）

序号	案例来源	案例名称	裁判法院	案例争点	裁判要点	备注
44	总第35辑（2001年第1辑）	大连远洋运输公司与保险人和解赔付后诉江西铜业进出口公司未提供托运货物含水率证明致运输中货物移动造成船沉货损追偿案	大连海事法院一审、再审	起算	索赔方确认收到赔款时，时效起算	
45	总第36辑（2001年第2辑）	陈联进诉姐夫陈文权应依保证书承担岳父母的丧葬费案	厦门市集美区人民法院一审	诉讼时效援引	诉讼时效已经过，当事人未主张时效抗辩权，法院未主动援引	
46	总第36辑（2001年第2辑）	陈民洪诉宜昌市歌舞剧团在其作了使用声明后未经许可继续使用其作品演出侵犯著作权案	宜昌市中级人民法院一审；湖北省高级人民法院二审	诉讼时效是否经过	法院未作认定	
47	总第36辑（2001年第2辑）	被保险人光通公司诉人保钦州分公司水路运输货物保险出险后交付保费及被保险人未及时向承运人索赔致过诉讼时效使保险人丧失代位追偿权案	北海海事法院一审；广西壮族自治区高级人民法院二审	中断	原告去信向承运人索赔并未得到承运人的认可，不引起时效中断	已届满

（续表）

序号	案例来源	案例名称	裁判法院	案例争点	裁判要点	备注
48	总第37辑（2001年第3辑）	农行荥阳市支行诉郑州碳素总厂负债未还又将该厂租赁给他人经营要求撤销其租赁合同案	荥阳市人民法院一审；郑州市中级人民法院二审	撤销权是否适用诉讼时效	法院未作认定	
49	总第37辑（2001年第3辑）	（香港）现代印刷有限公司诉陕西书画艺术研究院给付印刷合同欠付印刷费被反诉返还印刷版案	西安市碑林区人民法院一审；西安市中级人民法院二审	诉讼时效是否经过	法院未作认定	
50	总第37辑（2001年第3辑）	爱迪曼研究所诉金峡公司给付下欠技术合同项下设备款、技术费案	宜昌市中级人民法院一审；湖北省高级人民法院二审	适用1年特殊诉讼时效还是两年普通诉讼时效	主合同实质上是技术转让合同，诉讼时效期间为1年	已届满
51	总第38辑（2001年第4辑）	齐玉苓诉陈晓琪冒名顶替到录取其的中专学校就读侵犯姓名权、受教育的权利损害赔偿案	枣庄市中级人民法院一审；山东省高级人民法院二审	起算	被告的侵权行为延续至今，原告的诉请未超过诉讼时效	
52	总第38辑（2001年第4辑）	天南大酒店诉启东市丝绸制衣厂给付宾客包房协议欠付住宿费案	启东市人民法院一审；南通市中级人民法院二审	适用1年特殊时效期间还是两年普通时效期间；中断	宾客包房协议属宾馆服务合同，应适用两年普通诉讼时效；原告在两年期内函件催收欠款，引起时效中断	

（续表）

序号	案例来源	案例名称	裁判法院	案例争点	裁判要点	备注
53	总第38辑（2001年第4辑）	天津证券公司诉海南赛格公司等欠付债权分销协议兑付款要求给付案	海口市新华区人民法院一审；海口市中级人民法院二审	诉讼时效是否经过	虽规定了兑付期但未表明逾期不予兑付的，则持券人只要持有债券，随时均可要求兑付	
54	总第39辑（2002年第1辑）	米凤群因其夫在国外旅游时不幸身亡诉办旅游护照单位额尔古纳市国际旅行社未同时办旅游意外保险要求给付此项保险金案	额尔古纳市人民法院一审	是否适用1年特殊诉讼时效期间	因旅游纠纷造成人身伤亡的，不适用1年特殊诉讼时效期间	
55	总第39辑（2002年第1辑）	宜昌市消防器材厂诉远安县邮政局作为其债务人开出的转账支票的收款人将所收款转给第三人赔偿损失案	宜昌市远安县人民法院一审；宜昌市中级人民法院二审	中断	原告起诉主张权利，引起诉讼时效中断	
56	总第39辑（2002年第1辑）	新城装饰材料经营部诉金丰江贸易有限公司开出的支票被银行退票行使利益返还请求权因原因关系欠缺被驳回案	广州市白云区人民法院一审；广州市中级人民法院二审	诉讼时效是否经过	原告未能提供相应证据证明其已经履行了约定义务，故对原告请求予以驳回	已届满

（续表）

序号	案例来源	案例名称	裁判法院	案例争点	裁判要点	备注
57	总第39辑（2002年第1辑）	侯美玲在存款人死亡后持存单诉百泉信用社应向其兑付存单本息案	河南省辉县市人民法院一审；新乡市中级人民法院二审	取款请求权是否适用诉讼时效；诉讼时效是否经过	基于取款自由和储户对定期储蓄逾期支取的权利，原告起诉未超过诉讼时效；被告反诉的借款时间长达13年至16年，已过诉讼时效	反诉请求诉讼时效已届满
58	总第39辑（2002年第1辑）	蒋柏平诉李磊等专利申请公布后、专利权授予前使用费支付和专利侵权案	南京市中级人民法院一审；江苏省高级人民法院二审	起算	发明专利申请公布后的临时保护期使用费纠纷的诉讼时效自授予其专利权之日起算	
59	总第40辑（2002年第2辑）	喻某某诉喻某与自己无血缘关系请求否认父子关系案	淮安市涟水县人民法院一审；淮安市中级人民法院二审	身份关系请求权的诉讼时效；诉讼时效援引	当事人未主张时效抗辩权，法院未主动援引	
60	总第40辑（2002年第2辑）	晏丁香因原夫葛春辉在离婚诉讼中隐瞒预购房在离婚后取得产权并立遗嘱处分给后妻诉遗嘱继承人王良红归还该房一半产权案	三明市三元区人民法院一审；三明市中级人民法院二审	起算	房屋确权案件中，诉讼时效自原告知道或应当知道其权利被侵害之日起算	

（续表）

序号	案例来源	案例名称	裁判法院	案例争点	裁判要点	备注
61	总第40辑（2002年第2辑）	淮海城市信用社诉何茂岭在超过诉讼时效后向其履行部分债务要求继续偿还尚余借款案	永城市人民法院一审；商丘市中级人民法院二审	中断	诉讼时效届满后，债务人以物品抵偿部分贷款本息，不引起诉讼时效中断	已届满
62	总第40辑（2002年第2辑）	袁正科诉徐孟奇等未经许可使用其作品侵犯著作权案	长沙市雨花区人民法院一审	诉讼时效是否经过	法院未作认定	
63	总第41辑（2002年第3辑）	周美兰、洪永高夫妇诉常青乡卫生院行节育取环术告知取出实际未取出致其未能生育赔偿案	南通市中级人民法院一审；江苏省高级人民法院二审	起算	侵权为持续状态，诉讼时效自侵权结束之日起算	
64	总第41辑（2002年第3辑）	鹭菡公司诉绿姿公司欠付承揽合同价款适用推定制度推定诉讼时效中断案	厦门市思明区人民法院一审；厦门市中级人民法院二审	中断	纯因自然灾害致使无法查明被告是否签收催讨价款的律师函，应推定被告已收到律师函，引起诉讼时效中断	
65	总第41辑（2002年第3辑）	股东上海市粮食储运公司诉上海南方啤酒原料有限公司应按股东会批准的年度利润分配方案向其给付利润案	上海市南市区人民法院一审；上海市第一中级人民法院二审	中断	被告向各股东出具关于被告公司利润暂缓兑现的情况说明，引起诉讼时效中断	

（续表）

序号	案例来源	案例名称	裁判法院	案例争点	裁判要点	备注
66	总第42辑（2002年第4辑）	托运人即供方长葛市第三粮油供应站因需方未足额给付货款诉到站杭州铁路分局未向领货凭证上记载的收货人交付货物赔偿货款损失案	郑州铁路运输法院一审；郑州铁路运输中级人民法院二审	适用何种诉讼时效期间、起算	原告向铁路运输企业要求赔偿的请求权，适用180天的时效期间，自知道或应当知道权利被侵害时起算	已届满
67	总第43辑（2003年第1辑）	凤凰公司诉郑郁青、陶修明设立的夫妻两人有限责任公司未清算即注销股东对公司债务应承担清偿责任案	徐州市泉水区人民法院一审	中断	被告付息至1998年4月，其后并未付款，引起诉讼时效中断	
68	总第43辑（2003年第1辑）	华联粮油贸易公司诉华安财产保险公司在国际海运货物保险出险签订赔偿协议后又以卸货地不是保单列明的卸货地等拒赔要求赔偿案	广州海事法院一审；广东省高级人民法院二审	诉讼时效是否经过	原告起诉被告时，其针对承运人的诉讼时效远未届满，但被告没有及时作出赔偿以取得对承运人的保险代位权，造成诉讼时效届满	已届满
69	总第44辑（2003年第2辑）	田国旺以电视报道的输血感染丙肝个案为据诉河南电力医院在其确诊为丙肝的近八年前对其输过血应为致病原因赔偿损失案	郑州市中原区人民法院一审；郑州市中级人民法院二审	起算	原告于1998年发现自己感染丙肝，但于1999年才知道自己的权利受到被告侵害	

（续表）

序号	案例来源	案例名称	裁判法院	案例争点	裁判要点	备注
70	总第44辑（2003年第2辑）	王志辉诉中国人民解放军第十六医院医疗事故致其成为“植物人”要求赔偿经济损失和精神损失案	阿勒泰市人民法院一审；阿勒泰地区中级人民法院二审、再审；新疆维吾尔自治区高级人民法院再审	起算	被告对原告的治疗持续到1999年1月，并且原告于1999年3月确悉被告1994年对原告的治疗系医疗事故，故诉讼时效未届满	
71	总第44辑（2003年第2辑）	工商银行高阳县支行诉保证人王钊承担信用卡限额透支保证下申领人实际透支额的偿还责任案	保定市高阳县人民法院一审	起算	原告要求保护其民事权利的诉讼时效应自债权人要求保证人承担保证责任之日起算	
72	总第45辑（2003年第3辑）	尹方军诉双龙村村民委员会偿还欠据上未写明还款期限的借款案	长春市中级人民法院一审；吉林省高级人民法院二审	还款期限不明债权的诉讼时效起算、中断	原告多次向被告主张权利，引起诉讼时效中断	
73	总第45辑（2003年第3辑）	农行桐乡市支行因贷款保证人未到履行期前被注销诉留良村委会等财产继受人承担该保证责任案	嘉兴市中级人民法院一审；浙江省高级人民法院二审	起算、中断	起诉对象错误引起诉讼时效中断，本案诉讼时效期间自原二审判决生效日起算	

（续表）

序号	案例来源	案例名称	裁判法院	案例争点	裁判要点	备注
74	总第45辑（2003年第3辑）	承运人纳瓦嘎勒克西航运有限公司因接受保函放货被判向提单持有人赔偿诉保函出具人中国冶金进出口山东公司履行保函中承诺的义务案	青岛海事法院一审；山东省高级人民法院二审	涉外保函适用何种诉讼时效	本案准据法适用英国《1980年时效法》规定的6年诉讼时效期间	
75	总第46辑（2003年第4辑）	孙华东夫妇诉通化市人民法院错给所生孩子致使其抚养他人孩子达20余年要求找回亲子和赔偿案	通化市东昌区人民法院一审；通化市中级人民法院二审	延长	原告不知受到损害和不能主张权利的情形属于客观障碍，可以延长诉讼时效期间	
76	总第46辑（2003年第4辑）	中国光大银行烟台支行诉烟台海发船务有限责任公司等船舶抵押借款纠纷案	青岛海事法院一审	利息之债的诉讼时效	贷款利息与本金的诉讼时效期间相同	
77	总第48辑（2004年民事专辑）	赵盛强等诉通化市人民医院侵犯身份权赔偿案	通化市东昌区人民法院一审；通化市中级人民法院二审	延长	原告不知受到损害和不能主张权利的情形属于客观障碍，可以延长诉讼时效期间	
78	总第48辑（2004年民事专辑）	赵铁柱诉李振河偿还水管款及借款因超过诉讼时效被驳回诉讼请求案	河南省荥阳市人民法院一审	诉讼时效是否经过	原告提起诉讼时已超过了两年诉讼时效	已届满

（续表）

序号	案例来源	案例名称	裁判法院	案例争点	裁判要点	备注
79	总第49辑（2004年商事、知识产权专辑）	龙岩市新罗区良种繁育场诉章怀信取土合同及用电合同因未办理相关许可手续而致原告诉讼请求被驳回案	龙岩市新罗区人民法院一审	无效合同的诉讼时效	无效合同产生的相关请求权适用诉讼时效	已届满
80	总第49辑（2004年商事、知识产权专辑）	干河陈农信用社诉源汇制鞋厂等保证担保借款合同案	漯河市源汇区人民法院一审；漯河市中级人民法院二审	中断	借新还旧贷款中，债务人和保证人分别在到期贷款催收通知单上签字盖章，引起诉讼时效中断	
81	总第49辑（2004年商事、知识产权专辑）	工行鹤壁分行长风路支行诉金马电子有限责任公司确认最高额抵押权案	鹤壁市山城区人民法院一审	抵押权是否适用诉讼时效	登记的抵押权存续期限不具法律约束力	
82	总第49辑（2004年商事、知识产权专辑）	振华公司诉厦门特拍拍卖有限公司、省拍卖行未向其声明拍卖标的的瑕疵应赔偿损失案	厦门市中级人民法院一审；福建省高级人民法院二审	起算、中断	因拍卖标的存在瑕疵未声明，请求赔偿的诉讼时效期间为1年；原告办理变更预售许可证时才知道其权利受到侵害，致函被告，引起诉讼时效中断	

（续表）

序号	案例来源	案例名称	裁判法院	案例争点	裁判要点	备注
83	总第49辑（2004年商事、知识产权专辑）	傅清莲等诉长春电影制片厂等侵犯剧本作者署名权案	福州市中级人民法院一审	起算	原告是在1999年针对被告1998年发行的VCD提起诉讼，未超过诉讼时效	
84	总第51辑（2005年第1辑）	彭庄组诉桐柏县黄岗乡杉木林场、黄岗乡政府承包合同纠纷案	南阳市桐柏县人民法院一审	诉讼时效是否经过	法院未作认定	
85	总第51辑（2005年第1辑）	付胜军诉四川和益电力股份有限公司解除劳动合同纠纷案	四川省泸县人民法院一审；泸州市中级人民法院二审	诉讼时效是否经过	未经过诉讼时效	
86	总第51辑（2005年第1辑）	北京市昌平牧工商总公司诉石玉慧、陈晶晶企业出售纠纷案	北京市海淀区人民法院一审	起算、中断	违约金请求权的诉讼时效从义务履行期限届满之日起算；重申合同违约条款，引起诉讼时效中断	
87	总第52辑（2005年第2辑）	方金珠以优先购买权受侵害为由诉福建省德化艺鹏陶瓷有限公司房屋买卖合同纠纷案	泉州市德化县人民法院一审；泉州市中级人民法院二审、再审	诉讼时效是否经过	未经过诉讼时效	

（续表）

序号	案例来源	案例名称	裁判法院	案例争点	裁判要点	备注
88	总第 52 辑（2005 年第 2 辑）	王志钢诉成都武侯房地产开发公司预售商品房层高违约应按体积计算损失赔偿案	成都市武侯区人民法院一审	诉讼时效是否经过	诉讼时效已经过	已届满
89	总第 52 辑（2005 年第 2 辑）	曾清宜诉吴伦辉民间借贷案	晋江市人民法院一审；泉州市中级人民法院二审	中断	催讨借款引起诉讼时效中断	
90	总第 52 辑（2005 年第 2 辑）	时小丽、王玉胜诉王洪基抵押担保合同纠纷案	南阳市内乡县人民法院一审；南阳市中级人民法院二审	起算	对于没有确定还款时间的债权，债权人可随时主张	
91	总第 52 辑（2005 年第 2 辑）	胡洪康诉上海迅达实业公司企业承包合同案	上海市杨浦区人民法院一审	起算	承包合同尚未到期，原告依承包合同主张权利，未超过诉讼时效期间	
92	总第 52 辑（2005 年第 2 辑）	范英海、李先飞诉北京市京沪不锈钢制品厂制作并展览以及在网页上使用不锈钢雕塑作品侵犯其著作权案	北京市第二中级人民法院一审	起算	因侵权行为持续进行，故未经过诉讼时效	
93	总第 53 辑（2005 年第 3 辑）	连爱萍诉焦作市马村区待王镇靳作村民委员会人身损害赔偿纠纷案	焦作市马村区人民法院一审	起算、中断	自知道真正侵权人时起算诉讼时效；向非真正权利人起诉引起诉讼时效中断	

（续表）

序号	案例来源	案例名称	裁判法院	案例争点	裁判要点	备注
94	总第53辑（2005年第3辑）	王浩然诉李凤岩给付预付款因证据不符合经验规则被驳回案	廊坊市大厂回族自治县人民法院一审	中断	一直存在业务往来，引起诉讼时效中断	
95	总第53辑（2005年第3辑）	谭新耀诉新疆汇和期货经纪公司、王怀栋期货交易纠纷案	乌鲁木齐市中级人民法院一审；新疆维吾尔自治区高级人民法院二审	中断	原告向证监会投诉，引起诉讼时效中断	
96	总第53辑（2005年第3辑）	中国工商银行上海市杨浦支行诉华东建筑机械厂借款合同案	上海市杨浦区人民法院一审；上海市第二中级人民法院二审	中断；适用对象	双方对利息支付作了约定，引起诉讼时效中断；保证期间性质为除斥期间，不适用诉讼时效	
97	总第53辑（2005年第3辑）	湖北工建集团宜昌经理部对宜昌光明公司和汪家林之间低价转让财产行为行使撤销权被驳回案	宜昌市伍家岗区人民法院一审；宜昌市中级人民法院二审	债权人撤销权是否适用诉讼时效	撤销权的行使期间是除斥期间，不适用诉讼时效	
98	总第53辑（2005年第3辑）	航盛公司诉高明区政府及其对外贸易经济合作局拖欠码头建设费超过诉讼时效后重新达成还款协议认定有效案	广州海事法院	起算、中断	中断事由未发生在诉讼时效期间内，不引起诉讼时效中断	已届满

（续表）

序号	案例来源	案例名称	裁判法院	案例争点	裁判要点	备注
99	总第 54 辑（2005 年第 4 辑）	串井小、串麦妮诉贾计生返还名画案	邢台市内丘县人民法院一审；邢台市中级人民法院二审	物权请求权是否适用诉讼时效	物权请求权不适用诉讼时效	与总第 32 辑案例重复
100	总第 54 辑（2005 年第 4 辑）	广州世纪物业管理有限公司诉刘诗莹拖欠物业管理费案	广州市荔湾区人民法院一审；广州市中级人民法院二审	诉讼时效是否经过	原告主张的部分款项已超过诉讼时效	已届满
101	总第 55 辑（2006 年第 1 辑）	中国银行（香港）有限公司诉福建省龙海市电力公司、福建省龙海市人民政府担保合同纠纷案	厦门市中级人民法院一审；福建省高级人民法院二审	涉外合同的诉讼时效；无效合同的诉讼时效	涉外合同的诉讼时效，依冲突规范确定的准据法确定；确认合同效力不受诉讼时效限制	已届满
102	总第 55 辑（2006 年第 1 辑）	马来西亚 KUB 电力公司诉中国光大银行股份有限公司沈阳履行独立性保函承诺案	沈阳市中级人民法院一审	中断	被告向原告主动支付，引起诉讼时效中断；原告向被告发出要求继续履行保函责任的律师函，引起诉讼时效中断	
103	总第 55 辑（2006 年第 1 辑）	中国农业银行三峡分行猇亭支行诉宜昌市国家税务局二分局借款合同案	宜昌市猇亭区人民法院一审；宜昌市中级人民法院二审	起算	超过诉讼时效后，被告在债务逾期催收通知单上签字盖章的行为，导致双方对债权债务重新确认，诉讼时效重新起算	

（续表）

序号	案例来源	案例名称	裁判法院	案例争点	裁判要点	备注
104	总第56辑（2006年第2辑）	夏晔诉泸州泸南中学人身损害赔偿案	泸州市江阳区人民法院一审	诉讼时效是否经过	未经过诉讼时效	
105	总第56辑（2006年第2辑）	洪春南诉厦门信达股份有限公司房屋买卖合同纠纷案	厦门市湖里区人民法院一审；厦门市中级人民法院二审	无效合同的诉讼时效	法院未作认定	
106	总第56辑（2006年第2辑）	辽宁省证券公司阜新分公司诉刘心、阜新市医药综合经营公司和阜新市化工医药行业管理办公室借款合同纠纷案	阜新市中级人民法院一审；辽宁省高级人民法院二审	诉讼时效是否经过	未经过诉讼时效	
107	总第56辑（2006年第2辑）	苏州太平洋保险支公司诉苏州货运公司长途运输分公司等保险代位求偿权纠纷案	苏州市金阊区人民法院一审；苏州市中级人民法院二审	保险代位权诉讼时效的起算、中断	保险代位求偿适用两年诉讼时效，从保险人知道或应当知道保险事故发生之日起算；原告向被告发出履行通知书引起诉讼时效中断	
108	总第57辑（2006年第3辑）	王长松与郭永泉买卖合同纠纷案	焦作市马村区人民法院一审；焦作市中级人民法院二审	是否适用1年特殊诉讼时效（出售质量不合格产品未说明）、起算	普通合同纠纷适用两年诉讼时效；诉讼时效从原告控诉被告的刑事案件被撤销之日起算	

（续表）

序号	案例来源	案例名称	裁判法院	案例争点	裁判要点	备注
109	总第57辑（2006年第3辑）	赵继康诉曲靖卷烟厂未经许可将其作品名称作为商标使用构成著作权侵权和不正当竞争行为被驳回案	昆明市中级人民法院一审；云南省高级人民法院二审	中断	因侵权行为仍在继续，诉讼时效中断	
110	总第58辑（2006年第4辑）	张柏芝诉梧州远东美容保健用品有限公司肖像权案	无锡市中级人民法院一审；江苏省高级人民法院二审	起算	原告在二审提出新证据证明诉讼时效起算点，原告起诉时未超过诉讼时效	
111	总第58辑（2006年第4辑）	姚敢蓉诉湖北省轻工业机械厂、姚贵荣、第三人姚忠稳等房屋权属纠纷案	武汉市武昌区人民法院一审；武汉市中级人民法院二审	诉讼时效是否经过	继承开始后，继承人均未表示放弃继承，应视为接受继承，故未超过诉讼时效	
112	总第58辑（2006年第4辑）	曲靖汽车运输总公司诉曲靖市扶贫办公室、钱崇森等返还预付款并支付逾期违约金案	曲靖市中级人民法院一审；云南省高级人民法院二审	诉讼时效是否经过	法院未作认定	
113	总第58辑（2006年第4辑）	张广兰诉淮北市烈山区新蔡镇土型村村民委员会居间合同案	淮北市中级人民法院一审；安徽省高级人民法院二审	起算	被告的“答复”未有具体履行日期，被告向原告出具欠款证明亦未注明具体给付期限，故未超过诉讼时效	

（续表）

序号	案例来源	案例名称	裁判法院	案例争点	裁判要点	备注
114	总第58辑（2006年第4辑）	江苏省溧阳市建筑安装工程总公司诉西安南风日化有限责任公司与第三人西安南风油脂开发有限责任公司建筑工程纠纷案	西安市雁塔区人民法院一审； 西安市中级人民法院二审	起算、中断	本案所涉工程款的给付一直延续到2002年9月，诉讼时效此时起算。原告申请仲裁的行为引起诉讼时效中断	
115	总第58辑（2006年第4辑）	中国工商银行太原市迎宾路支行诉永安财产保险公司山西分公司等借款保证合同及保证保险合同纠纷案	太原市小店区人民法院一审； 太原市中级人民法院二审	约定诉讼时效的效力	保险索赔法定时效期间为两年，为强行性规定，当事人不得自行约定	
116	总第59辑（2007年第1辑）	吴瑞宗诉安溪县龙涓中学等人身损害赔偿案	泉州市安溪县人民法院一审； 泉州市中级人民法院二审	起算	原告被侵害时并不知道自己身体上的枪弹确需要手术取出，原告只能在手术取弹时才能知道自己的权利被侵害，故从手术取弹时起算	
117	总第59辑（2007年第1辑）	南京天杰冷气装饰工程有限公司诉朱琳竞业禁止纠纷案	南京市玄武区人民法院一审； 南京市中级人民法院二审	仲裁时效是否经过	法院未作认定	

（续表）

序号	案例来源	案例名称	裁判法院	案例争点	裁判要点	备注
118	总第60辑（2007年第2辑）	林宁诉航天新概念科技有限责任公司股东损害公司利益案	北京市海淀区人民法院一审	新法颁布对诉讼时效适用的影响	《公司法》修订之前，尚无“股东代表诉讼”的规定，原告尚无法定诉权，因而不受诉讼时效约束；原告起诉之日，在修订后《公司法》实施之后，并未超过法定诉讼时效期间	
119	总第61辑（2007年第3辑）	徐志燕等12名招婿上门的女性村民诉呼和浩特市赛罕区西把栅乡沙梁村委会集体经济收益分配纠纷案	呼和浩特中级人民法院一审；内蒙古高级人民法院二审	中断	原告一直上访，引起诉讼时效中断	
120	总第61辑（2007年第3辑）	新疆梧桐塑料厂诉泉州铁路有限责任公司侵权赔偿纠纷案	乌鲁木齐中级人民法院一审；新疆维吾尔自治区高级人民法院二审	中断	依生效判决以侵权为由起诉同案被告，引起诉讼时效中断	
121	总第61辑（2007年第3辑）	宣玲等诉广州远洋运输公司、惠博轮船有限公司船员工伤死亡事故损害赔偿案	广州海事法院	是否适用1年特殊诉讼时效期间	《民法通则》第136条规定的“伤害”不包括死亡，本案适用两年诉讼时效期间	

（续表）

序号	案例来源	案例名称	裁判法院	案例争点	裁判要点	备注
122	总第62辑（2007年第4辑）	李忠轩、谭宗焕诉王奇祭祀权案	淮南市田家庵区人民法院一审； 淮南市中级人民法院二审	诉讼时效是否经过	因祭祀每年持续进行，被告的侵权行为随每年的祭祀活动不断发生，故未超过诉讼时效	
123	总第63辑（2008年第1辑）	何锐玲诉广州市城辉物业有限公司租赁合同纠纷案	广州市黄浦区人民法院一审 广州市中级人民法院二审	诉讼时效是否经过	法院未作认定	
124	总第63辑（2008年第1辑）	祁文杰诉北京市德利发加油站有限责任公司、北京市丰台区南苑农工商联合公司股东权案	北京市丰台区人民法院一审； 北京市第二中级人民法院二审	起算	原告知晓工商登记情况后，方知其权利受到侵害，起算诉讼时效	
125	总第63辑（2008年第1辑）	北京清华建筑工程咨询公司诉宋艳敏出资纠纷案	北京市海淀区人民法院一审； 北京市第一中级人民法院二审	中止	签署该《会议纪要》表明此前的诉讼时效中止，从2005年6月21日开始重新计算	
126	总第63辑（2008年第1辑）	赵典藏等诉中国人民财产保险股份有限公司温州市分公司船舶保险合同纠纷案	宁波海事法院一审； 浙江省高级人民法院二审	中断	保险事故发生后，保险人指示被保险人进行自救，为其联系施救，并采取措施确定损失，其行为构成“被请求人同意履行义务”，引起诉讼时效中断	

（续表）

序号	案例来源	案例名称	裁判法院	案例争点	裁判要点	备注
127	总第63辑（2008年第1辑）	丹东市沿江开发区丹东港口经济开发总公司诉中国人民财产保险股份有限公司湖北省分公司错误扣船担保纠纷案	广州海事法院一审；广东省高级人民法院二审	诉讼时效是否经过	法律未规定且当事人也未约定担保期限的，该诉讼担保的期限应理解为包括了案件的执行阶段，原告在担保期限内向被告主张权利未超过诉讼时效期间	
128	总第64辑（2008年第2辑）	章兴花等5人诉宁海县公安局、宁海县卫生局、王德尚、宁波市第一医院尸检纠纷案	宁波市宁海县人民法院一审；宁波市中级人民法院二审	起算	尸检报告单作出，但死者脏器何时应予返还，原告并不知情，亦未获通知，故未超过诉讼时效	
129	总第64辑（2008年第2辑）	郑仕兴诉林松汉、汕头市森达塑胶厂有限公司财产所有权纠纷案	汕头市龙湖区人民法院一审；汕头市中级人民法院二审	与物权有关的请求权是否适用诉讼时效	原告关于房屋面积不足的主张不适用诉讼时效	
130	总第64辑（2008年第2辑）	杜益彦诉中国建筑工业出版社、江苏省无锡市新华书店著作权侵权纠纷案	无锡市中级人民法院一审；江苏省高级人民法院二审	诉讼时效是否经过	原告于1994年发现被告出版物侵犯其著作权但未起诉，时效届满；于2005年底发现三、四版及缩印本侵权，提起诉讼，未超过两年诉讼时效期间	

（续表）

序号	案例来源	案例名称	裁判法院	案例争点	裁判要点	备注
131	总第65辑（2008年第3辑）	艾娟诉三水区家福五金搪瓷制品厂买卖合同案	佛山市三水区人民法院一审；佛山市中级人民法院二审	无履行期限债务的诉讼时效起算	双方没有约定质量保证金的返还时间，在原告没有主张权利或被告未拒绝履行义务的情况下，不能认定原告知道自己权利受到侵害	
132	总第66辑（2008年第4辑）	杨本英等人诉景正莲、杨本清安置建房指标继承纠纷案	邵通市水富县人民法院一审、再审	起算	遗产房屋被拆迁，被告领取了房屋拆迁补助费后，起算诉讼时效	
133	总第66辑（2008年第4辑）	时保平诉上海市民办金苹果学校劳动合同案	上海市浦东新区人民法院一审；上海市第一中级人民法院二审	仲裁时效是否经过	被告于2007年3月29日辞退原告，原告于5月23日提请仲裁，未超过仲裁申诉时效	
134	总第66辑（2008年第4辑）	刘桂华诉永丰县畜牧良种繁殖场、永丰县农业局劳动争议案	吉安市永丰县人民法院一审；吉安市中级人民法院二审	起算、中断	原告接到被告对其除名处理决定后，多次要求被告恢复上岗工作，主张权利，引起仲裁时效中断	
135	总第66辑（2008年第4辑）	北京城乡旅游汽车出租有限责任公司诉中国人民财产保险股份有限公司北京市朝阳支公司财产保险合同案	北京市朝阳区人民法院一审；北京市第二中级人民法院二审	起算	责任保险的保险事故发生之日应认定为法院对受害人与原告道路交通事故赔偿纠纷的判决生效之日	

（续表）

序号	案例来源	案例名称	裁判法院	案例争点	裁判要点	备注
136	总第67辑（2009年第1辑）	翟玉珍等诉高长社等道路交通事故人身损害赔偿案	淄博市博山区人民法院一审	起算	交警部门终结交通事故的民事赔偿调解程序，诉讼时效起算	
137	总第67辑（2009年第1辑）	宋玉宗诉淄博天堂山电器仪表成套设备有限公司经济补偿金纠纷案	淄博市临淄区人民法院一审；淄博市中级人民法院二审	仲裁时效是否经过	法院未作认定	
138	总第67辑（2009年第1辑）	深圳市三企工贸有限公司诉深圳市中远国际货运有限公司水路货物运输合同纠纷案	广州海事法院一审；广东省高级人民法院二审；最高人民法院再审	起算、中断	沿海内河货物运输合同纠纷时效期间自承运人交付或者应当交付货物之日起算；原告主张其在纠纷产生后一直主张权利，但没有提供相应证据证明，不能认定诉讼时效中断	已届满
139	总第69辑（2009年第3辑）	张燕诉中国人民解放军南京军区厦门招待所劳动争议案	厦门市思明区人民法院一审；厦门市中级人民法院二审	仲裁时效起算	原告主张权利之日为劳动争议发生之日，起算仲裁时效	
140	总第69辑（2009年第3辑）	黄金南诉无为县姚沟建筑安装工程有限公司、无为县姚沟镇人民政府公司解散责任承担纠纷案	巢湖市无为县人民法院一审；巢湖市中级人民法院二审	中断	被告原法定代表人也证实原告一直在主张权利，引起诉讼时效中断	

（续表）

序号	案例来源	案例名称	裁判法院	案例争点	裁判要点	备注
141	总第 69 辑（2009 年第 3 辑）	中国建银投资有限责任公司诉江西省投资集团公司证券包销协议纠纷案	江西省高级人民法院一审；最高人民法院二审	公开发行的债券兑付请求权是否适用诉讼时效	该请求权不适用诉讼时效	
142	总第 70 辑（2009 年第 4 辑）	原告朱楼三组诉被告李宏超等七被告农业承包合同纠纷案	淮北市杜集区人民法院一审	诉讼时效是否经过	法院未作认定	
143	总第 70 辑（2009 年第 4 辑）	天安保险股份有限公司江苏省分公司诉南京市区农村信用合作联社玄武湖信用社返还垫付款纠纷案	南京市玄武区人民法院一审；南京市中级人民法院二审	诉讼时效是否经过	被告主张原告起诉已过诉讼时效，其依据不足，不予采信	
144	总第 70 辑（2009 年第 4 辑）	唐宁华诉黄山市人民防空办公室人事争议案	黄山市屯溪区人民法院一审；黄山市中级人民法院二审	诉讼时效是否经过	法院未作认定	
145	总第 70 辑（2009 年第 4 辑）	王丁香诉厦门火炬集团物业管理有限公司劳动争议纠纷案	厦门市湖里区人民法院一审；厦门市中级人民法院二审	起算	解除或者终止劳动关系之日为劳动争议发生之日，起算仲裁时效；部分加班费诉求未超过仲裁申诉时效，其余请求均超过时效	已届满

（续表）

序号	案例来源	案例名称	裁判法院	案例争点	裁判要点	备注
146	总第70辑（2009年第4辑）	曾照生、王海兰诉安徽省广德县骨外科医院劳动合同纠纷案	宣城市广德县人民法院一审	仲裁时效中断	原告同被告关于解聘问题一直在处理中，引起仲裁时效中断	
147	总第70辑（2009年第4辑）	陈舜伟诉西安空间无线电技术研究所等未依照法定清算顺序支付社会保险费纠纷案	上海市静安区人民法院一审	诉讼时效是否经过	原告要求被告对社会保险费用恢复执行，但被告在执行过程中又拒绝支付，故原告起诉系在诉讼时效内主张权利	
148	总第70辑（2009年第4辑）	法国路易威登马利蒂股份有限公司诉郭碧英侵犯注册商标专用权纠纷案	北京市第一中级人民法院一审；北京市高级人民法院二审	诉讼时效是否经过	原告委托代理人有权代其签署起诉状，其提起本案诉讼具备法律效力，亦未超过诉讼时效	
149	总第71辑（2010年第1辑）	黄国民诉厦门台佑机械制造有限公司、陈玉宏销售代理合同纠纷案	厦门市集美区人民法院一审；厦门市中级人民法院二审	中断	原告发送电报向被告主张权利，引起诉讼时效中断	
150	总第71辑（2010年第1辑）	天津联帮裕然投资发展有限公司诉天津市第一日用化学厂等借款合同纠纷案	天津市西青区人民法院一审；天津市第一中级人民法院二审	债权让与的诉讼时效中断	原告在报纸上发布有催收内容的债权转让公告或通知，对于已超过诉讼时效的债权，不引起诉讼时效中断	已届满

（续表）

序号	案例来源	案例名称	裁判法院	案例争点	裁判要点	备注
151	总第71辑（2010年第1辑）	广德县荒山冲煤矿有限公司诉吴文林工伤待遇案	宣城市广德县人民法院一审；宣城市中级人民法院二审	仲裁时效是否经过	法院未作认定	
152	总第72辑（2010年第2辑）	舒世良诉北京城建五建设工程有限公司劳动争议案	北京市朝阳区人民法院一审；北京市第二中级人民法院二审	诉讼时效是否经过	法院未作认定	
153	总第72辑（2010年第2辑）	刘顺禄诉森叶（清新）纸业有限公司劳动争议纠纷案	广东省清新县人民法院一审	仲裁时效是否经过	原告主张的加班费已超过两年，且原告未能举证证实，对原告诉请不予支持	已届满
154	总第72辑（2010年第2辑）	厦门超锐科技有限公司诉廖燕燕劳动争议案	厦门市思明区人民法院一审；厦门市中级人民法院二审	仲裁时效是否超过	本案适用1年仲裁时效，原告申请劳动仲裁未超过仲裁时效	
155	总第73辑（2010年第3辑）	刘丰彩诉内乡县农机公司破产还债清算组劳动争议案	南阳市内乡县人民法院一审；南阳市中级人民法院二审	仲裁时效是否经过	原告未在法律规定的申请仲裁时效内行使权利，提交的证据对本案争议问题的认定没有关联，故不予采纳	已届满

（续表）

序号	案例来源	案例名称	裁判法院	案例争点	裁判要点	备注
156	总第73辑（2010年第3辑）	三洋电机株式会社诉三洋电梯（无锡）有限公司等侵犯注册商标专用权及不正当竞争纠纷案	无锡市中级人民法院一审；江苏省高级人民法院二审	中断	原告致函省质监局请求保护其商标权和商号权，引起诉讼时效中断	
157	总第75辑（2011年第1辑）	维特罗水晶玻璃有限公司诉中国平安财产保险股份有限公司海上保险合同纠纷案	广州海事法院一审；广东省高级人民法院二审	中止、中断	原告虽向承运人和船长发出书面索赔函件，但该索赔并未得到承运人认可，不引起诉讼时效中止或中断	已届满
158	总第76辑（2011年第2辑）	罗芙蓉、罗福玉诉王昌雅等法定继承纠纷案	成都市锦江区人民法院一审	共有物分割请求权是否适用诉讼时效	在遗产分割前的共有关系存续期间，任何共有人随时都可以提出分割共有物的请求，该请求权不适用诉讼时效	
159	总第76辑（2011年第2辑）	梅州市嘉福实业发展有限公司诉梅州名磊投资有限公司商品房代理销售合同纠纷案	梅州市梅县人民法院一审；梅州市中级人民法院二审	诉讼时效是否经过	合同签订后双方一直未协商解除合同，合同尚于履行中，不存在诉讼时效问题	
160	总第77辑（2011年第3辑）	乌审旗华宇工贸有限公司与西安雅荷房地产开发有限公司商品房买卖合同纠纷案	西安市中级人民法院一审；陕西省高级人民法院二审	中断	原告主张权利引起诉讼时效中断，其全部诉讼请求均未超过诉讼时效	

（续表）

序号	案例来源	案例名称	裁判法院	案例争点	裁判要点	备注
161	总第77辑（2011年第3辑）	远策公司诉华纪公司、赵国明合资、合作开发房地产合同纠纷案	上海市金山区人民法院一审；上海市第一中级人民法院二审	诉讼时效是否经过	法院未作认定	
162	总第78辑（2011年第4辑）	赵江诉赵江（刘联合）、赵芳姓名权纠纷案	天津市蓟县人民法院一审	起算、中断	被告侵权行为及侵权结果处于持续状态，且被告还曾向原告道歉并赔偿5 000元，故原告的诉讼请求未超过诉讼时效	
163	总第78辑（2011年第4辑）	杨轩诉安徽马鞍山农村商业银行股份有限公司抵押合同纠纷案	马鞍山市当涂县人民法院一审	抵押权是否适用诉讼时效	抵押权人未在主债权诉讼时效期间行使抵押权，抵押权不仅不受保护，且已消灭	已届满
164	总第79辑（2012年第1辑）	赵某诉南阳市恒运水泥股份有限公司劳动合同及社会保险纠纷案	南阳市卧龙区人民法院一审	仲裁时效是否经过	法院未作认定	
165	总第79辑（2012年第1辑）	中国农业银行股份有限公司黄山滨江路支行诉中国人民财产保险股份有限公司、安徽亚夏实业股份有限公司保证保险合同纠纷案	黄山市屯溪区人民法院一审；黄山市中级人民法院二审	中断	保险合同诉讼时效自保险事故发生时起算，因向法院申请强制执行而中断，自法院作出终结执行的裁定而重新计算	

（续表）

序号	案例来源	案例名称	裁判法院	案例争点	裁判要点	备注
166	总第 82 辑（2012 年第 4 辑）	王慎文诉大庆油田有限责任公司合同纠纷案	大庆市中级人民法院一审；黑龙江省高级人民法院二审	中断	原告于 2003 年的诉讼引起诉讼时效中断，2005 年的诉讼因当天撤诉，不能引起诉讼时效中断	已届满
167	总第 82 辑（2012 年第 4 辑）	钟家元诉成都农村商业银行股份有限公司合作支行储蓄存款合同纠纷案	成都高新技术产业开发区人民法院一审	起算	原告在 1998 年 6 月 30 日未向被告归还贷款，被告应当知道其权利被侵害，诉讼时效起算，至 2000 年 6 月 29 日届满	已届满

附表三 《人民司法》涉及诉讼时效的司法意见

序号	文章名称	文章来源	司法意见
1	涉外海上货运索赔案件诉讼程序中的几个问题(续二)	1980 年第 2 期	提单条款关于时效期限的规定,只能以本国的法律作为依据,在法律没有规定时,法院可以参照国际上通行的规则和惯例,以及我国现有的做法加以确认。
2	谁应负主要赔偿责任	1986 年第 3 期	权利人未在期限内提出索赔,规定时效已届满的,应免除义务人的赔偿责任。
3	一起稿酬继承案的探讨	1986 年第 6 期	稿酬在继承时尚不存在,而是在安某再婚后 10 年才取得,但安某当时是继承人之一,在 30 年时效之内对被继承人遗作的财产权利享有继承权。
4	如何理解继承法第八条之规定	1987 年第 1 期	继承权纠纷提起诉讼的限期为两年,自继承人知道或应当知道其权利被侵犯之日起超过 20 年的,不得再提起诉讼。
5	是继承还是析产	1988 年第 3 期	继承人对遗产没有明确表示放弃继承的,视为接受继承;不能因继承人在继承开始后超过 20 年未提出继承主张,就适用《继承法》第 8 条的规定,不予保护。
6	审理继承案件值得注意的几个问题	1989 年第 3 期	继承的诉讼时效按继承法的规定执行,但继承开始后,继承人未明确表示放弃继承的,视为接受继承,遗产未分割,即为共同共有。
7	认真审理涉台民事案件,保护去台人员和台胞的合法权益	1989 年第 4 期	对去台人员和台湾同胞的诉讼时效期间问题,根据《民法通则》第 137 条的规定,人民法院可以作为特殊情况予以适当延长。
8	一起典当房屋私改后的产权归属案得到了正确处理	1989 年第 7 期	如果产权已被改造,产权归属明确,就不必再进行回赎、绝卖时效问题的争论。

（续表）

序号	文章名称	文章来源	司法意见
9	浅谈继承权何时转化为所有权	1990 年第 2 期	继承开始后，继承人没有明确表示放弃继承，超过 20 年仍未分割遗产的，应按《继承法》第 25 条，并参照最高人民法院《关于继承开始时继承人未表示放弃继承遗产又未分割的可按析产案件处理的批复》执行。
10	浅谈反诉中的诉讼时效问题	1990 年第 7 期	《民法通则》所规定的诉讼时效同样适用于被告反诉中所请求保护的民事权利。
11	浅议审理借款合同纠纷案件中的几个问题	1990 年第 9 期	借款合同纠纷超过诉讼时效又没有法定事由的，法院不能受理。
12	对一起科技成果权纠纷案处理的剖析	1990 年第 9 期	科技成果“权属争议”与“侵权纠纷”适用不同的诉讼时效。
13	来自日本的巨额遗产	1990 年第 9 期	按照《继承法》的规定，超过诉讼时效期限的，丧失继承权。
14	此案是否已过诉讼时效	1990 年第 10 期	诉讼时效因提起诉讼、当事人一方提出要求或者同意履行义务而中断，从中断时起，诉讼时效期间重新计算。
15	此案诉讼时效从五月起算的说法不妥	1991 年第 5 期	原告知道自己尚未实现的那部分权利遭受侵害的时间应是其依法向人民法院提起诉讼之前最后一次向被告索要医疗费而遭拒绝的时间。
16	关于无偿付能力的经济纠纷案件几个问题的探讨	1991 年第 6 期	对债务人无偿付能力案件，只要符合受案条件就应当受理，以保护债权人的诉讼时效利益。
17	管理单位应承担赔偿责任	1991 年第 9 期	人身损害赔偿的诉讼时效期间，伤害明显的，从受伤害之日起算；伤害当时未曾发现，后经检查确诊并能证明是由伤害引起的，从伤势确诊之日起算。
18	这一人身保险合同应确认有效	1992 年第 7 期	保险合同的当事人就合同是否有效的异议，应该在 1 年内提出。
19	“新闻源”侵害名誉权法律责任的思考	1993 年第 5 期	受害人在追究“新闻源”的法律责任后未明确表示放弃民事权利和诉讼权利的，在诉讼时效期间内仍有权对作者和新闻出版单位另行起诉。

（续表）

序号	文章名称	文章来源	司法意见
20	“原告让步论”不能成立	1993年第6期	诉讼请求已经超过诉讼时效的，法院不予支持。
21	海灯、范应莲名誉权案几个问题的认定	1993年第8期	原告在判决宣告前提出民事诉状（补充）是合法的，不存在超越“时效”而无效的问题。
22	此案的诉讼时效应如何计算	1994年第1期	诉讼时效期间从知道或者应当知道权利被侵害之日起计算。
23	明知权利被侵害，权利人只要继续主张权利，诉讼时效能延续到二十年吗?	1994年第7期	“当事人一方提出要求”，是引起诉讼时效中断的具体原因之一。从中断时起，诉讼时效期间（两年）则重新计算，只要债权人每次主张权利的间隔不超过两年，而且从债务人第一次拒付货款时，到债权人最后一次主张权利没有超过20年的期间，债权人的实体权利均应得到保护。
24	甲工厂的行为是否构成诉讼时效中断	1994年第11期	引起诉讼时效中断的事由必须发生在诉讼时效期限内。诉讼时效期限届满后，权利人和义务人之间的债权债务关系依然存在，当事人自愿履行义务的，不受诉讼时效的限制。
25	期货交易中的无权代理不应承认默示追认形式	1995年第1期	守约方对违约方违反合同的行为，除明示放弃要求赔偿外，法律保障其可以在2年诉讼时效期间内有权向违约方要求赔偿。
26	专利侵权诉讼中疑难问题探析	1995年第9期	专利侵权诉讼和专利使用费诉讼的时效应以专利申请授权日至专利权终止日阶段的最早“得知”或“应当得知”日开始计算。 重复专利侵权行为持续期间，专利权人对侵权行为得知或应当得知但未在两年诉讼期间提起诉讼，而在时效经过后起诉的，应令侵权人停止侵权，赔偿专利权人或利害关系人自起诉之日两年前的相应日起至侵权行为终止之日止的经济损失。
27	仲裁与诉讼管辖冲突的产生及解决	1996年第6期	法院受理不符合受理条件的诉讼，驳回起诉后当事人再申请仲裁，可能因时效届满而使当事人丧失胜诉权。

（续表）

序号	文章名称	文章来源	司法意见
28	该铁矿的行为是否构成侵权	1996 年第 8 期	荣誉权的保护不受诉讼时效的限制。
29	谈假冒健力宝中奖拉环买卖纠纷案的法律适用	1997 年第 5 期	只要在诉讼时效内，存在重大误解的一方就有权请求法院予以变通或撤销。
30	对一宗房屋买卖纠纷案件的法律思考——兼谈无效民事行为的诉讼时效起算	1998 年第 9 期	诉讼时效的起算，应从侵权行为发生时计算，而非从合同被宣告无效或被撤销时起算。该案实为侵权之诉，而非确认之诉。
31	再谈保证期间是否适用诉讼时效中断、中止或延长	1998 年第 11 期	除当事人另有约定的外，保证期间作为除斥期间为不变期间，不适用《民法通则》关于诉讼时效中断、中止和延长的规定。
32	本案原告行使的不是票据利益返还请求权	1999 年第 4 期	票据权利人在票据权利时效期间内向法院起诉的，票据权利并未丧失。
33	“美的”商标图案版权纠纷案的几个法律问题	1999 年第 7 期	对于持续性侵权行为的诉讼时效，应将侵权行为逐段分开，分别计算诉讼时效。
34	从一起案件谈机构改革中企业知识产权的保护	1999 年第 12 期	侵权人侵犯著作权的行为可分为已经发生、正在发生和持续发生，被侵权人可在诉讼时效届满前的任何时候起诉，法院可适用当事人起诉时或立案时的法律、法规。
35	析三类著作权的保护	2000 年第 5 期	若侵权行为是连续的，权利人的权利也一直处于被侵害的状态，则权利人可以在知道或者应当知道自己的权利受到侵害后 2 年内主张权利。
36	对一起变更子女姓名案的法律思考	2000 年第 9 期	夫妻离婚后，一方知道他方变更子女姓名，但未在两年诉讼时效期间内起诉的，其请求确认变更姓名无效、恢复原姓名的请求不予支持。

（续表）

序号	文章名称	文章来源	司法意见
37	二审民事判决书对事实的认定与处理——兼评制作二审民事判决书应注意的几个问题	2000年第10期	催收逾期贷款的发信凭证、催收借款通知等证据，引起诉讼时效中断。
38	析限制海事赔偿责任的方式	2001年第3期	不以设立基金的形式限制海事赔偿责任，会因债权人众多而使适用诉讼时效发生困难。
39	交通事故责任认定的司法救济	2001年第3期	民事诉讼时效期间长于《道路交通事故处理办法》规定的申请重新认定的时效期间，也长于对复议决定不服提起行政诉讼的时效期间。
40	保险人代位权的行使——谈一起保险合同纠纷案	2001年第7期	在财产保险合同的代位求偿中，如果被保险人放弃向第三人的赔偿请求权或基于被保险人的过错致使向第三人的赔偿请求权因时效届满而消灭的，相应的保险财产损失应由被保险人自行承担，保险人有权拒赔。
41	证明责任、法官心证与不当得利的溯及力——上海埃力生（集团）有限公司返还钱款再审案评释	2001年第10期	合同未成立时，基于信赖关系已向对方当事人先为给付的一方当事人的所有物返还请求权和不当得利返还请求权的诉讼时效，应自该合同确定不成立之时起算。
42	对借款展期未同意之抵押人责任	2001年第11期	抵押人的抵押责任期限依主合同债权的诉讼时效开始起计算。如主合同展期未经抵押人书面同意，则抵押人并不当然免责，但其担保的债权的诉讼时效仍从原合同约定的履行期限届满时开始计算。在原合同债权两年诉讼时效及其届满后两年内，只要债权还存在，抵押权就存在，抵押人就不能免责；反之，抵押人对因未经其同意展期而超过法定抵押担保期限时仍存在的债权将依法免除责任。

（续表）

序号	文章名称	文章来源	司法意见
43	没有规定还款期限的欠款，诉讼时效如何计算	2002年第2期	没有约定还款期限的借款合同的诉讼时效期间，从借款人要求债务人还款的宽限期届满之日起计算。
44	该案的债务性质及保证责任应如何认定？	2002年第5期	债权债务关系在诉讼时效届满后，便丧失了受法律保护的强制执行力，债务人获得拒绝履行的抗辩权。但根据民事诉讼法的处分原则，在债务人放弃到庭主张其时效利益的情况下，法院应推定债务人放弃了其已取得的诉讼时效，自然债务又转化为原债务，该债务重新恢复了强制执行性质。 法院不得主动援引时效条款替债务人主张时效利益。 诉讼时效中断只能发生在诉讼时效期间内，诉讼时效期间已完成的，不存在时效中断问题。
45	实际承运人是否负有提单项下的货物交付义务——对一起无正本提单放货纠纷案件的评析	2002年第7期	提单持有人找到正确的索赔对象时，有可能已超过诉讼时效，因此有必要确定承运人的范围。
46	对一起共有商标权利纠纷的分析	2003年第4期	在2001年修订后的《商标法》明确规定自然人可以共有商标后，四兄弟应明知可以向商标局申请变更该商标权，实现商标权共有。若其在修订后的《商标法》施行之日起两年内未提起诉讼，或向该商标权利人提出变更权利人申请，即应视为其放弃商标权共有的权利，故诉讼时效期间的起算日期应从修订后《商标法》施行之日起计算。
47	浅析一房屋纠纷再审案	2003年第7期	共有人明知其他共有人对房屋进行了处分、管理与维修，而未主张权利，超过了诉讼时效。
48	周某的请求是否超越诉讼时效	2003年第7期	对于没有约定还款期限的借据，债权人有权随时向债务人主张权利，只有当债务人不履行债务时，才发生诉讼时效的起算问题。

（续表）

序号	文章名称	文章来源	司法意见
49	债务人下落不明超过两年的债权人起诉是否超越诉讼时效	2004 年第 1 期	债务人下落不明不是构成诉讼时效中止、中断的法定事由。
50	劳动争议案件中时效问题的探讨	2004 年第 10 期	劳动争议案件的诉讼时效(A) = 劳动争议仲裁申诉时效(B) + 仲裁审理期间(C) + 法定 15 日起诉期间(D) + 可以中止的几种情形(E)。上述等式中,B、C 是可变期间,但法律仅规定中止的几种情形,未允许中断、延长,D 为不变期间,不允许中止、中断、延长。可见,劳动争议案件的诉讼时效与劳动争议的仲裁申诉时效及仲裁审理期间是一种包含关系,其诉讼时效的性质因 B 和 C 的有限可变性、D 的不变性而呈现出模糊状态。
51	此笔借款是否部分超过诉讼时效?	2005 年第 2 期	自动归还借款的行为,应当是对债务的承认,剩余借款的诉讼时效应从最后还款日开始计算。经债务人确认并同意履行的超过诉讼时效的债务,重新开始起算诉讼时效。
52	出租物的瑕疵、租赁合同的解除及合同解除的溯及力	2005 年第 4 期	我国诉讼时效本来就不是很长,没有必要特别为瑕疵担保责任规定短期时效。
53	此抵押是否适用两年诉讼时效	2005 年第 4 期	债权人向债务人发催收通知的时间已经超过了抵押人应当承担责任的期限,故此时抵押权已经消灭,抵押人无需再承担任何责任。
54	确认合同之诉的诉讼时效问题	2005 年第 6 期	(1) 请求确认合同有效并同时请求履约的诉讼是给付之诉,应当适用诉讼时效;对于履行期已届至仍未履行的合同,当事人仅要求确认有效而不请求履行的,该诉因缺少诉的利益,应当适用诉讼时效。 (2) 确认合同无效之诉是确认之诉,不应适用诉讼时效,但同时提起返还原物请求的,就该请求而言应适用诉讼时效,时效起算点从当事人知道或应当知道合同存在无效事由起算。

（续表）

序号	文章名称	文章来源	司法意见
55	执行法院能否保护抵押权人未经诉讼程序确定的抵押权	2005 年第 11 期	抵押权人虽然在法院审理主合同时没有主张抵押权，但是只要在诉讼时效期间内，抵押权人仍然有权单独就抵押合同主张抵押权，法院在处理抵押物时也有义务保障抵押权人就抵押物变现价值的优先受偿权。但法院在执行程序中对抵押权是否存在只能进行形式审查，如果其他人对抵押权人是否享有抵押权存有实体异议，则抵押权人的抵押权应通过诉讼程序确认后才能在执行程序中得到保护。
56	从一则案例析仲裁诉讼时效	2006 年第 2 期	(1) 仲裁时效的“射程”应当及于养老金债权； (2) 由于养老金债权自身所具备的连续性特征，对损害作一体把握并不合适，时效逐次进行更具有合理性； (3) 现行法所规定的 60 日的仲裁时效期间，应当适当延长； (4) 为避免出现对劳动者权利的不当张扬，应就权利的最长保护期限作出明确规定。
57	论银行信贷业务中的法律风险及其防范	2006 年第 10 期	我国现行法律没有关于主债权诉讼时效期间经过后担保物权消灭的规定。主债权仍然存在，则抵押权也应该当然存在。担保法司法解释并未创设新的物权消灭方式。
58	在空白催收贷款通知书回执上盖章行为的法律效力	2007 年第 2 期	债务人在签订借款合同的同时，在债务人出具的空白催收贷款通知送达回证上加盖公章和私章，而由债权人自行填写日期。该行为无形中延长了债权人在债务清偿期届满后，通过诉讼主张权利的期间，因此，该变相延长诉讼时效期间的行为应认定无效。
59	货物发生损失后，如何向铁路运输企业索赔	2007 年第 4 期	《关于审理铁路运输损害赔偿案件若干问题的解释》中对索赔期间 180 日的规定，是对铁路货物赔偿纠纷诉讼时效的特殊规定，属特殊诉讼时效，应适用诉讼时效中断、延长等。

（续表）

序号	文章名称	文章来源	司法意见
60	国际货物买卖合同中的货物质量争议案件评析	2007年第9期	《联合国国际货物销售合同公约》第39条的规定实际上规定了买方对质量不符情形的异议期间通常为两年。该质量异议期间为诉讼时效期间,但属于特殊诉讼时效:该时效期间是不变期间,当事人在质量异议期间提出相应主张,质量异议期间并不发生中断,而是导致普通诉讼时效得到适用。
61	出具的欠条已过两年,是否超过诉讼时效	2007年第9期	按照民间交易习惯,欠条可分为两种:一是指借款条,代表的是借款合同;二是指应还而未还的债务。本案属于应还而未还的债务,并非民间借贷,不适用最高人民法院《关于贯彻执行〈中华人民共和国民法通则〉若干问题的意见(试行)》第121条的规定。
62	抵押合同未登记,抵押人是否承担责任	2007年第11期	抵押人与债权人签订房产抵押合同后,无故拒绝办理抵押登记,故该抵押合同未生效是因为抵押人的过错造成的,主债权人无过错,所以抵押人与债务人应当承担连带赔偿责任。但抵押人承担赔偿责任的诉讼时效应自主债务人履行期间届满之日起计算。
63	承包合同期满后新增财产的处理	2007年第12期	虽承包合同期限约定为2001年2月底,但合同期满后,双方就因纠纷诉至法院,法院于2003年5月5日作出终审判决。原告于2004年10月19日提起本案诉讼,并未超过两年,且该讼争养殖池至今仍由原告掌管经营,诉讼时效未经过。
64	非法用工造成伤残的法律适用	2007年第16期	劳动争议诉讼时效从劳动争议发生之日起算。劳动争议发生之日是指当事人知道或应当知道其权利被侵害之日,应是用人单位对争议事项作出明确拒绝的意思表示之日,而不是指劳动者身体受到伤害之日。

（续表）

序号	文章名称	文章来源	司法意见
65	侵犯优先购买权的买卖合同无效	2007年第20期	优先购买权的行使期限为除斥期间，超过该期间，优先购买权消灭。但在该期间内，出卖人负有止卖义务。如果第三人在侵害优先权的情况下购买标的物，优先购买权人有权主张该买卖关系无效。同时，优先购买权之诉是一种确认之诉，在法律没有作出规定前，其应适用诉讼时效的规定。
66	承租人诉请直接实现优先购买权：判决驳回	2007年第22期	承租人优先购买权受除斥期间的限制。如果承租人不在一定的期限内行使优先购买权，该权利就归于消灭，它不适用诉讼时效。
67	财产保险合同项下特别约定条款的效力	2008年第2期	诉讼时效因提起诉讼，当事人一方提出要求或者同意履行义务而中断。从中断时起，诉讼时效期间重新计算。
68	同一套住房分割时一物一权原则的适用	2008年第4期	双方协议离婚后就财产分割问题反悔，请求变更或者撤销财产分割协议的，受1年除斥期间的限制；财产分割协议无效的，请求确认无效并重新分割的，不受1年除斥期间的限制，适用诉讼时效制度。
69	公权不得非法侵越私权——再论民政局等不能替代提起民事诉讼	2008年第6期	身份不明受害人的被扶养人、近亲属一旦知悉侵权事实，仍然有权起诉请求赔偿。诉讼时效不应成为此类案件当事人获得救济的障碍。
70	被保险人投保后变更职业的赔偿标准认定	2008年第8期	人寿保险的被保险人或者受益人对保险人请求给付保险金的权利，自其知道保险事故发生之日起5年内不行使而消灭。故人身保险合同纠纷案件的诉讼时效为5年。
71	城镇居民购买农村私有房屋的合同无效	2008年第10期	因合同无效属于自始无效，不适用诉讼时效制度。
72	债务承担及新保证合同的认定	2008年第12期	主债务履行期限届满，在约定的两年保证期间内，原债权人及该债权的受让人在报纸上刊登公告引起诉讼时效中断。

（续表）

序号	文章名称	文章来源	司法意见
73	车辆因第三人责任造成损失的索赔权行使	2008 年第 13 期	索赔时效是一种除斥期间。财产险保险的标的是保险事故造成的财产损失，保险事故发生之日财产损失即产生，索赔时效应从知道保险事故发生之日起计算。
74	时效届满后单方承诺履行的效力辨析	2008 年第 15 期	时效届满后单方承诺履行的意思表示，应具有法律约束力。但对于口头协议、承诺除放弃时效利益的一方承认外，一般不应赋予其法律效力。对于部分履行债务，已履行的部分视为自愿履行，具有法律效力。支付利息可视为自愿履行利息部分。只承认债务存在并没有承诺履行的情况，也不能视为对时效利益的抛弃。
75	挂靠纠纷的诉讼主体确立及责任承担	2008 年第 16 期	因原告起诉被驳回后，在法定期限内又二次起诉，符合法律规定，未超过诉讼时效。
76	企业分立前的债务在分立企业整体出售后的承担主体	2008 年第 18 期	企业法人分立、合并，它的权利义务由变更后的法人享有和承担。向法院请求保护该民事权利的诉讼时效期间为两年。
77	实际用人单位在逆向劳务派遣中的责任	2008 年第 18 期	原告于 2007 年 6 月 19 日建议被告等人通过劳动仲裁方式解决双方争议，因此，本案劳动争议发生日应为 2007 年 6 月 19 日，本案并未超过劳动仲裁时效。
78	尸检后脏器标本的归属与处理	2008 年第 20 期	本案虽然是在 2001 年 10 月 30 日作出尸体检查报告单的，但是死者脏器何时应予返还，作为原告是不知情的。被告在处理死者脏器时未告知任何人，事后其他被告也未通知原告，因此原告起诉未超过诉讼时效。
79	在约定翻建房屋的楼顶加建房屋的所有权归属	2008 年第 22 期	因本案属于物权确权纠纷，且讼争楼房的产权证书已被法院判决撤销，使该楼房的产权处于待定状态，且被告也反诉主张权利，故原告起诉未超过诉讼时效。
80	关联企业人格混同的法人人格否认	2009 年第 2 期	原告发布催收公告，其在催收公告担保合同栏列明被告房屋公司，应视为对被告主张了担保债权，故诉讼时效再次中断。

（续表）

序号	文章名称	文章来源	司法意见
81	违反信义义务所获利益应予返还	2009 年第 6 期	处于一种信任关系（比如董事、高管和公司、合伙人之间等）中的受信任者对另一方负有忠实义务，不得利用其地位使其职责和个人利益相冲突，对其违反信义义务所获得的利益，权利人享有返还请求权，该请求权在性质上属于物权，不受诉讼时效的规制。
82	诉讼时效与法定抵销权的行使	2009 年第 8 期	被告在诉讼过程中据以主张抵销的债权虽然已超过诉讼时效是自然债权，但是在其最初通知原告抵销时，该债权尚在诉讼时效期间内，抵销成为既定事实，原告在本案中主张的债权早已因被告行使抵销权而归于消灭。
83	原股东请求行使任股东期间知情权的认定与处理	2009 年第 10 期	原股东要求行使任股东期间知情权的，不适用诉讼时效。
84	抵押权存续期间应当为除斥期间	2009 年第 14 期	担保物权人自物权担保的债权诉讼时效完成后，经过两年仍不行使担保物权的，担保物权消灭。此两年法定期间，性质上为除斥期间。
85	债权人撤销权问题辨析	2009 年第 16 期	原告起诉并未超过诉讼时效（1 年）和除斥期间(5 年)。
86	对外担保合同的法律效力	2009 年第 16 期	保证合同未约定保证责任期限的，主债务的诉讼时效中断，保证责任的诉讼时效亦中断。原告在香港特区法院原诉法庭针对主债务向特发有限公司提起了民事诉讼，由于主债务的诉讼时效中断，因此本案保证债务的诉讼时效亦中断。
87	房屋交付后办理登记的时效问题	2009 年第 18 期	出卖人已交付房屋，但没有在合同约定的期限内办理权属转移登记手续，买受人在合同约定的期限届满之日起超过两年才请求出卖人办理权属转移登记，此情形不适用诉讼时效的规定。

（续表）

序号	文章名称	文章来源	司法意见
88	国际货运代理企业在国际航空货运中的缔约承运人地位	2009 年第 20 期	根据我国《民用航空法》第 135 条的规定，本案的诉讼时效为两年，自民用航空器到达目的地点、应当到达目的地点或者运输终止之日起计算。
89	未成年非婚生子女追索抚养费的诉讼时效	2009 年第 24 期	由于抚养费请求权具有身份属性，涉及公序良俗与未成年非婚生子女的生存保障问题，基于维护未成年非婚生子女生存权的考虑，对于请求人系未成年非婚生子女的，原则上不应适用诉讼时效的规定。对于权利人明显故意拖延时间、利用时效损害义务人合法权利的，应适用诉讼时效的规定。
90	继承权纠纷诉讼时效的理解和适用	2010 年第 2 期	本案应当按照共有财产析产的法律关系来处理，适用《民法通则》有关诉讼时效的规定。
91	医疗单位过错损害赔偿责任分析	2010 年第 4 期	因药物造成的人身损害后果，受害人请求赔偿的权利时效应该从损害后果明确后才起算，原告在做股骨头坏死手术的第二个月即起诉，未超过诉讼时效。
92	一人公司为股东担保的效力	2010 年第 4 期	股权转让合同约定 2008 年 11 月 20 日前付清股权转让款，被告作为连带保证人与原告未约定保证期间，因此法定时间为 6 个月，原告在 2009 年 4 月 15 日起诉未超过保证期间。
93	交通事故赔偿协议履行完毕后，遗漏项目仍应赔偿	2010 年第 10 期	原告在进行第二次手术时才被诊断为股骨头坏死，诉讼时效开始计算，此后起诉要求赔偿，并不超过诉讼时效。
94	破产企业清算组织在《企业破产法》施行后追收对外债权工作的衔接	2010 年第 10 期	破产债务人的债务人向清算组确认拖欠债务及承诺还款，构成破产债务人的债务人确认自身债务的行为，引起诉讼时效中断。
95	第三人代为履行与债务承担的甄别	2010 年第 14 期	原告可依约向被告主张支付剩余款项，但已经超过诉讼时效。

（续表）

序号	文章名称	文章来源	司法意见
96	农村土地承包经营权不能作为遗产继承	2010年第14期	土地承包经营权不属于个人财产，不发生继承问题。
97	向劳动者收取风险抵押金的行为无效	2010年第16期	该合同的本质是将企业的商业经营风险转移给劳动者，违反了劳动合同的基本法律性质，侵害了劳动者的利益，合同无效，不适用诉讼时效。
98	人数不确定共同诉讼的法院调解	2010年第18期	未参加登记的权利人在诉讼时效期间起诉的，应当适用已生效的调解书，如果权利人不同意调解书的内容，不但违反了权利人的自愿原则，更使其丧失了一次寻求法律正当程序救济的机会。
99	取得不动产登记的遗嘱执行人在遗嘱生效前不享有真正的完全所有权	2011年第2期	本案系围绕房屋所有权产生争议，故对于被告提出的诉讼时效抗辩不予采纳。
100	一方当事人死亡或终止后的诉讼继承问题	2011年第3期	人身损害案件诉讼时效为1年，被继承人债务清偿案件是两年，原告必须在1年内准备好本应两年甚至更长时间准备的，无形中剥夺了原告的诉讼权利。
101	超过诉讼时效的债权可以行使抵销权	2011年第4期	因被告针对厂房占用费提起的反诉超过诉讼时效，对其诉讼请求不予支持。 超过诉讼时效的债权可以行使抵销权。
102	保险公司应为套牌车投保买单	2011年第6期	原告一直向被告索赔，至2009年7月17日后原告才知道被告拒赔，诉讼时效由此计算，故未超过诉讼时效。
103	用人单位未续订书面劳动合同的法律责任	2011年第6期	劳动者要求用人单位支付两倍工资的请求应自劳动者知道或者应当知道争议发生之日起1年内提出。
104	酒店职业经理人与酒店管理公司之间的合同性质判断	2011年第6期	原告在被告欠薪后多次向被告催讨且被告在2009年4月28日还向原告发放2005年度13薪，故未超过诉讼时效。

（续表）

序号	文章名称	文章来源	司法意见
105	工伤申请期间的性质	2011年第6期	申请人2009年6月2日的第一次工伤申请可以引起申请期间的中断,再次提出申请是期间的最后一天,未超过申请期间。
106	建设工程合同与承揽合同之区分	2011年第8期	因涉诉工程尚未竣工验收合格,故原告的诉请未超过诉讼时效。
107	手机短信作为证据使用的司法审查	2011年第8期	只要债权人向债务人作出主张债权的意思表示即认定诉讼时效中断,该债权主张是否到达债务人并不重要。原告2007年7月27日发送短信的行为引起时效中断,未超过诉讼时效。
108	注册商标移转与转让的法律区分	2011年第10期	原告于2008年3月曾就本案侵权行为向法院提起诉讼,导致诉讼时效中断,于2009年再次起诉未超过诉讼时效。
109	合同解除权不应滥用	2011年第12期	合同解除权在不具法定或约定除斥期间时,行使期限至少应在普通诉讼时效期间两年之外。
110	超过诉讼时效债务人签字或盖章的效力认定	2011年第14期	诉讼时效届满后债务人在债权人的催款通知单上签章是对原债务的重新确认。被告在挂号信的回执单上而非在通知单上签字,不能视为对原债务的重新确认。
111	汇票被恶意除权时真正权利人可提起民事侵权之诉	2011年第14期	合法持票人的前手申请公示催告,导致法院作出除权判决,合法持票人有权在知道侵权事实起两年内向人民法院提起侵权之诉。
112	责己型诉讼的可受理性及裁判问题探讨	2011年第15期	不应该给责己型的诉讼请求设定时效,仅仅是确认或承担义务的请求不受诉讼时效约束,其他请求仍应受诉讼时效的约束。
113	从属专利的判断原则及赔偿数额确定	2011年第20期	侵犯专利的诉讼时效为两年,自专利权人或者利害关系人得知或者应当得知侵权行为之日起算,侵权行为在起诉时持续的,应该自起诉时向前推算两年计算赔偿额。
114	合同法解释(二)第24条的周延性适用	2011年第22期	合同解除行为,只要未超过两年的,应当允许对方当事人提起异议的期间自《合同法解释(二)》施行日起顺延3个月。

（续表）

序号	文章名称	文章来源	司法意见
115	国有划拨土地使用权转让协议的效力	2011年第22期	原告要求确认合同无效的诉讼请求不应受诉讼时效的限制。
116	按日累计的违约金请求权诉讼时效何时起算	2011年第22期	按日累计的违约金应看做一个单独的债权，分别计算诉讼时效。
117	土改登记房屋的权属认定	2011年第24期	继承开始后，各继承人都没有表示过放弃继承。诉争的房屋应属于各继承人共同共有，可按析产案件处理，不应适用《继承法》关于继承权纠纷两年的诉讼时效规定。
118	小区共有物权收益的归属与分配	2012年第2期	诉讼时效应该从全体业主、业委会知道或者应当知道其物上收益权之日被侵害之日起算。
119	国际海运中自己代理行为的效力	2012年第2期	就海上货物运输向承运人要求赔偿的权利时效为1年，自承运人交付或者应当交付货物之日起算。承运人交付货物是在2007年，至起诉时已经超过诉讼时效。
120	专利行政机关不应受理已经起诉的同一专利侵权纠纷	2012年第2期	直到专利权人提出专利侵权纠纷申请时，原告生产销售涉案专利产品的行为一直处于继续状态，因此专利权人不存在超过1年诉讼时效提出行政处理申请的问题。
121	担保权人在法定期间内行使担保物权应予支持	2012年第10期	债权的诉讼时效虽然届满，但是原告在诉讼时效届满后的两年内行使担保物权，符合最高人民法院《关于适用〈中华人民共和国担保法〉若干问题的解释》第12条的规定，应该得到保护。
123	单位定期存单在债权到期未受清偿时可被直接兑付	2012年第12期	出质人承担保证责任后，有权追偿，但应受普通诉讼时效期间的限制，从知道或者应当知道质权人行使质权之日开始起算。因此，本案诉讼时效自2002年起算，至2007年已经超过诉讼时效。

（续表）

序号	文章名称	文章来源	司法意见
124	婚内私生他人子女应承担侵权损害赔偿责任	2012 年第 14 期	婚内私生他人子女，女方应当承担侵权赔偿责任，男方提出赔偿请求适用普通诉讼时效的规定。本案原告自 2010 年亲子鉴定之后才知道自己的权利被侵害，起诉时未超过诉讼时效。
125	房屋修复后保修期不应重新计算	2012 年第 19 期	保修期既不属于诉讼时效，也不属于除斥期间，属于或有期间。房屋被修复后的保修期不应重新计算。
126	支票出票日期留白对基础关系的法律影响	2012 年第 20 期	系争贷款未受清偿，相应的诉讼时效从该支票退票时起算，而自退票之日至原告起诉时未逾两年，故诉讼时效未经过。
127	诉讼时效届满的债权被抗辩时不可用于依法抵销	2012 年第 22 期	如果债权在诉讼时效期间届满前，已经可以与相对债权进行抵销，则不因在行使时诉讼时效经过而不能抵销；反之，如在诉讼时效届满后才可与相对债权进行抵销，则在相对方提出抗辩时不能抵销。

后　记

我对时效制度的研究兴趣，始于本科，在对民法尚处懵懂无知的状态下，以“诉讼时效若干问题研究”为题完成了本科毕业论文。该文被评为当年优秀毕业论文，并在全校论文大赛中获得一等奖（比赛名目已忘，只记得颁奖仪式在校模拟法庭隆重而热烈地举行，对我虚荣心的满足印象甚是深刻），由此埋下了我对时效制度的研究兴趣。其后，硕士论文“诉讼时效的适用范围”和博士论文“民事权利时间限制研究”均是对时效制度研究的进一步扩展，其间发表论文涉及时效制度的也占有相当比例。

本书是国家社科基金项目“民法时效制度的案例统计与反思研究”（10CFX043）的结项成果，也是对笔者近年来时效制度研究的一个阶段性总结。本书的缺憾是，写作计划中原设专章“诉讼时效与其他民事期间的关系”，拟对诉讼时效与公证仲裁时效、担保物权行使期间、保证期间、质量异议期间等期间的关系作专门讨论，但由于受结项时间的限制而未能成文，只有留待以后继续研究了。民法研究的两种主要方法为立法论与解释论，此二者类似于武侠小说中的“气宗”与“剑宗”。本书以“剑宗”为主，兼顾“气宗”，力图在解释论的基础上将司法实务与民法理论尽量打通，这种尝试是否成功，留待读者评价。

感谢授业恩师温世扬教授，温老师不仅学养深厚，而且他内敛务实的性格也一直潜移默化地影响着我。感谢教研室的余能斌教授、孟勤国教授、张里安教授、陈本寒教授、余延满教授、李新天教授、张素华教授、张善斌副教授等诸位老师，他们之前是我的师长，后来又成为我的同事，一直对我帮助良多。感谢余立力、李承亮、罗昆、武亦文，他们既是我的教研室同事，亦是我生活中的挚友。感谢郝晶晶、李冰、何潇、陈新平、尧意馨、向雪冰、彭彬、姜纤楚、张盼盼同学，他们为案例的搜集统计和文字校对工作付出了辛勤劳动。感谢武汉大学70后学术团队“我国现代化进程中的法治问题研究团队”项目和国家“2011 计划”司法文明协同创新中心对本书出版提供的资金支持。感谢我的家人,他们的理解和支持,使我能够专心于学问。

写作三年,苦乐自知！三月的珞珈山已是一片春色,最后以一首樱花诗“不断樱”作为本书的结尾:

雨拂新枝摇嫩蕊,
霭迷春雀低翅飞。
去年哪枝繁似锦,
今夜醉赏不思归。

杨　巍

2015 年 3 月于武汉珞珈山